AF573246

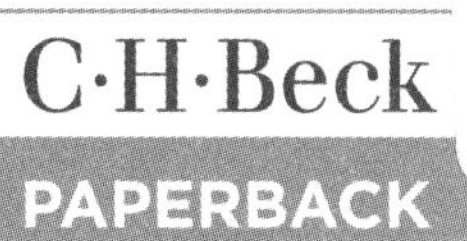
C·H·Beck
PAPERBACK

Zeitgenossen stilisierten Chopin zum träumerischen Genie, erlebten ihn als Ästheten von erlesenen Manieren und Frauenschwarm in der Welt der Pariser Salons. Er konnte witzig, bissig und ironisch sein, hielt aber doch die Umgebung auf Distanz und war vielen zu leise, als Mann wie auch als Pianist. Als Klaviervirtuose bezauberte er sein Publikum, und als Komponist der «süßen Abgründe» (Heinrich Heine) verkörpert Chopin bis heute den Romantiker par excellence. Heimweh, Sehnsucht, Vergänglichkeit kennzeichnen Chopins Musik – und sein Leben.

In Polen geboren, konnte er den Verlust seiner Heimat trotz aller Erfolge in Paris und Wien nie verschmerzen. Von den Frauen vergöttert, ließ ihn die unglückliche Liebschaft zur 18-jährigen Maria Wodzińska an der Liebe verzweifeln. Und auf dem Höhepunkt seines Ruhms, doch völlig verarmt, machte ihm die Schwindsucht das Leben zur Qual. Als Frühvollendeter hinterließ Chopin nicht nur ein grandioses musikalisches Werk, sondern auch tiefe Spuren in den Biographien und Arbeiten seiner Freunde: Franz Liszt, Honoré de Balzac, Heinrich Heine, Eugène Delacroix, vor allem aber George Sand, seiner langjährigen Geliebten.

Eva Gesine Baur studierte Literaturwissenschaft, Psychologie, Kunstgeschichte und Musikwissenschaften und wurde mit einer Arbeit über das Kinderbild im 18. und 19. Jahrhundert promoviert. Sie hat zahlreiche Bücher über kulturgeschichtliche Themen und unter dem Namen Lea Singer mehrere Romane veröffentlicht. Bei C.H.Beck sind erschienen: *Mozarts Salzburg* (2005); *Freuds Wien* (2. Aufl. 2020); *Amor in Venedig* (2009); *Emanuel Schikaneder* (2012); *Mozart. Genius und Eros* (2. Aufl. 2015, als Paperback 2020) und *Einsame Klasse. Das Leben der Marlene Dietrich* (2017). 2010 wurde ihr der Hannelore-Greve-Literaturpreis verliehen, 2016 erhielt sie den Schwabinger Kunstpreis.

Eva Gesine Baur

Chopin

oder
Die Sehnsucht

Eine Biographie

C.H.Beck

Für Yaara Tal und Andreas Groethuysen

Mit 27 Abbildungen

Alle kursiv gedruckten Passagen sind Zitate aus historischen Quellen.

Das Buch erschien in gebundener Form erstmals im Jahr 2009.
2. Auflage. 2010
3., durchgesehene Auflage. 2010
1. Auflage in C.H.Beck Paperback. 2015

2. Auflage in C.H.Beck Paperback. 2022

www.chbeck.de
Umschlagentwurf: nach einem Entwurf von Kunst oder Reklame, München
Umschlagabbildung: Frédéric Chopin, Daguerreotypie
von Louis-Auguste Bisson, 1849, © akg-images
Satz: Janß GmbH, Pfungstadt
Druck und Bindung: Druckerei C.H.Beck, Nördlingen
Printed in Germany
ISBN 978 3 406 78365 4

myclimate

klimaneutral produziert
www.chbeck.de/nachhaltig

Inhalt

Heute habe ich die «Fantaisie» beendet,
und der Himmel ist schön,
mir ist nur traurig zumute,
aber das macht nichts.
Wenn es anders wäre,
würde meine Existenz vielleicht
niemandem einen Nutzen bringen.
Verstecken wir uns – bis nach
dem Tode.

Chopin an Julian Fontana
in einem Brief
vom 20. Oktober 1841

I
Wege in Warschau

Eine Kindheit in Geborgenheit und Gefahr

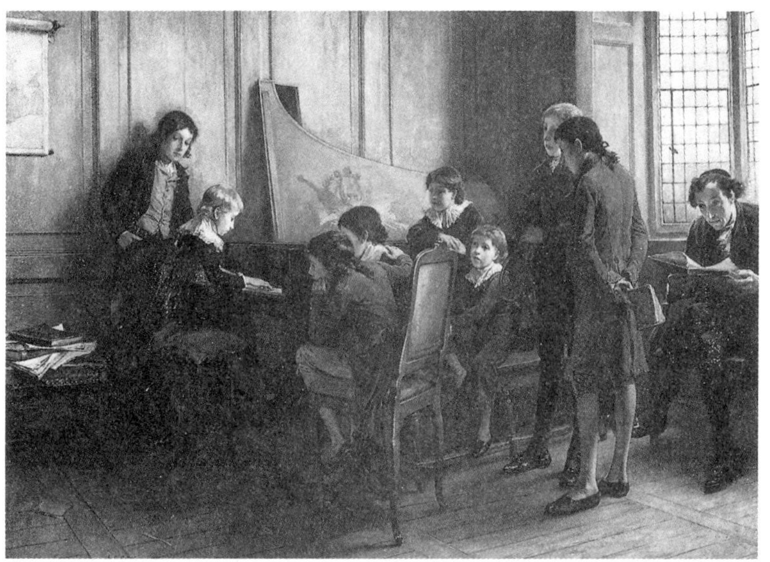

Chopin spielt vor Schulkameraden.
(Ölgemälde von Andrew Garrick Gow, um 1900).

Dass sie ihr Kind an diesem Dienstag nicht begleiten kann, muss bitter sein für Justyna Chopin. Wie üblich ist es gegen Ende des Winters besonders kalt in Warschau. Ihre Töchter sind krank und brauchen sie. Dabei muss sich ihr Sohn einer Herausforderung stellen, bei der die Gegenwart seiner Mutter wichtig wäre. Am 24. Februar 1818, eine Woche vor seinem achten Geburtstag,* soll Fryderyk zum ersten Mal außerhalb des Salons seiner Eltern auftreten. Nicht bei Freunden, bei einem der wichtigsten und reichsten Männer Polens: Antoni Henryk Fürst von Radziwiłł.

Vom Sehen wird das Kind ihn kennen. Warschau hat nur um die 100 000 Einwohner, und diejenigen, die nicht in den mit Moos und Lehm verklebten Holzhäusern wohnen – nicht in den dunklen Gassen der Altstadt, sondern wie die Chopins in bester Lage –, können einander gar nicht aus dem Weg gehen. Doch was weiß das Kind sonst über seinen Gastgeber?

Politische Macht besitzt Radziwiłł hier, im Königreich Polen, über das der russische Zar herrscht, nicht sehr viel. Er ist zwar Statthalter, aber der des preußischen Königs im Großherzogtum Posen, dem westlichen der drei Teile, in die Polen abermals auf dem Wiener Kongress zerschlagen worden war. In Berlin verfügt Radziwiłł über

* Polen feiert, wie Chopins Familie und er selbst es taten, am 1. März seinen Geburtstag. Die Taufe fand erst am 23. April statt. In der Taufurkunde vom 16. April ist als Geburtsdatum der 22. Februar 1810 vermerkt. Es gilt als wahrscheinlich, dass Chopins Vater das korrekte Geburtsdatum bis dahin vergessen hatte. Chopins Schülerin Jane Stirling legte Wert darauf, in das Geheimnis des wahren Geburtsdatums eingeweiht zu sein und verriet 1851, zwei Jahre nach Chopins Tod, es sei der 1. März gewesen. Das deckt sich mit der Angabe, die Chopin selbst machte, als er sich am 16. Januar 1833 bei der Polnischen Literarischen Gesellschaft dafür bedankte, als Mitglied aufgenommen worden zu sein.

eine eigene Residenz, er ist auch Mitglied im preußischen Staatsrat. Der Fürst scheint sich in allem stärker nach Preußen als nach Warschau auszurichten, sicher auch, weil seine Ehefrau Luise aus Preußen stammt. Sie ist eine Nichte Friedrichs II. Trotzdem weiß jeder, dass Fürst Antoni von außen her vieles für seine Landsleute im Königreich Polen bewirkt, weil er mit dem Zaren, der sich hier zum König hat krönen lassen, umgehen kann. Er glaubt, dass sich nur auf diplomatischem Weg etwas zugunsten der Polen ändern lässt, denen Zar Alexander Stück für Stück jene Freiheiten und Rechte genommen hat, die er ihnen bei seiner Krönung versprochen hatte. Damals hatte er die polnische Nationaltracht getragen. Im Nachhinein für die Polen nicht mehr Symbol, nur Verkleidung.

Das Palais Radziwiłł ist eine gute Adresse für den ersten Auftritt des kleinen Chopin. Die Radziwiłłs sind beliebt, und der Fürst ist selbst Musiker, spielt Cello so gut wie viele Solisten, beherrscht die Tenorarien aus den Opern, die hier im Nationaltheater aufgeführt werden. Gluck und Mozart, Rossini und Spontini, Paër und Auber, Boieldieu und Meyerbeer. Außerdem komponiert Radziwiłł. Zurzeit ist er mit einer Vertonung von Goethes *Faust* beschäftigt. Nicolas Chopin, zu dem sie hier Mikolaj Szopen sagen, hat sich bisher gegen einen öffentlichen Auftritt seines Sohnes gesträubt. Doch was seinen Sohn im Blauen Palast der Radziwiłłs erwartet, weiß er. Darüber, wie viel auf dem Familiengut der Familie in Nieświeź, seit der zweiten Teilung Polens vor fünfundzwanzig Jahren zu Russland gehörend, in der Schatzkammer liegt, wird auch in Warschau geklatscht. Zwölf mit Edelsteinen besetzte Rossdecken sollen dazugehören und zwölf Apostelfiguren in Lebensgröße aus massivem Silber. Gegen das, was von dem Palastensemble in Nieświeź berichtet wird, nimmt sich das Warschauer Palais der Radziwiłłs bescheiden aus. Trotzdem wären Nicolas Chopins Bedenken zu verstehen. Zu viel Glanz, zu viel Unbekanntes und vielleicht auch zu viel Bewunderung. Er will nicht, dass sein Sohn Schaden nimmt. Nicolas Chopin war achtunddreißig, als Fryderyk zur Welt kam, gleich alt wie Leopold Mozart bei der Geburt von Wolfgang. Nicolas kennt das Schicksal Mozarts, er möchte kein Wunderkind züchten, das durch die Welt jagt, krank wird, rastlos, haltlos lebt, verbrennt und jung stirbt. Dennoch hat er Ja dazu gesagt, dass Fryderyk auf diesem Wohltätigkeitskonzert, das Zofia Gräfin Zamoyska bei

Radziwiłł veranstaltet, ein Klavierkonzert spielt, das er mit seinem Lehrer eingeübt hat.

Wem ist es zu verdanken, dass der Vater nachgab?

Vielleicht Wojciech Żywny, bei dem sein Sohn seit eineinhalb Jahren Klavierunterricht bekommt. Wie Żywny das geschafft haben könnte? Wohl kaum durch Weltläufigkeit, mit der Nicolas Chopin selbst Punkte macht. Die Perücke, die der zweiundsechzigjährige Mann aus Böhmen trägt, ist *vergilbt*, sein Gehrock, den er nur zum Schlafen ablegt, *dick wattiert, verfleckt und immer von Tabakskrümeln übersät*. Seinem Polnisch, stark tschechisch eingefärbt, fehlt jeder Schliff und seinen Umgangsformen auch. Als großer Musiker gilt er in Warschau nicht, aber er packt die Leute mit Witz und Bissigkeit. Zudem ist er ein alter Freund von Nicolas Chopin. Vielleicht hat auch die Gräfin Zamoyska, deren Familie zu den großen des polnischen Adels zählt, Nicolas Chopin überredet. Einem ihrer Ahnen verdankt sogar eine Stadt ihren Namen: Zamość, nahe an der russischen Grenze, im 16. Jahrhundert nach dem Vorbild von Padua errichtet. Und die Gräfin verfügt über jene Schönheit mit sahniger Haut und Schokoladenhaar, für die adlige Polinnen berühmt sind, noch mehr, seit Napoléon sich eine polnische Geliebte nahm. Zusammen mit ihrer Schwester, Marija Prinzessin von Württemberg, veranstaltet sie regelmäßig *thés dansants* für Kinder, bei denen es weniger um Tee und Tanz geht als darum, den Acht- bis Zwölfjährigen Manieren beizubringen und patriotische Werte, indem sie polnische Lieder und Gedichte lernen.

Der Palast, in dem Radziwiłł hier in Warschau residiert, ist ein barocker Prachtbau, den der Fürst demnächst klassizistisch umbauen lassen möchte, so wie man es jetzt in Preußen hat. Er liegt am Königsweg, der vom Schloss hinaus zum Belweder führt, dort also, wo die meisten Magnaten ihre Residenzen haben. Dass diese Anlage mit drei Flügeln, gepflastertem Ehrenhof und hohem, teils vergoldetem Schmiedeeisengitter den kindlichen Pianisten verschrecken wird, steht nicht zu befürchten.

Als Fryderyk sieben Monate alt war, sind seine Eltern vom Landgut der Gräfin Skarbek nach Warschau gezogen, und seither wohnt die Familie nur in Palästen vergleichbaren Formats. Für Nicolas Chopin, der aus Lothringen eingewandert war und sich anfangs als Buchhalter bei einer

Tabaksfirma durchschlagen musste, ein rasanter Aufstieg. Er verdankt ihn zwei Frauen.

Zuerst war da Ewa Gräfin Łączyńska, Witwe eines hohen Staatsbeamten, die ihn zum Erzieher ihrer vier Kinder machte. Eines davon war Maria, mit achtzehn an den siebzigjährigen Grafen Walewska verkuppelt, mit einundzwanzig überredet, die Mätresse Napoléons zu werden. Aus Vaterlandsliebe müsse sie das tun, wurde ihr eingetrichtert, weil Napoléon sich damals als Freund der Polen gab und in jenem Jahr – 1807 – das Herzogtum Warschau geschaffen hatte. Nicolas könnte viel erzählen von Maria Walewska, über die sich bis zu ihrem frühen Tod im vergangenen Jahr die Menschen nicht nur in Polen, sondern von Prag bis Paris das Maul zerrissen. Doch er ist ein diskreter Mann. Nicolas Chopin vertrete, schreibt Fryderyk Skrabek, der Sohn seiner einstigen Dienstherrin, mittlerweile sein Schüler und Fryderyks Pate, *weder übertriebene Grundsätze der republikanischen Freiheit*, noch sei er von der *heuchlerischen Bigotterie anderer französischer Emigranten.* Er sei *kein Royalist, der den Thron abgöttisch* verehre, vielmehr der *Inbegriff eines moralischen, ehrenwerten Mannes.* Nicolas Chopin ist in allem gemäßigt. So einen kann man brauchen in adligen Kreisen. Marias Mutter hatte Nicolas weiterempfohlen an ihre Freundin, Ludwika Gräfin Skarbek. Die hatte Chopin als Hauslehrer für ihre Kinder draußen, in Żelazowa Wola, eine Tagesreise westlich von Warschau, eingestellt. Auch aus dieser Familie gäbe es einiges auszuplaudern: Ludwika lebte damals schon ohne Ehemann, weil der sein und ihr Geld verspielt hatte und vor den Gläubigern ins Ausland geflohen war. Dass eine gewisse Justyna Krzyżanowska, die im Hause Skarbek beschäftigt ist, seine uneheliche Tochter sei, ist ein Gerücht, doch es hält sich.

Die guten Umgangsformen von Nicolas Chopin wusste die Gräfin Skarbek ebenso zu schätzen wie seine Intelligenz und seine Vielseitigkeit. Er spricht ein feines Französisch, fließend Deutsch und Polnisch, spielt Geige und Querflöte. In polnischer Geschichte ist er ebenso sattelfest wie in polnischer Literatur, denn obwohl er aus einem Kaff namens Marainville stammt, unweit von Nancy gelegen, ist er polnischer Patriot. Ludwika Skarbek weiß, warum. Nicht der Vater von Nicolas, François Chopin, ein Weinbauer und Stellmacher, hat den Sohn geprägt, sondern der Verwalter des Schlossherrn in Marainville, Jan Adam Weydlich. Der ist wie der Schlossherr selbst, Michał Graf Pac, Pole. Dass sie in Lothringen gelandet sind, ist dessen kurzzeitigem Regenten zuzuschreiben: Nachdem Polens König Stanisław Leszczyński zur Abdankung gezwungen worden war, hatte ihm sein Schwiegersohn, Frankreichs König Louis XV., zum Trost das Fürstentum Lothringen überlassen. Der verjagte Pole hatte sich dankbar erwiesen: In den dreißig Jahren, die er dort als Fremder bis zu seinem Tod regierte, hatte er sich wie ein höflicher Gast benommen, sich bei den Gastgebern mit Güte revanchiert und dadurch beliebt gemacht. Der Pole Weydlich war es, der Nicolas entdeckt und gefördert hatte. Als Pac wie Weydlich beschlossen, in ihre Heimat zurückzukehren, war auch Nicolas in die Kutsche gestiegen. Mit sechzehn Jahren. Allein, aus eigenem Antrieb.

Nicolas Chopin verfügt über Mut und Aufbruchsgeist, er ist diszipliniert, ehrgeizig und zielbewusst, er kann rechnen, kalkulieren und versteht sich darauf, die richtigen Leute kennenzulernen. Dass er Justyna Krzyżanowska geheiratet hat, war nicht purer Leidenschaft zuzuschreiben: Vier Jahre hatte er sich Zeit gelassen, um sie zu werben. Geschickt war das ebenfalls: Die Braut verfügte über keinerlei Mittel, jedoch über gute Beziehungen. Die junge Frau aus verarmtem Kleinadel, die auf Żelazowa Wola den Haushalt der Skarbeks verwaltete, ist eine entfernte Verwandte von Ludwika und zugleich Patenkind von deren Eltern. Eine Frau, die dem Weinbauernsohn Türen öffnen konnte.

Justyna und Nicolas Chopin hatten keine Schwierigkeiten, aus dem eingeschossigen Haus mit gekalkten Wänden und getretenen Böden, in dem sie neben dem Anwesen der Skarbeks gewohnt hatten, umzuziehen in das Sächsische Palais im Herzen Warschaus, wo die Wände tapeziert, die Decken stuckiert sind. Wenn auch nur als Besucher oder Angestellte, waren sie eine solche Umgebung gewohnt. Dort hatte Nicolas durch die Vermittlung von Ludwika Skarbek eine Stelle als Französischlehrer für die unteren Klassen an eben dem Lyzeum bekommen, auf das sie selbst ihre Kinder schickte. Mit seiner Frau und den Kindern – seiner Tochter Ludwika, nach der Gräfin benannt, und seinem Sohn Fryderyk, nach deren Sohn, seinem Paten, getauft – bezog Nicolas Chopin eine Wohnung im rechten Seitenflügel des Schulgebäudes. In diesen Räumen, von wo der Blick nicht mehr auf Bäume und Wiesen, sondern auf einen Obelisken hinausgeht, hat Justyna 1811 ihre zweite Tochter Izabela und 1812 ihre dritte Tochter Emilia auf die Welt gebracht.

Dass in jenem Jahr, als die Familie Chopin auf sechs Mitglieder angewachsen war, der Vater eine zweite Stelle als Lehrer an der Schule für Artillerie und Ingenieurswesen bekommen hatte und kurz darauf zum Oberstufenlehrer am Lyzeum aufstieg, war nicht nur finanziell vorteilhaft, sondern auch gesellschaftlich. Seine Schüler stammen größtenteils aus dem Landadel, dem vermögenden vor allem, der über große Güter verfügt. Die *Szlachta*, Polens Adel, ist aus waffenfähigen Bauern erwachsen, die sich selbst das Adelsprädikat verliehen. Und sie hat vor über dreihundert Jahren etwas Einzigartiges erschaffen, worauf sie stolz ist: eine Wahlmonarchie, bei der auch jeder Landadlige, der durch Erbteilungen verarmt oder ganz besitzlos geworden war, über eine Stimme im Sejm, im Unterhaus verfügte. Dieser Landadel ist eine Gesellschaft für sich, die ihre eigene provinzielle Kultur hütet, ihren eigenen Ehrenkodex behauptet, ihre religiöse Intoleranz und ihren Argwohn gegen das Fremde pflegt. Doch auch unter Warschaus Adligen gilt es als selbstverständlich, sich auf die eigenen Bräuche und Werte zu besinnen. Dass Preußens König Friedrich II. sich einmal öffentlich lustig machte über die türkisch anmutenden Gewänder, in denen damals viele Männer der *Szlachta* herumliefen, hatte sie nur darin bestärkt, Neuerungen für schädlich und Tradition für das Rückgrat des Landes zu halten. Zarin Katharina II. fand es bedenklich, dass Polen 600000 Adlige zu bieten hatte, Russland aber nur 150000. Seit sie Nachweise verlangt hatte, um die *Szlachta* auszudünnen, haben Dichter oder Historiker begonnen, den Landadel und seine ursprüngliche bäuerliche Welt zu verherrlichen als das Ureigenste Polens. Im Haus der Chopins, im Kreis der Pensionsgäste, der Lehrer des Lyzeums denken die meisten wie jene Dichter und Historiker. Nicolas Chopin, schreibt Fryderyk Skarbek in sein Tagebuch, achte die Polen; er sei *dem Land und den Menschen, die ihm Gastfreundschaft und einen entsprechenden Lebensunterhalt* gewähren, dankbar und revanchiere sich, *indem er die jungen Generation gewissenhaft zu wertvollen polnischen Bürgern* erziehe und nicht versuche, *die Jugendlichen in Franzosen umzuwandeln und ihnen fremde Grundsätze einzuhämmern.*

Der Vater ist dabei, als der Achtjährige an diesem Dienstag im Februar von der Kutsche des Grafen Radziwiłł abgeholt und zu dem Palais gefahren wird, das zu Fuß in zehn Minuten zu erreichen wäre. Fryderyk braucht keine Angst zu haben, auf dem Parkett dort auszurutschen. Er hat daheim, im Salon der Eltern, gelernt, wie man Gräfinnen und Grafen begrüßt. Auch wenn die polierten Möbel und die Spiegel zu Hause sehr viel kleiner sind als im Palais Radziwiłł, auch wenn daheim keine Kristalllüster blinken, keine Gobelins und keine Gemälde großer Meister in vergoldeten Rahmen die Wände bedecken, weiß sich das Kind in solcher Umgebung zu bewegen. Dennoch wird Justyna besorgt sein. Die Mutter, nicht der Vater, ist Fryderyks Zuflucht. Für ihn gilt, was von der Mutter kommt.

Als sie von Fryderyk entbunden wurde, erzählt Justyna Chopin, seien im Hof von Żelazowa Wola wie oft zur Karnevalszeit Musiker auf Schlitten vorgefahren und hätten Mazurken vorgetragen. Genau in dieser Stunde.

Nicht der Vater, die Mutter spielt Klavier. Fryderyk habe als Säugling in der Wiege gezittert, gezuckt, oft geweint, wenn sie am Instrument saß. Auch das erzählt Justyna ihrem Sohn und allen anderen. Unter ihrem Clavichord habe er, sobald er krabbeln konnte, immer gehockt, wenn sie übte. Von ihr hat er den ersten Unterricht bekommen. Für sie hat er schon mit sechs Jahren am Klavier improvisiert.

Nun kann sie nicht dabei sein, wenn ihr Sohn vor den vornehmen Gästen spielt. Befürchtet Justyna, ihr Fryderyk, wohlerzogen, aber schüchtern, könne vor dem Fürsten erschrecken? Radziwiłł ist körperlich das Gegenteil von Fryderyks Vater. Nicolas Chopin ist schmal, vom Gesicht über die Schultern bis zu den Gelenken, und wirkt deutlich jünger als Radziwiłł, obwohl er vier Jahre älter ist. Der Fürst ist ein massiger Mann mit einem schweren Schädel und grau meliertem Vollbart. Dass er ein Freund von Zar Alexander ist, wird Fryderyk ebenso wissen wie dass seine Frau eine Nichte von Preußens ehemaligem König Friedrich II. ist.

Fryderyk hat bereits gelernt, dass es hier in Warschau Menschen gibt, vor denen sich alle fürchten. Einer davon ist der Generalstatthalter des Königreichs Polen: Großfürst Konstantin, Bruder des Zaren, Vizekönig hier und Oberbefehlshaber der polnischen Armee. Über ihn wird bei den Chopins zu Hause geredet. Seinetwegen mussten sie im letzten Jahr ihre Wohnung im Sächsischen Palais räumen, wo sie sieben Jahre lang gelebt hatten, und in das Kazimierz-Palais auf der anderen

Seite der Krakauer Vorstadt umziehen. Der große Platz vor dem Sächsischen Palast schien Konstantin für Paraden und Exerzierübungen besonders geeignet, und die liebt er, weil er gerne mit Soldaten spielt. Dort, wo den ganzen Tag über die Prominenz Warschaus vorbeikommen muss, kann er die Militärs vor aller Augen seiner Willkür aussetzen, solange es ihm Spaß macht. Er kann sie bis zur Erschöpfung sinnlose Befehle ausführen lassen, er kann sie zu Übungen nötigen, bei denen manche zusammenbrechen. Er kann sich daran weiden, dass die reich dekorierten Marionetten nach seiner Pfeife tanzen. In der Glut eines Hochsommertages oder im Frost des Januars. Diese Leidenschaft hat er von seinem Vater geerbt, Zar Pawel I. Das Palais direkt an diesem Spielplatz musste in seine Hand gelangen. Trotzdem behauptet er, die Polen zu lieben.

Das neue Heim der Chopins ist keineswegs schlechter. Der barocke Palast liegt an einem gepflasterten Platz, der in der Regenzeit nicht in Matsch versinkt wie die meisten anderen Plätze und Straßen der Stadt. In den oberen Geschossen des Gebäudes sind Lehrsäle der Universität untergebracht, im Erdgeschoss befindet sich nun das Lyzeum. Die Chopins sind mit ihrer Pension für die Schüler umgezogen und belegen den zweiten Stock im rechten Nebengebäude. Die Wohnung ist eleganter als die alte. Sie hat hohe Decken, Stuck und Parkett. Weil sie auch erheblich größer ist, konnten die Chopins auch weitere Schüler als Gäste aufnehmen, einen Hauslehrer und eine Haushälterin einstellen. In der ersten Etage, direkt unter den Chopins, wohnt der Direktor der Schule, Samuel Bogumił Linde, mit Frau und Kindern, neben ihm der Rektor der Warschauer Universität. Auch die Hausgenossen im Parterre sind angesehene Gelehrte. Mit einer der beiden Familien, den Kolbergs, sind Chopins bald befreundet. Vieles ist besser hier als im Sächsischen Palais. Doch dass es Despoten gibt, weiß Fryderyk seit der Vertreibung aus dem alten Domizil.

Der einzige Sohn von Justyna Chopin ist kein trauriges Kind. Er lacht gerne und ist bei seinen Freunden beliebt. Auffallend vorsichtig ist er dennoch, als befürchte er, sein Körper sei zerbrechlich. Vielleicht halten die Eltern ihn auch deshalb nie an, viel zu üben.

Sein Lehrer Żywny hat ohnehin längst verstanden, dass dieser Junge kaum wegzubringen ist vom Klavier und ohne Drill technische

Schwierigkeiten meistert. Żywny hat einen altmodischen Musikgeschmack, das ist bekannt. Zeitgenössisches interessiert ihn nicht. Dass er für Mozart schwärmt, vielleicht weil er im selben Jahr zur Welt kam, und für Haydn, auch in Polen ein populärer Komponist, erstaunt keinen. Aber diesen Johann Sebastian Bach, dessen Präludien und Fugen Żywny zum Pflichtprogramm für all seine Schüler erhebt, kennt man hier ebenso wenig wie in Berlin, Prag oder Wien.

Außenstehende mag es wundern, was Żywny ausgesucht hat für den Auftritt seines Schülers bei Radziwiłł. Kein Werk eines polnischen Komponisten, auch nichts von Mozart oder Haydn, vielmehr das Klavierkonzert in e-Moll von Adalbert Gyrowetz, der zwar vor zwanzig Jahren einmal bekannt gewesen war, doch sein Stern ist längst im Sinken. Vielleicht mag Żywny ihn, weil auch er aus Böhmen stammt, ebenfalls Geiger ist und das Clavichord dem Klavier vorzieht. Wahrscheinlich aber ist Żywny bewusst, was dieser Gyrowetz für seinen Vorzeigeschüler tun kann. Er ist zwar in Wien, am Kärntnertortheater angestellt, hat jedoch überall Beziehungen zum Adel. Das Stück hört sich an wie eine schwache Kopie von Haydn, doch es glitzert an der Oberfläche. Fryderyk fällt es leicht, die virtuosen Partien gelingen ihm fehlerfrei, aber er wird es nun zum ersten Mal mit Orchesterbegleitung spielen und in einem Theatersaal von Ausmaßen, die er nicht kennt. Es wäre gut, könnte die Mutter dort in Sichtweite sitzen.

Justyna Chopin muss ihren Sohn allein ziehen lassen, aber sie ist dennoch bei ihm. Zu seinem Anzug trägt er einen Kragen, einen großen weißen Kragen, den sie genäht und bestickt hat. Er wird nach ihren Händen riechen.

Noch nie hat Fryderyk in einer solchen Umgebung Klavier gespielt. Das Konzert, bei dem er im Palais der Radziwiłłs auftritt, findet statt im Théâtre français des Hauses, einem Saal mit Bühne und Samtvorhang, der auch für die großen Bälle genutzt wird.

Viele unter den Gästen sind Nicolas Chopin bekannt und er kann Justyna von diesem Publikum aus Grafen und Gräfinnen, Fürsten und Fürstinnen, Prinzen und Prinzessinnen berichten. Vermutlich sitzt auch Julian Ursyn Niemcewicz im Saal, regelmäßig Gast im Blauen Palais, mittlerweile ein Mann von achtundfünzig. In jungen Jahren war er Adjutant des Fürsten Czartoryski gewesen, hatte Frankreich, England und Italien bereist, und war heimgekehrt beim Aufstand 1794 in Gefangenschaft geraten. Wieder in Freiheit, hatte er sich über Schweden und England nach Amerika abgesetzt, wo er zehn Jahre verbracht hatte. Längst gilt er als Verfasser dicker Werke über die polnische Geschichte als ein nationales Denkmal. Dass er später in einem Einakter Chopins Auftritt erwähnen wird und die Vorbereitungen jenes Abends schildern, ahnt das Kind an diesem Abend nicht. Darin sagt die Gräfin Zamoyska: *Wenn wir auf die Eintrittskarten drucken, dass Chopin erst drei Jahre alt ist, wird jeder hierher rennen, um das Wunder zu sehen. Denkt nur, wie viele Menschen dann kämen und wie viel Geld wir sammeln könnten.*

Ob die falsche Altersangabe wirklich auf den Eintrittskarten gestanden hat? Sicher ist, dass viele Menschen gekommen sind: Warschaus feinste Gesellschaft in Seide, Brillanten oder Galauniform, geschmückt, geschminkt, parfümiert. Alle sind hinterher entzückt vom Auftritt des Kindes in seinem Samtanzug mit kurzen Hosen und weißem Kragen.

Als Fryderyk an diesem Dienstag spätabends zurückkehrt von seinem ersten Auftritt und die Mutter ihn fragt, womit er beim Publikum am besten angekommen sei, sagt er, den tiefsten Eindruck habe sein Kragen gemacht.

Lügt er bewusst oder ist ihm sein Äußeres schon als Kind so wichtig, dass er meint, das zähle auch beim Publikum mehr als alles andere?

Wo immer Fryderyk sich ans Klavier setzt, wird er umlagert. Er ist eine Berühmtheit in der Stadt, und das kann ihm selbst nicht entgangen sein.

Dass letztes Jahr eine der beiden Polonaisen, die er mit nicht einmal sieben komponiert hat, bei der Notenstecherei Cybulski erschienen ist, weiß fast jeder, auf den es in der Gesellschaft dieser Stadt ankommt: Die *Warschauer Nachrichten* hatten im Januar darüber berichtet. Nicolas Chopin, der vermeiden möchte, dass sein Sohn mit Mozart verglichen wird, trägt selbst dazu bei, war er es doch, der die ersten beiden Kompositionen seines Sohnes notierte, wie der Vaterkollege Leopold. Verhindern kann er diesen Vergleich ohnehin nicht. Wunder wie diesen Fryderyk Chopin braucht das geschundene Land. Sie helfen Polen, seine Würde zu wahren.

Die Front der Stadt zur Weichsel hin sieht zwar noch so aus, wie Bernardo Bellotto genannt Canaletto sie malte, damals in den sechziger und siebziger Jahren des letzten Jahrhunderts, als Polen noch einen polnischen König hatte. Die Prachtstraßen haben sich nicht verändert seit Bellottos Zeit. Dahinter aber verbergen sich Gestank, Schmutz, Krankheit und Hoffnungslosigkeit. Die Modernisierungen, mit denen in Paris, Wien oder Berlin Missständen abgeholfen wird, sind an Warschau vorbeigegangen. Die vorbildliche Stadt ist rückschrittlich geworden. Der Zar interessiert sich nicht mehr für sie. Ob das, wie manche unterstellen, damit zu tun hat, dass er nun nach neunzehn Jahren das Verhältnis mit seiner polnischen Mätresse, der Fürstin Maria Naryschkina, beendet hat? Wie dem auch sein mag: Das Herz Warschaus ist krank. Düstere Gewölbe, morsche Holzhäuser, baufällige Holzkirchen, Gassen voll von Kot und Abfällen, durch die tags wie nachts die Ratten rennen. Von den ungefähr zweihundert Straßen sind nicht viel mehr als zehn schön, fünfzig erträglich, der Rest ist erbärmlich. Auch den Fremden, die Warschau besuchen, wird auffallen, dass sich hier nicht nur an die achtzig Paläste, Kirchen und Tempel drängen, sondern auch modernde Ruinen unter geflickten Dächern, in denen die Feuchtigkeit die Bewohner lungenkrank macht. Wunder braucht das geschundene Land. Wunder aus der Musik sind besonders beliebt, denn Warschau erlebt sich als Metropole der Musik, des Klaviers vor allem. Kaum ein bürgerlicher Haushalt, der keines besäße, kaum eine Tochter, ein Sohn aus besserem Haus, die keinen Unterricht bekämen. Fast jeder von Fryderyks Freunden spielt gut Klavier. Neun Musikgeschäfte können sich in Warschau halten, darunter der Musikverlag Antoni Brzezina, dessen Name in Wien so geläufig ist wie in London.

Der Stolz hält die Menschen aufrecht, und das junge Genie gibt diesem Stolz Nahrung. *Wäre der junge Mann in Deutschland oder in Frankreich geboren worden, hätte er sicher schon weltweit für Aufsehen gesorgt*, hatte die Zeitung über den kleinen Komponisten geschrieben, der schon zuvor Stadtgespräch geworden war. Keiner hat bei Żywny schneller Bachs Stücke auswendig gelernt, keiner seiner Schüler, ob fünf oder zehn Jahre älter, spielt sie besser. Dieser blasse Kerl mit dem blonden Haar und diesen zwischen blau, grau und bernsteinfarben changierenden Augen entspricht auch äußerlich dem, was man sich von einem Wunderkind wünscht. Sein Blick ist träumerisch, seine Stimme ist leise und wenn er am Klavier sitzt, vergisst er alles um sich her.

Nein, es war mit Sicherheit nicht der Kragen, der dem Kind Applaus bescherte. Doch vermutlich beglückt Justyna Chopin diese unglaubwürdige Behauptung. Will ihr Sohn mit dieser Unwahrheit doch seine Wahrheit bekunden: Die Mutter ist es, der er alles verdankt. Sollte es eine bewusste Lüge sein, wie viel Charme besitzt sie doch!

Fryderyk Chopin ist in Weiblichkeit eingebettet: Neben der Mutter sind da die drei Schwestern und die Haushälterin, die ihn alle zum Mittelpunkt ihres Lebens gemacht haben. Fryderyks ältere Schwester Ludwika, die er am Klavier rasch überflügelt hat, behütet den Bruder, als wäre er ihr Kind. Doch ein Genie, als das er längst verkauft wird, kann nicht in der gepolsterten Schatulle leben. Er muss raus. Das verstehen auch Justyna und Nicolas Chopin.

Seit dem Tag, an dem Fryderyk bei Radziwiłłs glänzte, fahren regelmäßig die Wagen des Adels vor dem Kazimierz-Palais vor, um Fryderyk abzuholen zum Konzert in einem der vielen Schlösser, Palais und Herrensitze in und um Warschau. Den Eltern gefällt es durchaus, dass die Nachbarn und Passanten das beobachten. Es sind die besten Häuser, in denen ihr Sohn auftritt, und auch wenn sie ihn vor den Martyrien eines dressierten Wunderkindes bewahren wollen, darf es sie freuen, wie durch Fryderyk der Name Chopin in Polen bekannt wird. Am 26. September 1818 beehrt die Mutter des Zaren, Maria Feodorowna, das Lyzeum im Kazimierz-Palais mit einem Besuch; es gilt unter den Gymnasien der Stadt als das mit dem besten Unterricht und mit der besten Verpflegung. Mehr als die Musterschule dürfte die Zarenmutter aber dieses Wunderkind dort neugierig gemacht haben, von dem überall geredet wird. Fryderyk Chopin gehört zu den Sehenswürdigkeiten Warschaus, und für kultivierte Reisende steht er ebenso auf dem Programm wie die Heiligkreuz-Kirche. Dass Fryderyk der Maria Feodorowna seine beiden Polonaisen überreicht, steht in der Zeitung. Dass er bereits als nationales Wunderkind gilt und sich nationalen Formen widmet, steht im Verlagsverzeichnis. *Der Komponist dieses polnischen Tanzes … ein wirkliches Musikgenie … kann nicht nur mit größter Leichtigkeit und außerordentlichem Geschmack die schwierigsten Stücke auf dem Klavier spielen, sondern hat bereits einige Tänze und Variationen komponiert, die Musikkenner in Erstaunen versetzen … möge diese … Bemerkung als Beweis dafür dienen, dass auch auf unserem Boden Genies wachsen.*

Die Polen sind stolz, dass ihr kleiner Mozart als Erstes zwei Stücke komponiert hat, deren Bezeichnung schon auf ihre Herkunft hinweist: *Polonez*, wie es die Polen schreiben, wird auf Bauernhochzeiten und Fürstenhochzeiten getanzt, auf Geburtstagsfeiern und an Neujahr, auf großen Bällen und Hausbällen. Ein feierlicher und trotzdem fröhlicher Tanz, der strengen Regeln folgt und dennoch ausgelassen ist. Ein Tanz, der jeden an der Hand nimmt, mit einschließt und mitreißt. Im Polnischen ist dieser Tanz männlich: der *Polonez* heißt es, nicht die *Polonez*. Und die Männer können sich dabei auch noch besser zeigen als die Frauen, erst recht, wenn sie dabei die Nationaltracht tragen. Mit dem *Polonez* eröffnet der Hausherr den Ball, und zwar nicht mit der jüngsten oder schönsten Frau, sondern mit der, die am meisten geehrt wird. *Polonez* verlangt Haltung. *Polonez* verlangt Technik. *Polonez* verlangt eine Virtuosität, die sich nicht in den Vordergrund drängt. Der *Polonez* ist so gar nicht das, was einem Kind entspricht. Dennoch hat Fryderyk zwei Polonaisen komponiert, eine in g-Moll, eine in B-Dur: wohl kaum, weil ihn die Eltern dazu drängten, viel eher, weil es vertraut war und heimatlich. In seinem Elternhaus wird wie in fast allen Häusern, die auf sich halten, das Heimatliche geliebt. Es werden polnische Lieder gesungen, polnische Melodien auf der Geige, der Flöte, dem Klavier gespielt, polnische Gedichte rezitiert, polnische Romane gelesen.

Zar Alexander, auf den sie so viele Hoffnungen gesetzt hatten, weil er nach der Ermordung seines Vaters eine Gegenwelt zu dessen Tyrannei schaffen wollte, weil er die Annoncen zum Verkauf Leibeigener verbot und die Bildung förderte, hat die Selbstbestimmung mit jedem Jahr weiter beschnitten. Die Intellektuellen, auch in Warschau, halten ihn für schlau, aber schwach, viele zitieren Napoléon, den er besiegte. Alexander sei elegant, falsch und durchtrieben, hatte der französische Widersacher erklärt. Viele Russen, die meisten Polen teilen seine Meinung. Alexander sei zu schwach, um zu regieren, und zu stark, um regiert zu werden, heißt es in Warschau. Wenn er den Einflüsterungen seiner Ratgeber folgt, geht es den Polen zumindest nicht an den Kragen. Der wohl Wichtigste von ihnen, Adam Jerzy Fürst Czartoryski, ein Pole, war mit vierzehn, nach dem gescheiterten polnischen Aufstand von 1794, als Geisel an den Zarenhof verschleppt worden, wo Kronprinz Alexander ihn zu seinem Freund erkor. Und er blieb Alexanders Freund, als der Zar wurde. Der Pole Czartoryski war Außenminister des Alexander Pawlowitsch gewesen, sein Begleiter auf dem Wiener Kongress und hatte danach den Zaren bewogen, Polen eine Verfassung zu geben. Vermutlich war es Czartoryskis Affäre mit der Zarin, die seinen Stand verschlechtert hatte. Offenbar hat der notorisch fremdgehende Zar das nicht als erleichternd, nur als herabwürdigend empfunden. Mittlerweile ist von der Polenbegeisterung des Zaren jedenfalls nichts mehr zu verspüren.

Die Zarenmutter, der Fryderyk seine Polonaisen überreicht, ist keine Polin, auch keine Russin: Sie wurde als Sophia Dorothea Augusta Luisa Prinzessin von Württemberg im preußischen Stettin geboren. Auch sie ist eine Nichte Friedrichs II. wie die Fürstin Radziwiłł, doch mittlerweile eine sechzigjährige Matrone. Die Preußen sind den Polen damals freundlich gesonnen, und die Polonaise wird nicht als Provokation empfunden.

Lernt Fryderyk bei solchen Auftritten, die Scheu zu überwinden, oder lernt er nur, sie zu verbergen?

Im Gehäuse des Vertrauten wird er wohl keine Angst haben. Vor der Kälte der Öffentlichkeit bewahren ihn die Eltern nach wie vor. Die Welt der Chopins ist in Ordnung.

Dann aber kommt eine Anfrage, die Justyna und Nicolas bedrängen muss, schon weil sie keine Ablehnung duldet: Großfürst Konstantin bestellt den kleinen Chopin zu sich hinaus auf seinen Sommersitz, das Belweder. Über Konstantins Tobsuchtsanfälle und seine mörderische Willkür klatscht jeder in Warschau, über seine privaten Verhältnisse auch. Dass er sich als Soldat an der Seite von Zar Alexander tapfer geschlagen hat und in den Schlachten bei Austerlitz und Leipzig Todesmut bewies, erwähnen manche anstandshalber, doch interessanter ist, dass seine Frau Juliane ihn verlassen und sich ins Ausland abgesetzt hat. Weil sie ihn nicht ertrug, sagen die Polen. Manche sagen auch, er habe sie geschlagen. 1813 war Juliane geflohen, zwei Jahre danach hatte Konstantin auf einem Ball zu Ehren seines Bruders die zwanzigjährige Joanna Grudzińska kennengelernt und sie zu seiner Geliebten gemacht. Nach fünf Jahren des Zusammenlebens hat er sie nun in diesem Mai geheiratet und zwei Monate nach der Hochzeit zur Fürstin von Lowicz erhoben. Es heißt, Joanna habe ein Gespür dafür, wie Konstantin zu beruhigen sei. Zu ihren Methoden gehört auch die Einladung dieses klavierspielenden Wunderkindes.

Im Sächsischen Palais ist Chopins Musik bereits zu Hause, besser gesagt: vor dem Sächsischen Palais. Es war riskant, dass er dem Großfürsten zu Ehren ausgerechnet einen Militärmarsch für Klavier komponiert hat. Leicht hätte der das als Verspottung seiner Soldatenspiele deuten und den bekanntermaßen patriotischen Vater des Kindes dafür verantwortlich machen können. Doch so weit denkt Konstantin wohl nicht. Der Marsch hat ihm derart gut gefallen, dass er ihn für seine Militärkapelle umschreiben ließ und bei den Paraden aufführt. Drei weitere Märsche hat Fryderyk mittlerweile komponiert, er kann dem Großfürsten Neues bieten. Das nimmt dem befohlenen Auftritt nichts von seiner Bedrohlichkeit. Auch Kindern kommt es in Warschau zu Ohren, wovon die meisten Erwachsenen überzeugt sind: Nicht auf Veranlassung Alexanders, sondern auf die seines Bruders Konstantin sei der Geliebte von Zarin Elisabeth Alexejewna vor einigen Jahren einem Mordanschlag zum Opfer gefallen. Stabschef Alexej Ochotnikow, ein junger, gutaussehender Mann, hatte als Tröster der betrogenen Zarengattin den Fürsten Czartoryski abgelöst. Der war zu berühmt, als dass die Öffentlichkeit einen Meuchelmord an ihm hingenommen hätte. Außerdem war er ein Freund des Zaren. Czartoryski war also nur seines Amtes als Außenminister enthoben worden. Doch Ochotnikow, wer würde seinetwegen den eigenen Kopf riskieren? Es wird gemunkelt, Konstantin habe selbst mit Hand angelegt bei der Beseitigung des jungen Liebhabers. Die Polen kennen Konstantins Jähzorn. Es hat sich herumgesprochen, dass jeder, der seinen Launen ausgesetzt ist, um sein Leben fürchtet. Diesem Bruder des Zaren trauen sie alles zu. Manche suchen Erklärungen für Konstantins Verhalten. Alle vier Söhne des Zaren haben mit der Last zu kämpfen, dass ihr Vater im eigenen Palast umgebracht worden ist. Nicht dramatisch, ganz erbärmlich, in einem Handgemenge ist er umgekommen. Zar Pawel I. Petrowitsch hatte sich hinter einem Wandschirm versteckt, wo ihn die Offiziere, die ihn zum Abdanken zwingen wollten, aufspürten. Einer hatte dem Zar seine Schnupftabaksdose gegen die Schläfe geschlagen, ein anderer hatte ihn mit einem Seidenschal gewürgt, ein Dritter hatte ihm den Briefbeschwerer aus Malachit gegen die Kehle gedrückt. Die Offiziere hatten keinen Mord geplant, doch das Volk jubelte, als der Totschlag bekannt wurde.

Wie sollen die Söhne eines Vaters, der so starb, souverän sein? Sich verhasst zu wissen, macht misstrauisch, Misstrauen macht bösartig. An

Konstantin lässt sich das gut beobachten. Ausgerechnet zu ihm wird Fryderyk nun befohlen. Die Einladung, eher eine Vorladung, beunruhigt wegen des Ortes noch mehr. Das Sächsische Palais liegt um die Ecke, der *Palac Belweder* aber draußen beim Łazienki-Park, in dem man sich verlaufen kann. Bevor er es zum Hauptwohnsitz bestimmte, hatte Konstantin das Belweder umbauen lassen; aus der heiteren Barockarchitektur ist eine klassizistische geworden, kühl, glatt, streng.

Was geht in einem Kind vor, das allein am Klavier sitzt in einem fast leeren Saal, der nichts erzählt? Herbeizitiert von einem Mann, über den die Erwachsenen Schreckliches berichten, vor dem Soldaten und Offiziere zittern, einem Mann in dekorierter Uniform mit düsterem Gesicht, der bekanntlich jäh in Geschrei ausbricht, bösartige Befehle erteilt oder gewalttätig wird. Wie soll ein Kind in dieser Umgebung stundenlang spielen und einen Menschen, der einen gedungenen Mörder in jedem Bediensteten wittert, in gute Stimmung versetzen?

Vielleicht ist es die junge Joanna Grudzińska, die dem Zehnjährigen die Angst nimmt, eine schöne und fröhliche Frau. Für Schönheiten hat Chopin bereits einen Sinn. Vielleicht denkt er, während seine Finger über die Tasten laufen, an Angelica Catalani, eine der berühmtesten Sängerinnen Europas, der er zu Beginn dieses Jahres vorgespielt hat, schön und fröhlich auch sie. Vielleicht trägt er die goldene Taschenuhr mit Widmung, die sie ihm geschenkt hat, als Talisman bei sich. Jedes Kind in Warschau weiß von Konstantins angsterregendem Charakter, seiner Unberechenbarkeit und Willkür. Haben die Eltern Fryderyk vorgewarnt, es stehe ein Zornesausbruch zu erwarten?

Fryderyk spielt auswendig. Als er die Hände von den Tasten nimmt, bleibt der befürchtete Wutanfall aus. Der Großfürst fragt das Kind, als es aufsteht, nur: *Warum schaust du dauernd in die Luft, wenn du spielst? Liest du denn die Noten von der Decke ab?*

Despoten verstehen nichts von dem, was die Fantasie vermag, und ahnen nicht, wohin sie entführt. Ein Kind, das vor einem Despoten Klavier spielt und damit dessen Zorn besänftigt, verspürt jedoch, welche Macht es besitzt durch die Musik. Ob es dadurch die Angst vor ihm verliert? Oder ob es sich dadurch noch mehr festklammert an jenem Instrument, das offenbar Wunder zu wirken vermag?

Dann wird der Pianist nach Hause gebracht. Wir wissen nicht, wovon er geträumt hat in dieser Nacht. Wir wissen nicht, ob er damals schon gespürt hat, dass es vor allem die Frauen sind, die ihn beschützen wollen. Wir wissen nur, dass er nun eine Gewohnheit entwickelt, die seine Eltern beunruhigen müsste.

Nicht etwa, dass er zuviel übt. *Während andere Tage damit zubrachten, mit den Tasten zu kämpfen,* schreibt Nicolas Jahre später seinem Sohn, *hast Du kaum eine Stunde damit zugebracht.* Mit Fingerübungen bringt er wenig Zeit zu, am Klavier jedoch viel, ob er Bach spielt oder über polnische Lieder, Tänze oder klassische Sonaten improvisiert. Was Justyna und Nicolas Chopin alarmieren müsste: Fryderyk steckt sich jeden Abend Holzstücke zwischen die Finger und spreizt sie damit, so weh das auch tut. Seine Hände sind nicht klein, aber schmal. Fryderyk will endlich eine Oktave greifen können.

Nicolas und Justyna Chopin mischen sich nicht ein. Sie lassen ihren Sohn, den sie sonst wachsam behüten, gewähren, obwohl ihnen bewusst sein muss, wie riskant diese Selbstquälerei ist. Doch Nicolas Chopin wollte und sollte das rasch vergessen: *es war eher Dein Geist, als die Finger, was Du zu stark in Anspruch genommen hast.*

Vielleicht greifen die Eltern nicht ein, weil sie einsehen, dass sie ihr Kind an einem nicht hindern können: das Klavier zum Inhalt seines Daseins zu machen. Es wird seine Heimat, sein Trost, seine Sprache und seine Waffe sein.

II
Heranwachsen in Zeiten des Aufruhrs

Ruhe in Szafarnia, Erregungen in Warschau

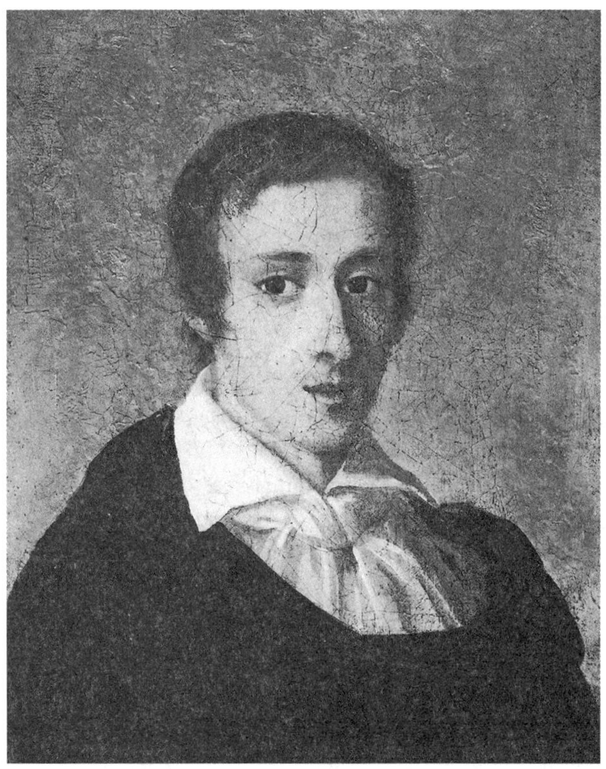

Ein verloren gegangenes Chopin-Porträt, 1829.
(Ölgemälde von Ambroży Mieroszewski).

𝄢

Eigentlich ist nichts dabei, wenn Eltern ihren halbwüchsigen Sohn allein in die Sommerfrische aufs Land schicken. Keiner müsste sich wundern über die Entscheidung der Chopins. Sobald die Temperaturen dreißig Grad erreichen, ist die Luft schlecht in Warschau. Der Fäulnisgeruch aus den armen Vierteln macht vor den teuren nicht Halt. Staub legt sich auf alles. Selbst von den Ufern der Weichsel, wo viele ihren Unrat abladen, steigt Gestank auf. Dass aber die Chopins im Sommer 1824 ihren Fryderyk verreisen lassen, gibt zu denken. Jetzt, da Zeit wäre fürs Familienleben, weil das Lyzeum geschlossen hat, trennen sie sich für mehrere Wochen von ihm. Nur von ihm. Mehr als zwei Tage ist er unterwegs, die Weichsel aufwärts nach Nordwesten, in Richtung Danzig. In Szafarnia bei Thorn besitzen die Eltern seines Schulfreunds Dominik Dziewanowski ein Landgut, einen dieser masowischen Bauernhöfe, die sich selbst genügen. Im Holzbackofen wird Brot gebacken aus dem eigenen Getreide, Würste und Schinken stammen von den eigenen Schweinen. Unter den Apfelbäumen und Birnbäumen fressen die Gänse das Fallobst. Pilze für die Piroggen-Füllung und Heidelbeeren für die kalte Fruchtsuppe werden in den umliegenden Wäldern gesammelt, der feste Frischkäse, den es schon zum Frühstück gibt, wird aus der Milch der Kühe und Schafe hier gewonnen, die sauren Gurken werden aus Fässern im Keller geholt. Das Landgut der Dziewanowskis ist unabhängig von anderen. Einsam ist das Leben dort trotzdem nicht, denn in der weiten Landschaft mit Laubwäldern, Weizenfeldern, Wiesen, auf denen Schafe und Kühe grasen, Pappeln, Kopfweiden entlang der Bäche und Alleen ist dieses Anwesen eines von vielen. Die Familien dort bilden eine eigene Gesellschaft, die sich gegenseitig besucht und Anregungen austauscht. Auch der Stiefvater von Jan Białobłocki, einem anderen Freund Fryderyks, der zwar fünf Jahre älter ist, aber als Lyzeumsschüler ebenfalls Pensionsgast der Chopins in Warschau, besitzt ein Gehöft nahe bei Szafarnia, keine halbe Stunde mit der Kutsche entfernt.

Fryderyk weiß so gut wie seine Eltern, dass sie ihn nicht wegen der Freunde hierhergeschickt haben. Sein Körper ist mager geworden, sein Gesicht hohlwangig, seine Haut bleibt farblos rund ums Jahr. Ein Warschauer Arzt, Dr. Gerardot, hat versucht, den Vierzehnjährigen, der bestenfalls wie zwölf aussieht, mit Medikamenten und Diät aufzupäppeln. Die Ursache für Fryderyks Verfassung hat er wohl nicht herausgefunden, denn welche Nahrungsmittel Gerardot erlaubt und welche er verbietet, ergibt wenig Sinn. Offenbar ist er aber überzeugt, die gute Luft in der masowischen Abgeschiedenheit werde seinem Patienten gut tun. Fryderyk spürt die Besorgnis der Eltern. *Ich bin gesund, so Gott will*, schreibt er am 10. August nach Hause. *Ich esse mit außergewöhnlichem Appetit, und mir fehlt nichts, um den mageren Bauch, der schon anfängt, zuzulegen, ganz zufriedenzustellen, als die Erlaubnis und die Freiheit, Landbrot essen zu dürfen. Gerardot erlaubte mir zwar nicht, Roggenbrot zu essen, aber das galt nur für das Warschauer Brot. Nicht für das ländliche. Er verbot mir, es zu essen, weil es sauer ist, aber das in Szafarnia ist ohne jede Säure.*

Spricht aus dem Wunsch, zu essen, was alle essen, auch der Wunsch, normal zu sein? Einer wie die anderen? Längst führt Fryderyk Chopin eine Ausnahmeexistenz, die mit dem Leben der Gleichaltrigen kaum etwas gemeinsam hat. Gewiss besucht er seit September letzten Jahres das Lyzeum im Sächsischen Palais, wo sein Vater Lehrer ist. Die Jahre zuvor hatten Justyna und Nicolas ihren Sohn in den eigenen vier Wänden unterrichtet. Der Vergleich des jungen Chopin mit dem jungen Mozart ist mittlerweile gebräuchlich, und die Eltern Chopin wissen sehr wohl, dass Mozart nie eine Schule von innen sah. Umso mehr liegt ihnen daran, dass ihr Fryderyk es lernt, sich in die üblichen Strukturen einzuordnen. Sie wollen ihn auch nicht mit langen Konzertreisen quälen, die den Rhythmus des Gewohnten unmöglich machen würden. Bisher ist ihr Sohn nur in Warschau aufgetreten. Er soll in familiärer Geborgenheit aufwachsen. Doch Justyna und Nicolas Chopin mussten bereits feststellen, dass sich vor Ort schwerlich jemand finden lässt, der ihrem Sohn pianistisch etwas Neues beibringen kann.

Wojciech Żywny hat bereits vor eineinhalb Jahren aufgegeben. Da war Fryderyk zwölf gewesen. Vielleicht hatte Żywny die Kapitulation schon erwogen, als Fryderyk ihm mit elf seine dritte Polonaise, dieses Mal mit eigener Hand notiert, zum Namenstag am 23. April 1821 verehrt hatte, die Notenschrift so elegant wie Fryderyks Haltung am Klavier. War das als ein Abschiedsgeschenk zu verstehen? Wollte Fryderyk damit sagen, dass er kein Klavierschüler mehr war und über den Lehrer hinausgewachsen? Oder war das nur Żywnys Eindruck, weil er verunsichert war? Sein Entschluss wurde dadurch erleichtert, dass in demselben Jahr 1821 in Warschau ein Konservatorium eröffnet wurde. Das ermöglichte einen Rückzug, bei dem Żywny nicht sein Gesicht verlor. Er musste seinen Schüler nicht an einen Lehrer abgeben, den er damit als überlegen anerkannt hätte, er übergab ihn einer Institution, die Fryderyk Chopin vor allem in Theorie und Komposition unterweisen soll.

Das Konservatorium der Stadt Warschau befindet sich in einem zweigeschossigen Bau direkt bei der Zygmunt-Säule. Und dieses befremdliche Monument aus einem 30 Meter hohen Marmorstift, auf dem sich die Figur des Königs verliert, der Warschau zu Polens Hauptstadt machte, steht nicht weit entfernt vom Wohnsitz der Chopins. Die Gegend, in der das Konservatorium liegt, gilt als eine der schönsten. An der Krakauer Vorstadt, wie dieser nördliche Teil des Königsweges heißt, stehen Paläste, Institute, Kirchen, Privat- und Geschäftshäuser mit zwei bis fünf Stockwerken, alles ansehnliche gemauerte Gebäude. Doch dorthin dringen bereits die Gerüche und Geräusche vom nahen *Rynek*, dem Marktplatz der Stadt, 200 auf 200 Meter groß. Dort dampft und lärmt das alltägliche Leben. Entlang der Straßen, in Buden, auf Holztischen, in Kisten und Körben liegt die Ware bereit. Vor der Kreuzkirche werden Dorsch, Karpfen, Forelle, Wels, Zander, gepökelter und geräucherter Fisch verkauft, Würste, Schinken und Speck, Schafskäse und große Brotlaibe. Aus Säcken werden Hülsenfrüchte geschaufelt, aus Fässern wird Sauerkraut geschöpft. Am Eingang der Altstadt, zur Krakauer Vorstadt hin, bieten Händler und Bauern ihre Zitronen, Pomeranzen und Apfelsinen, Birnen und Pflaumen an. Im Revier zwischen Altstadt und Neustadt wird auf der Straße gekocht und gebraten. Es gibt Teigtaschen und Geflügelkeulen, Krakauer und Kraut in allen Varianten, doch es gibt weder Teller noch Besteck. Die Kunden reiben ihre fettigen Finger am Taschentuch ab oder an ihren Kleidern. Hier wird gefeilscht, geschrien und gestritten, betrogen und geprügelt.

Haben Justyna und Nicolas Chopin Angst, ihren Sohn all dem auszusetzen? Ein Wunderkind mit weißem Kragen darf nicht nach Knoblauch und Wurst riechen oder in Schlägereien verwickelt werden. Befürchten sie, der Sohn könne sich zu früh in den Kaffeehäusern der Altstadt einnisten?

Der neue Lehrer, den die Eltern Chopin für ihren Sohn auswählen, ist ein Freund der Familie. Am Donnerstagabend, wenn die Chopins ihren Jour fixe feiern, mit Freunden und Bekannten Karten spielen oder musizieren, ist er meistens dabei. Josef Xaver Elsner ist ein Mann, der etwas hermacht, in jeder Hinsicht das Gegenteil von Żywny. Die Maler porträtieren ihn gern. Das Hemd blütenweiß, der Gehrock gut geschnitten, der Auftritt selbstsicher: Elsner ist ein Mann, dem man den Erfolg ansieht. In Breslau hatte er Geige und Komposition studiert, war dann kurz in Brünn unter Vertrag gewesen und schon mit zweiundzwanzig zum Kapellmeister am Lemberger Theater aufgestiegen. Nach Warschau umgezogen, hatte er dort die gleiche Position am Nationaltheater übernommen und 1821 das Konservatorium gegründet, in das Fryderyk 1822 eingetreten ist. Doch den Kompositionsunterricht erteilt ihm Elsner privat. Der Sohn der Chopins blieb weiterhin in Watte gepackt im Kazimierz-Palais.

Nun haben die Eltern ihn zum ersten Mal auf eine Reise geschickt, allein, was verrät, wie sehr die Sorge sie umtreibt. Symptome einer Krankheit? Nein, davon ist nichts bekannt. Auch die Gastgeber auf dem Land werden sich fragen, ob Fryderyk so anfällig und schmächtig wirkt, weil von ihm jede Anstrengung ferngehalten wird, oder ob er geschont wird, weil seinem Körper nichts zugemutet werden darf.

Maler, die Juystina und Nicolas Chopin porträtieren, geben Chopins Mutter wieder mit milden, melancholischen blauen Augen, ein leichtes Lächeln um den Mund, den Vater hingegen als einen Mann mit strengem Gesicht und skeptischem Blick. Der Ehrgeiz Leopold Mozarts ist Nicolas Chopin aber fremd, und es scheint sogar, als seien er und Justyna eher bemüht, den Schaffensdrang ihres Kindes zu bremsen. Seine Produktion ist, was die Menge angeht, nicht im Mindesten mit der von Mozart im selben Alter zu vergleichen. Nach der Polonaise für Żywny hat Fryderyk noch eine in cis-Moll komponiert, drei Walzer und eine Mazurka. Die Eltern arbeiten der Einseitigkeit des Sohnes entgegen, lassen ihn Gesangsstunden nehmen und Zeichenunterricht, sie fördern auch sein Talent zum Schreiben, das er mit allen drei Schwestern teilt. Auf dem Klavier konkurrieren Ludwika, Izabela und Emilia nicht mehr mit ihm. Vierhändig spielt er mit der ältesten Schwester. Ein Bild familiärer Idylle, das die Eltern beruhigt. Wenn Ludwika mal etwas komponiert, sagt ihr drei Jahre jüngerer Bruder, das sei *nett*. Die Eltern bemühen sich wohl, ihn nicht anders zu behandeln als die Geschwister, die Lehrer werden sich ebenfalls bemühen, ihn einfach nur als einen Gymnasiasten zu sehen. Dennoch fällt Fryderyk überall aus dem Rahmen: in der Schule, wo er gleich in die vierte Klasse eingetreten ist, mühelos lernt, die Klassenkameraden und die Lehrer karikiert. Er ist noch ein Kind, aber bei seinen Auftritten und in den Salons verkehrt er mit den Erwachsenen wie ein Erwachsener.

Hier draußen, auf dem masowischen Land, zieht es ihn wieder zu den Älteren. Nicht nur Jan, den er Jaś oder Jalek nennt, ist deutlich älter. Fryderyk hat sich auch mit dessen Stiefvater, Antoni Wybraniecki, angefreundet. Was die körperliche Entwicklung angeht, hinkt Fryderyk hinter den anderen drein, was die geistige betrifft, ist er ihnen voraus. Welcher von seinen Freunden käme denn auf die Idee, in den Ferien schreibend die heimische Zeitung zu persiflieren? In seinen Briefen aus Szafarnia nach Hause ahmt Fryderyk gekonnt Aufbau und Stil des *Warschauer Kuriers* nach; *Kuryier Szafarski* nennt er sein Blatt und sich selbst darin, Silben verdrehend, Herrn Pinchon oder Herrn Jakub Chopin. Es hört sich fröhlich an, wie er von Spazierfahrten berichtet, von den sechs Tassen Kaffee aus gebrannten Eicheln, die er jeden Tag trinkt, und von den vier Brötchen, die er zwischen Mittagessen und dreigängigem Abendessen vertilgt. Es fällt auf, dass er die Eltern durch seine Berichte vom Geschehen auf dem Hof mit allen Mitteln zum Lachen bringen will. Seine Wortspiele funkeln, seine Wortwahl ist deftig, seine Schilderungen sind übermütig, oft grotesk, als tobe ein rotbackiger Bauernkerl durch die Landschaft.

Doch als der Vater seinen Besuch ankündigt, bittet Fryderyk nicht nur, ihm Noten mitzubringen, sondern auch Nachschub an Pillen. Bei seinem Freund Jan bedankt er sich für den Kräutersud, den ihm dessen Stiefvater Antoni geschickt hat. Einem Kind, das sich für einen Kräutersud bedankt und Bäder mit heilenden Essenzen nimmt, fehlt etwas. Vielleicht nur das, was für die Gleichaltrigen Alltag ist: Bewegung, Spiele im Freien, ein paar Rempeleien mit Freunden und Pausen, in denen er nicht am Klavier sitzt, nichts Neues einstudiert, nichts auswendig lernt. Keiner triezt ihn. Zum Streber hat er auch keine Anlagen. Er scheint davon auszugehen, der schulische Lehrstoff müsse ihm zufliegen. Aber nichts und niemand kann Fryderyk ablenken von dem, was tönt. Er lauscht den Dorfmusikern, den fahrenden Musikanten, wenn sie ihre Mazurken, Polonaisen und Krakowiaks aufführen, und studiert zwischendrin ein Klavierkonzert von Ignaz Moscheles, virtuos bis an die Grenzen, das er in Warschau öffentlich spielen soll. Jedes Geräusch, jede Klangfarbe geht ein in sein musikalisches Gedächtnis.

Zehn von hundert Einwohnern im Königreich Polen sind Juden, weil sie hier, nach Holland und England, am meisten Freiheiten genießen. Der Willkür des Adels sind sie dennoch genauso ausgesetzt wie die Bauern. Die Gutsherren zahlen wann und wie sie wollen, nehmen Geld dafür, dass sie die Rechtsstreitigkeiten jüdischer Arbeiter schlichten. Tausende Juden wurden unter Katharina II. per Dekret aus dem russischen Stammland vertrieben und mussten sich im sogenannten Ansiedlungsrayon niederlassen, zu dem auch die okkupierten polnischen Gebiete gehören. Sie sind geblieben und verdienen ihren Lebensunterhalt mit Stoff- und Kleiderhandel, als Schneider oder Gemischtwarenhändler, im Holzgeschäft oder als Wandermusiker. Fryderyk wird kaum auffallen, dass die Landadligen im Dunst der Gemütlichkeit oft an den Juden ihre Launen ausleben. Er nimmt nur wahr, was Klang ist. Zu sehen braucht Fryderyk die *Klezmorim* mit ihren Hüten und Schläfenlocken nicht, er erkennt sie durchs geschlossene Fenster, obwohl die laut tönenden Instrumente den Juden vielerorts verboten worden sind. Eine Fidel, ein Bass, eine Flöte, eine Zimbel. Manchmal auch Instrumente, die Fryderyk zum ersten Mal hört. Selbst wenn die jüdischen Musikanten polnische Tänze spielen, klingt das anders. Die Stücke der *Klezmorim* enden chromatisch oder mit Glissandi. Da durchdringen sich Jauchzen und Schluchzen und Seufzen. Ein Lachen durch Tränen. Ist es das, was den jungen Chopin anzieht?

In den neuesten Nachrichten seines Szafarnia-Kuriers berichtet er nicht nur von einer eigenen Komposition, *Żydek, der kleine Jude*, die er Anfang September auf dem Klavier seinen Gastgebern vorgeführt hat. Der Kurier vermeldet auch, der junge Herr Pinchon habe so ausgiebig jüdische Melodien auf dem Klavier gespielt, dass sein Gastgeber den jüdischen Pächter holte. Nicht in die gute Stube, nur als Zaungast wird er zugezogen. *Moisiek ging zum Fenster,* berichtet Fryderyk, *steckte seine höckerige Nase ins Zimmer und lauschte, worauf er sagte, dass Herr Pinchon, wenn er auf jüdischen Hochzeiten spielen wollte, wenigstens zehn Taler verdienen könne.*

Ihm geht es gut in Szafarnia. Auch deshalb, weil er umsorgt und geliebt wird.

Wenn er sich ans Klavier setzt, wird ihm fast jeder Wunsch erfüllt. Mit Tonleitern oder Fingerübungen oder ständigen Wiederholungen einer Passage geht Fryderyk niemandem auf die Nerven. Das hat er nicht nötig. Er spielt einfach alles, was ihm an neuen Kompositionen im *style brillant* in die Finger kommt, spielt Virtuoses von Kalkbrenner, Ries oder Moscheles, und ist vom Klavier kaum wegzubekommen. Er lernt Reiten, ärgert Bauernmädchen und Mägde, unternimmt Ausflüge, wird frecher, derber, kräftiger.

Zurück in Warschau, läuft sein Wunderkindleben weiter, als gäbe es keine Sorge um seine Gesundheit. Er verfasst mit seiner jüngsten Schwester Emilia ein Theaterstück, *Irrtum oder der vermeintliche Schelm*, das sie zu Hause aufführen, er gründet einen *Literarischen Verein für Unterhaltung*, lässt sich von Wacław Würfel, einem Pianisten und Organisten, der bei den Chopins ein- und ausgeht, technische Finessen zeigen, komponiert Mazurken, Walzer, Polonaisen, Ecossaisen, hört im Nationaltheater Rossini-Opern, erlebt mit, wie Warschau Webers *Freischütz* feiert, wie darüber geredet wird, so etwas bräuchten die Polen auch – eine Nationaloper in polnischer Sprache.

Dass die Zeitungen kontrolliert werden, Häuser, in denen sich angeblich Freimaurer treffen, durchsucht werden, Dichter, die zu deutlich wurden, in der Namenlosigkeit der Verbannung erlöschen, das werden auch die Chopins nicht vor ihren Kindern diskutieren. Was aber über Zar Alexander geredet wird, dürfte auch Fryderyk mitbekommen. Seit der Zar, da war Fryderyk noch ein Kind, vom Wiener Kongress aus über München und Stuttgart in ein Dorf bei Heilbronn gefahren war und sich mit dieser Baronin namens Juliane von Krüdener getroffen hatte, damals schon eine Frau um die fünfzig, war er mystischen Ideen verfallen. Dass er von der selbst ernannten Seherin als gottähnlich gefeiert worden war, hatte ihm zwar Sendungsbewusstsein verliehen. Doch milde hatte ihn das nicht gestimmt, nur wunderlich werden lassen. Lange genug hatte die religiöse Fanatikerin Juliane von Krüdener dann, aus der Heimat verjagt, als frei schaffende Prophetin in Petersburg versucht, den Zaren nach ihren Wünschen zu beeinflussen. Der Zar jedoch schloss die Baronin aus seinem Leben aus. Während einer Badereise ist die Krüdener im letzten Jahr ohne Geld und ohne Freunde auf der Insel Krim gestorben. Doch ihren mystischen Ideen ist Zar Alexander nicht entkommen.

Flieht der Zar in visionäre Reiche, weil seine Reformversuche im eigenen Reich großenteils gescheitert sind oder weil es ihn ängstigt, keinen Thronfolger gezeugt zu haben? Der Tod seiner beiden Töchter, die erste war mit einem Jahr, die zweite mit eineinhalb Jahren gestorben, hatte ihn weniger getroffen als die Zarin: Denn damit erstarben auch Gerüchte, die Kinder stammten gar nicht von ihm. Von dem Elan, mit dem Alexander I. das rückständige Reich der Analphabeten, der hungernden Bauern und Leibeigenen modernisieren wollte, ist nichts geblieben. Er hat resigniert.

Ende April 1828 wird in Warschau der Sejm eröffnet, das von Alexander bei seiner Krönung wieder eingeführte Unterhaus aus Adel und gewählten Vertretern der Grundbesitzer, das den Anschein gibt, es existiere ein polnisches Parlament, das etwas zu sagen habe. Nur alle paar Jahre wird hier dreißig Tage lang über die Gesetzesvorlagen des Monarchen oder der Regierung beraten. 1818 hatte der erste, 1822 der zweite Sejm stattgefunden, nun ist der dritte einberufen worden. Neuerungen sind keine zu erwarten. Der konservative Hochadel wird wie üblich versuchen, die Kritik der Liberalen zu unterdrücken, die Einwände des Landadels überhören und sich mit den Leuten des Zaren arrangieren. An der verheerenden Lage der meisten Bauern, die achtzig Prozent der Bevölkerung ausmachen, wird sich so wenig ändern wie am Wahlrecht, über das in Polen nur jeder dritte Mündige verfügt. Als König Polens muss Alexander anwesend sein, Entscheidungen lässt er seine Statthalter und Militärs in Sankt Petersburg treffen.

Alexanders Interessen gelten längst nicht mehr der Politik. Unterhalten will er werden. Ihm ist zugetragen worden, ein Zimmermann in Warschau habe ein neuartiges Instrument gebaut. Monströs in den Ohren ernsthafter Musiker. Das Richtige für den Zaren. Äolomelodikon nennt sich dieses orgelähnliche Instrument mit Kupferpfeifen, zu dem viele auch Choraleon sagen. Erfunden hat es zwar Johann Friedrich Hoffmann, gebaut aber hat es der einheimische Karol Brunner. Nicht im Auftrag des Zaren: Bestellt hat das Instrument der Vater von Jan Białobłocki, jenem Freund, den Fryderyk Jaś nennt. Haben sie Alexander auf die Idee gebracht, Fryderyk Chopin als Pianisten zu bestellen? Oder haben die Zarenmutter Maria Feodorowna und sein Bruder Konstantin ihm erzählt von dem polnischen Mozart?

Abzusagen ist jedenfalls unmöglich.

Anfang Mai, wird den Chopins mitgeteilt, solle ihr Sohn vor dem Zaren auftreten. Fryderyk probiert zwar alles aus, was Tasten hat und eine moderne Technik. Aber ausgerechnet für das Choraleon zu komponieren, wäre ihm kaum in den Sinn gekommen. Das Instrument kann Klarinetten imitieren, aber solche, die kreischen, es imitiert auch Trompeten oder Posaunen, aber solche, die blechern schmettern. Nichts für die Ohren von Fryderyk, denen es schon wehtut, wenn die singenden Bauern im Wodkarausch die Töne nicht mehr treffen. Trotzdem hat er zwei Stücke für dieses Instrument geschaffen.

Dass der russisch-orthodoxe Zar das Konzert auf dem Choraleon in der evangelischen Dreifaltigkeitskirche hören will, muss verwundern. Hat es technische Gründe, weil sich in diesem Zentralbau keine Orgel befindet und Platz ist für das Choraleon? Oder hat es mit der mystischen Ausrichtung des Zaren zu tun, die sich nicht mehr um Konfessionen kümmert?

Nach außen hin sieht der Auftritt des lokalen Wunderkinds nach einem Erfolg aus: Fryderyk kommt mit einem goldenen Brillantring nach Hause, ein Geschenk des begeisterten Zaren. In der Zeitung wird diese Auszeichnung des Fryderyk Chopin erwähnt, aber bei der Wiederholung des Choraleon-Konzerts im Konservatorium am 27. Mai, wo er auch mit dem f-Moll-Konzert von Moscheles geglänzt und mit eigenen Improvisationen beeindruckt hat, verschweigt der *Warschauer Kurier* seinen Namen. Sind es Streitigkeiten am Konservatorium, wo es zwei Lager gibt, und jene, die zum Lager Elsners gehören, von den anderen befehdet werden? Carlo Evasio Soliva, der sich im Italien Rossinis als Opernkomponist nicht hatte behaupten können und auch an der Scala als Dirigent gegen die Intrigen nicht hatte bestehen können, hat in Warschau nun selbst in höchsten Regierungskreisen gegen Elsner intrigiert, das ist bekannt.

Die Anzeichen, dass die Zeit der Unbeschwertheit für Fryderyk Chopin zu Ende gehen, verdichten sich.

Auf dem zweiten Sommerurlaub in Szafarnia im Sommer 1825 soll er Kräfte sammeln. Fryderyk sammelt stattdessen Geräusche, Rhythmen und Melodien. Er hört auf dem Land so genau hin wie in Warschau, wenn er im Konzertsaal oder in der Oper sitzt.

Wir saßen beim Abendbrot und aßen gerade den letzten Gang, als sich von weitem Chöre falscher Diskante vernehmen ließen, entweder von alten Weibern, die durch die Nase schnatterten, oder von jungen Mädchen, die unerbittlich mit der größeren Hälfte des Mundes einen halben Ton höher kreischten, begleitet von einer einzigen Geige, und zwar einer mit nur drei Saiten, die sich nach jeder gesungenen Strophe von hinten mit einer Altstimme vernehmen ließ. Doch sogar die Dorfmusikanten halten dem Städter den Spiegel vor. Mit der ganzen Tischgesellschaft rennt Fryderyk in den Hof hinaus, um aus der Nähe zu hören, was die Schnitterinnen mit Kränzen auf dem Kopf und Ährenbündeln im Arm zum Erntefest singen. Sie haben auf den Gast einen Vers gedichtet. *Vor dem Haus ein grüner Bund, unser Warschauer dürr wie ein Hund.*

Ernst scheint Fryderyk den Spott nicht zu nehmen. Seine Welt ist Klang. *Die Frösche singen wunderschön! Doch am amüsantesten ist die Amsel, die vor den Fenstern wahre Krawallszenen aufführt.* Genau beschreibt er den einsaitigen Bass, auf dem er mit verstaubtem Bogen das Geigenspiel seines Patenonkels begleitet, in sternklarer Mondnacht unter freiem Himmel. Sie spielen so wild, dass die Paare bis zum Umfallen tanzen.

Dürr wie ein Hund haben sie ihn geheißen. Ist der Vergleich ein Zufall? Chopin bettelt überall um Zuwendung. Er will gestreichelt und gefüttert werden. Seine Briefe an die Freunde sind so zärtlich, dass ein unvoreingenommener Leser meinen könnte, es handle sich um die ersten Liebesbriefe an ein Mädchen. Ob er an die Familie, an Bekannte, Lehrer, Freunde oder die Familie der Freunde schreibt: Chopin schmeichelt, schimpft, droht, er verteilt Komplimente oder Vorwürfe, turtelt, fordert. *Mama und Papa küsse ich Hände und Füße … Extro, extra, extrissime hat mich Dein Brief erfreut … Wie sie mich, so will ich billionenmal Papa und Mama, Mama und Papa liebhaben und wertschätzen … Alle, unser ganzes Haus ließe Dich grüßen, wenn sie wüssten, dass ich Dir schreibe … Ich erwarte einen Brief … Um also ad rem überzugehen, beginne ich unsin-*

nig, indem ich zuerst ausspeie, was ich nicht verdauen kann, nämlich dass der gnädige Herr seit so vielen Monaten nicht geschrieben hat … Du bist es nicht wert, dass ich die Hand mit der Feder nach Dir ausstrecke … Lass Dich küssen, lieber Jaś … Nochmals Küsse, Küsse … Ich kündige Zorn an, einen Zorn, der durch nichts besänftigt werden kann – es sei denn, durch ein Stück Papier, auf das ich bis heute warte wie ein Idiot … Erbarme Dich meiner und schreib hin und wieder ein Wörtchen, oder auch nur ein halbes oder einen Buchstaben, auch der wird mir teuer sein … Du wirst es nicht glauben, mit welcher Sehnsucht ich Nachrichten von Dir und Deiner Mama erwartet habe.

Sehnsucht, in der viel Sucht liegt.

Weiterhin bemühen sich die Eltern, Fryderyk abzuschirmen. Sie müssen erkennen, wie schwer das möglich ist. Es sind nicht nur die Konzerte bei sämtlichen großen Familien des Adels, bei den Radziwiłł, den Czartoryski, den Potocki, im Haus des Finanzministers Mostowski oder des Grafen de Moriolles, die an dem jungen Chopin zehren. Es ist vor allem die eigene Besessenheit vom Klavier. Er liest über die Technik des Klaviers, über den Bau des Klaviers, über die Literatur für Klavier, über große Pianisten, über Finessen des Anschlags. Er probiert in der Klavierfabrik von Buchholz jedes Instrument aus, merkt sich, welches wofür geeignet ist, wie sich welches spielt, wagt sich an alle neuartigen Modelle, an jedes gerade erst erfundene Tasteninstrument. Er lässt sich zweimal in der Woche an der Metstraße absetzen und verschwindet für Stunden im Notenlager von Brzezina. Er übt, komponiert, improvisiert, spielt für sich, spielt für andere. Dann hören die Schulfreunde auf zu schreien und zu toben, die Freunde der Eltern legen die Karten zur Seite, die Damen in den Salons lassen ihre Stickrahmen sinken, die Herren nehmen die Zigarren aus dem Mund.

Wer kann der Versuchung widerstehen, andere in Bann zu schlagen? Wer träumt nicht davon, jedes lebende Wesen, wie groß und stark und gefährlich es auch sein mag, zu betören? Die Stimme des Orpheus, die Flöte des Rattenfängers, die Zauberflöte des Tamino. Wenn er Schwierigkeiten spielend bewältigt, verhext er seine Zuhörer, das hat Fryderyk verstanden. Triller, Verzierungen, Oktavsprünge, Glissandi, Arpeggien, vor allem aber Stellen, die er mit überkreuzten Händen spielen muss, baut er in seine eigenen Werke ein. *Opus 1* hat er hinter das Rondo in c-Moll gesetzt, das er im Frühjahr 1825 der Frau des Schuldirektors Bogumił Linde gewidmet hat. Als dieses Werk nun im Notenverlag Brzezina erscheint, ist das der Zeitung eine Meldung wert.

Dass er die Volksmusik liebt, mag an den Eltern, auch am Geist der Nation liegen, die sich in den Traditionen ihrer verlorenen Souveränität versichert. Aber es wirkt so, als erlebe Fryderyk darin etwas Ursprüngliches, das ihn mehr inspiriert als die virtuosen Kompositionen von Zeitgenossen, mit denen er das Warschauer Publikum erobert. Er bewundert die glitzernden Klavierwerke von Hummel bis Moscheles. Doch für das, was er selbst komponiert, spielen die Ländler, Lieder, Tänze der Heimat eine größere Rolle.

Fryderyk giert nach Geborgenheit, menschlich wie musikalisch. Im Lyzeum hat er sich mit Jan Matuszyński angefreundet, ein Jahr älter als er selbst, mit Tytus Woyciechowski, zwei Jahre älter, und mit dem gleichaltrigen Julian Fontana. Alle seine Freunde spielen Klavier, alle kommen aus guten, meist adligen Familien. Dass Kritiker ihn in der Zeitung als den jungen *hochwohlgeborenen Herrn Chopin* titulieren, wird ihn nicht weiter wundern, und dass die Freunde ihn umlagern und umsorgen, ist er gewohnt. Dabei geht es einigen um ihn her schlechter als ihm selbst; Schmerzen im Bein machen seinem Freund Jaś Białobłocki zunehmend zu schaffen, weder Bäder noch Behandlungen lindern sie. Emilia, Fryderyks jüngste Schwester, ohnehin mager, wird stetig spitzer und blasser. Oft ist sie schon tagsüber müde, bei Tisch stochert sie im Essen herum, nachmittags fühlt sie sich leicht fiebrig.

Fryderyk ist in einem Alter, in dem das politische und das erotische Interesse erwacht. Er registriert, wenn es irgendwo knistert. Als sein Freund Jaś zu Besuch ist und Józelowa, die Köchin der Chopins, auf einmal verwandelt wirkt, weiß er, warum. Die Gartenanlagen hinter dem Kazimierz-Palais sind unübersichtlich. Nicolas Chopin entgeht nicht, dass sein Sohn dort unterwegs ist, um sich mit einem Mädchen aus der Nachbarschaft zu treffen. Das Mädchen kennt er vom Sehen, aber wie gut kennt er seinen Sohn? Er sucht ihn, ermahnt ihn, weiß, dass er nichts verhindern kann.

Fryderyk ist über sechzehn Jahre alt. Er versteht, was im Salon der Eltern geredet wird. Da verkehren die Universitätsprofessoren, ob Historiker oder Zoologen, da treffen sich Maler, Dichter, Musiker. Menschen, die darunter leiden, wie Warschau, vor dreißig Jahren noch bewundert für die geistige Offenheit, mit der man überall diskutierte, zunehmend eingeengt wird. Hier im Salon, wo jeder jedem vertraut, nimmt keiner ein Blatt vor den Mund. Ist der Zar geisteskrank?

Seit einigen Jahren haben Alexander und seine Frau, früher einander fremd und jeder den außerehelichen Leidenschaften zugetan, sich einander angenähert. Ist es die gemeinsame Angst vor einer Verschwörung, die Angst vor gedungenen Mördern oder einem blutigen Aufstand, die sie zusammenführt? Ist es, weil beide, niedergeschlagen, geschwächt und äußerlich mit Ende vierzig bereits stark gealtert, der Affären überdrüssig sind? Lange schon heißt es, der Zar sei verschroben und menschenscheu, sogar menschenfeindlich geworden. Doch mit dem Entschluss, den Alexander im Herbst bekannt gibt, hat trotzdem keiner gerechnet. Er werde sich, verkündet der Zar, zusammen mit seiner Frau für einige Wochen oder Monate in die südrussische Stadt Taganrog zurückziehen, um sich in dem milderen Klima dort zu kurieren. Dass er krank ist, hat sich herumgesprochen, angeblich eine Sache mit der Milz, und dass die Zarin an einem Lungenleiden laboriert, ist auch bekannt. Nur wie sollen sie in Taganrog, inmitten der Einöde gesunden? Auch wer noch nicht dort war, weiß, dass es in Taganrog an allem fehlt, nur nicht an Trostlosigkeit. Dass sich in diese Unwirtlichkeit keine guten Ärzte verirren, versteht sich von selbst. Was also wollen die beiden dort? Die Zeitungen berichten, das Zarenpaar habe in Taganrog ein Haus gekauft, so klein, dass das gesamte Personal im Keller hausen muss.

Auf Fryderyk werden solche Nachrichten stärker wirken als auf andere seines Alters: Er hat dem Zaren vorgespielt, er stand ihm gegenüber. In einer rot gepolsterten Schatulle im Salon der Eltern liegt der Brillantring, den Fryderyk geschenkt bekam. Bekommt dieses Erlebnis im Nachhinein eine andere Färbung? Kippt der Stolz um in ein unheimliches Gefühl, in nächster Nähe eines geistig labilen Menschen gespielt zu haben? Fragen die Freunde und die Fremden Fryderyk aus, ob der Zar damals schon verrückt gewirkt habe und todkrank?

In der Mitte des Herbstes vermeldet die Presse, der Zar habe mit seiner Frau die Krim besucht. Er habe aufgeräumt und heiter gewirkt. Die Mutmaßungen erhalten neue Nahrung. Was hat den Zar von seinen Depressionen befreit? Was hat er vor? Längst wird der Zar, den seine Großmutter, Katharina II., zu einem belesenen, dem Westen gegenüber aufgeschlossenen Mann erzog, mit Argwohn beobachtet. Als der Liebhaber seiner Frau, Stabschef Alexej Ochotnikow, ermordet worden war, zeigte sich erstes Misstrauen. Als Alexander an den Ostgrenzen Russlands die Bauern mit Gewalt in den Militärdienst zwingen ließ, in den Städten alles, was aufklärerisch war, verbot, die Zensur verschärfte, Dichter wie Alexander Puschkin in die Verbannung schickte und dafür die Frömmelei förderte, wuchs das Misstrauen immer mehr. Als der Zar sich dann vor ein paar Jahren auf den Kongressen von Troppau, Laibach und Verona mit denen verbündet hatte, die jeden Aufstand, der Freiheit und Mitbestimmung heischte, blutig zu zerschlagen beschlossen, schlug das Misstrauen bei vielen in Feindseligkeit um. Zu Recht fürchtet der Zar sich vor Attentaten. Plant er insgeheim, irgendwo in diesem Niemandsland unterzutauchen? Der Verunsicherung kann sich kaum einer entziehen. Sie dringt ein in die Salons und die Kirchen, die Marktbuden und die Schulzimmer.

Fryderyk kann sich abschotten in seiner Musik. Er wird Organist am Lyzeum und setzt sich im November 1825 jeden Sonntag an die Orgel in der Kirche der Visitantinnen. Obwohl sein Umkreis mitbekommt, dass sein Verhältnis zum Priester und zum hauptamtlichen Organisten gespannt ist.

Doch mitten in die Adventszeit bricht die Nachricht aus Petersburg, der Zar sei in Taganrog bereits am 1. Dezember gestorben. Warschau brodelt. In Abwesenheit wird der älteste von Alexanders drei Brüdern, der sechsundvierzigjährige Konstantin, in Petersburg am 9. Dezember zum Zaren ausgerufen. Die ersten Konstantin-Rubel werden geprägt. Da platzt die Bombe: Es stellt sich heraus, dass Konstantin schon vor fast vier Jahren, im Januar 1822, schriftlich seinen Verzicht auf die Thronfolge erklärt hat wegen der unstandesgemäßen Ehe mit Joanna. Doch Alexander hatte dieses Dokument geheim gehalten. Noch immer ist die Ursache für den Tod des Zaren, der erst zweiunddreißig Stunden nach seinem Hinscheiden obduziert wurde, unklar, noch immer ist seine Leiche nicht nach Petersburg verbracht worden, noch immer hält sich die Zarin in Taganrog auf oder sonstwo im Niemandsland.

Die Ordnung am Petersburger Hof zerbirst. Ein Vakuum tut sich auf, in dem geheime Gruppierungen, in den vergangenen Jahren aus dem Boden geschossen, Spielraum für einen Umsturz erkennen. Über

Nikolaj, den dritten der vier Brüder, ist wenig bekannt. Wie Michail, der Jüngste, ist er ein Nachzügler, neunzehn Jahre jünger als Alexander. Von Staatsgeschäften hat er sich bisher ferngehalten. Dann erfährt man auch in Warschau: Am 26. Dezember soll Russlands militärischer Adel den Eid auf den neuen Zar Nikolaj I. ablegen.

Die Atmosphäre in der polnischen Metropole ist explosiv. Holen die Skarbeks deshalb die beiden älteren Kinder der Chopins, Ludwika und Fryderyk, über Weihnachten aus der Stadt zu sich aufs Land hinaus nach Żelazowa Wola, dem Geburtsort des Sohnes? Dorthin dringen die politischen Nachrichten immer erst mit großer Verzögerung. Unruhen sind dort kaum zu befürchten. Doch am Donnerstag, dem 29. Dezember, sind die Kinder bereits wieder bei den Eltern. Die Lage ist zu brisant. Drei Tage zuvor haben etwa siebenhundert Offiziere sich geweigert, dem neuen Zaren Treue zu schwören. Ein Protest gegen Zensur, polizeiliche Willkür und Leibeigenschaft. Ein Versuch, Nikolaj zum Thronverzicht zu nötigen. Die rebellischen Offiziere gehören zur Elite, sie haben Rückhalt in den ältesten Familien des Landes. Die Macht aber hat der neue Zar. Die regierungstreuen Truppen sind stärker als die der Aufständischen. Noch am Abend dieses Tages werden die fünf Anführer gehängt, um die sechshundert Revolutionäre in die Kerker der Stadt geworfen, über hundert zur Zwangsarbeit verurteilt und nach Sibirien verbannt. Damit wurde der sogenannte Dekabristenaufstand im Keim erstickt.

Auch im Salon der Chopins wird in den folgenden Wochen die politische Diskussion die Hausmusik verdrängen. Es ist absehbar, was unter dem neuen Zaren geschehen wird. Er ist jung, neunundzwanzig erst, doch bereits verhärtet. Dass er den liberalen Reformer Michail Speranski aus der Verbannung geholt hat, um eine Justizreform einzuleiten, Puschkin aus dem Exil entließ und die gefürchteten Militärkolonnen schloss, war nur Blendwerk. Ein Mensch, der ebenso viel Macht wie Furcht hat, ändert nichts an sich, er ändert etwas am Dasein der anderen. Entschlossen, aber bebend vor Angst, hat er den Thron bestiegen, eingedenk der Gefahr, ihn vielleicht nur ein paar Stunden innezuhaben. Wie sollte ein junger Mann denen, die ihn in Todesfurcht versetzten, jemals vertrauen? Wie könnte der Sohn eines ermordeten Vaters jemals zum Menschenfreund werden?

Binnen weniger Wochen verwandelt Zar Nikolaj Polen in einen Polizeistaat. Seine Spione tauchen bei öffentlichen Versammlungen auf, in den Redaktionen der Zeitungen sitzen Zensoren, Schulen, Akademien und die Universität stehen unter Polizeikontrolle. Nicolas Chopin ist keiner, der sich in der Politik engagiert. Als einer, der stets mit Adligen zu tun hat, als Lehrer ebenso wie als Privatmann, sind ihm revolutionäre Ideen fremd. Er vertrete keine *übertriebenen Grundsätze*, hat Fryderyk Skarbek erkannt, schon gar nicht die der *republikanischen Freiheit*. Ein Mann, der wie Nicolas Chopin einmal an einer Militärschule unterrichtet hat, der hat sich nicht gegen den obersten Befehlshaber des Militärs zu stellen. Doch in einem Polizeistaat sind auch konservative Gedanken staatsfeindlich, wenn sie die Freiheit als ein Grundrecht sehen, das es unter allen Umständen zu wahren gilt. Auch bei den Chopins lesen Eltern, Töchter, Pensionsgäste und Salonbesucher Adam Mickiewicz. Er, der den Landadel in Versen feiert und den Nationalgeist in seinen Gedichten beschwört, erst vor zwei Jahren aus der Haft entlassen, dann aus seiner litauischen Heimat verbannt, der sich mit Puschkin und anderen Verdächtigen angefreundet hat, ist kein Dichter für Literaturzirkel, er ist ein Held. Helden sind derzeit gefragt, gerade solche des Wortes.

Die Welt bebt. Das spürt auch ein hochbegabter Sechzehnjähriger, von dem Eltern, Lehrer und Bewunderer Erschütterungen abzuhalten versuchen. Fryderyk kauft sich einen Band mit den Romanzen und Balladen von Mickiewicz und er brennt. Für Mickiewicz, für Polen. Und für die Liebe, so wie Mickiewicz sie besingt.

Ein Stubenhocker ist Fryderyk, doch kein Sonderling und auch nicht in sich gekehrt. Auffallend ist nur, wie verletzt er reagiert, widmet ihm jemand, den er liebt, nicht die erwartete Aufmerksamkeit. Briefe und Besuche klagt er ein wie angestammte Rechte. Dass er Menschen betört, wenn er ihnen eine seiner Kompositionen widmet, dürfte er bereits herausgefunden haben. *Pour Mademoiselle La Comtesse Alexandra de Moriolles* schreibt er vor das *Rondeau à la Mazur* in F-Dur. Kennengelernt hat er Alexandra, die Tochter von Graf Alexandre de Moriolles, der aus Frankreich nach Polen emigriert ist, im Belweder, der Residenz des Großfürsten Konstantin. Bei seinem Sohn Pawel hat der Graf eine Anstellung als Gouverneur bekommen. Den Freund Tytus Woyciechowski weiht Fryderyk in seine Schwärmerei ein. Was ahnt seine Mutter davon, was sein Vater? Ist es ihnen lieber, wenn ihr Sohn vor aller Augen mit einer jungen Adligen turtelt, als ihn in den Gärten des Kazimierz-Palais suchen zu müssen? Sind sie froh, den Sohn abgelenkt zu wissen? Das Aussehen Fryderyks verrät jedem, wie wenig normal sein Leben ist. Ambroży Mieroszewski porträtiert ihn in dieser Zeit, ein blasses Mädchenwesen mit weißer Haut, mit zuviel Verletzlichkeit im Gesicht und in den Augen, die viel älter sind als er.

Keiner nötigt ihn. Dass er muss, ob er will oder nicht, ist Indiz seines Genies, das ist den Eltern wahrscheinlich bewusst. Aufhalten können sie ihn nicht. Und abhalten – wovon?

Wie in allen ordentlichen Häusern der Stadt sind auch bei den Chopins beide Tore, die zum Hof führen, bewacht. Ab zehn Uhr abends dürfen keine Fuhrwerke mehr über diesen Hof fahren. Doch Fryderyk wird nicht nur vor nächtlichen Unruhen bewahrt. Er lebt wie im Glashaus. Es gibt keine ernsthafte Krankheit, die bei ihm diagnostiziert worden wäre, er kennt kein chronisches Leiden. Aber man behandelt ihn wie wie einen Kranken. Schonend die Kost, verschonend der Umgang. Seine Eltern ersparen ihm den Anblick der Armut, des Schmutzigen und Schäbigen, zeigen ihm nichts von der Kehrseite des schönen Scheins, den Abseiten des Reichtums. Konkurrenz und Neid lernt Fryderyk nicht kennen. Inmitten der Stadt lebt er abseits von der Welt. Das Opernhaus kennt er, dessen Stimme noch im Umbruch ist und dem noch kein Bart wächst, besser als viele Erwachsene. Er komponiert eine Polonaise auf Themen der Rossini-Opern *Il Barbiere di Sevilla* und *La Gazza ladra*.

Sorgen um ihn müsste sich keiner machen, aber um seine jüngere Schwester Emilia. Morgens ist ihr Bettzeug nass, sie hüstelt auch an warmen Tagen. Von Schwindsucht ist die Rede. Ende Juli, zu Beginn der Schulferien, bricht Justyna Chopin mit ihren drei Töchtern und ihrem Sohn nach Bad Reinerz auf, einem Kurort mit Mineralquellen in Niederschlesien, unweit von Glatz gelegen, eine Idylle in dem abgeschiedenen Bergtal an der Schmelze. Für Erwachsene, die sich erholen oder gesund werden wollen, ist das ein Platz, der die in Bädern üblichen Affären, versuchte oder gelebte, ermöglicht. Für junge Menschen unter zwanzig ist es langweilig, für eine Vierzehnjährige wie Emilia erst recht. Es geht ihr offenbar wirklich schlecht. Dem Wasser aus den Mineralquellen dort wird heilende Wirkung zugesprochen, doch dass die Kinder, wie Fryderyk seinem Freund Wilhelm Kolberg schreibt, Molke zu trinken bekommen, wundert keinen. Noch ist es unbekannt, dass die Schwindsucht über Kuhmilch verbreitet werden kann. Dem Freund, der mit seiner Familie, einer in ganz Polen bekannten Gelehrtensippe, in der Etage unter Chopins im ersten Stock des Kazimierz-Palais wohnt, berichtet Fryderyk nur, dass er zugenommen habe und fauler geworden sei. Kein Wort von Emilia, die den Kolbergs ebenso vertraut sein dürfte. Er spielt wie gewünscht vor den Kindern des Waisenhauses, zwei Mal sogar. Doch dass er in den Schulferien morgens um fünf aufstehen, spätestens um sechs an der Quelle stehen und einen Becher Solewasser nach dem anderen leeren muss, entnervt Fryderyk. Daran kann auch Libusza nichts ändern, ein Mädchen, das zwei der Waisenkinder betreut und ihm, so tratschen die Badegäste, den Becher mit langem Blick in die Hand drücke. Vor allem aber quält die Musik ihn. Beim morgendlichen Pflichttrunk bereits *spielt eine miserable Blasmusik, bestehend aus einem Dutzend Karikaturen in verschiedenem Stil, an deren Spitze ein dürrer Fagottist mit einer tabakschnupfenden Sattelnase alle Damen in Schrecken versetzt, die sich vor Pferden fürchten.* Nach dem Mittagessen, zu dem er Punkt zwölf Uhr Platz nehmen muss, wird er wie alle Kurgäste zur nächsten Runde Wasserschlucken verdonnert, und *wieder dudelt die Musik schändlich.* Bei seinem Lehrer Elsner, dem er auf Französisch schreibt, beschwert er sich, es gebe hier kein einziges taugliches Klavier; *alle, die ich hier zu sehen bekam, sind Instrumente, die mir mehr Qual als Freude bereiten.* Seine Sinne sind wach, doch vor allem für das, was ihn selbst und seine Neigungen betrifft.

Gelangweilt erklärt er seinem Freund Jaś nach der Kur, es sei für ihn vergeudete Zeit, weiterhin das Lyzeum zu besuchen und dort Gegessenes wiederzukäuen. *Mit der Schule* sei für ihn Schluss. Stattdessen lernt er jetzt sechs Stunden die Woche Kontrapunkt bei Elsner und hört Vorlesungen an der Universität in polnischer Literaturgeschichte, Ästhetik und Philosophie. Dr. Wilhelm Malcz, der junge Hausarzt der Familie Chopin, hat wohl erkannt, was Fryderyk fehlt: Bewegung und ein Tagesablauf, der einem schmalbrüstigen Sechzehnjährigen entspricht, nicht einem Salonlöwen von dreißig oder vierzig. Bälle, Soireen, Einladungen werden gestrichen. Um neun hat Fryderyk im Bett zu sein. Außer einem Bronchialkatarrh hat er keine Krankheiten zu vermelden, isst Haferschleim in großen Mengen und behauptet, er sei *so dick und faul geworden*, dass er *keine Lust habe, etwas zu tun*. Die glöckchenbehängten Pferdeschlitten, die durch das winterlich verschneite Warschau gleiten, machen ihm Spaß, und über die dabei üblichen Unfälle, bei denen die Deichsel dem Fahrgast den Schädel einschlägt, ist er nicht bestürzt, solange er den getroffenen Passagier nicht kennt. In vielem beginnt er anderen jungen Männern zu gleichen, doch er hat sich daran gewöhnt, im Mittelpunkt zu stehen und Bewunderung zu ernten. Sein Lehrer Elsner, dessen Ansprüchen die wenigsten Studenten genügen, hat dem siebzehnjährigen Komponisten schon nach dem ersten Studienjahr besondere Begabung attestiert. Seine Walzer, Polonaisen, Mazurken sprechen nun eine unverwechselbare Sprache. Nicolas Chopin zögert nie, Geld in die Ausbildung seines Sohnes zu stecken.

Als Maria Szymanowska, die erste Frau, die den Pianistenberuf ergriff und damit zu Europas berühmtester Klavierspielerin wurde, im Januar 1827 in Warschau auftritt, sind die Karten äußerst teuer. Die Szymanowska ist ein polnisches Idol. Dass sie eine Freundin von Mickiewicz ist, lässt ihre Glorie noch heller erstrahlen. Wer anbetet, rechnet nicht. Fryderyk Chopin ist ihr schon einmal begegnet, als er erst acht Jahre alt war. Schon damals hatte die Szymanowska diese jüngste Attraktion der Stadt Warschau besichtigen wollen. Jetzt will er wissen, was diese Frau von achtunddreißig Jahren ihm, abgesehen vom Alter, voraus hat. Die Preise seien überhöht, schreibt er seinem Freund Jaś. *Ich werde mit Bestimmtheit hingehen*. Das wird er.

Doch der Vater braucht seine Einkünfte für Emilia. Seit Februar sind die Anzeichen der Schwindsucht eindeutig. Sie hustet, keucht, ringt nach Luft, spuckt Blut. Die Eltern versuchen, die anderen drei dem Zimmer der jüngsten Schwester fernzuhalten. Doch die Wohnung ist dafür nicht groß genug; es lässt sich nicht verhindern, dass sie mitbekommen, was mit Emilia geschieht. Schon die Neugierde treibt sie in ihre Nähe. Der Hausarzt nimmt fingerlange braunschwarze Würmer aus einem Glas, verteilt sie auf Emilias nackter Haut, bis sie prall und rötlich schimmernd abfallen. Es riecht unangenehm, scharf, süßlich, beißend rund ums Krankenlager. Was Dr. Malcz fast jeden Tag am Bett von Emilia mit geübten Griffen praktiziert, ist ein Spektakel, spannend und widerwärtig. Bei den Chopins wird wie in allen bürgerlichen Familien Warschaus dieser Jahre alles geteilt. Auch der Schrecken. Die Geschwister sind Augenzeugen, wie Malcz mit einem kleinen Messinggerät über Emilias nackten Rücken rollt, wie dort durch kleine Kratzer das Blut herausdringt, während der Hausarzt in Äther getunkte Wattebäusche anzündet, mit einer Pinzette unter Glasglocken hält. Dann stülpt er die erhitzten Glocken schnell auf den Rücken Emilias, dort, wo er die Haut angeritzt hat. Bruder und Schwestern sehen zu, wie das Blut in diese Glocken steigt und sie in rubinrote Kuppeln verwandelt. Ständig werden blutgetränkte Laken gewaschen. Erfahren Ludwika, Fryderyk und Izabela, warum er die Schwester schröpft, sie zur Ader lässt? Glauben sie, dass damit die schlechten Säfte, die nach Ansicht von Dr. Malcz an Emilias Krankheit schuld sind, aus dem Körper gesaugt werden?

Chopin berichtet seinem Freund Jaś, was er zu sehen bekommt. *Blutegel, Blasenpflaster, Senfpflaster, Tollkraut, Abenteuer über Abenteuer.*

Den Geschwistern entgeht nicht, dass Emilia während dieser Behandlungen dünner und blasser und müder wird. Fryderyks Geburtstag am 1. März kann keiner feiern wollen wie gewohnt. Kurz danach die Schreckensnachricht: Jan Białobłocki sei gestorben. Woran? Die Aussagen sind unklar. Keine zwei Wochen später die Erlösung: Es war eine Falschmeldung. Fryderyk setzt sich an den Schreibtisch. *Wir haben schon alle gewaltig geflennt (ganz umsonst)*, schreibt er. *Du lebst.* Er verbirgt seine Rührung hinter Spott. *Schade, dass Mickiewicz nicht da ist, vielleicht würde er eine Köchinnen-Ballade verfassen.*

Als der Flieder austreibt, ist Emilia nur noch ein Knochengestell, mit weißem Pergament bezogen. Am Dienstag, dem 10. April 1827, wird ein Kindersarg aus dem Kazimierz-Palais getragen.

Ein paar Monate halten die Chopins noch durch in der Wohnung, in der die Tote allgegenwärtig ist. Fryderyk komponiert ein Klavierstück, das er *Andante dolente* überschreibt, *leidendes Andante*, einen Trauermarsch in c-Moll. Aber auch ein Lied, das mit den Worten *Precz z moich oczu!* beginnt, *Mir aus den Augen*! Es handelt sich um die Vertonung eines Gedichts von Mickiewicz.

«Mir aus den Augen! Mir aus dem Herzen!»,
hieß dein Gebot! Ich folgte mit Schmerzen!
«Meine Gedanken zur Ruh will ich bringen!»
Mädchen, das kannst du nicht erzwingen.

Geht es ihm um Emilia? Oder doch eher um eine neue Liebe?

Schon die erste Strophe verrät den Eltern Chopin und allen anderen, die das Lied hören: Trauer und Liebe vermischen sich bei dem Siebzehnjährigen. Kann er sie nicht trennen oder will er es nicht?

Fryderyk flieht in die Musik. Die Familie flieht den Ort der traurigen Erinnerungen.

Am Ende des Schuljahres ziehen die Chopins aus.

III
Ausbruchsversuche

Exkursionen in die Provinz und nach Berlin

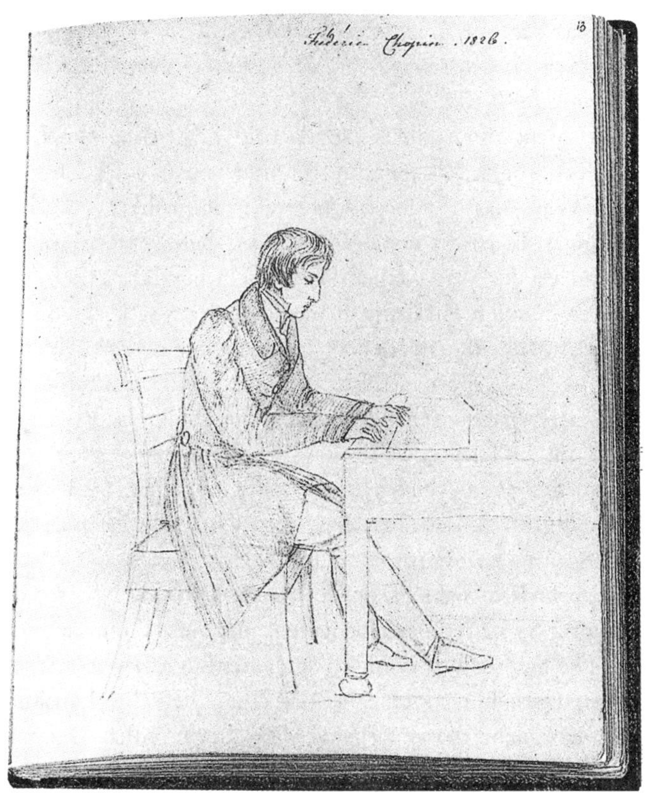

Chopin am Piano, 1826.
(Bleistiftzeichnung von Eliza Radziwiłł).

𝄞

Der Reisesack ist gepackt, als sich Fryderyk Chopin am 9. September 1828 noch einmal an den Schreibtisch setzt und einen Brief an seinen Freund Tytus beginnt. *Jetzt schreibe ich Dir wie ein Wahnsinniger, denn ich weiß faktisch nicht, was in mir vorgeht*, gesteht er dem Freund. *Ich fahre nämlich heute nach Berlin.*

Er wird nicht allein fahren, sondern in Begleitung von Professor Feliks Paweł Jarocki, Zoologe und Freund von Nicolas Chopin. Ihn wundert es kaum, dass Fryderyk aufgeregt ist, obwohl er in Berlin nicht auftreten muss. Es ist die erste große Reise, die er unternimmt. Ihren Zweck brauchte der Vater seinem Sohn nicht lange zu erklären; Kontakte soll er knüpfen, eindringen in dieses Netzwerk der Musikwelt und große Aufführungen erleben, um sich mit den richtigen Maßstäben zu messen. Opernaufführungen vor allem, die ihn zu diesem Metier inspirieren könnten. Denn nach wie vor kreist Fryderyk ausschließlich um das Klavier.

Die Eltern können es sich nicht leisten mitzureisen. Sie wissen aber, wie notwendig es ist, dass Fryderyk aufbricht. Alles ist hier in Warschau zu eng. Viel zu eng für ein junges Genie.

Im Czapski-Krasiński-Palais, Krakauer Vorstadt Nr. 410, das die Chopins vor zwei Jahren bezogen haben, sind viele Wohnungen untergebracht. Die Familie wohnt im linken Seitenflügel, zweiter Stock. Die Wohnung ist erheblich kleiner als die alte. Platz für Pensionsgäste haben sie nicht mehr, dieser Nebenverdienst ist entfallen. Der Salon im neuen Heim der Chopins besitzt nichts Aristokratisches. An der Frontseite hängt zwischen den beiden Fenstern ein Spiegel, der den Raum nicht größer machen kann, darunter steht der Flügel. Rechterhand ein offener Kamin, auf dem Sims Vasen, darüber ein Gemälde, an der linken Wand ein Sofa mit Tisch und Stühlen, ein Notenschrank, ein weiteres Ensemble mit Sitzgelegenheiten gegenüber. Gesellig wirkt der Raum, weltläufig nicht. Es ist jedoch weniger die räumliche Enge, die alle Chopins bedrängt. Schon ein Jahr nach dem Einzug hatten sie in der Etage über ihrer Wohnung ein zusätzliches Zimmer für Fryderyk anmieten können, zu dem eine Treppe aus der kleinen Garderobe hinaufführt. Jede waagrechte Fläche rund um das Klavier dort oben ist bedeckt mit Noten. Fryderyk kann sich ausbreiten. Was ihm aber fehlt, ist der Raum zur Entfaltung. Höchste Zeit, ihn wegzuschicken. Sein Konkurrent, von dem die Zeitungen berichten, dieser Franz Liszt, ist ein Jahr jünger als Fryderyk Chopin und stammt aus Raiding, einem Dorf in der Nähe von Eisenstadt im Burgenland. Aber der ist bereits in Wien und Pressburg, in Pest und München, in Bordeaux, Toulouse, Montpellier, Nîmes und Marseille, in Dijon, Genf, Luzern, Bern, Basel, viele Male in London und in Paris aufgetreten, wo er, seit er Halbwaise ist, mit der Mutter wohnt.

In Paris müsste man sein. Was dort stattfindet, zählt, und wer etwas zählt, lebt dort. Fryderyk kennt von der Welt noch fast gar nichts.

Ist die mangelnde Weitung daran schuld, dass seine Entwicklung festzustecken scheint? Im Zeugnis für das erste Studienjahr im Juli 1827 hatte Elsner hinter den Bericht über Chopin in Klammern nur geschrieben: *besondere Begabung*. Fryderyk weiß, dass bei Nidecki und Dobrzyński an der gleichen Stelle *außerordentliche Begabung* steht.

Für seine körperliche Verfassung mag es ja gut sein, dass er die Sommerferien großenteils in ländlicher Idylle verbringt. Im letzten Jahr war er nach einem Aufenthalt in Danzig Gast auf dem Gut seiner Patin Anna Skarbek, mittlerweile Gräfin Wiesolowska, im Süden des Großherzogtums Posen. Von dort aus hat er *Antonin*, das Jagdschloss von Antoni Fürst Radziwiłł besucht, das erst vor einigen Jahren nach Plänen von Berlins berühmtestem Architekten, Karl Friedrich Schinkel, errichtet worden ist. Ganz aus Holz. Tagsüber wurde gejagt, abends ausgiebig getafelt und danach musiziert. Doch bei allem Einfluss, den Radziwiłł in Posen und Preußen besitzt, bringen solche Auftritte Fryderyk nicht weiter. Zu eng, alles ist zu eng.

Auch zum Abschluss dieses Studienjahres im Juli hat Elsner in seinem Bericht dem Kompositionsschüler Fryderyk Chopin nicht mehr als *besondere Befähigung* bezeugt. Verkommt das Genie zum Talent? Er hat seine erste Sonate komponiert, ein viersätziges Werk in c-Moll, das er seinem Lehrer gewidmet hat. Elsner dürfte nicht entgangen sein, wie bemüht es wirkt. Kein großer Wurf, wie er von diesem Schüler zu erwarten gewesen wäre. Der junge Chopin zeigt zwar Mut, sich von klassischen Vorbildern zu verabschieden, hat den ersten Satz aus einem einzigen Thema heraus entwickelt, als zweiten Satz keinen langsamen gewählt, sondern ein Menuett, sich beim dritten für den ungewöhnlichen Fünfvierteltakt entschieden, aber alles darin erinnert stark an den Iren John Field, den Erfinder des Nocturne. Ein Held der Melancholie, den viele nachahmen.

Fryderyk muss hinaus, in jeder Hinsicht. Und er will es auch. Spürt er selbst die Gefahr, zu erstarren?

Ausbruchsversuche sind gescheitert. Wacław Würfel, früher Musikprofessor in Warschau, damals technisch bester Pianist vor Ort und häufiger Gast bei den Chopins, ist seit 1826 Dirigent am Wiener Kärtnertortheater. Er hatte Fryderyk geraten, seine Variationen über *Là ci darem la mano*, Mozarts Duett aus dem *Don Giovanni*, zusammen mit seiner ersten Sonate an Tobias Haslinger nach Wien zu schicken, den bekanntesten der Verleger dort. Vom Erfolg verwöhnt, zweifelt Fryderyk wohl nicht an Haslingers Zusage.

Es kommt nichts, nicht einmal eine Absage.

Noch vor dem offiziellen Ende des Studienjahrs ist Fryderyk in diesem Sommer 1828 bereits aufs Land, nach Sanniki abgefahren; wieder so eine Idylle ohne Chancen. Wollte er nicht dabei sein, als offiziell bekannt gegeben wurde, wer wie beurteilt worden war? *Zur Besserung seines Gesundheitszustandes verreist*, notiert Elsner.

Angegriffen ist Fryderyk vor allem seelisch: Am letzten Tag des März ist Jan Białobłocki, gerade dreiundzwanzigjährig, doch gestorben. Es heißt, dieses Bein, das schon vor zwei Jahren amputiert werden sollte, sei schuld gewesen. Der Tod habe sich über die Knochen verbreitet. Noch im Dezember des Vorjahres hatte Jan auf den Erfolg dieser Amputation gesetzt. *Ich kann nur hoffen, dass dieses Neue Jahr meine Leiden für immer beenden wird*, hatte er geschrieben. Nun klingt jener Satz wie eine Todesahnung.

Angesichts dessen, was ihn in Berlin erwartet, ist Fryderyks Aufregung begründet. Jarocki wurde eingeladen zum Naturforscherkongress, einberufen von Preußens König Friedrich Wilhelm III., Vorsitz Alexander von Humboldt. Der *Warschauer Kurier* hat darüber berichtet, dass Professor Jarocki, Lehrstuhlinhaber und Gründer des Zoologischen

Museums in der polnischen Hauptstadt, zu den vierhundert Gelehrten gehört, die Humboldt persönlich eingeladen hat. Jarocki spricht fließend Deutsch, kennt Humboldt privat und kann dem achtzehnjährigen Chopin Türen öffnen: Sein deutscher Kollege Martin Heinrich Liechtenstein ist nicht nur Direktor des Zoologischen Museums in Berlin, er ist als Mitglied der Singakademie eng befreundet mit deren Direktor, Carl Friedrich Zelter. Manche lästern über den Maurermeister Zelter, der autodidaktisch zum Komponisten wurde. Endlich stünde er in den Konversationslexika – *Zelter: mittelalterliches Reitpferd.* Doch auch in Warschau ist bekannt, dass es Zelter ist, der den Zugang erschließt zu allen, die in der Berliner Musikwelt etwas zu sagen haben. Er brüstet sich zu Recht, der einzige Duzfreund Goethes zu sein, er ist Lehrer von Fanny und Felix Mendelssohn Bartholdy, von den Opernkomponisten Otto Nicolai und Giacomo Meyerbeer. Vor allem aber ist er Mitglied in jedem wichtigen Gremium. Im Brief an Tytus Woyciechowski lästert Fryderyk zwar, Anlass der Exkursion seien *die Affen von allen europäischen Kongressen*, doch er ist bereits eingeweiht, wen er wo warum kennenlernen soll. Der Vater und Elsner haben ihn vorbereitet.

Am Sonntag, den 14. September, kommen Chopin und Jarocki nachmittags um drei in Berlin an und beziehen ihre Zimmer im Gasthof *Zum Kronprinzen.* Sie sind mit der *Diligence* gefahren, einer eleganten, aber unbequemen Kutsche – *um meine Kräfte zu erproben*, hatte Fryderyk Tytus gegenüber gewitzelt.

In Berlin tut er sich hart, den Humor zu behalten: Anstatt sich Opern und Konzerte anzuhören, hockt er an der Seite Jarockis auf Tagungen und bei Diners unter betagten Wissenschaftlern. Am 16. September kann er sich freimachen in die Oper und *Ferdinand Cortez* von Gaspare Spontini sehen, einem Komponisten aus Ancona, der Generalmusikdirektor in Berlin geworden ist. Fryderyk verliert sein Ziel nicht aus den Augen, Jarocki aber vergisst über den eigenen Leidenschaften die seines Schützlings. Er ist überwältigt von der Eröffnung des Kongresses im Saal der neu erbauten Singakademie, von einem Mittagessen, an dem tausend Menschen im Exerziersaal teilnehmen, und vielleicht auch von der eigenen Wichtigkeit. Fryderyk ist gelangweilt. Er karikiert die Anwesenden und ärgert sich darüber, was ihm in der Zwischenzeit entgeht. Während er durch die dreizehn Zimmer des zoologischen Kabinetts geschleust wird, stellt er sich vor, wie schön es wäre, stattdessen die zahlreichen Notenlager der Stadt zu durchforsten und alle Klaviere in den hiesigen Pianofabriken auszuprobieren. Sein Spott wächst, seine Ehrfurcht vor den Gelehrten schwindet. Er lästert über ihre Tischmanieren, ihren Auftritt, ihre Kleidung. Einer der gelehrten Männer vergreift sich mit fetten Fingern an Chopins Portion. *Ich saß wie auf Nadeln, während er auf meinem Teller scharrte, den ich dann mit meiner Serviette frottieren musste*, berichtet er seiner Familie. Ästhetisch bleibt Fryderyk, auch was die Frauen angeht, unbefriedigt. Die Berlinerinnen sollen schön sein? Er sieht nur *lauter kahle Kiefer alias zahnlose Münder. Und sie putzen sich, dass es um die herrlichen zerschnittenen Musselins für solche sämischlederne Puppen wahrlich zu schade ist.* Gewöhnt an die sahnehäutigen Polinnen, bringen ihn die gegerbten Gesichter hier nicht in Versuchung.

Trösten kann ihn nur das Musikprogramm. *Il matrimonio segreto* von Cimarosa, *Le Colporteur* von Onslow, dann *Der Freischütz* von Weber, *Das unterbrochene Opferfest* von Winter und endlich Händels Oratorium *Cäcilienode*, das ihn begeistert. Doch mit den Kontakten, die er knüpfen will, wird es nichts. Liechtenstein ist als Sekretär des Kongresses mit Beschlag belegt und hat inmitten der internationalen Prominenz weder Zeit noch Sinn für die Wünsche des jungen Komponisten. Chopin bräuchte jemanden, der ihm hineinhilft in die inneren Kreise. Doch er bleibt Zaungast. *Spontini, Zelter, Mendelssohn habe ich gesehen, habe mich aber mit keinem von ihnen unterhalten, denn ich wagte nicht, mich ihnen selbst vorzustellen*, beschwert er sich in einem Brief nach Hause. Was er erlebt, befriedigt ihn nicht. Es schärft jedoch den Blick für die menschlichen Schwächen. Zwei Tage vor der Abreise wird er mit Jarocki zu einem zweiten Diner der Naturforscher eingeladen, einem *Essen mit Gesängen*, lästert er, *die der Gelegenheit angepasst waren. Alles was lebte, sang, und was nur am Tisch saß, trank und klimperte im Takt der Musik. Zelter dirigierte, neben ihm stand auf einem dunkelroten Postament ein großer vergoldeter Pokal zum Zeichen der höchsten musikalischen Würde.* Die Musik genügt nicht seinen Ansprüchen, das Essen durchaus. *Die Herren Naturforscher, insbesondere die Zoologen, hatten sich hauptsächlich mit dem Zurichten von Fleisch, Soßen, Brühe und ähnlichen Dingen befasst, also hatten sie in diesen wenigen Sitzungstagen so viele Fortschritte im Essen gemacht.* Sogar auf der Bühne werden in Berlin Witze gerissen über die eigentliche Auswirkung des Gipfeltreffens großer Geister. *«Warum ist jetzt das Bier in Berlin so gut?» – «Ja, weil die Naturforscher zusammengekommen sind.»*

Die Lustigkeit von Fryderyks Briefen kann weder die Familie noch ihn selbst darüber hinwegtäuschen: Er hat nichts von dem erreicht, was er sich vorgenommen hatte.

Es tröstet ihn, den sie alle übersehen haben, vielleicht, was er auf der Heimreise erlebt. Als am 29. September in Züllichau bei einem Landgasthof die Pferde gewechselt werden, improvisiert er auf dem Klavier des Wirts. Die Zuhörer erklatschen sich Zugabe um Zugabe. Und tragen Chopin zur Kutsche.

Ob das die Risse kitten kann, die sein Selbstbewusstsein bekommen haben muss in Berlin? Chopin hat erlebt, dass er außerhalb der Heimat ein Niemand ist. Dass, wenn er zu schüchtern ist, auf andere zuzugehen, keiner auf ihn zugeht. Er hat darauf gebrannt, mit diesem Felix Mendelssohn Bartholdy zu reden, nur ein Jahr älter als er selbst, der bereits Opern, Symphonien, Klaviersonaten und Klavierkonzerte, Orgelstücke, Lieder und Kammermusikalisches komponiert, auch dirigiert hat, der sich wie Chopin für Bach begeistert und angeblich im nächsten Jahr eine Passion dieses Meisters aufführen will, die kein einziger Zeitgenosse je gehört hat. Mendelssohn ist in der obersten Etage zu Hause, das macht ihn für Fryderyk noch interessanter: Ignaz Moscheles ist sein Freund, mit zwölf Jahren hat er schon Carl Maria von Weber, als Komponist des *Freischütz* Idol der patriotischen Romantiker, persönlich kennen gelernt, die großen Dirigenten der Zeit sind ihm vertraut. Mendelssohn zu begrüßen und mit Zelter zu reden, das hatte fest auf Chopins Programm gestanden. Aus alldem war nichts geworden.

Niemand kann es erstaunen, dass Fryderyk gesteht, er wäre am liebsten auf Schloss Antonin beim Fürsten Radziwiłł geblieben und nie mehr von dort weggegangen. Hat er Angst vor der großen Welt, die ihn so brüsk behandelt?

Im Frühling 1829 beobachtet Elsner, wie sein Schüler sich verwandelt. Was in dem Neunzehnjährigen geschlummert hat, explodiert. Er riskiert Unerhörtes in den vertrauten Formen, den Mazurken vor allem, die sich wie alle Mazurken volkstümlich geben und meist auf den zweiten Taktschlag enden, doch nun glüht etwas in ihnen. Und er wagt sich an Formen, die er noch nicht erprobt hat, Nocturnes, Etüden, ein Klavierkonzert. Schon die erste Nocturne in b-Moll ist gekonnte Verführung. Sie erobert im Sechsvierteltakt, zieht hinauf in höchste Höhen, bis zum viergestrichenen f und umschmeichelt im Mittelteil mit Oktaven. Schließlich verstummt sie; in tiefem B-Dur endet diese Nocturne – in einer schweigenden Umarmung? Die zweite Nocturne in Es-Dur überwältigt mit einer Melodie, die keiner vergessen kann, und verhaucht in *piano pianissimo* – eine Liebeserklärung? In seinen siebzig Lebensjahren hat Elsner einen derartigen Einfall nicht gehabt. Diese Nocturnes hängen nicht mehr dem Vorbild von Field nach. Woher kommt auf einmal diese Freiheit, diese Leichtigkeit? Chopin beginnt eine Folge von kurzen Kompositionen, die er Etüden nennt. Mit Übungsstücken haben sie durchaus zu tun. Jede widmet sich einer bestimmten Bewegung, bestimmten Figuren. Wie es sich für Etüden gehört, geben auch die von Chopin dem Pianisten Gelegenheit, vorzuführen, was er kann. Hier muss er sehr viel können. Chopin schreibt sich diese Etüden auf die Hände. Er kann zwar nur gerade eine Dezime greifen, aber sein geschmeidiges Handgelenk, die Kraft seiner langen Finger und ihre Gelenkigkeit ermöglichen es ihm, die chromatischen Läufe, die akrobatischen Fingersätze und andauernden Sprünge zu bewältigen. Weiß er, wie es auf die Frauen wirkt, wenn er, noch immer schmalschultrig und jungenhaft, am Klavier sitzt und mühelos Passagen hinlegt, an denen jeder andere scheitert?

Doch es ist nicht die technische Brillanz, die jeden, der die ersten Etüden hört, verblüffen muss. Es ist die Tiefe, die sich auftut unter der Oberfläche. Elsner kennt sämtliche gängigen Etüden, von Czerny über Moscheles bis zu der Szymanowska. Mit denen hat das, was sein Schüler schafft, nichts zu tun. Chopins Etüden wollen nicht beeindrucken, sie wollen anrühren. Gebaut sind sie logisch und klar. Jede ist dreigeteilt, setzt ein mit einem Hauptgedanken, der dann moduliert, angereichert, durchgeführt und zum Schluss wieder aufgenommen wird. Dieses Gefäß aber birgt Gefühle, wie sie noch keiner zuvor in eine Etüde zu gießen wagte. Extreme Gefühle. Fröhliche und schmerzliche, sehnsüchtige und vorwärtsstürmende, wehmütige und heldische, feierliche und leidenschaftliche.

Weder Elsner noch den Eltern oder Freunden kann es entgehen: Mit Chopin ist etwas passiert. Josef Elsner könnte erraten, was. Im April hat im Konservatorium ein Konzert stattgefunden. Auf dem Programm stand Musik von Händel, Haydn und Cherubini. Aufgetreten sind Schüler und Schülerinnen des Mannes, der Elsner anzuschwärzen versuchte, Carlo Evasio Soliva. Vor drei Jahren war das Institut um des Friedens willen aufgeteilt worden in zwei Hochschulen: eine für Dramatik und Gesang, die Soliva leitet, und eine unter Elsners Leitung, in der Unterricht auf den Instrumenten, in Komposition und Theorie erteilt wird. Daran, sich näher zu kommen, hindert die Schüler der beiden Abteilungen nichts, denn sie befinden sich unter demselben Dach wie früher, in dem Klostergebäude bei der Zygmunt-Säule.

Mit Cherubinis Arien haben bei dem Konzert vor allem zwei junge Frauen geglänzt: Anna Wołków und Konstancja Gładkowska. Die eine kokett, die andere verhalten. Die eine hat sich zu verkaufen gewusst, die andere gab nichts von sich preis als ihren Gesang. Chopin hatte den Saal verlassen, ohne mit einer der Sängerinnen zu sprechen. Hat Soliva, dessen Schülerin Konstancja ist, die beiden miteinander bekannt gemacht? Längst gibt sich Soliva als Mentor von Chopin, obwohl der als Lieblingsschüler seines Rivalen Elsner gilt. Ist Konstancja Solivas Trojanisches Pferd? Elsner muss aufgefallen sein, dass Chopin die Gładkowska seit jenem Konzert öfters begleitet, wenn sie neue Partien einstudiert.

Außerhalb des Konservatoriums bekommt keiner die blasse Sängerin und den blassen Pianisten zusammen zu sehen. Im Gegenteil. Beobachter stellen fest, dass Fryderyk sich zurückzieht, sobald im Konzert oder bei Bekannten Konstancja auftaucht, als fürchte er ihre körperliche Nähe. Warum? Sie ist keine Frau, deren Sinnlichkeit bedrängt. Eine schmale Gestalt mit ebenmäßigem Gesicht, das Haar in der Mitte gescheitelt, im Nacken zum Knoten gebunden, der Blick nach innen gerichtet, die Lippen schmal. Ihre Eltern sind keine Aristokraten, sie ist die Tochter eines königlichen Verwalters. Das Studium sorgt dafür, dass sich ihre Wege ständig mit denen Fryderyks kreuzen. Konstancja wäre erreichbar. Fryderyk aber will sie offenbar nicht erreichen. Er hält auf Abstand. Ist für ihn die Sehnsucht nach Liebe bereits Liebe? Nutzt er bewusst das unerfüllte Begehren als Antriebskraft? Oder möchte er nicht von der Wirklichkeit ernüchtert werden? Er wird sie seinem Freund gegenüber nur als *mein Ideal* bezeichnen und von *platonischen Affekten* reden.

Im April 1829, als Fryderyk in seinen Träumen Konstancja verfallen ist, hat sich Nicolas Chopin mit der Zukunft seines Sohns befasst. Fryderyk wird im Sommer das Studium abschließen. Der Vater hat einen Brief an Stanisław Grabowski, den Bildungsminister, verfasst. Letztes Jahr hatte Fryderyks Studienkollege Tomasz Nidecki ein Stipendium für einen Wien-Aufenthalt bekommen. Dabei wird über Fryderyk Chopin mehr geredet als über diesen Nidecki. *Ich habe einen Sohn, den seine angeborene Begabung zur Musik und zur Ausbildung in dieser Kunst beruft*, hat Nicolas Chopin dem Bildungsminister erklärt. *Ihm fehlt nur die Möglichkeit, andere Länder zu sehen, vor allem Deutschland, Italien und Frankreich, um sich anhand guter Vorbilder hinreichend bilden zu können.* Ein gelungener Brief. Demütig, doch selbstbewusst und klar in der Sache: Nicolas Chopin hat den Minister gebeten, beim Verwaltungsrat aus dem Fundus, der dem Statthalter zur Verfügung steht, eine Unterstützung für die Reise seines Sohnes zu bewilligen.

Während Grabowski, von der Idee begeistert, beim Rat beantragt, dem jungen Chopin 5000 Złoty im Jahr zuzusprechen, komponiert dieser junge Chopin wie besessen. Sein Vater erfährt, der Antrag dürfe erst bewilligt werden, wenn auch der Innen- und Polizeiminister Tadeusz Graf Mostowski einverstanden ist. Das wird den Chopins keine Sorgen bereiten. Seit seiner Kindheit ist Fryderyk immer wieder im Salon der Mostowskis aufgetreten. Sie kennen und bewundern ihn.

Auch den Eltern Chopin muss auffallen, dass ihr Kind ein Mann geworden ist. Nicht äußerlich. Seine Erscheinung ist nach wie vor androgyn. Einen Meter siebzig ist er groß, um die 40 Kilo leicht, das blonde Haar ist seidig, der Blick traumverloren, der Körperbau alles andere als muskulös, nur die stark gebogene Nase, das ausgeprägte Kinn, das Gespannte seines Auftritts verhindern, dass er mädchenhaft wirkt. Innerlich ist er schlagartig erwachsen geworden. Was er in Töne setzt, ist nicht mehr im Niemandsland zwischen großen Meistern angesiedelt. Chopin hat seinen eigenen Kontinent erschaffen, auf dem nur er regiert und auf dem nur seine Sprache gesprochen wird. *Sich anhand guter Vorbilder hinreichend bilden zu können*, hat er nicht mehr nötig. Die Reise ins Ausland umso mehr. Wochen vergehen, keine Antwort trifft ein. Justyna und Nicolas Chopin warten mit wachsender Unruhe auf einen

Bescheid. Ihr Sohn scheint davon unbehelligt. Er sitzt rund um die Uhr am Klavier, erfindet Mazurken, Walzer und Lieder. Lieder für Sopran und Klavier – warum auf einmal Lieder, eines nach dem anderen? *Gdzie lubi*, *Was ein junges Mädchen liebt*, heißt ein Gedicht von Stefan Witwicki, das er vertont, *Życzenie*, *Mädchens Wunsch* ein anderes. *Wär' ich ein Vogel, der herrlich singt, damit dir mein Lied in die Seele dringt.* Es sind alles polnische Gedichte und fast alles Gedichte von der Liebe, die Fryderyk sich vornimmt. Liebesschmerz? Nein, davon ist nichts zu bemerken. Es geht ihm gut, weil ihn vieles nichts angeht. Er ist unterwegs in seinen Landschaften. Dort gibt es keine Politik, keine Zusammenstöße mit Realem.

Als Ende Mai die Warschauer zähneknirschend die Feste, Zeremonien, Bälle, Konzerte, Empfänge und Galadiners organisieren, mit denen die Krönung von Zar Nikolaj I. zum polnischen König gefeiert wird, hält sich Chopin weiterhin nur in den Gebirgsregionen der Musik auf. Die Ausdünstungen in den Niederungen interessieren ihn nicht. Er genießt, was dem Zaren musikalisch geboten wird, als gelte es ihm. Chopin hört und sieht Henriette Sontag, wird Zeuge, wie das Publikum ihrer Stimme ebenso verfällt wie ihrer Anmut. Er hört und sieht Paganini, der sich als Dämon inszeniert. Die hagere Gestalt ganz in Schwarz gekleidet, weiß hebt sich davon das hohlwangig gewordene Gesicht ab. Tieren gleich, die ein Eigenleben führen, kommen die knochigen Hände aus den bewusst zu kurz geschnittenen Ärmeln. Huschen die Finger der Linken über die Saiten, fliegt die Bogenhand durch die Luft, herrscht Totenstille im Saal. Chopin erlebt die Ekstase des Publikums und danach in Zeitungen und Salons die Wortgefechte. Ist dieser Romantiker, der nichts als seine Geige kennt, als Komponist ernst zu nehmen? Oder ist er nur eine Mode, von überdrehten Verehrern, weiblichen vor allem, hochgejubelt? Für den jungen Chopin ist die Erregung um den Genuesen spannend. Die Gegner Paganinis entrüsten sich, wie dieser Mann den schönen Klang verrät. *Seine Töne sind nicht göttlich und nicht engelsgleich, wie sie von manchen blinden Verehrern genannt werden*; *sie sind schmerzlich*, *gruftnah*, *höllisch*, schreibt ein Rezensent im *Allgemeinen Tagblatt des Landes. Stillos*, *düster* und *bizarr* sei dieser Paganini, der Versucher in Person. *Sein Flageoletttton hat manchmal etwas Pfeifendes, Teuflisches, und wenn es nicht aus der Hölle stammt, so doch aus der Schlucht des ‹Freischütz›.*

Wichtiger als sein *Souvenir de Paganini*, das Chopin nebenbei komponiert, ist, was die Karriere dieses Mannes für seine eigene bedeutet. Paganini führt vor, dass sein Instrument alles vermag. Mit nichts als seiner Geige reißt er Abgründe auf, mit nichts als seiner Geige beschwört er Stimmungen herauf, dunkel lockende Wälder, Dämmerungen, in denen die Vögel singen, mit nichts als seiner Geige setzt er verborgene Gefühle, unterdrückte Ängste in Klänge um. Die Vorwürfe gegen Paganini sind für den jungen Chopin Anregungen. Es ist offenbar möglich, die Musik von einem einzigen Instrument aus zu erkunden.

Endlich, zwei Monate nachdem der Vater sein Gesuch eingereicht hatte, trifft im Juni die Antwort der polnischen Regierung auf den Antrag des Nicolas Chopin ein. Der Inhalt ist klar: Künstler, die sich nur mit dem Klavier befassen, keine öffentlichen Konzerte geben und nur in Salons auftreten, können nicht auf Staatskosten die Welt bereisen. Hat Mostowski kalte Füße gekriegt? Ist es ihm wichtiger, sich bei der Regierung beliebt zu machen, als einem Hochbegabten bei seiner Karriere behilflich zu sein?

Als der am 20. Juli 1829 sein Diplom bekommt, steht dort, was alle erlöst.

Szopen, Fryderyk – musikalisches Genie.

Geld bringt das nicht. Eine Parisreise muss sich Chopin aus dem Kopf schlagen. Aber sein Vater versteht es, Ersatzlösungen zu finden.

Wien ist nicht Paris, aber immerhin eine Musikhauptstadt, wo fast vierzig Jahre nach Mozarts Tod dessen Nimbus noch immer Komponisten, Solisten, Verleger anzieht und Impresarii, die dort Entdeckungen machen wollen. Vier junge Intellektuelle aus dem Freundeskreis, vor allem der junge Professor der Rechte Romuald Hube, den die Chopins für besonders zuverlässig halten, werden ihren Sohn begleiten, der für praktische Dinge keine Hand hat.

Was ihr Sohn in Wien soll?

Ein, zwei Konzerte geben, sagt sein Pate Fryderyk Skarbek.

Diese Meinung teilen die Eltern Chopins. Fryderyk Chopin teilt sie nicht. Haslingers Schweigen auf die eingesandten Noten hat ihn verletzt. Er hat keine Lust, sich auf einem Konzertpodium irgendwelchen Demütigungen auszusetzen. Ausgepfiffen zu werden ertrüge er nicht.

Fryderyk freut sich auf Wien und fürchtet sich zugleich davor. Zu vieles, was da organisiert werden muss. Wer wird ihn umsorgen? Es leben viele Polen in Wien, adlige und bürgerliche, mit Adressen ist Fryderyk ausgestattet worden. Nur wer wird ihn dort einführen?

In Berlin ist er ohne helfende Hände allein geblieben. Er, den in Warschau jeder bewundert, wurde stehengelassen. Aber ist das nicht ein anderer Chopin, der nun in die Fremde der Großstadt reist?

Von Kränklichkeit ist seit Monaten nicht mehr die Rede. Ein gesunder junger Mann macht sich auf den Weg nach Wien, *in fröhlicher, wenn auch etwas fremder Gesellschaft*, wie er Tytus Woyciechowski schreibt.

Unterwegs, nicht weit von Krakau, unternehmen die jungen Männer einen Ausflug nach Ojców. Der Kutscher verfährt sich, landet in einer Schlucht, bleibt dort unten stecken. Die Ausflügler müssen sich zu Fuß im Dunkeln durchschlagen, auf Balken über den Flusslauf balancieren, Dorfbewohner nach dem Weg fragen, um eine Übernachtungsgelegenheit zu finden. Bis auf die Haut durchnässt landen sie in einem Gästehaus, wo ihnen ein kleines Zimmer *unter dem Felsen* zugewiesen wird. Fryderyk, der dünnste und anfälligste der vier Männer, kauft den Wirtsleuten eine große Wollmütze ab, reißt sie entzwei, bindet sich die wollenen Lappen um die kalten Füße, setzt sich an den Kamin zu den anderen, trinkt Wein, lacht und schläft dann wie ein Kind. Ein gesunder junger Mann, der sich zu helfen weiß. Liebesgesund.

IV
Überraschungen in Wien

Erfahrungen eines Musikers in der Fremde

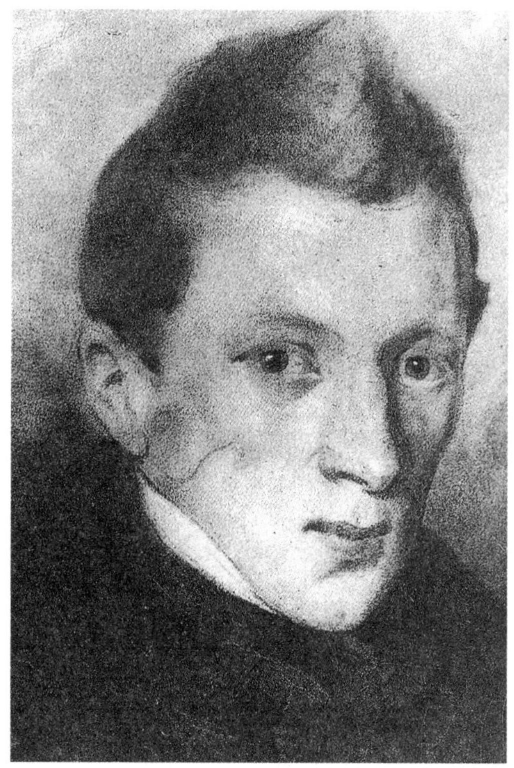

Chopin um 1830. (Aquarell, Anonym).

𝄢

Dieser Besuch kann peinlich werden. Vor einem halben Jahr hätte sich Chopin vermutlich darum gedrückt. Am 30. Juli 1829 ist er in Wien angekommen. Sein erster Besuch ist ungefährlich gewesen, er hat einer Gemäldegalerie gegolten. Dann aber macht er sich auf den Weg ins Herz der Stadt, Richtung Hofburg. Die genaue Adresse steht auf dem Brief Elsners, einem Empfehlungsschreiben, das er mitgenommen hat. Tobias Haslingers Geschäft und Wohnung befinden sich einem großen Häuserblock, der den Graben vom Kohlmarkt trennt, in der teuersten Gegend. Er kann es sich leisten. In Chopins Geburtsjahr 1810 war Haslinger nach Wien gekommen, ein Mann von dreiundzwanzig Jahren, der nicht viel zu bieten hatte: Sängerknabe war er in Linz gewesen und Mitarbeiter in einer Musikalienhandlung. Hier, in Wien, hatte er in der Buchhandlung von Catharina Gräffer angefangen, war dann 1813 als Buchhalter in die Kunsthandlung von Sigmund Anton Steiner übergewechselt, zu der eine Druckerei und eine Gravuranstalt für Noten gehörten. Zwei Jahre später war er zu Steiners Gesellschafter aufgestiegen und hatte Karoline Gräffer, die Tochter seiner ehemaligen Arbeitgeberin, geheiratet. Vor drei Jahren hatte Haslinger Steiners Betrieb in eigener Regie übernommen. Mittlerweile ist sein Verlag, in dem die Werke von Mozart, Beethoven, Schubert, Hummel und Weber erscheinen, der musikalischen Welt von Rom bis Riga, von Paris bis Petersburg ein Begriff.

Beethoven ist vorletztes Jahr gestorben, Schubert im vergangenen November.

Mit beiden war Haslinger eng vertraut. Doch das ist nicht der Beweggrund für Chopin, die Treppen zu Haslinger hinaufzugehen. Ihn interessiert die Gegenwart. In Haslingers Salon, das ist auch in Warschau bekannt, verkehrt jeder, der in der Musikszene Wiens wichtig ist. So viele wie früher sind das nicht mehr. Als der Kongress tanzte, waren Musiker gefragt, Pianisten wie Komponisten. Seither aber mussten viele von ihnen die Stadt verlassen, weil sie hier kein Auskommen mehr fanden. Friedrich Kalkbrenner, dessen virtuose Werke Chopin bewundert, hat in Wien bei Haydn und Beethoven studiert, ist aber schon vor fünf Jahren nach Paris emigriert. Auch junge Genies wie Franz Liszt sind in Paris gelandet, weil das Interesse der Wiener an Konzerten erschlafft ist. Oper und Theater reizen sie seit Jahren mehr. Dazu hat ein Mann namens Barbaja wesentlich beigetragen. Nachdem der Kaiser vor fünfundzwanzig Jahren beschlossen hatte, die beiden Hoftheater zu verpachten, regiert dort der Geschmack des jeweiligen Pächters. Das Theater am Kärntner Tor hatte sich ein italienischer Impresario, Domenico Barbaja, für zwölf Jahre gesichert. Nachdem es ihm gelungen war, Rossini in sein Haus zu holen, war dort fast nur noch italienische Kost erwünscht, einheimische wurde weitgehend verschmäht, deutschsprachige überhaupt. Vor acht Jahren noch war Webers *Freischütz* am Kärntnertortheater gefeiert worden, und mit seiner für Wien komponierten *Euryanthe* konnte Weber 1823 bei der Uraufführung einen Erfolg verbuchen. Dann aber hatte das Publikum zügig das Interesse an ihr und ähnlichen Stücken verloren. Seither sind es Rossini, Cimarosa, Mercadante, Bellini und Donizetti, die in diesem Haus, das sich folgerichtig *Teatro di Caranzia* nennt, das Publikum anziehen. Die Italiener bieten das, was den Wienern gefällt: *eine Hetz*. Tierhetzen, zu Mozarts Zeit noch das liebste Freizeitvergnügen, sind abgeschafft, also muss ein Ersatz dafür her. Arien und Bravourstücke, bei denen jeder im Saal erregt wartet, ob es der Künstler schafft. Artisten, die den Absturz riskieren, sind gefragt, auch außerhalb der Oper. Paganini war letztes Jahr hier. Nach vierzehn Konzerten, vor denen die Wiener sich um Eintrittskarten prügelten, war ihm der Titel eines kaiserlichen Kammervirtuosen verliehen worden. Nach wie vor ist Paganini präsent in der Stadt. Die Wiener Herren tragen die weichen, breitkrempigen Paganini-Hüte und Paganini-Handschuhe, die Fünfguldennote, die üblicherweise für ein Konzertbillet hinzublättern ist, heißt *Paganinerl*. Das Deutsch-Romantische auf der Opernbühne imponiert den Wienern nicht mehr. Das bedeutet für sie nur weniger Intrigen, weniger Morde, Affären, Betrug, also genau das, was Oper schön macht. Es bedeutet auch mehr elegische Arien und weniger Bravourstücke, viel Legato, weniger Koloratur. Paganinis Romantik, nächtlich, riskant und grenzüberschreitend, das ist etwas anderes. Ein Italiener eben.

Doch was soll Chopin das kümmern? Er hat beschlossen, nicht aufzutreten in Wien, öffentlich jedenfalls nicht. Er will diese Stadt auskosten und Beziehungen aufbauen, nicht mehr.

Ist er nervös, als er bei Haslinger die Tür öffnet? Die Gäste in diesem Haus sind seine Idole. Johann Nepomuk Hummel, wie Chopin Pianist und Komponist, der als Kind bei Mozart gewohnt hatte und kostenlos unterrichtet worden war, Adalbert Gyrowetz, dessen Klavierkonzert Chopin bei seinem ersten Auftritt als Achtjähriger im Palais Radziwiłł gespielt hat, und Ignaz Moscheles, dessen virtuose Werke Chopin beherrscht und Haslinger verlegt. Auch Kalkbrenner verkehrte hier bei seinem Verleger, als er noch in Wien lebte. Chopin betritt einen Ort, der für ihn eine Kirche sein muss. Und er betritt das Haus eines Mannes, der ihn ignoriert hat. Nie hat Haslinger auch nur mit einem Wort auf Chopins Brief reagiert, in dem er ihm die Mozart-Variationen und die erste Klaviersonate geschickt hatte, um sie zum Druck anzubieten.

Elsners Schreiben wird als Visitenkarte abgegeben. Der junge Gast wird empfangen. Haslinger, ein Mann von Anfang vierzig, ist klein wie ein Schuljunge, dicklich, rosig, immer angezogen, als wolle er sofort ins Konzert aufbrechen. Aber das Gesicht über dem bedrängend hohen Vatermörderkragen ist das eines Volksschauspielers; die Nase vorn aufgebogen, der breite Mund zum Lachen bereit, die hellgrauen Augen neugierig. Er kennt und schätzt Elsner. Chopin kann sich ausrechnen, was sein Lehrer geschrieben hat, denn verlegen ist nicht er, verlegen ist Haslinger. Vermutlich auch, weil ihm nun einfällt, dass er diesem Schüler, den Elsner in höchsten Tönen lobt, eine Antwort schuldig geblieben ist. *Er wusste nicht, wo er sich hinsetzen sollte*, wird Fryderyk danach der Familie berichten. Die Rollen sind vertauscht. Haslinger wirkt nervös. Er holt seinen Sohn Karl, der Chopin vorspielen soll, entschuldigt sich, dass er dem Besucher nicht seine Frau vorstellen kann, weil die außer Hauses sei, führt ihm sämtliche Autographen und sonstigen musikalischen Kostbarkeiten vor, die er hütet.

Chopin beweist Klasse; er fragt nicht nach, was denn mit seinen Variationen über *Là ci darem la mano* und seiner ersten Klaviersonate passiert sei.

Als Haslinger ihn ans Klavier bittet, spielt er die Variationen einfach.

Haslinger greift zu einer seiner Editionen. Das sei seine schönste. Und in ähnlicher Qualität und Aufmachung werde er in einer Woche Chopins Mozart-Variationen herausgeben.

Fryderyk staunt. Damit hat er, wie er zugibt, *nicht gerechnet.*

Haslinger redet ihm zu, ein Konzert zu geben. Er weiß aus Erfahrung, dass sich die Noten dann besser verkaufen. Bisher kennt hier keiner das herausgewachsene Warschauer Wunderkind. Chopins Kompositionen seien schwierig und kaum zu lesen, legt er nach. War das der Grund, dass er auf die eingesandten Noten nicht reagiert hat? Chopin sagt Nein. Er habe seit Wochen nicht mehr am Klavier gesessen. Doch Haslinger ist Diplomat. *Wien würde viel verlieren*, wenn er *abreise*, *ohne sich hören zu lassen*, erklärt er. Chopin bleibt bei seiner Ablehnung.

Feuer scheint er jedoch gefangen zu haben. Aber er muss auch rasch nach seiner Ankunft in Wien erkennen, dass hier andere Gesetze gelten. Passiert ist es am 2. August, am 3. zerreißen sich alle Leute das Maul darüber. Alois Ritter von Persa, Polizeidirektor, hat sich aus dem dritten Stock seines Amtssitzes am Petersplatz auf die Straße gestürzt. Der Anlass ist bekannt. Ritter von Persa hatte in der Loge oberhalb von der des Kaisers Franz I. im Burgtheater gesessen, um die Majestät zu überwachen, die sich *Der Schneider und sein Sohn* ansah. Als der Polizeidirektor ein Bonbon aus dem Papier wickelte, fiel dieses Bonbon eine Etage tiefer und traf den Arm des Kaisers. Nicht tödlich, dennoch wurde Alarm ausgelöst.

In Wien besitzt die Etikette noch einen hohen Stellenwert. Vermutlich, weil sie das, was dahinter geschieht, kaschiert.

Elsner kennt Wien und die Wiener; er hat seinem Schüler nicht nur ein, er hat ihm einen Packen Empfehlungsschreiben mitgegeben. Mit dem nächsten in der Tasche macht sich Fryderyk wenige Tage nach dem Gastspiel bei Haslinger auf den Weg zu Ignaz Schuppanzigh. Seit Beethoven tot ist, wird auch der darum beneidet, den missgelaunten, verwahrlosten Kauz zum Freund gehabt zu haben, für dessen Streichquartette sich Schuppanzigh mit allen Mitteln, als Geiger wie als Konzertveranstalter, eingesetzt hat. Das mag Chopin beeindrucken. Auch dass Schubert diesem Mann und seinem Ensemble das *Rosamunde-Quartett* gewidmet hat, ist schön. Aber was jetzt zählt ist, dass Schuppanzigh erfolgreich Konzerte organisiert. Er kennt die wichtigen

Leute, ist mit Graf Moritz von Lichnowsky bekannt, mit Mäzenen, Direktoren, Kapellmeistern und allen, die in Wien wissen, was auf welchen Bühnen ankommt und wo eine Chance besteht, kurzfristig einen Auftritt bewilligt zu bekommen. Der Geiger verspricht, sich zu bemühen. Fryderyk jedoch bemüht sich selbst, obwohl er nach außen hin bekundet, er denke nicht daran, aufzutreten. Bei einem Abendessen, zu dem ihn polnische Landsleute, die Hussarewskis, eingeladen haben, begeistert er mit einer Musikeinlage alle Anwesenden und wird bestürmt, ein öffentliches Konzert zu geben. Wiens beste Klavierbauer, Matthäus Andreas Stein und Conrad Graf, sind unter den Gästen. Dass sie darum wetteifern, Chopin einen Flügel in sein Domizil zu stellen und dann in den Konzertsaal zu transportieren, bringt diesen nur scheinbar in Verlegenheit. Klar entscheidet er sich der besseren Technik wegen für Grafs Instrument. Die Schüchternheit hat Chopin abgelegt. Wach ergreift er jede Gelegenheit, die sich ihm bietet.

Für den Besuch bei Wacław Würfel hat er keinen Brief benötigt. Der Vertraute aus Warschau wirkt gealtert. Er ist ausgezehrt, blass und hustet unablässig. Von seiner Schwindsucht ist nicht die Rede, nur von Fryderyks Zukunft. Würfel weiß, wie wichtig dem jungen Chopin seine Eltern sind, wie viel ihm sein Lehrer Elsner bedeutet.

An einem anderen Abend bei Haslinger bläst ein Mann namens Joseph Leopold Blahetka Chopin ins Ohr, als werde er von Haslinger dafür bezahlt. Blahetka ist im Geldberuf Inspektor einer Papierfabrik, lebt aber seine Berufung als Musikschriftsteller und Journalist bei der *Allgemeinen Wiener Theaterzeitung* aus. Er werde Furore machen, prophezeit Blahetka dem jungen Gast aus Polen, weil er *ein Virtuose ersten Kalibers* sei, den man in eine Reihe mit Moscheles, Kalkbrenner und all den anderen stellen müsse. Auf eine Ebene mit all denjenigen, die Chopin bisher nur von unten sah. Dann stellt Haslinger den jungen Chopin einem Gast von Mitte vierzig vor – als den Feigling, der sich in Wien nicht aufzutreten traue. Es ist Robert Wenzel Graf Gallenberg, ein Mann, der eine Bühne zu bieten hat. Seit letztem Jahr betreibt er als Nachfolger von Barbaja das Theater am Kärntner Tor auf eigene Rechnung. Ein Ort, der nach Beethovens Tod vielen als Kultstätte gilt, war dort doch im Mai 1824 die *Neunte* zum ersten Mal aufgeführt worden. Das Sopransolo in der *Ode an die Freude* hatte eine Achtzehnjährige gesungen, die von Chopin angebetete Henriette

Sontag. Sollte ihn das oder die Aura Beethovens beeindrucken, lässt er es sich nicht anmerken.

Gallenberg ist als Amateurkomponist so wenig begabt wie als Opernhausdirektor, noch aber sind seine finanziellen Mittel nicht erschöpft. Als seine Frau Giulietta noch Giucciardi hieß und Klavierschülerin bei Beethoven war, hatte der sich in sie verliebt, ohne die Unmöglichkeit einer Verbindung wahrhaben zu wollen. Die Heirat der schönen Gräfin Giucciardi mit dem standesgemäßen Grafen Gallenberg hatte Beethoven für Monate in Trübsinn versacken lassen. Ob Direktor Gallenberg viel von Musik versteht, ist fraglich. Er habe in dessen Theater schon *einige miserable Konzerte* gehört, gesteht Chopin den Eltern. Besser hat ihm gefallen, was er in der Musikakademie gehört hat, etwa den Geigenvirtuosen Josef Mayseder, Österreichs Antwort auf Paganini. Angeboten wird ihm nun aber ein Auftritt im Theater am Kärntner Tor. Doch die Bedingungen sind nicht nach seinem Geschmack. *Würfel hat mich heute dem Grafen Gallenberg … und jedem, dem er begegnete, als jenen jungen Mann präsentiert, den er überreden konnte, ein Konzert zu geben, wohlgemerkt ohne jedes Honorar, was dem Grafen Gallenberg sehr gefiel, da es sich hier um seine Tasche handelt.* Chopin sagt noch immer nicht zu.

Wien gefällt ihm. Weil er den Wienern gefällt?

Was ihm in Berlin versagt blieb, geschieht hier wie von selbst. Er lernt in kürzester Zeit alle kennen, die ihn interessieren, Adalbert Gyrowetz, Franz Lachner, seit diesem Jahr erster Kapellmeister am Kärntnertortheater, Conradin Kreutzer, Komponist, Organist und Dirigent, und jenen Josef Mayseder, ein Geiger, von dem sogar Paganini mit Achtung spricht.

Ohne dass Chopin öffentlich aufgetreten ist, wird er anerkannt und einbezogen. Wozu sich also dem Risiko ausliefern?

Am Tag nach der Begegnung mit Gallenberg kommt Würfel bei Chopin unangemeldet vorbei. Fryderyk bereite seinen Eltern, seinem Lehrer Elsner und sich selbst Schande, erklärt er, wenn er hier in Wien den Auftritt verweigere.

Das kommt an. Vielleicht, weil Chopin Mitleid hat mit dem todgeweihten Mann, vielleicht auch, weil er innerlich schon zugesagt hat.

Am Samstag, dem 8. August, steht Chopin vor dem Kärntnertortheater und ist mit Mayseder gerade in ein Fachgespräch vertieft, als Gallenberg daherkommt. Wie es mit dem kommenden Dienstag wäre?

Am Samstagabend stellt Würfel bei Haslinger Chopin bereits vor als den jungen Mann, der von ihm überzeugt wurde, hier in Wien sein Genie vorzuführen.

Chopin bewahrt sich den Abstand. Die Bewunderung umnebelt ihn keineswegs. Zeitungsleute glotzen ihn an, Orchestermitglieder verneigen sich tief, *weil der Herr Direktor der Italienischen Oper, die es nicht mehr gibt, mit mir Arm in Arm geht*, spottet er. Das Tempo, in dem sich das Ganze nun entwickelt, ist schwindelerregend. Chopin wird es nicht schwindelig.

Das Programm gleicht einem Menü, das er freiwillig nicht konsumieren würde. Doch Gallenberg kennt seine Wiener. Wenn schon keine italienische Oper, dann muss anderweitig Abwechslung geboten werden. Zu Beginn Beethovens Prometheus-Ouvertüre, dann Chopins Mozart-Variationen, danach eine Sopranarie aus Rossinis Oper *Bianca e Faliero*, danach Chopins *Krakowiak Grand Rondeau de Concert* mit Orchesterbegleitung, eine neuen Komposition, gefolgt von der nächsten Gesangseinlage, einer Arie mit Chor aus Vaccais Oper *Pietro Il Grande*, und zum Dessert noch ein Ballett, ein komisches.

Würfel hat sich angeboten, zu dirigieren.

Dass Würfel beim Orchester des Hauses unbeliebt ist, weiß Chopin noch nicht. Das Orchester sorgt dafür, dass er es in der ersten und einzigen Probe erfährt. In Wien, wo das Billardspiel zum Alltag gehört, spielt man das Ziel von der Bande her an. Die Musiker lassen ihren Ingrimm an Chopin aus, nicht an Würfel. Bereits bei den Mozart-Variationen zetern sie. Es sei unmöglich, Chopins schlampige Notenhandschrift zu lesen. Beim *Krakowiak Grand Rondeau de Concert* spielt das Orchester katastrophal und erklärt dem Komponisten, die Begleitung sei unspielbar, weil die Pausen uneinheitlich notiert seien. An diesem Punkt gibt Chopin scheinbar gefasst nach. Er werde das Stück durch ein anderes ersetzen. Weiß vor Zorn verlässt er das Theater. Doch dann reagiert er kalt. Sein Studienfreund Thomasz Nidecki schreibt über Nacht die fraglichen Stellen der Variationen in Schönschrift ab und korrigiert, wo es nötig ist. Chopin selbst engagiert Freunde und Bekannte, die im Parkett, wo nur billige Bänke stehen und die Stimmung sich rasch aufheizt, als Spione erkunden sollen, was das Publikum dort unten sagt. Neu gewonnene Bekannte, Kollegen, aber auch seine Reisegenossen aus Warschau werden eingesetzt. Ein polnischer Balletttänzer, der sich wohl in den Landsmann verguckt hat, beruhigt ihn vor dem Auftritt mit Zuckerwasser und guten Worten.

Der Saal ist nicht ganz voll, aber gut besucht. Sechs Etagen mit je vierundzwanzig Logen bietet das Theater am Kärntnertor. Die Plakate, die Würfel blitzschnell hat drucken und anschlagen lassen, haben Wirkung gezeigt.

Chopin setzt sich, wie er nachher berichtet, *leichenblass, begleitet von einem rosig geschminkten Kumpan* zum Umblättern der Seiten, der damit prahlt, Hummel, Moscheles, Herz und allen anderen großen Virtuosen bei ihrem Auftritt in Wien die Seiten gewendet zu haben. Als Chopin die Bühne betritt, wird bereits Bravo geschrien. Hat Würfel, hat Gallenberg, hat Haslinger für Claqueure gesorgt oder ist das aufrichtiger Beifall? Chopin beginnt mit den Variationen. Pausen sind zwischen den einzelnen Stücken nicht vorgesehen. Das Publikum aber klatscht nach jeder. Chopin hört das Orchester nicht mehr. Vielleicht ist das gut so. Das Publikum will vor allem ihn hören. Die Fantasie, eine freie Improvisation über Boieldieus *Dame Blanche*, die den Krakowiak ersetzt, gelingt ihm nach eigener Einschätzung nicht besonders gut. Herausgerufen wird er dennoch mehrmals. Solist gegen Orchester. *Eine Hetz.* Das kommt an.

Die Spione berichten von der Basis nur das Beste. Die Leute seien von den Bänken gesprungen vor Begeisterung. Nur der Jurist Hube hat eine kritische Stimme vernommen. Eine Dame habe gesagt: *Schade um den Jungen, dass er eine so schlechte Tournure hat.* Was hat sie damit gemeint? Die Körperhaltung, den Auftritt oder die körperliche Verfassung? Chopin kratzt das nicht.

Die Journalisten haben mich liebgewonnen, schreibt er an die Familie, *vielleicht werden sie mir irgendetwas am Zeug flicken, aber das ist nötig, um das Lob zu nuancieren.* Wichtig ist ihm das Urteil von Carl Czerny, der Chopin noch in seiner Sammlung gefehlt hat und das Konzert miterlebt. Und Czerny ist begeistert.

Dem, was die Rezensenten schreiben werden, sieht Chopin erstaunlich ruhig entgegen. *Die allgemeine Meinung ist*, berichtet er den Eltern, *dass ich zu leise gespielt habe, das meint zu delikat für die Deutschen, die gewöhnt sind, dass man auf ein Klavier eindrischt. Ich erwarte diesen Vorwurf in der Zeitung, zumal die Tochter des Redakteurs schrecklich auf das Instrument einschlägt.*

Der Redakteur ist Blahetka und die Tochter eine in Wien gefeierte Virtuosin.

Schadet nichts, kommentiert Chopin vorauseilend die Einwände gegen sein Spiel, *denn ohne ein Aber kann es wohl nicht abgehen, und ich habe lieber dies, als wenn man sagte, dass ich zu laut spiele.*

Ein selbstbewusster junger Mann äußert sich hier, der weiß, was er wert ist.

Er selbst teilt Kritik großzügig aus. Wenn er fachlich von jemandem wenig hält, hindert ihn das nicht daran, die menschlichen Qualitäten zu loben.

Nach der ersten Begegnung mit Czerny spielen die beiden auf zwei Klavieren. Sie spielen Czernys Werke. Chopins Kommentar: *Er ist ein guter Mensch, nicht mehr.* Dass der Kollege, fast zwanzig Jahre älter, sich damit brüstet, Schüler von Beethoven gewesen zu sein, macht seine für Chopins Empfinden leere Geläufigkeit nicht besser. *Czerny ist gefühlvoller als alle seine Kompositionen.* So ein Zwanzigjähriger über einen berühmten vierzigjährigen Kollegen. Keiner der Wiener Bekannten ahnt, dass der Gast aus Warschau, der sanft auftritt, leise spricht und sich *wie eine Eidechse* bewegt, derart hart ist im Urteil.

Seine neuen Verehrer überreden Fryderyk zu einem zweiten öffentlichen Konzert am selben Ort. Der Familie gegenüber verteidigt er den Entschluss. *Ein drittes Konzert werde ich nicht geben, und ich würde nicht einmal das zweite spielen, wenn es nicht alle so nachdrücklich gewünscht hätten, und dann musste ich auch denken, dass man in Warschau sagen könnte: Was bedeutete es schon, er hat ein Konzert gegeben und ist dann abgereist.* Das zweite ist exakt eine Woche nach dem ersten, auf den 18. August angesetzt. Wieder spielt Chopin unentgeltlich, *um den Herrn Grafen für mich einzunehmen, dessen Taschen nicht sehr voll sein sollen.* Er, der angeblich Schüchterne, hat sich durchgesetzt: Dieses Mal spielt das Orchester seinen *Krakowiak. Grand Rondo de Concert.* Dreimal wird er herausgerufen. Dass das Stück bei den Musikerkollegen gut ankommt, stärkt sein Selbstbewusstsein. *Das gestrige Konzert ist vollständig gelungen*, berichtet er der Familie; *ich habe nicht die geringste Angst verspürt und gespielt, als ob ich zu Hause wäre. Der Saal war überfüllt.* Diesmal, betont er im Brief nach Polen, *spielte ich meine Fantasie über polnische Lieder. Diesmal habe ich mich selbst verstanden und das Orchester verstand mich. Am Schluss erzielte der letzte Mazur eine so große Wirkung, dass ich mich viermal bedanken musste.*

Dass er hier als Pole gefeiert wird mit polnischer Musik, ist ihm wichtig. Gern würde er seine Eltern mit Rezensionen aus Wien versorgen. *Bedauerlich, dass ich mich noch mit keiner Zeitung ausweisen kann.* Die Rezensenten lassen sich Zeit, viel Zeit. Bleibt ihm nichts anderes, als sich selbst zu loben, obwohl er jede Art der Selbstbeweihräucherung widerwärtig findet. *Wenn ich schon beim ersten Mal eine gute Aufnahme fand*, schreibt er bereits am Tag nach dem Auftritt nach Hause, *so war sie gestern noch besser.* Das ist nicht zuletzt den weiblichen Besuchern zu danken.

Ich weiß, dass ich den Damen und den Künstlern gefallen habe, erklärt Chopin.

Über dieses Thema redet er mit Tytus offener. Er erkennt, warum er bei den Frauen ankommt: eben weil er so verhalten spielt. Kraftmeier gibt es genug. Und wenn einer spielt wie Czerny, besitzt das wenig erotischen Kitzel. Dass Chopins Hände geschickt sind, er die Tasten aber sachte berührt, lässt anderes vermuten. Für die Herren ist das, was die Damen animiert, eine Schwäche. Graf Lichnowsky hatte Chopin vor dem zweiten Konzert angeboten, ihm sein eigenes Klavier auszuleihen. Er meint, Chopins Spiel sei so zart, weil Grafs Instrument nicht mehr hergibt; *allein es ist meine Art zu spielen, welche den Damen wieder so sehr gefällt und besonders Fräulein Blahetka, der ersten Pianistin Wiens, die mir sehr zugetan sein muss (sie ist nebenbei bemerkt noch nicht zwanzig Jahre alt, lebt bei ihren Eltern, die mich sehr lieb gewonnen … ein geistreiches, sogar hübsches Mädchen).* Anna Marie Leopoldine Blahetka, ein Jahr älter als Fryderyk, wie Chopin ein Wunderkind, das mit neun schon erstmals vor großem Publikum aufgetreten ist, war Schülerin von Czerny, zeitweise auch von Kalkbrenner und Moscheles, hat gerade erst Paganini begleiten dürfen und betätigt sich zudem als Komponistin. Chopins Bemerkungen über Marie Leopoldine als Pianistin sind ungnädig, doch wenn er mit ihr zündelt, spielt sie ja nicht Klavier. Sein Blick ist so scharf wie sein Gehör. Marie Leopoldines Taille ist eng, ihr Hals hoch und schlank, ihre Augen sind groß. Es scheint, als sei das Interesse gegenseitig und werde von der Umgebung aufmerksam wahrgenommen.

In seinen Briefen nimmt Chopin kein Blatt vor den Mund, im Umgang wohl schon. Chopin weiß, wie er wirkt; man findet seine vermeintliche Schüchternheit charmant, und seine Bescheidenheit, ob sie nun echt ist oder nicht, weckt Sympathien. Als ihn Schuppanzigh bittet, wiederzukommen, meint er, *ich würde kommen, um zu lernen.* Darauf hört er, wie zu erwarten, *dass er in diesem Fall gar nicht zu kommen brauche, was von anderen Stimmen bestätigt wurde. Hier will mich keiner für einen Schüler halten.*

Chopins Abschied von Wien nach nur drei Wochen Aufenthalt gestaltet sich zu einer Abschiedssymphonie. Ein letztes Mal besucht er die Blahetka, die so heftig aufs Klavier eindrischt. Er wundere sich am meisten darüber, sagt der Vater bewundernd, wie Chopin das alles in Warschau gelernt habe. Und Chopin entgegnet frech, dass *bei Herrn* Żywny und Elsner der größte Esel dies gelernt hätte. Verübelt wird es ihm offenbar nicht, dass er mit solchen Worten deutlich macht, nur Ignoranten unterschätzten das musikalische Niveau seiner polnischen Heimat, ihrer Meister und ihrer Lehrer. Oder äußert er sich so gar nicht im Land der Gastgeber, sondern nur in den Briefen in die Heimat?

Die Blahetkas imponieren ihm durchaus. Joseph Leopold Blahetka ist nicht nur Kritiker, er ist zudem Lehrer für Mathematik und Geschichte und Professor für Stenographie. Seine Frau Babette, als Glasharmonikavirtuosin gefeiert, ist die Tochter eines großen Musikverlegers. Sie verfügen über Geld und Beziehungen. Und Marie Leopoldine, von Chopin als Pianistin rüde beurteilt, ist mit elf bereits in Prag und Berlin, Hamburg und München, Leipzig und Frankfurt aufgetreten – in einem Alter, in dem er nur in Salons gastierte.

Chopin findet das letzte tränenreiche Treffen *rührend.* Marie Leopoldine schenkt ihm ihre Kompositionen mit eigenhändiger Unterschrift, ihre Eltern lassen seinen Eltern ausrichten, sie sollten sich umarmt fühlen, und gratulieren zu einem solchen Sohn. Ein Schwiegersohn nach Maß?

Gegen solche Vermutungen wird sich Chopin verwahren. Die Blahetka sei *eine hübsche kleine Person, nicht mehr, denn ich habe schon, vielleicht zu meinem Unglück, seit einem halben Jahr mein Ideal, von dem ich träume und dem ich treu ergeben bin, obwohl ich schon seit einem halben Jahr nicht mit ihm gesprochen habe*, wird er Tytus nach seiner Rückkehr gestehen. *Vielleicht zu meinem Unglück*: Meint er, aus Treue zu seinem *Ideal* Konstancja Gładkowska eine Chance verpasst zu haben? Eine Chance namens Marie Leopoldine Blahetka?

Aus dem Träumer ist ein Realist geworden, aus dem Kind, das seine Gaben verschwendet, ein Ökonom.

Am Mittwoch, dem 19. August, abends um neun, tritt Chopin mit denselben Warschauern, die ihn auf der Hinfahrt begleitet haben, die Rückreise an. *Herrliche Voyage, herrliche Compagnie*, schwärmt er. Das beeinträchtigt aber nicht seine Nüchternheit.

Sie wollen, dass ich auch hier auftrete, schreibt er aus Prag, *aber ich werde mich nur drei Tage hier aufhalten und habe keine Lust, mir das zu verderben, was ich in Wien gewonnen habe.* Dieses Mal wird ihn keiner umstimmen, denn er hat gehört, dass hier sogar Paganini angegriffen wurde. Er übernachtet dort, wo der Geiger übernachtet hat, im *Schwarzen Ross*, und pflegt Kontakte. Würfel hat ihn mit einem Paket Empfehlungsschreiben bedacht. *Ich werde sie aushändigen*, verrät er der Familie, *weil er mich inständig darum gebeten hat, aber ich denke nicht daran, zu spielen.* Öffentlich zumindest nicht.

In den Salons wird er weich gebettet. Im böhmischen Teplitz, bei der Fürstin Clary, ebenso wie in Dresden, wo er eine Woche im Hotel *Stadt Berlin* übernachtet und die Schönheiten der Gemäldegalerie, der Gartenanlagen und einer Obstausstellung ausgiebig genießt, aber ebenso die weiblichen.

Sätze tauchen in seinen Briefen auf, die zum Refrain taugen. *Streifte die weißen Handschuhe über … Ich möge geruhen, mich ans Klavier zu setzen. Ich geruhte, bat meinerseits, man möge geruhen, mir ein Thema zur Improvisation zu geben … Wie ein Lauffeuer ging es bei dem schönen Geschlecht, das am Tisch stickte, strickte, klöppelte: un thème, un thème … Die Prinzessinnen wollten, dass ich … bleibe.*

Ein veränderter Chopin kehrt nach Warschau zurück. Es hält ihn hier nichts mehr, fast nichts. *Wäre nicht die Familie, die mir den Aufenthalt angenehm macht, ich hielte es nicht aus*, bekennt er dem Vertrauten Tytus

Woyciechowski. Auf einmal fühlt er sich hier einsam und unverstanden. *Wie hart das ist, niemanden zu haben, zu dem man in der Frühe gehen kann, um mit ihm Freud und Leid zu teilen, wie elend, wenn uns etwas bedrückt und wir es nirgendwo ablegen können.*

Gut für seine Kompositionen. *Dem Klavier vertraue ich an, was ich Dir oft sagen möchte*, erfährt Tytus. So spricht Fryderyk in einem Walzer in Des-Dur aus, was er für Konstancja, die ferne, die ferngehaltene Geliebte empfindet. Und er sagt es in seinem f-Moll-Konzert, an dem er stetig weiterarbeitet. Der erste Satz vibrierend vor Unruhe. Dann das Larghetto, Sehnsucht und Begehren in Töne gesetzt. Im dritten Satz, in dem der Oberek, ein wirbelnder polnischer Volkstanz anklingt, wagt das Konzert dynamische Ausbrüche, macht den Drang des Liebenden spürbar, der sich in *forte fortissimo* Erleichterung verschafft. Doch geliebt zu werden, begehrt zu sein, ist ein Bedürfnis, das die ferne Geliebte nicht befriedigen kann. Ein *Ideal* ist nicht aus Fleisch und Blut. Ein Ideal inspiriert, es animiert nicht.

Ende November ist Chopin Gast auf dem Jagdschloss des Fürsten Radziwiłł. Der achteckige Holzbau in der Waldeinsamkeit wirkt von außen bizarr, das Innere umspinnt jeden mit Magie. Ein kanellierter Kachelofen in der Mitte des Gebäudes scheint wie eine Säule das Dach zu tragen. Galerien, an denen die Schlafzimmer liegen, verlaufen um den Salon, eher ein Konzertsaal, der jetzt, da es abends stark abkühlt, von zwei Kaminen beheizt wird. Die Gäste stammen aus dem Hochadel, doch die Fürstin, fünf Jahre älter als ihr Mann, nimmt Chopin jede Scheu. Sie erklärt ihm, *dass nicht die Geburt einen zum Menschen macht*, berichtet er Tytus, *und so verpflichtet sie mich dermaßen durch ihr Benehmen, dass es mir unmöglich ist, sie nicht zu lieben.* Es fällt ihm nicht schwer, der Fürstin zu glauben, wenn er ihrer siebzehnjährigen Tochter Wanda Klavierunterricht gibt, deren Hände berührt, die Handhaltung korrigiert, während Wandas Schwester Eliza den jungen Komponisten zeichnet. Es sei *angenehm*, der Prinzessin die Finger richtig zu stellen, schreibt er Tytus, der das Richtige zwischen den Zeilen lesen wird. Viel mehr ist kaum erlaubt, denn Eliza ist dem preußischen Kronprinzen versprochen; nicht nur, weil das für Radziwiłł machtpolitisch einen Gewinn bedeutet, auch weil sie in ihn verliebt ist. Eliza ist in Stimmmung für Chopins Musik. Als er in dem hohen Saal Sonaten von Haydn, Beethoven, Hummel spielt, schließlich eigene Kompositionen, wird er umjubelt wie die Szymanowska in Warschau.

Doch Antonin ist nicht Warschau, Warschau ist nicht Wien, Wien ist nicht Paris. *Du möchtest wissen, was ich mit meiner Person in diesem Winter anzufangen gedenke*, offenbart er Tytus, *dann wisse, dass ich nicht in Warschau bleiben werde.*

V
Abschied von der Vergangenheit

Pläne zur Karriere in einer Metropole

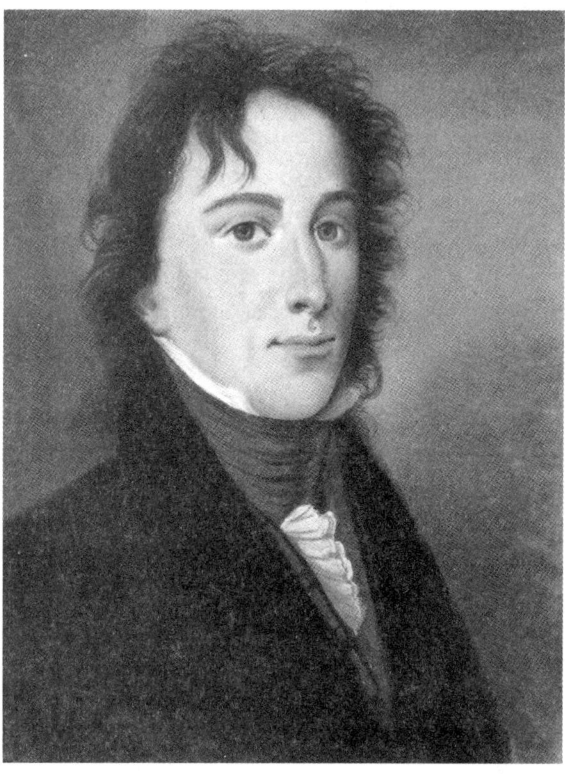

Porträt um 1831. (Anonym).

Anfang Juli 1830 sieht es noch gut aus. Fryderyk Chopin und Tytus Woyciechowski, zwanzig der eine, zweiundzwanzig der andere, verbringen gemeinsam zwei Wochen auf einem Landgut in Poturzyn, Wojewodschaft Lublin. Dorthin ist Tytus im vorletzten Jahr nach dem Tod des Vaters gezogen, um dessen Besitzungen zu übernehmen. Birkenwälder, Weiden, Kornfelder, ein großer Gutshof, ein ganzes Dorf mit leibeigenen Bauern. Wie viel Geld den Woyciechowskis der Zuckerrübenanbau, die Schafherden, die Produkte der eigenen Brennerei und der Mühle einbringen, ist unübersehbar: Das Herrenhaus ist ein Palais, umgeben von einem weiten Park mit Seen.

Die Tage dort sind leicht, die Abende lang. Zeit zu reden, Zeit zu planen.

Monate hat Tytus gezögert, sich mit Fryderyk zu treffen. Einen Besuch in Warschau hat er wieder und wieder verschoben. Fryderyk ahnt, warum. Seine Briefe, in denen er Tytus *Küsse direkt auf den Mund* anbot, oder bekannte, er habe *wenig Lust Neues zu berichten*, aber *kosen* würde er gern, müssen den Freund irritiert haben. Fryderyk hat es bemerkt. *Du magst es nicht, wenn ich Dich küsse.* Trotzdem hat er noch im Juni erklärt: *Du würdest mich vielleicht nicht haben wollen, aber ich will Dich und warte mit rasiertem Schnurrbart.*

Er hat vergeblich gewartet, obwohl das Küssen unter Männern in Polen durchaus üblich ist. Es scheint, als vermeide Tytus die Begegnung mit Fryderyk.

Versteht Tytus nicht, was mit Chopin los ist? Errät er nicht, dass sein Freund diese körperlose Liebe zu Konstancja Gładkowska kaum mehr aushält? Schließlich ist er ein junger Mann. Mittlerweile aber ist Chopin so gefangen in seinem Wahn, dass es ihm kaum mehr möglich ist, auszubrechen. Eine körperliche Annäherung würde die Vision besudeln. Das Ideal darf nicht real werden, wenn es anbetungswürdig bleiben soll. Doch warum fürchtet sich Fryderyk vor der Wirklichkeit der Liebe? In Szafarnia hat er eine junge Magd mit einer Rute verfolgt. Eine Szene ungebremster Begehrlichkeit. Teilt er auf in eine körperliche Liebe, die bäurisch und niedrig ist, und eine hohe, aristokratische, die den Körper verleugnet? Zeigt hier die katholische Erziehung seiner Mutter, dieser geheiligten Mutter, ihre Wirkung?

Den Walzer, den Chopin für Konstancja komponiert hat, schickt er Tytus. *Wie süß wäre es für mich, ihn Dir vorzuspielen.* Der erotische Drang verschafft sich Luft, in Worten wenigstens.

An Konstancja wagt er sie nicht zu richten, aber an den Vertrauten in Poturzyn.

Eigentlich dürfte Tytus nicht an Fryderyks Orientierung zweifeln. Zu oft hat der Freund in Warschau ihm von den Reizen irgendwelcher Mädchen, Töchter, Schülerinnen und Prinzessinnen vorgeschwärmt. Außerdem weiß er mittlerweile, dass Chopin, obwohl er Konstancja gegenüber gehemmt wirkt und fast prüde, zur Überschwänglichkeit neigt. Umso mehr, wenn er sich alleingelassen oder unverstanden fühlt.

Das Jahr 1829 hatte für ihn enttäuschend geendet. Fehlerhaft übersetzt waren die Lobeshymnen der Wiener Musikkritiker in polnischen Zeitungen erschienen und hatten den Sinn ins Gegenteil verkehrt. Wehrlos litt Chopin daran, dass über den auswärtigen Triumph daheim berichtet wurde, als habe ein Mann sich und seinen Auftritt wichtiger genommen als die Musik. Die zweite Wienreise im Dezember war gestrichen worden.

Das neue Jahr hatte zuerst gut begonnen. Als er am 7. Februar das Klavierkonzert f-Moll mit einem Kammerorchester im Salon seiner Eltern zum ersten Mal vor Freunden spielte, war das eine echte Generalprobe gewesen: Noch nie war Chopin in Warschau öffentlich aufgetreten. Obwohl das Ereignis in geschlossener Gesellschaft stattfand, war in der Zeitung am 8. Februar schon zu lesen, dass Elsner und Żywny zu Tränen gerührt gewesen seien. Die Neugierde der Warschauer war geweckt. Drei Tage vor der Uraufführung des f-Moll-Konzerts am 17. März 1830 war das Nationaltheater bis auf den letzten Platz ausverkauft gewesen. Chopin hatte sich viel erhofft. Zu viel. Das Konzert habe, gesteht er Tytus, *auf die Masse nicht solchen Eindruck gemacht, wie ich erwartet hätte.* Auch seine Fantasie über polnische Themen *hat meines Erachtens das Ziel nicht erreicht. Es wurde Bravo geschrien, wohl aber aus der Überzeugung, man müsse mir beim Abgang zu erkennen geben, dass man sich nicht gelangweilt hatte.* Stapelweise konnte Chopin Lobendes lesen. Nur zu leise sei er gewesen, wurde bemängelt, man vermisste Energie.

Nach dem zweiten Auftritt vor neunhundert Besuchern waren die Kritiken hymnisch. Zu hymnisch. *Die Polen wurden vom Schicksal mit einem Chopin beschenkt, wie die Deutschen mit Mozart,* hatte Józef Cichocki im *Allgemeinen Tagblatt des Landes* getönt. Daraufhin zog ein Autor, der nur mit A signiert hatte, in der *Polnischen Zeitung* über diesen Vergleich her. *Dies ist die sicherste Methode, um ein Talent zu bremsen, das einem dermaßen übertriebenen Lob Glauben schenkt.* Keiner fragte, wie jemand dazu kam, Chopin zu unterstellen, er halte sich selbst für einen zweiten Mozart. Andere waren eingefallen. *Was soll ein Herr Chopin gewinnen, wenn ihn jemand einen Mozart nennt? Nicht das Mindeste, im Gegenteil, er kann alles verlieren.* Er, den sie als Genie gefeiert hatten, war nun nur noch *jemand, der ordentlich Klavier zu spielen gelernt hat.* Auch seinem Lehrer Elsner beschied man, er solle sich bloß nicht zu viel auf seinen Schüler einbilden. Chopin bekam auf einmal Angst vor seinem Ruhm, vor seiner Popularität. Er untersagte dem Notendrucker Brzezina, ein Chopin-Porträt stechen zu lassen. *Ich habe keine Lust, dass man Butter in mich einwickelt,* hatte er Tytus die Ablehnung erklärt. Es drängte ihn nach Neapel, nach Paris, aber ihm wurde bewusst, wie schlecht die Aussichten für eine Reise waren. *Ich denke, dass mich in diesem Jahr eher das Fieber erwartet als das Ausland,* hatte er dem Freund Mitte Mai geklagt.

Er, der süchtig ist nach Harmonie, leidet auch daran, dass sich in seinem Leben ein Riss auftut. Sein Vater hat ihm zwar die Begeisterung für ein selbstbestimmtes Polen beigebracht, ihn aber durchaus zur Loyalität gegenüber dem Zaren erzogen. Auch die zahlreichen Auftritte im Belweder und in anderen zarentreuen Häusern haben ihn geprägt. Doch seit er 1826 angefangen hatte, die Vorlesungen von Brodziński zu besuchen, der sich für einen polnischen Nationalstil in der Literatur stark macht, hat Chopin sich von der Einstellung seines Elternhauses, von der Schlösserseligkeit der Kindertage entfernt. Seine Freundschaft mit Maurycy Mochnacki, einem Publizisten, der klar Stellung bezieht gegen den Zaren und die Aushöhlung polnischer Rechte, ist enger geworden. Dem Dichter Stefan Witwicki, der Brodzińskis Theorie in Poesie umsetzt, von der Chopin schon einiges vertont hat, ist er endlich persönlich begegnet. Regelmäßig hat er sich in den letzten Monaten mit diesen Kreisen im Café *Dziurka* getroffen und ist dabei gewesen, wenn dort bis in die Nacht hinein bei Kaffee und Punsch politische Diskussionen geführt worden sind. Streitbar wie Witwicki, kämpferisch wie Mochnacki zu werden, liegt Chopin fern. Alles Radikale ist ihm fremd. Doch er ist das Risiko eingegangen, Freunde wie diese zu sich nach Hause einzuladen, wo sie nicht nur zuhören, wie er Klavier spielt. Bei Dominik Magnuszewski, einem anderen jungen nationalbegeisterten Dichter und Dramatiker, war er oft mehrmals in der Woche abends tanzen oder setzte sich als Tanzkapelle ans Klavier. Er kann sich denken, dass er auf den Listen von Zar Nikolajs Spionen steht.

Chopins Leidenschaft für die patriotischen Visionen ist Musik worden. Die Mazurka hat ihn immer stärker besetzt. Eigentlich ist dieser Tanz wie der *Polonez* männlich. *Mazur* heißt er hier. Den Männern steht es auch besser, wenn sie dabei aufstampfen, wenn sie *Hei* schreien. Den *Polonez* kennt Chopin von den Bällen, privaten wie offiziellen, den *Mazur* kennt er von den Dörfern, vom Urlaub auf dem Land. Er belässt ihm, so verfeinert seine Komposition auch ist, die Ursprünglichkeit. Das Stampfen, das *Hei* klingen bei Chopin immer wieder an. Den Zyklus von vier neuen Mazurken hat er bei Brzezina in Druck gegeben; sein Bekenntnis soll wahrgenommen werden. Als er ein neues Gedicht von Witwicki vertont hat, *Czary*, *Zauberei* überschrieben und wiederum ein Liebesgedicht, machte er daraus eine gesungene Mazurka. Das nächste, Titel: *Hulanka*, *Gelage*, eher den Kumpanen als Konstancja zugedacht, hat er ebenfalls im Mazurka-Rhythmus vertont.

Findet Chopin sich im Wesen des *Mazur*, der hitzig und traurig sein kann, euphorisch und melancholisch? Spiegelt sich sein Leben darin? Monatelang hatte er nachts die Exzesse mit den neuen Freunden genossen und sich tagsüber der einsamen Arbeit an einem zweiten Klavierkonzert verschrieben.

Seiner körperlichen Verfassung setzte das zu.

Tytus hat seinen Freund ermahnt. Eingeladen oder besucht hat er ihn nicht.

Im Juni dann war Chopin endlich eine Woche lang mit erotischen Reizen verwöhnt worden. Radziwiłł hatte ihm Henriette Sontag vorgestellt. Eine Sängerin, die als himmlisch gepriesen wird, aber irdisch auftritt. Sie war eine der Berühmtheiten, die nach der Eröffnung des dritten Sejm am 31. Mai in den Festkonzerten auftraten. Das *nähere Kennenlernen* mit dem singenden Engel, wie Chopin es Tytus gegenüber nannte, fand in Henriettes Suite auf dem Kanapee statt, *denn Du weißt ja, dass wir uns auf nichts weiter einlassen mit diesem Sendboten Gottes*, kokettierte er im Brief an Tytus. Strengte es ihn an oder war es ein Kitzel, dabei zu sein, wie Henriette Sontag zwei jungen Sängerinnen eine Meisterklasse gab? Eine der beiden war Konstancja. Von ihr war auf einmal nicht mehr die Rede gewesen in Fryderyks Briefen, nur noch von der Sontag. *Man hat das Gefühl, als hauche sie ins Parterre den Duft von frischen Blumen*, schwärmte er. Sie *liebkose und streichle, dass es eine Wonne* sei. Die Rede ist von ihrer Stimme. Keinen Auftritt der Sontag hatte Fryderyk versäumt, nur das Galakonzert zu Beginn, denn da saßen jene Leute im Publikum, die ihre Macht und Wichtigkeit, nicht ihre Begeisterung zeigen wollten. *Alle bezaubert sie mit ihrer Stimme*, berichtete er. Ihn hat sie noch delikater bezaubert. *Im Morgengewand ist sie Millionen Mal hübscher und reizvoller als im Galakleid am Abend.* Ganz ohne Textilien hatte Chopin sie wohl nicht erlebt. Er habe, gesteht er dem Freund, seine *Bekanntschaft mit ihr nicht sehr ausgenützt, weil ich sah, wie müde sie immer war.* Erschöpft von den Anstandsbesuchen bei den Honoratioren der Stadt, Kardinälen, Fürsten, Grafen, Ministern und von den Verehrern, die sie bedrängen. Nach Chopin jedoch *verlangte sie.* Er ist nur vier Jahre jünger, redet wenig, hat geschickte Hände und spielt einfühlsam.

Hat diese Episode Tytus Woyciechowski beruhigt?

Er lädt den Freund im Sommer auf einmal zu sich. Die beiden jungen Männer planen eine große Reise, vielleicht auch ihre Zukunft. Außerhalb Polens.

Dass der neue Zar Nikolaj ein mustergültiges Familienleben führt, in den Salons eine gute Figur macht und arbeitet, als müsse er damit sein Geld verdienen, ändert nichts an seiner Beschränktheit. *Da ich Autokrat bin, ist mein Wille Gesetz*, verkündet er gern. Er will seinen Ahn, Peter den Großen, übertreffen und sagt: *Ich kann es auch.* Wohl deswegen hat er den Krieg gegen das Osmanische Reich vom Zaun gebrochen. Als er ihn 1829 siegreich mit dem Frieden von Adrianopel beschloss, fast die ganze Donaumündung gewonnen, sich die freie Schifffahrt auf dem Schwarzen Meer und den Zugang zum Mittelmeer gesichert hatte, wähnte sich Nikolaus an seinem Ziel. Peter der Große – Nikolaj der Große.

Konstitutionell ist seine Herrschaft über Polen nur in der Theorie. Die Verfassung des Königreichs ist für ihn nicht mehr als ein Stück Papier. Der letzte Sejm war ein leeres Ritual. Tytus und Fryderyk wollen weg. Nur: wohin? Englisch sprechen beide schlecht, Französisch ist ihnen von Kindesbeinen an vertraut. Paris. In Paris müsste man sein! Doch Tytus ist Pragmatiker. Er stärkt die Muskeln seines Freundes, indem er ihn nötigt, Armbrustschießen zu lernen, und plant eine Reise, die über Wien nach Italien führen soll.

Doch warum verlässt Fryderyk die lang ersehnte Idylle mit Tytus so rasch?

Schon zu Beginn der letzten Juliwoche kehrt Chopin nach Warschau zurück. Es hat ihn wohl erzürnt, vielleicht auch enttäuscht, in Poturzyn festzustellen, dass Tytus eine Geliebte hat. Warum hat er ihm davon vorher nichts verraten? In den nächsten Briefen wird Fryderyk seinen Freund regelmäßig als Heuchler beschimpfen und darüber spotten, er wisse, was Tytus an seiner Scholle kleben lasse und den gemeinsamen Ausbruch verhindere: *es wird nicht die Mühle, nicht die Brennerei, nicht die Wolle sein, die Dich halten, sondern ... etwas ganz anderes.* Er versteht nun, warum der Freund auf seine verbalen Zärtlichkeiten derart abweisend reagiert hat. *Ich gehe mich jetzt waschen, bedaure mich nicht, dass ich ungewaschen bin, Du? Du würdest mich auch nicht küssen, wenn ich mich mit byzantinischen Ölen eingeschmiert hätte, es sei denn, ich würde Dich auf magnetische Weise zwingen.* Chopin macht seine Pläne ohne den Freund. Er habe vor, eröffnet er ihm, für zwei Monate nach Wien zu gehen, um von dort aus nach Italien zu fahren und den Winter in Mailand zu verbringen. Der 29. September, lässt Fryderyk Freund Tytus wissen, sei sein Stichtag. Bis dahin wolle er abgereist sein.

Haben ihn die intimen Gespräche mit Tytus in Poturzyn befreien können von dem Wahn namens Konstancja? Oder war sie der eigentliche Grund für seinen frühen Abschied vom Land? Am 24. Juli feiert sie in *Agnese*, einer Oper von Ferdinando Paër, ihr Debüt. Chopin muss dabei sein. Sein Bericht allerdings ist kühl. *An der Gładkowska ist kaum etwas auszusetzen*, vermeldet er Tytus, aber ihre Kollegin, die Wołków, gefällt besser und er gibt zu: *sie spielt auch gut.*

Ist er innerlich bereit, Abschied zu nehmen?

Wer ihn am Aufbruch nach Wien hindert, ist sein Vater, der die Reisepläne zuvor in jeder Hinsicht befürwortet hat. *Wegen der Unruhen*, verrät Chopin nur knapp. Europa ist aus den Angeln gehoben.

Ob er es im Café *Brzezińska*, dem Treffpunkt von Künstlern und Intellektuellen in der Kozia-Straße, im Café *Dziurka* in der Midowastraße erfährt oder in der Zeitung liest: Im August 1830 weiß Chopin wie jeder Warschauer, was in Paris passiert ist.

Am Montag, dem 26. Juli, haben sich die Leute, die jungen vor allem, in Paris den druckfrischen *Moniteur universel* aus den Händen gerissen. König Charles X., hieß es dort, werde die Pressefreiheit aufheben, die Abgeordnetenkammer auflösen und ein Wahlrecht einführen, das den Bürgern keine Wahl mehr lässt. Vor dem Palais Royal hatten kurz darauf Hunderte, manche behaupten über tausend, ihre Wut hinausgebrüllt. Studenten, Handwerker, Arbeiter. Am 27. Juli haben Demonstranten am Palais Royal aus drei umgestürzten Wagen eine Barrikade errichtet. Die erste von vielen, die noch an demselben Tag die Stadt unpassierbar machten, Bollwerke gegen den Kugelhagel der Truppen, gebaut aus Matratzen, Fässern und abgesägten Alleebäumen. Von den meisten wehte die Trikolore. Pflastersteine sind die Geschosse der Bürger gewesen. Am 28. Juli hat Notre-Dame zu ungewohnter Stunde groß geläutet, andere Kirchen haben sich angeschlossen. Das Zeichen ist verstanden worden. Auf der Brücke, die das Rathaus mit der Île de la Cité verbindet, haben sich die Aufständischen gedrängt. Drei Kanonen hat der König auf sie abfeuern lassen. Blut überschwemmte das Pflaster. Am 29. Juli ist es den Revolutionären gelungen, das Rathaus zu besetzen und dort eine schwarze Flagge zu hissen. Zum Gedenken an die Opfer. Auf dem Balkon des Rathauses hat der Revolutionär Dubour verkündet, Frankreich trage so lange Trauer, bis es seine Freiheit zurückerobert habe. Auf seinem Schloss in Saint-Cloud hat der König verkündet, er bleibe seinen Ansichten treu. Nach drei Tagen hat er abgedankt und ist nach England geflohen. Louis Philippe, Herzog von Orléans, Sohn von Philippe Égalité, den sie 1793 geköpft hatten, ist am 30. Juli nach Paris zurückgekehrt und von den Abgeordneten zum Generalleutnant des Reichs gewählt worden.

Als er, in die Trikolore gewickelt, auf dem Rathausbalkon vom dreiundsiebzigjährigen General La Fayette, einem der wendigen Überlebenskünstler der Revolution von 1789, einen langen Bruderkuss erhielt, brach Jubel aus. Eine Woche später, am 7. August, hat die Kammer mit großer Mehrheit Charles X. für abgesetzt erklärt und Louis Philippe zum neuen König gewählt: ein Monarch von Gottes Gnaden und Volkes Willen, ein *Roi Citoyen*, ein König, der die Rechte der Bürger achtet.

Die Polen sind begeistert, der Zar ist entsetzt. Paris brennt, und Warschau brennt auf die neuesten Nachrichten. Der August geht zu Ende. Chopins Zukunftspläne sind wie ein Kartenhaus zusammengefallen. *Nichts zieht mich fort aus diesem Lande*, gesteht er Tytus. Nur Pflichtbewusstsein lässt ihn an den Vorsätzen festhalten. Die Pläne seines Freundes, der doch eingeschworen war als Reisegefährte, scheinen ihn nicht zu interessieren. *Du kannst mir glauben, dass ich in der nächsten Woche, also im September, fahren werde, aber ich fahre, nur um meiner Berufung und meiner Vernunft Genüge zu tun.*

Fünf Tage später ist seine Stimmung finsterer. *Noch sitze ich hier – habe nicht genügend Kraft, um den Tag festzusetzen*, klagt er am 4. September, *ich denke, dass ich verreise, um für immer das Zu Hause zu vergessen; ich denke, dass ich fortreise, um zu sterben – und wie trostlos muss es sein, woanders zu sterben, nicht dort, wo man gelebt hat. Wie schrecklich wird es mir sein, statt der Familie einen kaltherzigen Doktor oder einen Diener an meinem Sterbebett zu sehen.*

Was ist mit ihm geschehen? Chopin vertrödelt, wie er gesteht, den Tag in der Stadt, streunt durch die Straßen und wartet, bis es ihn mit Macht nach Hause zieht. Geht es ihm nur darum, dieses Heimweh zu verspüren und dann heimkommen zu können? Ein Glück, das er in der Fremde entbehren wird. Die Arbeit am zweiten Klavierkonzert in e-Moll ist beendet, aber er kann sich nicht aufraffen, es im Ganzen auszuprobieren. Mag sein, dass ihn Trauer lähmt wie viele Künstler, die es als einen Tod erleben, ein Werk vollendet zu haben. Nichts bewegt sich mehr. Trotz der Visionen vom Sterben in der Fremde gibt Chopin seine Reisepläne nicht auf. Darüber, dass der Aufbruch täglich schwieriger wird, ist Chopin unterrichtet. Nikolaj hat die Zahl der Spione aufgestockt, die Zensur verschärft und die Polizeipräsenz in Warschau erhöht, lässt Briefe aufbrechen und Versammlungen kontrollieren. Er kann jedoch nicht verhindern, dass die Nachrichten nach Warschau dringen. Diplomaten, Künstler, Geschäftsleute, die aus Frankreich, Deutschland oder Österreich nach Polen zurückkehren, bringen heiße Neuigkeiten mit. Unter den Ladentischen werden Flugblätter und Zeitungen verkauft. Wer in Polen Bescheid wissen will, weiß Bescheid und hütet seine Zunge. *Abgesehen von den rheinischen Provinzen, den Sachsen, die ebenfalls schon einen anderen König haben, Braunschweig, Kassel, Darmstadt*, berichtet Chopin Anfang September seinem Freund auf dem Land, *hörte man, dass auch in Wien ein paar Tausend Menschen wegen des Mehls zu murren begannen. Was sie mit dem Mehl wollten, weiß ich nicht, aber dass etwas los war, weiß ich*, meldet Chopin. *In Tirol haben sie auch rebelliert. Italien gärt nur so, und jeden Augenblick erwartet man neue Nachrichten in dieser Hinsicht, sagte mir Moriolles. Ich habe mich noch nicht um einen Pass bemüht, aber die Leute behaupten, ich würde ihn nicht bekommen, bestenfalls nach Österreich und nach Preußen, nach Italien und Frankreich auf keinen Fall.*

Chopin hätte Grund, optimistisch zu sein. In Wien sind Rezensionen zu seinen Mozart-Variationen, die Haslinger endlich ediert hat, erschienen, seine Eigenständigkeit als Komponist wird von den dortigen Kritikern gelobt, seine Auftritte sind keineswegs vergessen. Er zweifelt auch nicht daran, dass er besser behandelt werden wird als andere, die das Land verlassen wollen. *Ich weiß, dass man einigen Personen bereits Pässe ganz verweigert hat, was mir aber sicher nicht passieren würde*, tönt er Ende September. *Ich werde also gewiss in wenigen Wochen über Krakau nach Wien reisen.* Drängt es ihn trotz oder wegen der unwirklichen Liebe zu Konstancja Gładkowska weg aus Warschau?

Ihr näherzukommen, ist ihm nach wie vor unmöglich. Zufällig hat er sie in der Kirche gesehen. Nur ihre Blicke haben sich berührt. Das hat genügt, um ihn so aus der Fassung zu bringen, dass er ins Freie geflohen ist. Vor der Tür ist er gegen einen Bekannten geprallt, der sofort gemerkt hat, dass Fryderyk völlig durcheinander gewesen ist. Um seine Konfusion zu erklären, hat er gelogen: er sei über einen Hund gestolpert.

Offenbar wird über seine Schwärmerei in der Stadt geredet. Tytus gegenüber leugnet er, seine Unentschlossenheit, endlich aufzubrechen, habe intime Beweggründe: *falls Du irgendwelche Verliebtheitsvermutungen hast, so wie viele Menschen in Warschau, schüttle sie ab. Denke nicht, dass ich verliebt sei – das hebe ich mir für später auf.*

Doch viele Menschen in Warschau können nicht übersehen, wie sehr Chopin mit der Verwirrung seiner Gefühle beschäftigt ist.

Fryderyks politisch engagierte Freunde werden es ihm aber nicht ersparen, sich mit dem zu befassen, was in Warschau geschieht. Die Preise für Lebensmittel sind jäh angestiegen, Studenten, Soldaten, vor allem aber Taglöhner, Arbeiter und alle anderen, die in modrigen Absteigen hausen, haben Angst, im Winter zu verhungern. Auch Bürger wie die Chopins und der niedere Adel in der Stadt bekommen die hohen Exportzölle zu spüren. Dass in Warschau seit Monaten Geheimbünde aus dem Boden schießen, haben die Spitzel den Romanows hinterbracht. An den Hausmauern kleben Zettel, die dem Zarenbruder Konstantin drohen. An dessen Wohnsitz im Belweder ist eines Morgens zu lesen: *zu vermieten.* Konstantin scheint das nicht zu scheren, seinen Bruder alarmiert es.

Doch was nun aus Belgien zu hören ist, muss den Zaren in Panik versetzen, und die Niederschlagung des Dekabristenaufstandes bei seinem Regierungsantritt hat gezeigt, wie er dann reagiert. In Brüssel ist ebenfalls eine Revolution losgebrochen, gegen König Willem I., der Belgien und Holland, seit dem Wiener Kongress zu einem Staat zusammengezwungen, regiert. Auslöser war, dass der protestantische König sich in klerikale Angelegenheiten eingemischt hatte, was die Katholiken im Land nicht duldeten. Konstantin behindert in Polen, vor allem in Warschau, die Gläubigen schon lange, ihre Gottesdienste zu feiern und ihre kirchlichen Feste zu begehen, wie es dem römisch-katholischen Ritus entspricht, nicht aber dem russisch-orthodoxen. Warum sollte ihm nicht auch das Handwerk gelegt werden?

Während Chopins patriotische Freunde über den Aufbruch in ein Zeitalter der Selbstbestimmung diskutieren, bereitet Chopin seinen privaten Aufbruch vor. Keineswegs *still und leise, ohne jemandem davon etwas zu sagen*, wie er es einmal vorhatte, vielmehr mit einem großen öffentlichen Konzert, bei dem er sein neuestes großes Werk vorführen will und die erfolgreichen Mozart-Variationen.

Wie beim ersten Auftritt vor großem Publikum hier im März, hat er auch dieses Mal eine Generalprobe zu Hause angesetzt, auf den 22. September.

Die Patrioten haben andere Themen. König Willem hat seine Truppen losgeschickt, um den Aufstand der Belgier niederzuschlagen, aber außerhalb der Stadt Brüssel haben die Rebellen Gesinnungsgenossen gefunden. Die königlichen Truppen sind verjagt worden.

Während Witwicki, Magnuszewski oder Mochnacki über Protestaktionen diskutieren, zieht Chopin los, um Notenständer für das Ensemble zu besorgen, das im elterlichen Salon ein Orchester ersetzen muss. Seine politisch engagierten Freunde reden über den Zusammenbruch der Monarchie, er ist froh, im letzten Moment an die Dämpfer für die Streicher gedacht zu haben – *ohne sie würde nämlich das Adagio zusammenbrechen.*

Die private Uraufführung seines e-Moll-Konzerts findet in einem Kreis statt, der erlesen ist, gelassen keineswegs. Da sitzen Elsner und sein Kontrahent Soliva beieinander, Pianistenkollegen, die einander missgünstig beäugen, Journalisten konkurrierender Blätter, Nationaldichter wie Stefan Witwicki und konservative Adlige, denen solche Figuren ein Dorn im Auge sind.

Was der Dichter, der verehrte, drei Tage später im *Allgemeinen Tagblatt des Landes* veröffentlicht, wird jedoch von allen Musikinteressierten in der Stadt wahrgenommen. *Dies ist das Werk eines Genies*, feiert Witwicki das neue Konzert. Sein Genie sichere Chopin beständigen Ruhm, prophezeit er. Doch er klagt auch die Anrechte Polens auf diesen Helden ein, der nun ins Ausland gehen will. *Hoffen wir, dass keine fremde Hauptstadt ihn für immer bei sich behält.* Doch Witwicki erhofft sich noch mehr von Chopin: *dass er sich dem Ruhm der polnischen Oper widmen wird.*

An der Oper interessieren Chopin nur die Sängerinnen. Für sie tut er alles. Das Programm seines Abschiedskonzerts darf er selbst bestimmen. Konstancja Gładkowska und Anna Wolkow müssen dabei sein, findet er. Sie sind mittlerweile beide am Nationaltheater verpflichtet, er muss also beim Minister Erlaubnis für den Auftritt einholen. Dieser Minister ist derselbe, der Chopin jede staatliche Unterstützung verweigert hat. Trotzdem macht sich Chopin auf den Weg zu Mostowski. Mit Erfolg.

Für Politik hat Chopin jetzt aber kein Ohr. Vor seinem Abschiedskonzert wird in Warschau bekannt, dass eine vorläufige Regierung in Brüssel bereits die Unabhängigkeit Belgiens verkündet hat. Nikolaj hat Grund, nervös zu sein, die Wachen im Lande sind es auch. Chopin lebt im Kokon seiner Musik.

In Warschau kursieren Gerüchte, der Zar werde in Polen Rekruten ausheben und nach Belgien schicken, damit sie dort die Freiheitskämpfer niedermetzeln. Die Gerüchte werden lauter, aber Chopin hört nur, was im Nationaltheater abläuft. Er muss die Sängerinnen lieben: Er selbst hat festgelegt, dass zwischen dem ersten und dem zweiten Satz seines e-Moll-Konzertes Konstancjas Kollegin Anna eine Arie von Soliva singt, vor jenem Adagio, das so hochempfindlich ist. Er selbst hat gewünscht, dass vor seiner *Großen Fantasie über polnische Themen* Konstancja eine Arie aus Rossinis *Donna del Lago* vortragen soll. Sie trägt ein weißes Kleid und einen Kranz aus weißen Rosen. Eine Braut? Seine Braut? *O quante lagrime per te versai*, singt sie, *O wie viele Tränen vergoss ich deinetwegen.*

Die beiden haben sich in der letzten Zeit öfter gesehen. Sind sie sich nähergekommen?

Am 25. Oktober schreibt Konstancja Gładkowska zwei Vierzeiler in Chopins Album. Der erste liest sich, als lasse eine Frau ihren Geliebten nur aus Vernunftgründen ziehen. *Wir müssen der Notwendigkeit nachgeben*, schreibt die Frau, die wohl nie in seinen Armen lag. Der zweite klingt vorwurfsvoll. *Um Deinen Ruhmeskranz frisch zu halten lässt Du liebe Freunde und die teure Familie zurück. Vielleicht kann man Dich in der Fremde höher belohnen aber stärker lieben kann man Dich nicht.*

Den Montagabend vor der Abreise verbringt Chopin nicht mit ihr, sondern mit Männerfreunden in der Wohnung von Dominik Magnuszewski. Es wird getanzt, getrunken und gesungen. Chopins Lied *Das Gelage.* Vermutlich nicht so fein, wie er sich das vorgestellt hat.

Weinend begleiten ihn am Dienstag, den 2. November, Eltern und Schwestern zur Postkutsche. Im Gepäck hat er vor allem Noten, an der Hand trägt er einen Ring, aber nicht den vom Zaren: Konstancja hat ihm dieses Souvenir zusammen mit einem Band, das er unter der Kleidung am Herzen trägt, geschenkt.

Als die Kutsche auf den Schlagbaum an der Stadtgrenze zufährt, stehen plötzlich Elsner und ein paar seiner Studenten da. Chopin wird aus der Kutsche gelotst, ins nächste Gasthaus geschleift, auf einen Stuhl gedrückt. Zur Gitarrenbegleitung singen die Studenten ein Lied, das Elsner auf den Text eines Redakteurs vom *Warschauer Kurier* komponiert hat. Es ist ein Auftrag der Polen an den Polen, er solle ihr Land in der Fremde berühmt machen mit dem, was am wertvollsten sei: *Mazur* und Krakowiak.

Chopin ist gerührt, fährt schluchzend weiter, weiß aber, dass er bereits in Kalisch getröstet werden wird. Dort steigt die Person zu, die er *mein Leben* nennt: Tytus Woyciechowski.

VI
Täuschungen und Enttäuschungen

Angstvolle Zeiten in Wien

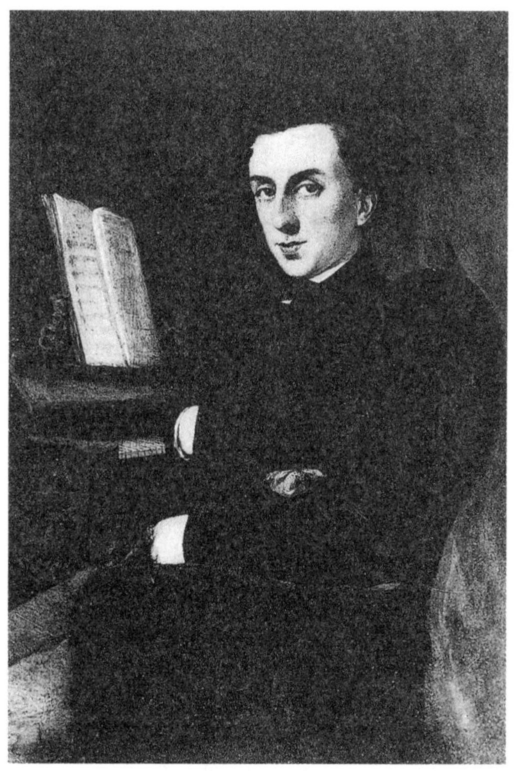

Chopin um 1830.
(Ölgemälde, Anonym, eventuell von Anton Einsle).

𝄢

Dass er nicht weiß, was daheim geschieht, ist sein Glück. Der letzte Brief von seiner Familie, den Fryderyk bei sich trägt und nachts mit ins Bett nimmt, ist zwei Wochen alt. Es braucht lange, bis die Post über Podgórze nach Wien kommt, nur dreimal in der Woche geht sie von dort ab. Für dringende Nachrichten kein geeigneter Weg. Aber was soll dringend sein? Alle waren gesund, als er sie verlassen hat.

Am 1. Dezember ist Fryderyk Chopin schon eine Woche in Wien unterwegs, sieben unbeschwerte Tage. Angekommen ist er mit Tytus am 23. November, gut gelaunt und, von einer leichten Erkältung abgesehen, in bester Verfassung. Die beiden haben sich zuerst am Fleischmarkt im Hotel *Stadt London* eingemietet, einem vornehmen Haus mit gesalzenen Preisen, sind dann in die Leopoldstadt übergewechselt, ins deutlich billigere Hotel *Lamm*, und haben nun eine Wohnung am Kohlmarkt bezogen im Haus *Zum englischen Gruß*. Ein Gebäude mit fünf Etagen, gepflegt das Äußere, das Innere und die Bewohner. Im Erdgeschoss befindet sich das Geschäft von Haslingers Konkurrenten, dem Kunsthändler und Musikverleger Artaria. Chopin ist entzückt: *Drei Zimmer im dritten Stock, reizend, prachtvoll, elegant möbliert für wenig Geld.* Gleich einen ganzen Monat haben die beiden diese Unterkunft gemietet, Verlängerung geplant.

Medizin warte in Wien, hatte Fryderyk seinem Freund versprochen. Braucht er sie selbst?

Die Reise hierher war kein Triumphzug. Aber Chopin hat sich seinen Humor bewahrt.

In Breslau hatte er sich vom alten Kapellmeister Schnabel, bei dem er nur ein Klavier ausprobieren sollte, überreden lassen, am 8. November, dem Tag vor der Weiterreise nach Dresden, ein Konzert zu geben. Spontan hatte Chopin die Noten zu seiner Romanze und dem Rondo des zweiten Konzerts aus dem Gasthof *Goldene Gans* geholt. Sein leichtes Spiel hatten die Zuschauer bewundert, über die Werke aber kein Wort verloren. Tytus hatte dann gehört, wie einer sagte, dieser Chopin könne spielen, komponieren könne er nicht. Doch Chopin zweifelte nicht an sich, er zweifelte am Publikum. *Keiner wusste*, befand er, *was er mit mir anfangen sollte.* Nur der Kapellmeister Schnabel, der ihn zu dem Auftritt ermuntert hatte, wusste etwas mit dem jungen Mann anzufangen, der noch immer den *Teint eines jungen Mädchens* hat. Etwas zu viel. Tytus hatte es amüsiert, Chopin eher verärgert, dass Schnabel ihn *alle Augenblicke am Kinn fasste und streichelte* und *mit einem Essen traktierte.* Chopin wehrte sich diskret gegen die Übergriffe. Er *akzeptierte nichts außer einer Bouillon.* Die Gesetze der Gesellschaft beherrscht er.

Auch in Dresden hatte es so ausgesehen, als rette Chopin sein Sinn fürs Komische, denn Erfolge hatte er dort wieder nicht zu verbuchen.

Die Pianistin Antoinette Pechwel, die er von seinem Aufenthalt hier im letzten Jahr kannte, hatte ihm Zugang zum Haus des Medizinalrats Kreyßig verschafft, wo er im privaten Kreis auftreten sollte. Chopin weiß, dass seine Briefe im elterlichen Salon oft Gästen vorgelesen werden, und hat sich Mühe bei der Beschreibung jenes Abends gegeben. Mit einer Sänfte habe er sich von livrierten Trägern hinbringen lassen, vornehm, aber ungewohnt. Kichernd habe er in dem Kasten gesessen, gestand er, und dabei *große Lust verspürt, den Boden zu durchstoßen, ließ es aber sein.* Hausherr Kreyßig sei ihm *mit Bücklingen* entgegengekommen und habe ihn in einen Saal komplimentiert, wo er zu beiden Seiten an acht riesigen Tischen Damen sitzen sah. *Nicht so sehr die Brillanten, die sie schmückten, vielmehr die Stricknadeln flimmerten mir vor den Augen. Die Anzahl der Damen und Stricknadeln war so groß, dass ein Aufstand gegen die Männer zu befürchten schien, den diese bestenfalls mit Brillen und Glatzen hätten bekämpfen können.* Das klang entspannt. Doch als Alexander Klengel, der von Chopin verehrte Pianist und Hoforganist, versucht hatte, den Gast zu einem öffentlichen Konzert mit eigenen Werken zu überreden, holte er sich einen Korb. *Spielen kann er, komponieren nicht*: Es musste Chopin noch in den Ohren hallen. Der Familie hat er seine Weigerung anders erklärt. *Ich glaube, Dresden kann mir weder Ruhm noch Geld einbringen, und ich habe keine Zeit zu verlieren.*

Lieber hatte er sie bei den vielen polnischen Familien zugebracht, die nationalstolz ihren Landsmann vorführten. Manche störte sein französischer Nachname, aber auf den Vorschlag, sich Szopski zu nennen, damit im Ausland gleich jeder merkte, woher er kam, hatte er sich trotz aller Sympathien nicht eingelassen. Dann sollten sie eben wie gewohnt seinen Namen *Schoppen* aussprechen. Dass er sich im Haus des Grafen Komar besonders wohl fühlte, war nicht nur der polnischen Herkunft dieser Familie, sondern auch den drei Töchtern zu verdanken, Ludmiła, Natalia und Delfina. Sie mussten gar nicht so gut Klavier spielen, um das Interesse des Gastes zu wecken.

Chopin hat es trotzdem nach Wien gezogen, aus vielerlei Gründen. Weiß Haslinger darüber Bescheid? Gleich bei der Ankunft hat er Chopin eröffnet, Leopoldine Blahetka sei übrigens mit ihren Eltern in Stuttgart und bleibe vermutlich den ganzen Winter weg. Doch *es gibt hier viele schöne deutsche Mädchen*, tröstet sich Chopin. Wien ist nach seinem Geschmack. Er isst im *Wilden Mann* große Mengen Strudel und ernährt sich nebenbei von Bewunderung. Seine Vermieterin, eine verwitwete Baronin, ist jung, hübsch, hat lange in Polen gelebt, dort von Chopin gehört, ist den Polen generell zugetan und Chopin speziell. Eins der drei Zimmer, die sie an Tytus und Fryderyk vergeben hat, ist vorerst belegt. *Irgendein General-Admiral, ein Engländer, wohnt jetzt noch darin, wird jedoch heute oder morgen ausziehen*, schreibt Chopin an die Familie am 1. Dezember. *Ein Admiral! Und ich werde die Admiration sein, das Logis wird also nichts verlieren (diesen Brief nicht allen vorlesen, damit man nicht glaubt, ich sei hoffärtig geworden)*. Vorbeugend versichert Chopin der Familie, dass die hübsche Witwe eine *ehrbare Dame* sei und eine *sehr vernünftige Frau.*

Der erste Brief, den er aus der neuen Wohnung am 1. Dezember an Eltern und Schwestern schreibt, ist der Brief eines jungen Mannes, der sich geliebt weiß, umschwärmt wird und an seine Zukunft glaubt. Ein junger Mann auch, der so mit sich selbst beschäftigt ist, dass ihn die Beschwerden der Älteren unberührt lassen. Würfel könne nur noch in seiner Wohnung unterrichten und spucke angeblich Blut. *Vom Konzert faselt er stets*, berichtet Chopin, vom f-Moll-Konzert, über das hier viel geschrieben worden sei, *wovon ich nichts weiß, und ich bin auch nicht neugierig, es zu erfahren*. Gibt er sich den Eltern zuliebe so erfolgsverwöhnt und siegessicher? Ihnen auf der Tasche zu liegen, belastet ihn. *Ich werde ein Konzert geben, aber wann, wo und wie, das weiß ich nicht*, erklärt Fryderyk ihnen, erzählt, wo man ihn überall kennt, welche neuen Beziehungen er kocht und wie rasch die alten aufgewärmt sind. Er präsentiert sich der Familie als ein Stratege, der weiß, was er wert ist. Dr. Johann Malfatti, berühmt als Beethovens Arzt, besser bezahlt als Hofarzt, scheint den jungen Chopin adoptiert zu haben, lädt ihn fast täglich zu sich und verspricht, er werde *ihm alle nötigen Bekanntschaften vermitteln, sogar bei Hofe.*

Umsonst will Chopin hier nichts mehr geben, weder Konzerte noch Druckrechte für seine Werke. Mit Haslinger werde er nun anders umspringen. *Das Umsonst hat aufgehört, jetzt bezahl, Bestie*, erklärt er vollmundig in seinem Brief an die Eltern.

Er weiß nicht, dass seine Familie und seine Freunde in Warschau andere Sorgen haben. Als er sich an diesem Mittwoch aus dem neuen Domizil meldet, ist in Wien noch nicht bekannt, was in der Nacht vom Montag auf den Dienstag Warschau erschütterte.

In jener Nacht vom 29. auf den 30. November ist Franciszek-Ksawery Drucki-Lubecki, ein Mann von Anfang fünfzig und Finanzminister des Königreichs Polen, von der Totenwache am Bett seines Sohnes geholt worden. Lubecki stammt aus einer alten polnischen, in Weißrussland ansässigen Familie, hat sich aber stets loyal gegenüber den Romanows verhalten. Im Eiltempo haben ihn die Wachen des Vizekönigs zu den russischen Kasernen kutschiert. Was sollte er dort um diese Uhrzeit? Was macht der Großfürst dort mitten in der Nacht?

Lubecki hatte so wenig wie die meisten anderen in Warschau mitbekommen, was in den letzten Stunden passiert war.

Bei Einbruch der Dunkelheit hatten sich vierundzwanzig Fähnriche und einige Studenten in einem Gehölz des Łazienki-Parks verabredet, darunter blutjunge Kerle von sechzehn Jahren. Ihr Anführer: Piotr Wysocki, ein einunddreißigjähriger Leutnant. Ihre Ziele standen fest. Großfürst Konstantin ermorden, die russische Kavallerie zur Auslieferung der Waffen zwingen, das Arsenal überwältigen, um die Waffen unters Volk zu verteilen und dann gemeinsam die kaiserlich-russisch-litauische Garde zu entwaffnen. Signal für die Erhebung sollte sein, dass Flammen aus einer nahegelegenen Brauerei schlugen. Den Brandstiftern aber war es erst beim dritten Anlauf gelungen, das Feuer zu entfachen. Mit mehr als einer halben Stunde Verspätung waren die Aufständischen die kurze Strecke zum Schloss Belweder gerannt. Die

Hauptwache, völlig überrumpelt, hatte sie passieren lassen. Ungehindert waren die Aufständischen in die privaten Räume eingedrungen. Konstantin aber hatte es im letzten Augenblick geschafft, sich in einem geheimen Kabinett zu verstecken. Konfusion brach aus unter den Rebellen, als sie ihn nirgendwo fanden. Planlos rannten sie davon. Konstantin hatte sich in die nahegelegenen russischen Kasernen gerettet und Lubecki rufen lassen: ein Pole, aber zarentreu.

Er solle, riet der Minister dem Großfürsten, sofort den Aufstand niederschlagen. Jetzt sei es noch möglich, die auflodernde Revolution im Keim zu ersticken.

Warum Konstantin diesen Rat nicht befolgte, muss Außenstehenden ein Rätsel geblieben sein. Als er schließlich am 30. November die polnische Armee gegen die Aufständischen einsetzen wollte, hatte die bereits das Lager gewechselt: Sie verweigerte den Dienst. Dass seine Militärs meuterten, deren er sich sicher gewähnt hatte, brachte Konstantin völlig außer Fassung: Er entließ die polnischen Einheiten und zog sich im Schutz der russischen Truppen aus Warschau zurück. Der Zar tobte und kündigte an, er fühle sich nicht mehr an seine Bruderpflichten gebunden, wenn Konstantin vergesse, was er sich als Großfürst von Russland schuldig sei.

In Wien weiß auch am Freitag noch keiner etwas von dem, was Warschau erbeben lässt. Niemand in Österreich hätte mit einem Aufstand in Polen gerechnet, weil niemand die Vorgänge dort beobacht hat; die patriotischen Bewegungen in Italien fordern seit August die Aufmerksamkeit der Regierung Metternich.

Chopin besucht Hummel, Malfatti und Würfel und lästert über Czerny, der *gerade irgendeine Ouvertüre auf acht Klaviere und sechzehn Menschen umgearbeitet* habe, während sich am 3. Dezember die polnischen Truppen mit den Aufständischen vereinen. Chopin wandert durch die winterliche Stadt, geht auf Tanzveranstaltungen in den Privathäusern von Bekannten, besucht Konzerte oder Opernaufführungen und ahnt nicht, dass Großfürst Konstantin aus dem Belweder, wo er so oft gespielt hat, geflohen ist. Aufgegeben hat er sein Reich noch nicht. *Im Grunde bin ich ein besserer Pole als ihr, meine Herren*, verkündet der Vizekönig am Sonntag, dem 5. Dezember, den polnischen Abgeordneten, die ihn aufsuchen. *Ich bin mit einer Polin verheiratet … ich spre-*

che eure Sprache so lange, dass es mir schwer fällt, Russisch zu reden; endlich habe ich euch Polen Beweis meiner Zuneigung geliefert, als ich den kaiserlichen Truppen verbot, auf euch zu schießen. Wenn ich gewollt hätte, wäret ihr im ersten Augenblick vernichtet worden. Ich war die einzige Person in meinem Stab, die nicht gewollt hat, dass man auf euch schießt.

Er wirbt um Sympathien. Sollten sich die Polen in diesem Mann, nur weil er cholerisch, nur weil er russisch, nur weil er despotisch und der Bruder des Zaren ist, geirrt haben? Das interessiert nun keinen mehr. Am selben Tag erklärt sich General Józef Chłopicki zum Diktator und stellt seine vorläufige Regierung vor.

Einen Tag später, am Montag, dem 6. Dezember, dringt endlich die erste Meldung vom Ausbruch der polnischen Revolution nach Wien durch. Sie erreicht aber nur die obersten Regierungskreise. Noch ist Chopins Alltag unbeschwert. Er lernt Heinrich Geymüller kennen, den Bankier, bei dem Tytus Woyciechowski sein Geld deponiert hat und dessen Salon als einer der wichtigsten in Wien gilt, genießt sein Dasein und legt dank der Wiener Küche ein paar Kilo zu. Er muss bei Franz Lachner vorbeischauen, mit siebenundzwanzig bereits Erster Kapellmeister des Theaters am Kärntnertor, und mit den Fachleuten bereden, welcher Ort sonst noch für seinen Auftritt in Frage käme.

So wenig wie die übrigen zweitausend Polen in Wien oder die Wiener selbst erfährt Chopin, dass Fürst Metternich die Nachricht aus Polen als *unter Umständen übertrieben* abtut. Dann jedoch folgt ein Bericht, dem der Staatskanzler Glauben schenken muss. Absender ist Franz von Lorenz, der österreichische Resident in der Freien Stadt Krakau; was er schreibt, hat er von unmittelbaren Vertrauten aus Warschau erfahren. Mit berittenen Postboten, die im Stafettenlauf von Station zu Station jagen, lässt Lorenz die nächsten Berichte aus der polnischen Metropole nach Wien expedieren. Die Regierung Metternich erkennt den Ernst der Lage. Es ist schon Mitte Dezember, als Österreichs Bevölkerung durch die Presse vom Umsturz in Warschau unterrichtet wird. Doch es scheint, als beruhige die Machtübernahme General Chłopickis das österreichische Kabinett. Metternich und seine Leute sehen darin eine Stabilisierung, die verhindern kann, dass die Revolution außer Kontrolle gerät. Chłopicki unterrichtet die Österreicher, er habe den Polen bei Todesstrafe verboten, bewaffnet die Grenzen des Landes zu übertreten, und sichert schriftlich zu, die Grenzen des Habsburger Reiches unter allen Umständen anzuerkennen. Als dritte Teilungsmacht haben die Österreicher zu den anderen beiden zu halten. Zudem muss Österreich befürchten, der Aufstand könne auf Galizien übergreifen, den von den Habsburgern besetzten Teil Polens.

Eine ganze Nacht reden Tytus und Fryderyk sich die Köpfe heiß. Beide wollen sie dabei sein, wenn ihr Land um die Freiheit kämpft, wollen in der Nähe ihrer Familie und ihrer Freunde sein. Tytus Woyciechowski bleibt vernünftig: Diese Reise abzubrechen hieße für seinen Freund Fryderyk, alle Hoffnungen auf eine Karriere im Ausland zu begraben. Außerdem wäre alles, was die Eltern Chopin in den letzten sechs Wochen schon an finanziellen Opfern dafür gebracht haben, zum Fenster hinausgeworfen. Tytus bricht allein auf. Kaum ist er weg, bereut Fryderyk, nicht mitgereist zu sein, besteigt die nächstbeste Kutsche, um ihn einzuholen, aber es ist bereits zu spät. Allein kehrt er nach Wien zurück, in eine Wohnung, in der keiner auf ihn wartet. Vielleicht sind es bereits diese Stunden, in denen er jene Polonaise, keine Form wäre sinniger, in Ges-Dur zu komponieren beginnt, in der die innere Zerrissenheit ebenso hörbar wird wie der heroische Drang.

Als er am 22. Dezember an seine Familie schreibt, verliert er kein Wort über seine Ängste, über die Politik, über die Lage in Wien. Er gesteht zwar, dass er selbst bei Einladungen, wo *viele schöne junge Menschen* auf ihn warten, *keine altmodischen Leute*, weder in Stimmung ist zu tanzen noch Klavier zu spielen, doch er gibt sich vergnügt und plaudert harmlos daher.

Befürchtet Chopin, dass die Polen in Wien überwacht und auch seine Briefe von der Zensur gelesen werden? Oder will er seiner Familie das Gefühl geben, um ihn brauche sich keiner zu sorgen?

Sieben Wochen ist er schon von zu Hause weg, und noch immer tut sich beruflich nichts in Wien. Chopin versucht mit allen Mitteln, sich abzulenken. Möglichkeiten bietet diese Stadt mit über 300000 Einwohnern genug, auch im Winter. Schubertiaden, Singvereine, Hauskonzerte, Feste, vom höfischen Ball bis zu dem der Wäschermädchen, Kaffeehäuser mit Billardtischen, vor allem aber Gasthäuser, Hotelsäle und Vergnügungsetablissements, wie sie Chopin noch nie gesehen hat. Hier werden Polkas, Galoppe und Walzer gespielt, Walzer vor allem.

Seit Johann Strauß sich vor drei Jahren von seinem ehemaligen Kompagnon Lanner getrennt hat und die Konkurrenten sich gegenseitig anstacheln, hat der Kampf zwischen Straußianern und Lannerianern die Walzerbegeisterung der Wiener in eine Suchtkrankheit verwandelt. Chopin kann nicht umhin, seine Laufbahn mit der des Wiener Gastwirtssohns Johann Strauß zu vergleichen – sechs Jahre älter als er und bereits ein vermögender Mann. Nach einer Buchbinderlehre hat er als Geiger und Bratscher in einer Tanzkapelle angefangen, dann in Josef Lanners neu gegründetem Orchester mitgespielt; das Dirigieren und Komponieren hat er sich weitgehend selbst beigebracht. Jetzt feiert er mit sechsundzwanzig Jahren Triumphe mit seiner eigenen Kapelle. Wo immer sie auftritt, ist es berstend voll. Keiner in Wien kann diesem Johann Strauß entkommen. Kein Komponist wird so viel besprochen in der Presse wie dieser Tanzmusiker. Anzeigen in den Tageszeitungen, Handzettel, die auf der Straße verteilt werden, Plakate an den Hauswänden kündigen an, was Johann Strauß demnächst im *Sperl* bieten wird, dem vornehmsten und teuersten der Tanzlokale. Chopin muss diesen Strauß als Konkurrenten empfinden: Haslinger, der ihm nach wie vor kein Honorar für den Druck von zwei neuen Werken angeboten hat, zahlt Strauß, zumindest behaupten das die Gerüchte, Summen, die Chopin kaum nennen mag. Der Familie gegenüber macht er sich Luft mit der Bemerkung, der Beifall für solche *Belustigungen*, erst recht für die *Quodlibets*, ein *Gemisch aus Opern, Liedern und Tänzen*, beweise *den verdorbenen Geschmack des Wiener Publikums.*

An Weihnachten zieht es ihn tief nach unten. Allein betritt er gegen Mitternacht den Stephansdom. Die Kirche ist menschenleer. Chopin will nicht beten oder beichten, nur in diesem Bau abtauchen. *In der dunkelsten Ecke am Fuß eines gotischen Pfeilers* bleibt er stehen. Stille herrscht, nur die Schritte des Sakristans, der die Ampeln anzündet, sind zu vernehmen. *Hinter mir Gräber, unter mir Gräber … nur über mir fehlt ein Grab.* Seine Stimmung ist düster. *Ich spürte meine Verwaistheit heftiger als je zuvor.* Doch er will einsam sein. Als die ersten Besucher der Mitternachtsmette in die Kirche kommen, schlägt er den Mantelkragen hoch, verlässt den Dom. Beim Zubettgehen nach eins nimmt er sich vor, von denen zu Hause zu träumen.

Nicht nur in den Träumen ist Polen in Wien gegenwärtig. Chopin sucht es. Als Trost, als Ersatz oder um das Heimweh noch stärker zu empfinden?

Am 25. Dezember ist er bei Malfatti und dessen polnischer Frau Helena, geborene Ostrowska, zum Essen eingeladen. Mit am Tisch sitzt Józef Szaniawski, der in Warschau als Zensor des Zaren gearbeitet hatte und bei Ausbruch der Revolution das Weite gesucht hat, *heute ein versessener Pole*, wie Chopin anmerkt. Er ist glücklich, dass Frau Malfatti den Gästen *polnische Speisen vorsetzt*, *Fleischküchlein mit Kohl* und wohl auch den üblichen Festtags-Karpfen. Doch der Geschmack der Heimat ist für Chopin bitter.

Wie sehr er darunter leidet, tatenlos dem zuzusehen, was in Polen geschieht, verschweigt er den Eltern. Das verrät er nur Jan Matuszyński. Jaś nennt er ihn, wie seinen verstorbenen Freund Jan Białobłocki, und zieht ihn ebenso nah an sich heran. Er konnte sich kaum auf den Beinen halten, nachdem er auf der Post unerwartet einen Brief von seinem Schulfreund vorgefunden hat. *Die Tränen, die auf die Tasten hätten fallen sollen, haben Deinen Brief benetzt; ich sehnte mich nach Deinen Schriftzügen. Weißt Du, warum? Du weißt schon.* Jaś Matuszyński weiß Bescheid, er ist eingeweiht in Fryderyks Leidenschaft für Konstancja, die er nun seinen *Friedensengel*, aber vorsichtshalber nie beim Namen nennt. Er liebe sie so sehr, bekennt Fryderyk dem Freund, dass er nun *alle Töne wachrufen* könne, die ihm *das blinde, wütende, entfesselte Gefühl* eingebe. Das Gefühl, seinen *Friedensengel* beschützen zu müssen vor Kriegsgefahren und vor anderen Männern. Dass er Tytus nicht gefolgt ist, foltert Chopin. *Du weißt, ich bin das unentschlossenste Geschöpf der Welt*, bezichtigt er sich, *nur einmal im Leben habe ich richtig gewählt.* Auch das kann Jaś richtig lesen: Das war, als Fryderyk Konstancja zu seiner Auserwählten machte. *Warum kann ich nicht bei Dir sein?*, klagt er. *Wenn ich doch wenigstens als Trommler dienen könnte.* Er kommt sich nutzlos vor. Er schimpft auf *alle die Diners, Soireen, Konzerte, Bälle, die mir zum Hals raushängen.* Er beneidet Jan, der in den Krieg ziehen darf. Er beneidet Konstancja und seine Schwestern, denn die *können sich zumindest nützlich machen, in dem sie Verbandswatte zupfen … Ich aber kann nichts tun, was mir gefällt. Ich muss mich putzen, frisieren, Schuhe anziehen; im Salon spiele ich den Ruhigen, doch wenn ich heimkomme, donnere ich auf dem Klavier.*

Was er hinausdonnert, sind auch die Gefühle für Konstancja, die mit der Entfernung, der Zeit der Trennung und der Sorge angeschwollen sind. *War man nicht krank? Bei einem so empfindsamen Geschöpf würde ich so etwas leicht annehmen. Schien es Dir nicht so? … Gott verhüte, dass ich die Ursache sei … solange meine Kräfte reichen, bis zum Tode … selbst nach dem Tode, würde sich noch meine Asche ihr zu Füßen legen.* Er wagt jedoch nicht direkt zu fragen, schon gar nicht an Konstancja selbst zu schreiben, denn er rechnet damit, dass die Zensur seine Briefe liest. *Wenn der Brief in fremde Hände fiele, könnte das ihrem Ruf schaden, sei also lieber Du mein Dolmetscher, rede Du für mich und ich stimme dem zu.*

Er hat nichts dagegen, dass es es ihm *wehmütig, dumpf und düster* ist ums Herz. *Ich liebe das, aber nicht derart grausam.*

Es fehlt ihm jemand, dem er alles anvertrauen kann. Chopin weiß, dass es ihm gut tut, seine Sorgen loszuwerden. *Verzeih, Jaś, dass ich klage, aber es kommt mir so vor, als ob mir dadurch leichter, als ob ich dadurch ruhiger würde.* Es strengt ihn an, dass er *höflich und kühl zu allen sein* muss.

Chopin hat neue Freunde gewonnen wie Josef Slavík, den böhmischen Violinvirtuosen, oder Norbert Alfons Kumelski, einen Mineralogen aus Litauen, der auf seiner Forschungsreise in Wien Station macht. Mit niemandem aber sei er wirklich vertraut, klagt er. *Es gibt Leute, die mich lieben, die mich malen, die mir schöntun, schmeicheln, aber was habe ich davon, wenn ich keine Ruhe finde.*

An der Ruhe hindern ihn auch seine Geldnöte. Louis Duport, ehemaliger Balletttänzer und Pächter des Kärntnertortheaters seit Graf Gallenbergs Bankrott, hat Chopin sofort angeboten, bei ihm aufzutreten. Aber unentgeltlich. Der Bankrott seines Vorgängers lässt ihn geizen. Er rechnet damit, dass Chopin umfällt. Der aber hatte getönt: *mit dem Umsonst ist es nun vorbei.*

Als Engländer, die eigentlich nur eines seiner drei Zimmer mieten wollen, ihm achtzig Gulden monatlich anbieten, wenn er die ganze Wohnung an sie abtritt, zieht er in die Etage darüber. Haslinger hält ihn hin; er hat noch immer kein Angebot gemacht für die beiden Werke, die Chopin bei ihm gerne drucken ließe. Fryderyk ist froh, ständig zum Mittagessen und zum Abendessen eingeladen zu werden, dankbar, dass Graf ihm umsonst ein Klavier in sein Zimmer gestellt hat, und gönnt sich Genüsse, die nichts kosten. Das Wetter ist ungewöhnlich lau für die Jahreszeit, beinahe frühlingshaft. Zusammen mit einem jungen Kriminalbeamten namens Leidenfrost unternimmt er lange Spaziergänge auf den Befestigungsanlagen. Er lässt sich zeichnen von Hummels Sohn, hört zu, wie sein Warschauer Studienkollege Nidecki bei ihm sein e-Moll-Konzert einstudiert, das er unbedingt aufführen will, und empfängt Besucher: stolz, dass die seinetwegen die Treppen auf sich nehmen. Ablenkungsversuche, die nur kurz die Aufmerksamkeit auf das Hier zwingen. Seine Gedanken sind weit weg. Sehnsucht wird das Leitmotiv in Chopins Briefen, in Chopins Dasein. Er redet davon, sich der *Sehnsucht auf dem Klavier hinzugeben*. Er sehnt sich nach schriftlichen Lebenszeichen, nach der Heimat, nach der Familie und nach Konstancja. Wie schon seit Beginn ihres platonischen Verhältnisses liebt er sie umso mehr, je weiter er von ihr entfernt ist. In Warschau schien es, als sei seine Leidenschaft in ihrer Nähe abgekühlt. Nun heizt er sie auf durch Besuche bei einer in Wien lebenden Polin namens Konstancja Bayer, die Sprache und Vornamen mit der fernen Geliebten teilt: *ich liebe es, bei ihr zu sein, eben wegen der Erinnerung, alle die Noten, Taschentücher, Servietten, die mit ihrem Namen gezeichnet sind.*

Obwohl jene Konstancja wohl zu haben wäre, erklärt er kühl: *… übrigens gehe ich mit Slavík dorthin, für den sie etwas zu empfinden scheint.*

Genießt er dieses süße Ziehen der Sehnsucht? Will er sich gar nicht davon befreien? Seine Konstancja, wird ihm zugetragen, sei in Warschau umlagert von Verehrern: Offiziere aus Großfürst Konstantins einstigem Stab. Diese Berichte scheint er, obwohl sie ihn quälen, auszukosten. Er bringe es kaum mehr über sich, den Namen der Angehimmelten zu schreiben, gesteht er dem Freund Jan, und zugleich, dass er dennoch nicht aufhören könne, sie *bis an sein Lebensende zu lieben*.

Seine Wohnung ist schön, die Tage verlaufen in Gleichmaß, in Gleichgültigkeit. *Frühmorgens weckt mich ein unerträglich dummer Diener, ich stehe auf, man bringt mir Kaffee.* Chopin setzt sich ans Klavier, vergisst sich und das Frühstück, bis es kalt ist. Den ganzen Morgen bis zwölf Uhr bringt er im Morgenrock zu, obwohl täglich gegen neun ein Lehrer vorbeikommt, der ihm Deutsch beibringt. Plant er doch, zu bleiben?

Die Stimmung in Wien spricht dagegen. Hier als Pole über die politischen Ereignisse in der Heimat offen zu disputieren, ist heikel geworden. Das ist Kaiser Franz I. zuzuschreiben, der keinen Hehl daraus macht, wo er steht: Er hat den Zaren wissen lassen, wie entschieden er die Revolution in Polen verurteile. Österreich als dritte Teilungsmacht kann hier nicht gegen die anderen Stellung beziehen. Mit dieser Sympathieerklärung muss sich sein Kollege Nikolaj allerdings zufrieden geben; zugunsten der Russen in den Krieg einzugreifen, wagt der Kaiser nicht. Das würde Frankreich mit Sicherheit nicht dulden und dann vermutlich Habsburgs Besitzungen auf italienischem Boden angreifen. Der Ton, in dem die Wiener Zeitungen nun über Polen berichten, lässt keine Zweifel zu: Die Redakteure ergreifen die Partei des Kaisers. Es bleibt ihnen angesichts der Zensur unter Franz I. auch keine andere Wahl. Entsprechend verändert sich die Einstellung der Wiener Bevölkerung. Auch wenn Fryderyk das dort, wo er verkehrt, nicht zu spüren bekommt, weil er oft bei Landsleuten eingeladen ist oder bei weltoffenen Menschen, fühlt er sich ausgestoßen. Beim Mittagessen in einer italienischen Trattoria hört er einen Gast sagen, *der Liebe Gott hat einen Fehler gemacht, dass er die Polen erschaffen hat.* Die Antwort des Tischgenossen: *In Polen ist nichts zu holen.* Letzterer hat Recht: Polen muss holen; es besitzt bisher keine eigenen Waffenfabriken. Österreich besitzt einige. Metternichs Haltung ist weniger eindeutig als die des Kaisers. Er ist ein Feind jeder Revolution und hat ein allgemeines Passverbot für Reisen in Länder erlassen, in denen revolutionäre Umtriebe herrschen. Doch obwohl eine Waffenlieferung nach Polen untersagt ist, teilt Metternich seinem Krakauer Residenten Franz von Lorenz im Januar 1831 mit, der Kommissar der polnischen Nationalbank könne nach Wien einreisen, um vor Ort mit zwei großen Waffenherstellern über Lieferungen zu verhandeln.

Ende Januar gesteht Chopin seinem Lehrer Elsner, dass es hier für ihn keineswegs so gut aussieht wie erhofft. Private Türen öffnen sich, die Türen der Konzertsäle bleiben verschlossen. *An ein Konzert denke ich nicht,* hatte er noch vor kurzem erklärt. Nun denken die anderen nicht daran. Hummel hatte Duport von Chopin vorgeschwärmt, der hatte fest versprochen, etwas zu organisieren, dabei blieb es. Ob das mit ihm selbst zu tun hat oder damit, dass er Pole ist, weiß Chopin nicht. Seinen Seelenzustand verrät die Wahl der polnischen Texte, die er nun vertont. *Trübe Wellen* heißt der Titel des ersten Liedes, *Heimkehr* der des zweiten. Er weiß, wie gefährlich die Heimkehr wäre. Polens Patrioten riskieren nun alles. Unter dem Druck der Rebellen auf der Straße hat der Reichstag in Warschau erklärt, Zar Nikolaj sei als König Polens abgesetzt und mit ihm die ganze Dynastie der Romanows. So etwas hören Könige und Kaiser andernorts ungern. Es hilft wenig, dass Polens Nationalregierung nun dem Fürsten Adam Czartoryski, einst Vertrauter von Zar Alexander, und dem lange so loyalen Drucki-Lubecki untersteht; es hilft auch wenig, dass ein Fürst, Michał Radziwiłł, zum Oberbefehlshaber ernannt worden ist. Der Bruder von Fryderyks Gönner und Freund Antoni Radziwiłł hat keinerlei militärische Erfahrung; seine Ernennung macht die Heiratspläne von Antonis Tochter Eliza und dem preußischen Prinzen und späteren Kaiser Wilhelm zunichte. Eliza, die Chopin auf Schloss Antonin porträtiert hatte, während er am Klavier die Handhaltung ihrer Schwester korrigierte. Chopin weiß, dass sie den Prinzen geliebt hat und er sie. Nachtrauern wird Chopin dem Großfürsten Konstantin nicht, vielleicht seiner Frau. Aus der Ferne hört er, dass die Patrioten täglich ihr Leben aufs Spiel setzen, dass Lubecki, der nur als Mittler, nicht als Vertreter der Rebellen vom Zaren empfangen wird, Nikolaj ins Gesicht sagt, eine Kapitulation Polens komme keinesfalls in Frage. Aus der Ferne erfährt er, dass im Belweder nun Aufständische tagen, dass alles, was ihm vertraut war, verschwindet, durch Unbekanntes ersetzt wird. Und in der Nähe?

Geschieht nichts. Chopin sitzt zwar an seinen Etüden, arbeitet hart, als halte ihn diese Askese allein noch aufrecht. Doch er ist wie gelähmt, unfähig, irgendetwas sonst in Angriff zu nehmen. *Malfatti bemüht sich vergebens, mich davon zu überzeugen, dass jeder Künstler ein Kosmopolit sei*, erklärt er seinem Lehrer Elsner. Er bleibe von ganzem Herzen Pole. Seine Gefühle seien der Grund, dass er *bisher noch nicht an die Zusammenstellung eines Konzerts gedacht habe*. Die Wahrheit ist, dass ihn kein Veranstalter gebeten hat, eines zusammenzustellen, geschweige denn, gegen Honorar aufzutreten.

Er, *das unentschlossenste Geschöpf der Welt*, hat es nie gelernt, Entscheidungen zu treffen. *Die Eltern empfehlen mir, das zu tun, was ich will, und ich liebe genau das nicht*, jammert er Jan Matuszyński vor. Er ist ratlos, was er tun soll, *Zurückkehren? Hier sitzen? Mich umbringen?* Von Paris raten ihm die Wiener Bekannten ab. *Rate Du mir, was ich anfangen soll*, fordert er von seinem Schulfreund. *Frage die Menschen, die über mich bestimmen, und schreib mir ihre Meinung, und so wird es geschehen.*

Ist es die eigene Hilflosigkeit und Erfolglosigkeit, die Chopins Urteil über Kollegen scharf werden lässt? Die Eifersucht ist nicht zu überhören.

Sein deutscher Kollege Sigismund Thalberg, erst achtzehn Jahre alt, hat in Wien bei Hummel studiert, den Chopin nach wie vor verehrt. Das schützt ihn nicht vor Chopins Kritik. *Thalberg ist nicht mein Mann; jünger als ich, gefällt den Damen.* Auch sein Klavierspiel beeindruckt Chopin nicht. Zu viel Pedal. Aber er muss zugeben, dass Thalberg die Dezimen so lässig greift, wie er selbst die Oktaven. Er *hat brillantene Hemdknöpfe, staunt nicht über Moscheles, und somit wundert es mich nicht, dass ihm nur die Tutti aus meinem Konzert gefallen. Er schreibt auch Konzerte.*

Schadenfreude macht sich bemerkbar. *Adolf Schmidt, der Pianist aus Frankfurt, hat hier tüchtig eines auf die Nase bekommen, weil er über vierzig ist und achtzigjährige Musik komponiert.* Solche Kollegen sind aus Chopins Sicht schuld daran, dass die Wiener lieber tanzen gehen – *ein Strom nichtswürdiger Klaviermusik*, schimpft er, müsse ja *das hiesige Publikum abschrecken.*

Chopin hofft, dass er in der Karnevalszeit, wenn die Wiener noch lüsterner auf Unterhaltung jeder Art sind als sonst, sein e-Moll-Konzert aufführen kann. Die Karnevalssaison ist aber mittlerweile die Hochsaison der Bälle. Strauß und Lanner, nicht Chopin oder Czerny sind da gefragt. Keiner will im Konzertsaal still lauschen, wenn die Nächte bei *Sperl* rauschen. Es verwundert nicht, dass Etablissements wie dieses, das Johann Georg Scherzer in der Leopoldstadt betreibt, von Chopin mit ebenso viel Verachtung gestraft werden wie das, was dort aufgeführt wird. *Walzer nennen sie hier Werke! Und Strauß und Lanner, die ihnen zum Tanz aufspielen, Kapellmeister.*

Es ergrimmt Chopin, dass sogar sein Verleger Haslinger dem Walzerwahn verfallen ist, wenn auch vor allem aus geschäftlichen Beweggründen. Haslinger hatte alles auf die Karte Hummel gesetzt, *jedoch die letzten Sachen, die er ihm teuer bezahlen musste, haben einen geringen Absatz. Deshalb lässt er alle Manuskripte liegen und druckt nur Strauß.* Als brauche er ein Gegengift, komponiert Chopin einen Walzer, der mit den hiesigen nur den Dreivierteltakt gemeinsam hat. Seine *Grande Valse brillante* in a-Moll kreist zu Beginn um einen Ton, von dem er sich so wenig lösen kann wie sein Schöpfer von dem Grübeln über die zu Hause, liefert sich Dissonanzen aus und einer Melodie, die schmerzt. Und er komponiert den Tanz seiner Heimat, bei dem sich die Tänzer Wiens in seinen Augen lächerlich machen. Mazurken bar jeder Gefälligkeit, manche so schroff, als wolle er musikalisch zeigen: Mit den Wienern will ich nichts zu tun haben, wenn sie mich nicht wollen. *Die Menschen hier sind mir fremd … Sie tun alles zu ordentlich, zu simpel, zu mittelmäßig. … Mittelmäßigkeit kann ich nun mal nicht riechen.*

Betritt Chopin die Welt des Walzers? Er redet über die Plätze, um die sich alles dreht, den *Römischen Kaiser* an der Freyung und den *Sperl* in der Leopoldstadt, wo Strauß Abend für Abend gefeiert wird und sich mit Champagnerorgien bis in den Morgen hinein belohnt. Auf dem Weg zum Prater, wo Chopin gerne spazieren geht, Karussell fährt oder widerwillig mal die *Rutschn* ausprobiert, kommt er vorbei an diesem Palast der erhitzten Nächte. Zu übersehen ist der *Sperl* kaum. Vor dem Eingang stolziert ein Portier in Livree, Girlanden schmücken das Portal. Wer die Halle betritt, wird empfangen von Blumenarrangements und Palmen. Eine teppichbelegte Treppe führt in den ersten Stock; die Wände der Vorzimmer, Speisesäle, Tanzsäle sind mit Spiegeln bedeckt; Hunderte, Tausende von Kerzen in den Lüstern an Decken und Wänden erhellen die betäubende Pracht. Hier vergisst jeder im Walzertaumel die Wirklichkeit. Auch Chopin? Er berichtet den Eltern nur von Ausflügen ins Grüne, zu Malfattis Landsitz, auf den Leopoldsberg und den Kahlenberg, von Spaziergängen, die erholsam, von Aussichten, die herrlich, von Kirchenbesuchen, die erbaulich sind. Oft begleiten ihn die neuen Männerfreunde wie der Mineraloge Kumelski, neun Jahre älter als er, oder Leopold Eustachy Czapek, ein Klavierlehrer, den er noch aus Warschau kennt. Doch irgendwo muss er sie kennengelernt haben, diese junge Sängerin aus Tirol, die Therese heißt. Sie kann Konstancja nicht ganz verdrängen – *mir scheint, ich liebe sie nicht mehr, und doch geht sie mir nicht aus dem Kopf*, vertraut er seinem *Stammbuch* an. Diesem Album der Erinnerungen mit Bildern von Warschau, Sprüchen und Abschiedsgedichten, in das er nun tagebuchartig notiert, was er niemandem sagen kann. Konstancjas Verse stehen auch darin. Konstancja ist Vergangenheit, Ikone der Heimat, Sehnsuchtsstoff. Therese ist Gegenwart, Befriedigung, Lebenslust. Das braucht er, der Jan offen erklärt, ihm sei es gleichgültig, ob er lebe oder sterbe, er habe keine Lust, sich zu unterhalten, sei einsam, traurig und krank. Gleichzeitig aber fleht er ihn an, den Eltern vorzulügen, er sei gut gelaunt, niemals allein, gesund und unterhalte sich ausgezeichnet. Chopin beherrscht die Kunst, sich leicht zu geben in seiner Schwermut: Die *Grande Polonaise brillante* in Es-Dur, an der er hier in Wien arbeitet, schillert in allen Farben der Heiterkeit und Zärtlichkeit. So wenig wie aus den Briefen an seine Familie ist herauszuhören, dass er verbittert.

Er kann sich denken, warum er aus der Heimat kaum Briefe bekommt – die Zeitungen berichten, was dort los ist. Trotzdem stürzt ihn jeder vergebliche Gang zur Post in *Schwermut*.

Am 6. März, wenige Tage nach seinem einundzwanzigsten Geburtstag, soll er endlich zum ersten Mal auftreten, im Großen Redoutensaal. Er will das e-Moll-Konzert spielen, vielleicht um Haslinger damit zum Druck zu animieren. Wie üblich wird er das Programm nicht allein bestreiten, sondern zusammen mit der Sängerin Garcia-Vestris, Primadonna der italienischen Oper in Paris, die mit großen Arien verführen möchte. Als Hauptgang wird dann noch Beethovens dritte Symphonie, die *Eroica*, serviert. Die Plakate sind gedruckt, die Zeitungen haben das Konzert angekündigt, da wird alles abgeblasen. Ohne Angabe von Gründen. Auch Chopin erfährt nicht, warum. Das Konzert wird auf den 4. April verschoben. Neue Plakate, neues Programm. Dieses Mal soll außerdem Joseph Merck auftreten, ein Cellist von sechsunddreißig Jahren, mit dem sich Chopin angefreundet hat. Im letzten Moment wird erneut abgesagt. Wieder ohne dass man ihm verrät, warum.

Chopins Entschluss, Wien zu verlassen, steht fest, als im Volksgarten, im Augarten, im Prater die Kastanien blühen. Italien hat Chopin als Ziel schon lange gestrichen, denn dort bekämpfen die Österreicher seit Anfang Februar ständig neue Brandherde; das Feuer des *Risorgimento* lodert überall, die Carbonari haben in Rom, in Parma, in Modena, in Rimini Unruhen entfacht, mit weiteren ist zu rechnen. Dennoch: Wer hat Chopin so weit gebracht, sich für eine Zukunft in Paris und baldigen Aufbruch zu entscheiden? Vielleicht Kumelski, der sein Reisebegleiter sein wird bis München. Ohne einen Vertrauten an der Seite bräche Chopin wohl kaum auf. Wie zuvor Tytus Woyciechowski dient nun Norbert Alfons Kumelski Chopin dazu, sich selbst vor einem Rückzieher zu bewahren. Vielleicht fühlt Chopin sich den Franzosen auch zunehmend nahe, weil die Stimmung in Wien nun ebenso gegen sie umgeschlagen ist wie gegen die Polen. Frankreich hat seine Sympathie für die Polen bekundet; nachdem Franz I. sich eindeutig auf die Seite des Zaren geschlagen hat, sind die Fronten nun klar. Für Chopin sind die Franzosen Leidensgenossen, Mitleidensgenossen. Szenen auf der Straße beweisen es.

Ein französischer Wurstmacher ist hier angekommen. Vor seinem eleganten Laden versammeln sich schon seit einem Monat die Leute haufenweise, berichtet Chopin nach Hause. Sie *ärgern sich, dass man einem französischen Rebellen gestattet hat, einen Laden mit Schinken aufzumachen, wo sie doch selbst genug Schweine im eigenen Land haben. Wo man hinkommt, ist von den Franzosen die Rede, und man muss befürchten, dass es mit den Franzosen anfangen würde, wenn etwas losgehen sollte*, wenn sich der Hass der Wiener auf die Fremden entladen würde.

Es drängt ihn zu den Franzosen, nach Paris, wo, wie er hört, die Polen mit offenen Armen empfangen und als Brüder im Geist der Freiheit gefeiert werden. Dort sieht er seine neue Heimat, die ihn anerkennen und verstehen wird. Tausende sind in den letzten Monaten aus Warschau in die französische Hauptstadt geflohen. Er kann davon ausgehen, dort auf Bekannte zu treffen. Doch Kumelski ist krank geworden. Ohne ihn will, kann Chopin die Fahrt nicht antreten; er ist ja daran gewöhnt, von anderen die Alltäglichkeiten sortiert zu bekommen. Dass sich die Abreise verzögert, verdüstert Chopins Stimmung. *Selbst die Musik kann mich nicht trösten.* Die Eltern täuscht er über die Wahrheit hinweg, sich selbst und Jan gesteht er ein, wie enttäuscht er ist, von den Wienern, von Wien. *Was mir früher groß erschien, kommt mir heute gewöhnlich vor.* Peinigt ihn der Gedanke, den Wienern gehe es mit ihm ebenso? Damals, beim letzten Aufenthalt, war er gefeiert worden, jetzt begehrt ihn keiner. Chopins Selbstbewusstsein ist angeknackst, als er Mitte Mai, was er schon lange vorhatte, in die Hofbibliothek geht, die für ihren reichen Besitz an Autographen berühmt ist. Franz Sales Kandler, Sänger der Hofkapelle und Musikschriftsteller, begleitet ihn. Chopin ist nicht so sehr an der Vergangenheit interessiert. Was treiben die Zeitgenossen? Das will er wissen. Er sieht die Neueingänge durch. Da stutzt er. Kann das sein? *Chopin* steht auf einer Hülle. Hat er hier einen Verwandten, einen berühmten? Kandler öffnet das Futteral. Drin ein dicker Band, schön gebunden. Kandler zieht ihn heraus, klappt ihn auf. Fryderyk schaut hinein. Kein Zweifel: seine Notenschrift. Das Manuskript seiner Mozart-Variationen. Offenbar hat Haslinger es der Bibliothek vermacht. *Und ich dachte mir, da habt ihr aber mal was Gutes zum Aufbewahren*, beglückwünscht Chopin selbstbewusst die Wiener Bibliothekare. Für ein paar Stunden vielleicht trägt ihn das über die Zweifel hinweg, die ihn immer wieder in die Tiefe reißen. Wird sich bald alles wenden?

Am 11. Juni endlich gibt Chopin sein erstes Konzert. Duport hat sein Wort gehalten. Chopin wird im Kärntnertortheater spielen. Unentgeltlich. Womit soll er die nächsten Wochen finanzieren? Chopin schämt sich, den Vater um Geld anzugehen, bittet ihn, den Ring vom Zaren, der noch zu Hause in der Schatulle liegt, zu versetzen, ahnt wohl aber, dass sein Vater das nicht über sich brächte. Jeder Juwelier würde misstrauisch, böte der Schullehrer Chopin einen solchen Brillantring zum Kauf an. Ganz Warschau erführe dann, wie es um die Erfolge des jungen Chopin im Ausland bestellt ist. Dann nähme Fryderyk lieber noch das Angebot von Leopold Czapek an, ihm *Geld für die Reise zu geben*. Zu leihen? Zu schenken? In diesem Fall wohl ein und dasselbe. Chopin kann es der Familie nicht verheimlichen, dass er eingeknickt ist und gratis spielen wird.

Seinen Geiz weiß Direktor Duport zu bemänteln: Er verkauft die Veranstaltung, die im Rahmen der Akademien stattfindet, der in Wien traditionellen Vormittagskonzerte, als Benefizveranstaltung. Der Erlös soll einem Tänzer namens Dominik Mattis zukommen, der Chopin überhaupt nichts angeht.

Ganz kurzfristig hat Duport den jungen Polen angekündigt. Ist er nur ein Lückenbüßer?

Die Angst vor der Cholera geht in Wien um. In Petersburg, in Pest, in Warschau sind angeblich bereits Hunderte daran gestorben. Entlang der Flussläufe, heißt es, breite sich die Seuche aus. Aber die Zuständigen sind überzeugt, mit dieser Krankheit könne man sich nur durch die Berührung mit Kranken oder verseuchten Gegenständen anstecken.

Deshalb haben die Behörden an den Einfallstraßen nach Wien schon vor Monaten Quarantäne-Anstalten eingerichtet. Zwei Sperrlinien, die lückenlos von militärischen Sanitätskolonnen besetzt sind, sollen verhindern, dass irgendwer unkontrolliert in die Stadt vordringt. Noch sind hier keine Erkrankungen registriert worden, panische Reaktionen aber umso mehr. Wer es sich leisten kann, flieht aus der Stadt, möglichst Richtung Baden, denn vom Schwefel der Quellen dort verspricht man sich Hilfe gegen die Seuche, sollte sie doch die Sperrlinien missachten. Chopin muss damit rechnen, dass der Saal halb leer sein wird. *Den Tod sehne ich herbei*, schreibt er zwei Tage vor dem Konzert in sein Album.

Immerhin spielt er selbst dieses Mal die Hauptrolle im Potpourri, bei dem sein Werk wie üblich zerlegt wird. Als Erstes wird die Ouvertüre zu Webers Oper *Euryanthe* kredenzt, dann darf Chopin den ersten Satz aus seinem neuen, dem e-Moll-Konzert spielen, danach sättigt ein männliches Vokalquartett den Hunger nach schweren Stimmen, schließlich darf Chopin noch mit der Romanze und dem Rondo aus demselben Konzert aufwarten. Bereits eine Woche später erscheint in der *Allgemeinen Theaterzeitung* eine Rezension des bekannten Kritikers Friedrich A. Kanne. Er spricht Chopins Motiven *Tiefe und Originalität* zu, bemängelt zwar den allzu *diskreten Anschlag* und vermisst *Kraftmomente* im Orchesterpart; gibt aber zum Schluss seiner Hoffnung Ausdruck, *den jungen Virtuosen bald einen bedeutenden Rang unter den besten Pianisten einnehmen zu sehen.*

Pianisten, nicht *Komponisten.* Ein vernichtendes Lob. Den Kommentar aus Breslau wird Chopin kaum vergessen haben. *Spielen kann er, komponieren nicht.* Die *Wiener Zeitschrift für Kunst, Literatur, Theater und Mode* lässt sich weitere neun Tage Zeit, um den Auftritt zu würdigen, und gönnt Chopin nur ein paar Sätze. Der Kritiker haut in dieselbe Kerbe. *Die Composition sprach nicht besonders an, das Spiel des Künstlers aber fand gerechte Anerkennung.*

Es treibt Chopin aus der Stadt. Nichts hält ihn. Schon gar nicht Therese, denn die hat ihm bereits ein *Andenken* hinterlassen, das behandlungsbedürftig ist.

Dr. Malfatti wird er hierzu mit Sicherheit nicht um Rat fragen. Ein Mann, der ihm Empfehlungsschreiben mitgeben soll für die musikalische Prominenz in Paris, darf davon nichts erfahren. Um Papiere, Termine, Reiseroute, Kutsche, Kosten kümmert sich sein neuer Freund Norbert Alfons Kumelski. Wie gesetzlich vorgeschrieben, hat Chopin seinen Pass bei der Polizei hinterlegt und dort nun den Antrag auf Ausreise nach Paris gestellt. Frankreich steht wegen der Revolution im letzten Juli noch immer auf der Liste jener Länder, in die niemand aus Österreich einreisen darf. Außerdem gilt Chopin, daran hat der Aufstand in der Heimat nichts geändert, wie jeder Pole als Untertan des Zaren, sodass ihm ein Aufbruch nach Frankreich ebenfalls verboten ist. Nun ist der Pass bei der Behörde auf einmal nicht mehr auffindbar. Ein Bekannter gibt Chopin den Rat, England als Ziel anzugeben, die Route nur solle über Paris führen. Chopin wartet ungeduldig. Kumelski hilft ihm, die Behördengänge zu erledigen. Aber die russische Gesandtschaft rückt den Pass mit der Reiseerlaubnis noch immer nicht heraus. Scheitert das Ganze? Wird auch England auf die schwarze Liste gesetzt? In London hat die Regierung der polnischen Revolutionäre zwei Vertretungen eröffnen dürfen. Die Engländer können also ebenfalls als Verschwörer betrachtet werden. Tage vergehen. Endlich wird die Reise genehmigt, aber nur bis München. Doch wie Chopin weiß, zählt nur eines: dass der französische Gesandte seinen Pass unterschreibt. Mit dieser Unterschrift, heißt es, komme er leicht bis Paris.

Am Samstag, dem 16. Juli, vermeldet er den Eltern: *Endlich habe ich den Pass. Aus der Ausreise am Montag wird jedoch nichts.* Um die Grenze nach Bayern überschreiten zu dürfen, brauchen die beiden einen Cholera-Gesundheitspass. Dort ist bekannt, dass die Seuche ihren Weg von Osten nach Westen nimmt und in Wien die Angst vor der Cholera bereits den Sommer verdunkelt. Diejenigen, die es sich nicht leisten können, der Stadt den Rücken zu kehren, versuchen sich die Sorge wegzutanzen – beim *Sperl*, beim *Dommayer* in Hitzing, oder auf dem *Tivoli*, wo Johann Strauß spielt, im Volksgarten und *Paradiesgärtchen*, wo Lanner auftritt.

Gedruckte Gebete gegen die Cholera werden verkauft, keiner isst mehr Obst, bei den Greißlern bleiben die gesalzenen Gurken und das geselchte Fleisch liegen, denn es wird behauptet, die seien besonders gefährlich. Von Cholera redet kaum einer. *Die Seuche*, heißt es meistens nur. In vielen Häusern werden Töpfe mit Asche aufgestellt, um darin Kamillengeist und Essig zu verdampfen, weil das angeblich vor der

Seuche schützen soll. In den Tuchgeschäften wird Gesundheitsflanell angeboten. Keiner fragt, wie der denn wirken soll, keiner der Ärzte kann sagen, ob an der Cholera ein Pilz oder irgendwelche kleinen Lebewesen Schuld tragen. Sie raten nur, alles Verdächtige zu desinfizieren. Post aus Polen, die Chopin abholt, ist durchstochen und trägt einen Stempel, der belegt, dass sie von Krankheitskeimen gereinigt sei. Die Leute kaufen aus Angst alles, was irgendwie Schutz verspricht. Erfolgreich sind die Noten zu einem Lied, das den Titel trägt: *Vertraut auf Gott und unsern Kaiser Franz und fürchtet die Cholera nicht.*

Chopin muss erfahren haben, dass bereits seit dem letzten Monat Polen die Einreise nach Preußen untersagt ist. Denn durch die Kampfhandlungen mit den Russen hat sich die Epidemie, die in Petersburg bereits im letzten Herbst um sich griff, rasch in Polen ausgebreitet.

Chopin aber scheint die Gefahr nicht im Geringsten ernst zu nehmen. *Vor der Cholera hat man hier schreckliche Angst. Es ist zum Lachen.* Weiß er nicht, dass in seiner Heimat schon Hunderte an den Folgen von Brechdurchfällen gestorben sind? Er gibt sich aufgekratzt, schildert den Eltern seine Stimmungswechsel, betont auch, wie sehr er seine Freunde vermisst, dass er auf der Straße oft einem Mann nachlaufe, den er für Tytus oder Jaś halte. Er sprüht vor Übermut: *Ich habe mir rechts einen Backenbart wachsen lassen, er ist ganz üppig geworden. Links ist er überflüssig, denn man setzt sich ja mit der rechten Seite zum Publikum.* Ein Bekannter aus Warschau, den er bei Konstancja Schaschek trifft, wo immer hübsche junge Polinnen darauf warten, Fryderyk zu verwöhnen, staunt, dass Chopin *ein kräftiger Mann* geworden sei.

Hebt die Vorfreude auf das Kommende seine Stimmung? Oder ist es die Nachricht, dass ein anderer Verleger, der Italiener Mechetti, seine *Introduktion und Polonaise für Violoncello und Klavier* drucken möchte, die er für den Fürsten Radziwiłł auf Antonin komponiert hat, freilich ohne Honorar? Ist es der Stolz, in Wien Pole geblieben zu sein und den Auftrag seiner Landsleute nicht vergessen zu haben? Er streicht heraus, dass er nichts von den Wienern angenommen habe, *außer dem Korrsamster Diener am Ende jedes Satzes*, dass er noch immer nicht richtig Walzer tanzen könne, *das will schon was heißen. Mein Klavier hat nur Mazurs gehört*, triumphiert er.

Du musst immer nur eines im Auge haben: das Nationale, das Nationale und noch einmal das Nationale, hat ihm sein Dichterfreund Witwicki gerade erst in einem Brief eingeschärft. *Du musst unbedingt der Schöpfer der polnischen Oper werden.*

Am 20. Juli 1831 besteigt Chopin mit Kumelski die Postkutsche. Gerade noch rechtzeitig: Drei Wochen später werden in der Wiener Stadtmitte, dort, wo er fast sieben Monate gelebt hat, die ersten Opfer der Cholera vermeldet.

Chopin verlässt einen Ort der Enttäuschungen. Er bricht auf in eine Stadt, von der er sich alles verspricht.

VII
Verführungen in Paris

Wechselvolle Reise und überwältigende Ankunft

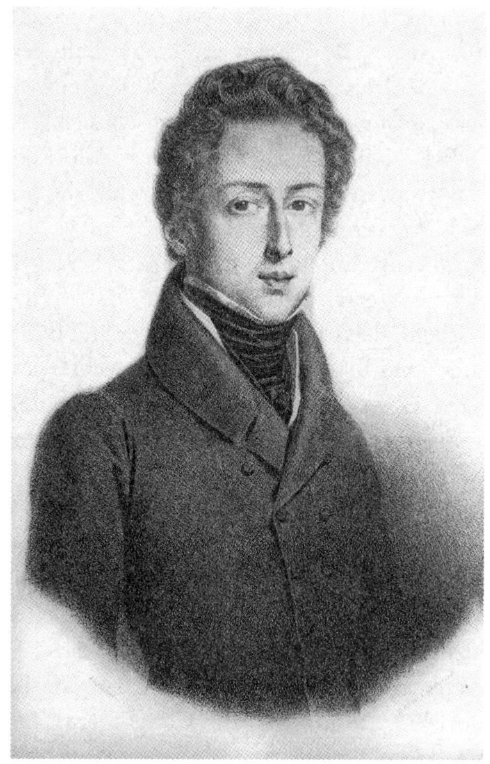

Chopin 1834.
(Lithographie von Gottfried Engelmann nach einem Porträt von Pierre Roche Vigneron, 1833).

Für einen Mann von einundzwanzig Jahren ist Paris eine vielversprechende Stadt. Erst recht, wenn er elegant aussieht, gute Manieren hat und Klavier spielen kann. Einem wie Fryderyk Chopin öffnen sich dort jetzt, im Herbst 1831, alle Türen zu Salons, Ballsälen, Clubs und Schlafzimmern – bei Interesse. Dass er Pole ist, steigert die Euphorie noch, mit der er empfangen wird. Paris berauscht sich gerade an seinem Mitleid für die Polen und lässt das jeden, der von dort kommt, spüren. Aus schlechtem Gewissen, weil man zwar für die Aufständischen schwärmt, aber nichts für sie getan hat?

Mitte September ist Chopin an der Seine gelandet. Er müsste geblendet sein von dem Leben, das ihn erwartet. Gaslaternen erhellen die Boulevards, Gaslicht gleißt in den Hotelhallen und in den Foyers von zwanzig Theater- und Opernhäusern. Glanz, echter und falscher, in den Auslagen der Geschäfte, in verspiegelten Restaurants und Bars. Doch Chopin möchte nicht leben – weder hier noch sonst wo. Er will sterben und zwar in Polen. Theoretisch zumindest.

Leichten Herzens war er an seiner letzten Station, in Stuttgart gelandet. Hinter ihm lagen unbeschwerte Zeiten. Die Tage mit Kumelski in Salzburg hatte er verbracht wie ein englischer Erbe auf Bildungsreise. Mozarts Geburtshaus, Michael Haydns Gedenkstätte, Dom, Franziskanerkirche, Peterskirche, der Sebastiansfriedhof, die Feste, das Glockenspiel. Kumelski hatte alles geplant, Chopin ferngehalten von jeder Schwierigkeit und ihm über seinen finanziellen Engpass hinweggeholfen. Ebenso wie später in München: Das Geld von Vater Chopin war dort nicht, wie geplant, mit dem Reisenden eingetroffen. Doch während sein Sohn darauf wartete, schien es mit ihm aufwärtszugehen. Im besten Konzertsaal der Stadt, im *Odeon am Wittelsbacher Platz*, durfte der Gast aus Polen bereits am 28. August um zwölf Uhr beim Mittagskonzert des Philharmonischen Vereins auftreten. Die Eintrittskarte kostete einen Gulden, Chopin erhielt ein Honorar zugesichert. Wie gewohnt hatten die Veranstalter sein e-Moll-Konzert mundgerecht tranchiert und mit Gesangseinlagen gewürzt. Der Beifall war erfreulich gewesen, und schon zwei Tage später erschien eine Rezension in einem Unterhaltungsblatt namens *Flora*. Das Übliche: Chopins *ausgezeichnete Virtuosität in der Behandlung des Instruments* wurde darin gefeiert, die Komposition aber, meinte der Kritiker, habe es nicht geschafft, *durch besondere Neuheit oder einen tieferen Charakter zu überraschen*. Da dieser Kritiker jedoch dem vierstimmigen Gesang, komponiert von Kapellmeister Stuntz, einiges abgewinnen konnte, lässt sich diese Beurteilung seines Werkes vermutlich verschmerzen. Oder klingt immer noch jenes *Spielen kann er, komponieren nicht* in Fryderyks Ohren?

In Stuttgart hatte er im *König von England*, einem großen, behäbigen Gasthaus, ein Zimmer genommen, beruhigt durch die volle Brieftasche, die Harmlosigkeit des Ortes und die Polenbegeisterung der Württemberger. Schon im März hatten sie in Stuttgart eine *Vereinigung zur Unterstützung der kranken und verwundeten Polen* gegründet, und im August war ein Verein von evangelischen Geistlichen ins Leben gerufen worden, größtenteils Pfarrer von der Schwäbischen Alb, die den Polen moralisch und pflegerisch Beistand leisten wollten. Für ein Genie aus dem Land der Freiheitshelden waren in Stuttgart viele Tische gedeckt. Die Schunkes, eigentlich Leipziger, hatten gehört, Chopin sei auf Durchreise hier, und hatten ihn zu sich gebeten. Ein Musikerhaushalt, in dem er sich aufgehoben fühlte: Der Gastgeber und sein Sohn Ernst sind Hornisten im Stuttgarter Hoforchester, der Sohn Ludwig ist so alt wie Chopin und ebenfalls ein erwachsen gewordenes Klavierwunderkind. Zum Dessert kredenzte Fryderyk sein e-Moll-Konzert. Ludwig Schunke war erst im letzten Jahr aus Paris nach Deutschland zurückgekehrt und konnte ihn kundig vorbereiten. Chopin war auch bei Johann Peter Pixis eingeladen worden, einem Pianisten, dessen Bruder er im Sommer vor zwei Jahren in Prag kennen gelernt hatte. Stolz führte ihm der über Vierzigjährige, der gerade in Stuttgart gastierte, die fünfzehnjährige Francilla vor, offiziell seine Adoptivtochter, inoffiziell aber seine Geliebte, und berichtete, er lebe mit ihr seit sechs Jahren schon in Paris zusammen.

Das Leben hätte leicht sein können. Doch was Chopin auf seinem Hotelzimmer in der Nacht vom 8. September um ein Uhr niederschrieb, hatte wenig vom Reisebericht eines erfolgreichen jungen Pianisten auf dem Weg in eine Metropole, die alle anderen Metropolen überstrahlt. *Ein Toter ist bleich wie ich. Er ist auch so kalt, wie ich es gegenwärtig gegen alles bin.* Seite um Seite füllte Chopin mit wirren Vergleichen. *Der Tote fühlt sich wohl und unwohl. Ein Toter hat aufgehört zu leben, auch ich habe gelebt bis zum Überdruss. Überdruss? Hatte es der Tote satt zu leben? …. Weshalb nur leben wir ein so erbärmliches Leben, das uns auffrisst und nur dazu da ist, Tote aus uns zu machen! Es schlägt ein Uhr nachts von den Stuttgarter Turmuhren.*

Ein junger Mann auf dem Weg in eine Zukunft, die viel verheißt, in eine Metropole, die alles verspricht, fühlt sich überflüssig und lebensmüde.

Ich habe recht, wenn ich mich beklage, auf die Welt gekommen zu sein … Was nützt meine Existenz? Unter den Menschen tauge ich zu nichts, denn ich habe weder ein gutes Mundwerk noch Muskeln. Und selbst wenn ich das hätte, was hätte ich sonst noch? Was wäre mit Muskeln schon erreicht?

Aber man muss sie haben! Besitzt ein Toter Muskeln? Ein Toter besitzt keine Muskeln, genau wie ich. Eine Ähnlichkeit mehr.

Er kannte keine Sehnsucht mehr nach der Ferne, nach Erfolg, nach Paris, nach Liebe, nur noch eine – die Sehnsucht nach dem Tod.

Es waren vor allem politische Nachrichten, die Chopin in diesen Abgrund gestürzt hatten. Überraschend schnell waren sie aus Warschau in die württembergische Residenzstadt gedrungen: Der Freiheitskampf hatte in einem Gemetzel der Polen geendet. Angekündigt hatte sich das schon im Juli. Wochenlang waren die Truppen des Zaren gelähmt gewesen, nachdem ihr Oberbefehlshaber, der Schlesier Hans Karl Anton Diebitsch, an der Cholera gestorben war. Doch im Hochsommer hatte Iwan Paskjewitsch, der an Diebitschs Stelle getreten war, die Angriffslust seiner Soldaten wieder angeheizt, es geschafft, Warschau zu umgehen und vom Westen her zu bedrohen. Am 17. Juli hatte er die Weichsel überquert. Während er vor den Toren der Stadt stand, hatte sich Warschau am 15. August selbst zerfleischt. Die verfeindeten Fraktionen waren übereinander hergefallen, Gefängnisse waren gestürmt, Gefangene erstochen, gehängt, erschossen worden. Dann wurde bekannt, dass die Deputiertenkammer in Paris den Antrag von Lafayette, Polens Unabhängigkeit formell anzuerkennen, abgelehnt hatte. Nur zu einem konnte sich die Kammer durchringen: ihre Hoffnung zu bekunden, Polen werde nicht untergehen. Wundern hätten sich die Polen nicht dürfen. Schon kurz nach Ausbruch der Revolution war der französische Konsul in Warschau gefragt worden, was Polens Rebellen an Sympathien aus dem Reich der Julirevolution erwarten könnten. *Nichts*, hatte der Konsul erwidert.

Mitte August wussten die Polen, dass sie mit keinerlei Hilfe aus dem Ausland rechnen durften. England hatte es rundweg abgelehnt, einzuschreiten. Friedrich Wilhelm III. hatte Preußen zwar für neutral erklärt, aber mehr oder weniger offen die russische Seite unterstützt, seit sich im April die benachbarten litauisch-polnischen Provinzen dem Aufstand angeschlossen hatten. Dann hätte das Feuer nämlich auch auf den preußisch besetzten Teil Polens übergreifen können.

In ein geschwächtes Warschau, zerrissen, verängstigt, verunsichert, waren die Truppen des Feldmarschalls Paskjewitsch am 6. September eingebrochen, hatten die Vorstädte in Brand gesetzt, das Feuer auf jede noch so kleine bewaffnete Gruppe eröffnet, Verletzte mit dem Degen durchbohrt oder mit aufgepflanztem Bajonett abgestochen wie Schweine. Am Abend des darauf folgenden Tages bereits hatte die Hauptstadt Polens kapituliert. Die Sieger bedienten sich. Raubten Kinder, plünderten Häuser, stahlen Kunstschätze aus den Schlössern, randalierten in den Kirchen und missbrauchten die Frauen.

Kumelski stand Chopin nicht mehr zur Seite, er hatte ab München eine andere Reiseroute gewählt. Neue Schreckensnachrichten aus der Heimat trafen ihn täglich. Vor seinem geistigen Auge sah er die Truppen jene Paläste ausräumen und verwüsten, in denen er aufgetreten war, Gelage feiern in Salons, in denen seine *pianissimi* erklungen waren, sah die Eltern hungern, sah russische Soldaten seine Schwestern vergewaltigen und das Grab von Emilia schänden.

Mein Vater, mein braver Vater, vielleicht hungert er, vielleicht kann er meiner Mutter nicht einmal Brot kaufen! Vielleicht sind meine Schwestern Opfer der entfesselten Moskowiter Soldateska geworden. Paskjewitsch, dieser Hund aus Mohylew, bemächtigt sich der Residenz der ersten Monarchen Europas! … Mutter, zärtliche, leidende Mutter. Du hast Deine Tochter überlebt, um nun mitansehen zu müssen, wie der Moskowiter ihre Gebeine mit Füßen tritt. Man hat die Stadt niedergebrannt! Ach, weshalb konnte ich nicht einen von diesen Moskowitern umbringen? O Tytus, Tytus! … – und ich bin hier untätig, stöhnte er, und *vertraue meine Verzweiflung dem Klavier an. Wozu soll das gut sein?*

Es war wohl jene Etüde in c-Moll, op. 10, Nr. 12, die er aus Wut und Verzweiflung schuf, vielleicht auch das Prélude in d-Moll, später als Nr. 24 in Opus 28 veröffentlicht. Hier flog die Notenschrift nicht leicht dahin, ein Kampf tobte auf dem Papier, viele Passagen wurden durchgestrichen oder mit dichter Schraffur geschwärzt. Was von diesem Prélude jedoch stehen blieb, war Musik eines reifen Mannes. Chopin war nicht entgangen, dass es Gefühle gibt, die ihn schmerzen, jedoch bereichern. *Es ist nicht gut, sich der Wehmut hinzugeben, aber es ist angenehm.*

Doch es sind wohl auch Gerüchte zu ihm vorgedrungen, Konstancja habe andere Bewerber. Solche mit Muskeln. *…man muss sie haben*, hatte er eingesehen. Um Moskowiter zu ermorden, Schwestern vor der Vergewaltigung zu bewahren, die Heimat zu verteidigen – und um eine Frau zu erobern. Auf Gott, stellte er fest, sei in dieser Hinsicht kein Verlass. *O Gott, gibt es Dich überhaupt? Ja, es gibt Dich, und Du rächst uns nicht.*

Bemerkte Chopin, dass er in jenem Niemandsland zwischen Heimat und Exil, in dieser Ohnmacht und Einsamkeit, ein anderer wurde? Dass er nun, nach dem körperlichen Schub, den inneren erlebte?

In Stuttgart hatte er sich von Konstancja Gładkowska befreit. *Hat sie nur so getan, als liebte sie mich? Das ist ein Rätsel, das gelöst werden muss! Ja, nein, ja, nein … Finger um Finger … Liebt sie mich wirklich? Soll sie doch tun, was sie will.* Er habe, schrieb er sich von der Seele, *ein höheres, sehr viel höheres Gefühl.*

Gemeint war seine Vaterlandsliebe. Umso mehr hatte ihn der Gedanke bedrängt, nun zu denen zu reisen, die sich als Freunde Polens ausgaben und dann die Hilfe versagt hatten. *Die schrecklichsten Qualen sollen über die Franzosen kommen, die uns nicht zu Hilfe eilen*, notierte er.

Trotzdem ist er nach Paris gereist.

Wenige Wochen später aber ist es um ihn geschehen. Sie hat ihn überwältigt, diese Stadt, die jeden Fremden anlächelt, verwirrt, verführt. Mag es auch verlogen sein, wie sie sich präsentiert, weiß doch jeder, der sie kennt, wie viel Schäbiges sich hinter der Schönheit, wie viel Armut sich in den Gassen hinter den breiten Boulevards verbirgt, die dort breite Schneisen durch die Stadt ziehen, wo früher die Bollwerke verliefen: Unwiderstehlich ist sie dennoch. Sie macht es den Menschen leicht, alles Unliebsame zu vergessen. Passagen, Galerien, Basare, gebaut aus Glas und Eisen, die Böden aus poliertem Marmor, verbinden die Straßenzüge. Dort gibt es keinen Regen, keinen Schmutz, keinen Schlamm. Die Boulevards sind Bühnen, auf denen das Straßenleben zum Theater gerät. In dieser Stadt bleibt keiner lang allein. Sie führt jeden in Versuchung, dem Glitzern des schönen Scheins zu verfallen. *Articles de Paris* nennen sich die käuflichen Glückseligkeiten, Schmuck aus Glas und Strass, Nippes aus Porzellan, Knöpfe aus Horn und Perlmutt, strassbesetzte Nadeln, Zigarettenspitzen, Fächer, Strumpfbänder, bestickte Taschentücher, Krägen und Foulards, Blumen aus Stoff, überflüssige Stöcke für Dandys und Kartons, die jedes Geschenk zum Ereignis aufblähen.

Am Boulevard Poissonière 27 hat Chopin im obersten Geschoss eine Wohnung bezogen mit einem kleinen gusseisernen Balkon, von dem aus er die ganze Straße überblicken kann. Unten im Haus befindet sich ein Geschäft für Handschuhe und für Schokolade, beides Schwächen Chopins, in den umliegenden Häusern gibt es Cafés, Confiserien, ein Varietétheater, luxuriöse Geschäfte. Gegenüber liegt die *Cité Bergère*, ein Gebäudekomplex prall von Angeboten, das Unangenehme zu vergessen. Chopin lässt sich gerne treiben im Strom des Anonymen. In Warschau kannte ihn jeder, kein Schritt geschah ohne Beobachtung. *Es gibt mehr Geschrei, Lärm, Geschepper und Dreck, als du dir vorstellen kannst, und du verlierst dich in der Menge – was angenehm ist, weil keiner fragt, wie du lebst. Im Winter kannst du zerlumpt auf die Straße gehen und dich damit in bester Gesellschaft befinden. Du kannst an einem Tag für zweiunddreißig Sous im Spiegelsaal eines Restaurants mit Gasbeleuchtung und Goldverzierung üppig zu Mittag essen, am nächsten Tag irgendwo frühstücken, wo du nur so viel bekommst wie ein Vogel, aber dreimal so viel zahlst.* Paris ist leichtfertig. Es ist wie es ist. Chopin erfasst das sofort. *Hier gibt es den allergrößten Luxus und den allergrößten Dreck, hier vollbringen sie die größten Wohltaten und begehen die schlimmsten Verbrechen*, schreibt er an seinen Reisegefährten Norbert Kumelski. Die Folgen der Leichtfertigkeit sind unübersehbar; *an jeder Stelle siehst du Plakate, die vor venerischen Erkrankungen warnen.* Zu Recht: *wie viele barmherzige Mädchen,*

Priesterinnen der Liebe, verfolgen die Passanten! Es gibt unter ihnen gut gebaute, sogar korpulente.

Zweieinhalb Monate ist es her, dass Chopin in Stuttgart allen Freuden abgeschworen hat; jetzt bedauert er bereits, sie nicht auskosten zu können. Gerne ist er mit Julius Benedict unterwegs, einem Pianisten, mit dem er vierhändig Klavier spielt und auch sonst seine Erlebnisse teilt. Gerne würde er noch mehr teilen, wie er Kumelski gesteht. *Schade, dass Thereses Andenken, trotz der Bestrebungen von Benedict, der meine Beschwerden als etwas Kleines ansieht, mir nicht erlaubt, die verbotene Frucht zu probieren. Ich kenne hier schon ein paar Sängerinnen, die noch mehr als die aus Tirol Lust auf Duette hätten.*

Paris macht es den Menschen bequem, wenn sie über etwas Kleingeld verfügen. Die Kanäle werden befahren, neue Brücken verkürzen die Wege, Omnibusse bringen die Fußmüden für 25 Centimes zum Ziel: Hunderte dieser gondelartigen Wagen, von Pferden gezogen, karren jeden Tag um die 30000 Menschen durch die Stadt. *Paris ist alles das, was du willst*, berichtet Chopin dem Freund Tytus Woyciechowski – *du kannst dich amüsieren, langweilen, weinen, kannst alles tun, was dir gefällt, und niemand sieht dich an, weil hier Tausende dasselbe tun wie du, und jeder geht seinen Weg.* Allein gelassen muss Chopin sich nicht fühlen in der Millionenstadt Paris.

Das erste Empfehlungsschreiben seines Wiener Freundes Dr. Malfatti hat sofort gewirkt. Ferdinando Paër, in Parma geboren, von Napoléon aus Dresden nach Paris gelockt, dort lange als Erster Kapellmeister am *Theâtre Italien* tätig, ist nun Mitglied der *Académie Française.* Mag man seine zahllosen Opern schon großenteils vergessen haben, ihn selbst kennt jeder – und sei es nur als Lehrer von Liszt, denn das teilt der Sechzigjährige jedem mit.

Paër schleift den jungen Mann durch alle Salons und Chefetagen. Im November kennt Chopin schon fast jeden, der wichtig ist. Nicht nur Gioacchino Rossini, neuer Direktor des *Theâtre Italien*, der mit seinen Opernerfolgen sämtliche Kollegen in Paris abgehängt hat, auch den Opernkomponisten Luigi Cherubini, mittlerweile siebzig, der zu den abgehängten gehört. Als *Superintendant de la musique du Roi* hat Cherubini immer noch viel zu sagen. Chopins Dankbarkeit für diejenigen, die ihm Türen öffnen, hält sich in Grenzen: *ausgetrocknete Hintern* nennt er *diese Herren*. Er schimpft, Cherubini schwafle nur von Cholera und von Revolutionen, und Anton Reicha, Kompositionslehrer unter anderem von Liszt, schaue, wie er von den Schülern wisse, während der Stunden dauernd auf die Uhr. Die Konkurrenz in Paris ist groß, das stellt Chopin schon sehr bald fest. Jedoch viele der Pianisten, wie Ferdinand Hiller oder Henri und Jacques Herz, die er aus der Ferne bestaunt hatte, beeindrucken ihn nicht mehr. Was ist geschehen?

Chopin hat ein neues Idol. Alle anderen Klavierspieler, erklärt er, seien *großmäulige Nullen im Vergleich zu Kalkbrenner*. Er stellt ihn neben Paganini und schwärmt, dieser Mann sei *ein Riese, der Leute wie Herz, Czerny und so weiter niederstampft*. Einige Wochen nach seiner Ankunft ist Chopin Friedrich Wilhelm Kalkbrenner vorgestellt worden, mit seinen fünfundvierzig Jahren seit langem der berühmteste Pianist weltweit. Kurz danach hat Chopin die Wohnung des Deutschen am Square d'Orleans 14 betreten, einem modernen Gebäude mit Grünanlagen in den Höfen, wo viele Musiker und Tänzer beiderlei Geschlechts wohnen. Kalkbrenner, selbst ebenfalls Komponist, hat Chopin gebeten, ihm etwas vorzuspielen. Er spielte sein Klavierkonzert in e-Moll. Als Kalkbrenner ihn daraufhin fragte, ob er ein Schüler von Field sei, dem Meister der Nocturnes, er habe nämlich einen Fieldschen Anschlag, freute Chopin das *im Innersten*. Noch mehr aber amüsierte ihn etwas anderes: *als sich Kalkbrenner ans Klavier setzte, um sich vor mir hervorzutun, griff er daneben und brach sein Spiel ab!*

Mit Kalkbrenners Niederlage hat eine innige Männerfreundschaft begonnen. Die beiden sehen sich täglich, ob nun Chopin den Älteren besucht oder der in den fünften Stock am Boulevard Poissonière hinaufsteigt.

Dennoch treibt Kalkbrenner Chopin in die Enge: Er bemängelt, der junge Freund verfüge über keinerlei konsequente Schule, er solle doch drei Jahre bei ihm lernen. Chopin ist Diplomat. *Ich sagte ihm, ich wüsste, wie viel mir fehle, aber ich wolle ihn nicht nachahmen, und drei Jahre wären zu viel.* Kalkbrenner lässt nicht locker, Chopin fällt um. *Er überzeugte mich, dass ich schön spiele, wenn ich begeistert sei, und schlecht, wenn ich nicht in Stimmung sei*, berichtet Chopin der Familie. Zwar stellt er erfreut fest, dass er *hier unter den Künstlern schon einen großen Namen* hat, erkennt aber auch, wie groß die Konkurrenz ist: *ich weiß nicht, ob es irgendwo mehr Pianisten gibt als in Paris. Ich weiß nicht, ob es irgendwo mehr Idioten und mehr Virtuosen gibt als hier.* Kann Kalkbrenner ihm zum Sieg über die Rivalen verhelfen? Von dem deutschen Kollegen könnte Chopin einiges lernen, was nichts mit der Technik des Klavierspielens zu tun hat: Kalkbrenner versteht es, sich zu verkaufen, und ist als Geschäftsmann so virtuos wie als Pianist. Seit Jahren offizieller Partner der Klavierfirma Pleyel, hat er sich intensiv mit Klavierbau beschäftigt und technische Neuerungen erdacht, die ihm die Bewunderung der Pianisten und sehr viel Geld eingebracht haben. Wie andere in Paris über Kalkbrenner reden, dürfte Chopin nicht entgehen; Heine spottet, dieser glasierte Kalkbrenner ähnle einem *Produkt aus einer Konditorei.* Nur einer hält noch größere Stücke auf Kalkbrenner als Chopin: er selbst.

Chopin ist verunsichert. Wie so oft erwartet er von zu Hause Anweisungen, was er zu tun und zu lassen habe. Der Familienrat in Warschau tagt und reagiert blitzschnell, nachdem Chopin vom Antrag Kalkbrenners geschrieben hat. Vater, Mutter, Schwestern, alle sind beeindruckt, dass der große Kalkbrenner sich um ihren Fryderyk bemüht und den jungen Komponistenkollegen berät. Doch kaum haben sie ihm einstimmig zugeraten, auf Kalkbrenners Angebot einzugehen, kommt die Kehrtwendung. Ein Besuch bei Elsner, von dem sich die Chopins Unterstützung erhoffen, erbringt das Gegenteil: Elsner ist entrüstet über die niederen Beweggründe, die er hinter Kalkbrenners Vorschlag wittert. Wie kann sich einer einbilden, seinem Schüler etwas zeigen zu können? Wie kann er ihm raten, ein Meisterwerk wie das e-Moll-Konzert einzukürzen, das noch unter Elsners Ägide wuchs? Auf einmal wittern alle Intrigen hinter Kalkbrenners Idee, auch die Schwestern Ludwika und Izabela, die dem Bruder übermitteln, was der einstige Lehrer über Kalkbrenner denkt. *Der hat in Fryderyk das Genie erkannt und fürchtet, von ihm überflügelt zu werden; deshalb will er ihn drei Jahre lang bevormunden, um seine natürliche Entwicklung aufzuhalten*, zitieren die Schwestern Elsner. Sämtliche Vorurteile, die in Polen gegen Kalkbrenner bestehen, übermitteln sie dem Bruder. Der sei ein *typisch italienischer Charakter*, laut Chopins bewunderter Kollegin Szymanowska *ein Filou, ein Gauner.* Wird Chopin bewusst, dass sein alter Lehrer mit einem möglichen Widersacher eifersüchtelt? Fühlt er sich missverstanden oder geschmeichelt, als Elsner ihm über die Schwestern mitteilen lässt, er selbst sehe Chopin in der Gesellschaft von Mozart und Rossini? Opern solle er schreiben! Davon hat ihn schon sein patriotischer Dichterfreund Witwicki überzeugen wollen, der wohl meint, nationales Pathos auf der Bühne könne mehr bewegen als pianistische Liebeserklärungen an die Heimat. *Nicht am Klavier, sondern auf der Bühne sollst Du zur Unsterblichkeit gelangen*, referieren die Schwestern Elsners Wünsche, weil auch sie einen polnischen *Freischütz* vor Augen und Ohren haben. Schließlich meldet sich Elsner direkt bei Chopin. Er bezeichnet Kalkbrenners Ansinnen als ein Zeichen von Dreistigkeit und Arroganz. *Es belustigt mich*, schreibt er, *dass Kalkbrenner Dir einen Rotstift reicht, um Deine Werke zu kürzen.* Dahinter könne sich nur Neid verbergen.

Chopin, der sich daran gewöhnt, hier Frédéric zu heißen, scheint die Einflüsterungen zu überhören. Er bereitet sich auf den ersten öffentlichen Auftritt am 25. Dezember vor, an der Seite Kalkbrenners, unter der Schirmherrschaft Kalkbrenners, nach der Vorstellung Kalkbrenners und durch Kalkbrenners Vermittlung in der *Salle Pleyel*, einem der besten Konzertsäle von Paris. Zwar kennt Chopin mittlerweile diese gefälligen Potpourris, doch was hier geplant wird, ist eher ein Spektakel als ein Konzert. Pierre Baillot, der französische Konkurrent Paganinis, soll auftreten, danach Henri Brod, ein virtuoser Oboist, darauf als Dritter und Jüngster Chopin mit dem f-Moll-Konzert und den Mozart-Variationen für Klavier und Orchester. Nicht genug damit: Außerdem will Chopin mit Kalkbrenner, begleitet von den vier Pianistenkollegen Hiller, Osborne, Stammati und Sowiński, Kalkbrenners für diesen Abend komponierte Große Polonaise samt Marsch präsentieren und mit Rossinis Hilfe auch noch eine Sängerin für Gesangseinlagen gewinnen. Virtuosentum in der Potenz.

Chopin fragt niemanden, ob das eine glückliche Programmgestaltung sei. Woher nimmt er auf einmal diese Selbstsicherheit? Wie ein altgedienter Kritiker gibt Chopin sein Urteil ab zu den Primadonnen an der Oper, zu den neuesten Werken von Meyerbeer, Rossini oder Berlioz. Dass Chopin an sich glaubt, mag mit außermusikalischen Erfahrungen zu tun haben. Die siebentausend polnischen Emigranten in Paris, vor allem die weiblichen Geschlechts, verwöhnen, verehren, verhätscheln ihn, all die Familien, deren Namen mit *acki*, *ocki*, *czyński* oder *awski* enden, füttern ihn durch, Graf und Gräfin Komar mit ihren schönen Töchtern sind ebenfalls hier. Walenty Radziwiłł, der jüngere

Bruder seines Förderers Antoni, lädt Chopin rund um die Woche in die Oper ein, Radziwiłł und Antoni Orłowski, ein Musikerfreund vom Warschauer Konservatorium, schleusen Chopin in die polnischen Adelskreise ein, bei Fürst Lubomirski, Graf Ostrowski und Graf Plater. Auch der Pianistenkollege Johann Peter Pixis, der in Paris verbreitet, er werde demnächst seine Geliebte, die wohl für seine Enkelin gehalten wird, heiraten, bittet Chopin zu sich.

Bereits im Treppenhaus trifft Chopin auf die fünfzehnjährige Braut. Pixis sei noch nicht da, aber er solle doch schon mal in die Wohnung kommen und sich ausruhen, sagt Francilla. *Ein seltsames Beben erfasste uns beide*, berichtet Chopin dem Freund Tytus. Weil er weiß, dass der Alte eifersüchtig ist, versucht sich Chopin trotz des seltsamen Bebens aus der Affäre zu ziehen, doch noch während die beiden auf der Treppe *zärtlich plaudern*, taucht Pixis auf, *linst durch seine dicke Brille, wer denn da mit seiner Bella oben spreche*, hastet nach oben, bleibt vor Chopin stehen, sagt brüsk *bonjour*, fragt die Geliebte, was sie hier außen treibe, und überschüttet sie mit einer *Litanei deutscher Verwünschungen, wie sie es wage, junge Leute in seiner Abwesenheit zu empfangen.* Chopin benimmt sich wie ein erfahrener Nebenbuhler, schlägt sich auf die Seite von Pixis, schimpft das Mädchen, wie es in einem so dünnen Kleid im ungeheizten Treppenhaus herumgeistern könne.

Pixis führt das junge Paar in seinen Salon, und Chopin beobachtet ungerührt, wie panisch der Hausherr sich nun um ihn bemüht. Den Grund ahnt er: *damit ich ihm nicht in meinem Ärger, wenn er einmal nicht da sein sollte, einen Streich spiele oder seiner Elevin etwas antue.* Pixis bringt ihn später persönlich wieder hinunter und spürt, wie Chopin sich freut, dass man ihn *einer solchen Sache für fähig halten kann.* Am Ausgang hört Chopin, wie Pixis die Portierfrau befragt, wann der junge Herr eigentlich eingetroffen sei. *Seit dieser Zeit kann Pixis mein Talent vor allen Verlegern nicht genug loben*, berichtet er stolz. Als Mann gefährlich befunden zu werden, welches Erlebnis: *Ich ein Verführer!*, beendet er seinen Brief an Tytus, der bisher wohl mehr Erfolge bei Frauen zu verbuchen hatte. Es geht also doch, obwohl er *weder Muskeln noch ein gutes Mundwerk* besitzt.

Solche Siege aber können Chopin nicht darüber hinwegtäuschen, dass seine Versuche, als Komponist anerkannt zu werden, gescheitert sind. Er sei gezwungen, gesteht er Elsner kleinlaut, sich nur *als Pianist einen Weg in der Welt zu bahnen und die höheren künstlerischen Ziele, die Sie mir vor Augen führen, auf einige Zeit hintanzustellen.* Elsner hatte ihm erklärt, ein Komponist wachse daran, dass er seine eigenen Werke höre. Aber darauf warten in Paris viele junge Komponisten, die ihre Opern, Sinfonien und Kantaten bisher nur vom Papier kennen. Chopin setzt trotzdem noch Hoffnungen auf den 25. Dezember, wo er als Pianist und Komponist in der *Salle Pleyel* auftreten wird. Da trifft ihn kurz vor dem Termin eine Absage. Das kennt er aus Wien. Chopins Stimmung schlägt jäh um.

General Ramorino, ein italienischer Held der Warschauer Erhebung, ist direkt gegenüber von Chopin in die *Cité Bergère* eingezogen und wird von den Menschenmassen so rasend gefeiert, dass die Geschäfte geschlossen werden und die Polizei einschreiten muss. Doch nun erkennt Chopin, wie hohl dieses *Vives les Polonais* klingt, ängstigt sich vor den drohenden Stimmen des unzufriedenen Volkes, zetert über die blindwütige Begeisterung, über die Franzosen, diese *Dummköpfe* und *Esel.* Seine Liebe zu den eigenen Landsleuten, bisher so groß wie seine Schuldgefühle, nicht mitgekämpft zu haben für Polens Freiheit, bekommt Risse. Von Wojciech Sowiński, Pianist, Komponist, vor allem aber ein wichtiger Musikschriftsteller, fühlt er sich bedrängt. Er könne es, macht Chopin sich Tytus gegenüber Luft, *nicht ausstehen, wenn so ein schnurrbärtiger Kerl hereinkriecht, sich ans Klavier setzt und dann sinnlos drauflosdrischt.* Künstlerische *Scharlatanerie oder Dummheit* wirft er dem Landsmann vor. *Die Ohren werden mir rot – ich würde ihn gern zur Tür hinauswerfen, muss mich aber mäßigen, ja sogar liebenswürdig sein.* Chopin leidet, wenn jemand polnische *nationale Musik*, die er so sehr liebt, herabwürdigt zu *Kaschemmenliedern.* Noch mehr aber leidet er daran, seine Gefühle dauernd unterdrücken zu müssen.

Die Nachrichten aus der Heimat müssen ihn ebenfalls quälen. Wer am Aufstand teilgenommen hat oder im Verdacht steht, Mitverschwörer gewesen zu sein, wird nun von Zar Nikolaj verfolgt. Die Armee der Polen hat er aufgelöst, die Kriegsgefangenen lässt er in das *Innere Russlands* deportieren. Liberale Zeitungen berichten über diese Verfolgungen. Strafkolonien werden errichtet, täglich verschwinden Menschen auf Nimmerwiedersehen. 30000 Polen sollen bereits verschleppt worden sein. Die Zeitschrift *La Tribune des Peuples* kommentiert die Vorgänge bitter: Mit Hilfe des Zaren sei es gelungen, ein neues Königreich Polen zu errichten, das in Sibirien liege. Manche sind in letzter Minute davongekommen. Ein Held wie Konstantin Wolicki ist in Frauenkleidern geflohen und hat sich als seine eigene Schwiegermutter ausgegeben. Viele Künstler und Adlige befinden sich auf dem Weg nach Paris. Alle Offiziere im Ausland, erklärte Nikolaj, seien als verbannt zu betrachten.

Nach wie vor muss Chopin in Angst um viele seiner Freunde leben. Nur Konstancjas Schicksal bedrängt ihn nicht mehr. Die Nachricht, sie werde am 31. Januar des neuen Jahres den adligen Gutsbesitzer Józef Grabowski heiraten, nötigt ihm Tytus gegenüber nur die Bemerkung ab, das sei *kein Hindernis für platonische Effekte.* Dennoch schlägt er wohl auf diese Nachricht hin sein Album auf, in dem die Verse stehen, die Konstancja ihm zum Abschied widmete. *Vielleicht kann man Dich in der Fremde mehr belohnen / aber stärker lieben kann man Dich nicht.*

Mogą! schreibt er dahinter – *Man kann!*

Liebe mich! enden seine Briefe an männliche Freunde. Wie steht es mit der Liebe vor Ort? Das, was sich Chopin bietet, scheint er nicht zu nutzen. Selbst wenn er weibliche Reize wahrnimmt, wie eine *Gottheit mit Rose im schwarzen Haar* auf irgendeinem Ball, ist Chopin zu sehr mit sich selbst beschäftigt. Es schleudert ihn zwischen extremen Stimmungen hin und her. *Sehnsucht – Gleichgültigkeit – Lebenslust, dann wieder Todesverlangen – eine süße Ruhe, eine Erstarrung, Geistesabwesenheit und manchmal eine zu genaue Erinnerung. Mir ist sauer, bitter, salzig zumute, ein grässliches Gemisch von Gefühlen überkommt mich.* Macht es ihn krank, derart vieles in sich hineinzufressen? Er kann nicht sagen, was ihm körperlich fehlt, wo es ihm wehtut. Trotzdem klagt er: *mein Gesundheitszustand ist jämmerlich.*

Wird er sich bessern, wenn das Konzert, nun auf den 15. Januar festgesetzt, ein Erfolg wird? Chopin erhofft sich davon die finanzielle Absicherung seiner Zukunft: Kennt ihn erst einmal die vermögende Pariser Gesellschaft, dann wird er auch an Schüler und Schülerinnen kommen. Dass er den Vater, der wie alle in Polen von den Folgen des Krieges finanziell gebeutelt ist, wieder und wieder um Geld angehen muss, demütigt Chopin, und es bedrückt ihn, auch noch Geld an einen flüchtigen Bekannten verliehen zu haben, der es verspielt oder für käufliche

Damen ausgegeben hat. Seinem Vater geht es gesundheitlich nicht gut, er hat mit Herz- und Lungenbeschwerden zu kämpfen. Die Einkünfte aus der Pension sind in den Zeiten des Umsturzes weggebrochen, Ludwika möchte im Spätsommer 1832 heiraten und braucht eine Mitgift. Ihm fehle die Zeit, um intensiver nach Verdienstmöglichkeiten zu suchen, entschuldigt Frédéric sich bei den Eltern. Glauben sie das? *Wir sehen, dass die Veranstaltung Deines Konzerts viel Mühe bereitet, Du hast keine Ruhe, und die nötigen Kosten irritieren Dich,* schreibt Nicolas Chopin am 24. Februar und erspart dem Sohn nicht einen Seitenhieb gegen dessen Idol, das so große Sprüche gemacht hatte: ... *bist Du doch auch durch Kalkbrenner nicht zu (gut zahlenden) Schülern gekommen.*

Kurz vor dem Konzerttermin erkrankt Kalkbrenner. Wieder muss Chopins Debüt verschoben werden. Chopin ist dankbar, abgelenkt zu werden. Aus Leipzig ist Friedrich Wieck angereist, dessen elfjährige Tochter Clara hier auftreten soll. Noch steht nicht fest, wann und wo, Wieck bahnt sich den Weg durch die Salons und erkämpft sich den Zugang zu maßgeblichen Musikern in der Stadt. Allen großen Pianisten hier will er sein klavierspielendes Wunderkind vorführen, vorneweg Chopin. Sie haben ein Zimmer im *Hôtel Bergère* genommen, nahe bei Chopins neuer Behausung in der *Cité Bergère.* Er ist erst vor kurzem eingezogen. Eigentlich ist die Wohnung noch nicht für Besucher bereit; trotzdem empfängt er am Dienstag, dem 21. Februar, die beiden Wiecks. Der Vater ist Mitarbeiter der *Allgemeinen Musikalischen Zeitung,* in der Robert Schumann im Dezember letzten Jahres erst Chopins Don-Giovanni-Variationen besprochen hatte. Die Form der Rezension dürfte Chopin wie viele irritiert haben, denn der Kritiker ließ zwei Männer namens Florestan und Eusebius über das Werk diskutieren, feurig der eine, schwärmerisch der andere, doch worauf sie sich einigten, war eine Hymne auf den Komponisten. Er sei *jedenfalls ein Genie,* hieß es; und die Variationen seien *eines der gewaltigsten Bravourstücke ... der Genius guckt aus jedem Tacte.* Vielleicht hat Chopin die Nachbemerkung dazu gelesen, laut der Friedrich Wieck, der Lehrer Schumanns, ebenfalls eine Rezension im Sinne seines Schülers verfasst habe, die aus Platzgründen nicht gedruckt werden könne. Vor allem aber muss Chopin die junge Pianistin interessieren. Clara zeigt ihr Können, Chopin ist beeindruckt und lädt die Wiecks zu Kalkbrenner ein, wo er am kommenden Samstag, am Vorabend seines Debüts in der *Salle Pleyel,* das e-Moll-Konzert zur Probe spielen will, zudem die Mozart-Variationen. Erschienen ist dieses Konzert noch nicht. Clara bittet ihn, das Manuskript einsehen zu dürfen, denn sobald es veröffentlicht sei, wolle sie es aufführen. Zwei Tage später gibt ein Bote im *Hôtel Bergère* die Handschrift des Konzertes ab, zusammen mit einem Billet Chopins. *Schon im Voraus freue ich mich darauf, von einem so bewunderungswürdigen Talent ausgeführt zu hören.* Sie küsst das Papier. Ob Vater Wieck später die Spuren von Claras Lippen auf dem Zettel Chopins entdecken und sie zur Rede stellen wird? Er ist als Vater so streng wie als Lehrer. Am 25. erleben die Wiecks wie verabredet in Kalkbrenners Salon Chopin zum ersten Mal als Interpreten seiner eigenen Werke. Doch Wieck ist verärgert. Chopins Don-Giovanni-Variationen seien kaum wiederzuerkennen gewesen, schimpft er hinterdrein, *auf diesem zähen und halsstarrigen Flügel von Kalkbrenner, worauf das Spiel nichts als ein Würgen ist.* Das Konzert findet vor Wiecks Ohren Gnade; *vor einem gemischten Publikum*, befürchtet er allerdings, sei es *nicht zu spielen, denn die Passagen sind neu, ungeheuer schwer und nicht nach der gewöhnlichen Art brillant.*

Doch Chopin wird es vor einem gemischten Publikum spielen.

Am 26. Februar 1832 fahren in der Rue de Cadet vor dem Eingang zu den *Salons Pleyel* viele teure Kutschen vor. Es drängen Adlige im Diamantenglanz hinein, aber auch junge Männer und Frauen, die augenscheinlich wenig Geld besitzen, sogar Kinder von acht, neun Jahren. Musikkritiker staunen, was an musikalischer Prominenz angetreten ist. Nach der blassen Gestalt mit hoher Stirn, stark gewölbten Brauenbögen und dunklem Lockenschopf werden sich einige umdrehen: Felix Mendelssohn Bartholdy aus Berlin, den kennen die Pariser noch als Wunderkind. Auch Henri Herz und andere Konkurrenten wie Franz Liszt und Ferdinand Hiller, beide ein Jahr jünger als Chopin, sind gekommen, vor allem aber Honoratioren wie Louis Adam, Komponist und Professor für Klavier am hiesigen Konservatorium, Pixis und Reicha. Sogar Sowiński, der Klavierdrescher, ist da. Chopins diplomatisches Geschick macht sich bezahlt: Keiner von denen, die er in seinen Briefen aburteilt, ahnt, was der junge Kollege über sie denkt. Kalkbrenner wird er kaum erzählt haben, dass Mendelssohn, seit Dezember in Paris, ihm abgeraten hat, bei diesem Pianisten in die Lehre zu gehen, der schlechter spiele als er selbst. Chopin wirkt, als habe er kein Talent, sich gut zu verkaufen, dass er aber in diesem berühmten, gut besetzten Konzertsaal sein Debüt feiert, beweist das Gegenteil. Kalkbrenner als Partner von Pleyel sind die Räumlichkeiten zu verdanken, dass aber ausreichend Gäste kommen, ist auch der Mithilfe von anderen Freunden und Bekannten zuzuschreiben. Nicht nur polnischen. Chopin hat beste Kontakte zum Konservatorium aufgebaut. Auguste Franchomme, mit dreiundzwanzig dort bereits Professor für Violoncello, hat Tage damit zugebracht, wichtige Fachleute auf das Konzert seines neuen Freundes aufmerksam zu machen. Dass er direkt vor dem Debüt einen Umzug hinter sich gebracht hat, auf die andere Straßenseite, in die *Cité Bergère* Nr. 4, war vielleicht ein Versuch, die eigene Angst vor dem Auftritt zu bekämpfen.

Das Programm hat Chopin geändert: Nicht das erste Konzert in f-Moll, sondern das zweite in e-Moll wird er spielen. Damit ist er nun die letzten Male aufgetreten, damit hat er Kalkbrenner beeindruckt. Zum Abschluss will er ein paar Nocturnes und Mazurken, vor allem aber seine Mozart-Variationen bringen. Chopin setzt auf das, worin er völlig sicher ist, denn er kennt sein Lampenfieber. Dass er richtig kalkuliert hat, erfahren alle in Warschau, nicht nur aus den Zeitungen.

Unser lieber Fryderyk, vermeldet sein Freund Antoni Orłowski am Tag darauf nach Hause, *hat ein Konzert gegeben, das ihm einen guten Ruf und etwas Geld eingebracht hat.* Vermutlich ist es weniger als *etwas*; Chopin muss das Honorar mit einem Quintett, das Beethoven spielte, fünf anderen Pianisten, dem Oboisten, dem Geiger und zwei Sängerinnen teilen. Doch er hat die Basis zum Geldverdienen gelegt. *Alle hiesigen Pianisten hat er an die Wand gespielt, und ganz Paris ist fassungslos*, triumphiert Orłowski.

Die Rezensenten finden zwar manches zu beanstanden an seinem Spiel – dass es zu sehr improvisiert wirke und *nicht allzu viel Tonvolumen* bieten könne –, aber dieses Mal geschieht, was Chopin ersehnt hat: Seine Kompositionen werden gelobt, weil sie voller Ideenreichtum und Überraschungen seien. Es wird erkannt, was Chopin auszeichnet und von anderen Komponisten unterscheidet. *Beethoven hat Musik für das Klavier komponiert*, schreibt der Kollege François-Joseph Fétis in seiner Rezension; *ich aber spreche hier über Musik für Pianisten und auf diesem Gebiet sehe ich … in den Einfällen des Herrn Chopin Zeichen einer Erneuerung von Formen, die einen großen Einfluss auf diesen Kunstzweig ausüben wird.* Chopin ist das gelungen, wovon so viele seiner Konkurrenten träumen: Über Nacht ist er berühmt. Nun melden sich die, auf die er gewartet hat, Adlige und reiche Geschäftsleute, um ihre Töchter und Söhne zu Chopin zu schicken. Der Comte de Flahaut, Diplomat, lange berüchtigt als Liebhaber von Napoléons Schwiegertochter und Schwägerin Hortense de Beauharnais, Ehemann einer englischen Hochadligen, Mitglied der *Chambre de Paris* und seit zwei Jahren Pair von Frankreich, ist vermutlich einer der Ersten, der eine Tochter zu Chopin schickt und dem jungen Mann verrät, wie er seinen Ruf als exklusiver Lehrer festigen muss: mit hohen Honorarforderungen. Nicht unter 20 Francs pro Stunde. Für 10 Francs bekommt man den besten Logenplatz in der Oper, das ist Chopin bekannt. Doch offenbar hält er sich an den Rat. Botschafter, Diplomaten, französische, österreichische, polnische Grafen schicken ihm ihre Frauen, Töchter, Söhne und sind stolz darauf, dass Chopin bei ihren privaten Soireen auftritt. Ob es der Erfolg des Konzerts oder das Engagement ist, mit dem Pixis sich den vermeintlichen Nebenbuhler verpflichten will: Auch die Verleger melden sich plötzlich bei Chopin. Aristide Farrenc schlägt sofort zu; er zahlt Chopin einen Vorschuss auf die Veröffentlichung des e-Moll-Konzerts und für die Option, weitere Werke herauszubringen.

Es sieht aus, als sei Chopin endlich angekommen. Doch dann trifft sie, aus Westen kommend, in Paris ein, die alles zunichtemacht. Am 25. März vermelden Zeitungen und offizielle Verlautbarungen, an die Hausmauern geklebt, in fetten Lettern ihre Ankunft: Die Cholera hat Paris erreicht.

Anfangs scheren sich die Pariser wenig darum. An diesem Märztag wird gefeiert, weil die Fastenzeit zur Hälfte überstanden ist. Er ist sonnig und lau, die Boulevards und Cafés sind überfüllt. Niemand will sich die Laune mit Diskussionen über die Ansteckungsgefahr verderben. Auch bei der Sanitätskommission nimmt die Meldung zunächst keiner ernst. Tage später erst ergreift sie Maßnahmen gegen die Seuche, lässt Abfälle aus der Stadt schaffen, kontrolliert öffentliche Brunnen, Abwasserkanäle, die Zustände in den Hospitälern. Da aber ist die Seuche nicht mehr aufzuhalten. Wer es sich leisten kann, verlässt die Stadt. Das Konzert von Clara Wieck im *Hôtel de Ville*, angesetzt auf den 9. April, wird verlegt in einen privaten Salon. Nicht, weil Clara zu wenig Interesse fände, sogar Berlioz hat bei ihrem Vater gebettelt, sie bei seinem Konzert mitwirken zu lassen, aber das Publikum fehlt. Am 10. April lesen die Pariser, dass schon 13 000 Menschen in Paris der Cholera erlegen sind, zweitausend Tote zählen die Kontrolleure pro Tag. Es sei fast unmöglich, Schüler zu bekommen und Konzerte zu geben, klagt Chopin. Er muss froh sein, wenigstens bei einem Wohltätigkeitskonzert, das Gräfin Mostowska zugunsten der Seuchenopfer veranstaltet, spielen zu können. Ein Auftritt in der *Salle du Conservatoire*, dem besten Saal der Stadt, aber selbstverständlich ohne Honorar. Die neuen Freunde von auswärts verlassen fluchtartig die Stadt, Mendelssohn und Hiller reisen in die deutsche Heimat. Jeder, der es sich leisten kann, räumt sein Pariser Domizil. Die Adligen fliehen auf ihre Landschlösser, aber auch viele Musikerkollegen verlassen die Stadt; Rossini zieht nach Bordeaux, Kalkbrenner nach Meudon, Pixis nach Boulogne. Die Salons sind verwaist. Man muss schon Paganini heißen, um jetzt in einem ausgebuchten Konzertsaal zu spielen. Chopin erwägt, ebenfalls zu gehen. Nur: wohin und womit?

Am 2. Mai schreibt Orłowski seiner Familie aus Paris: Chopin sei seit Tagen *so traurig, dass wir kaum miteinander zu sprechen wagen.* Den Grund kennt er so gut wie sein Freund. *Die allgemeine Lage hier ist schlecht. Die Künstler leiden Not. Die Cholera vertreibt die Reichen aufs Land.*

Das Lächeln ist Paris vergangen. Der Transport der Toten wird zu einem Problem, das keiner mehr übersehen kann. Da die vorhandenen Leichenwagen nicht ausreichen, werden andere Fuhrwerke mit schwarzem Tuch bezogen. Große offene Gefährte für Möbeltransporte bringen die Särge dutzendweise auf die Friedhöfe. Wer sich in einer Welt, die von Angst gebeutelt wird, durchsetzen will, darf sich nicht weinerlich zurückziehen. Chopin erkennt, dass auch ein Künstler, so zart wie er, mit harten Bandagen kämpfen muss. Auguste Franchomme, der Freund und unbezahlte Agent, hat erreicht, dass der Verleger Maurice Schlesinger bei ihm und Chopin ein gemeinsames Werk bestellt, ein Duo für Violoncello und Klavier über Themen aus Meyerbeers Oper *Robert le Diable*, die hier zur Sensation geworden ist. Franchomme soll die Cellostimme schreiben, Chopin den Klavierpart. Er ist es, der Chopin rät, von Farrenc ganz zu Schlesinger überzuwechseln, das verspreche mehr Erfolg. In Fürstenhäusern groß geworden, wo die Kunst des Hinhaltens gepflegt wird, erprobt Chopin diese nun bei Farrenc, vertröstet ihn Monat für Monat. Farrenc wird deutlich. *Herr Chopin, ein Faulenzer und vollendeter Exzentriker, hätte sich sofort an die Arbeit machen sollen, doch er hat diese überhaupt nicht getan, obwohl er in Paris nicht viel Beschäftigung hat*, verkündet er; *schließlich habe ich die Geduld verloren und den Vertrag, der uns beide verband, zerrissen. Ich habe ihm bedeutet, dass ich mit einem so merkwürdigen Individuum nichts zu tun haben will.*

Das merkwürdige Individuum lässt sich davon nicht einschüchtern. Im Sommer, als die Cholera-Epidemie allmählich abzuebben beginnt, schließt Chopin mit Schlesinger einen Exklusivvertrag ab. Die Mazurken op. 6 und op. 7 sollen bald erscheinen. Doch das ist zu wenig. Chopin komponiert nicht genug. Fehlt ihm die Zeit, jetzt, da die Schüler und Schülerinnen wieder in die Stadt zurückkehren und er sich, vom Haar bis zu den Handschuhen, vor jeder Fahrt zu einer Unterrichtsstunde herrichten muss wie für einen Auftritt im Konzertsaal? Verbringt er zu viele Stunden damit, gemeinsam mit Freunden von Liszt bis zu Henri Herz vierhändig oder an zwei Klavieren zu spielen? Lähmt es ihn, dass dieser Franz Liszt ihm immer ein paar Schritte voraus zu sein scheint? Er hat mehr Schüler in exklusiven Häusern, er kennt kein Lampenfieber, er spielt alles, was man ihm aufs Notenpult legt, fehlerfrei vom Blatt und, wie Chopin zugibt, seine Etüden besser als er selbst. *Ich möchte ihm seine Art, meine eigenen Stücke vorzutragen, stehlen*, gesteht er. Dieser Franz Liszt bekommt mehr Konzertangebote, sieht immer aus wie fürs Porträt vorbereitet und hat vor allem mehr Affären. Chopin muss einräumen, dass sein neuer Freund genauso auftritt, wie es von einem Genie erwartet wird. Großgewachsen, die Augen meergrün, das Profil verwegen, die Gebärden lebhaft. Ob er Klavier spielt, bis er fast ohnmächtig zusammenbricht, tanzt oder redet: Immer wirkt er leidenschaftlich, auch wenn er sich erregt über die gesellschaftliche Ungerechtigkeit in Paris. Sie hat sich gerade bei der Cholera-Epidemie gezeigt: In den Elendsvierteln, nicht in den Etagen des Adels oder der Großbürger hat sie die meisten dahinsiechen und in Gestank und Unrat verenden lassen. Ist es dieses Temperament, was Liszt von Chopin unterscheidet und ihm größeren Erfolg beschert? Imponiert es mehr, wenn einer etwas riskiert, sei es mit Frauen, sei es politisch, sei es musikalisch?

Was auf der Straße in Paris geschieht, zwingt dazu, politisch Position zu beziehen. Als am 5. Juni 1832 im Trauerzug für General

Lamarque, der für die Revolution und Napoléon gekämpft hatte, mehr als 200000 Menschen dem Sarg folgten, Republikaner, Bonapartisten, Studenten, Arbeiter und Intellektuelle, war es zu gewaltsamen Zusammenstößen gekommen.

Liszt bekennt sich politisch klar zu den Saint-Simonisten. Und Chopin?

Er bemüht sich, als bekennender Pole zu gelten. Mittlerweile haben sich drei seiner berühmtesten Landsleute in Paris eingerichtet: Adam Fürst Czartoryski, Joachim Lelewel und Adam Mickiewicz. Außer der Herkunft, dem Patriotismus und der Ehre, von Zar Nikolaj in Abwesenheit zum Tode verurteilt worden zu sein, teilen sie wenig. Der Aristokrat, der Historiker und der Dichter, mit Mitte dreißig bereits als polnischer Goethe gefeiert, haben sehr unterschiedliche Vorstellungen von einem selbstständigen Polen. Der Fürst setzt auf eine konstitutionelle Monarchie, der Dichter und der Historiker streben eine Republik an. Auch was die Methoden angeht, sind sie unterschiedlicher Meinung. Czartoryski hat auf der Île Saint-Louis in einem Palais, dem *Hôtel Lambert*, seine Machtzentrale aufgebaut, die diplomatisch weltweit agiert, Mickiewicz arbeitet mit Texten, die Polens nationale Eigenständigkeit in einem freien Europa beschwören, Lelewel mit historischen Argumenten. Chopin ist gerne zu Gast bei Czartoryski und zeigt sich gern mit Mickiewicz. Das Heimweh schmerze, behauptet er. Oder ist es das schlechte Gewissen? *Mit mir geht es leider bergab*, klagt sein Vater. *Meine zweite Stelle verliere ich auch.* Die eigenständig polnische Kultur in Warschau hat der Zar zerschlagen. Das Konservatorium und die Universität wurden geschlossen. General Paskjewitsch, der Eroberer der Stadt, ist zum Fürsten von Warschau ernannt worden. Die Zensur verbietet selbst einem harmlosen Komponisten wie Elsner, eine Abhandlung über die polnische Sprache zu veröffentlichen.

Am 29. September 1832 soll Józef Kalasanty Jędrzejewicz, Professor für Verwaltungsrecht und als Schüler des Lyzeums mit Frédéric von Jugend an vertraut, seine Lieblingsschwester Ludwika heiraten. Dies wäre Anlass, nach Polen zu reisen, Elsner und den Vater zu trösten. Chopin schildert der Familie ausführlich, wie sehr er darunter leidet, dass er bei der Hochzeit der beiden im ländlichen Brochów nicht dabei sein kann – in derselben Kirche, wo seine Eltern geheiratet haben und

Fryderyk getauft wurde. Keineswegs aus sentimentalen Gründen. *Das erspart Deiner Mutter viele Sorgen, weil man hier, um niemanden zu verletzen, viele Gäste einladen müsste, die man aber nicht mit einem Glas Wasser empfangen kann.* Der Vater wird ziemlich deutlich. Die Mutter werde alles tun, damit Ludwika für die Heirat trotzdem so ausgestattet sei, dass sie sich nicht zu schämen brauche. Es hört sich an wie ein unausgesprochener Appell an den Sohn, der in Paris nun doch sein Geld verdient, etwas zurückfließen zu lassen in die Familienkasse. Doch Chopin schickt nur zwei schnell geschriebene Stücke, eine Mazurka und eine Polonaise, befiehlt, sie auf der Hochzeit zu tanzen, und fordert vom Schwager: *Reich mir die Hand* und *Liebe mich*! Doch er selbst tut nichts, um ihm die Hand reichen zu können.

Seine zweite Pariser Wohnung in der *Cité Bergère* liegt nur eine statt vier Treppen hoch, in einem kleinen, intimen Haus statt in einem großen. Das ist er denjenigen schuldig, die zur Klavierstunde zu ihm kommen, auch anderen prominenten Besuchern. Die aus Dresden vertraute Familie Komar hat ihm zuerst die Töchter Ludmiła und Natalia geschickt, schließlich auch Delfina, über die in Paris am meisten geredet wird. Für Chopin allein ist die Wohnung zu teuer, deshalb teilt er sie sich, anfangs mit einem polnischen Mediziner, den er erst hier kennengelernt hat, dann mit einem, den er lange kennt, seinem Schulfreund Jan Matuszyński. Dass Jaś, wie Frédéric ihn nennt, ebenfalls Arzt ist, findet Chopin beruhigend, dass er Pole ist, notwendig.

Das Polnische kommt in der Pariser Gesellschaft gut an. Chopin ist der *Polnischen Literarischen Gesellschaft* beigetreten, geht in den polnischen Club bei der Kirche Sainte-Madeleine, wo er zu Mittag isst, Zeitung liest, sich manchmal auch ans Klavier setzt, trifft sich mit den polnischen Freunden von früher wie Maurycy Mochnacki, der ihn in Warschau so überschwänglich rezensiert hatte, und ist stolz, neue polnische Bekanntschaften zu schließen wie mit Juliusz Słowacki, einem Dichter seines Alters, der ihm angeblich sehr ähnlich sieht. Und er pflegt seinen starken polnischen Akzent, wenn er Französisch spricht. Doch ist es nicht eher Nostalgie, die ihn die Nähe zu den Polen und dem Polnischen suchen lässt? Sich politisch zu engagieren liegt ihm in keiner Hinsicht. Chopin befremdet die Leutseligkeit des Bürgerkönigs Louis Philippe und des Hauses Orléans. Was ihn beeindruckt, sind Frankreichs Regenten der Vergangenheit, das Haus der Bourbonen und Charles X., den die Julirevolution hinweggefegt hatte. Am liebsten hält er, wenn es politisch wird, den Mund. Befürchtet er, zwischen die Fronten zu geraten?

Joachim Lelewel leitet die *Polnische Demokratische Gesellschaft*, die in Paris für ein selbstbestimmtes Polen wirbt. Die Demokraten sind Gegner der Liberal- Konservativen, wie sie sich um Czartoryski sammeln. Doch unabhängig von ihren Zielen: Czartoryski setzt sein Geld, seine Beziehungen, seine gesamten Kenntnisse dafür ein, im Ausland Verbündete zu finden, ohne die er die Wiedererrichtung eines polnischen Königreichs, vielleicht mit ihm selbst als König, für unmöglich hält, Lelewel und Mickiewicz kämpfen mit intellektuellen Mitteln für ihre Heimat. Und Chopin?

Sein Vater bekniet ihn, die polnische Staatsbürgerschaft zu behalten. Dafür müsste Chopin bei der russischen Botschaft um einen Pass bitten. Er weiß, dass dieser Pass ihm auch die Rückreise in die Heimat ermöglichte, aber er kümmert sich nicht darum. Justyna Chopin hat ihrem Sohn heimlich ihr persönlich Erspartes geschickt, wohl in der Hoffnung, er werde es für eine Heimreise verwenden. Aber Chopin braucht Geld für Garderobe, für Fahrten mit einer seinen Klienten angemessenen Kutsche, für die regelmäßigen Mittagessen mit Liszt, dem wiedergekehrten Hiller, Charles Valentin Alkan, einem ebenso verrückten wie genialen Klaviervirtuosen, und anderen, die ihm neue Türen öffnen. Nur für Frauen braucht er keines.

Delfina, geborene Komar, seit Jahren schon verheiratet mit dem Grafen Potocki, lebt von ihrem Mann getrennt. Für ihre Schönheit, ihre Sopranstimme und ihr Wissen ist sie so berühmt wie für ihre Affären. Nun spielt sie für Chopin die Rolle einer Geliebten, die unerreichbar ist. Die unerreichbar sein soll? So nah, so fern wie es Konstancja war?

Ist es Chopin weniger wichtig zu lieben als geliebt zu sein?

Ich bin in der besten Gesellschaft eingeführt, sitze zwischen Botschaftern, Fürsten, Ministern und weiß nicht einmal durch welches Wunder, denn ich habe mich selbst nicht vorgedrängt, schreibt er an Dominik Dziewanowski, den Schulkameraden vom Lyzeum, auf dessen elterlichem Landgut in Szafarnia er die Ferien genossen hatte. Er weiß es sehr wohl, durch welches Wunder das geschah: Als er im letzten Herbst auf einem der Boulevards spazieren ging, war ihm Walenty Radziwiłł, der Bruder des

Fürsten, entgegengekommen, der am Abend jenes Tages zu einer Soirée bei Baron Rothschild eingeladen war. Chopin, dieses *unentschlossenste Geschöpf der Welt*, hat die Chance sofort erkannt. James Baron de Rothschild, jüngster der fünf Söhne aus der Frankfurter Bankiersfamilie, leitet seit zwanzig Jahren das Pariser Bankhaus, die wichtigste Filiale, und führt einen Salon, der den Hof Louis Philippes überstrahlt. Als österreichischer Generalkonsul hat der Bankier es geschafft, in den *Cercle d'Union*, den feinsten Club der Stadt aufgenommen zu werden, der sonst Geschäftsleuten den Zugang verweigert. Dass seine Cousine Betty, zugleich seine Ehefrau, gut und leidenschaftlich Klavier spielt, weiß in musikinteressierten Kreisen jeder. Chopin hatte zugesagt, hatte sich mit einer angemessenen Kutsche zum Palais Talleyrand, der Residenz des Barons nahe der Place de la Concorde, fahren lassen, sich dort nach dem Diner ans Klavier gesetzt und mit diesem Spiel alles gewonnen.

Als Salonliebling, als ein Schoßhund der Damen, will er aber keinesfalls gelten. Bemüht er sich deshalb, ironisch Distanz zu wahren? *Du hast gleich ein größeres Talent, wenn dich einer in der englischen oder österreichischen Botschaft gehört hat*, spottet er. *Gleich spielst du besser, wenn dich die Fürstin Vaudemont protegiert hat; protegiert kann ich nicht schreiben, denn das Weib ist vor einer Woche gestorben.* Er möchte wohl nicht als ein Parvenu gelten, der diese Gesellschaft rückhaltlos bewundert, und lästert über die Tote als *Besitzerin einer Unmenge weißer und schwarzer Hündinnen, Kanarienvögel, Papageien und des amüsantesten kleinen Affen in der großen Welt hier, der an den Abenden bei ihr die anderen Komtessen biss.*

Trotzdem gibt er zu, dass jene Kreise ihm alles bedeuten: Sie seien *heute das Wichtigste, denn von dort kommt der gute Geschmack.* Chopin hat es geschafft, und er weiß das. Er genießt es, wie er Dominik berichtet, dass er unter den berühmtesten Künstlern in Paris anerkannt ist und ihm ständig Werke von Kollegen gewidmet werden, bevor er ihnen seinerseits welche widmen kann. *Kurz, wäre ich noch dümmer, würde ich annehmen, ich sei auf dem Gipfel meiner Karriere.* Befürchtet er, der Freund könne nach diesem Erfolgsbericht in Warschau ausplaudern, wie viel Chopin mittlerweile kassiert für die fünf, sechs Klavierstunden, die er pro Tag erteilt? Er ist auf der Hut. *Du denkst wohl, ich verdiene ein Vermögen; aber das Kabriolett und die weißen Handschuhe, ohne die man keinen Stil beweisen kann, kosten mehr. Ich liebe die Carlisten, kann die*

Philippisten nicht leiden, bin selbst ein Revolutionär, daher mache ich mir nichts aus Geld. Er macht sich sehr viel aus Geld: Liszt unterrichtet viele begabte Schüler unentgeltlich, Chopin bisher nicht. Chopin muss sich sogar aus Geld viel machen, denn er benötigt mehr als Liszt für den persönlichen Aufwand, hat aber nicht wie sein Freund Einkünfte aus ständigen Konzertauftritten. Will er mit dieser Bemerkung zeigen, dass für ihn die ganze französische Politik uninteressant ist und nur zählt, was in Polen geschieht? Wird Chopin privat in einen der Salons eingeladen, improvisiert er mit Vorliebe über polnische Themen; das ist seine Art zu zeigen, dass er sich den Revolutionären zugehörig fühlt, auch wenn ihm der Mut und die Muskeln fehlen. Seinem Lehrer Elsner hat er geschrieben: *Als Künstler bin ich noch in der Wiege, aber Pole zu sein habe ich mit den Dreißigern begonnen.* Doch das sind Bekenntnisse seiner Wehmut, seines Heimwehs. Absichtserklärungen wie sein oft wiederholtes Versprechen, die Familie in Warschau zu besuchen. Die Eltern, die Schwestern ahnen nicht, was Chopin längst bewusst geworden ist: Er denkt nicht daran, nach Polen zurückzukehren.

VIII
Freundschaften und Liebschaften

Liszt, Berlioz, Hiller und die Damen

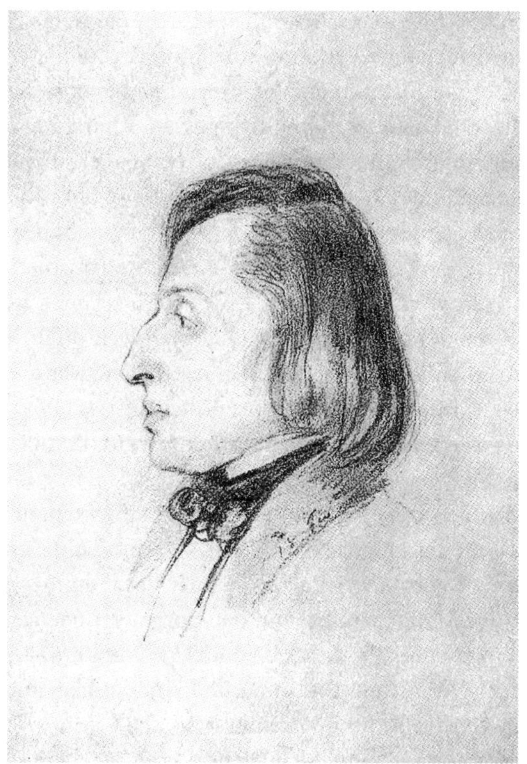

Porträt datiert vom 18. Februar 1842.
(Unsignierte Bleistiftzeichnung, häufig George Sand zugeschrieben, möglicherweise aber von Pauline Viardot-Garcia).

𝄢

Auch wenn er erst dreiundzwanzig ist, muss es auffallen. In Paris jedenfalls, in Warschau wäre es weniger dramatisch. Chopin ist Einzelgänger, obwohl er leicht an Schönheiten herankommen könnte. Alle seine Freunde haben eine Verlobte, eine Frau, eine Geliebte, einen Geliebten. Eine breite Auswahl an Verehrerinnen bietet sich Chopin dar, vielleicht auch an: Baronessen und Komtessen, Ehefrauen und Töchter aus altem Adel oder neureicher Bourgeoisie, Sängerinnen und Pianistinnen, Französinnen, Österreicherinnen, Polinnen, Italienerinnen. Dass er sich aus dem Fundus seiner Schülerinnen nicht bedienen sollte, ist einleuchtend, sonst aber gibt es in dieser Stadt keinerlei geschriebene oder ungeschriebene Verbote. Einem Bürgerlichen stehen durchaus die Boudoirs adliger, auch hochadliger Damen offen, einem Hungerleider oder Schuldner die der Bankiersfrauen, wenn er genügend Fantasie besitzt, ihre Langeweile zu verscheuchen.

Die neue Architektur in Paris löst Grenzen auf. Passagen verbinden verschiedene Welten, Gaslicht macht darin die Nacht zum Tage, Glas und Eisen bringen das Drinnen und das Draußen einander nah. Die gebaute Welt ist durchlässig geworden. Warum sollte es die gesellschaftliche nicht auch sein? Balzac genießt den Sommer über immer das Leben einer Made im Speck auf den Sommerresidenzen meist verheirateter Damen, und nun führt Chopins Freund Franz Liszt vor, dass der Sohn eines Verwaltungsbeamten und einer Bäckerstochter aus einem ungarischen Kaff blutjung schon nach den Sternen greifen kann, den weiblichen Sternen, und das auch erfolgreich.

Gleich zu Beginn ist seine neueste Liebschaft in allen Salons, Cafés, Foyers durchgehechelt worden. Diese Gräfin Marie d'Agoult kann keiner übersehen. Sie ist zwar sechs Jahre älter als Liszt, aber sie bietet alles: Schönheit, Geist, Bildung, einen Vater, der als Vicomte de Flavigny zum alten französischen Hochadel gehört, eine Mutter, die als Tochter des Frankfurter Bankiers Bethmann für einen angemessenen

Lebensstil sorgt. Seit 1827 ist Marie mit dem General d'Agoult verheiratet, Trauzeuge war Frankreichs damaliger König Charles X. Das aber stört sie weniger als Franz Liszt. Beide sind einander auf den ersten Blick verfallen. Ein Paar, wie für einen Liebesroman erfunden. Zwei schlanke Gestalten, oszillierend in ihrer Ähnlichkeit: hohe Stirn, blaugrüne Augen, blondes Haar, auffallend langgliedrige Hände, eine prägnante, schmalrückige Nase, und dann dieser Blick, der unruhig werden lässt. Die Gräfin kennt keine Skrupel, sich mit dem unstandesgemäßen Liebhaber zu zeigen, das liegt in der Familie: Ihre Mutter, vom deutschen Bankiersvater einem Herrn aus dem deutschen Geldadel zugedacht, hatte sich in einen französischen Kavallerieoffizier verliebt. Dass die Eltern diesen Vicomte de Flavigny unter einem Vorwand hinter Gitter gebracht hatten, war nur Ermunterung für die Bankierstochter gewesen: Sie verschaffte sich eine Besuchserlaubnis beim Gefängnisdirektor, hielt sich stundenlang bei dem Geliebten auf und erklärte dann, wenn sie ihn nun nicht heirate, sei sie hoffnungslos kompromittiert. Sie hatte ihn geheiratet.

Chopin hätte keine Schwierigkeiten, ebenfalls eine Frau von der Klasse der Marie d'Agoult zu seiner Geliebten zu machen. Seit er auf jener Soirée bei den Rothschilds im Palais Talleyrand aufgetreten ist und kurz danach Baronesse Betty seine Schülerin wurde, buhlen die Damen um ihn; aus den Kommentaren mancher Freunde sind bereits neidische Untertöne herauszuhören. *Chopin geht es gut*, berichtet Antoni Orłowski nach Hause, selbst ebenfalls Komponist und Pianist. *Er verdreht hier allen Frauen den Kopf. Das macht die Männer eifersüchtig. Er ist jetzt Mode. Und die elegante Welt wird bald auch noch Handschuhe à la Chopin tragen.*

Doch es sieht so aus, als nutze Chopin die Verzückung der Frauen nicht. Seine Freunde beobachten, dass er es einen Abend lang auskostet, angehimmelt zu werden, dann aber allein nach Hause fährt.

Längst ist er zu einem Objekt der Eitelkeiten geworden; ihn einzuladen und am Klavier improvisieren zu lassen, gilt als Nachweis des Prestiges. Chopin hat die Regeln der Pariser Gesellschaft verstanden. Vielleicht hat er von Kalkbrenner, vielleicht von Liszt gelernt, dass es hier ankommt, wenn sich große Virtuosen zusammentun. Ende 1832 war er beim Grafen d'Apponyi, dem österreichischen Botschafter, gemeinsam mit Liszt, Kalkbrenner und Rossini aufgetreten, alle am Klavier. Daraufhin hatte Monsieur d'Apponyi seine Frau Thérèse als Schülerin zu Chopin geschickt.

Vor allem die Bourgoisie, zu Geld und Ansehen gelangt durch Fleiß, Sparsamkeit und angepasstes Gebaren, giert nach Effekten. Ihr Alltag ist nüchtern. Gehen Bürger aus, die ihr Vermögen nicht geerbt, sondern durch ihren Geschäftssinn erworben haben, wollen sie etwas haben für ihr Geld. Auf den Programmen der Konzerte werden seit Neuestem gerne gleich drei berühmte Sopranistinnen, drei berühmte Violinisten, drei berühmte Pianisten angekündigt. Und Chopin spielt mit.

Am 23. März 1833 führt er in der *Vauxhall d'Été*, einer überdachten Freilichtbühne in der Rue Samson, zusammen mit Liszt und Hiller den ersten Satz aus Bachs Konzert für drei Klaviere in d-Moll auf, eineinhalb Wochen später, am 3. April, wieder in diesem, bei der Prominenz besonders beliebten Etablissement, mit Liszt, den Brüdern Jacques und Henri Herz ein achthändiges Stück, den *Grand morceau* über ein Thema aus Meyerbeers Oper *Il crociato in Egitto*, komponiert von Henri Herz.

Was verleitet Chopin, den Spezialisten für leise Töne, an diesem Klavierdonner mitzuwirken? Liszt zumindest muss es wissen, dass seinem Freund alles Laute, Übertriebene, Heftige zuwiderläuft. Die Gemälde dieses Delacroix findet er ebenso abgeschmackt wie die Romane eines Balzac. Dass es das Wüste und Rohe, das Nackte und Lüsterne, das Haltlose und Lasterhafte gibt mag ja sein, aber muss man es auch zeigen?

Als Chopin zusammen mit Liszt im letzten Dezember erlebt hatte, wie in der *Salle du Conservatoire* zum zweiten Mal die *Symphonie fantastique* von Berlioz aufgeführt wurde, war er entsetzt. Musikalisch wie moralisch. Die Besetzung dieser Symphonie sprengte alle Konventionen, für Chopins Ohren ein Bacchanal, keine Symphonie. Der gedruckte Kommentar des Komponisten zu seinem programmatischen Werk war verteilt worden. Warum hat der Kollege, der sein Werk unmissverständlich *Episode aus dem Leben eines Künstlers* nannte, sein Privatleben vor der Öffentlichkeit ausgebreitet, sich selbst in seinem Liebeswahn bloßgestellt? Die Frau, um die es geht, kann ebenfalls jeder halbwegs Eingeweihte identifizieren: Harriet Smithson. Dass Mendelssohn ein solches Machwerk als monströs und barbarisch abgelehnt hatte, verstand Chopin; dass andere Kollegen darin den Aufbruch zu neuen Dimensionen erkannte, war für ihn nicht nachvollziehbar.

Trotzdem setzt er sich im April 1833, einen Tag vor dem zweiten großen Auftritt in *Vauxhall d' Été*, neben Franz Liszt im *Théâtre Italien* ans Klavier, um Geld einzuspielen für Harriet Smithson, jene fatale Frau, die Berlioz beherrscht. Seit Jahren ist er ihr hörig, seit er sie 1827 im *Odéon* bei einem Gastspiel der englischen Theatergruppe von William Abbott zum ersten Mal als Ophelia in Shakespeares Hamlet und als Romeo neben Julia auf der Bühne gesehen hatte. Die Irin, äußerlich blass und zerbrechlich, hatte getan, als nähme sie die Liebesqualen von Berlioz nicht wahr. Seinen Brief, in dem er sich entblößte, hatte sie nie beantwortet. Er war nach Italien geflohen. Dort hatte er seine Visionen, von der Angebeteten verspottet und erniedrigt zu werden, in eine Symphonie gegossen. Wieder in Paris, war er zufällig in ihrer ehemaligen Wohnung gelandet, hatte erfahren, dass sie in die Stadt zurückgekehrt war, und hatte sie mit der öffentlichen Aufführung des symphonischen Liebesbekenntnisses überwältigt. Schließlich war sie zu ihm gezogen. Ganz Paris wurde Zeuge seiner Passion und zerriss sich das Maul über Berlioz, der zu verkennen schien, dass die nackte Not Harriet in seine Arme trieb.

Man kennt ihn, diesen ehemaligen Mediziner mit feuerrotem Halstuch, Glut in den Augen und einem Backenbart, wild wuchernd wie ihn Chopin sich vergebens wünscht. Viele Frauen schwärmen für Berlioz, weil er den Mut besitzt, sich seinen Gefühlen auszusetzen, *glühend wie Lava* nennt er sie selbst. Chopin aber muss es in Verwirrung gestürzt haben, dass ein Künstler sich einer Frau in diesem Maß ausliefert und dazu bekennt, von ihr beherrscht zu werden. Er hat von Kind an gelernt, dass Mäßigung und Diskretion den Weg in die Häuser des Adels bahnen und man sich fernzuhalten habe von allem Exzessiven oder Fragwürdigen. Nun ist Chopin selbst dabei, dieser Harriet Smithson zu helfen. Sie wird von ihren Gläubigern verfolgt. Seit sie sich das Bein oberhalb des Fußgelenks gebrochen hat und nicht mehr auftreten kann, steht die ganze Theatertruppe vor dem Bankrott. Chopin, der Schüchterne mit den weißen Handschuhen, aristokratischer als die meisten Aristokraten, in einem Benefizkonzert für eine skandalumwitterte Person: Macht er das aus Freundschaft zu Liszt? Macht er es, weil er zwar Berlioz als Komponisten ablehnt, als Mann jedoch beneidet? Oder macht er es, weil er vermutet, diese Geste komme beim Pariser Publikum gut an? Er selbst diagnostiziert dem Freund Auguste Franchomme gegenüber, worin sein Problem liegt: *dass ich unglücklicherweise nie das tue, was ich tun soll.*

Berlioz tut, was er soll, wozu es ihn treibt. Liszt ebenso. Dass Chopin diesen um ein Jahr jüngeren Kollegen verehrt, ist offensichtlich: Er hat ihm seine zwölf Etüden gewidmet, die jetzt als Opus 10 im Druck erscheinen. Hat er das getan, um Liszt zu beruhigen? Um ihm zu bedeuten, dass er sein Verbündeter, nicht sein Widersacher ist? Gründe dafür gäbe es. Offenbar verspürt Marie d'Agoult auch Appetit auf Chopin, den sanften Sieger. Der Gräfin Plater, reiche Exilpolin mit Musikkultur, von der es in Paris heißt, wäre sie jünger, nähme sie Hiller als Freund, Liszt als Liebhaber und Chopin als Ehemann, war es gelungen, diese drei zu einem Wettbewerb anzustacheln. Eine Mode zurzeit, öffentlich wie privat. Das Publikum hatte zu befinden, wer am besten über eine vorgegebene Mazurka improvisiere. Gewonnen hatte Chopin.

Keiner Frau entgeht, wie unterschiedlich die beiden Freunde sind. Liszt redet schnell und heftig, Chopin leise, gepresst und zögerlich. Liszt ist am Klavier exzessiv, Chopin tastend. Liszt tritt auf wie ein Schauspieler, Chopin wie ein Adliger. Tauchen sie gemeinsam in einer Gesellschaft auf, scheint diese Gegensätzlichkeit jeden von ihnen noch begehrenswerter zu machen.

Ist Liszt eifersüchtig? In diesem Frühling erst hat Marie d'Agoult sich das Schloss Croissy nahe bei Paris gekauft, ein Refugium für intime Treffen. Liszt weiß, wie oft Marie nicht nur ihn, sondern auch Chopin dorthin eingeladen hat und dass Chopin jedes Mal abgesagt hat. Liest er zwischen den Zeilen, wenn Marie am Ende eines Briefes an den Geliebten Grüße an Chopin bestellt?

Morgen früh gehe ich zu meinem Freund und werde ihn sehr freundlich und zart aufwecken und ihm Ihren kleinen Gruß übergeben, in dem Sie ihn um seinen Besuch bitten, vermeldet Franz Liszt seiner Marie. *Ich werde auch nicht versäumen, mit ihm über Madame Rauzan zu reden, für die ich in verrückter und verzweifelter Leidenschaft brenne. Ich bitte Sie auf Knien, das für sich zu behalten. Chopin ist der Einzige, mit dem ich offen darüber zu reden wage.*

Die anderen Herren seien eifersüchtig, dass er dieser Herzogin, die den imposantesten Salon des Faubourg Saint-Germain führt, den Hof mache.

Warum berichtet er Marie von einer Rivalin? Will er ihr, die sich neben ihm noch für Chopin interessiert, bedeuten, auch er habe Auswahl? Liszt ist ein gebranntes Kind. Siebzehn war er gewesen, als er sich in Caroline de Saint-Cricq verliebt hatte, Tochter des französischen Handelsministers und Schülerin des jungen Klaviervirtuosen. Dass Caroline bereits dem Bertrand Graf d'Artigaux versprochen war, hatte Caroline und Franz nicht gestört, Carolines Vater umso mehr. Als er dahintergekommen war, was seine Tochter bei ihrem Klavierlehrer trieb, hatte er dem wohl rüde verdeutlicht, wie weit außer seiner Reichweite eine junge Frau aus dem alten Adel war. Beschämung und Entrüstung hatten Liszt daraufhin zwei Jahre lang gebeutelt und zu der Idee verleitet, Priester zu werden. Vermutlich ist er seiner Mutter nun dankbar, dass sie ihn davon abgebracht hat. Doch offenbar lässt die Gräfin d'Agoult, deren scharfe Zunge viele verletzt hat, ihn spüren, dass sie Chopin ebenso einen Verstoß gegen die Etikette wert fände wie Liszt.

Vergangenen Sonntag, berichtet Liszt seiner Marie wenige Tage später, *gab es eine große dramatische Szene. Die Haupt-, ja einzigen Rollen spielten L'Amico Chopin und Ihr sehr ergebener Diener. Vorwürfe, Tränen, Wutausbrüche, Schluchzen – kurz es fehlte nichts. Es war groß angelegt. Das nächste Mal Genaueres … Nur um Ihre Neugierde zu wecken, flüstre ich Ihnen ins Ohr, dass der Streit um die Corinne de Quai Malaquais ging.*

Wer diese Dame ist, wissen nicht nur die Beteiligten. Die Titelheldin von *Corinne ou l'Italie*, dem Roman, der Madame de Staël vor fünfundzwanzig Jahren berühmt gemacht hatte, ist Inbegriff der romantischen Frau, die ungewohnte Wege zu gehen wagt. Und die Pariser Wohnung von Marie d'Agoult in der Rue de Beaune liegt in direkter Nähe des Quai Malaquais.

Mein Freund Chopin möchte Sie am Sonntag früh besuchen, teilt Liszt ihr noch mit. Will er Marie nur das Gefühl geben, von allen Seiten begehrt zu werden, und gibt sich deshalb eifersüchtig? Oder hat er Anlass dazu?

Als *verschwenderische Schöpfungen* hat Marie Chopins Etüden bewundert. *Seit langem habe ich nichts dergleichen Schönes gehört*, schreibt sie. Gefallen ihr Liszts Übertragungen von Berlioz' *Symphonie fantastique*, von anderen gefeiert, so wenig? Ist Liszt bekannt, wie sehr Marie für Chopin auch als Komponisten schwärmt?

Chopin umweht die Aura des Märtyrers, zu dem er wie sein ganzes Heimatland stilisiert wird in Paris, oft wider besseres Wissen. Diese Trostbedürftigkeit, die Chopin ausstrahlt, weckt wohl bei Frauen Instinkte, die Liszt nicht auszulösen vermag.

Im August hätte Chopin Trost wirklich nötig. Früher wurde die dünne Haut des Künstlers von manchem Angriff verschont, weil er davon nichts erfuhr. Doch die Nachrichtenübermittlung ist gut und schnell geworden. Es kann Chopin nicht unbemerkt bleiben, was der Musikkritiker Ludwig Rellstab, ihm vermutlich bekannt als Dichter, den sogar Schubert vertont hat, in Nummer 31 der Berliner Musikzeitschrift *Iris* geschrieben hat. In seinem Überblick über Neuerscheinungen hat er Chopins Nocturnes besprochen und verglichen mit jenen von John Field, der als Erfinder der Nocturne gilt. *Wo Field lächelt, macht Herr Chopin eine grinsende Grimasse, wo Field seufzt, stöhnt Herr Chopin, Field zuckt die Achseln, Chopin macht einen Katzenbuckel, Field tut etwas Gewürz an seine Speise, Herr Chopin eine Handvoll Cayenne-Pfeffer. Kurz, wie gesagt, wenn man Fields reizende Romanzen vor einen verzerrenden Hohlspiegel hielte, so dass aus jedem feineren Ausdruck ein grob aufgetragener wird, so erhält man Chopins Arbeit.*

Zum Abschluss beschwört er *Herrn Chopin, zur Natur zurückzukehren.*

Zu krank das Ganze, was Chopin komponiert, heißt die Essenz des Ludwig Rellstab. Weiß Chopin, dass auch andere Kollegen, solche, die er verehrt, ähnlich über seinen Kompositionsstil denken? Field hatte letztes Jahr in Paris gastiert, Chopin kennengelernt und hinterdrein anderen Musikern erklärt, er sei *un talent de chambre malade*, ein Krankenzimmertalent. Auch Moscheles findet die neuen Werke Chopins oft unerträglich, unbegreiflich, angekränkelt von zu viel Künstlichkeit.

Im Juni 1833 ist Chopin wieder einmal umgezogen, in die Rue de la Chaussée d'Antin. Wieder bewohnt er die Räume gemeinsam mit einem Jugendfreund aus Warschau, Aleksander Hoffmann, von Beruf Arzt, selbstverständlich. Chopin will sich umsorgt wissen, und Aleksander sorgt sich wirklich um den Lebenswandel seines Freundes. Er verschreibt Frédéric Urlaub auf dem Land.

Chopin will den Rat befolgen und aus der Stadt fliehen. Nur wohin? Marie d'Agoult hat ihn erneut eingeladen auf ihr Schloss in Croissy. *Croissy wäre ein ausgezeichneter Kurort für Sie! Gute Luft, herrliche Milch und der Gesang der Nachtigallen, das kann ich Ihnen versprechen.*

Milch interessiert ihn anscheinend weniger. Die Abende mit seinen polnischen Bekannten, üblicherweise reine Herrenabende, sind nicht geeignet, besorgte Eltern zu beruhigen. Geistiges findet sich hier nur in Flaschen. Słowacki, der Dichter, der Chopin angeblich ähnlich sieht, der sich so ähnlich bewegt, dass manche ihn auf den ersten Blick für den Komponisten halten, ist seiner Mutter gegenüber offener als Chopin. *Wir haben uns von zehn Uhr abends bis zwei Uhr in der Frühe gelangweilt. Doch am Ende war Szopen völlig betrunken und improvisierte wunderschön auf dem Klavier.* Das hat sich wohl in Warschau herumgesprochen, denn Nicolas Chopin ermahnt seinen Sohn: *Ich tadle Dich nicht wegen Deiner weltmännischen Lebensweise, aber die durchwachten Nächte schaden Deiner Gesundheit.*

Ein Urlaub auf dem Land soll ihm nun zu einem gesünderen Lebenswandel verhelfen. Es läge nahe, das Angebot der Gräfin d'Agoult anzunehmen, aber der *Gesang der Nachtigallen* reizt zu wenig. Lieber hört Chopin den Gesang von Delfina Potocka. Denn bei den Komars ist er ständig eingeladen, schleift seinen aus Warschau nach Paris gezogenen Freund Julian Fontana mit, spielt Walzer, auf die sogar getanzt werden darf, oder begleitet Delfina bei ihren Liedern und Arien.

Im August berichtet Liszt Marie nach Croissy von seinen erfolglosen Bemühungen, mit Freund Chopin im Schlepptau anzureisen: *Wenn ich keinen vorschriftsmäßigen und entschiedenen Befehl von der Gräfin d'Agoult bekomme, den ich dann mithilfe der königlichen Gendarmerie ausführen lasse, so werden Sie nicht auf den Besuch des berühmten Pianisten rechnen können, denn besagter Freund und Musiker hat sich letzte Woche aus dem Staub gemacht, steckt mit Franchomme wahrscheinlich in Tours und verbringt – wie Sie das bösartig vermutet haben – seine Tage mit einem schönen, schlichten, naiven Mädchen vom Lande.*

Die Gerüchte sind das schnellste aller Verkehrsmittel.

Chopin kann gerade erst in Tours, Département Indre-et-Loire, angelangt sein, wo er sich auf Côteaux erholen soll, einem Landschloss der Familie Forest, Verwandten seines Cellistenfreundes Auguste Franchomme. Jules Forest ist Anwalt und wie fast jeder Anwalt derzeit klavierbegeistert, seiner Tochter Adèle gibt Chopin Klavierunterricht, und Adèle weiß sich zu bedanken. Kann sie jenes *naive einfache Mädchen* sein, über das Liszt und seine Geliebte lästern?

Mitte September, nach Paris heimgekehrt, bedankt Chopin sich bei Franchomme, der seinen Aufenthalt auf Côteaux noch verlängert. Niemals in seinem Leben werde er diese Tage in der Touraine vergessen. *Man findet, ich sei dicker geworden und sähe gut aus – und ich fühle mich außerordentlich wohl dank der Bemühungen meiner Tischnachbarinnen, die mich mit wahrhaft mütterlicher Sorgfalt umgeben haben. Wenn ich daran denke, kommt mir das alles wie ein überaus angenehmer Traum vor, so dass ich noch weiterschlafen möchte.*

Mütterliche Sorgfalt, das hört sich nicht nach erotischem Abenteuer an. Doch dann schwärmt er von den *Bäuerinnen von Pornic* und spottet über Augustes *wohlgeformte Nase*, die der *hineinzustecken genötigt* war.

Hineinzustecken in Chopins ländliche Amouren?

Fremde würden Chopin wohl kaum für einen Freund solcher Abenteuer mit deftigen Frauen halten. Auf der Rückfahrt aus der Touraine vermutete ein Mitreisender offenbar, der blasse junge Mann, auffallend verfeinert in der Kleidung, den Manieren, den Bewegungen, sei am eigenen Geschlecht interessiert. *Ich bin sehr bequem angekommen (abgesehen von einem kleinen unangenehmen Zwischenfall, den ein außerordentlich wohlriechender Herr verursachte, der bis Chartres mitfuhr. Er hat mich nachts überrascht).*

Nicht nur als Mann ist Chopin begehrt: In Paris werden in diesem Jahr 1833 so viele große Werke von Chopin veröffentlicht wie von kaum einem anderen Komponisten, dazu einige kleinere, aber keineswegs unbedeutende Stücke; die zwölf Etüden op. 10, das als zweites komponierte Klavierkonzert in e-Moll als Nr. 1, op. 11, die *Variations brillantes sur le rondeau favori «Je vends des Scapulaires» de «Ludovic» de Hérold et Halévy* als Opus 12, den Krakowiak, jenes *Grand Rondeau de Concert*, als Opus 14, die drei Nocturnes in F-Dur, Fis-Dur und g-Moll als Opus 15 und das *Grand Duo concertant* für Klavier und Violoncello über Themen aus Meyerbeers *Robert le Diable*. Sein Ruhm in Paris macht die

Polen stolz und kauffreudig; die Familie berichtet Chopin, die Notenregale der Musikalienhandlungen seien, kaum wurden die neuesten Werke eingestellt, schon wieder leer gekauft.

Ist er nun der musikalischen Welt in Europa ein Begriff oder vor allem der polnischen und französischen?

Auf den Subskribentenlisten für Chopins Werke stehen ganz oben die Namen Berlioz, Cherubini und Meyerbeer. Die Widmungen auf den Titelblättern seiner gedruckten Werke verraten dem, der sie zu lesen versteht, wie weltläufig und diplomatisch Chopin geworden ist. Dass er die zwölf Etüden op. 10 Liszt gewidmet hat, zeigt ihn als einen, der mit konkurrierenden Virtuosen souverän Umgang pflegt. Dass er die Nocturnes op. 9, die eigentlich schon im letzten Jahr hätten erscheinen sollen, Marie-Felicité Moke-Pleyel gewidmet hat, der Frau des Klavierherstellers Camille Pleyel, zeigt ihn als einen Musiker, der sich mit den aktuellen technischen Neuerungen des Instruments befasst und die Tür zu jener Machtzentrale aufgestoßen hat. Ob das auch zu Klatsch verleitet, weil Marie, gefeiert als Pianistin, bewundert als Schönheit, umlagert als Salondame, nur ein Jahr älter als Chopin, eine stadtbekannte Ehekrise durchlebt, interessiert außerhalb von Paris nicht. Aber dass Chopin das Klavierkonzert e-Moll, als sein erstes ediert, obwohl als zweites geschrieben, Kalkbrenner zueignet, dem berühmtesten Pianisten der Welt, wird ihm auch weltweit die Sympathien aller Kalkbrenner-Anhänger bescheren. Und dass er sein Opus 14, den *Krakowiak Grand Rondeau de Concert* für Klavier und Orchester Anna Fürstin Czartoryska widmet, Fürst Adams Frau, macht nicht nur denen daheim offensichtlich, dass er in deren Salon, dem wichtigsten der Polen in Paris, zu Hause ist. Und doch tritt Chopin auf der Stelle.

Lähmen ihn die Attacken des Ludwig Rellstab? Der hat sich nicht damit begnügt, Chopin musikalisch als krank abzustempeln und auch die Etüden Anfang 1834 in der *Iris* zu verreißen. In derselben Ausgabe versucht er, Chopin menschlich unmöglich zu machen, indem er einen Brief abdruckt, den Chopin angeblich an ihn geschrieben hat. Ein Drohbrief, der in den Sätzen gipfelt: *Noch einmal ein so übler, übler Streich, und es ist um Sie geschehen! Verstehen Sie mich, Sie kleiner Mensch, Sie liebloser und parteiischer Rezensentenhund.*

Wer Chopins diplomatisches Talent kennt, weiß, dass er niemals solche Worte an einen Kritiker schreiben würde. Doch kaum ein Leser der *Iris* in Deutschland ist Chopin je begegnet. Wer Rellstab kennt, weiß, dass dieser Mann Rossinis Musik komplett ablehnt, sich von Spontini eine Beleidigungsklage eingehandelt hat und selbst Werke produziert, die ein dritter Aufguss aus Gluck-, Mozart- und Beethoven-Nachahmungen sind. Doch wer in Paris oder Warschau weiß das? Dass diese Schmähungen bis in die Heimat durchgedrungen sind, seine Schwester Izabela sogar *die bösartige Kritik von Rellstab* erwähnt, muss Chopin schmerzen.

Rellstab selbst hat den Brief mit einem Kommentar versehen. Er wisse nicht, ob Chopin dieses Schreiben selbst verfasst habe, *drucke das Aktenstück aber hier ab, damit er es aberkennen oder widerlegen kann. So lange er aber solche Missgeburten hervorbringt wie die obigen Etüden, die ich allen meinen Freunden und zumal den Klavierspielern, zur wahren Belustigung gezeigt, so lange wollen wir über eben diese lachen wie über seinen Brief.* Selbstverständlich reagiert Chopin nicht darauf. Wehtun wird ihm diese Hinterhältigkeit dennoch. Die Pariser Presse verhält sich nicht besser. Dort werden Chopins neu erschienene Etüden zwar nicht verrissen, aber einfach ignoriert. Es mag ihn trösten, dass er ungeachtet dessen in den Salons angebetet wird, obwohl er nach wie vor *weder ein gutes Mundwerk noch Muskeln* zu bieten hat. Seine elegische Erscheinung kommt gut an. Bei Lina Freppa, einer italienischen Primadonna, wird er Vincenzo Bellini vorgestellt, nach dem sich Tausende von Schönheiten verzehren und, wie die Gerüchte behaupten, viele nicht vergebens. Chopin wird keineswegs übersehen neben diesem Frauenhelden.

Trotzdem drängt es ihn weg aus Paris, zum Niederrheinischen Musikfest – ausgerechnet nach Deutschland, wo ihn Rellstab zum Gespött zu machen versucht hat. Doch Chopin ist bekannt, wie viele deutsche Künstler ihn würdigen. In Leipzig lebt dieser Robert Schumann, der ihn schon mehrmals gefeiert hat in seinen Rezensionen. Dort lebt auch Schumanns engster Freund, der Pianist Ludwig Schunke, mit dem sich Chopin in Stuttgart angefreundet und bei Schunkes Pariser Auftritt diesen Februar wieder so gut verstanden hat. Schunke spielt Chopins Kompositionen mit Bravour und Begeisterung. Dann ist dort diese Clara Wieck, die, wie sie es ihm bei ihrem Parisbesuch versprochen hatte, am 5. Mai Chopins e-Moll-Konzert im Leipziger Gewandhaus aufgeführt hat. Und Mendelssohn, der im Vorjahr den Posten des Düsseldorfer Musikdirektors angenommen hat, schwärmt so laut von Chopin, dass es zu dem zurückhallt. Dieser Komponist, erklärte er, mache *so neue Sachen* auf dem Klavier *wie Paganini auf seiner Geige* und bringe *Wunderdinge* zustande, *die man sich nie für möglich gedacht hätte.*

Schunke hat bereits versprochen, an den Niederrhein zu reisen, auch Mendelssohn wird in Aachen sein. Ferdinand Ries, der in diesem Jahr das Fest leiten wird, soll das Oratorium *Deborah* von Händel aufführen, der nach wie vor zu den Helden von Chopin gehört. Sein Freund Ferdinand Hiller ist in diesem Jahr Ehrengast, weil er die unvollendet gebliebene *Deborah* instrumentiert und den Text aus dem Englischen ins Deutsche übersetzt hat. Chopin hat ihm die gerade erst erschienenen Nocturnes op. 15 zugeeignet.

Ihn lockt wohl auch der Nimbus dieses Musikfestes, ein musikalisches und gesellschaftliches Gipfeltreffen, wo sich der Hochadel mit dem Musik liebenden Bürgertum, Politikern und Künstlern vermischt. Neben Werken des Barock und der Wiener Klassik werden dort regelmäßig neue Werke aufgeführt, oft uraufgeführt. Von Elberfeld, wo es gegründet worden war, ist das Musikfest längst in die größeren Nachbarstädte Köln, Düsseldorf und Aachen verlegt worden.

Am 16. Mai bricht Chopin gemeinsam mit Ferdinand Hiller Richtung Aachen auf.

Aachen, Schauplatz des diesjährigen Festes, gefällt ihm. Wie auf der ganzen Rheinreise, ob in Köln, Koblenz oder Düsseldorf, besucht Chopin hier die mittelalterlichen Kirchenbauten, die als kennzeichnend für den deutschen Stil, das deutsche Wesen, die große deutsche Vergangenheit gelten. Er sympathisiert mit allen Deutschen, wie die Deutschen den Polen zunehmend überschwänglich Sympathien bekunden. Lieder und Gedichte über Polen sind an Liedertafeln und in Wirtshäusern, auf Rheindampfern und in Kaschemmen zu hören. Gustav Schwab, Ludwig Uhland, Nikolaus Lenau, Justinus Kerner, August Graf von Platen preisen sie als ein gemartertes Volk von Helden, ohne viel über die Hintergründe zu wissen. Chopin fühlt sich geliebt, als Pole und als Künstler. Es wird ihn nicht bekümmern, dass der Ehrengast Hiller beim Oberbürgermeister wohnen darf und er sich nur ein kleines Zimmer leisten kann, er fühlt sich geborgen und heiter.

Als die Freunde seinen Namen nennen, wird er gefragt, ob er ein Bruder des berühmten Pianisten sei. Ja sagt er und beschreibt seinen Bruder, den Piansten: groß, stark, schwarzes Haar, mächtige Hände. Und freut sich, dass ihm geglaubt wird. Mendelssohn und Chopin erleben gemeinsam mit Hiller die Proben zu *Deborah*, den Erfolg der Aufführung, die Begeisterung, die solche vergessenen, in London erst wiederentdeckten barocken Meisterwerke auslösen. Zu dritt reisen sie von Aachen nach Düsseldorf, übernachten alle im Haus Mendelssohns, wo sie bis in den Morgen hinein am Klavier hängen. Kollegen, die einander nicht befehden, sondern befeuern, auch wenn sie einander von Kritik nicht verschonen. *Als Klavierspieler ist Chopin jetzt einer der allerersten*, schreibt Mendelssohn seiner Mutter. Er begeistert sich für Chopins *herrliches Klavierspiel* und *neuartige Klangeffekte*, bemängelt aber in den Werken der Freunde *eine gewisse Pariser Verzweiflungssucht und Leidenschaftssucherei*. Ihn stört, dass Chopin wie auch Hiller für seinen an der Klassik geschulten Geschmack zu sehr übertreiben, sich zu viele Freiheiten in den Tempi gönnen, nur um noch mehr Gefühl zu vermitteln. Doch er gibt zu, er sei sich, obwohl gleichaltrig, *wie ein Schulmeister* vorgekommen.

Dass ihn hier in Deutschland kaum einer kennt, Hiller dagegen berühmt ist, scheint Chopin nicht zu verletzen. Schließlich ist Hiller Deutscher von Geburt. Auch als sie zusammen mit Mendelssohn bei Friedrich Wilhelm Schadow, in Deutschland wegen seiner Porträts und allegorischen Szenen eine Größe, zu einem musikalisch umrahmten Diner eingeladen sind, bekommt Chopin zu spüren, wie wenig er hier gilt. Der Maler, jung den Nazarenern und der Italientrunkenheit anheimgefallen, hat das Schwärmerische abgelegt, ist schon vor acht Jahren zum Direktor der Düsseldorfer Kunstakademie ernannt worden. Nun, mit fünfundvierzig, weiß er, wie wichtig er selbst ist und wer sonst noch.

Der Flügel wird aufgeklappt. Ferdinand Hiller, Ehrengast des Musikfestes, spielt, nach ihm Mendelssohn, selbst ein Direktor vor Ort. Da bitten die beiden ihren Freund Chopin, auch etwas vorzutragen.

Die Idee kommt nicht gut an bei den Gastgebern. Will dieser schmächtige Gast, von dem Schadow noch nie etwas gehört hat, sich wichtig machen? Chopin wird, was Hiller nicht entgeht, mit *misstrauischen Blicken* gemustert. *Aber kaum hatte er einige Takte gespielt, als alle*

Anwesenden, Schadow vor allem, wie verwandelt auf ihn hinschauten – so etwas hatte man doch noch nie gehört. Entzückt verlangte man mehr und immer mehr.

Chopin fühlt sich schwerelos auf seiner Weiterreise nach Köln. *Ich bin heute so wie der Dampf in unserem Dampfschiff*, schreibt er an Regina Hiller, die Mutter Ferdinands, *ich löse mich in Luft auf, und ich fühle, wie ein Teil meines Ichs in mein Vaterland zu den Meinigen und der andere zu Ihnen nach Paris hochachtungsvoll spaziert, Sie in ihrem Kabinett trifft und ein schönes Kompliment macht.*

Als Dampf, der keine Hindernisse kennt, würde er sich vielleicht auch nach Polen begeben. Doch an eine wirkliche Reise denkt er nicht, die Familie hält er hin.

Chopin kehrt erfrischt zurück in seine Pariser Wohnung. Doch dort empfängt ihn die Heimat, die Vergangenheit.

Die Post kommt aus Genf, aber der Absender heißt Feliks Graf Wodziński.

Bilder aus der Kindheit dürften in ihm aufsteigen.

Die ganze Familie Wodziński war in Warschau mit den Chopins vertraut gewesen. Alle drei Söhne, Antoni, Feliks und Kazimierz, gingen auf das Lyzeum mit Fryderyk, waren zeitweise auch Pensionsgäste. Wincenty Wodziński, Vater der drei Brüder und der drei deutlich jüngeren Schwestern, Maria, Józefa, gerufen Józia, und Teresa, besitzt große Güter in Kujawien, rund um Thorn, auf beiden Seiten der Grenze, die dort seit dem Wiener Kongress Polen durchschneidet. Von Szafarnia aus hatte Fryderyk die Wodzińskis auf ihrem Landschloss besucht, eine Familie, ganz nach dem Geschmack von Justyna und Nicolas Chopin. Teresa Gräfin Wodzińska ist belesen, musikalisch und befreundet mit den berühmtesten Schriftstellern, Historikern und Dichtern des Landes, besonders mit den patriotischen. Die Wodzińskis sind *Szlachta* in unverwässerter Form. Antoni und Feliks, das hat Chopin erfahren, haben im Novemberaufstand mitgekämpft, sind dann im Herbst 1831 im letzten Augenblick den Russen und der Deportation nach Sibirien entkommen. Von den väterlichen Ländereien im preußischen Teil Polens aus hatten sie zusehen müssen, wie ihre Gesinnungsgenossen ermordet, verschleppt, zur Zwangsarbeit verurteilt wurden. Sie waren dann nach Berlin und von dort nach Dresden geflohen. Dorthin hatte sich bereits ihr Onkel gerettet, Maciej Graf Wodziński, Bruder ihres Vaters, ehemals Gesandter des Warschauer Großfürstentums und Kongresspolens, dann Senator, schließlich zum Wojwoden ernannt und als einer der hohen Militärs auf Seiten der Aufständischen vom Zar in Abwesenheit zum Tode verurteilt. Ein Mann, der keine Kompromisse kennt und auch nie kennenlernen möchte.

Dieser Name Wodziński … vieles wird in ihm für Chopin anklingen. Seine Erinnerung ist präzise. Wodziński, das ist Polen, das ist Nationalstolz, Wodziński, das ist Wehmut über die verlorenene Heimat.

Feliks Wodziński ist aber nur formal Absender. Was er Chopin zukommen lässt, stammt von Maria, der ältesten der drei Schwestern.

Mit ihr hatte Fryderyk im Haus der Pszennys, in der Metstraße, Verstecken gespielt. Ein blasses Kind mit dunklem Haar und dunklen Augen, recht erwachsen für sein Alter, aber eben ein Kind. Damals, in der Heimat, hatte Chopin Maria unterrichtet, ein paar Mal, als es sich so ergab. Sie hatte seine Lieder nach Gedichten des Freundes Witwicki gesungen, er hatte sie begleitet. Maria war damals schon begabt und lernbegierig. Lange ist das her. Elf war sie gewesen, als er Polen verließ. Was wohl aus ihr geworden ist?

Teresa Wodzińska ist mit Söhnen und Töchtern nach Genf gezogen, als ihr Ehemann überraschend erklärt hatte, er müsse auf seine kujawischen Besitzungen zurückkehren. Dass die Gräfin nun dort, in der französischen Schweiz, einen Salon führt, in dem die besten Literaten Polens verkehren, wird Chopin wohl über die Nachrichtenbörse im Hause Czartoryski erfahren haben. Es sind teilweise dieselben, die hier in der Literarischen Gesellschaft, deren Mitglied er ist, auftreten: allen voran Adam Mickiewicz, seit diesem Jahr mit Celina, der Tochter der großen Pianistin Maria Szymanowska verheiratet, aber auch Zygmunt Krasiński und Juliusz Słowacki. Als Chopin die Sendung aus Genf öffnet, findet er einen Brief und Noten. Ein Walzer, von Maria komponiert.

Ist es die Sehnsucht nach der Heimat? Sind es Gewissensbisse, denen daheim zu wenig beigestanden zu haben, politisch wie privat? Ist es das Gefühl, die Heimat hole ihn ein, und das sei Schicksal? Aleksander Hoffmann, mit dem Chopin ein Jahr zusammenwohnte, hat sich selbständig gemacht, an seiner Stelle ist der Intimfreund Jan, *Jaś* Matuszyński in der Rue de la Chaussée d'Antin 5 eingezogen. Wieder einer, der getan hat, was er sollte, im Gegensatz zu Chopin; einer, der im Novemberaufstand an der Front gestanden hatte. Jetzt hat er in Württemberg, dem wärmsten Nest für polnische Exilanten, sein Medizinstudium beendet und ist als Doktor der Medizin und der Chirurgie nach Paris gekommen, wo er an der *École de Médecine* eine Stelle antreten soll. Ein Wohngenosse, der Pole und Arzt ist, wie gehabt. Einer, der Chopin umsorgen wird, wie der es erwartet. Ist es Jaś, verkörperte Vergangenheit und Heimat, der in seinem Freund so starke Gefühle freisetzt?

Chopins Reaktion auf den Brief Marias ist ungewohnt für ihn. Erhält ein prominenter Komponist wie er ungefragt Hervorbringungen von komponierenden Damen, mit denen er keinen Umgang pflegt, legt er sie üblicherweise ab, ohne ein Wort darüber zu verlieren. Ein Kavalier schweigt.

An demselben Tag jedoch, an dem er die Post von Maria Wodzińska geöffnet und deren Walzervariationen wohl zu Hause bereits einmal durchgespielt hat, ist er in einen der großen Salons eingeladen und wird ans Klavier gebeten. Chopin improvisiert. Nicht über ein eigenes Thema, auch nicht über ein polnisches Volkslied oder einen der Gassenhauer aus Opern von Meyerbeer, Rossini oder Bellini. Seine Finger spüren auf den Tasten dem Thema der Maria Wodzińska nach.

Verrät er den Zuhörern, wessen Einfall er hier würdigt?

Maria verrät er es, jedoch nicht direkt. Chopin hält sich an die Etikette und richtet seinen Antwortbrief an Feliks, den Bruder. *Deine Schwester war so nett, mir ihre Kompositionen zu schicken*, schreibt er ihm am 18. Juli 1834. *Das hat mich unsäglich gefreut, und ich habe noch am selben Abend in einem der Salons hier über das wunderhübsche Thema von Marynia improvisiert.* Aus seinem Mund ließe ein solches Kompliment jede seiner Pariser Klavierschülerinnen rot oder blass werden oder beides. *Ich nehme mir die Freiheit*, schreibt Chopin weiter, *meiner geschätzten Kollegin Mademoiselle Marie einen kleinen Walzer zu schicken, den ich veröffentlichen werde. Möge er ihr ein Hundertstel des Vergnügens bereiten, den mir ihre Variationen gemacht haben.*

Beigepackt ist Chopins Walzer in Es-Dur. Noch im selben Jahr erscheint er als Opus 18, *eine hommage à Mlle. Maria Wodzińska de la part de son ancien professeur FF Chopin.*

Die Sehnsucht nach der fernen Geliebten hat ihn gepackt, bevor sie eine Geliebte ist. Die Familie hat ihn verloren. Das Jahr geht zu Ende, in Warschau erfahren die Eltern, die Schwestern, der Schwager, die alten Lehrer nicht mehr von ihm, als in Zeitungen steht oder in der Post von Freunden und Bekannten. *Bitte Deinen guten Freund Jan, er solle an uns schreiben*, bettelt der Vater im Dezember verzweifelt, *und Du unterschreibst nur.* Doch auch für Unterschriften hat Chopin keinen Sinn. Wovon er träumt? Der *verehrten Mutter* von Maria Wodzińska zu danken und *ihrer gütigen Einladung zu folgen.*

IX
Badeorte, Sehnsuchtsorte

Erlebnisse in Enghien, Karlsbad und Dresden

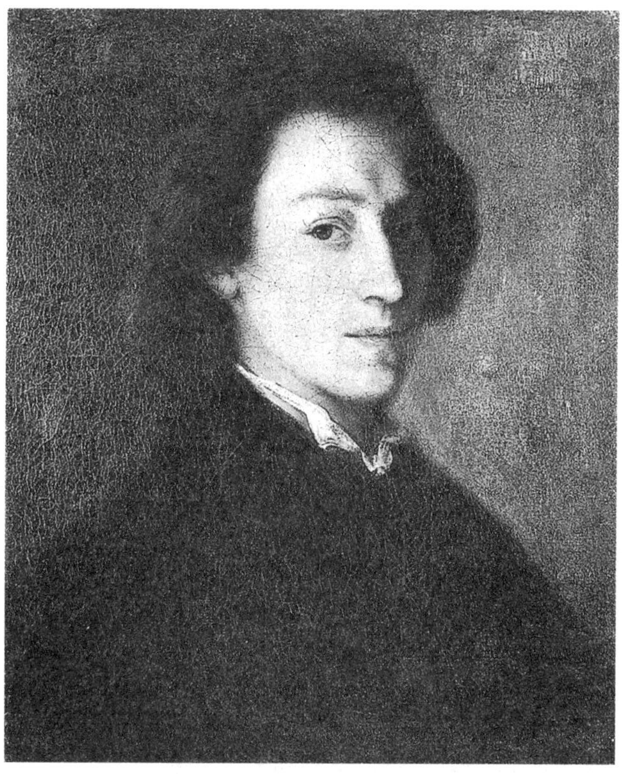

Frédéric Chopin (?), um 1832.
(Ölgemälde, vermutlich von Ary Scheffer).

𝄞

Wo er in diesem Frühsommer 1835 viele Abende verbringen möchte, wird Chopin den meisten verschweigen. Nicht wegen des offiziellen Reiseziels Enghien, sondern weil zu viele seiner Bekannten wissen, wer dort ganz in der Nähe wohnt und ihn mit Bewunderung beobachtet. Einer Bewunderung, die nicht nur dem Musiker, sondern auch dem Mann Chopin gilt.

Enghien, unweit von Paris gelegen, ist anerkannt als Badeort, ebenso wie gesellschaftlich: Sogar Delfina Potocka, verwöhnt und welterfahren, hat die Thermalquellen dort empfohlen. Verordnet wurde Chopin die Kur von Jaś Matuszyński, Freund, Wohngenosse und unbezahlter Hausarzt. Warum Frédéric dringend der Erholung bedarf? Öffentlichen Auftritten hat er sich in diesem Jahr bisher zwar viermal ausgesetzt, aber immer eingebettet in große Programme und jedes Mal mit Wohlwollen kommentiert. Anstrengende Reisen hat er nicht absolviert, vom Druck finanzieller Nöte scheint er befreit durch die wachsende Zahl vermögender privater Schüler, und neue Werke hat er sich noch kaum abgerungen. Mag sein, dass es die seelischen Umtriebe sind, die ihm derzeit zusetzen. Liszt ist als Kollege hilfreich, als Pianist beneidenswert; im April hatte er einige unveröffentlichte Etüden Chopins mit großem Erfolg aufgeführt. Als Freund zehrt er an Frédérics Kräften. Marie d'Agoult beschwört zwar gern ihre Liebe zu Liszt, doch Chopin wäre wohl ihre erste Wahl gewesen. Hat sie sich nur, weil der sich beharrlich verweigerte, für Liszt entschieden? Ihre Annäherungsversuche haben Chopin nicht behelligt, die Folgen ihrer Manöver durchaus. Liszt hat sich in die Offensive begeben. Er führt vor, wie viele andere Frauen in Paris für ihn in Frage kämen. Um was für Damen es sich dabei handelt, kann Frédéric, der mit dem Freund regelmäßig in öffentlichen Sälen wie privaten Salons auftritt, mit ihm Theateraufführungen, Konzerte, die Oper und Diners besucht, nicht entgehen.

Liszts Geschmack muss Chopin irritieren. Was findet er nur an einer wie dieser Schriftstellerin? Eine wenig gefällige Erscheinung mit breiten Hüften, schwerem Kinn, wulstigen Lidern, kurzen Beinen, gerade eineinhalb Meter hoch. Jeder kennt sie oder zumindest ihren Namen, der in einem Atemzug mit dem von Balzac, Dumas *père* und Hugo genannt wird: George Sand. Dass sie eigentlich Amantine-Lucile-Aurore Dupin Baronesse Dudevant heißt, wissen die Leser nicht. In nächster Nähe von Marie d'Agoult, am Quai de Malaquais, bewohnt sie eine Mansarde, deren Wände mit blauem Stoff bespannt sind. Dort verkehren Kritiker wie Saint-Beuve, Dichter wie Balzac, Heine oder Prosper Mérimée, eine Zeitlang ihr Liebhaber, Theaterleute wie die Schauspielerin Marie Dorval, Komponisten und Musiker wie Liszt, aber auch ein Mann wie Lamennais, Philosoph und katholischer Priester, wegen seiner Theorien allerdings mit dem Kirchenbann belegt, der sich an dem Lebenswandel von George Sand so wenig zu stoßen scheint wie an dem ihrer Freundin Marie d'Agoult. Da Liszt selbst zugibt, der Einzige, mit dem er über alles reden könne, sei Chopin, wird er ihn eingeweiht haben, dass er für diese Frau schwärmt. Wie Marie ist sie deutlich älter als er, wie Marie ist sie verheiratet, lebt aber von ihrem Mann getrennt, wie Marie ist sie Mutter zweier Kinder, wie Marie ist sie erschreckend gebildet und von Adel. Und wie Marie schert sie sich nicht im Geringsten darum, was andere über ihren Lebenswandel denken. Seit letztem Sommer ist das Liebesleben dieser Frau mehr denn je Stadtgespräch. Davor schon war es für Bürger, die es dem Bürgerkönig recht machen, ein Skandal, dass die Baronesse ihren Mann für einen Liebhaber namens Jules Sandeau hatte sitzen lassen – einen Jurastudenten, dem sie nachts durchs Fenster Zugang zu ihrer Wohnung gewährte, mit dem sie zusammen hauste und gemeinsam belletristische Beiträge unter dem Pseudonym J. Sand veröffentlichte. In einer Stadt, wo jede weibliche Person, die allein ein Café betritt, als käuflich gilt, fordert diese Schriftstellerin seit Jahren die Hüter der Moral heraus. Schließlich wird in Frankreich der Ehebruch des Mannes hingenommen, einer Frau jedoch ist er offiziell verboten. Nicht allein, *dass* die Baronin in der Geschwindigkeit von Balzac Romane schreibt – *worüber* sie Romane schreibt, macht sie zum Thema der Gerüchte. Wie viele von den sexuellen Abenteuern und Wünschen ihrer Heldinnen sind ihre eigenen? Mutmaßungen kursieren auch darüber, warum sie sich anzieht wie ein Mann, Pfeife, Zigarren oder Zigarillos raucht wie ein Mann und sich nennt wie ein Mann. Es heißt, sie verhandle auch wie ein Mann mit ihren Verlegern. Sie braucht das Geld, denn von Liebhabern nimmt sie keines, die werden meistens von ihr versorgt. Das hat sich herumgesprochen. Möglicherweise hilft das manchen anderen Frauen, sich zu erklären, warum diese George Sand die begehrtesten Männer auf ihr Lager zu ziehen vermag. Im Sommer 1833, als sie über Nacht mit *Lélia* zu Ruhm und hohen Einkünften gelangt war, hat sie ein Verhältnis mit Alfred de Musset angefangen. Gleichalt wie Chopin, hat er in seinen Theaterstücken, seinen Erzählungen, seinen Gedichten so ausgiebig die romantische Liebe gefeiert, dass er als deren Verkörperung gilt. Im wirklichen Leben frönt er Exzessen, alkoholischen wie erotischen, doch das kratzt nicht an der Politur dieser glänzenden Erscheinung. Musset hat sich selbst zum Idol geformt.

Ein Mann, der in Paris etwas gelten will, muss sich in Szene setzen können. Chopin inszeniert sich wie ein gelangweilter Marquis. Blau- und Grautöne, feines Schuhwerk bei jeder Witterung, teure Stoffe, weiße Handschuhe, vollendete Manieren, die Stimme gedämpft, die Bewegungen geschmeidig. Musset setzt auf Theatralik. Eine Vorliebe für weite dunkle Capes, darunter eng anliegende Hosen, die seine Figur betonen, ein verschatteter Gesichtsausdruck im marmorblassen Gesicht, kinnlanges rötlich blondes Seidenhaar, ein sorgsam gestutzter rötlich blonder Bart.

Chopin kennt Musset und die Baronesse bisher nur aus der Ferne. Liszt kennt George Sand aus der Nähe und will sie noch näher kennenlernen, obwohl er weiß, dass ein enger Umgang mit ihr dem Ruf schadet. Diese Herren Balzac und Musset, die mit ihr im Café *Le Procope* im Quartier Latin verkehren, sind ebenso wenig Chopins Geschmack. Letztes Frühjahr war Musset von einer Liebesreise mit der Baronesse nach Venedig allein nach Paris zurückgekehrt; sie war dann im Sommer mit einem venezianischen Arzt namens Pietro Pagello aufgetaucht, dessen Naivität man geschmacklos fand. Anschließend hatte sie sich mit Musset rauschhaft versöhnt, um im letzten Winter endgültig mit ihm zu brechen. Chopin möchte mit dieser Sand nichts zu tun haben, mit ihrem ganzen Umfeld nicht. Liszt steckt bereits mittendrin. Nicht nur Musset, heißt es, sei eifersüchtig auf Liszt, auch Michel de Bourges, ein für seinen Frauenverschleiß bekannter Rechtsanwalt, der seit

Monaten George Sands Interessen bei ihrer Scheidung von Baron Dudevant vertritt. Sie sind eifersüchtig, obwohl Marie d'Agoult, erheblich schöner, eleganter, weiblicher als die Sand, offiziell als Liszts Geliebte gilt. Was macht diese Sand für sie begehrenswert?

Liszt hatte George gestanden, wie oft, wenn er auf dem Weg von oder zu seiner Geliebten an dem *frisch getünchten Haus am Quai Malaquais vorbeigekommen* sei, sein *Herz sich vor Schmerz und Traurigkeit zusammenzog*. Sie hatte im April geantwortet: *Kommen Sie und klopfen Sie an meiner Tür, wenn es Ihnen Spaß macht, und wenn nicht, so werde ich Ihnen nicht zürnen, wenn aber ja, werde ich Sie deshalb noch mehr lieben.*

Liszt reagierte umgehend: *Ich muss Sie unbedingt wiedersehen und Ihnen prosaisch und dumm sagen, dass ich Sie liebe.*

Die Mitwisserschaft bei solchen Turbulenzen ist keine geeignete Rolle für einen Mann wie Chopin.

Nach außen hin haben sich die Fronten jedoch geklärt. Am 26. Mai 1835 hatte Marie d'Agoult ihrem Ehemann mitgeteilt, sie werde ihn verlassen und demnächst in die Schweiz aufbrechen. Als Grund für die Zerrüttung der Ehe nannte sie den Tod ihrer älteren Tochter, die einer Hirnhautentzündung erlegen war. Dass sie im dritten Monat schwanger war, hatte Marie verschwiegen. Anfang Juni war Liszt dann zu ihr nach Basel gereist.

Chopin will ebenfalls hinaus aus Paris. Es gibt Gründe genug, die Stadt zu fliehen. Seit dem Frühling des letzten Jahres hat sie jene Lebensfreude eingebüßt, die im Herbst 1831 Chopin bei seiner Ankunft berauschte. Nachdem die Streiks im Februar 1834 den Arbeitern nichts eingebracht hatten und dann ein Gesetzesentwurf bekannt wurde, der ihnen jede Art von Zusammenkünften verbieten wollte, hatten sich die Weber von Lyon gemeinsam mit der Gesellschaft für Menschenrechte zum nächsten Aufstand verschworen. Sofort hatte die Armee die Stadt und die Brücken besetzt und das Feuer auf Unbewaffnete eröffnet. Daraufhin hatten organisierte Arbeiter die Kaserne gestürmt und sich in einem befestigten Lager verschanzt. Mit einem Massaker hatte nach einer Woche der Aufstand geendet, mehr als sechshundert Tote waren verscharrt worden. Von Lyon aus hatte die Protestbewegung auf Paris übergegriffen. Als ruchbar wurde, in der Rue Transnonain habe sich eine Miliz verbarrikadiert, hatte General Bugeaud beschlossen, den

Aufstand so rasch wie möglich niederzuschlagen. In der Nacht vom 14. auf den 15. April 1834 nahmen die Soldaten aus dem Hinterhalt das verdächtigte Haus blindlings unter Beschuss. Am nächsten Morgen waren dort die Leichen von zwanzig Unschuldigen, fast alles Frauen, Kinder und Greise, entdeckt worden, im Schlaf von den Geschossen zerfleischt. Dass daraufhin hundert Militärs vor Gericht gestellt worden waren, hatte nur die Oberfläche beruhigt, darunter brodelte es.

Noch im selben Monat waren die Aufständischen in einem großen Schnellverfahren in Paris zu schweren Kerkerstrafen oder zur Deportation verurteilt worden. Seither kam Paris nicht mehr zur Ruhe. Louis Philippe hatte seine Spaziergänge aufgegeben, diese Zurschaustellungen seiner Beliebtheit. Die Hinweise auf ein geplantes Attentat haben sich in den letzten Wochen verdichtet. Eine eisengepanzerte Kutsche Napoléons ist aus der Remise geholt worden. Der König weiß, dass gegen ihn Verschwörungen im Gange sind. Das Misstrauen auf allen Seiten ist spürbar. Die Menschen befinden sich in dauernder Anspannung. Paris ist aufs Äußerste gereizt.

Es gibt auch genügend Argumente für Chopin, nach Enghien zu fahren. Im nahen Puteaux hält sich der gesundheitlich schwer angeschlagene Bellini auf, den Frédéric flüchtig kennt, aber endlich näher kennen lernen wollte – spätestens seit der Premiere von *I Puritani* im Januar ist er in Paris einer der Könige des Musiktheaters. In Montmorency, ebenfalls nahe bei Enghien gelegen, ist eine kleine polnische Kolonie gewachsen, und dass Chopin sich mit den Landsleuten solidarisch erklärt, kann keiner bezweifeln: Erst am 4. April 1835 hat er, wieder einmal unentgeltlich, im *Théâtre Italien* bei einem Wohltätigkeitskonzert für polnische Flüchtlinge gespielt. Doch einen Beweggrund für die Reise nach Enghien duldeten die konservativen unter Chopins Gönnern, Bekannten und Freunden kaum: dass er in Saint-Gratien auf dem Schloss von Astolphe Marquis de Custine konzertiert.

Schon im März hat Chopin den Marquis in dessen Pariser Wohnung kennen gelernt, auf einem Diner, bei dem Victor Hugo mit am Tisch saß. *Sie gehören zu den Freunden, die man liebt*, hat der Marquis ihm daraufhin anvertraut. Eine Bemerkung, die harmlos wäre, käme sie nicht von Custine.

Eigentlich ist er ein Mensch, der Bewunderung und Mitleid verdient. Bewunderung für seine Bildung, seinen Stil, seine Vielseitigkeit und seine Eleganz; Mitleid aus vielen Gründen. Astolphe de Custine war erst drei Jahre alt, als im August 1793 sein Großvater, der im Feld geschlagene General Adam-Philippe de Custine, hingerichtet worden war; kein halbes Jahr später, im Januar 1794, hatte sein Vater Armand das Schafott bestiegen. Auch die Mutter von Astolphe, die Marquise Delphine, trug den Nimbus einer Heldin; unter größten Risiken hatte sie ihren Ehemann zu retten versucht, obwohl sie ihn nie geliebt hatte, und war eingekerkert worden. Durch einflussreiche Helfer aus dem Gefängnis befreit, war es ihr gelungen, das beschlagnahmte Vermögen zurückzugewinnen. Dass Delphine de Custine dann eine von Chateaubriands zahlreichen Mätressen geworden war, fand kaum jemand ehrenrührig, denn dem dichtenden Diplomaten wurde fast alles zugestanden. Und dass sie ihren Sohn Astolphe vor dem Militärdienst unter Napoléon bewahrte, indem sie mit ihm und einem intimen Arztfreund ausgiebig Italien bereiste, wird unter dem Bürgerkönig eher positiv bewertet. Mitleid hat Astolphe auch für sein eigenes Schicksal verdient. 1821, mit Anfang dreißig, hatte er, von der Mutter bedrängt, geheiratet, doch bereits zwei Jahre später war seine Frau gestorben. Die Ehe hatte durchaus als glücklich gegolten. Aber als der kleine Sohn wiederum zwei Jahre später starb, hatte der Marquis die Anteilnahme der meisten Menschen in Paris bereits verscherzt. Ende Oktober 1824 war er in der Nähe von Saint-Denis bewusstlos aufgefunden worden. Sein Körper war von Wunden übersät und nackt. Die Täter hatte die Polizei bald gefasst: Offizierskadetten bekannten sich zu dieser Demütigung. Sie hatten Custine beim Rendezvous mit einem ihrer Kameraden ertappt. Seither führt der Marquis, mittlerweile fünfundvierzig, im Windschatten des Skandals ein Leben, wie es ihm gefällt. Seine Jahresrente befreit ihn von banalem Gelderwerb, angeblich beläuft sie sich auf 600000 englische Pfund. Was über ihn, seine Freunde, seine Feste geredet wird, kümmert ihn nicht mehr. Aber Chopin muss es kümmern; die Avancen des Marquis sind nicht übersehen worden. Er hat zwar nicht auf Saint-Gratien Quartier bezogen, sondern sich in einer Pension bei Enghien, still an einem kleinen See gelegen, eingemietet. Dennoch ließen sich Mutmaßungen kaum unterdrücken, würde bekannt, dass er bei Custine privat verkehrt und regelmäßig auf dessen Schloss in intimem Kreis auftritt. Es ist in Paris bekannt, dass Custine auf seinem

Schloss in Saint-Gratien mit einem schönen jungen Engländer namens Sainte-Barbe zusammenlebt und viele schöne junge Männer zu seinen bis ins Detail inszenierten Einladungen erscheinen. Angesehene Besucher und Freunde von Rom bis Berlin, von Zacharias Werner bis zu Rahel und Karl August Varnhagen, können Custines Zirkel nicht von dem Anrüchigen befreien.

Der Kururlaub verläuft jedoch in Ruhe und Verschwiegenheit, bis Chopin eine unerwartete Nachricht aufstört: Seine Eltern werden demnächst Polen verlassen, um in Karlsbad einen Kuraufenthalt zu verbringen. Das ist nicht nur eine Gelegenheit, das bedeutet für Frédéric die Verpflichtung, dorthin zu fahren, nachdem er sich seit vier Jahren niemals um ein Visum in die Heimat bemüht und seinen Pass nicht verlängert hat, also nicht mehr nach Warschau reisen kann. Zurück in Paris erfährt er von Antoni Wodziński, dass außer ihm selbst die ganze Familie den Genfer Wohnsitz aufgeben und nach Dresden ziehen werde. Schon im Juni hatte Teresa Gräfin Wodzińska, die Mutter der drei Warschauer Schulfreunde und dreier Töchter angekündigt, lang werde sie mit ihren Kindern nicht mehr in der Schweiz bleiben. Wieder hatte sie sich eine Begegnung mit Chopin und einen Liebesdienst erbeten: Wenn möglich solle ihr Chopin Autogramme von den Pariser Berühmtheiten beschaffen, an die er, selbst eine Berühmtheit, leicht herankomme. Sie hoffe, ihn auf dem Weg von der Schweiz nach Sachsen in Paris zu treffen.

Daraus ist nichts geworden, doch von Karlsbad nach Dresden wäre es nicht weit.

Hat Chopin in den polnischen Salons, wo über die adligen Landsleute im Schweizer Exil geredet wird, erfahren, was aus der kleinen Maria geworden ist, die er als Zehn-, Elfjährige zum letzten Mal sah? Hat jemand Chopin hinterbracht, dass Maria Wodzińska mit sechzehn schon viele Verehrer hat, zu denen nicht nur der französische Konsul in Genf gehört, sondern auch jener Juliusz Słowacki, mit dem er sich trotz der Ähnlichkeit oder gerade deswegen auf Anhieb schlecht verstanden hatte? Der Dichter hat seine Bewunderer in den polnischen Kreisen von Paris, und dort verkehren viele, die zwischen Frankreich und der französischen Schweiz hin- und herreisen. Es hat sich herumgesprochen, dass Słowacki, wie die Wodzińskis seit 1832 in Genf zu Hause, jeden Tag bei der Familie auftaucht, mit Mutter wie Geschwistern Spaziergänge und Ausflugsfahrten unternimmt und seine Leidenschaft für Maria bereits in Versen festgehalten hat. *W Szwajcarii – In der Schweiz* heißt das Gedicht, eine in Naturschwärmerei verpackte Liebeserklärung.

Chopins Gefühlsleben scheint bewegt zu sein. Vor vier Jahren hatte er ein Solostück in g-Moll skizziert, das er Ballade nannte, zum ersten Mal in der Musikgeschichte wurde damit diese Bezeichnung für ein Instrumentalwerk verwendet. Vorbild waren wohl die Balladen eines Mickiewicz, in denen es zwar nicht wie in den *balades* der Troubadoure um Liebe geht, die aber wie alle Balladen eine Geschichte erzählen. Dazu vollendet er das Fragment. Einfach und feierlich beginnt die Ballade, als kündige ein Troubadour an, wovon er berichten wird. Leid und Geheimnis schwingen mit. Dann nimmt die Spannung ständig zu, Dissonanzen beunruhigen, Spannung baut sich auf; Tempo, Takt, Ausdruck ändern sich überraschend, Stimmungswechseln gleich; eine Melodie betört unwiderstehlich, die Spannung löst sich, um kurz danach wieder anzuwachsen. Dicht liegen hier Schmerz und Lust beieinander, auf den Höhenflug folgt der Absturz, dann ein neuer Aufstieg. Erregung entlädt sich in Gefühlsausbrüchen. Keine Episode, ein Schicksal erzählt diese Ballade. Bekennt sich darin Chopin zu einer Leidenschaftlichkeit, die er sich nicht anmerken lassen will? Oder ist es nur die Sehnsucht nach Leidenschaft, die sich hier äußert?

Sein Entschluss zu reisen steht fest. Nach den Feiern zum Jahrestag der Julirevolution, wo auch in polnischen Salons zum Zeichen der Verbrüderung Diners und Bälle gegeben werden, will er aufbrechen. Am 28. Juli bewegt sich der Festzug mit Louis Philippe über den Boulevard du Temple. Da zerreißen Schreie die Klänge der Militärkapelle. Ein Kugelhagel prasselt auf die Escorte nieder. Marschall Mortier stürzt blutend zu Boden, Begleiter des Königs brechen von Geschossen zerfetzt zusammen.

Schnell ist der Attentäter gefasst: Giuseppe Marco Fieschi. Der Korse, der sich als politischer Märtyrer ausgegeben und damit Anstellungen erschlichen hatte, in der korsischen Heimat zudem wegen diverser Diebstähle zu einer mehrjährigen Gefängnisstrafe verurteilt worden war, ist der Polizei bereits bekannt. Mit seinen Komplizen war es ihm gelungen, eine selbstgebaute Höllenmaschine aus fünfundzwanzig Gewehrläufen, die mit gehacktem Metall geladen und mit überhöhtem Hebedruck abgefeuert wurden, im zweiten Stock eines Hauses am Boulevard genau dort in Stellung zu bringen, wo der König bei der Besichtigung der Nationalgarde vorbeikommen musste. Der hat nur leichte Verletzungen davongetragen, aber achtzehn Menschen sind umgekommen. Die Stadt ist erfüllt von unerträglicher Anspannung.

Am 4. August verlässt Frédéric Chopin Paris Richtung Karlsbad. Seinen Eltern hat er nicht mitgeteilt, was er plant. Sie sollen überrascht werden. Am 15. August kommt er in Karlsbad an. Er stößt auf Zawadski, einen polnischen Bekannten aus Warschau, fragt ihn nach Mutter und Vater, die längst da sein müssten, aber Zawadski weiß von nichts. Weil keiner eingeweiht war in Frédérics Reisepläne, hatte ihm auch keiner mitgeteilt, dass sich der Aufbruch seiner Eltern verzögert hatte: Ludwika ist am 22. Juli von ihrem zweiten Kind entbunden worden, einer Tochter. Justyna und Nicolas Chopin kommen daher erst an demselben Tag an wie ihr Sohn und lassen sich durch den Ort fahren, um nach einem Hotel Ausschau zu halten, das ihnen behagt. Da fällt ihnen eine Kutsche auf, die zur Abreise bereit steht. Sie erkennen den Wagen: Es ist der eines Freundes aus Warschau namens Danielski. Die Chopins halten an, übernehmen sofort Danielskis Quartier, der mit seiner Familie nach Teplitz weiterreist. Dann durchforsten sie die aktuelle Gästeliste von Karlsbad nach weiteren Bekannten, stoßen auf einen namens Zawadski und beschließen, sich bei ihm zu melden. Am nächsten Morgen um vier Uhr reißt lautes Klopfen die Chopins aus dem Schlaf. Zawadski steht vor der Tür. Dass er derartig früh unangemeldet erscheint, ist entschuldbar: Am Tag davor hatte er zusammen mit Frédéric stundenlang Karlsbad durchkämmt auf der Suche nach Mutter und Vater. An diesem 16. August ist in der Kurliste folgender Eintrag zu lesen: *Herr Friedrich Chopin, Professor aus Paris, wohnhaft zur Goldenen Rose, Sprudelgasse.* Am selben Tag verfassen die drei Chopins bereits einen mehrseitigen Brief an Ludwika, Izabela und ihre Ehemänner. Chopin bemüht dieses Mal nicht seinen Wortwitz, er braucht im Grunde nur ein Wort: Glück. *Das Glück zu genießen, das wir erleben, ist das einzige, was ich heute kenne*, vermeldet Frédéric nach Warschau; *verzeiht mir, dass es mir nicht möglich ist, die Gedanken zu sammeln und etwas anderes zu schreiben, als dass wir in diesem Augenblick glücklich sind; dass ich immer nur die Hoffnung hatte – heute indes die Verwirklichung dieses Glückes und Glückes und Glückes erlebe.* Dass sein Vater wegen seiner gesundheitlichen Beschwerden nach Karlsbad auf Kur geschickt wurde, ist kein Thema für Chopin. Er genießt es, dass die Eltern *immer dieselben* sind, *nur etwas gealtert*. Chopin liebt es, wenn sich nichts verändert. *Dieselben Gewohnheiten, dieselben Bewegungen, mit denen ich aufgewachsen bin.* Gelingt es ihm, dem Vater zu erklären, warum er jeden Versuch, in die Heimat zurückzukehren, vermieden hat? Oder schwemmen die *Freudentränen*, von denen Nicolas seinen Töchtern berichtet, alle Vorwürfe weg? Offenbar nicht, denn Frédéric berichtet den Schwestern: *wir trinken, essen zusammen – liebkosen einander – schelten einander.* Die drei Chopins wohnen samt dem aus Warschau mitgebrachten Diener in der Pension *Goldene Rose* und verbringen die Tage wie in einem Kokon. Was die Zensur in Briefen zu sagen unmöglich gemacht hat, können sie einander nun anvertrauen.

Doch zwei Menschen, denen sie in Karlsbad irgendwo in den Wandelhallen begegnen, dringen ein in die Intimität. Einer beschwört die Vergangenheit herauf: Adalbert Gyrowetz. Es war sein Klavierkonzert, das der noch nicht einmal achtjährige Fryderyk bei seinem ersten öffentlichen Auftritt gespielt hatte. Über siebzehn Jahre ist es her, dass er mit seinem weißen Kragen im Palais der Radzwiłłs am Klavier saß und ein Publikum gebannt hat, das nun in alle Winde zerstreut ist. Der andere steht für Gegenwart und Zukunft: Franz Anton Graf Thun-Hohenstein, dessen beiden Söhne Friedrich und Leopold, der eine gleich alt, der andere ein Jahr jünger als Chopin, bei ihm in Paris Unterricht genommen haben. Auch deren Schwester würde gerne wenigstens von ein paar Stunden beim Meister erzählen können.

Am 6. September brechen die Chopins mit dem Grafen Thun und einem seiner Söhne gemeinsam Richtung Teplitz auf. Der Graf hat sie eingeladen, den Urlaub um ein paar Tage auf seinem Schloss Tetschen zu verlängern, hoch über jener Stelle gelegen, wo Elbe und Polzen zusammenfließen.

Ein Gehäuse, wie Chopin es schätzt. Die Maschinerie des Hofstaates läuft geräuschlos, er wird umsorgt, bewundert, geliebt.

Im Schlafzimmer von Franz Anton und seiner Frau Maria Theresia, einer geborenen Gräfin Brühl aus Dresden, befindet sich seit deren

Heirat bereits ein Gemälde, über das viel geschrieben und gestritten wurde, Caspar David Friedrichs *Kreuz im Gebirge*: Natur als Religion. Die Form des vergoldeten Rahmens, der nach Angaben des Malers angefertigt wurde, erklärt das Landschaftsbild zu einem Andachtsbild. Angeblich war es ursprünglich für die Schlosskapelle gedacht. Ist es Zufall, dass Graf und Gräfin Thun den Maler Friedrich und den Komponisten Chopin gleichermaßen verehren? Friedrich wie Chopin suchen ihren Gott nicht in der Kirche, vielmehr dort, wo sie sich ihm nahe fühlen. Zu Gott in der Kirche zu beten, das hat Chopin, seit er in Paris lebt, aufgegeben. Hatten seine nächtlichen Angstfantasien in Stuttgart ihn abrücken lassen von jenem Glauben, in dem ihn seine Mutter erzogen hatte? *O Gott, gibt es Dich überhaupt? Ja, es gibt Dich, und Du rächst uns nicht*, hatte er damals geklagt und gebetet: *Gott, mein Gott, schicke ein Erdbeben, damit es die Menschen dieser Welt verschlinge.* Sein Gott war jener der Kindheit geblieben, einer der helfen und vergelten soll. Mit dem Abschied aus Warschau hat Chopin auch die regelmäßigen katholischen Rituale aufgegeben.

Der Abschied der Eltern, die Schloss Tetschen am 13. September verlassen, um über Breslau nach Warschau zurückzukehren, greift sogar die Gastgeber an. Schon während des Mittagessens beobachtet die Gräfin Thun, dass Justyna ihre Tränen nicht mehr zurückhalten kann. Kaum sind die Eltern weg, schließt sich Chopin in sein Zimmer ein und verlässt es nicht mehr bis zum nächsten Morgen. Jetzt vermag ihn nichts und niemand mehr zu locken, auch nicht die Schwester seiner beiden Schüler, der er am 15. September die erste Fassung des As-Dur-Walzers widmet, später als Opus 34, Nummer 1 veröffentlicht. Chopin drängt es nach Dresden. Einer der beiden jungen Grafen besteht darauf, ihn in seiner privaten Reisekutsche dorthin zu bringen.

Seine Eltern haben Frédéric schon von der ersten Station geschrieben. *Wir haben die Tränen der Trennung getrocknet in der Hoffnung, dass Gott uns die Freude eines Wiedersehens gewähren wird.* Sie haben verstanden, dass er nicht unbedingt Vater und Mutter braucht, um sein wichtigstes Bedürfnis zu stillen. *Wir sind ruhig, weil Du geliebt wirst.* Vier Tage nach Justyna und Nicolas Chopin verlassen die beiden jungen Männer gemeinsam Schloss Tetschen, am 19. September kommen sie in Dresden an und mieten sich im Hotel *Stadt Gotha* in der Schloßstraße ein, zentral gelegen.

Die Wodzińskis haben, vermutlich durch ihren Sohn Antoni, bereits erfahren, dass Chopin sich mit seinen Eltern in Karlsbad getroffen hatte. Nun endlich bietet sich Teresa Wodzińska die Gelegenheit, den lang Vertrauten als Berühmtheit in die Kette ihrer Salongäste einzugliedern.

Bereits am ersten Abend ist Chopin Gast bei der Gräfin, die hier mit fünf ihrer sechs Kinder eine große Wohnung in der Rampischen Straße, direkt hinter der Frauenkirche, bezogen hat. Vielen der polnischen Familien, die Frédéric bei seinem letzten Besuch kennengelernt hat, begegnet er nun wieder, doch Gräfin Wodzińska macht Chopin auch mit einem Landsmann bekannt, der erst vor kurzem hier gestrandet ist: mit ihrem Schwager Maciej Wodziński, zu dem sie in Dresden Mathias Wodzinsk sagen. Der Dreiundfünfzigjährige ist durch die Flucht nach Dresden der Hinrichtung entkommen. Glücklich kann ein Patriot wie er in der Fremde jedoch nicht sein. Verheiratet ist er, Kinder von seiner Gattin hat er keine, dafür einen Sohn von deren Kammerdienerin. Auch in sein Palais wird Chopin sofort eingeladen. Maciej Wodziński entgeht so wenig wie seiner Schwägerin, dass Frédéric und Maria bei jeder Gelegenheit zusammenkleben. Sie wirkt durch ihr gesetztes Wesen älter als sie ist. Groß, schmal, weißhäutig, schwarzäugig und schwarzhaarig, dezent gekleidet mit einer Vorliebe für Hochgeschlossenes, geht von ihr nichts bedrängend Weibliches aus. Sie diskutiert nicht, sie zeichnet Porträts und Landschaften, mit der Feder, Aquarellfarben oder Pastellkreiden. Bei John Field hat sie in Genf Klavierunterricht erhalten. Dem John Field, den Chopin schon als Schüler anbetete und der ihn zu seinen Nocturnes inspiriert hat, dem John Field, mit dessen Klavierspiel Kalkbrenner das von Chopin verglich. Chopin hat nur noch Augen und Ohren für Maria. Prinzessin Louise von Sachsen persönlich hat ihm eine schriftliche Einladung gesandt, er möge doch in ihrem Salon spielen. Chopin antwortet nicht. Kurz danach wird ihm die zweite Karte der Prinzessin überbracht. Er legt sie ab ohne Kommentar.

Wie berühmt Chopin mittlerweile in Deutschland ist, wird deutlich durch das, was hinter seinem Rücken geschieht. Carl Krägen, ein Pianist, der in Dresden lebt, berichtet seinem Freund Friedrich Wieck in Leipzig haargenau, was Chopin hier treibt, vor allem was er unterlässt. Er hinterbringt Wieck, dass Chopin sich verweigert; die sächsische Prinzessin Louise habe bereits *sechs eigenhändige Billets an ihn geschrieben, er möchte bei ihr spielen, was er aber nicht will.* Auch öffentliche Konzerte gedenkt Chopin nicht zu geben. Zygmunt Graf Krasiński, der sich als Diplomat gerade ebenfalls in Dresden aufhält, hat das Glück, Chopin in einem Salon zu erleben, wo er sich bewusst auch musikalisch als Pole zu erkennen gibt. Chopin spielt die Dąbrowski-Mazurka, bei der jeder die Hymne der Freiheit mitsingen kann, *Noch ist Polen nicht verloren*, und eigene Werke, ebenfalls polnisch bewegte. Sein Publikum ist gerührt, die Obrigkeit nicht. *Am nächsten Tag in der Frühe*, wird Krasiński berichten, *wurde ich in der russischen Botschaft gefragt, wie ich bloß in einem Haus zu Gast sein konnte, wo patriotische revolutionäre Lieder gesungen werden.* Wenn er *weiter ein treuer Untertan des Monarchen* sein wolle, *dann sollte er so einen Demagogen wie Chopin zur Türe hinauswerfen.* Riskiert Chopin das, um Maria und ihrer Familie zu imponieren? Auch jenem Onkel Maciej? Nur dreimal habe er sich im privaten Kreis ans Klavier bitten lassen, schreibt Krägen dem Kollegen in Leipzig. Er ist wie viele Musikliebhaber vor Ort verärgert, dass Chopin einfach keine Lust verspürt, sich zu präsentieren. *Überhaupt soll Chopin andere viel lieber spielen hören, als selbst zu spielen, und schön entzückt sein, wenn ihm andere seine Sachen nur mittelmäßig vorspielen.* Für den Fünfundzwanzigjährigen gibt es Wichtigeres als die Musik und den Ruhm. Jeden Abend begegnen sich Maria und Frédéric im Haus des Onkels. Ein Ehemann, der seine Angestellte geschwängert hat, ist wachsam. Maciej Wodziński beobachtet, wie oft seine Nichte und der Gast aus Paris sich am Klavier oder in irgendwelchen dunklen Winkeln des Hauses treffen. Maria ist erst sechzehn. Er lässt Bemerkungen fallen, ermahnt die Nichte, an ihren Ruf zu denken, räuspert sich laut, wenn er sie und den Gast all zu nahe zusammenstehen sieht, wirft ihr strenge Blicke zu. Ihr Bruder Feliks bemerkt es und wird das später zu Protokoll geben. Maria aber scheint es nicht wahrzunehmen. Weiterhin verbringt Chopin fast jeden Abend im Palais des Maciej Wodziński mit Maria. Weder sie noch Frédéric ahnen, dass Maciej es für nötig hält, seine Schwägerin zu warnen. Teresa Wodzińska jedoch sieht keinerlei Grund zur Aufregung. Das sei eine *amitié d'enfance*, eine Fortsetzung der Kinderfreundschaft, unschuldig, ungefährlich. Eigentlich gelte Marias Liebe der Musik, nicht dem Musiker. Sobald Chopin nach Paris abreise, werde das Ganze vergessen sein.

Die Spaziergänge der beiden auf den Brühlschen Terrassen stehen unter Aufsicht der Öffentlichkeit. Aber Dresden bietet genügend andere Möglichkeiten, sich der Überwachung zu entziehen. Der Neugier derer, die Chopin kennen, entgeht aber nichts. Luzia Linde, die Frau des Warschauer Lyzeumsdirektors, ist gerade in Dresden zu Gast, als sie erfährt, dass er bei den Wodzińskis zu finden sei. Schon wieder im Aufbruch begriffen, lässt sie in der Rampischen Straße anhalten und sich anmelden. Als sie ins Speisezimmer geführt wird, sitzt Frédéric bei Tisch zwischen der Gräfin Wodzińska und Maria und isst Spinat. Sie bittet ihn, kurz mit ihr hinauszukommen, weil ihre Pferde warten, und eine Runde zu drehen. Doch für die Gattin seines ehemaligen Direktors opfert Frédéric keine Minute an Marias Seite.

Chopins Abschiedsgeschenk ist über jeden Verdacht erhaben: ein Walzer in As-Dur. Wieder ein Walzer, in derselben Tonart wie jener, den er beim Abschied der jungen Gräfin Thun gewidmet hat. Doch der erste funkelt vor Temperament. Er ist nach außen gerichtet, auf Wirkung angelegt. Der zweite für Maria ist still, nach innen gekehrt. Etwas Schmerzliches durchzieht ihn. Ist es der Abschiedsschmerz? Oben auf das erste Blatt schreibt Chopin nicht mehr als *pour Mlle. Marie*, aufs letzte Blatt ans Ende des Stücks nur *Drezno Sept. 1835*.

Nach einer Woche verlässt Frédéric Chopin Dresden als ein Veränderter. Er meint wohl, davon wüssten nur Maria und er selbst. Doch in Warschau sind seine beiden Schwestern und die Eltern von Luzia Linde bereits davon unterrichtet, zwischen Frédéric und Maria habe sich etwas entsponnen. Das nährt Hoffnungen, die beiden könnten zusammen in die Heimat zurückkehren.

X
Lieben und geliebt werden

Begegnungen in Leipzig und in Paris

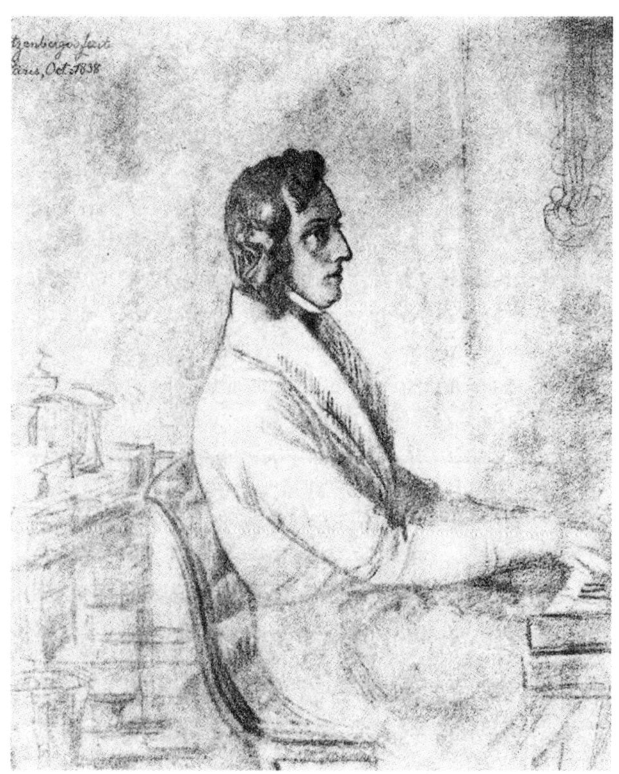

Chopin am Klavier, 1838.
(Bleistiftzeichnung von Jakob Goetzenberger).

𝄢

Es ist bereits dunkel, als Chopin am 27. September 1835 in Leipzig eintrifft. Im *Hotel de Saxe* nimmt er sich ein Zimmer. Leipzig ist eine Kleinstadt verglichen mit Paris, sogar mit Dresden. Gerade 45 000 Einwohner hat es, aber zu Recht ein großes Selbstbewusstsein als Musikstadt, als Heimat des Thomanerchores und des Gewandhausorchesters. Auch von Johann Sebastian Bach ist endlich wieder die Rede, seit vor sechs Jahren in Berlin die *Matthäuspassion* zum ersten Mal nach Bachs Tod aufgeführt worden ist. Felix Mendelssohn Bartholdy, damals gerade zwanzig, hat das geschafft und damit eine Bach-Renaissance eingeleitet. Vernünftig, dass sie ihn hierhergeholt haben. Seit dem 30. August lebt Mendelssohn in Leipzig. Er hat die Leitung des Gewandhauses übernommen.

Die musikalischen Kreise der Stadt sind begierig auf Gäste von Weltruhm, die ihre Tradition zu würdigen wissen. Seit Wochen schon heißt es: *Chopin kommt.* Wann, weiß keiner genau, warum, wissen die meisten: Er will seinen Freund Mendelssohn treffen. Der neue Gewandhausdirektor hat im Grunde keinen Sinn für Ablenkungen. Auf den 4. Oktober ist sein Debüt angesetzt, täglich wird geprobt, außerdem muss er die neue Konzertsaison vorbereiten. Dass gerade seine Schwester Fanny mit ihrem Mann Wilhelm Hensel für vier Tage bei ihm in Leipzig zu Besuch war, um die neue Wohnung des Bruders und seinen neuen Arbeitsplatz im Gewandhaus zu besichtigen, war eine Freude für ihn, hat aber Zeit gestohlen. Erst einen Tag vor Chopins Ankunft, am Samstag, dem 26., sind die Hensels wieder abgereist.

Es kam Mendelssohn daher nicht ungelegen, als Chopin ihn wissen ließ, seine Ankunft verzögere sich, er könne sich auch nur ein, zwei Tage in Leipzig aufhalten, weil er länger als geplant in Dresden geblieben sei.

Obwohl es schon spät ist, lässt sich Chopin an diesem Sonntagabend noch zu Mendelssohn fahren, der außerhalb der Stadtmauern in Reichels Garten ein Quartier bezogen hat, mit Blick auf die Thomaskirche und die Thomasmühle.

Es bleibt wenig Zeit für alles, worüber sie sich austauschen wollen. Chopin setzt sich ans Klavier, und Mendelssohn ist, wie er seiner Schwester Fanny vermelden wird, *von neuem entzückt. Es ist etwas Grundeigentümliches in seinem Klavierspiel und zugleich etwas so Meisterliches, dass man ihn einen recht vollkommenen Virtuosen nennen kann.* Mendelssohn genießt es, *wieder einmal mit einem ordentlichen Musiker zu sein, nicht mit solchen halben Virtuosen und halben Klassikern … sondern mit einem, der seine vollkommen ausgeprägte Richtung hat.* Der Sonntagabend entwickelt sich *wirklich kurios*, befindet Mendelssohn. Frédéric drängt Felix, ihm sein neues Oratorium *Paulus* vorzuspielen, Felix fordert von Frédéric eine entsprechende Gegenleistung. Virtuose Läufe, dann wieder Klänge, die an Bach und Händel erinnern. Modernste Klaviertechnik und Andacht im Stil des Barock wechseln einander ab. Da wird den beiden als Brotzeit eine Wagenladung von Delikatessen gereicht. Das Geschenk, mit dem sich das Komitee des Niederrheinischen Musikfestes in Köln für Mendelssohns Unterstützung bedanken will, ist soeben angeliefert worden: die englische Gesamtausgabe von Händels Werken. Beide fallen begierig über die Notenbände her. So lange war diese Musik vergraben. Dann setzen sie ihr pianistisches Freundschaftsspiel fort.

Mittlerweile hat die Nachricht, Chopin sei endlich angekommen, die Runde gemacht. Zu wem er als Erstes gehen würde, ist nicht schwer zu erraten. Denn Ludwig Schunke, der hier mit Schumann zusammengewohnt hat, ist im vergangenen Dezember mit vierundzwanzig Jahren an Schwindsucht gestorben.

Neugierige Leipziger drängen ungeladen in die Wohnung des Gewandhauskapellmeisters, erleben, wie Chopin nach dem ersten Teil von Mendelssohns Oratorium übernimmt und seine Etüden hinlegt, dann Mendelssohn die ersten Stücke aus dem zweiten Teil des Oratoriums spielt und abgelöst wird von Chopin, der sein zweites Klavierkonzert vorführt. Kaum ist Chopin aufgestanden, nimmt Mendelssohn wieder auf der Klavierbank Platz, um mit dem zweiten Teil des *Paulus* fortzufahren. Ein Dialog in Tönen. Jeder spricht in seiner Sprache, die von der des anderen grundverschieden ist, doch sie verstehen sich. Es ist, meint Mendelssohn, *als ob ein Irokese und ein Kaffer zusammenkämen und conversieren*, ohne zu entscheiden, wer der Irokese und wer der Kaffer sein soll. Als Dreingabe bedenkt ihn Chopin noch mit seiner g-Moll-Nocturne, die Mendelssohn auswendig lernt, um sie in Berlin seinem Bruder Paul vorzuspielen. Chopin gesteht, dass er schon am Montag weiterreisen müsse, verspricht aber, im Laufe des Winters wiederzukommen, wenn Mendelssohn bis dahin ein Paar Strümpfe für ihn gestrickt und eine Symphonie komponiert habe, die zu seinen Ehren aufgeführt werde.

Der kuriose Abend in Mendelssohns Wohnung ist am nächsten Tag Stadtgespräch. Auch Friedrich Wieck muss davon erfahren; er wartet bereits angespannt auf Chopins Besuch. Wohl weniger aus Sympathie, denn sein ehemaliger Klavierschüler und enger Vertrauter Robert Schumann erinnert sich nur zu genau, wie Claras Vater seinen Eindruck nach der Parisreise wiedergab. Chopin sei *ein hübscher Kerl, aber durch Paris liederlich und gleichgültig gegen sich geworden*. Über sein Klavierspiel hatte Wieck sich ebenfalls nicht überschwänglich geäußert. Chopin habe *die Kalkbrennersche Methode, mit losen, unabhängigen Fingern, sonst aber wenig Kraft und keine allzu lebendige Schattierung*. Mag in diesen Worten der Neid des Klavierpädagogen auf den Konkurrenten Kalkbrenner mitschwingen, musste es Schumann doch erstaunen, dass Wieck, früher begeistert von Chopins Kompositionen, heimgekehrt aus Paris erklärt, das e-Moll-Konzert sei zwar *neu und durchaus edel, aber voll langweiliger Stellen und Sonderbarkeiten*. Es ist wohl der Ehrgeiz, der Wieck begierig macht, Chopin nun in seinem Hause zu sehen, denn seit der Clara zum letzten Mal hörte, sind dreieinhalb Jahre vergangen. *Morgen oder übermorgen trifft Chopin von Dresden ein, gibt aber wahrscheinlich kein Konzert hier, denn er ist sehr faul*, hatte er dem Musiklehrer Nauenburg in Halle berichtet. *Er könnte sich wohl länger hier aufhalten, wenn er nicht durch falsche Freunde abgehalten würde, Leipzig von der musikalischen Seite kennenzulernen; doch Mendelssohn, der sehr befreundet mit Schumann und mir ist, wird dagegen auftreten.*

Weil Wieck, der sein Geld mit einem Musikalienverleih und einer Klavierfabrik verdient, auch Claras Lehrer ist, gilt er als Pädagoge von besonderem Talent. Seit Clara auf ihren Konzerttourneen in ganz Europa als Sensation gefeiert wird, kann er sich die Schüler aussuchen. Robert Schumann hatte seine Ausbildung bei Wieck abgebrochen, war auf Reisen gegangen und in Heidelberg hängen geblieben. Doch Wieck überzeugte Schumanns Mutter, Heidelberg schade Robert, diese warme Stadt erhitze seine Fantasie; er müsse zurück in sein *kaltes plattes Leipzig*, das nüchtere ihn aus. *Ich mache mich anheischig, Ihren Herrn Sohn, den Robert, binnen drei Jahren zu einem der größten jetzt lebenden Klavierspieler zu bilden*, hatte er 1830 an Schumanns Mutter geschrieben. Der ist zwar keiner der größten jetzt lebenden Pianisten geworden, hat sich jedoch mit fünfundzwanzig bereits zu einem großen Komponisten entwickelt, und Wieck brüstet sich gerne mit dem ehemaligen Schüler. Eingeweihte können sich sein Geltungsbedürfnis erklären. Hart musste Wieck sich den Weg zur Musik erkämpfen, gegen seinen Wunsch Theologie studieren und sich lange als Hauslehrer durchschlagen. Schließlich war er von seinem Arbeitgeber verprügelt worden und von dessen Besitzungen geflohen. Wer das weiß, versteht, dass dieser Mann überempfindlich reagiert, wenn sein Wunderkind zu wenig Beachtung findet. Clara ist der Erfolg seines Lebens. Dem Hallenser Freund hat er geschrieben: *Chopin glaubt nicht, nach einer Äußerung, die er in Dresden gegen einen Kollegen getan, dass in Deutschland irgendeine Dame sei, welche seine Kompositionen spielen könnte – wir wollen doch sehen, was Clara kann!*

Wieck organisiert die Konzerte und Reisen seiner Tochter, er gestaltet ihre Programme, er wählt ihre Garderobe aus, bestimmt ihre Frisur, knüpft die Kontakte. Clara ist sein Produkt, und er allein verfügt über sie. Auch das können alle, die über Wiecks Vergangenheit unterrichtet sind, durchaus nachvollziehen. Es hatte da schon einmal eine besonders begabte Schülerin in seinem Haus gegeben, Marianna Tromlitz, von Wieck als Sängerin wie als Pianistin ausgebildet. Nachdem er sie geheiratet hatte, war sie nur noch selten aufgetreten, denn sie musste in seiner Klavierfabrik den Kunden die Instrumente vorführen. Noch bevor Viktor, der jüngste Sohn des Ehepaars Wieck, 1824 geboren wurde, hatte sich Marianna von ihrem Ehemann getrennt. 1828 waren sie geschieden worden. Im selben Jahr hatte Marianna seinen besten Freund, Adolf Bargiel, geheiratet. Dass Wieck sich daraufhin umgehend mit der jungen Clementine Fechner verehelichte, ließ die Wunde nicht heilen.

Wieck liegt viel daran, seine Clara nun in Gegenwart von angesehenen Zeugen Chopin vorzuführen. Er trommelt für Montag, den 28. September, eine Runde zusammen, Robert Schumann ist natürlich dabei. Wieck ist überzeugt, dass Chopin, *für dessen Musik er so eifrig Propaganda gemacht*, sich direkt auf den Weg zu ihm machen werde. Doch Chopin kommt nicht.

Treibt er sich noch immer mit Mendelssohn herum? Besichtigt er das Gewandhaus? Vertrödelt er seine Zeit vielleicht im *Arabischen Coffe Baum*, dem Treffpunkt jener Künstlerfreunde um Schumann, die sich Davidsbündler nennen und zu denen Wieck selbst doch auch gehört. Hat man ihn nicht benachrichtigt?

Am Montag sieht der Klavierlehrer Ernst Wenzel, auch er ein ehemaliger Schüler Wiecks, wie Mendelssohn *Arm in Arm mit einem jungen Manne* spazieren geht, der nach seiner Überzeugung niemand anders sein kann als Chopin. Aus der Richtung, die sie einschlagen, schließt er, dass ihr Ziel die Grimmaische Straße ist, wo die Wiecks wohnen.

Wenzel rennt zu Wieck. *Aber der leicht gereizte Lehrer, sich beleidigt fühlend, dass Chopin nicht zuerst zu ihm gekommen war*, ist keineswegs beglückt. Dieser Mann hat es nicht verdient, seine Tochter zu hören. Wieck befiehlt seiner Tochter Clara, das Haus zu verlassen, damit Chopin, sollte er sich endlich hierherbequemen, sie nicht überreden kann, ihm vorzuspielen. Dann verlässt er ebenfalls die Wohnung.

Clara, die das Billet Chopins mit dem Abdruck ihrer Lippen sorgsam aufbewahrt, wird die Anweisung des Vaters ungern befolgen. Mendelssohn, der viel von Chopin zu erzählen weiß, hat an ihrem sechzehnten Geburtstag vor zwei Wochen nicht nur eine Fuge von Bach gespielt, er hat auch Stil und Spielweise von Liszt und Chopin nachgeahmt. Doch Claras Vater ist ein Mann, der keinen Widerspruch duldet. Er, dem Schumann wie allen Davidsbündlern einen Fantasienamen verlieh, heißt in diesem Kreis Meister Raro. Doch mit dem Meister Raro aus Schumanns Rezensionen, der immer klug und besonnen argumentiert, hat er wenig gemeinsam.

Kaum sind die beiden Wiecks ausgeflogen, betreten Mendelssohn und Chopin das Haus und treffen auf die erwartungsvolle Runde. Schumann sitzt dabei; seine Stammkneipe *Auerbachs Keller* liegt in derselben Straße wie Wiecks Wohnung.

Hier ist Chopin, sagt Mendelssohn nur. Er selbst muss dringend weiter zu seinen Proben. Dann verschwindet er, *in der richtigen Meinung, dass diese lakonische Vorstellung genüge.* Wenzel lässt sich von Wiecks

Unmut nicht beirren. Wach nimmt er jedes Detail der historischen Begegnung auf. In seiner Erscheinung sei Chopin Mendelssohn *nicht unähnlich*, findet Wenzel, nur *von leichterem Köperbau und graziöser in seinen Bewegungen*. Chopins Deutsch hört sich für ihn fließend an, *wenn auch mit fremdländischem Akzent*. Bei aller Verehrung für seinen einstigen Lehrer ist Wenzel klar: Hauptzweck von Chopins Besuch hier ist es nicht, Friedrich Wieck, sondern Clara zu treffen. Aber Clara ist nicht da. Chopin beschließt zu warten. Nach einer Stunde kehrt Clara heim. Sie wird sich nicht allzu lang drängen lassen, der Vater ist ja noch außer Hörweite. Zuerst spielt sie Chopin die neue und noch nicht veröffentlichte fis-Moll-Sonate von Schumann vor, die sie gerade einübt, dann den letzten Satz aus ihrem eigenen a-Moll-Konzert, das sie im kommenden November im Gewandhaus zum ersten Mal öffentlich aufführen wird, schließlich zwei von Chopins Etüden. Worauf er sie mit Komplimenten überschüttet, wie sie danach in ihr Tagebuch notiert. Alle wollen nun unbedingt Chopin selbst hören, aber keiner der Herren wagt, ihn aufzufordern, weil sie befürchten, *dass ihm das Klavier, des schweren Spiels wegen, nicht zusagen würde*. Die Damen kennen weniger Hemmungen, stellt Wenzel erleichtert fest. Sie betteln so lange, bis er sich hinsetzt und seine Es-Dur-Nocturne op. 9, Nr. 2 spielt.

Nach Gesprächsthemen müssen die Gäste Wiecks ohne Wieck nicht suchen. Schumann vor allem, dieser junge Mann mit mürrischem Gesichtsausdruck, dicker Nase, trägem Kinn und Augen, die verschwollen wirken, jedoch schnell in der Reaktion, prall von Ideen und begeisterungsfähig, teilt vieles mit Chopin – Interessen, Bekannte, Freunde. Heine zum Beispiel, den er anbetet und vor sieben Jahren auf einer Fahrt nach München besucht hat, der nun in Paris mit Chopin verkehrt. Auch Karol Lipiński, der gerade in Leipzig gastiert, kennen beide; Schumann schwärmt für den großen Geiger ebenso wie Chopin, der den Landsmann schon als Kind gehört hat. Dann kommt die Unterhaltung auf Schubert, einen Lieblingskomponisten Schumanns, der Chopin vor allem durch Liszt näher gebracht worden ist, ihm aber noch nicht nahe ist. Schumann improvisiert gerne über Themen Schuberts und hat Themen aus dessen *Sehnsuchtswalzer* im ersten Stück seines *Carnaval* verwendet, an dem er gerade arbeitet. Wieder setzt sich Chopin ans Klavier und spielt, um seine Äußerungen verständlich zu machen, den Beginn von Schuberts *Alexandermarsch*. Da kehrt Wieck zurück, *von Neugier schwer geplagt*, und kann *der Versuchung nicht widerstehen, vom Nebenzimmer aus zuzuhören, ja sogar einen Blick durch die angelehnte Tür zu werfen*.

Wieck ist wohl zu musikalisch, um noch länger Widerstand zu leisten. Persönlich begleitet er abends zusammen mit Wenzel Chopin zur Postkutsche und verabschiedet sich von ihm *in der freundlichsten Stimmung*.

Chopin befindet sich auf der Weiterreise nach Heidelberg, als Friedrich Wieck kontrolliert, was seine Tochter in ihr Tagebuch geschrieben hat. *Er spielte auch ein Notturno von sich vor*, liest Friedrich Wieck in Claras Eintrag zu Chopins Besuch, *mit dem feinsten Pianissimo*. Wieck greift zur Feder. *Mit einer von Großart abweichenden Willkürlichkeit*, kritzelt er hinter Claras Zeilen.

Was sie im Weiteren über den Besuch Chopins festhält, wird ihm als ihrem Lehrer gefallen und ihn als ihren Vater beruhigen. *Er ist schwächlich und tief krank*, befindet Clara. *Ein Forte bringt er nur durch krampfhafte Bewegung des ganzen Körpers hervor*.

Nein, verliebt hat sich seine Tochter nicht in diesen Chopin, auch wenn sie ihn als *galanten Franzosen* bezeichnet. Dass Claras Herz bereits einem Mann gehört, der noch nicht einmal seine erste Verlobung aufgelöst hat, ahnt er nicht. Und dass dieser Mann ein ehemaliger Schüler ist, schon gar nicht.

In Heidelberg ist Chopin ebenfalls angekündigt und wird nicht weniger begierig erwartet als in Leipzig. Der Vater seines Schülers Adolf Gutmann hat Chopin gebeten, bei ihm Gast zu sein. Chopin hatte Adolfs Vater vor zwei Jahren kennengelernt, als der seinen Sohn, damals erst vierzehn, nach Paris begleitet und dem Lehrer vorgestellt hatte, bei dem hochadlige und vermögende Kandidaten Schlange stehen. Adolf ist kein Sohn aus berühmtem, nicht einmal aus betuchtem Haus. Zuerst hatte Chopin also abgelehnt. Er unterrichtet nicht, um große Pianisten auszubilden, sondern um sich zu ernähren. Dann aber hatte Adolf vorgespielt. Seither gilt er in Paris als Chopins Lieblingsschüler. Einer, der ihm wenig Geld einbringt, aber dafür den Ruf, große Talente zu fördern.

Adolfs Vater ist froh, sich jetzt bedanken zu können. Seine Kinder hat er angewiesen, zu Chopin aufzublicken *als zu einem in seiner Art Einzigen.* Gutmann behandelt den Lehrer seines Sohnes nach einem Bericht der Tochter *nicht wie einen König oder einen Fürsten, sondern wie etwas noch viel Höherstehendes.* Doch der Vergötterte zeigt deutlich, dass er ein Mensch ist. Clara Wieck hat richtig beobachtet: Chopin ist krank. Hat er sich auf der Reise von Dresden nach Leipzig erkältet oder angesteckt? Oder hat er sich schon in Dresden etwas eingefangen? Dass er dort einen noch aus Warschau bekannten Arzt konsultiert hat, ist sogar Wieck hinterbracht worden. Mit hohem Fieber liegt er nun im Bett. Seine Weiterfahrt muss verschoben werden. Die Eltern von Adolf Gutmann pflegen ihn, unterstützt von einer Baronin aus dem Freundeskreis, der Chopin in Karlsbad begegnet war. Erst um die Monatsmitte kann sich Chopin die letzte Etappe seiner Rückreise zumuten.

Erschöpft in Paris angekommen, wird er freudig begrüßt, aber nicht so, wie er es sich das gewünscht hätte. Die *Gazette Musicale* vermeldet: *Herr Chopin, einer der hervorragendsten Pianisten unserer Zeit, ist nach Hause zurückgekehrt von einer Reise durch Deutschland, die für ihn an Ehren reich gewesen ist. Überall hat sein bewunderungswürdiges Talent die schmeichelhafteste Aufnahme gefunden und Enthusiasmus erregt.* Warum schreibt die Zeitung nur vom Pianisten, nicht vom Komponisten?

Zu Hause erwartet ihn ein Brief von Maria Wodzińska, den sie direkt nach seiner Abreise verfasst haben muss und dann Józef Cichocki mitgegeben hat, jenem Musikkritiker aus Warschau, der Chopin damals mit seiner Lobrede auf den polnischen Mozart so viel Ärger eingebracht hatte. Aber warum schreibt Maria, mit der er in Dresden nur in der gemeinsamen Muttersprache geredet hat, ihm auf Französisch, mit ein paar wenigen polnischen Einsprengseln? Sogar die Namen ihrer Geschwister übersetzt sie, und auch sonst liest sich das Ganze gestelzt und distanziert. Es ist doch kaum zu vermuten, dass eine überlegene Salondame wie Gräfin Wodzińska die Post ihrer Tochter kontrolliert. *Obwohl Sie ungern Briefe empfangen und schreiben, möchte ich doch die Abreise von Herrn Cichocki nutzen, um Ihnen aus Dresden das Neueste zu Ihrer Abreise zu berichten. Also werde ich Sie erneut langweilen (aber nicht mehr mit meinem Klavierspiel)*, kokettiert Maria. *Am Samstag, als Sie uns verlassen haben, waren wir alle sehr traurig und sind mit Tränen in den Augen in dem Salon herumgelaufen, wo Sie noch wenige Minuten vorher zu unserem Kreis gehört haben. Um elf Uhr kam der Gesangslehrer; die Stunde war sehr schlecht, wir konnten nicht singen, Sie waren der Gegenstand aller Gespräche. Wir*, also alle drei Schwestern oder alle Geschwister Wodziński. Warum versteckt sie sich hinter der Familie? *Feliks bat mich immer wieder um den Walzer (das Letzte, was wir von Ihnen erhalten und Sie spielen gehört haben). Wir empfanden Vergnügen, die anderen beim Zuhören und ich beim Spielen, weil es uns an den Bruder erinnerte, der uns eben erst verlassen hatte.* Bruder? Marias Mutter hat zwar erklärt, Chopin sei ihr nah wie ein eigener Sohn. Brüderlich sind jedoch Chopins Gefühle für Maria sicher nicht.

Ich habe den Walzer zum Buchbinder gebracht. Der Deutsche machte große Augen, als er nur einen Papierbogen sah (der Deutsche wusste nicht, wer das geschrieben hatte). Abends mochte niemand essen; wir haben immer auf Ihren Platz bei Tisch geschaut und später auch auf ‹Fryceks Ecke›. Der Stuhl steht noch an seinem Platz, und wahrscheinlich wird er dort bleiben, so lange wir hier wohnen.

Ein Liebesbrief ist das nicht. Er endet als Bittbrief. Ihr ältester Bruder Antoni, der als einziger von den Wodzińkis in Genf zurückgeblieben war, werde jetzt nach Paris ziehen, berichtet Maria, und Frédéric solle doch auf ihn aufpassen. *Wie wird er glücklich sein, wenn er – so weit von seiner Familie entfernt – ein freundliches Herz findet, das ihn versteht. Mehr schreibe ich Ihnen nicht. Sie kennen Antoine gut und werden ihn noch besser kennen lernen. Sie werden dann über ihn sagen, dass er schlechter erscheinen will, als er ist.*

Der letzte Satz klingt beunruhigend. Die Wodzińskis haben offenbar Gründe, einen Begleiter für ihren Ältesten zu suchen in einer Stadt wie Paris, wo im Palais Royal viele Polen das gerettete Vermögen beim Unglücksspiel verloren oder dafür verwendet haben, eine der dort flanierenden Damen zu gewinnen. Chopin wird gebraucht als Aufpasser für Antoni, dessen lockerer Umgang mit Geld und Moral der Familie unheimlich ist. Und er wird gebraucht als Ikone für Polen, denn in der Welt gilt er den meisten als Franzose: … *wir bedauern unaufhörlich, dass Sie nicht Chopinski heißen oder es ein anderes Zeichen dafür gibt, dass Sie Pole sind, denn dann könnten uns die Franzosen nicht das Recht streitig machen, Ihre Landsleute zu sein.*

Das kennt er schon. Salongeplauder, kein Eingeständnis irgendwelcher Gefühle. Auf Polnisch kokettiert Maria dann noch einmal damit, wie unbedeutend sie sei, wie unwichtig für den großen Chopin. *Den Brief der kleinen Maria werden Sie in die Ecke werfen, kaum dass Sie ein paar Zeilen gelesen haben.* Und als sei das Ganze noch immer nicht harmlos genug, betont sie erneut, mit einem Freund aus der Kindheit verstehe man sich eben ohne große Worte.

Chopin reagiert wie erwartet. Kaum ist der Bruder seiner Angebeteten in seinem Pariser Hotel eingetroffen, fragt er bereits nach Antoni und kümmert sich von da an um ihn, als werde er dafür bezahlt. *Wir sehen uns jeden Tag*, berichtet Antoni der Familie, *und diesen Brief schreibe ich bei ihm zu Hause.*

Gemeinsam mit Antoni besucht Chopin eine Aufführung von Bellinis *I Puritani*, in der mehr geschluchzt als gejubelt wird: Vincenzo Bellini ist tot. Chopin hatte davon erst bei seiner Rückkehr nach Paris erfahren. Am 23. September, als Chopin mit Maria Wodzińska liebesverzaubert durch Dresden schwebte, war der gefeierte Komponist, noch nicht einmal vierunddreißig, in seinem Landhaus bei Puteaux gestorben. Er hatte seit Jahren mit einem Darm- und einem Leberleiden gekämpft. Aber wenn einer so früh geht, lassen sich Mutmaßungen über andere Todesursachen als die natürlichen nicht vermeiden. Bellini hatte Feinde, nicht nur unter Kollegen, die ihm den Erfolg neideten, auch unter Männern, deren Frauen für den Komponisten entflammt waren. Gerüchte, Bellini sei vergiftet worden, machten rasch die Runde. Seine Beerdigung war wie ein Staatsbegräbnis begangen worden. Musiker aus aller Welt, auch Chopins Freund Ferdinand Hiller, waren angereist, um dabei zu sein, wie in der Madeleine die Sänger, die in Bellinis Opern auf der Bühne gestanden hatten, ihn nun mit Mozarts Requiem ehrten. Vielleicht ist es tröstlich für Chopin, an der Seite seines künftigen Schwagers im *Théâtre Italien* zu sitzen: zwischen Hunderten von Frauen, die sich nun verwitwet fühlen, und Männern wie ihm selbst, denen ein Vorbild entrissen worden ist, ein Genie, schön und charismatisch.

Nicolas Chopin weiß von Antonis Besuch in Paris. *Ich befürchte, er kann nicht mit Geld umgehen*, unterrichtet er den Sohn; *nimm ihm nicht übel, wenn er eventuell Geld von Dir borgt.* Von Frédérics Krankenstand in Heidelberg ist ihm noch nichts zu Ohren gedrungen. *Die Reise tat Deiner Gesundheit wohl, Deine Geldtasche aber hat darunter gelitten.* Dennoch ermuntert er Frédéric, großzügig zu sein. Tut er das, weil auch er Interessse daran hat, den Sohn als Ehemann der jungen Gräfin Maria zu sehen? Ein gesellschaftlicher Aufstieg dieser Art käme Nicolas Chopin, der seit seiner Jugend in Adelshäusern verkehrt, durchaus recht. Was die Familie von Luzia Linde über Frédéric und Maria erfahren hat, verrät ihm ein beigelegter Brief seiner Schwester Ludwika. *Frau Linde sagt, dass Frédéric nur dann wieder nach Dresden fährt, wenn gewisse Personen dort sein werden … ‹Diese Maria hat Fryks Herz gewonnen›.* Nach Diagnose der Frau Linde ist Maria nicht die alleinige Gewinnerin. *‹Madame Wodzińska hat ihn ebenso geraubt wie Maria!›*, zitiert Ludwika die Augenzeugin. *‹Dieses junge Mädchen ist sehr hübsch und macht gewiss einen tiefen Endruck auf Frédéric …›*

Nun kann Chopin auf sie indirekt durch ihren Bruder Eindruck machen. Er leiht Antoni Geld und zeigt ihm Paris. Mehr als genug findet hier statt, nicht nur in den Theatern und Konzertsälen. Mit Spektakeln übertönt die Regierung die Angst. Am 25. Oktober haben sich seit Tagesanbruch um die 200 000 Menschen zwischen der Place de la Concorde, den Tuilerien-Terrassen und den Champs-Élysées versammelt, in Erwartung eine Schauspiels, das seit einer Woche täglich von Neuem angekündigt worden ist. Ein ägyptischer Obelisk aus dem Tempel von Luxor soll auf dem Platz aufgestellt werden, Geschenk des ägyptischen Sultans Mohammed Ali an Frankreichs König. Ein Marineingenieur überwacht die Aufstellung des Monuments durch Männer der Artillerie. Der Himmel ist verhangen, doch es regnet nicht. Drei Stunden lang arbeiten sie wie eine einzige Maschine, um die Granitsäule, 23 Meter hoch und 250 Tonnen schwer, in die Senkrechte zu befördern. Gegen Mittag haben sie es geschafft: Auf dem Balkon des Marineministeriums zeigt sich die königliche Familie. Der Erfolg sind wir, sagt dieser Auftritt.

Möchte sich auch Chopin Marias Bruder als der Erfolgreiche präsentieren, als lohnende Partie? Er lädt Antoni in die Oper, ins Theater, ins Konzert, zum Essen ein, nimmt ihn mit in die Salons der vermögenden Verehrer, der berühmten Freunde und Bekannten.

Antoni versteht: Dieses Genie ist Kapital. *Wie ich hörte*, ermahnt er die Familie, *hat Fryderyk Maria einen Walzer ins Stammbuch geschrieben: Sie soll ihn aufbewahren wie eine Reliquie und niemandem erlauben, ihn abzuschreiben, damit er nicht unters Volk kommt.*

Doch Antoni wird auch Zeuge von Chopins Lebenswandel. Es herrscht nasskaltes Wetter, und Chopins Eitelkeit ist größer als seine Vernunft. Warme Kleidung und derbes Schuhwerk sind nicht nach seinem Geschmack. Bis in den Morgen hinein ist er unterwegs, ob er nun irgendwo um Mitternacht selbst noch am Klavier sitzt, anderen zuhört oder zecht. Bisher konnte er sich das leisten, noch vor kurzem hatte Jaś Matuszyński geschrieben, sein Freund sei *breit und stark.* Paris ist eine Stadt, in der einer wie Chopin sich nicht wie ein Beamter benehmen kann, dauernd locken neue Versuchungen. Im November landet Karol Józef Lipiński hier, mit fünfunddreißig schon lange ein Idol. Ein Geiger, der mit Paganini und mit der Szymanowska konzertiert hat, wird auch von Chopin verehrt. Mit siebzehn hat er ihn in Warschau gehört. Chopin ist stolz, dass Lipiński ihn als Ersten aufsucht, ihn bittet, mit ihm zusammen aufzutreten und ihm so schnell wie möglich die Türen zu den Salons der Aristokraten zu öffnen. Prompt tritt Chopin mit Lipiński bei einem großen Hauskonzert auf, öffnet Lipiński die Türen und fordert zum Dank von seinem Landsmann aus Lublin, am polnischen Wohltätigkeitsbasar vor Weihnachten aufzutreten. Wie jedes Jahr ist eine dreitägige Verkaufsveranstaltung mit Tombola geplant, die durch musikalische Darbietungen geadelt wird. Der Erlös soll denjenigen polnischen Emigranten zukommen, die hier mittellos gelandet sind und ums Überleben kämpfen. Paris ist eine kalte Schönheit, Mitleid kennt die Stadt nicht. Schirmherrin der Veranstaltung ist Anna Fürstin Czartoryska, stattfinden soll das Ganze in einem Warenlager an der Rue de la Chaussée d'Antin, unweit von Chopins Wohnung, das zu diesem Zweck angemietet worden ist. Lipiński sagt zu, mit Rücksicht auf die eigene Karriere. Kurz darauf aber bricht er sein Wort, aus Angst um die eigene Karriere: Für das nächste Jahr hat er eine Konzerttournee durch Russland geplant, und einen Auftritt zugunsten der Exilpolen, befürchtet er, werde die Russische Botschaft hier in Paris als Provokation verstehen. Streit entbrennt zwischen Chopin und Lipiński und lodert höher als erwartet. Frédéric verträgt keinen Streit. Er ist unter der Glasglocke familiären Friedens aufgewachsen.

Am 29. November kehrt er wieder spät von einem Abendessen bei Kalkbrenner zurück, wo er mit Liszt zusammen war. Abende mit Liszt, dessen Geliebte unter falschem Namen in Genf die Geburt des gemeinsamen Kindes erwartet, enden niemals früh. Kurz danach machen sich bei Chopin die Symptome einer Lungenentzündung bemerkbar. Hustenkrämpfe, hohes Fieber, Schüttelfrost, Brustschmerzen, beschleunigter Herzschlag. Vor allem jene Atemnot, die dem Kranken Todesfurcht einjagt.

Wie ernst er seinen Zustand nimmt, ist aktenkundig: Chopin setzt ein Testament auf. Der polnische Nachrichtendienst funktioniert, ob das erwünscht ist oder nicht. Rasch ist das Gerücht nach Warschau durchgedrungen, Chopin sei sterbenskrank oder bereits tot. Briefe haben die Eltern und Schwestern in Warschau schon lange nicht mehr bekommen. Marias Vater Wincenty Wodziński, eigentlich mit der Restaurierung seines Schlosses auf dem kujawischen Landgut in Służewo beschäftigt, wohin seine Frau mit fünf der Kinder aus Dresden für immer heimkehren will, hält sich zu genau dieser Zeit der Sorgen in Warschau auf. Er verlängert seinen Aufenthalt, um abzuwarten, bis aus Paris eine gesicherte Information eintrifft. Ist sein Interesse ein Hinweis darauf, dass er ebenso wie seine Frau Chopin als künftigen Schwiegersohn betrachtet?

Jaś Matuszyński, mittlerweile Professor an der *École de Médecine*, umsorgt seinen Freund sachkundig. Nach nur stark vierzehn Tagen ist Chopin wieder auf den Beinen. Ein junger, gesunder Mann hat seine Widerstandskräfte bewiesen. Die Eltern von seiner Genesung in Kenntnis zu setzen, hält er wohl nicht für nötig; er hat ihnen von der Erkrankung ja nichts erzählt. Chopin hat außerdem keine Zeit für Bulletins, er ist beschäftigt mit dem Basar.

Die meisten Verkäuferinnen stammen aus dem Hochadel. Die Stände sind bereits zugeteilt. Madame Weiss aus der Familie Bonaparte will Süßigkeiten verkaufen, die Fürstin von Esclignac Stoffblumen, Cristina Fürstin Belgiojoso, durch ihre Schönheit so berühmt wie durch ihren Dachstubensalon im fünften Stock eines Mietshauses bei der Madeleine, wird Kleider, bestickte Accessoires, Kissen und Decken anbieten, Izia, die kleine Tochter der Fürstin Czartoryska, möchte Spielsachen zu Geld machen. Für Chopin ist es eine Ehre, dass er gebeten wurde, sich zu beteiligen. Bereitwillig hat er die kostbaren Überflüssigkeiten gespendet, mit denen ihn seine reichen Schüler und Schülerinnen eindecken. Goldene und silberne Dosen, Schmucknadeln, Schalen, Vasen, Tabatieren, teure Knäufe für Spazierstöcke. Vielleicht hat es seine Genesung beschleunigt, dass er bis zur Eröffnung des Basars am 20. Dezember auf dem Damm sein wollte, denn das *Journal des Débats* hat zwei Tage vorher die Veranstaltung samt Tombola angekündigt und versprochen: *Wer nicht gewinnt, hört wenigstens viel schöne Musik.* Chopin und Sowiński, stand im *Journal*, werden abwechselnd spielen. Wojciech Sowiński, jener *schnurrbärtige Kerl*, den Chopin als *Klavierdrescher* geschildert hatte, als musikalischen Grobian, dessen überfallartige Besuche er nicht ausstehen kann, ist eingesprungen. Sowiński am Klavier statt Lipiński an der Geige, Lärm statt Elite. Das muss, das will Chopin herausreißen.

Wieder einmal erfahren die Eltern nur durch die Mitteilungsfreude anderer das Wesentliche. Julian Fontana, einer der Lyzeumsfreunde in Paris, hat in der dritten Dezemberwoche seiner Mutter berichtet, Frédéric werde bei einem Wohltätigkeitskonzert zugunsten polnischer Emigranten auftreten. Als Chopins engste Vertraute in der Heimat endlich aufatmen können, steht es in Paris bereits in der Zeitung: Am 24. Dezember berichtet das *Journal des Débats*, dass Chopin wirklich auf diesem Basar als Pianist zu hören gewesen sei. Vom Komponisten Chopin hat die Öffentlichkeit im zu Ende gehenden Jahr wenig vernommen. Nur ein einziges neues Werk ist 1835 im Druck erschienen, das Scherzo in h-Moll.

Während Chopin mit dem Basar beschäftigt war, hat Jaś versucht, ihn von seinen ungesunden Angewohnheiten abzubringen. Im Winter nicht mit leichten Schuhen durch den Schnee zu spazieren, nicht auch den Dezember über in feinem Tuch statt dickem Mantel zu flanieren, nicht in schlecht geheizten Räumen stundenlang über dem Klavierspiel alles zu vergessen, nicht erst lange nach Mitternacht oder am frühen Morgen ins Bett zu gehen. Obwohl es auf Kosten seiner Eleganz geht, kauft Frédéric sich derberes Schuhwerk und dickere Winterkleidung, außerdem lässt er in seiner Wohnung einen Kamin einbauen. Mehr Zugeständnisse zu machen ist er offenbar nicht bereit.

Die Eltern in Warschau sind ungehalten über ihren Sohn. Wochenlang haben sie die Gerüchte über seinen Tod verstört, bis jemand Nicolas Chopin wissen ließ, sein Sohn habe in Paris auf einer Soirée improvisiert. Es stehe im *Journal des Débats*, Ausgabe vom Heiligen Abend. Nicolas war ins Café *Lourse* gerannt, das diese Zeitung aufliegen hat, um die Nachricht mit eigenen Augen zu lesen. Doch als die Chopins auf diesem Weg endlich entwarnt worden sind, hatten sich Mutmaßungen über sein Ableben schon zur Gewissheit verdichtet. Das muss nun berichtigt werden. Eine Blamage für die Familie, die der Sohn offenbar nicht eines Briefes für wert hält.

Am 8. Januar 1836 endlich steht im *Warschauer Kurier*: *Wir freuen uns, den vielen Freunden und Bewunderern des hervorragenden Talents und heimischen Klaviervirtuosen Fryderyk Chopin mitteilen zu können, dass die Nachricht von seinem Tode, die hier in den letzten Tagen im Umlauf war, nicht den Tatsachen entspricht.* Es war Jaś Matuszyński gewesen, der die Chopins in Warschau im Nachhinein über alles unterrichtet hat. Am 9. Januar wendet sich Nicolas Chopin an Jaś: *Wenn Sie wüssten, was wir in den letzten zwei Wochen durchmachen mussten. Falls Sie bei Ihrer Tätigkeit einen freien Augenblick finden und Fryderyk keine Zeit hat, dann schreiben Sie uns und zwingen Sie ihn, ein paar Worte hinzuzufügen – das genügt, um uns zu beruhigen. Nach den Ängsten, die wir ausgestanden haben, würde uns jede Verzögerung beunruhigen, besonders in dieser Jahreszeit, wo man sich so schnell erkältet.*

Dass es Jaś nicht gelingt, energisch auf Frédéric einzuwirken, ist den Eltern wohl ebenfalls hinterbracht worden. *Ich wünsche mir sehr*, schreibt Nicolas Chopin, *Sie könnten bei ihm durchsetzen, dass er nachts nicht so lange aufbleibt; um zwei Uhr schlafen zu gehen ist gut für Automaten, aber nicht für Personen, die mit dem Geist arbeiten.*

Aber Chopin braucht die Ersatzheimat der polnischen Kreise, wo er sich geliebt und umsorgt fühlt. Sobald ihn jemand bei seinem Patriotismus packt, ist er außerstande, Nein zu sagen. Das hat auch sein Verehrer, der Marquis der Custine, entdeckt. *Ich empfinde das polnische Temperament als so leidenschaftlich und auf das Große gerichtet, dass ich voraussetze, Sie haben meine Einladung zum Diner heute Abend nicht vergessen*, steht auf dem Billet, mit dem er Chopin am 3. Februar an sich erinnert. Ob Chopin als Solist oder als Gast erscheint: Polnische Hauskonzerte, Wohltätigkeitsveranstaltungen, Abendgesellschaften, Dichterlesungen, Veteranenfeiern oder Exkursionen finden in Paris und Umgebung selten ohne ihn statt. Chopin führt seine Existenz im neuen Jahr weiter wie bisher. Wo sich die wichtigen Polen treffen, will er um jeden Preis dabei sein. Im polnischen Club bei der Madeleine werden in diesem Frühjahr ständig *Die Lieder von Janusz* rezitiert, die neuesten Gedichte Wincenty Pols, soeben beim polnischen Verlag Aleksander Jełowicki erschienen. Kaum einen der französischen Intellektuellen begeistern sie, der Ton ist volkstümlich, die Bilder sind naiv, die Botschaft ist rein patriotisch. Der junge Dichter, noch keine dreißig, beschäftigt sich darin mit den Helden und den Opfern des Novemberaufstandes von 1830, mit den Siegen und den Niederlagen der Revolutionäre. Den Polen in Paris sind die *Lieder von Janusz* hochwillkommen, gerade jetzt. Vor fünf Jahren hatten die Revolutionäre in Warschau den 3. Mai zum Nationalfeiertag erklärt. 1791 wurde an diesem Tag vom Sejm die erste moderne Verfassung Europas verabschiedet. In der Heimat dürfen die Polen ihn nicht mehr feiern, umso mehr feiern ihn die Polen im Exil. Diese Gedichte passen zu ihrer Seelenlage in den Wochen davor, nur die Musik dazu fehlt. Chopin wird gedrängt, den Vortrag im Club am Klavier musikalisch zu untermalen. Manchmal improvisiert er, doch nachdem er wieder und wieder darum gebeten wird, setzt er sich schließlich hin und komponiert zehn Lieder nach den Texten Pols. Dass sie bis auf eines, das sein Freund Julian Fontana abschreibt, verloren gehen werden, ist kein Zufall: Sie sind in erhitzter Stimmung entstanden, in der keiner einen Kopf für die Ewigkeit hat.

Auch Chopin befindet sich in einem Ausnahmezustand. Vergeblich versucht sein Freund Hiller, mit dem er so oft in Paris konzertiert hat, ihn zu einer Reise nach Frankfurt zu überreden, die beruflich vielversprechend wäre. Mit Witz und Charme lockt Mendelssohn ihn, zum nächsten Niederrheinischen Musikfest über Pfingsten 1836 nach Düsseldorf zu kommen, obwohl er *weder die Strümpfe gestrickt noch die Symphonie komponiert habe; dennoch ist die bloße Aussicht, Sie dort zu sehen und einige Tage mit Ihnen zu verbringen, für mich so angenehm, dass ich nicht zögere, Ihnen in diesem Sinne zu schreiben, auf die Gefahr hin, dass Sie sich darüber lustig machen.* Vor acht Jahren, damals, im September 1828 in Berlin, war Mendelssohn, der Gefeierte und Umjubelte, Chopin unerreichbar erschienen, er hatte nicht einmal gewagt, ihn anzusprechen. Nun wird er von Mendelssohn bekniet, das Fest am Rhein mit seiner Anwesenheit zu beehren. Mendelssohns Appell wird von einem Kollegen verstärkt, der unter diesen Zeilen *die dringlichste Bitte* an Chopin richtet, *nach dem Rhein zu kommen, wenn irgend möglich. In Liebe und*

Verehrung unterzeichnet Robert Schumann. Chopin jedoch plant keineswegs, zu den Musikerfreunden nach Deutschland zu reisen.

Haben die Gefühle für Maria Wodzińska, die ihm wie früher Konstancja Gładkowska aus der Ferne noch begehrenswerter erscheint, Chopins Feuer für die Heimat neu geschürt? Als die Landsleute in Montmorency erneut einladen, reist er umgehend in Gesellschaft des großen Mickiewicz an, Jaś Matuszyński fährt mit. Chopin ist es, der die gesamte Gesellschaft im Palais von General Kniaziewicz unterhält. Frédéric äfft Lipiński nach, der es sich mit ihm durch seine Absage im letzten Dezember verdorben hat, parodiert Pianistenkollegen – Pixis und Liszt gelingen ihm besonders gut. Er geht und redet daher wie die altersschwachen Klavierliebhaber, tanzt und trinkt mit den polnischen Vertrauten wie auf einem Dorffest. Ein verliebter Mann in bester Laune. Da bleibt die Vernunft auf der Strecke. Dass die Eltern seit dem Alarm im vergangenen Winter besorgt sind, kümmert ihn nicht. *Nun haben wir schon seit sieben Wochen keine Post von Dir erhalten*, beschwert sich Nicolas Chopin am 3. Mai. Weder auf seine Eltern noch auf seine Verehrer und Förderer in Deutschland, die er mit seinen Absagen enttäuscht, nimmt Chopin Rücksicht. *Obwohl ich weiß, dass Du mir nicht antwortest*, steht im Brief des Frankfurter Freundes Ferdinand Hiller vom 30. Mai, *wie Du auch meine vorherigen Briefe unbeantwortet gelassen hast, schreibe ich Dir dennoch.*

Für Frankfurt, Koblenz oder Leipzig hat er keine Zeit, für zwei Urlaube am See von Enghien durchaus. Beim ersten hat Chopin Astolphe de Custine nicht besucht. *Sie sind in Enghien gewesen, und ich hoffe, dass Sie mich bei Ihrem nächsten Besuch in der Gegend nicht beleidigen werden, indem Sie woanders wohnen*, schreibt er im Juni. Chopin beleidigt ihn nicht. Vier Wochen später bereits bestätigt Custine ihm: *Sie kommmen am Mittwoch. Sie wissen, dass Sie der Einzige sind, der unangemeldet hierherkommen kann.* Aus seinen Gefühlen für Chopin macht Custine kein Geheimnis – obwohl man in Paris munkelt, das Verhältnis zwischen Chopin und der schönen Delfina Potocka sei mehr als freundschaftlich. *… fühlen Sie sich zu nichts verpflichtet*, befreit Custine Chopin im Voraus von der Befürchtung, wieder stundenlang die Tafelmusik beisteuern zu müssen, *es sei denn, mir Ihre Zuneigung zu schenken, aber genau das ist ja das Schwierige! Mir fällt es so leicht, Sie zu lieben, dass der Herrgott dieser unseligen Gabe eine andere hätte hinzufügen sollen, nämlich* *geliebt zu werden; aber genau das Gegenteil ist der Fall … Und Sie, geheimnisvolles Genie, warum behandeln Sie mich wie alle anderen, denen Sie nichts zu sagen haben?*

Chopin lassen die Liebeserklärungen Custines so unberührt wie die Appelle seiner deutschen Freunde. Noch können Hiller, Schumann, Mendelssohn und Wieck sich einreden, Chopin wolle sich nach den Erfahrungen des letzten Winters schonen und schrecke deshalb vor einer längeren Reise zurück. Er antwortet einfach nicht. Sich in Schweigen zu hüllen gehört zu dem, was ihn nicht nur für Custine geheimnisvoll macht. In seinen Werken, seinem Spiel, seinem Auftitt, seiner Art zu reden vermeidet Chopin das Eindeutige. Niemals dächte er daran, Custine, Hiller und den anderen zu erklären, dass sie für ihn derzeit einfach weniger interessant sind als ein Mädchen, das in den Augen kritischer Beobachter ordentlich Klavier spielt, schlechte Walzer komponiert und gestelzte Briefe schreibt.

Anfang Juli hatte die Gräfin Wodzińska Chopin wissen lassen, sie werde einige Wochen mit Maria, Józefa und Teresia in Marienbad verbringen. Es ist zehn Monate her, dass Chopin sie zum letzten Mal sah. Die Sehnsucht hat ihm gut getan. Sie durchdringt die beiden Nocturnes in cis-Moll und Des-Dur, die in diesem Mai erschienen sind. *Con anima*, mit Seele, heißt eine vielsagende Spielanweisung für die erste, *dolcissimo* schreibt er für die zweite vor. *Appassionato* und *agitato*, leidenschaftlich und bewegt solle er sein, fordert Chopin vom Pianisten. Gewidmet sind die beiden Nocturnes, als Opus 27 ediert, der Gräfin d'Appony, Frau des österreichischen Botschafters und beste Strudelbäckerin von Paris. Inspiriert aber sind sie wohl von der fernen Geliebten.

Doch kaum ein Mann von sechsundzwanzig Jahren hält auf die Dauer die unwirkliche Liebe aus. *Das unentschlossenste Geschöpf der Welt* zeigt sich entschlossen, seine Sehnsucht zu stillen. In der letzten Juliwoche verlässt Chopin Paris.

XI
Die hohe Zeit der Hoffnung

Vier Wochen in Marienbad und die Folgen

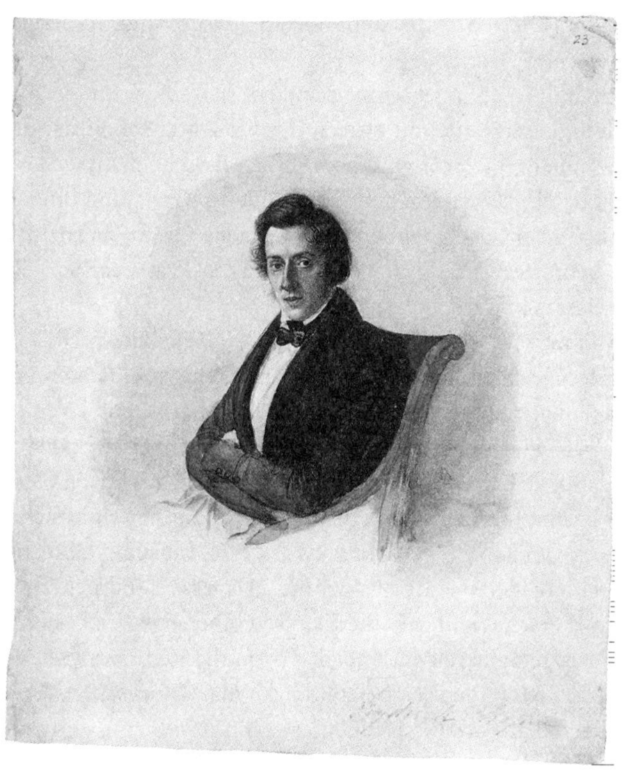

Chopin im Jahr 1836.
(Aquarell von Maria Wodzińska).

𝄞

Beim Blick in die offizielle Kurliste von Marienbad muss sich die Gräfin Wodzińska wundern: *Herr Friedrich Chopin, Gutsbesitzer aus Paris, wohnhaft im Weißen Schwan*, steht dort. Seit wann und wo besitzt er ein Gut?

Am 28. Juli ist er angekommen und hat sich sofort mit der Gräfin in Verbindung gesetzt, die mit zweien ihrer Töchter schon seit drei Wochen im selben Hotel wohnt. Chopin weiß, dass sie in dieser Besetzung auf ihn warten. Keiner von den Brüdern wird Maria und ihn beobachten, kein Onkel wird mahnen und warnen. Gräfin Wodzińska darf Chopin bemuttern und lächelnd dem jungen Paar zusehen, ohne zurechtgewiesen zu werden.

Das böhmische Bad verfügt über vierzig Quellen, nicht viel mehr als fünfzig Gebäude, kann aber zahllose Liebesgeschichten erzählen. Ist es das Gleichmaß der Tage, die Stille der Parks, die Tatenlosigkeit, die in alten wie jungen Gästen die Begehrlichkeit weckt? Goethes letzte Liebe zu Ulrike von Levetzow liefert nach wie vor Gesprächsstoff. Es ist erst fünfzehn Jahre her, dass er, damals zweiundsiebzig, sich in die Siebzehnjährige verliebte. Es ist erst dreizehn Jahre her, dass Ulrike seinen Heiratsantrag ablehnte. Als 1827 Goethes *Trilogie der Leidenschaft* erschien, in der eine Elegie gescheitertes Liebeswerben beschwor, wussten alle in Marienbad, wovon die Rede war. Seit vier Jahren ist Goethe tot, die Elegie heißt längst die *Marienbader Elegie*.

Ulrike von Levetzow ist die älteste von drei Schwestern, als Vierjährige schon hatte Goethe sie an der Hand ihrer Mutter gesehen. Auch Maria Wodzińska war vier Jahre alt gewesen, als Fryderyk auf Szafarnia während der Sommerfrische Maria an der Hand ihrer Mutter sah. Szafarnia wie Służewo, das Schloss der Wodzińskis, liegen nahe beieinander im Kreis Thorn. Maria ist wie Ulrike die älteste von drei Schwestern. Doch was hat die Vermessenheit eines greisen Genies mit der Verliebtheit eines jungen gemeinsam? Kann ein junger Mann ebenso blind für Hindernisse sein wie ein alter? Als Gutsbesitzer hat Chopin sich ausgegeben. Offenbar ist ihm bewusst, dass Besitz, nicht künstlerisches Können ihm jenes Ansehen gibt, das hier zählt.

Der Treffpunkt Klavier ist im Hotel der unverfänglichste. Maria hat einige von Chopins Werken neu einstudiert und führt sie ihm nun vor. Teresa Wodzińska hat nichts dagegen, dass ihre Tochter mit dem Verehrer stundenlang spazieren geht, nicht nur in der Übersichtlichkeit von Kuranlagen, auch in den Wäldern ringsum. Auf einem dieser Wege äußert Maria den Wunsch, Chopin zu porträtieren. Ihr Aquarell belegt, dass er sich vor ihr in keiner Weise zu verstellen sucht. Es zeigt ihn in einem Sessel sitzend, die Arme verschränkt, der Blick fragend, nur die Ahnung eines Lächelns um die Lippen. Feucht scheint das gewellte Haar an der Stirn zu kleben. Kein Idol, kein erfolgsverwöhnter Künstler ist da zu sehen, vielmehr ein junger Mann, der seine Aufregung unterdrückt.

Auf Chopin muss die Atmosphäre in Marienbad eine eigene Wirkung ausüben. Schwestern umgeben ihn, wie in seiner eigenen Kindheit und Jugend. Die älteste seiner Schwestern, Ludwika, stand und steht ihm am nächsten. Hier gilt wieder der Ältesten seine Liebe. Eine Mutter ist auch da. Selbst Fremden gesteht Gräfin Wodzińska in Marienbad offen, sie erlebe Chopin wie einen vierten Sohn. Der Blick aus dem Hotel *Weißer Schwan* geht auf Tannen hinaus, bei den Wanderungen mit Maria umgeben ihn der Geruch und die Geräusche des Waldes wie damals in Szafarnia. Die Aromen der böhmischen Küche sind denen der Pariser Küche fremd, denen der polnischen verwandt. Es ist ein Heimkehren in der Fremde, eine Rückkehr in die sorgenfreie Vergangenheit. Erträumt Chopin eine solche Zukunft?

Wie stark die Gefühle sind, die ihn umtreiben, kann Maria nicht übersehen. Sie bittet Chopin, eine Komposition in ihr Stammbuch hineinzuschreiben. Antoni hat seiner Schwester bewusst gemacht, welchen Wert handschriftliche Werke ihres Verehrers besitzen; in einem Album sind sie sicherer verwahrt als auf losen Blättern. Lange brütet Chopin über den Seiten. Sie bleiben leer. Es ist nicht so, dass ihm keine musikalischen Einfälle kämen. Täglich arbeitet er an zwei Etüden, einer in As-Dur, einer in f-Moll für den zweiten Zyklus von zwölf solcher Werke, die mit Übungsstücken nur den Namen teilen. In der

Etüde in f-Moll zeichnet Chopin nun mit seinen Mitteln *ein Bildnis Marias*. In harmonischer Hinsicht ist diese Etüde keineswegs wagemutig, sie hält sich an die Tradition. Ihr Zauber liegt in den schwebenden *piani* und *pianissimi*, in einer zurückhaltenden Anmut. Auch die Kadenz am Schluss hat etwas Zögerndes, und wie der Schlussakkord wiederholt wird, das erinnert an ein schwaches Echo, schön und sanft, aber ohne eigene Energie. Verrät er ihr, dass dieses Stück sie darstellen soll? Erkennt sie sich darin?

Jede freie Minute des Tages verbringt er mit Maria. Sich an Chopins Seite zu zeigen, gefällt ihr. Sie drängt ihn, den Kurgästen hier ein Konzert zu geben. Er lehnt ab. Fürchtet er, das, was in ihm vorgeht, könne seine Konzentration beeinträchtigen? Oder will er einfach nicht aus der Wärme familiärer Geborgenheit in die Kälte des Öffentlichen treten?

Da meldet sich im *Weißen Schwan* ein Mann namens Dirichlet, Peter Gustav Lejeune Dirichlet, Mathematiker aus Berlin. Er kommt im Auftrag seiner Frau Rebecka, einer jüngeren Schwester von Felix Mendelssohn, die um alles in der Welt Chopin spielen hören will, selbst wenn es nur eine einzige Mazurka wäre. Chopin ist bewusst, was er Felix verdankt und dass die Beziehungen der Mendelssohns auch in Paris wichtig sind. Heinrich Beer zum Beispiel, verheiratet mit einer Cousine Mendelssohns, ist ein Bruder von Jacob Meyer Beer, der in Paris als Giacomo Meyerbeer zu den Königen der Musikszene gehört; vor acht Wochen erst hat er wieder bei Liszts Paris-Besuch mit dem Opernkomponisten am Tisch gesessen. Trotzdem lehnt Chopin ab. Diplomatische Beziehungen interessieren ihn nicht. Alles dreht sich um Maria. Als die Damen Wodzińka am 24. August Marienbad verlassen, um nach Dresden zu fahren, steht für ihn längst fest, dass er ebenfalls dorthin reisen wird. Er nimmt eine andere Kutsche, doch er wählt dieselbe Route über Karlsbad und kommt wie die Wodzińskas am 29. August in Dresden an. Chopin mietet sich ein im Hotel *Stadt Berlin* am Neumarkt, einem Haus mit Anspruch, doch das Hotelzimmer sieht er nur nachts. Jeden Tag besichtigt er mit Maria die Museen, vom Grünen Gewölbe bis zur Gemäldegalerie und den Porzellansammlungen, und abends die Oper. Dass sie die Musik verbindet, bedeutet ihm viel. Nun löst sich auch die Verkrampfung. Maria besitzt eine schöne Singstimme, nimmt Gesangsstunden, und er hat sie in den letzten Wochen wie schon damals, als sie noch ein Kind war, mehrmals auf dem Klavier begleitet. Dann komponiert er noch ein neues Lied für sie, die Vertonung eines Gedichts von Witwicki. Der Titel sagt, was Chopin plant. *Das Ringlein* steht oben drüber. Die Zeit drängt. Sein Abschied steht bevor. Am Samstag, dem 9. September, fragt er in der Dämmerung, die auf Polnisch *szarówka, graue Stunde* genannt wird, Gräfin Wodzińska, ob er Maria heiraten dürfe. Sie sagt Ja. Ja, aber …

Ihr Mann bereitet das Schloss in Służewo auf die Heimkehr von Teresa, Maria und ihrer Schwester vor, und ohne seine Zustimmung kann sie ihre sechzehnjährige Tochter nicht vergeben. Marias Vater war dabei, als die Eltern und Schwestern Chopins kein Auge zutaten aus Sorge um ihren Sohn, er hat erlebt, wie überall von Chopins Tod gesprochen wurde, er hat mitbekommen, welche Sorgen Nicolas Chopin umtreiben, weil sein Sohn unvernünftig lebt. Teresa Wodzińska weiß daher, welche Einwände sie von der Seite ihres Ehemanns zu hören bekommen wird. Sie nötigt Chopin, sich von Doktor Paris, dem Dresdner Hausarzt der Familie, untersuchen zu lassen, der die Ermahnungen von Vater Chopin wiederholt. In einem Jahr, vertröstet Marias Mutter den Kandidaten, sei alles geklärt. Wenn sich bis dahin seine Gesundheit stabilisiert habe, gebe es bestimmt auch von Seiten ihres Mannes und ihres Schwagers keinerlei Einwände.

Denkt Chopin auf der Weiterreise darüber nach, ob Gräfin Wodzińska noch andere Beweggründe hatte, sich diese Probezeit auszubitten und ihm das Wort abzunehmen, mit niemandem über diese heimliche Verlobung zu reden? Er hatte ja nicht zufällig *Gutsbesitzer* als Berufsstand angegeben. Die Familie Wodziński besitzt ausgedehnte Landgüter mit einem Schloss, seine Familie nicht einmal ein Haus in Warschau. Außerdem ist Maria von Adel. Nicht von irgendeinem Provinzadel, sondern einem der alten Geschlechter Polens.

Es wird ihn auf der Fahrt beruhigen, ein nahes Ziel zu haben und in Leipzig freudig begrüßt zu werden, obwohl er sich bei niemandem angekündigt hat.

Doch Carl Krägen, jener Pianist aus Dresden, der Chopin schon bei seinem letzten Deutschlandbesuch auf der Spur war und Wieck unterrichtet hatte, das Genie sei im Anmarsch, hatte Chopin am Tag seiner Abreise einen Brief von Robert Schumann ausgehändigt, geschrieben am 8. September. *Nur ein Ja möchten Sie mir schreiben oder schreiben lassen, ob Sie nämlich, wie ich eben höre, in Dresden sind. Im Begriffe, über Dresden nach meiner Heimat zu reisen, würde ich es mir niemals verzeihen, in der Nähe des Herrlichen gewesen zu sein. Ohne ihm ein Wort meiner Verehrung und Liebe zu sagen. Also bitte ich Sie nochmals sehnlichst um das Ja und Ihre Adresse.* Hinter seinen Namen setzt er noch die Nachricht, Mendelssohn kehre erst in acht Tagen nach Leipzig zurück.

Gefangen in seinen Zukunftsträumen besteigt Chopin die Kutsche nach Leipzig. Nicolas Chopin hat gegen solche Träume ebenso wenig einzuwenden wie Marias Mutter. Im Januar bereits hatte er seinem Sohn andeutungsvoll geschrieben: *Wie ich bemerke, ist Dresden für Dich ein sehr interessanter Ort geworden, der Dich anzuziehen scheint. In Deinem Alter ist man nicht immer Herr über sich. Aber was kann Dich hindern, im kommenden Frühjahr eine Tournee zu machen und zu riechen, was Du noch nicht gerochen hast?*

Den Duft Marias in der Nase, trifft Chopin am 12. September in Leipzig ein.

Er muss dort zwar mit seinem deutschen Verleger Breitkopf & Härtel verhandeln, aber er will auch Schumann überraschen, den er in diesem Jahr ebenso wie die anderen deutschen Freunde vernachlässigt hat. Was Schumann betrifft, weiß er sich erneut in dessen Schuld; der hatte in seiner *Neuen Zeitschrift für Musik* im April Chopins zuerst komponiertes, nun aber erst als Nummer 2 erschienenes Klavierkonzert in f-Moll besprochen und Position gegen Rellstab bezogen, von dem Chopins Werke verrissen worden waren. *Doch was ist ein ganzer Jahrgang einer musikalischen Zeitung gegen ein Konzert von Chopin? Was Magisterwahnsinn gegen dichterischen? Was zehn Redaktionskronen gegen ein Adagio im zweiten Konzert?*, hatte sich Schumann gegen Ignoranten ereifert. Wie viel politische Sprengkraft er Chopins Werken zutraut, verrät seine Warnung an den Zaren, wenngleich der kaum die *Neue Zeitschrift für Musik* studiert: … *wüsste der … Monarch im Norden, wie in Chopins Werken, in den einfachen Weisen seiner Mazurken ihm ein gefährlicher Feind droht, er würde sie verbieten.*

Im Juni hatte er dann das *Grand Duo Concertant* über Themen aus Meyerbeers *Robert le Diable* rezensiert, von Chopin und seinem *Cellistenfreund* Franchomme gemeinsam komponiert: … *was Chopin berührt, nimmt Gestalt und Geist an*, hatte Schumann geschwärmt, hatte die

Grazie und Vornehmheit der Komposition gepriesen und bewundert, wie Chopin, *hier verhüllend, dort entschleiernd*, die Gedanken entwickle. Eine große Eloge auf ein kleines Stück.

Schumann sitzt am Schreibtisch in seiner neuen Wohnung im Roten Kolleg und ist dabei, an Heinrich Dorn, der ihn jahrelang in Musiktheorie und Komposition unterrichtet hatte, zu schreiben. Da tritt Chopin unangemeldet ein.

Seit Chopins letztem Besuch ist vieles passiert in Schumanns Dasein. Kurz nach Chopins Abreise hatte er Clara schriftlich seine Liebe gestanden. Im November hatte er die Verlobung mit Ernestine von Fricken endgültig gelöst, um frei für Clara zu sein. Der Grund, den er Clara und anderen angab, hörte sich berechnend und kaltherzig an: Er sei verärgert, dass Ernestine ihm verschwiegen hatte, als Adoptivtochter gar nicht erbberechtigt zu sein. Sollte das Claras Vater daran hindern, die wahren Motive Schumanns zu erraten?

Bald war Wieck trotzdem dahintergekommen, was sich zwischen seinem ehemaligen Schüler und seiner Tochter entspann. Einen *Enragé*, einen Tollwütigen hatte Wieck ihn früher genannt und gequält mit Wiederholungen immer derselben Fingerübungen. Dass Schumann stundenlang, den Kopf in die Hand gestützt, über seinem bayrischen Bier sinnieren kann, behagt ihm nicht; wie er sich zur Gespaltenheit seines Wesens bekennt, indem er sich in den beiden konträren Gestalten Eusebius und Florestan darstellt, befremdet ihn. Das ist kein Schwiegersohn, wie ihn sich Wieck für sein Wunderkind vorstellt. Im Januar hatte Wieck daher Clara auf drei Monate nach Dresden verschickt, um sie von Schumann fernzuhalten. Der aber hatte Wege gefunden, ihr nicht allein Post zuzuspielen, sondern sie auch zu besuchen. Als Wieck das entdeckte, untersagte er seiner Tochter jede weitere Begegnung mit Schumann, der überzeugt ist, er und Clara *seien vom Schicksal schon füreinander bestimmt*. Nur aus der Ferne hat er sie vor vier Tagen bei einem Konzert zum ersten Mal seit April wieder gesehen. Vor fünf Jahren, als Schumann sich die Namen für seine Davidsbündler erdachte, Chiarina für Clara und eben Meister Raro für ihren Vater, hatte er Wieck noch bewundert. Nun ist er sein erklärter Gegner.

Ob die beiden jungen Männer sich ihre Liebesgeschichten erzählen? Die Parallelen sind verblüffend. Schumann und Chopin sind gleich alt, beide sind Pianist und Komponist, beide haben noch bevor sie zwanzig waren eine Schwester namens Emilia sterben sehen. Beide haben sich im letzten Jahr in ein Mädchen verliebt, das sie seit ihrer Kindheit kennen. Wenngleich die pianistischen und kompositorischen Fähigkeiten Marias mit denen Claras nicht vergleichbar sind, ist in beiden Fällen die Musik das verbindende Band. Bei Schumann wie bei Chopin ist die Ersehnte sehr hübsch, behütet und erst sechzehn. Nur die Vorbehalte der Eltern gegen die Bewerber unterscheiden sich.

Chopin hat als Überraschung ein Paket unveröffentlichter Werke mitgebracht. Schumann hält mit seiner Bewunderung nicht zurück. Die ist Chopin zwar nicht zuwider, aber sie bedrängt ihn. Er spielt Schumann seine neuen Etüden, Nocturnes und Mazurken vor, dann auch noch die g-Moll-Ballade. Ans Ende jedes Stückes hängt er den Talmi glitzernder Glissandi über die ganze Tastatur an, die nirgendwo in den Noten stehen. Schumann fühlt sich in seiner Ehrfurcht verspottet und ist eingeschnappt. Das tut Chopin offenbar leid: *à mon ami Schumann* schreibt er auf das Deckblatt der Erstausgabe seiner g-Moll-Ballade, im Juli erschienen, und überlässt sie dem Freund. Der kann nicht anders, als Chopin zu vergeben, spätestens als er ihm die soeben erst entstandene Ballade in F-Dur vorspielt, noch *ohne die leidenschaftlichen Zwischensätze*, wie Schumann notieren wird, und mit einem Schluss in F-Dur. Dieses Stück sei ihm *das liebste unter allen*, gesteht Schumann dem verehrten Kollegen. *Nach einer langen Pause Nachdenken* erst antwortet Chopin *mit großem Nachdruck – das ist mir lieb, es ist auch mein liebstes.* Er wird die Druckausgabe Schumann widmen, der diese Ballade *für sein genialischstes (nicht genialstes) Werk* hält.

Obwohl er das Programm, mit dem Schumann sich technisch überfordert sähe, mühelos absolviert, macht Chopin einen schwächlichen Eindruck auf den Freund. Wie Chopin am Klavier sitzt, findet Schumann *rührend anzusehen.*

Nachmittags um fünf betritt Chopin an Schumanns Seite das Haus von Henriette Voigt, die dort mit ihrem Mann Carl Voigt den beliebtesten Salon Leipzigs betreibt. Sie selbst ist Pianistin, tritt aber nur im halb privaten Kreis auf, denn Geld muss sie damit nicht verdienen. Carl Voigt führt eine Garn- und Seidenhandlung, der wohlhabende Pate Henriettes hatte schon früher für alles Nötige und Unnötige gesorgt. Henriette, eine Frau von Ende zwanzig mit hochgesteckten rotbraunen

Locken und herzförmigem Gesicht, war mit Schumann vor drei Jahren durch den verstorbenen Ludwig Schunke bekannt geworden. Es verbindet sie auch die Freundschaft mit Mendelssohn, bei dessen Familie Henriette in ihrer Berliner Zeit verkehrte. Da sie einerseits Roberts nun beendetes Verhältnis mit ihrer Freundin Ernestine von Fricken behütet hatte, andererseits selbst aber Clara Wieck um ihre große Nähe zu Schumann beneidet, dürfte Henriette eher befangen sein. Doch dafür, dass Schumann ihr nun Chopin frei Haus serviert, ist die Salonière ihm dankbar: Ihr Gästebuch gewinnt dadurch deutlich an Wert. Chopin spielt auch ihr seine neuesten Etüden vor – *herrlich krank*, meint Henriette – und improvisiert. Sie findet den Besucher *höchst interessant*, auch *liebenswürdig, bleich und ätherisch*, ihr gefällt *seine kindliche, natürliche Art … im Benehmen wie im Spiel.* Doch sie gesteht im Nachhinein: *… es griff mich seltsam an.* Was sie angriff, war für sie völlig ungewohnte Musik, diese *Überreiztheit seiner phantastischen Art und Weise, die mir bis jetzt noch fremd war.* Es ergeht ihr offenbar ähnlich wie dem Kritiker Ludwig Rellstab, der im Juli 1833 in der Zeitung *Iris* über Chopins Mazurken hergezogen war, für ihn voll *ohrenzerreißender Dissonanzen, gequälter Übergänge, schneidender Modulationen, widerwärtiger Verrenkungen der Melodie und des Rhythmus*, voll von *bizarrer Originalität*, die ihn abstieß.

Doch auch das Äußere von Chopin irritiert viele. Es beunruhigt, dass dieser Mann, *herrlich krank, bleich, ätherisch* sein eintägiges Gastspiel in der Stadt zu einer Gewalttour mit mehrstündigem Klavierkonzert ausbaut.

Die Bewunderung von Robert Schumann trägt ihn, obwohl der ihn ebenso gut hassen könnte. Vor vier Jahren hatte Schumann besessen Chopins Don-Giovanni-Variationen geübt und im Juli in sein Tagebuch geschrieben: *Es geht und es geht nicht – ich weiß selbst nicht.* Im Oktober hatte er dann wegen Lähmungserscheinungen der rechten Hand nicht nur das Chopin-Üben, sondern auch den Plan einer Virtuosenkarriere aufgegeben, für die er sich mit einer Schlingenvorrichtung zur Trennung der Finger jahrelang malträtiert hatte.

Was Friedrich Wieck angeht, will Chopin ebenfalls etwas gutmachen.

Den 12. überraschte uns Chopin, notiert Wieck noch an jenem Montag. Dort wird Chopin wenigstens bedient: Clara trägt ihm ihr Opus 5 in voller Länge vor, vier Solostücke für Klavier, aus ihrem Opus 6 zwei Mazurken und eine Ballade, zum Schluss noch das Klavierkonzert Opus 7, wo ihr Vater den Orchesterpart an einem zweiten Flügel übernimmt. *Chopin war entzückt*, protokolliert Wieck, nachdem der Besucher, die Noten zu Opus 5 unter dem Arm, aufgebrochen ist, *sprach sich enthusiastisch aus und schied gerührt von uns. Er war sehr leidend.*

Woran leidet er? Weder von Husten noch von anderen Beschwerden ist die Rede. Schließlich hat er einen vierwöchigen Kuraufenthalt hinter sich. Ist es nur die seelische Anspannung, die an ihm zehrt?

Am 13. September landet Chopin in Kassel und lässt sich bei Louis Spohr vorbeifahren, dem Generalmusikdirektor und Kurfürstlichen Hofkapellmeister. Henriette Voigt, die ihn beim Niederrheinischen Musikfest letztes Jahr kennengelernt hat, brachte Chopin auf diesen Gedanken. Vor dem Kölnischen Tor bewohnt Spohr seit vierzehn Jahren ein breit hingelagertes Anwesen in einem Garten mit Obstbäumen, Rosenrabatten und Pavillon. Ein Hüne von Anfang fünfzig begrüßt den Gast. Seine zweite Frau, Marianne Pfeiffer, die erste hat er 1834 verloren, ist jung, nur wenig älter als Chopin und eine Pianistin, die hierzulande als große Begabung gilt. Wieder also wird Chopin sich kaum bei Kaffee und Kuchen ausruhen können, sondern muss ans Klavier.

Auf der nächsten Station, in Frankfurt, droht das von vornherein, denn dort lebt sein Kollege und Freund Ferdinand Hiller, und Mendelssohn hält sich auch noch dort auf, bevor er zur Eröffnung der Konzertsaison nach Leipzig heimkehrt. Er ist soeben erst zurück von einem Ausflug in den Taunus, wo er bei Cécile Jeanrenaud seinen Heiratsantrag losgeworden ist. Am selben Tag wie Chopin den seinen bei Maria und deren Mutter, am 9. September. Die Familie Mendelssohn wird aufatmen. Die Geschwister von Felix sind bereits alle verheiratet. Seine Lieblingsschwester Fanny, der er am letzten Weihnachten versprochen hatte, sich nach einer Frau umzusehen, hatte wenig Hoffnung gehegt, er werde sein Wort halten. *Ich befürchte, Felix wird bei seiner Mäkelei ebenso wenig einen Operntext als eine Frau bekommen.* Doch Felix mäkelt nicht. Hiller gegenüber hat er sich bereits über die *Vorzüge des Mädchens* ausgelassen, aber, wie Hiller betont, *nie … in hoch pathetischer oder gar leidenschaftlicher Weise.* Auch was Felix seinen Eltern und Geschwistern nach Berlin vermeldet, ist frei von Pathos oder Leidenschaftlichkeit. *Wie sie aussieht? Gut, sehr gut. Spricht? Deutsch und viel Französisch.* Musikalisch? Nein, das sei sie *ganz und gar nicht. Das ist eben das tollste. Aber sie kann zeichnen.*

Wenn Chopin und Mendelssohn sich austauschen, stoßen sie auf noch mehr Gemeinsamkeiten ihrer Verlobung. Wie bei Chopin hat es auch bei ihm von Seiten der Brautfamilie Anweisung zur Geheimhaltung gegeben. Céciles Großmutter hat untersagt, das Ganze publik zu machen, bevor Mendelssohn seine Anstandsvisiten hinter sich gebracht hat. Doch kaum einer in seiner Umgebung kann den Mund halten: Als Chopin in Frankfurt eintrifft, ist die Zahl der Eingeweihten schon auf über fünfzig Personen angewachsen. Intime Geständnisse, die an die eigenen Liebesnöte erinnern, müssen Chopin aufwühlen.

Als Chopin erschöpft in Paris landet, empfangen ihn nicht nur Einladungen zu den zahllosen Soireen im Herbst, es warten auf ihn ein Päckchen mit Begleitschreiben, ein Brief mit Marias Absender und die Nachricht seines Freundes Jaś, er werde noch in diesem Jahr heiraten und demnächst aus der Wohnung, die er mit Chopin teilt, ausziehen.

Das Päckchen enthält Pantoffeln, bestickte Stoffpantoffeln. Abgegeben hat es ein polnischer Bekannter. Das Begleitschreiben stammt von Teresa Wodzińska, nicht von ihrer Tochter. *Denke nicht, dass ich mein Wort zurücknehme, aber ich bedaure, dass wir die Vorgehensweise nicht näher besprechen konnten. Bis dahin bitte ich Dich zu schweigen. Bleib gesund, denn davon hängt alles ab.* Im Nachsatz liest Chopin: *Durch Herrn Germany schickt Maria Dir Pantoffeln. Sie sind etwas groß, aber sie denkt, dass Du dazu Wollstrümpfe tragen solltest.*

Keine sehr erotischen Überlegungen für eine angeblich verliebte Sechzehnjährige.

Über Chopin wird in der Familie Wodziński offenbar wie über einen Patienten geredet. Teresa Wodzińska erinnert Frédéric an die Anweisungen des Dresdner Hausarztes und mahnt: *Denk daran, dass dies eine Probezeit ist.*

Der Brief von Maria ist einen Tag nach dem der Mutter geschrieben. Wieder schiebt sie die Sippe vor; wenn sie über Gefühle spricht, dann nur im Plural. *Seit Ihrer Abreise sind wir untröstlich: die letzten drei Tage erschienen uns wie Jahrhunderte; geht es Ihnen genauso? Fehlen Ihnen Ihre Freunde zumindest ein wenig?* Doch warum fängt auch sie noch von den *sehr dicken Wollstrümpfen* an, die Frédéric tragen müsse? Warum berichtet sie ihm ausführlich von den Zahnschmerzen ihrer Mutter, die in Dresden behandelt werden, bevor es zurückgeht in die Heimat, nach Służewo? Nur der Schluss des Briefes klingt so, wie sich ein verliebter Mann das wünscht. *Adieu, mio carissimo maestro, vergessen Sie jetzt nicht Dresden und Polen.- Adieu! Auf Wiedersehen! Ach, wenn das doch recht bald sein könnte.*

Chopin hat versprochen, sich zu schonen, aber er muss seinen Umzug vorbereiten. Er könnte die Wohnung in der Rue de la Chaussée d'Antin Nr. 5 allein finanzieren, doch er nutzt die Chance, eine elegantere Unterkunft zu suchen. Er findet eine in derselben Straße, Hausnummer 38, eine mit zwei großen Zimmern, die ihm umso besser gefällt, als Jaś Matuszyński auf Nummer 25 einzieht, wo bereits ein anderer Freund, der Bankier Auguste Léo wohnt. Dessen Salon ist schon lange ein zweites Wohnzimmer für Frédéric, oft auch Rettungsstation. Künstlern vom Format eines Chopin gegenüber ist Léo kein Bankier, nur ein Gönner zinsloser Darlehen.

Veränderungen hasst Chopin. Darüber, dass er seine Familie aufgegeben hat, trösten ihn hier Ersatzfamilien hinweg. Am meisten bedeuten ihm die der altvertrauten Freunde aus Polen. Neben Jan Matuszyński ist Julian Fontana, der mit ihm aufs Lyzeum und aufs Konservatorium ging, am wichtigsten. Die neuen Familien will er ebenso wenig verlieren. Im Oktober sind Franz Liszt und Marie d'Agoult aus Genf, wo Liszt eine Professur am Konservatorium angenommen hatte, zurückgekehrt, den Säugling namens Blandine Rachel im Gepäck. Die Gräfin will den Schauplatz Paris nicht kampflos aufgeben. Im Haus ihres Ehemanns auf dem Faubourg Saint-Germain war ihr Salon Legende gewesen. Jetzt soll er es an anderer Stelle mit einem anderen Mann an ihrer Seite wieder werden. Es zählt ja nicht die Einrichtung, es zählen die Gäste. Adlig müssen sie nicht sein, aber begehrt, berühmt oder zumindest berüchtigt. Auf der ersten Etage des *Hôtel de France* in der Rue Lafitte hat sie ein großes Appartement gemietet, das sie samt Liebhaber und der unehelichen Tochter Blandine am 16. Oktober bezieht. Die Freunde haben sie nicht vergessen. Bei dem ersten großen Essen, das sie dort am 24. Oktober gibt, erscheint Charlotte Gräfin Marliani, die nach dem Tod ihres ersten Mannes den spanischen Konsul Emanuel-

Joseph Marliani, genannt Manoël, geheiratet hat, es kommen Berlioz und Meyerbeer, Heine und Lamennais, Chopin und dessen väterlicher polnischer Freund, der ehemalige Diplomat Grzymała, Mickiewicz und George Sand, die sich in demselben Palais im Erdgeschoss ein Zimmer für die an Soireen und Bällen, Konzerten, Theater- und Opernpremieren pralle Saison gegen Ende des Jahres gönnt. Der Salon wird geteilt, der Geschmack, was die Gäste angeht, nicht immer. Zu Streitereien kommt es, als Marie einen jungen Kreolen namens Félicien Mallefille anbringt. Geboren auf Mauritius, will er in Paris Karriere als Dramatiker machen. Zwei seiner Stücke wurden bereits freundlich aufgenommen – was meint, sie haben ihm weder einen Durchbruch noch Geld beschert, doch Hoffnungen gemacht. Diesen Mann mit nur einem Auge, einem Bart bis zum Bauch und wildem krausem Haarschopf findet George *über die Maßen hässlich, eitel und dumm*, Marie hingegen *ehrlich, gut, wenn nicht sogar geistreich.* Georges Widerwillen wächst noch, als Liszt ihr verrät, dieser Mallefille habe sich in sie verliebt. Doch der Salon wird weiterhin geteilt und Mallefille geladen.

Nun sitzt Chopin mit dieser Frau an einem Tisch. Er hat als Geleitschutz Ferdinand Hiller mitgenommmen, derzeit zu Besuch in Paris.

George Sand ist gelöst. Sie hat sich von allem befreit, was sie beengte. Von ihrem Ehemann und ihrem letzten Liebhaber, dem Schweizer Charles Didier. Im Berufsleben ist Didier Botaniker, Alpinist und Schrifststeller, im Privatleben laut Marie d'Agoult ein *unglücklicher Charakter … Löwenherz in einem zusammengerollten Igelkörper, der alle Stacheln von sich streckt.* Marie befindet, Didier habe zu viel Argwohn und zu wenig Ehrgeiz; George findet Louis Chrysostome Michel, nach seiner Heimatstadt Michel de Bourges genannt, entschieden aufregender.

Dieser Michel de Bourges hat sich nicht nur im Bett bewährt, sondern auch vor Gericht. Seit der Rechtsanwalt beim sogenannten Monsterprozess im April 1835 zweitausendsechshundert republikanische Angeklagte verteidigt hat, die in Lyon an dem Aufstand gegen die Regierung beteiligt gewesen waren, wird er von vielen wie ein Held verehrt. Es brauchte einen wie ihn, um Georges so oft gehörnten Ehemann als Alkoholiker und chronischen Begatter des weiblichen Personals hinzustellen. Dass Michel de Bourges selbst der Ansicht ist, Frauen hätten den Männern untertan zu sein, und privat als Tyrann gilt, hat seinem Plädoyer nichts an Glaubwürdigkeit genommen. Er hat erreicht, was in einem Staat, der die Ehescheidung nicht vorsieht, möglich war: Das Gericht hat die Trennung von Tisch und Bett zwischen dem Baron Dudevant und der Baronesse anerkannt. Die Klientin des Michel de Bourges verfügt wieder allein über das ererbte Schloss Nohant, während der Gatte die Einnahmen eines großen Pariser Mietshauses und eine jährliche Rente kassiert. Der Baron streicht sein Geld ein, ohne dafür arbeiten zu müssen. Nohant zu unterhalten ist teuer und zeitaufwendig: Georges Sand lässt sich ihre Freiheit etwas kosten.

Chopin kann diese Frau in Männerkleidung nun aus der Nähe betrachten. Die Gräfin Wodzińska als seine angehende Schwiegermutter wäre zufrieden, zöge er sich so an. In der Woche zuvor erst hatte Chopin ihren Brief vom 2. Oktober erhalten, in dem das Misstrauen nicht zu überhören war. *Trägst Du die Wollsocken und gehst Du jeden Abend um elf Uhr schlafen? Warum schreibst Du davon nichts?*

Der Gehrock von George Sand ist aus derbem Stoff, ebenso Weste und Hose, die Schuhe aus festem Leder haben dicke Sohlen. Wenn sie geht, ist das Klackern der Eisen zu hören, mit denen die Absätze beschlagen sind. George hat sich diese Kluft nicht zugelegt, um aufzufallen oder ihre Ansicht über die Rolle der Frau sichtbar zu machen, sondern um sich in jungen Jahren, als ihr Geld knapp war, nicht modische Fummel leisten zu müssen, die nichts aushalten. Da Frauen in Paris nur dann allein durch die Straßen, die Bars und Kaffeehäuser ziehen dürfen, wenn sie ihr Geld mit Prostitution verdienen, dient ihr diese Kleidung außerdem dazu, für einen Mann gehalten zu werden: beim flüchtigen Hinschauen zumindest, wenn sie das Haar unter einem Zylinder oder einer dicken Wollmütze versteckt. Mittlerweile näht sie die Herrenausstattung nicht mehr selbst und kann sie schon deshalb nicht mehr ablegen, weil sie ebenso Erkennungszeichen für sie geworden ist wie die Zigarren oder Zigarillos. Ihr Haar, das sie sich vor zwei Jahren selbst absäbelte und an Musset als Zeichen ihres Trennungsschmerzes schickte, fällt wieder lang und voll über die Schultern. Ihre Augen, glänzend und schwarz, *Samtaugen* für die einen, *Kuhaugen* für die anderen, die *eines Mystikers* für Balzac. Sonst wird Chopin an ihr wenig entdecken, das seinem Schönheitsideal entspricht.

Ich habe eine große Berühmtheit kennengelernt: Madame Dudevant, bekannt unter dem Namen George Sand, schreibt er an seine Eltern nach

Warschau. *Ihr Gesicht ist mir nicht sympathisch, und sie hat mir überhaupt nicht gefallen. Es ist an ihr sogar etwas, was mich abstößt.*

Es geht ihm wohl ähnlich wie Casimir Baron Dudevant, der im Trennungsprozess als letztes Argument seiner Denkschrift aufgeführt hatte: *Abneigung zwischen den beiden Gatten, da Madame Dudevant die Manieren eines jungen Mannes zur Schau trägt, raucht, flucht, sich wie ein Mann kleidet und jede Anmut des weiblichen Geschlechts verloren hat.* Dass es Abneigung auf den ersten Blick ist, die er für diese Frau empfindet, verheimlicht er seinen Freunden nicht. Ferdinand Hiller hinterbringt Liszt, ihm habe Chopin auf der Heimfahrt im Fiaker gesagt: *Was für eine unsympathische Frau, diese Sand. Ist sie wohl überhaupt eine Frau? Ich zweifle fast daran.*

George Sand scheint davon bei der ersten Begegnung nichts bemerkt zu haben. Sie wollte auch nichts Derartiges bemerken. Sie ist fasziniert von Chopin. Wer ihre Liebhaber kennt, kann das gemeinsame Vielfache erkennen: alle bilden sie einen Kontrast zu ihr. Alfred de Musset war der Träumer neben der Realistin, ein Trunkener neben der Nüchternen, einer der sich treiben ließ und daher die Soldatin bannte. Pietro Pagello war ein Kleinbürger neben der Weltbürgerin gewesen, ein fantasiebereinigter Mediziner neben der Romancière, ein braver venezianischer Kater neben der aufsässigen Löwin vom Berry. Michel de Bourges war ein Mann des Wortes neben ihr, die am liebsten nur zuhörte, ein grob gehauener *Mensch aus Granit*, wie Lamartine ihn nannte, neben der gebildeten George, der Sohn eines Holzfällers neben der Frau mit großen Ahnen. Nun ist es dieser blasse, blonde Chopin, der George, schwarzhaarig und bräunlich im Teint, reizt, dieser wohlerzogene Freund der Aristokraten, der die aufsässige Kritikerin des Adels animiert, dieser Meister der Töne, der die Meisterin des Wortes herausfordert.

George nimmt Liszt das Versprechen ab, ihn irgendwo mit ihr zusammenzubringen. Bei der nächsten Gelegenheit spricht er Chopin darauf an. Aber der verspürt nicht die geringste Lust, mit dieser Person zu verkehren – schriftstellernde Frauen schrecken ihn ohnehin ab, diese aber besonders. Sie ist das Gegenbild zu seiner Verlobten. Maria ist groß, schmal, scheu, unerfahren und traditionellen Werten verhaftet, George, fünfzehn Jahre älter, ist klein, breithüftig, mit allen Wassern gewaschen und die provozierendste Frau Frankreichs.

Eine Sand ließe sich direkt angehen, eine Wodzińska erlaubte das nicht. Doch von der Bande her, über Antoni, kann Frédéric Maria nun nicht mehr anspielen: Der Bruder hat Paris verlassen. Mit Patriotismus versucht er sich bei der Familie daheim Respekt zu verschaffen. Er ist den polnischen Ulanen beigetreten, die jene Rechte der nationalen Selbstbestimmung im Namen Frankreichs verteidigen, die in Polen zerschlagen wurden. Die polnischen Ulanen gelten als ein Regiment von Idealisten, die für andere zu erkämpfen suchen, was ihren Landsleuten versagt blieb. Dass sie in Wirklichkeit nur ein Instrument sind, das Louis Philippe für seine Zwecke nutzt, auch aufopfert, nicht mehr als ein Himmelfahrtskommando, wird gerne verschwiegen

In Spanien ist der Bürgerkrieg, der nach dem Tod von König Fernando VII. vor drei Jahren ausbrach, zu einem Gemetzel ausgeartet. Fernando hatte recht gehabt: *Spanien ist eine Bierflasche*, hatte er gesagt, *und ich bin der Pfropfen. Wenn ich herausspringe, wird sich der gesamte Inhalt in Gott weiß welche Richtung ergießen.* Ohne einen Sohn gezeugt zu haben, war er 1833 gestorben, doch die Thronfolge hatte er zu Lebzeiten geregelt: Seine Tochter Isabella, im Jahr seines Todes drei Jahre alt, kann dadurch, dass er das Salische Gesetz abschaffte, Königin werden. Bis sie alt genug ist, regiert ihre Mutter, Fernandos vierte Frau Maria Cristina. Der Bruder des verstorbenen Königs, Infant Carlos, will das nicht hinnehmen. Die Carlisten, die auf seiner Seite kämpfen, sind absolutistisch und streng katholisch gesonnen. Die Mutter der künftigen Königin, Witwe Maria Cristina, ist ebenfalls absolutistisch und streng katholisch gesonnen. Doch es blieb ihr keine andere Wahl, als die republikanischen Liberalen zu ihren Verbündeten zu erklären. Dass sie sich Cristinos nennen, wird ihr kaum gefallen, noch weniger, dass sie auf der Trennung von Kirche und Staat bestehen. Sie haben auch sofort eine Verfassung gefordert, die Maria mittlerweile anerkannt hat. Seither gehören im Kampf zwischen Carlisten und Cristinos Lynchjustiz, Meuchelmorde und willkürliche Erschießungen zum Alltag.

Österreicher und Russen unterstützen die Carlisten, Louis Philippe steht auf Seite der Königinmutter Maria Cristina. Die polnischen Ulanen helfen ihm dabei. Chopin nimmt die Gelegenheit wahr, für Antoni nun Postbote und Geldbote zu sein, bei Bedarf auch Geldverleiher. Die Familie Wodziński wird schon verstehen, dass er all das für Maria tut, die sich auffallend zurückhält. Chopin spürt das und reagiert darauf.

Am 1. November 1836 schreibt er nicht direkt an seine Braut, er wendet sich in seinem Begleitschreiben zum weitergeleiteten Brief Antonis aus Pamplona nur an Marias Mutter. Er bemüht sich, folgsam zu wirken, protokolliert seinen Tagesablauf als Lehrer und behauptet, um elf ins Bett zu gehen. Ausführlich malt er sich in demselben Brief aus, wie wohl die Hochzeit des mittleren Bruders Feliks daheim in Kujawien verlaufen sei. Wie sonst soll er sagen, dass auch er endlich Hochzeit feiern will mit Maria? Zeile für Zeile offenbart Chopin, wie sehr er verunsichert ist. Er, der so gekonnte Briefe verfassen kann, stammelt: *Ich lüge nicht, träume nur von den Pantoffeln, von der Dämmerstunde, um die ich immer zu spielen pflege.* Warum träumt er von Pantoffeln, anstatt sie zu tragen?, muss sich Marias Mutter fragen. Und warum erklärt er ihr, nicht Maria, dass er ständig an die Stunde der heimlichen Verlobung denkt? Dann bricht sich Chopins Kummer Bahn: *Haben Sie die Gnade, mir ein paar Worte auf die Post zu werfen, ob Antonis Brief angekommen ist.*

Das kann niemand missverstehen. Doch das Wesen, dessen Nähe er ersehnt, rührt sich nicht. Das, dessen Nähe er fürchtet, rückt ihm auf den Pelz.

Am 5. November 1836 kommt Liszt morgens bei Chopin vorbei und findet ihn in bester Laune vor. Er hat gerade seine neuen Mazurken für den Druck fertig gestellt, die als Opus 30 erscheinen sollen. Unbedingt will er sie Liszt am Abend vorspielen. Liszt sagt zu. Das ist die Gelegenheit, sein Versprechen einzulösen. Zusammen mit Marie d'Agoult und George Sand überfällt er Chopin in der Rue de la Chaussée d'Antin.

Vier Tage später bereits trifft Chopin die Frau, die ihm überhaupt nicht gefallen hat, wieder bei einem Diner, das Charlotte Marliani am 9. November in ihrem Salon in der Rue de la Grange-Batelière gibt. Zufall ist das nicht: Die Diplomatengattin bewundert George Sand und weiß, dass George Sand Chopin bewundert. Früher oder später landet er auch in Charlottes Salon am Klavier, das ist nicht zu vermeiden. Von Schonung kann nicht die Rede sein. Am 10. gibt Chopin in seiner Wohnung eine Soirée, bei der Mickiewicz auftaucht, derzeit auf der Flucht vor dem häuslichen Chaos: Seine junge Frau Celina, Tochter der Szymanowska, zeigt Indizien einer schweren seelischen Erkrankung. Ihr Mann muss sie ständig in der Salpêtrière bei den Psychiatern abgeben und sich allein um die vier Kinder kümmern. Chopin wird sich bemühen, die Sorgen des Dichters wegzuspielen.

Es sieht so aus, als hätten sich Georges Freunde und Bekannte verbündet, ihr den Mann, von dem sie träumt, zuzuführen. Am 19. November findet im *Hôtel de France* eine Abendveranstaltung statt. Unter den Gästen: Frédéric Chopin und George Sand.

Nachdem er einige weitere Auftritte im privaten Kreis hinter sich gebracht und die Nächte oft durchgefeiert hat, lädt Chopin am 13. Dezember zu einem großen Empfang bei sich in der Rue de la Chaussée d'Antin. Er nimmt es nicht nur hin, dass Liszt wieder diese George mitbringen wird, er wirbt damit. Sie ist für ihn nicht zweifelsfrei eine Frau, berühmt ist sie aber zweifellos. Das ungeschriebene Gesetz der Salons ist Chopin mittlerweile vertraut: Erwünschte Gäste lassen sich mit Berühmtheiten ködern. Am Tag der Einladung meldet sich Chopin bei Józef Brzowski, Komponist, Cellist und Musiklehrer, soeben erst aus Warschau nach Paris gekommen, ein Freund der Wodzińskis. *Ich empfange heute bei mir einige Menschen, unter ihnen auch Madame Sand. Außerdem wird Liszt spielen und Nourrit singen. Wenn es Herrn Brzowski angenehm sein sollte, so erwarte ich ihn an diesem Abend.*

Mag sein, dass einige Gäste hinterdrein übertreiben, um diesen Abend zu einer Sternstunde zu verklären, die blendete. Sicher anwesend sind außer George Sand wie zu erwarten Franz Liszt und Marie d'Agoult. Außerdem sind Pixis, Chopins Cellistenfreund Franchomme, der Tenor Adolphe Nourrit und Chopins Verehrer Marquis de Custine gekommen. Die polnische Fraktion ist vertreten durch zwei Söhne des Schriftstellers Jan Potocki, Chopins väterlichen Freund Grzymała und den Intimus Matuszyński. Aber auch exotische Besucher bereichern die Runde. Da ist einer wie Eugène Sue, ehemaliger Marinearzt, der nie ein Studium, nur eine Lehre bei seinem Vater, einem angesehenen Chefarzt, absolviert hat und seit dessen Tod damit beschäftigt ist, eine Geschichte der französischen Marine zu veröffentlichen und sein Erbe so zügig wie möglich zu verschleudern. Dabei ist auch der Reiseschriftsteller Ferdinand Denis, der Brasilien, Kolumbien und Guyana erkundet hat und sich mit Chopin über Alexander von Humboldt austauschen kann. Er, der mehr von der Welt gesehen hat als alle anderen hier, ist von George Sand gebannt und hält genau fest, wie sie an jenem Dezemberabend aussieht. *Dunkel, würdevoll und kühl … regelmäßige, ruhige, im Ausdruck beinahe leblose Gesichts-*

züge, aus denen Intelligenz, Nachdenklichkeit und Stolz spricht. Ihre phantastische Kleidung, offenbar darauf berechnet, aufzufallen, ist wohl auch darauf angelegt, Chopin ihre Anteilnahme am Schicksal seines Landes zu bekunden: Sie trägt zu *einem weißen Rock mit roter Schärpe* eine *Art Schäferinnenmieder mit roten Knöpfen.* Denis versteht: *Weiß und rot* schreibt er, seien doch *die Farben Polens.* Versteht das auch Chopin? Denis kann offenbar den Blick nicht von ihr wenden. Genau beschreibt er *ihr dunkles, in der Mitte gescheiteltes Haar*, das *zu beiden Seiten ihres Gesichts in Locken* herabfällt, *durch ein Stirnband gehalten. Lässig* sieht er sie *auf dem Sofa in der Nähe des Kamins* Platz nehmen, beobachtet, wie sie, *leichte Rauchwolken hervorstoßend, ihre Zigarre raucht*, und hört zu, wie sie *kurz und ernsthaft* die Fragen der neben ihr sitzenden Männer beantwortet. Dass Liszt und Chopin vierhändig eine Sonate spielen und von wem sie stammt, interessiert ihn weniger als diese Sand. Während Chopin den Gästen Gefrorenes anbietet, gilt die Aufmerksamkeit von Denis noch immer George, die *wie angeklebt auf dem Sofa* sitzt und *sich keinen Augenblick von ihrer Zigarre* trennt.

Auch Liszt ist bewusst, dass dieses Erlebnis die Nachwelt interessieren wird, und hält fest, was er sieht. Das Zimmer ist nur von einigen Kerzen erleuchtet, die an einem Flügel von Pleyel brennen, Chopins bevorzugtem Instrument, wegen des *silbernen, ein wenig verschleierten Klanges.* Die Töne, die Chopin dem Instrument entlockt, erinnern Liszt an die einer Glasharmonika. Gemütlich oder mondän ist Chopins neue Behausung nicht. Im Kamin lodert zwar ein Feuer, doch durch die *dunkel gelassenen Ecken* scheint sich für Liszt der *Raum ins Grenzenlose auszudehnen, ... Als ob er in der Finsternis zerflösse. Im Halbdunkel* nehmen *die Möbel gespenstische Formen an.* Nur um den Flügel herum ist es hell. Dort sieht Liszt Heinrich Heine sitzen, *der sich mit Chopin schon mit halb ausgesprochenen Worten und Tönen versteht*, daneben Giacomo Meyerbeer, von dem Liszt behauptet, er könne *stundenlang mit Wohlgefallen dem Spiel der Arabesken folgen, die Chopins Gedanken wie mit einem durchsichtigen Gewebe umhüllen.* Etwas entfernt davon Adolphe Nourrit, der Bariton, mit dem Chopin schon mehrmals auf einem Konzertprogramm gestanden hat. Stehend erkennt Liszt Eugène Delacroix, den Chopin bereits im Mai bei Liszts kennengelernt hat und als Menschen schätzt, obwohl er mit seinen Gemälden wenig anfangen kann. *Von den anderen getrennt, düster und stumm*, sieht Liszt Adam Mickiewicz sitzen, *mit aufgestützten Armen* die Freundin George Sand, *von regster Aufmerksamkeit gefesselt.*

Das Programm zieht sich über Stunden hin; *mit finster schweigendem Ernst* hört Julian Ursyn Niemcewicz *seinen eigenen historischen Gesängen* zu, von Nourrit vorgetragen, von Chopin begleitet. Er, der wohl Zeuge von Chopins erstem Auftritt vor zwanzig Jahren war. Mit den Gesängen ist es nicht getan.

Chopin und Liszt spielten vierhändig die Sonate op. 47 von Moscheles, ein anstrengendes, langes Virtuosenstück, Nourrit singt, begleitet von Liszt, Schubert-Lieder, schließlich improvisiert Chopin.

Er muss davon ausgehen, dass es in Warschau bekannt wird, was er Abend für Abend treibt. Nicht nur, dass er keines der Diners bei irgendwelchen Baronen und Baronessen versäumt, wo er regelmäßig am Klavier landet, nicht nur, dass er im Zeichen der vorweihnachtlich aufblühenden Wohltätigkeit auftritt. Am 21. Dezember heiratet in der Kirche Saint-Roch sein Freund Jaś Matuszyński eine junge Französin, Chopin ist Trauzeuge. Naheliegend, dass er auch für die Hochzeitsmusik sorgt.

Am 24. Dezember wird der Heilige Abend bei dem Verleger polnischer Emigranten gefeiert, der die Werke der Kontrahenten Mickiewicz und Słowacki verlegt. Adam Mickiewicz, der an diesem Tag seinen achtunddreißigsten Geburtstag feiert, ist dabei, auch der achtzigjährige Niemcewicz. Polen unter sich. Bis in den Morgen hinein wird gefeiert. Chopin spielt nicht nur, Chopin singt, Chopin parodiert und imitiert. *Nachdem er die Zuhörer in tiefste Andacht oder schmerzlichste Stimmung versetzt hatte*, beschreibt das George Sand, *wandte er sich, als wolle er die Erinnerung an seinen Schmerz sich und die anderen verwischen, zum Spiegel, machte sich verstohlen an seinem Haar oder seiner Krawatte zu schaffen und erschien plötzlich wieder in einen phlegmatischen Engländer verwandelt oder in eine grantige zeternde Alte, in eine zimperliche Engländerin oder in einen heruntergekommen Juden. So komisch diese Typen waren, hatten sie immer etwas Trübseliges; sonst aber waren sie derart genau getroffen und so differenziert wiedergegeben, dass man nicht müde wurde, sie zu bewundern.* Sogar diejenigen, die er nachäfft, bewundern sein Talent. Liszt beeindruckt es, wie Chopin *die musikalischen Formeln und eigentümlichen Gewohnheiten gewisser Virtuosen* nachahmt, *ihre Bewegungen und Gebärden* und *ihren Gesichtsausdruck*, auch wenn er selbst einer der *eigentümlichen Virtuosen* ist. Aber auch historische Gestalten spielt Chopin so, dass jeder sie wiedererkennt. Seine Spezialität: Friedrich der Große. Imitiert er Mitmenschen, die den Anwesenden bekannt sind, staunt sogar Balzac über die *erschreckende Wirklichkeitstreue.*

Ein Alleinunterhalter, der sich präsentiert, kein Bräutigam, der sich schont. Flieht er in diesen Trubel, um sich am Grübeln zu hindern? Fürchtet er sich vor der Einsamkeit seiner Wohnung, in der ihn die Gedanken quälen?

Er kann es nicht ignorieren, wie verhalten die Reaktionen aus der Familie Wodziński sind. Wenn sie schreiben, wollen sie meistens etwas von ihm. Autogramme, Noten, Dienstleistungen für Antoni. Und ein Klavier wird gebraucht, ein Klavier für Maria.

Chopin ist hin- und hergerissen zwischen Hoffnung und Verzweiflung. Wie es ihm geht, scheint er keinem seiner Freunde anzuvertrauen. Vielleicht dem Notenpapier? Es wirkt so, als sage sein zweites Scherzo in b-Moll etwas über seinen Seelenzustand aus, das er als Opus 31 ediert und einer der adligen Schülerinnen, Adèle Gräfin de Fürstenstein widmet. Ausgerechnet ein Scherzo? Das erste hatte mit seiner Bezeichnung wenig zu tun gehabt. Man müsse sich fragen, hatte Schumann gemeint, *wie sich der Ernst kleiden sollte, wenn schon der Scherz in dunklen Schleiern geht.* Im zweiten nun, das er in den letzten Monaten des Jahres 1836 komponiert, finden sich Heiterkeit und Humor, aber auch Bitterkeit und Leid. In keinem von Chopins Werken war bisher ein solcher Farbenreichtum zu finden, von lichten Tönen bis zu tiefem Schwarz. Vor allem aber klingt aus ihm die Ratlosigkeit. Zu Beginn bereits gehen Fragen und Antworten hin und her, bis sich eine Melodie *con anima* über den Wortwechsel legt, begütigend. Sanft auch das Zwischenspiel in A-Dur. Dann aber brechen die Leidenschaften aus. Das Frage-Antwortspiel beginnt von Neuem, ohne zu einer Lösung zu finden. Eine Flucht in rasende Läufe folgt, rastlos, atemlos, bis in mächtigen Akkorden Einhalt geboten wird.

Das Jahr 1836 endet, das Jahr 1837 beginnt für Chopin dort, wo er sich selbst hingebracht hat, wo es ihn vielleicht hinzieht: im Krankenbett.

XII
Ratlosigkeit und Trostlosigkeit
Eine Flucht nach England

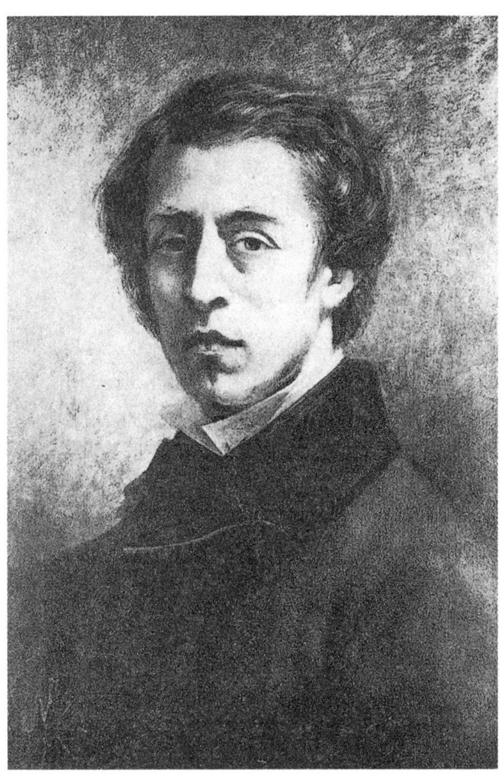

Chopin um 1845. (Anonymes Ölgemälde).

Paris ist eine Baustelle. Die Spekulanten ziehen in einer Geschwindigkeit neue Häuser und Mietspaläste hoch, die von Handelskammer und Stadtverordneten mit Argwohn betrachtet wird. Die Qualität der Bauten ist oft miserabel, aber die meisten der Bauherren haben das Auge starr auf den Profit gerichtet. Vor allem in den Außenbezirken im Nordwesten, zwischen den großen Boulevards und der Stadtgrenze, wachsen ganze Stadtviertel aus dem Boden. Im Westen, direkt an die Champs-Élysées angrenzend, ist das Quartier François Ier im Aufbau. Die Verwaltung von Paris fördert die Investoren, die Investoren werden von den großen Banken unterstützt. Wie Louis Philippe es gewünscht hat, ist das Gewinnstreben zu einem Lebensinhalt gediehen. Die Hausbesitzer sind zu einem neuen und lukrativen Berufsstand geworden. Über zehntausend gibt es bereits, die Hälfte davon sind Handwerker und Händler. Nicht nur Häuser werden gebaut. In der Nähe großer Kreuzungen stellen städtische Arbeiter begehbare Säulen auf, in denen sich öffentliche Toiletten befinden. Ihr Erfinder, Claude-Philibert Barthelot Comte de Rambuteau, seit 1833 Präfekt von Paris, will damit vor allem Frauen Erleichterung verschaffen, die ohne Begleitung kein öffentliches Café betreten können, ohne in falsches Licht zu geraten. Nicht allen ist das so gleichgültig wie George Sand. Dass die Urinoirs nach ihm Rambuteausäulen genannt werden, passt dem Grafen nicht, doch der Volksmund nimmt auf Empfindlichkeiten so wenig Rücksicht wie der Fortschritt.

Schnelligkeit ist der Trumpf, und darauf setzen die Wachen im Lande. Neben den Brüdern Isaac und Jacob Émile Pereire ist vor allem James Baron de Rothschild, dessen Frau bei Chopin Klavierunterricht nimmt, daran beteiligt, in Frankreich dieselbe Eisenbahnbegeisterung zu wecken, die England längst erfasst hat. Sternförmig sollen Eisenbahnlinien von Paris aus Frankreich nach allen Richtungen durchziehen. Im August dieses Jahres soll die erste ausschließlich dampfbetriebene Eisenbahnstrecke von der Pariser Gare Saint-Lazare nach Saint-Germain-en-Laye eröffnet werden. Geplant ist ein Bahnhofsgebäude wie in London, ein Palast aus Glas und Eisen, das aber bis Sommer keinesfalls fertigzustellen wäre; daher wird ein großes hölzernes Provisorium bei Saint-Lazare gezimmert. Rambuteaus Bauwut beschränkt sich nicht auf Häuser und Toiletten. Gerüste stehen an den meisten gotischen Kirchen im Herzen der Stadt, die Rambuteau vor dem Verfall retten will. Er lässt Schneisen durch verwahrloste Viertel schlagen, neue Straßen, Plätze und nach dem englischen Vorbild *Square* genannte Parks bei den großen Wohnkomplexen anlegen, Parkbänke aufstellen und Bäume pflanzen. 180 Kilometer Gehsteige sollen den Fußgängern das Leben leichter machen. Außerdem ist Rambuteau dabei, die Trinkwasserversorgung zu verbessern durch sechs neue Reservoirs. Dreizehn monumentale Brunnen werden nun errichtet, von der Place de la Concorde bis zur Place Saint-Sulpice. In der Nähe von Theatern und Krankenhäusern reißen die Arbeiter auf Anordnung Rambuteaus die Pflastersteine heraus und ersetzen sie durch einen glatten Belag, nach seinem schottischen Erfinder Macadam genannt, der den Schall der Kutschen, Karren und Omnibusse dämpft. Bei den übrigen Straßen lässt er die Abwasserrinnen in der Straßenmitte zuschütten und an den Rand verlegen.

Paris ist eine Baustelle. In Chopins Leben sieht es ähnlich aus. Kaum hat er sich von seiner Grippe mit hohem Fieber und blutigem Husten halbwegs erholt, erreicht ihn ein Brief von Teresa Wodzińska, in dem nichts Dramatisches steht, der ihn aber dennoch erschüttern muss. Kein Wort verliert sie über das für dieses Jahr geplante Treffen in Dresden, auf dem die Verlobung ihrer Tochter mit Chopin bestätigt werden soll. Wichtig ist ihr nur das Klavier für Maria und dessen Kosten. Tage hat Chopin damit zugebracht, bei Camille Pleyel das geeignete Instrument zu finden, und mit Pleyels Hilfe organisiert, dass es auf dem Seeweg nach Danzig geschafft und von dort mit einem Fuhrwerk nach Kujawien transportiert wird. *Du schreibst über das Klavier, aber wie viel müssen wir schließlich dafür zahlen? Das muss ich im Voraus wissen, damit ich die nötige Summe herbeischaffen kann*, liest er in Teresa Wodzińskas Brief vom 25. Januar. Die Nachschrift seiner Verlobten weckt Hoffnungen: *Ich bedanke mich bestens, und wenn wir uns treffen, werde ich mich noch herzlicher bedanken.* Doch von einem Termin redet sie ebenso wenig wie die Mutter. Sie liest *Heines Buch über Deutschland*, das er ihr geschickt hat, seine nun in gebundener Form erschienene Artikelserie *De l'Allemagne. Die Romantische Schule. Zur Geschichte der Religion und Philosophie in Deutschland*. Doch der Gruß ist unbeteiligt und kühl. *Ich glaube nicht, dass ich Sie erneut der treuen Gefühle Ihrer Sekretärin versichern muss.*

Chopin fühlt sich alleingelassen. Von Freunden hat er die Adresse einer gewissen Marie Anne Adelaide Lenormand, die man in Adelskreisen seit langem gut kennt. Auch Politiker suchen Madame, die wert darauf legt, Mademoiselle zu sein, oft und so diskret wie möglich auf. Bei ihr hofft er nun Beistand zu finden. Dass sie eine Zeit lang aus Frankreich verbannt worden war und auch im Gefängnis gesessen hatte, konnte ihrem Ruf nicht schaden. Grund dafür war, dass sie die Wahrheit gesagt hatte. Mittlerweile ist sie Ende sechzig und gilt auch im Ausland als Kapazität. Sie spricht fünf Sprachen, kennt die Kabbala, liest aus der Hand und aus Tarotkarten, die eigens für sie entworfen worden sind. Eine Frau mit rundem Gesicht, eine Pelzmütze auf dem Kopf, elegant gekleidet, empfängt in einem Raum voller Wunderlichkeiten den jungen, hustenden Besucher. Alles werde sich zum Guten wenden in seiner Liebesgeschichte, prophezeit die Pariser Sibylle, wie sie unter Eingeweihten heißt.

Erleichtert gesteht Chopin sein Erlebnis im nächsten Brief nach Hause seiner Mutter. Justyna Chopin reagiert empört. Sie ist überzeugte Katholikin, glaubt an den göttlichen Ratschluss und missbilligt es, wenn Laien sich als Propheten gebärden. Vor allem aber fürchtet sie um das Seelenheil ihres Sohnes. Sie weiß, wie dünnhäutig er ist. *Ich kann verstehen, dass Du diese Frau aufgesucht hast*, schreibt sie Ende Februar 1837, *aber man muss schon ein Übermaß an Mut besitzen, um sich ihre Weissagungen anzuhören, und mag der Verstand noch so nüchtern sein, so hätte eine schlimme Prophezeiung Dich doch sicherlich eine Zeit lang beunruhigt. Doch versprich mir, liebster Frycek, dass Du nicht mehr zu ihr gehen wirst.* Auch sie ist um seine Gesundheit besorgt. Ihren Glückwünschen zu seinem Geburtstag am 1. und seinem Namenstag am 5. März hängt sie einen Vorwurf an: *Frau Wodzińska sagte mir, dass Du versprochen hast, früh schlafen zu gehen, was mich sehr erfreut hat, doch sagt sie auch, dass Du Dein Wort nicht gehalten hast.*

Chopin ahnt, woher sie diese Kenntnisse bezieht. Zwei Freundinnen von Teresa Wodzińska, Ludwika Nakwaska, gebürtige Französin, mit einem polnischen Gutsbesitzer verheiratet, und Zofia Ossolińska, eine Vertraute der Familie Wodziński, sind zu Besuch in Paris, in den Salons der Stadt unterwegs und beobachten genau, was Chopin treibt.

Im März meldet sich endlich einmal wieder Maria selbst. Frédéric hat viel dafür getan, um sie aus der Reserve zu nötigen: Er hat ihr das lang versprochene Album mit Kompositionen von eigener Hand geschickt. Auf den ersten Seiten hat er sein *Lento con gran espressione* für Klavier notiert, auf den folgenden Seiten acht seiner polnischen Lieder für Sopran und Klavierbegleitung; *Mädchens Wunsch*, *der Bote*, *Was ein junges Mädchen wünscht*, *Bacchanal* (jenes Lied von einem männlichen Zechgelage, das die Freunde bei Chopins Abschiedsfest eher grölten als sangen, das einer polnischen Landadligen aber zugemutet werden kann), *Litauisches Lied*, *Der Reitersmann vor der Schlacht*, *Mir aus den Blicken* und *Liebeszauber*. Auch die Liedtexte hat er eigenhändig auf die blauen Linien geschrieben. Das Äußere des Albums hat Chopin sich etwas kosten lassen: Es wurde in dunkelrotes Saffianleder gebunden, die Ränder und Ecken sind golden graviert. Auf dem Einband steht in ebenfalls goldenen Buchstaben *Maria*.

Der Einsatz zahlt sich aus: Maria meldet sich.

Ich kann Ihnen nur mit ein paar Worten danken für das hübsche Heft, das Sie mir geschickt haben. Ich werde gar nicht versuchen, meine Freude darüber zum Ausdruck zu bringen, es wäre sinnlos. Nehmen Sie bitte meinen allerherzlichsten Dank entgegen. Seien Sie versichert, dass unsere ganze Familie, insbesondere aber Ihre schlechteste Schülerin und Ihre Freundin aus Kindertagen, Ihnen aufrichtig zugetan ist. Mama umarmt Sie herzlich. Die kleine Teresia spricht dauernd von ihrem Chopena. Leben Sie wohl und vergessen Sie uns nicht.

Das hört sich nach einem Abschied an.

Chopin hört weg und flieht erneut in Aktivitäten.

Am 30. März 1837 veranstaltet Cristina Principessa Barbiano di Belgiojoso Trivulzio, so magisch wie ihr Name, ein Wohltätigkeitskonzert zugunsten italienischer Einwanderer. Das Vermögen der Widerstandskämpferin, die von einem Mitstreiter auf dem Rücken aus ihrem Heimatland herausgetragen worden war, hatte Metternich beschlagnahmen lassen; im letzten Jahr ist es endlich freigegeben worden. Der neue Salon, den sie daraufhin nahe den Champs-Élysées eröffnet hatte, ist seither Stadtgespräch, nicht nur wegen der Gäste. Dichter, Diplomaten Sozialisten, Komponisten, Maler und Schauspieler verkehrten schon zuvor in ihrem Dachstubensalon. Geredet wird über die Einrichtung und das, was die *Principessa* in diesen Räumlichkeiten inszeniert.

Chopin betritt in der Rue d'Anjou eine Wohnung, die als Bühne für eine melodramatische Oper geeignet wäre. Vorhänge und Draperien aus schwarzem Samt, pompejianische Vasen und Freskenfragmente, silberne Kruzifixe, Totenköpfe auf Konsolen, ein breites schwarzes Bett auf einem Podest, flankiert von silbernen Kandelabern. Die Fürstin, die jenes Reich regiert, wird von Verehrern jedes Alters belagert, von Hugo und Chateaubriand, Mérimée und Dumas *père*, Blatac und Lafayette, vor allem aber von George Sands ehemaligem Liebhaber Alfred de Musset und von Heinrich Heine, der sie in seinen *Florentinischen Nächten* zu einer Ikone verklärt hat – vollendet wie von Leonardo da Vinci gemalt. Beide erhört sie nicht; als ihr Liebhaber gilt François-Auguste Mignet, Jurist, Historiker und Direktor des Archivs im Ministerium des Auswärtigen. Für Geschichte brennt die Fürstin ebenso wie für Musik und den *Risorgimento* in ihrer Heimat. Mit Wohltätigkeitsveranstaltungen hat sie Erfahrung. Nicht das Mitleid bringt Unternehmungen dieser Art Geld ein, sondern ein Spektakel. Nachdem Franz Liszt vergangenen Februar in einer Rezension Thalberg weniger besprochen als beleidigt hatte, wusste Cristina Belgiojoso daraus Kapital zu schlagen, indem sie die Konkurrenten auf den 31. März in ihren Salon zu einem Klavierduell lud. Geendet hatte das Ganze damit, dass beide zu Siegern erklärt wurden, wenngleich Thalberg, vornehm wie immer, Liszt als überlegen anerkannt hatte. Der Erlös war politischen Flüchtlingen aus Italien zugekommen. Nun setzt die *Principessa* wieder auf dieses Rezept. Sechs Pianisten sollen bei ihr über das Thema eines Marsches in Bellinis Oper *I Puritani* improvisieren. Sie hat es geschafft, die sechs derzeit berühmtesten Pianisten der Welt zusammenzubringen, obwohl die sich gegenseitig nicht alle gewogen sind: Thalberg, Liszt, Pixis, Herz, Czerny und Chopin.

Liszt lästert über Herz wie Czerny und hat Chopin gerade erst erklärt, Thalberg sei *ein verfehlter Grandseigneur und ein noch verfehlterer Künstler.* Chopin hält weder von Czerny noch von Thalberg etwas und hat für Pixis bestenfalls Mitleid übrig. Mit Henri Herz war Chopin nur indirekt in Konflikt geraten. Chopins Verleger Maurice Schlesinger hatte sich mit dem erfolgreichen Pianisten, Komponisten, Klavierbauer und Konzertveranstalter angelegt. Vermutlich aus rein strategischen Gründen: Herz war Schützling der *Revue musicale* von François-Joseph Fétis, und Schlesinger wollte diese Zeitschrift, einzige Konkurrenz seiner *Gazette musicale*, aufkaufen. Also hatte er in seinem Blatt den Werken von Herz *abgedroschene Formen und Gedanken* bescheinigt und ihn als Plagiator beschimpft. Darauf war es in einem Konzert des so Geschmähten zum Eklat gekommen: Billard, ein Schüler von Herz, hatte Schlesinger verprügelt und von Gleichgesinnten hinauswerfen lassen, die angeblich Morddrohungen ausstießen. Schlesinger hatte von Billard Genugtuung verlangt. Beim Duell zeigte sich, dass beide Herren von Musik mehr verstanden als vom Schießen: Billard traf den Mantel von Schlesinger, Schlesinger fügte, wie auch immer, Billard nur eine Quetschung zu. Bei einer späteren Gerichtsverhandlung hatte Chopin zugunsten seines Verlegers gegen Herz ausgesagt, und Liszt hatte bezeugt, was Schlesinger gehört und erlitten haben wollte. Dennoch war der Verleger zu 50 Francs Strafe verdonnert worden, weil der Plagiatvorwurf sich als unhaltbar erwies. Trotzdem konnte er mit dem Ergebnis zufrieden sein: Im November 1835 hatte er die geschwächte *Revue musicale* mit seiner *Gazette* fusioniert.

Dass die Pariser Musikszene keine Idylle war, hat Chopin begriffen. Jeder verhält sich in dieser Schlangengrube anders, um nicht gebissen zu werden.

Thalberg, ganz Diplomat, sagt nie, was er über Kollegen denkt, Pixis redet vor den Kulissen über Konkurrenten freundlich, dahinter feindlich; Czerny findet, dass alle außer ihm zu wenig Klavier üben. Die Begeisterung für Italiens Freiheitskämpfer vereint sie ebenfalls nicht. Chopin und Liszt sympathisieren mit ihnen, auch Henri Herz und Sigismund Thalberg ergreifen als Juden die Partei der Unterdrückten. Pixis jedoch hält auf Tradition, und Czerny lebt im Geiste Metternichs, der die Helden des *Risorgimento* als Verbrecher darstellt.

Die *Principessa* aber bewundern alle sechs. Liszt plant, das gemeinsame Unternehmen, das im Geiste Bellinis die zerstrittenen Parteien eint, als *Hexaméron* im Druck erscheinen zu lassen. Er will vor Ort noch eine Introduktion und drei verbindende Zwischenstücke improvisieren und hat sich einen Titel für das Spektakel erdacht: *Grandes Variations de bravour sur la «Marche de Puritains» de Bellini.*

Was die Variationen bieten, ist Geglitzer, nicht mehr. Nur eins der Stücke fällt aus dem Rahmen. Es leuchtet tief und dunkel. Still wird darin über das Thema nachgedacht. Kein Bravourstück, mehr ein wehmütiges Erinnern an den so früh verstorbenen Bellini. Es ist das Stück von Chopin. Dass er aus anderen Beweggründen dunkel, still, nachdenklich und wehmütig ist, können seine Freunde nur vermuten. Er teilt sich keinem mit. Das Offene, das Direkte war seine Sache noch nie.

Kurz nach dem Ereignis bei der *Principessa*, am 2. April 1837, wendet sich Chopin erneut schriftlich an Gräfin Wodzińska, die von ihm neue Nachrichten ihres Sohnes Antoni erwartet. Er hat jedoch keine. Ihn drängt es, Klarheit zu gewinnen, schon weil ihn die Ungewissheit bei der Arbeit behindert. *Ich muss Ihnen gestehen, dass ich einen Anfall wie den in Marienbad gehabt habe.* Damals, als es ihm der Ansturm seiner Gefühle unmöglich machte, hinter den Walzer vom Vorjahr eine neue Komposition in Marias Stammbuch zu setzen. Im letzten Jahr waren es freudige, nun sind es bange Regungen, die ihm unmöglich machen, etwas aufs Papier zu bringen. *Es gibt eben Tage, wo ich ganz aus dem Häuschen bin – heute wäre es mir lieber, in Służewo zu sein, als nach Służewo zu schreiben.* Doch es hat ihn gar niemand nach Służewo eingeladen.

Der Öffentlichkeit entgeht es nicht, dass Chopin in schlechter Verfassung ist. Die Kenner hatten darauf gelauert, ihn zusammen mit Liszt auf der Bühne zu erleben, der vor einer ausgedehnten Italienreise am 9. April in den *Salons Erard* sein Abschiedskonzert gibt. Höchstens zu Besuch will er sich in nächster Zeit in Paris aufhalten. Die *Revue et Gazette musicale* hat, wie Liszt es wünschte, verkündet, er werde sich auf Reisen durch die Schweiz und Italien fortbilden. Warum er sich wirklich absetzt, wissen außer ihm nur Marie d'Agoult, George Sand, Chopin und noch ein paar wenige, denen sie Verschwiegenheit in intimen Dingen zutrauen. Angekündigt war, Liszt werde in diesem Konzert nach den zwölf neuen Etüden Chopins, die noch nicht im Druck erschienen sind, mit Chopin vierhändig einen Liszt-Walzer spielen. Doch er entschuldigt den kranken Freund beim Publikum. Und spielt den vierhändigen Walzer mit zwei Händen.

Die Freunde können es nicht mehr mitansehen, wie Chopin leidet.

Es ist Astolphe de Custine, der das auszusprechen wagt. *Sie sind krank, und es besteht Gefahr, dass Sie noch kränker werden. Ihre Seele und Ihr Körper haben die Grenzen der Belastbarkeit erreicht. Wenn der Kummer sich in Krankheit verwandelt, gibt es keine Rettung mehr*, warnt er Chopin im Frühjahr 1837.

Sein Arzt drängt ihn, zu Kur nach Bad Ems zu gehen, er aber wagt es nicht, einen Entschluss zu fällen: Auf Abruf will er bereit sein, falls die Wodzińskis endlich ein Treffen vorschlagen.

Aus dem erfrischenden Briefschreiber ist ein anbiedernder geworden. Am 14. Mai leitet Frédéric einen Brief Antonis mit den Zeilen weiter, er verzichte auf einen Begleittext, *denn es würde alles neben Antonis Blatt verblassen.*

Dass er gesundheitlich angegriffen ist, beschäftigt auch George Sand und Marie d'Agoult. George zeigt sich besorgt. Und Liszts Geliebte kann offenbar nicht vergessen, dass Chopin auf ihre Angebote nicht eingegangen ist: Sie spottet über den Kranken, den sie *eine überzuckerte Auster* nennt. George bittet ihre Freundin Marie: *Sag ihm, dass ich ihn vergöttere.* Marie richtet das wohl kaum aus. Sie antwortet: *Chopin ist unwiderstehlich. Nur hustet er ständig.* Er huste allerdings *mit unendlicher Anmut.*

Im Mai berichtet Chopin unvorsichtigerweise Antoni: *man will mich nach Ems schicken.* Marquis de Custine unterstützt den Plan des Arztes, dass Chopin sich in dem auf Atemwegserkrankungen spezialisierten Bad am Oberrhein erholen soll, und bietet ihm an, gemeinsam in seiner privaten Kutsche dorthin zu reisen. *Ich versuche nicht, Sie zu trösten, ich achte Ihre Gefühle, die ich übrigens nur ahnen kann, aber ich wünsche, dass sie Gefühle bleiben und nicht zu physischen Qualen werden.* Jeder der Freunde rät ihm, die Stadt zu verlassen und in guter Luft Kräfte zu sammeln. *Bleiben Sie nicht in Paris, in der gewohnten Tretmühle des Alltags*, fleht ihn der Marquis an. Chopin fühlt sich allmählich von Custine verstanden. Lust auf Festlichkeiten, wie sie derzeit in ganz Paris toben, verspürt er keine. Herzog Ferdinand d'Orléans, der Thronfolger von Louis Philippe, heiratet Helena, Herzogin von Mecklenburg-Schwerin. Dass in Spanien täglich französische Soldaten und auch polnische Freiwillige verenden, kümmert in Paris nur deren Verwandte. Ansonsten wird gejubelt. *Die neue Herzogin gefällt ungemein, man rühmt ihre Schönheit weniger als ihren Verstand*, berichtet Chopin Teresa Wodzińska. Bälle, Operngalas, Feuerwerke drängen sich in den Terminkalendern der Pariser Aristokratie und auch der Bourgoisie, die dafür zahlt, dabei zu sein. Für den Ball im *Hôtel de Ville* sind bereits 15 000 Karten verkauft. Da kommen beim Feuerwerk auf dem Marsfeld um die hundert Zuschauer ums Leben, die Zahl der Verwundeten wird verschwiegen. Die Stadt macht den nervlich angespannten Chopin noch nervöser. Es fällt ihm schwer, in Paris zu bleiben. Chopin schweigt sich darüber aus, warum er im schönsten Frühsommer in Paris dahinvegetiert; der Marquis muss sich aufs Raten verlegen: *Ist es das Geld, das Sie in Paris hält? Wenn ja, kann ich Ihnen Geld leihen, und Sie geben es mir später wieder, aber drei Monate lang sollten Sie sich ausruhen!!! Sollte Ihnen die Liebe fehlen, erlauben Sie mir wenigstens, Ihnen Freundschaft entgegenzubringen.* Custine schlägt Chopin vor, *einen Monat auf dem Land bei gutem Essen* zu verbringen, also auf seinem Schloss in Saint-Gratien. Danach könnten sie gemeinsam über Straßburg nach Bad Ems reisen.

Chopin hat keine Lust auf Bad Ems, kommt aber dem Marquis entgegen. Der Cellist Józef Brzowski, der in diesem Sommer wieder in die polnische Heimat zurückkehren will, reist mit Chopin nach Montmorency, beide mieten sich dort einen Esel und reiten durch den Wald zu der Einsiedelei Rousseaus. Abends sind sie bei Custine zu Gast auf Saint-Gratien mit Berlioz, dessen Frau Harriet Smithson, der Sängerin Maria Merlin, die spanische Lieder singt und sich auf Castagnetten begleitet. Chopin improvisiert über spanische Themen und offenbart keinem, was ihn quält.

George Sand betont, ihr Schloss in Nohant stehe Chopin jederzeit offen; dass ihr Herz ebenfalls offensteht, kann Chopin nicht entgehen. Doch was diese Frau, mit der er zunehmend entspannt verkehrt, neuerdings treibt, verschreckt ihn: In *Le Monde*, der Zeitung von Sands Freund Abbé Lamennais, erscheinen derzeit in einzelnen Folgen die erdachten *Briefe an Marcie*. Darin greift George Sand die französische Gesellschaft an, die von Frauen erwarte, dass sie auf Lust und Freiheit, für Männer selbstverständlich, verzichten. *Den Männern*, steht dort, *ist es gelungen, die Frau in eine Knechtschaft und Verdummung hineinzuzwingen, die sie heute als eine göttliche Fügung von ewiger Dauer hinstellen.* Selbst der freidenkende Abbé bekommt kalte Füße. Als er die Serie abbricht, haben *Le Monde* wie *La Sand* jedoch schon den Ruf weg, auf skandalöse Weise die Herren der Welt herabzuwürdigen. Wie sollte Chopin einer solchen Frauenrechtlerin seine Schwäche beichten?

Am 18. Juni 1837 vermeldet Chopin der Gräfin Wodzińska: *Antoni ist in Saragossa; er fühlt sich wohl und hat mich dieser Tage beschworen, ihn den Herrschaften in Erinnerung zu bringen.* Das ist gelogen. Im Mai schon hat er erfahren, dass Antoni Wodziński in der Schlacht bei Huesca verwundet wurde und ins Krankenhaus von Saragossa eingeliefert worden ist. Wer sich in Erinnerung bringen will, ist Chopin selbst. Aus seiner Sehnsucht macht er kein Geheimnis mehr. *Ist der Sommer auf Sużewo schön? Ist viel Schatten da? Kann man sich unter die Bäume setzen und malen?*

Er streicht heraus, wie vertraut er mit den Bräuchen und Vorlieben der Familie ist und weiß, dass Marias jüngste Schwester zu Hause *Twaróg* herstellt, den hausgemachten Weißkäse, der auf einen Siebuntersatz zum Entwässern gestellt wird. Józefa, die nächstjüngere Schwester Marias, hält sich bereits in Dresden auf – warum nicht Maria und ihre Mutter, die Chopin dort treffen wollten? Seine Briefe nehmen einen hausfraulichen Ton an. *Hat Teresia einen bequemen Platz für ihre Käseuntersätze?* fragt er. *Fehlt ihr bei der Zubereitung nicht Fräulein Józefa?* Längst ist das Instrument von Pleyel, das er für Maria ausgesucht und vorfinanziert hat, auf Służewo angekommen. Bedankt hat sich noch niemand bei ihm. Eigentlich müsste er entrüstet oder enttäuscht sein. Stattdessen fragt er: *Hat das Klavier gefallen? Gebe es Gott! Falls nicht, so bitte ich, mich durchzuprügeln, aber nicht böse zu sein.* Unterwürfig setzt er hinzu: *Ich erinnere Sie noch einmal, dass Antoni wartet (hierbei werden auch mir ein paar Worte zuteil werden).*

Dem nach Paris zurückgekehrten Chopin bietet sich Camille Pleyel überraschend als Fluchthelfer an. Er hat beschlossen, sich in England einmal anzusehen, was die Konkurrenten können, und will die Klavierfabriken von John Broadwood & Sons besichtigen. Seit der alte Broadwood, wenn auch nicht als Erster, vor mehr als fünfzig Jahren ein Fortepiano entwickelt hat, ein Instrument mit Hammermechanik, wie es Haydn, Mozart und Beethoven dem Cembalo vorzogen, gilt die Firma, nun von seinen Söhnen geführt, als technisch besonders neuerungsfreudig. Ein virtuoser Pianist ist bei einer solchen Reise als Begleiter unentbehrlich. Eigentlich hätte Camille Pleyel seine Frau

Marie-Felicité mitnehmen können, eine große Pianistin; doch sie hat sich im vergangenen Jahr von ihrem Ehemann getrennt, um mehr Spielraum zu gewinnen, für Klavier- und Liebesspiel. Chopin wird gebraucht. Nicht nur das erleichtert ihm die Zusage; die List, den Pass in Wien damals für eine Reise nach London ausstellen zu lassen, die angeblich nur über Paris führen sollte, beschert ihm nun das richtige Papier.

Am 7. Juli treffen die beiden in London ein und steigen in einem der teuersten Hotels der Stadt ab. Chopin hat Camille Pleyel beschworen, ihn keinesfalls unter seinem eigentlichen Namen vorzustellen. Er will nicht zu Auftritten genötigt werden, ob öffentlich oder privat. Sein Freund Julian Fontana hat ihn mit der Adresse eines Landsmannes versorgt, der ihm diskret behilflich sein soll: Stanisław Egbert Koÿmian, ein polnischer Dichter und Publizist, vor den Verfolgern der Novemberrevolutionäre nach London geflohen. Auch Chopin kennt ihn noch aus seiner Warschauer Zeit. *Chopin ist für zwei Wochen inkognito hier*, berichtet Koÿmian seiner Familie in Polen. *Er kennt niemanden und will auch niemanden kennenlernen; so kann er mir seine ganze Zeit widmen.* Koÿmian hält Wort, dennoch geht ein Raunen durch die Londoner Musikwelt, Chopin sei da. Auch Henry Fowler Broadwood, der Pleyel und dessen Bekannten, einen *Monsieur Fritz* zum Essen eingeladen hat, hat schon davon gehört. Nach dem Lunch setzt sich Chopin hier, wo es zum Zweck der Reise gehört, ans Klavier. Nach wenigen Takten weiß Broadwood, mit wem er gerade getafelt hat. Wie sehr das den großen Klavierbauer erregt, könnte Chopin ermuntern. Seelisch mag London heilsam wirken auf Chopin, körperlich kaum. *Ich bin den ganzen Tag mit ihm zusammen und manchmal auch – wie gestern – die ganze Nacht*, schreibt Koÿmian nach Hause. Was Pleyel und Chopin treiben, hört sich nicht nach Kuraufenthalt an. *Sie sind*, verrät Koÿmian, *entschieden darauf aus, auf alle mögliche Art ihr Geld auszugeben.* Zu dritt unternehmen sie Ausflüge zu den Schlössern in der Umgebung, gehen in die Oper, in Klubs und teure Restaurants, besuchen die Beethoven-Gedenkfeier und ein Konzert von Ignaz Moscheles, den Chopin seit seiner Kindheit verehrt. Nun findet er sein Spiel *barock*, altmodisch und einfach *entsetzlich langweilig*. Ist Chopins Selbstbewusstsein erstarkt? In seinem Brief an Julian Fontana kehrt die alte Frische zurück. *Ich bin Koÿmian sehr dankbar*, berichtet Chopin. *Ohne ihn würde ich nichts von London zu sehen bekom-*

men … Du kannst Jan sagen, dass man sich hier ganz leicht auf vernünftige Weise amüsieren kann, unter der Bedingung, dass man nicht zu lange dableibt. Was für gewaltige Dinge! Riesige Bedürfnisanstalten, in denen man dennoch keinen Platz hat, Pipi zu machen. Aber die Engländer, ihr Heim, ihre Paläste, die Wagen, der Reichtum, der Luxus, die Ausstattung, die Bäume! Alles, von der Seife bis zum Rasiermesser, ist außerordentlich und daher gleichförmig! Alles ist gut erzogen! Alles wird gewaschen und wieder gewaschen, und doch ist alles schwarz wie der Hintern eines Edelmanns!

Es wirkt bemüht, wie er hier lustig sein will. Versucht er, den Freund und sich hinwegzutäuschen über das ungute Gefühl, das ihn beim Gedanken an die Wodzińskis beschleicht?

Mitte Juli erreicht ihn ein Brief von Teresa Wodzińska. Er hat Julian Fontana angewiesen, ihm Post von dieser Absenderin umgehend nachzuschicken. Denn falls sie ein Treffen noch im Juli vorschlägt, wo sie vielleicht wieder in Marienbad auf Kur ist, um von dort nach Dresden zu reisen, möchte er direkt von London aus über Holland nach Deutschland fahren. Doch Pleyel muss den Rückweg nach Paris nicht allein antreten: Teresa Wodzińska teilt Chopin nur mit, die Verlobung sei als aufgelöst zu betrachten. Als Grund gibt sie Chopins schwache Konstitution und sein dauerndes Kranksein an. Chopin wird sich fragen, ob das der wahre Grund ist. Vielleicht haben sie sich gegen ihn entschieden, weil er nicht über genügend Geld verfügt. Die Wodzińskis brauchen welches, das stand in und zwischen den Zeilen ihrer Briefe. Vielleicht wünschen Marias Onkel Maciej und ihr Vater Wincenty für sie einen Mann von Adel. Es könnte auch sein, dass ihnen über seinen privaten Umgang Bericht erstattet worden ist und sie einen solchen Bohemien nicht in ihrer Familie wissen wollen. Seine Kreise findet man in Paris interessant, auf dem polnischen Land bedenklich.

Die Principessa Belgiojoso, von liberalen Franzosen als Heldin gefeiert, die nur mit knapper Not den Verfolgern und dem Kerker entkam, gilt in der Habsburger Monarchie und auch in Polens konservativen Kreisen als Kriminelle. Dass sie Pässe gefälscht, in Pamphleten zum Sturz der österreichischen Unterdrücker in Italien aufgefordert und vielen Aufständischen zur Flucht verholfen hat, ist belegt; dass sie als verheiratete Frau allein lebt und ein Verhältnis hat, ist ein offenes Geheimnis. Heinrich Heine wird in Deutschland nach wie vor steckbrieflich gesucht, Liszt wird noch in diesem Jahr zum zweiten Mal

Vater eines unehelichen Kindes, Marie d'Agoult lebt mit dickem Bauch ungeniert mit ihm zusammen. Balzacs wüster Lebenswandel ist so bekannt wie seine Werke; Berlioz halten die meisten für einen gotteslästerlichen Spinner, der Kollege Charles-Valentin Alkan, mit dem Chopin privat wie öffentlich auftritt, ist der Sohn eines jüdischen Lehrers aus dem Marais, spielt auch in jüdischen Häusern und hat einen unehelichen Sohn, was in katholischen polnischen Landadelskreisen ebenfalls nicht gut ankommt. George Sand ist nicht besser beleumundet als Marie, auch wenn ihre Kinder angeblich von dem getrennt lebenden Gatten stammen; ihre Affären reichen aus, sie als nicht gesellschaftsfähig zu brandmarken.

Oder verübeln sie ihm, dass er ihnen die Unwahrheit über Antonis Befinden gesagt und die Nachrichten geschönt hat? Chopin scheint sich auf diese unwahrscheinlichste Erklärung zu verlegen. Heimgekehrt nach Paris, schreibt er am 14. August noch einmal an Teresa Wodzińska.

Da ich befürchte, dass von einer anderen Seite Unwahres mitgeteilt werden könnte, ziehe ich es vor, Antonis Brief vom 3. letzten Monats zu übersenden, damit die Herrschaften aus seinem eigenen Schreiben ersehen, wie es um ihn steht. Ich unterließ es zu schreiben, dass er bei Huesca am Fuß leicht verwundet worden ist, denn es geschah dies gegen Mai, und ich wollte daher lieber mündlich Mitteilung machen als durch Schreiben zu beunruhigen. Da es sich jedoch anders gefügt und diese Fliege zu den Herrschaften als riesengroßer Elefant gelangen könnte, lege ich Antonis letzten Brief bei, in welchem er schreibt, dass die Wunde vollkommen verheilt ist. Aus diesem Brief ist auch zu ersehen, dass er die Absicht hat zurückzukehren, und zwar für jene 3000 Francs, welche ich am 9. aus den Händen von Bankier Léo empfangen und an demselben Tag, an dem der beigefügte Brief Antonis angekommen ist, das heißt am 10. des Monats, durch Rothschild nach Legronio geschickt habe.

Wider jegliche Vernunft will er noch immer nicht aufgeben.

Ich erwarte von Ihnen einen minder traurigen Brief, als es der letzte gewesen.

Doch wenig später begräbt er seine Hoffnungen, nicht nur darauf, sein an Antoni geliehenes Geld jemals wiederzusehen. Die Etüden op. 25 erscheinen im Duck, Marie d'Agoult gewidmet, unter ihnen jene in f-Moll, die ein Bildnis Marias sein soll. Betrachtet er dieses Bildnis noch einmal? Bemerkt er nun, wie ahnungsvoll er das Zögernde an ihr erkannt hat? Hört er nun mit anderen Ohren dieses schwache Echo, schön, sanft, aber ohne eigene Energie? Wagt er nun zu denken, was er bisher nicht denken wollte: dass es Maria möglicherweise nur geschmeichelt hat, von dem berühmtesten jungen Landsmann angehimmelt zu werden wie zuvor von Słowacki, dass sie aber nichts für ihn empfand? Sie sei *eine temperamentlose, passive Natur gewesen, die sich leicht beeinflussen ließ*, wird Stanisława Orpiszewska, eine Nichte von Maria Wodzińska, später zu Protokoll geben. *Dieser Mangel an Energie und Selbstständigkeit führte die Entlobung mit Chopin herbei, keineswegs aber war, wie manche behaupten, der Familenstolz ihres Vaters oder meines Großvaters daran schuld.*

Chopin wickelt einen Bogen Papier um den Stapel Briefe aus dem Hause Wodziński, schreibt darauf *Moja bieda – Mein Unglück*, schnürt ein hellblaues Stoffband darum, steckt eine getrocknete Rose unter den Knoten und versenkt das Paket in seinem Schreibtisch.

Es soll ihm schlecht gehen, schreibt im September 1837 Mendelssohn an Ferdinand Hiller.

Das hat vermutlich auch George Sand gehört. Im Oktober bittet Liszt sie, Chopin seinen Dank dafür zu überbringen, dass er die Etüden op. 25 Marie d'Agoult und damit indirekt ihm gewidmet hat. George nimmt den Auftrag an. Sie zeigt Chopin, wie sehr sie an ihm interessiert ist. Doch er reagiert nicht darauf. Hat er nichts bemerkt?

Chopin zieht sich zurück aus dem öffentlichen Leben. Keiner soll Zeuge seiner nächtlichen Stimmungen werden.

Am 1. November 1837 ist die *Salle de Gymnase musicale* überfüllt. Ein junger Mann aus Wien, der letztes Jahr schon auf einer Amerika-Tournee gefeiert wurde, gibt sein Debut in Paris. In der ersten Reihe sitzen Auber, Halévy, Adam, Berlioz, Meyerbeer und Cherubini. Nur Chopin fehlt.

Er hat viele Gründe, die Veranstaltung zu meiden. Dass ausgerechnet jetzt dieser Mann in Paris triumphiert, muss Chopin, ohnehin wund, schmerzlich treffen. Auch in seiner Wohnung werden Chopin die Nachrichten über den ersten Abend des Komponisten aus Wien einholen, den sein Verleger Haslinger ihm vorzog. Es kann Chopin nicht unbekannt bleiben, dass schon nach den ersten Takten das Publikum zu jubeln angefangen hat, dass der Komponist und Dirigent, der mit seinen dreißig Musikern das ganze *Hôtel Violette* belegt hat, hinterdrein mit Champagner bis in den Morgen hinein feiert, dass er am 5. November in den Tuilerien vor Louis Philippe auftreten wird. Am 8. November wird es auch Chopin im *Journal des Débats* lesen, dass der König diesem Johann Strauß eine Brillantnadel und zwei Schecks über je 1000 Francs überreicht hat.

An diesem Tag liefern sich Musard, der Pariser Gegenspieler von Strauß mit seinem sechzig Mann starken Salonorchester, und der Wiener Komponist mit nur sechsundzwanzig Leuten in der *Salle Vivienne* ein Gefecht. Kein Wohltätigkeitskonzert: Die Erlöse fließen in die Taschen der Duellanten. Doch wie beim Duell Liszt gegen Thalberg gibt es nur zwei Sieger, keine Besiegten. Von diesem Tag an treten Musard und Strauß fast täglich gemeinsam in Musards Etablissement auf, das jedes Mal ausverkauft ist. Chopin muss auch lesen, dass sein Abgott Paganini, der kaum mehr ausgeht und keines seiner Konzerte besucht hat, in der *Salle Vivienne* aufgetaucht ist, dass Strauß, als er ihn erkannte, einen Tusch gespielt hatte, auf den Gast zugegangen war und die beiden sich schließlich in den Armen lagen. In den Zeitungen, in den Salons, in den Cafés wird Paganinis Satz zitiert: *Ich freue mich, den Mann kennenzulernen, der so viel Freude in die Welt gebracht hat.*

Vier Wochen schon bringt er Freude in die Pariser Welt, als Chopin ein Manuskript datiert und signiert: *FF Chopin Paris, 28. Novembre 1937.*

Es ist nur ein Fragment. Die ersten acht Takte des Trios aus dem Trauermarsch der b-Moll-Sonate.

XIII
Umbruch und Aufbruch

Vorbereitungen auf eine ganz andere Frau

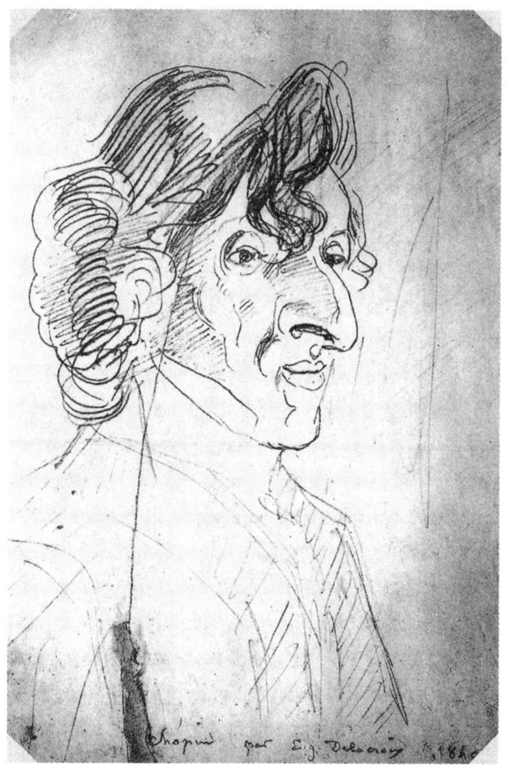

Karikatur aus dem Jahr 1840.
(Bleistiftzeichnung von Eugène Delacroix).

𝄞

An diesem Abend Ende April 1838 sieht es so aus, als werde der Plan von Charlotte Marliani aufgehen. Die Voraussetzungen dafür sind gut.

Die Frau des spanischen Konsuls hat den Termin und die Gäste sorgsam ausgewählt. Oben auf der Liste steht Chopin. Mit einer kurzfristigen Absage, seit letztem Herbst bei ihm üblich, ist nicht zu rechnen. Seit Februar hat sich für Chopin alles zum Guten entwickelt – körperlich, seelisch, beruflich.

Am 4. Februar war in der *Revue et Gazette Musicale* der Vorabdruck eines Buches erschienen: *Über die französische Bühne*, Briefe von Heinrich Heine, adressiert an seinen Freund August Lewald. Heine ging darin auf die Gaben von Liszt und Thalberg ein, auf das bereits zur Legende gewordene Klavierduell und erklärte, *dass es von ebenso großer Heimtücke wie Beschränktheit zeugt, wenn man den einen auf Kosten des anderen lobte.* Dann aber kam er auf Chopin zu sprechen.

Der Anfang dürfte den Komponisten und seine Verehrer beunruhigt haben: Schreckte Heine etwa nicht davor zurück, seinen beißenden Spott über den Freund zu ergießen? Chopin sei *der Liebling jener Elite, die in der Musik die höchsten Geistesgenüsse sucht*, stand da zu lesen. *Sein Ruhm ist aristokratischer Art, er ist parfümiert von den Lobsprüchen der guten Gesellschaft, er ist vornehm wie seine Person.*

Als Nächstes verbreitete Heine Unrichtiges. *Chopin ist von französischen Eltern in Polen geboren und hat einen Teil seiner Erziehung in Deutschland genossen.* Diese Irrtümer machte er zum Ausgangspunkt seiner Deutung. *Polen gab ihm seinen chevaleresken Sinn und seinen geschichtlichen Schmerz, Frankreich gab ihm seine leichte Anmut und Grazie, Deutschland gab ihm den romantischen Tiefsinn.* Dann aber feierte Heine Chopin als ein *Genie in der vollen Bedeutung des Wortes: er ist nicht bloß Virtuose, er ist auch Poet; er kann uns die Poesie, die in seiner Seele lebt, zur Anschauung bringen; er ist Tondichter, und nichts gleicht dem Genuss, den er uns verschafft, wenn er am Klavier sitzt und improvisiert. Er ist dann weder Pole noch Franzose noch Deutscher; er verrät dann einen weit höheren Ursprung, man merkt alsdann, er stammt aus dem Lande Mozarts, Raffaels, Goethes; sein wahres Vaterland ist das Traumreich der Poesie.*

Das war ein Porträt, in dem Chopin sich gerne wiedererkannte und George Sand erkannte ihn ebenso bereitwillig darin. Längst macht sie kein Geheimnis mehr daraus, dass Chopin der Mann wäre, den sie sich an ihre Seite wünscht. Doch sie wird auf ihrem Schloss im Berry festgehalten von Verwaltungsarbeiten und Kindererziehung. Aus der Ferne beobachtet sie, wie es mit Frédéric Chopin aufwärtsgeht. Gemeinsame Bekannte, die als Gäste nach Nohant kommen, Briefe von Freunden, aber auch die Zeitungen versorgen sie mit neuesten Nachrichten.

Chopin war am 16. Februar, zwei Wochen nach Erscheinen von Heines Hymne, drei Monate nach seinem Widersacher aus Wien, in den Tuilerien vor Louis Philippe und der königlichen Familie aufgetreten. Dass ihm statt einer Brillantnadel und zwei Schecks über 1000 Francs ein silbernes, teilweise vergoldetes Teeservice überreicht wurde – schwer zu veräußern, da signiert mit *Louis Philippe, Roi des Français, à Frédéric Chopin* –, musste er hinnehmen. Er hatte nicht mit dreißig Orchestermitgliedern zu teilen. Doch das positive Echo, das sein Auftritt in der Presse fand, entschädigte für vieles. Das Konzert, das er kurz danach, am 3. März, mit seinem Freund Charles Valentin Alkan, seinem Schüler Adolf Gutmann und dem Kollegen Pierre Joseph Zimmerman, Schüler Cherubinis und Boieldieus, Lehrer Alkans und Bizets, in den *Salons du Pape* gegeben hatte, war daraufhin überbucht. Es befriedigte die Sensationslust des Pariser Publikums vollkommen: zwei Sätze aus Beethovens Achter in einer Bearbeitung für zwei Klaviere zu je vier Händen. Am 12. März hatte Chopin dann in Rouen, wo drei Monate zuvor Johann Strauß umjubelt worden war, bei einem Wohltätigkeitskonzert für Antoni Orłowski sein e-Moll-Konzert gespielt. Warum der Geiger Orłowski, Dirigent des Abends, Unterstützung brauchte, dürfte Chopin nicht erfragt haben. Er ist ein Landsmann, der offenbar Geld braucht. *Der Erfolg war unermesslich! Unermesslich!* überschlug sich der Rezensent.

Auch die Einsamkeit in seiner Pariser Wohnung erträgt Chopin nun leichter. Er hat einen neuen Vertrauten aufgetan, den er umso nötiger hat, als Jan Matuszyński seit seiner Verheiratung wenig Zeit für ihn erübrigen kann. Eigentlich ist es ein alter Vertrauter, denn Chopin gehört seit langem der *Polnischen Literarischen Gesellschaft* an, die dieser Mann gegründet hat, und ist ihm schon oft in den polnischen Zirkeln hier begegnet: Wojciech Grzymała, genannt Albert, siebzehn Jahre älter als Chopin, ein wuchtiger Mann aus Podolien mit Backenbart, Schnauzbart, buschigen Brauen. Stilbewusste lästern über ihn; fast immer läuft er als polnische Folklore herum in einem mächtigen Kurzmantel, mit zu vielen Borten und zu vielen Kordeln besetzt. Doch Grzymała wirkt so eindrucksvoll, dass sie ihn hier als Graf titulieren. Er weist die Anrede nicht zurück. Für Grzymała ist Chopin *der Kleine.* Das gefällt Chopin. Grzymała kann mit Geld umgehen. Das beruhigt Chopin. Grzymała redet mit ihm polnisch. Das tut Chopin gut. Wie nahe Grzymała George Sand steht, weiß Chopin noch nicht.

An jenem Tag Ende April 1838 bei der Gräfin Marliani wirkt es so, als habe Chopin die Geschichte mit Maria Wodzińska überwunden.

Die Gastgeberin erfüllt mit dieser Soirée den Wunsch einer Freundin. George Sand, die den Winter in Nohant verbracht hat, gibt offen zu, dass es für sie nur zwei Gründe gibt, jetzt, da alles zu blühen beginnt im Berry, in die Stadt zu reisen: Sie kommt *wegen Berlioz' Requiem und Chopin*, der ihr *sehr lieb ist.*

Als Chopin nun in der Rue de la Grange-Batelière auf sie trifft, müsste ihr anzusehen sein, was sie seit der letzten Begegnung hinter sich gebracht hat. Der Trennungsprozess von ihrem Ehemann Casimir Dudevant hat das beschädigt, was George Sand das Wichtigste ist: das Glück ihrer Kinder.

Ihre ganze Kindheit über hatte sie selbst unter Streitereien zu leiden gehabt. George war entschlossen, ihren Sohn und ihre Tochter mit aller Liebe aufzuziehen und von jeder Art Unfrieden zu verschonen. Dafür, dass die beiden von ihren Affären nichts mitbekamen, hatte sie gesorgt. Auch dafür, dass Solange nicht erfuhr, wer ihr Vater war – genau neun Monate, nachdem George mit Stéphane Ajasson de Grandsagne intime Tage in Paris verbracht hatte, war sie auf die Welt gekommen. Die Briefe von Stéphane hatte George vernichtet. Nicht, weil sie sich für eine illegitime Tochter genieren würde: Das hat in ihrer Familie Tradition.

Ihr Urgroßvater Moritz von Sachsen, in französischen Diensten zum Generalfeldmarschall befördert, als Kriegsheld so berühmt wie als Frauenheld, war stolz darauf, ein unehelicher Sohn von Kurfürst August dem Starken und der klügsten seiner Mätressen, Maria Aurora Gräfin von Königsmarck zu sein. Demonstrativ hatte er seine Tochter nach jener Mätresse Marie-Aurore genannt. Georges Großmutter, jene Marie-Aurore von Sachsen, war ihrerseits stolz darauf gewesen, eine außereheliche Tochter des *Maréchal Maurice de Saxe* zu sein, wie er in Frankreich hieß. Demonstrativ hatte sie ihren Sohn auf den Namen Maurice getauft, obwohl er angeblich ehelich geboren worden war, als Spross des Barons Dupin de Franceuil. Maurice setzte die Familientradition fort: Demonstrativ taufte er seine Tochter, drei Wochen nach der Eheschließung mit einer jungen Dame namens Sophie-Victoire Delaborde geboren, Aurore. Dass seine Mutter daraufhin tobte, hatte Gründe: Bisher hatten alle in dieser Linie ihre illegitimen Kinder mit Bettgefährten aus bestem Hause gezeugt; Maurice aber hatte sich mit der Tochter eines Vogelhändlers eingelassen. Er starb vier Jahre nach der Heirat bei einem Sturz vom Pferd und lebte fort in der kleinen Aurore, die ihm so ähnlich sah, dass Großmutter Aurore sie der Vogelhändlerstochter entriss und auf ihrem Schloss in Nohant großzog. Kam die Mutter im Sommer für ein paar Wochen zu Besuch dorthin, herrschte Kriegszustand. Aurore wollte alles anders und richtig machen.

Bevor sie sich George nannte und mit wechselnden Liebhabern lebte, hatte sie versucht, eine gute Ehe mit Baron Dudevant zu führen und den dumpfen Mann anzufeuern. Doch der war überfordert von einer Frau, die schon mit vier zu lesen gelernt hatte, Latein konnte, über beste Anatomiekenntnisse und eine geschliffene Sprache verfügte. Er fand die Jagd auf Hasen, Fasane und Rehe spannender als die nach Wissen. Obwohl George sich in Feindschaft getrennt hatte von diesem Mann mit *Philistergesicht*, wie Heine lästerte, wollte sie die Kinder von diesem Zwist fernhalten. Doch trotz aller Bemühungen konnte sie Maurice nicht von der Wirklichkeit abschotten: Der Dreizehnjährige war in den Prozess zwischen seinen Eltern hineingezerrt worden, Briefe der Mutter an ihn hatte man vor Gericht öffentlich verlesen. Die Folgen blieben nicht aus. Im *Collège Henri IV* in Paris, auf das George ihren Sohn geschickt hatte, um ihm die häuslichen Konflikte zu ersparen, war er von den Mitschülern als Sohn einer *Hure* drangsaliert worden. *Wenn ich nur daran denke*, *wie sie Dich nennen*, hatte Maurice seiner Mutter geklagt, *ich könnte das Wort nicht aussprechen, so hässlich ist es.*

Wie Solange, seine um fünf Jahre jüngere Schwester, will Maurice in der Nähe seiner Mutter sein. Ein Pariser Arzt hat bei ihm Herzerweichung diagnostiziert; Grund genug, seinen Wunsch zu erfüllen. Aber George hat auch nicht vergessen, mit welcher Anmut ihre beiden Kinder auf der Reise in die Schweiz, zu Liszt und Marie d'Agoult, um sie gebuhlt hatten. Ihre Tochter Solange hatte ihr versprochen: *Wenn ich Königin bin, schenke ich dir den ganzen Mont Blanc*, und ihr Sohn Maurice hatte Solange zu überbieten versucht: *Sie wird dich stolz machen, ich werde dich glücklich machen.* Wer kann solchen Kindern etwas abschlagen? George war nichts anderes übrig geblieben, als Maurice nach Nohant zu holen und einen Privatlehrer für ihn und Solange einzustellen. Mit diesem Monsieur Pelletan war sie allerdings unzufrieden und über sich selbst unglücklich. Offiziell hatte sie zwar die Affäre mit Michel de Bourges Anfang Juni 1836 beendet, weil sie es nicht mehr ertrug, von ihm verächtlich behandelt zu werden und das Gefühl hatte, er halte sie hin. Doch im April des nächsten Jahres war ihre Leidenschaft für ihn und wohl auch seine für sie erneut aufgelodert. Noch im Mai, dreizehn Monate nach Beginn ihrer Liaison, hatte sie Michel gelockt: *Komm, mein Geliebter! Wieder zum Leben erweckt wie die Erde durch die Maisonne, werde ich mein riesiges Totenhemd wegschleudern und vor Liebe erbeben, die Leidensfalten werden von meiner Stirn gewischt sein, und ich werde Dir jung und schön erscheinen, denn ich werde hüpfen vor Freude in Deinen starken Armen. Komm, komm, und ich werde stark sein, gesund, jung, fröhlich, hoffnungsfroh … Es gibt nur Dich, mein alter Löwe, dessen Feueratem und dessen gierige Klauen meine Lebensgeister wiedererwecken können, und Dein Schnauben auf meinem Kopfkissen ist süßer als der Gesang der Nachtigall … Komm, mein Ein und Alles. Vergessen wir die Welt und seien wir glücklich.*

Sie war ausgehungert gewesen nach diesem Glück in starken Armen. Es gab ihr die Kraft, zehn, zwölf Stunden am Tag zu arbeiten, im Garten zu pfropfen, Früchte einzukochen, mit Lieferanten, Pächtern, Verlegern zu verhandeln, Briefe an Freunde, Kollegen, Leser zu schreiben und nachts, wenn es endlich still wurde, aufgeputscht durch Zigarillos und Kaffee, ihre Romane zu verfassen. Sie muss *ohne Ruhe und Rast produzieren.* George Sand will das Gut erhalten, Gäste bewirten und die Ausbildung von Maurice und Solange bezahlen.

Michel de Bourges, selbst verheiratet, hatte ihr die Befriedigung verschafft, die sie bei keinem seiner Vorgänger erlebt hatte. Doch er verspürte weder Lust, Georges seitenlange Briefe zu Ende zu lesen, noch sich mit ihr auf Diskussionen einzulassen. Die zu Recht misstrauische Gattin bereitete Michel genügend Scherereien. *Verflucht!*, schimpfte er. *Zu Hause habe ich jeden Tag und zu jeder Stunde für Dich und Deinetwegen Krieg zu führen. Meinetwegen. … Aber nein, Du willst, dass ich mich auch noch mit Dir herumschlage. Feind zur Rechten, Feind zur Linken. Ich sage Dir, eine solche Stellung ist nicht zu halten … Ich muss meine Ruhe haben.*

George war im Juni 1837 gezeichnet von der gescheiterten Liaison mit Michel de Bourges. Sie war süchtig nach ihm gewesen. Hatte er sich in La Châtre aufgehalten und sie in Schloss Nohant, war sie oft allein auf ihrem Pferd sechs Meilen durch die Nacht galoppiert, um Michel in einem Gasthof zu treffen. Es hatte lange gebraucht, bis George ihrem intimen Tagebuch anvertraute: *Er verachtet völlig die Aufopferung, denn er meint, dass er von Natur aus Anspruch darauf habe …*

Doch nach der Trennung fühlte sie sich wie auf Entzug.

Marie d'Agoult war Zeugin der Turbulenzen geworden. Sie genoss 1837 die Luft, das Essen und die Fürsorge auf Nohant: für eine Schwangere das Richtige. Ablenkung, meinte sie, sei nun das Richtige für George. George fand das auch. Liszt war angereist; sein Klavierspiel rund um die Uhr erfüllte das Haus, drang in den Garten, brachte George auf andere Gedanken.

Am 8. Juni war Pierre Touze, genannt Bocage eingetroffen, ein Schauspieler von Ende dreißig, kurz danach hatte George eines ihrer Gästezimmer für Félicien Mallefille hergerichtet, jenen kreolischen Dramatiker, den sie *über die Maßen hässlich, eitel und dumm* gefunden hatte. Ein Beweis für Georges innere Einsamkeit und ihr Bedürfnis, sich mit allen Mitteln vom Grübeln abzuhalten?

Überraschend hatte dann am 15. Juni Charles Didier vor der Tür des Schlosses gestanden. Marie hatte ihn hinter Georges Rücken eingeladen; sie hatte Didier verheißen, jetzt sei es möglich, Georges erstorbene Gefühle für ihn wieder zu beleben. George war befremdet, doch souverän genug, die Runde um den ehemaligen Liebhaber zu erweitern. Gemeinsam saßen Franz Liszt, Marie d'Agoult, Pierre Bocage,

Félicien Mallefille und Charles Didier abends um den Tisch auf der Terrasse, während George Punsch auf offener Flamme kochte, die ihr scharlachrotes Kleid leuchten ließ.

Bocage schwadronierte, Mallefille deklamierte, und Marie konvertierte, weil sie bemerkte, dass sie Didier zu viel versprochen hatte und er bei George nicht landen konnte: Seine Drohungen, George umzubringen, fruchteten ebenso wenig wie seine Klagen, George bringe ihn um. Marie beschied daher Didier, George sei *jetzt der Liebe und der Freundschaft unfähig.* Wie sie die menschliche Komödie auf Nohant und ihre Darsteller sah, hatte Marie Adolphe Pictet geschildert, dem Verfasser des Werkes *Du bon dans la nature – Über das Gute in der Natur*: Bocage sei *ein anständiger Mensch, etwas bucklig und genügend dumm, um den lächerlichsten Liebhaber von ganz Frankreich abzugeben.* Pictet hatte diesen Bocage noch nie gesehen. Groß, schlank, die Mähne ungezähmt, der Oberlippenbart verwegen, gerne in knapp sitzendem Jackett und weißer Weste republikanische Reden schwingend, weckte Bocage romantische Träume. Georges Freundin Marie Dorval, Bühnenpartnerin von Bocage, kritisierte dessen Reden zwar als *alberne Geschwätzigkeit*, gab jedoch zu: *Alle Frauen sind verrückt nach ihm und laufen ihm auf der Straße nach.* Für Marie d'Agoult konnte ein Mann, der in Georges Bett landete, nur deren Opfer sein. *Sie nimmt sich Bocage*, berichtete Marie. *Aber weil er anständig ist, will der Schauspieler … die Verbindung geheim halten und nur wieder nach Nohant kommen, wenn sich einleuchtende Vorwände finden lassen. Seine Abwesenheit erscheint George zu lange, die Geheimhaltung zu schwierig; sie tauscht den Buckligen gegen den Einäugigen, den Schauspieler gegen den Dramatiker, Bocage gegen Mallefille!*

Eigentlich hätte Marie zufrieden sein müssen in jenem Frühsommer 1837: Der von ihr eingeführte Mallefille war bei George in jeder Hinsicht angekommen.

Im Juli 1837 bereits hatte George dem vorigen Hauslehrer Eugène Pelletan, genannt Pelikan, gekündigt; der Schriftsteller, vierundzwanzig Jahre jung, voller Ehrgeiz, jedoch frei von Stil und Manieren, hatte anscheinend der Arbeitgeberin seine Liebe erklärt, was ihm nur deren Spott einbrachte. Überraschend hatte George Félicien Mallefille als seinen Nachfolger verpflichtet, den sie zugleich zum Nachfolger von Michel de Bourges machte. Dass sich Mallefille auf eine Frau eingelassen hat, die neun Jahre älter ist als er, führen die Missgünstigen auf

Opportunismus zurück: Mallefille hat bisher als Dramatiker fast nichts verdient und sich ohne Erfolg als Erzähler versucht; doch Frankreichs berühmteste Schriftstellerin könnte seine Karriere befördern wie niemand sonst.

George Sands Freunde halten Mallefille für eine Notlösung: *Die Schlossherrin hätte Chopin vorgezogen*, meint Liszt.

Lange schon hatte George sich bemüht, Chopin ihre Idylle im Berry schmackhaft zu machen. Vergeblich. Marie d'Agoult hatte ihr dabei geholfen. *Kommen Sie und schaffen Sie sich ein neues Mutterland in Nohant*, hatte sie bereits vor einiger Zeit Chopin in einem Brief aufgefordert, der von George übermittelt worden war. Damals hatte Marie ihr noch zu Chopin geraten, wie sie Charlotte Marliani anvertraute. *Wenn die hyperämische George zur Ader gelassen wurde, habe ich immer gesagt: Ich an Deiner Stelle würde stattdessen ein Liebesverhältnis zu Chopin unterhalten.* Nachdem Chopin das Angebot viele Male ausgeschlagen hatte, wäre er im Mai 1837 schließlich fast umgefallen. *Vielleicht fahre ich hinaus und bleibe ein paar Tage bei George Sand*, hatte er angekündigt. Doch in der Hoffnung, Maria Wodzińska werde ihn demnächst zu einem Rendezvous nach Dresden einbestellen, hatte er wieder auf diesen Ausflug verzichtet.

George war schon immer eine pragmatische Frau gewesen. Sie hatte sich 1837 dafür entschieden, den erreichbaren Mann aufzubessern, statt von dem Unerreichbaren zu träumen. Also versorgte sie Mallefille mit Lektüre, Ratschlägen, Verbesserungsvorschlägen für seine Texte und beobachtete, wie sorgsam er sich um die schulische Fortbildung von Maurice und Solange kümmerte. Er sei ein *sublimer Mensch*, erklärte George. Ein Mann, der sich ihren Kindern hingab, konnte kein schlechter sein. Als Mallefille Georges Geliebter wurde, hatte sich Maries Meinung über ihn ins Gegenteil verkehrt. Sein *überspannter Ehrgeiz* widere sie an, erklärte sie und unterstellte ihm *Ruhmgier*, die er aus ihrer Sicht wohl mit Georges Hilfe zu befriedigen versuchte.

Am Montag, dem 24. Juli, hatte Marie zusammen mit Liszt das kostenfreie Feriendomizil in Nohant verlassen, in dem sie sich drei Monate hatte verwöhnen lassen. Dort war es ungemütlich geworden. Georges Mutter war unrettbar krank, und die Hausherrin kümmerte sich um die Sterbende in Paris anstatt um ihre Gäste im Berry. Liszt schwärmte, nachdem er Georges Gastfreundschaft auf Nohant genossen hatte, noch mehr für diese Frau, die *nicht wie die anderen ihres Geschlechts … nur zu lieben und zu beten* verstehe, sondern *wie eine delphische Priesterin* Dinge ausspreche, *von denen jene nichts wussten.* Doch auf Marie d'Agoult wollte er keinesfalls verzichten. Noch begehrte er sie, noch brauchte er sie. Marie hatte sich als Talent der Pressearbeit entpuppt, in Liszts Namen Kritiken und andere Texte verfasst und wirksame Bonmots geprägt wie jenes: *Thalberg ist der erste, Liszt der einzige Pianist der Welt.* Seit dem Klavierduell wird es zitiert und der *Principessa* di Belgiojoso untergeschoben. Marie hatte am Abreisetag ihrem Tagebuch anvertraut, was sie über die Gastgeberin dachte: *Der Aufenthalt in Nohant hat mir gutgetan. Der Frohsinn Georges hat mir, obwohl er mir wenig sympathisch ist, Heiterkeit, die sonst auf meiner Stirn selten zu sehen ist, geweckt.*

Anfangs hatte sie sich in ihrer Rolle als Außenseiterin mit George verbunden gefühlt, hatte es genossen, von George wegen ihrer Schönheit und Eleganz bewundert zu werden, und ihrerseits die Schriftstellerin bewundert. Hatte Marie begonnen, George um ihre künstlerische Produktivität zu beneiden? Sie selbst konnte sich als Liszts Muse verstehen, ein eigenes Werk hatte sie damals noch nicht vorzuweisen. Durch George Sand ist Marie bewusst geworden, dass ihre Beobachtungsgabe so scharf ist wie ihre Zunge. *Sie hat mein Selbstgefühl gefestigt*, und *sie hat den poetischen Sinn in mir erhöht*, befand sie nach den Monaten auf Schloss Nohant. So sehr, dass sie nun herabsah auf *diese bis in ihre Verwegenheit schwache Frau, die so wandelbar in ihren Gefühlen und Ansichten, unlogisch in ihrem Leben ist.* Als Rivalin um Franz Liszt wurde George von Marie seither nicht mehr ernst genommen: *Ich habe eingesehen, dass es kindisch von mir war zu glauben, sie allein hätte Franzens Leben alle Entwicklungsfähigkeiten geben können.*

Im August 1837, als Chopin seinen Liebestraum von Maria Wodzińska im Schreibtisch begrub, da hatte auch George die Hoffnung auf die große Liebe begraben. Mallefille war ein Mann, der ihr im Bett Michel de Bourges vergessen half, für den Geist waren genügend Freunde da. *Wohl selten hat ein Mensch das Glück, so gute Freunde zu haben wie ich*, schrieb sie dem Arztfreund Dr. Gustave Papet am 24. August 1837. *Das ist das einzige wahrhaftige und vollkommene Glück meines Lebens. Man behauptet, dass ich falsche und undankbare Freunde hatte. Ich kann das nicht finden, denn diese habe ich vergessen, und von den anderen habe ich reichen Trost erfahren.*

Im September hatte sie jedoch nicht Trost, sondern eine unerwartete Überraschung erfahren. Casimir Dudevant, in seiner Vaterehre gekränkt, hatte die Tochter Solange auf seinen Besitz in Guillery entführt. George hatte sich eine gerichtliche Verfügung verschafft, war in Begleitung von Mallefille und einem Anwalt nach Guillery gefahren, hatte es von Gendarmen umstellen lassen und Solanges Herausgabe erzwungen. Danach aber war es ungewohnt ruhig geworden in ihrem Dasein. Es hatte den Anschein, Nohant habe sich zum Familienidyll entwickelt – mit Mallefille als Ersatzvater der beiden Kinder.

Im Februar 1838 jedoch kam ein Mann zu Besuch, der in George Zweifel an der Idylle weckte: Balzac. Sie hatte ihn ersehnt. An langen Abenden vor dem offenen Kamin, die oft erst in den Morgenstunden endeten, kitteten sie ihre alte Freundschaft: Sie hatte Sprünge bekommen durch Georges Zerwürfnis mit Sandeau, Balzacs früherem Schützling. Nun war Balzac dabei, über die Affäre Sand und Sandeau einen Roman zu verfassen. Der Titel verriet, dass er von Sandeau nun ähnlich dachte wie George: *Un grand homme de province à Paris – Ein berühmter Provinzler in Paris.* In fast allem waren sie sich einig; nur die Wahl ihres neuesten Liebhabers entsetzte Balzac. Mallefille stand in seinen Augen weit unter ihr. Das fand George auch, doch es störte sie nicht. Als Mallefille einen Brief an Marie in ihren eingelegt hatte und sich Marie über die Dummheit dieses Schreibens aufregte, hatte George nicht ihr, sondern Liszt geantwortet: *Ach Himmel noch mal! Das fehlte mir gerade noch, Mallefille den Briefstil beizubringen! Was mich betrifft, weiß ich, dass ich seine Briefe entzückend finden werde, denn ich hoffe sehr, davon niemals einen einzigen zu lesen. Ich liebe ihn von ganzem Herzen. Er kann die Hälfte meines Blutes von mir verlangen, niemals aber, dass ich nur einen seiner Briefe lese.*

Balzac warnte George, ein Mann wie Mallefille werde ihr, die *eine erhabene Seele besitzt, nur Ernüchterungen und Enttäuschungen* bescheren. *Eine Frau darf nur einen Mann lieben, der ihr überlegen ist*, schrieb er von Nohant aus an seine polnische Brieffreundin Ewelina Gräfin Hańska. Er behauptete, das auch ausgesprochen und George geraten zu haben, sich nach einem neuen Mann umzusehen. Einem, der zum Ehemann taugte.

Doch offenbar hat Balzac den Frieden in Nohant nicht erschüttern können. Denn mit Männern, die ihr unterlegen waren, hatte George weniger *Ernüchterungen und Enttäuschungen* erlebt, als mit dominanten.

Einen Monat, bevor George Chopin erneut begegnet, im März 1838 hat sie Marie noch erklärt: *Mein Innenleben hat Ihrer Aufmerksamkeit nichts recht Interessantes zu bieten. Es ist friedlich still und arbeitsam. Ich häufe Romane auf Novellen auf; Mallefille Dramen auf Romane … Maurice Karikaturen auf Karikaturen … So sieht das heroische und phantastische Leben aus, das man auf Nohant führt.*

In ihr intimes Tagebuch, in dem sie immer ihr Alter Ego Doktor Piffoel ohrfeigt und sich die wesentlichen Fragen stellt, schreibt George: *Wen wirst du lieben? Worunter wirst du zu leiden haben? Wen wirst du im nächsten Monat oder im nächsten Jahr oder morgen hassen?*

Vielleicht doch den unterlegenen Mann?

Es gäbe da einen, der ihr mit Sicherheit nicht unterlegen wäre. Und der fasziniert sie schon seit längerem.

An diesem Abend Ende April 1838 gibt Charlotte Marliani der Freundin George Sand Gelegenheit, Chopin zu erobern. Dass sie ihn behutsam angehen muss, ist George klar. Sie hat sich Zeit gelassen. Mehr als ein Jahr ist vergangen, seit sie am 17. Februar 1837 an Liszt geschrieben hatte: *Marie hat mir gesagt, es gebe vielleicht eine gewisse Hoffnung auf Chopin.*

Georges Stimme ist rau, ihr Kinn plump, ihrem Umgang fehlt die Leichtigkeit, ihren Bewegungen die Anmut, gesteht sogar Alfred de Vigny ein, der die Schriftstellerkollegin bewundert. Und ihrer Unterhaltung fehlt jener Esprit, der ihre Briefe sprühen lässt. Doch George ist erfahren. Sie profitiert selten von ihren Liebhabern, die jedoch profitieren fast immer von ihr. Selbst Musset hat ihr im Nachhinein gedankt: *Mein großer, tapferer George, Du hast ein Kind zu einem Mann gemacht.* George weiß, was sie besser verschweigt, um andere nicht zu verschrecken. Nein, sie wird Chopin nichts von der kurzen Affäre mit Charles Didier erzählen, sie wird ihm auch die Sache mit Michel de Bourges verschweigen, falls ihm davon noch nichts zu Ohren gekommen ist. Mallefille kann sie ganz offiziell als Hauslehrer ausgeben. Dass Heinrich Heine George für *die größte Schriftstellerin* hält und dass er sie als Künstlerin ebenso verehrt wie ihn, konnte Chopin bereits nachlesen. Dass die beiden sich mit Cousin und Cousine anreden, hat er ebenfalls mitbekommen. Doch wozu sollte George ihm verraten, dass sie Heine oft eingeladen, ihm erlaubt hatte, sogar *in Pantoffeln und baumwollener Nachtmütze* einzufallen, und wie er seine Absage garniert hatte? *Es ist unmöglich in Worte zu fassen, wie liebenswürdig, anbetungswürdig, göttlich Sie sind.* Wozu sollte sie Chopin von Heines Besuch damals in ihrer blauen Mansarde unterrichten, als sie um zwei Uhr mittags noch im Bett war, ihn im Morgenmantel empfing und sich von ihm Kaffee kochen ließ? Darüber, wie viel zwischen ihr und ihm passiert ist, schweigt sie sich aus.

Ohnehin ist sie dafür bekannt, dass sie in Gesellschaft kaum den Mund aufmacht und am liebsten nur zuhört. Vor allem wird sie ohne Félicien Mallefille bei Charlotte Marliani erscheinen.

Chopin hätte Ende April 1838 vieles zu erzählen. Der Versuch, ein Mädchen aus seiner Heimat zu heiraten, ist endgültig gescheitert. Trotzdem drängen sich die Heimat und die Vergangenheit mit Macht in seine Gegenwart. Er hat den nächsten Zyklus von Mazurken fertiggestellt, der nun als op. 33 erschienen und Róża Mostowska gewidmet ist. Róża ist die Tochter von Tadeusz Antoni Graf Mostowski, jenem Minister, der es zwar abgelehnt hatte, dem neunzehnjährigen Chopin ein Stipendium zu bewilligen, danach aber die Genehmigung für ein Konzert in Warschau erteilt hatte.

Ist das die Geste eines polnischen Patrioten, der sich unnütz fühlt und auf diese Weise vorführt, dass er die Heimat nie vergessen hat?

Was immer Chopin schreibt, spielt, veröffentlicht, tut oder unterlässt, wird in Polen wahrgenommen und von den Polen in Paris – von denen, die Chopin schätzt wie von denen, die er als *schwachsinniges Pack* bezeichnet. Auch von den Russen in Paris wird er beobachtet. Carlo Andrea Graf Pozzo di Borgo, gebürtiger Korse, hat offiziell mit Russland nichts mehr zu tun. Er ist vierundsiebzig und hat sich wegen seiner geschwächten Gesundheit schon vor drei Jahren aus dem Staatsdienst verabschiedet. Aber auch im Ruhestand besitzt der Diplomat großen Einfluss. Lange hatte er dem Zaren in Petersburg gedient, hatte sich von London aus um eine Versöhnung Englands mit Russland bemüht und bis 1832 in Paris, danach in London, die Position des russischen Gesandten innegehabt. Nun lebt er als Privatmann in Paris. Vermutlich war er zugegen, als Chopin in den Tuilerien applaudiert wurde. Kurz nach dem Auftritt vor der Königsfamilie hat Chopin jedenfalls ein Brief von Graf Pozzo di Borgo erreicht. Mit einem Vorschlag, auf den die meisten Pianisten sofort eingehen würden: Chopin solle Hofpianist des Zaren werden. Graf Pozzo di Borgo versteht sein diplomatisches Geschäft. Chopin habe nichts zu befürchten, versichert er. Er gelte nicht als politischer Emigrant, da er das Land schon vor dem Novemberaufstand verlassen habe. Dass er versäumt habe, sein Visum in die Heimat zu verlängern, werde kein Problem darstellen.

Chopins Antwort: Er habe nicht aktiv am Novemberaufstand teilgenommen, was er sehr bedaure. Aus der Ferne aber habe er immer die Partei der Aufständischen ergriffen und nur ihnen den Sieg gewünscht. Bis heute fühle er sich mit ihnen vereint in der Trauer über die Niederlage.

Graf Pozzo di Borgo war entgangen, was Schumann aus der Musik Chopins herausgehört hatte. *Heil ihm*, hatte der vor Jahren schon geschrieben, *dass ihn sein Genius gleich nach einer der Welthauptstädte entführte, wo er frei dichten und zürnen konnte. Denn wüsste der gewaltige, selbstherrschende Monarch im Norden, wie in Chopins Werken, in den einfachsten Weisen seiner Mazurken, ein gefährlicher Feind droht, er würde die Musik verbieten. Chopins Werke sind unter Blumen eingesenkte Kanonen.*

Dass Chopins Stimme leise, sein Körper schwächlich, sein Wesen verbindlich ist, sein Spiel verhalten, seine Pose träumerisch und sein Auftritt immer moderat, mag manche dazu verführen, ihm selbst wie seinen Kompositionen Harmlosigkeit zu unterstellen. Doch nicht alle kann das täuschen. An einem Nachmittag, als nur Franz Liszt und Delfina Potocka Chopins Spiel zuhörten, waren Delfina die Tränen gekommen; sie wollte wissen, *mit welchem Gefühl er die außerordentlichen Empfindungen benenne, die er in seinen Kompositionen wie Asche in kostbaren Alabasterurnen verschließe.* Selbst wenn Delfina nicht so blumig gefragt haben sollte, wie Liszt es übermittelt: Chopins Antwort gibt er wohl korrekt wieder. Nur in seiner Muttersprache, habe Chopin gesagt, gebe es ein Wort, das all das umfasse: *Żal. Er wiederholte es häufig, wie wenn sein Ohr gierig diesem Klang lausche, der für ihn die ganze von einer herben Wehklage erzeugte Skala der Gefühle von Reue bis Hass – gesegnete oder giftige Früchte der selben bitteren Wurzel umschloss.* Liszt nimmt Chopins Bekenntnis ernst. *Żal*, sagt er, sei ein vieldeutiges Wort. Es meine keineswegs nur Rührung, Schmerz, Schicksalsergebenheit. Es drücke auch *das Gären des Hasses aus, die Drohung, die unversöhnlich im Innern grollt, sei es auf Wiedervergeltung lauernd oder sich von unfruchtbarer Bitterkeit nährend.*

Chopin hält sich aus politischen Diskussionen heraus, das bedeutet aber nicht, dass ihm Politik gleichgültig ist. Geschmeidig *wie eine Eidechse* sei er in seinen Bewegungen, heißt es. Das gilt auch für sein Verhalten in der Gesellschaft. Nirgendwo eckt Chopin an. Es sind die Komponistenfreunde, die erkennen, dass in Chopins Musik und in seinem Wesen unter der Gefälligkeit etwas dräut. Von *unter Blumen eingesenkten Kanonen* sprach Schumann, vom Gären des Hasses, von Unversöhnlichkeit und einem Lauern auf Vergeltung spricht Liszt.

Gilt etwas von diesem Żal auch Maria Wodzińska, den Wodzińskis insgesamt? Sie haben ihn gekränkt und ausgenutzt. Chopin tut sich offenbar schwer, das zuzugeben. Er lässt alle, die in Paris von seiner Verlobung wussten, im Glauben, sie bestehe weiterhin. Vielleicht, um sich vor Anwärterinnen zu schützen, von denen es auch an jenem Abend bei Charlotte Marliani mehr als genug gibt, erst recht, nachdem Chopin am Klavier improvisiert hat.

Mit welchen Absichten ist George Ende April 1838 nach Paris gefahren? Was hat sie im Sinn, als sie den Salon von Charlotte Marliani betritt? Laut Marie d'Agoult leitet George nur *die Laune, zu ihrem Amüsement nach Paris zu fahren. Mallefille bleibt in Nohant, um die Geschäfte der Gutswirtschaft zu verwalten, inzwischen bemächtigt sich George des zarten, träumerischen und melancholischen Chopin.*

Marie kann diese Bemächtigung nicht beobachten. Auf der Soirée im Hause Marliani ist sie nicht zugegen; sie hält sich noch immer in Venedig auf, droht Liszt mit Trennung, macht ihm Eifersuchtsszenen und ist unglücklich.

George ist an jenem Abend bei Charlotte Marliani innerlich gar nicht auf Eroberung eingestellt. Balzac war das bei seinem Besuch vor acht Wochen aufgefallen; *sehr trübgestimmt* hatte er sie gefunden.

Sucht George in Chopin nun den Überlegenen, zu dem ihr Balzac riet?

Einen Mann, der ihre *erhabene Seele* versteht und um den sie kämpfen muss?

Die Wenigsten können verstehen, warum George Sand zwar nie einen Mann mit dem anderen betrügt, ihre Geliebten jedoch in kurzen Abständen wechselt. Ausgerechnet George die Monogamie preisen zu hören, befremdete selbst Freunde. Sie plädiert für die Scheidung einer Ehe, *sobald sie einem der beiden verhasst worden ist*, und für ein eheähnliches Verhältnis gilt in ihren Augen dassselbe.

Nur, wenn sie sich ganz auf einen Mann konzentriert, verspürt George das, was sie ersehnt: Sie erlebt die neue Liebe als eine innere Verjüngung, die ihr neue Kraft verleiht. Sie will, wie sie Michel der Bourge bekannte, von der Liebe *zum neuen Leben erweckt werden, wie die Erde durch die Maisonne*. Diese Erneuerung verleiht ihr Energie, die sie braucht, um ihr ungeheures Pensum zu bewältigen. Der Natur ist sie jedes Jahr vergönnt. Warum also nicht einer Frau, die sich der Natur so verbunden fühlt wie George? Das *Totenhemd* wolle sie *abwerfen*, hatte sie Michel geschrieben. Ihr Freund Heine nennt den Schnee das *Leichentuch der Natur.*

Chopin könnte George erneut zum Erblühen bringen. Doch sie traut sich bei diesem Wiedersehen im April nicht aus der Reserve. Obwohl sie betont, Frauen besäßen in der Liebe dasselbe Recht wie Männer, hat sie Hemmungen, auf einen Mann, den sie begehrt, zuzugehen und die Initiative zu ergreifen. Sie genießt den Ruf, eine *grande faunesse*, eine große Faunin zu sein, und lässt die Leute reden. Solches Gerede fördert den Verkauf ihrer Romane, in denen die Heldinnen sich selbstbewusst nehmen, was ihnen gefällt. Doch den väterlichen Freund Sainte-Beuve hatte George noch vor fünf Jahren mit immerhin einunddreißig gebeten, ihr bei der Annäherung an Alfred de Mussset zu helfen: *Kommen Sie bitte mit, denn bei der ersten Begegnung habe ich immer Schwierigkeiten*. Wer verwundet worden ist, wird vorsichtiger. Bevor sie sich für Musset interessierte, hatte Prosper Mérimée sie verletzt. Er hatte die Liebesglühende ausprobiert und nach einer Woche abserviert. Nun hat ihr Michel de Bourges erneut eine Wunde zugefügt, darüber kann das Trostpflaster Mallefille nicht hinwegtäuschen.

Äußerlich wirkt George nicht angegriffen. Ihr Kinn habe sich verdoppelt, lästert Balzac, aber *sie hat trotz ihres Pechs kein einziges weißes Haar; ihr bräunlicher Teint ist unverändert; ihre schönen Augen sind noch ebenso leuchtend; sie schaut noch immer gleich dumm drein, wenn sie nachdenkt.*

Chopin ist schöner denn je. Was für George und alle anderen Bewunderer sein Klavierspiel und seine Kompositionen von dem Spiel und den Kompositionen Liszts unterscheidet, ist das Geheimnisvolle. Immer wieder ist von dem Verschleierten die Rede, von dem Vieldeutigen, Schwebenden, das die Zuhörer bannt. Macht das auch den Reiz seiner Erscheinung aus? Seine Distanziertheit zieht George an. *Es gefällt mir sehr, dass er sich aus reiner Verehrung, Schüchternheit oder einer anderen Frau wegen von mir fernhält*, wird sie Grzymała gestehen. Dass er sein Gegenüber im Unklaren lässt, fasziniert sie wie seine ganze Erscheinung.

Chopin ist einen Meter siebzig groß, wiegt aber nur 48 Kilo. Seine Hände sind feingliedrig, seine Füße klein – kein Mann für derbe Dinge. Die Farbe seiner Augen ist unbestimmt. Antoni Wodziński bezeichnet Chopins Augen als bierfarben, im Pass steht, sie seien blau, genaue Beobachter beschreiben die Augenfarbe als changierend zwischen Blau, Grau und Bernsteingold. Die Stimme, die Bewegungen, die Sprechweise, alles an Chopin entzieht sich dem Zugriff, als entstamme er einem Zwischenreich, jenem *Zauberreich der Poesie*, von dem Heine sprach. Er verkörpert die Gegenwelt zu Michel de Bourges, der direkt, kraftvoll, entschlossen und verletzend ist. Doch obwohl Charlotte ihre Vertraute ist, wagt sich George an jenem Abend im April nicht an Chopin heran. Balzac könnte das kaum erstaunen. *Sie ist innerlich keusch*, meint er, sogar *spröde*.

Wüsste George, wie konservativ und poetisch Chopin denkt, wie sehr er alles Aristokratische verehrt, sie ließe sich ihm nicht als George Sand, sondern als Amantine-Aurore-Lucile Baronesse Dudevant vorstellen. Aurora, die Morgenröte, das ist ein Name nach seinem Geschmack. Eine Frau mit einem männlichen Vornamen anzureden, muss ihm widerstreben.

Der Unterschied zwischen George Sand und Maria Wodzińska ist ebenso groß wie der zwischen Chopin und Michel de Bourges. Maria fügt sich in das Rollenbild der Frau, George begehrt auf. Ob Marias Haltung nun als sanft oder feige zu bezeichnen ist, es ist die Haltung, die Chopin von den meisten Frauen, mit denen er in Polen umging, vertraut ist. Und Veränderungen kann er eigentlich nicht ausstehen.

Äußerlich bilden Frédéric und George an diesem Abend vermutlich den größten Gegensatz unter den Anwesenden. Die kleine schwarzhaarige Frau mit bräunlichen Teint in wie immer abenteuerlicher Kostümierung und Hosen, der 20 Zentimeter größere blonde Mann mit weiß leuchtender Haut in seinen Lieblingsfarben Perlgrau und Dunkelblau, die Krawatte perfekt gebunden.

Die beiden bewahren Abstand in Salon Marliani. Dabei wäre es naheliegend, sich in Georges Zimmer zurückzuziehen. Sie hat sich bis Oktober hier, in der Rue de la Grange-Batelière Nr. 18, im Haus der Gastgeber Charlotte und Emanuel Marliani einquartiert.

Erst am Tag danach kommt bei Chopin zu Hause ein Billet an. In der ordentlichen kleinen Handschrift eines Intellektuellen steht darauf: *Man betet Sie an. George.* Darunter purzeln größere Buchstaben übers Papier: *Und ich auch! Und ich auch! Und ich auch!!! Marie Dorval.*

Wie George Sand ist Marie Dorval jedem in Paris ein Begriff: Sie ist der Stern des Boulevardtheaters, Mutter dreier Kinder, kokett und frech, in genau dem Grad verlebt, der interessant macht. In Paris wird darüber spekuliert, dass sie nicht nur Männer, sondern auch Frauen liebe und ihr Verhältnis zu George ein intimes sein soll. *Du bist die einzige Frau, die ich liebe, Marie*, hatte George dieser Freundin gestanden. Chopin dürfte wohl kaum von dieser Nähe wissen. Er antwortet nicht auf das Billet, doch er verwahrt es gewissenhaft und wartet ab. Sich selbst vom Fleck zu rühren und Neuland zu betreten, ist nicht sein Stil. Außerdem lässt ihn die Vergangenheit noch immer nicht los. Er begegnet ihr, ob er will oder nicht.

Juliusz Słowacki, Chopins Vorgänger als Verehrer der Maria Wodzińska, ist in diesem Jahr 1838 von einer zweijährigen Reise nach Paris zurückgekehrt. Die Erinnerung an die *graue Stunde* der Verlobung mit Maria, nun durch die unvermeidbare Begegnung mit deren früherem Verehrer Słowacki erneut heraufbeschworen, scheint Chopin noch immer zu lähmen.

George Sand wirkt ebenfalls erstarrt. In Ehrfurcht? Oder in Furcht?

Mickiewicz, der seit Jahren gerne in ihrem Salon verkehrt und stolz ist, sie nun regelmäßig bei seinen Slawistik-Vorlesungen am *Collège de France* unter den Zuhörern zu sehen, fühlt sich verpflichtet, George zu warnen. Vielleicht will er sich damit bei George bedanken, die den polnischen Dichter öffentlich zum *Cousin Byrons und Goethes* erklärt hat. Vielleicht trägt er es umgekehrt Chopin nach, was der ihm vor ein, zwei

Jahren angetan hat. Mickiewicz hatte sich bei Chopin zusammen mit Witwicki und einem weiteren polnischen Dichterkollegen angemeldet, der sich nur auf der Durchreise in Paris befand und begierig war, Chopin kennenzulernen. Es war Winter und sehr kalt gewesen. Monsieur sei nicht zu Hause, beschied ihnen der Diener Jean und ließ die drei eine halbe Stunde auf der Straße warten. Nun rät Mickiewicz der Freundin zu Vorsicht: Sein Landsmann Chopin sei ein *moralischer Vampir.*

Dass George dennoch die Gesellschaft des Vampirs sucht, entgeht Mickiewicz so wenig wie den anderen Bekannten.

Auch am 8. Mai, als Chopin in der Pariser Wohnung von Astolphe de Custine improvisiert, ist sie dabei. Bei Grzymała begegnen sie sich öfters. An einem Abend, *so als wollte er eine letzte Versuchung überwinden*, sagt er beim Abschied *zwei, drei Sätze* zu George, die ihrer Haltung zuwiderlaufen. Ihr Eindruck: Er scheint *die groben menschlichen Begierden nach Art der Frömmler zu verachten und über seine Versuchungen zu erröten.* Das Schlimmste für George: Chopin befürchtet offenbar, dass ihre Liebe *durch eine leidenschaftliche Erregung beschmutzt würde.* Grzymała solle sich mit ihr verschwören, befindet sie. *Wir müssen ihm behilflich sein, seine religiösen Bedenken zu verscheuchen.* Dass diese Bedenken weniger in der Religion wurzeln als in Chopins Schüchternheit und der Scheu vor allem, was ihn körperlich bedrängt, kann sie noch nicht wissen. Er ist nun mal ein Mann, der *weder Muskeln noch ein gutes Mundwerk* hat. Hat Chopin Angst vor ihr?

Da wäre er nicht der Erste. *Sie haben gesagt, Sie hätten Angst vor mir,* hatte George Sainte-Beuve geschrieben und gebeten: *Verwerfen Sie diesen Gedanken.*

Liszt meint, Chopin scheine *eine gewisse Scheu vor dieser Frau zu empfinden, die sich anderen ihres Geschlechts so überlegen* zeige.

George ist verliebt. Sie kann sich kaum lösen von Chopin, aber sie muss es. Maurice ist krank. George wird in Nohant gebraucht. Am 13. Mai will sie Paris verlassen. Sie muss noch einiges erledigen, die Rückreise organisieren, doch sie nimmt sich eine halbe Stunde, um an Delacroix zu schreiben. In ihrem Brief führt sie, Mutter zweier Kinder, nicht nur aus, *wie wunderbar, herrlich erschütternd* sie seine Medea findet. Delacroix hat es gerade vollendet, das Bild der antiken Rächerin, an die sich schutzsuchend ihre beiden Kinder klammern, nicht ahnend, dass ihre Mutter sie ermorden wird. Als einen *großen Geschichtenerzähler* rühmt sie den Maler und lädt ihn ein, noch an diesem Abend mit ihr Chopin aufzusuchen. Es ist ihr letzter Tag in der Stadt.

Damit Sie sich entschließen, heute Abend zu kommen, sage ich Ihnen, dass Chopin uns im kleinen Kreise vorspielen wird, die Ellenbogen über den Tasten, das wird dann wahrhaft erhaben. Kommen Sie um Mitternacht, wenn Sie nicht zu verschlafen sind, und wenn Sie Bekannte von mir treffen, so sagen Sie ihnen nichts, denn Chopin hat eine entsetzliche Angst vor den Barbaren.

George ist eine seelenkundige Frau. Sie hat bemerkt, dass diese beiden Männer sich gut verstehen, obwohl Chopin mit den Werken von Delacroix wenig anfangen kann. Die sind ihm wie die Musik von Berlioz zu wild, zu düster, zu revolutionär. Delacroix hingegen bewundert Chopin rückhaltlos. George hat beobachtet, dass Chopin das große Publikum scheut, den Auftritt im großen Saal. Rezensenten wittern dahinter mangelnde Muskelkraft. Mit dem Anschlag Liszts oder Thalbergs lassen sich Räumlichkeiten wie die *Salle du Conservatoire* leicht bespielen, mit dem Chopins weniger. George hat aber wohl verstanden, dass es weniger eine körperliche als eine seelische Frage ist. Chopin fühlt sich nur dort wohl, wo er sich verstanden fühlt, und nur dort geht er aus sich heraus. Nur wenn er aus sich herausgeht, kann sie ihm begegnen. Delacroix ist ihr ein willkommener Helfer.

Der Maler entschließt sich und taucht am 12. Mai um Mitternacht im Hause Marliani auf. Chopin improvisiert. Irgendwann gegen zwei oder drei muss George Sand sich in ihr Zimmer zurückziehen, denn die Abfahrt ist auf fünf Uhr festgesetzt.

Am 15. Mai ist sie wieder auf Nohant. Mallefille erwartet sie sehnlich. Doch George gesteht wenig später, was bei dieser Begegnung in ihr vorgeht: dass sie, *als sie den armen Mallefille wiedersah, nicht mehr die gleiche Zärtlichkeit für ihn fühlte*. Sie schickt ihn weg von Nohant, nach Paris.

Am 23. Mai, fast einen Monat nach der Begegnung mit Chopin im Salon der Marlianis, schreibt George von Nohant aus an Charlotte. Offenbar hat die Gräfin sich nach dem Stand der Dinge erkundigt. George gibt zu, dass sie hin- und hergerissen wird zwischen einander widersprechenden Empfindungen. *Geliebte Schöne, ich will Ihnen eine gründliche Antwort geben*, berichtet George, *denn wie Sie wissen, ist das Wetter in der Liebe veränderlich … Viel ‹ja› und ‹nein› und ‹natürlich, aber› wird verlautbart, und oft sage ich morgens, dieser Zustand ist doch unhaltbar, um am Abend der Meinung zu sein, dies sei das wahre Glück.*

Chopin ist genauso verunsichert. Ende Mai fleht Chopin Grzymała um Beistand an. *Liebster, ich muss Dich unbedingt heute sehen, und wäre es auch nachts … um Mitternacht oder um ein Uhr morgens. Fürchte nicht, dass ich Dir irgendeine Verlegenheit bereiten werde, mein Lieber; Du weißt, wie sehr ich immer auf Dich Rücksicht genommen habe. Es handelt sich um einen Rat, den ich von Dir erbitten muss.*

Chopin trifft sich mit Grzymała. Nicht irgendwo und schon gar nicht in einem dieser verrauchten dunklen Etablissements, die George Sand mit ihrem Kreis bevorzugt: Die *Maison Dorée*, ein gerade erst eröffnetes Restaurant in einem Eckhaus mit vergoldeten Balkonen, ist der neue Lieblingsplatz von gut verdienenden Künstlern, von Salonières und Saloniers. Hier wagt Chopin Grzymała direkt zu fragen, ob er ihm ab- oder zurate, es mit George zu probieren. Grzymała rät ihm offenbar zu.

Worin hat Chopin sich verliebt? Was zieht ihn nun hin zu dieser Frau, die ihm anfangs fast unsympathisch war? Ist es, wie Liszt sagt, *ihre energische Persönlichkeit und ihr zaubermächtiges Wesen*, das *der schwachen und zarten Natur Chopins Bewunderung einflößte*?

George versucht Ende Mai ebenfalls, Klarheit über ihre Gefühle zu gewinnen. Ihre Korrespondenz führt sie nachts, in Schlafrock und Pantoffeln am Schreibtisch sitzend, neben sich türkischen Tabak und Papier, um ihre Cigarettos zu drehen, vor sich warm gehaltene Milch. Auch sie wendet sich an Grzymała mit ihren Fragen. George hat Informationen über Chopin eingeholt, hat mit seinem Freund geredet und von Maria Wodzińska erfahren. Doch sie weiß noch immer nicht genau Bescheid über seine Situation. Zweiunddreißig Seiten füllt sie mit Fragen und Mutmaßungen. *Ist dieses Mädchen, das er lieben will oder soll oder glaubt lieben zu müssen, geeignet, ihn glücklich zu machen, oder wird sie seine Traurigkeit nur noch vermehren?*

Für die Traurigkeit in einem Mann besitzt George Instinkt, und traurige Männer fühlen sich von George verstanden, ob sie sich ihr offenbaren oder nicht. *Der Klang Ihrer Stimme hätte mir gut getan*, hatte Heine ihr geschrieben. *Ich bin sehr traurig. Sie kennen nicht mein ganzes Unglück.* Sie kennt auch nicht das ganze Unglück Chopins und dringt in Grzymała: *Antworten Sie mir klar, deutlich und entschieden.* Von seiner

Antwort hänge ihr ganzes zukünftiges Verhalten ab. Sie will wissen, wie er zu dieser jungen Frau steht, von der er ihr erzählt hat. *Ich frage nicht, ob er sie liebt und wiedergeliebt wird, ob er sie mehr oder weniger liebt als mich … Ich möchte wissen, auf welche von uns beiden er verzichten oder welche er verlassen muss, um seiner Ruhe und seines Glückes willen, letztlich um seines Lebens willen, das mir wenig widerstandsfähig und zu zerbrechlich erscheint, um großen seelischen Belastungen standhalten zu können. Ich möchte keinesfalls die Rolle eines bösen Engels spielen.*

Ob er noch gebunden oder frei für eine neue Bindung ist, hat Chopin ihr verschwiegen. Sie hat ihn ebenso wenig aufgeklärt. Bedeutet ihr Mallefille doch mehr, als sie zugibt? Hält sie ihn deshalb vor den meisten Pariser Freunden versteckt und hat sie Chopin deshalb nichts von ihm erzählt? Sie ist überzeugt, das hätte Chopin abgehalten. *Auch er hätte sich sicherlich meinem ersten Kuss entzogen, wenn er gewusst hätte, dass ich so gut wie gebunden bin.*

Glaubt man Marie d'Agoult, hat Sand die Männer rascher gewechselt als die Kleider und Chopin so zügig gegen Mallefille eingetauscht wie zuvor Mallefille gegen Bocage, Bocage gegen Michel de Bourges und Michel der Bourges gegen Didier. Doch ohne Mallefilles Namen zu nennen, singt George in ihrem Brief an Grzymała nun das hohe Lied auf ihn.

Es seien nicht allein ihre Kinder, die es ihr leicht machten, auf Chopin zu verzichten, falls Grzymała das für besser halte. *Außerdem gibt es einen vortrefflichen Menschen, von Grund auf herzlich und ehrlich, den ich niemals verlassen werde, denn er ist der einzige Mann, der mir noch kein einziges Mal durch sein Verhalten Kummer bereitet hat, obwohl er schon fast ein Jahr bei mir lebt. Er ist auch der einzige Mann, der sich mir völlig und ganz hingegeben hat, ohne Bedauern gegenüber der Vergangenheit und ohne Vorbehalte für die Zukunft. Darüber hinaus ist er ein so guter Mensch und so verständnisvoll, dass ich ihn wohl mit der Zeit dazu bringen könnte, alles einzusehen und zu verstehen. Er ist wie geschmeidiges Wachs, dem ich mein Siegel aufgedrückt habe, und wenn ich das Zeichen ändern möchte, wird mir das mit einiger Vorsicht und Geduld ohne Zweifel gelingen. Aber im Augenblick ist das noch nicht möglich, und sein Glück ist mir heilig.*

Die Schriftstellerin als weiblicher Pygmalion. Die verwundete Frau, die durch einen unterlegenen Mann ihre Würde und ihr Selbstbewusstsein wiedererlangt hat. Ist es die Strafpredigt Balzacs im Februar gewesen, die sie trotz der Dankbarkeit für Mallefilles verlässliches und ergebenes Wesen wankend werden ließ? Chopin, den würde auch Balzac anerkennen. Doch Chopin, den sie wie Grzymała *den Kleinen* nennt, obwohl er einen Kopf größer ist als sie, hat George anscheinend in dem Glauben gelassen, noch immer verlobt zu sein. Ihr reicht die Verantwortung für ihre Kinder, für Nohant, für die immensen Kosten ihres Daseins. Noch mehr möchte sie nicht übernehmen. *Wenn er sein Schicksal in meine Hände legen würde, wäre ich sehr erschrocken, denn selbst wenn ich es annehmen würde, könnte ich ihm doch nicht das ersetzen, was er für mich aufgegeben hat.* Pragmatisch und ohne Bedenken hält George es für die beste Lösung, dass sie für Chopin und er für sie ein Verhältnis neben dem eigentlichen bleibt. *Ich glaube, dass unserer Liebe nur Dauer verliehen ist unter den Bedingungen, unter denen sie entstanden ist, nämlich von Zeit zu Zeit; wenn ein günstiger Wind uns zueinandertreibt, werden wir wieder eine Reise zu den Sternen machen …*

Mallefille, dessen Namen sie nun doch preisgibt, taugt für solche Ausflüge nicht. Dennoch bedeutet er ihr viel. Weniger jedoch als Chopin: *Ich bin auf einen Schlag seine Gefangene geworden*, offenbart sie Grzymała.

Zwei Möglichkeiten sieht George, dem Dilemma zu entrinnen. *Die eine Möglichkeit wäre die, mich so weit wie möglich von Chopin fernzuhalten und zu vermeiden, mit ihm allein zu sein, damit er sich in Gedanken nicht zu viel mit mir beschäftigt. Die andere Möglichkeit wäre, ihm so nahe wie möglich zu kommen, ohne Mallefille zu kompromittieren, ihn zuweilen in allen Ehren in die Arme zu schließen, wenn der himmlische Wind weht und uns mit sich forttragen möchte, damit wir in den Lüften schweben können.*

Mallefille fürs Irdische, Chopin fürs Überirdische.

Georges Kopf ist frei für alle Lösungen. Sie kann sich gut vorstellen, *dass eine Ehe oder eine eheähnliche Verbindung den Tod für diese Künstlerseele bedeuten würde.*

Offen gesteht sie Grzymała: *Meine Gefühle sind immer stärker gewesen als die Vernunft, und die Grenzen, die ich mir setzen wollte, haben nie etwas genützt.* Weder Grzymała noch sich selbst will sie etwas vormachen. *Ich habe vor allen Dingen an die Treue geglaubt; ich habe sie gepredigt, ich habe sie gehalten und vom anderen verlangt. Ich bin betrogen worden und habe auch betrogen. Und doch hatte ich niemals Gewissensbisse deshalb, denn ich hatte stets das Gefühl, dass jedes Mal, wenn ich untreu wurde, eine*

Schicksalsfügung, eine instinktive Suche nach dem Ideal am Werke war, die mich dazu trieb, das Unvollkommenere zu verlassen um dessentwillen, das der Vollkommenheit näherkam. Zweifellos kommt Chopin der Vollkommenheit näher als Mallefille. Was George überrascht und überwältigt: *dass sich ausgerechnet in dem Augenblick meines Lebens mein Herz wieder zur Untreue verleiten lässt, jetzt, da ich glaubte, in ruhigen und festen Bahnen zu leben … aber es ist alles plötzlich über mich hereingebrochen … ich mache mir also keine Vorwürfe, aber ich muss feststellen, dass ich noch sehr leicht zu beeindrucken bin und schwächer als ich dachte.*

Nur eines habe ihr an Chopin missfallen, gibt sie zu: *dass er keine guten Gründe hat für seine Enthaltsamkeit.* Gegen seine Zurückhaltung hat sie nichts, im Gegenteil. Als erfahrene Frau hat George gespürt, wovor Chopin Angst hat. Sie vermutet dahinter Maria Wodzińska, ohne deren Namen oder die Geschichte der gescheiterten Verlobung zu kennen. *Wer ist die unglückliche Frau, die bei ihm von der körperlichen Liebe solche Eindrücke hinterlassen hat? Hat er eine Geliebte gehabt, die seiner unwürdig war?*

Zu Küssen und Umarmungen mit Chopin ist es gekommen, zu mehr nicht. Warum, ahnt George Sand: Chopin hält den Geschlechtsakt für etwas Minderwertiges, Entwürdigendes. Wer an dieser Vorstellung schuld ist, weiß sie auch. *Armer Engel!* bemitleidet sie den Geliebten, der noch nicht wirklich einer ist. *Man sollte alle Frauen aufhängen, die in den Augen der Männer die achtbarste und heiligste Sache der Schöpfung herabwürdigen, das göttliche Geheimnis, den Schöpfungsakt und zugleich die erhabenste Lebensäußerung im Universum.*

Chopins Gerede über belastende Erinnerungen verärgert sie. *Das ist dummes Zeug*, schimpft sie und fragt Grzymała voll Hoffnung: *… er denkt doch in Wirklichkeit nicht so?*

Da wartet Arbeit auf sie, das ist George Sand bewusst. Arbeit hat sie noch nie abschrecken können. Auf Nohant ist sie jetzt, wo die Ernte beginnt, schwer abkömmlich, doch sie kündigt Grzymała schriftlich an: *Bald werde ich in Paris sein. Besuchen Sie mich und arrangieren alles so, dass der Kleine nichts davon erfährt. Wir werden ihn überraschen.*

Am 6. Juni verlässt sie Nohant, um Chopin zu treffen.

Allerdings hat sie unterschätzt, wie gut die Verständigung in Paris funktioniert. Als Grzymała den Freund gegen Georges Wunsch auf die

Überraschung vorbereitet, erklärt Chopin: *Ich war nicht überrascht, weil ich Frau Marliani getroffen habe, und sie hat mir von ihrer Ankunft berichtet.* Auf George zuzugehen traut er sich nicht. Er verharrt in der abwartenden Position, lässt das aber die Nachrichtenbörse Grzymała wissen: *Ich gebe den ganzen Nachmittag Stunden und werde zu Hause sein.*

Als ihm Grzymała Bescheid gibt, dass George vorbeikommen werde, kritzelt er dem Freund seine Panik auf ein Blatt Papier. *Was wird geschehen? Das weiß nur der liebe Gott!*

Mallefille will es ebenfalls wissen. Er besucht mit George eine Soirée, auf der Chopin seine g-Moll-Ballade spielt, zerfließt in Bewunderung, verzieht sich in eine dunkle Ecke, um seine Rührung zu verbergen, beschließt, diesen Abend literarisch zu verewigen und George zur Rede zu stellen.

Chopin ist beunruhigt. George lässt nichts mehr von sich hören. Dass der Zuhörer mit krauser Mähne und mächtigem Bart, drei Jahre jünger als er selbst, seit mehr als einem Jahr Georges Liebhaber ist, kann er nicht vermuten. *Aurora hat sich in Nebel gehüllt*, lautet sein Seelenwetterbericht, den er auf einem Zettel an Grzymała sendet. *Ich hoffe, heute Abend wird die Sonne scheinen.*

Aurora geht wieder auf, denn sie hat den Nebel verscheucht. George hat Mallefille, dem Mann, den sie noch Ende Mai niemals verlassen wollte, erklärt, sie werde ihn verlassen. Freunde könnten sie gerne bleiben, mehr nicht. *Bis jetzt habe ich dem die Treue gehalten, dem ich in Liebe zugetan war*, hatte sie Grzymała erklärt; *ich war immer vollkommen treu in dem Sinne, als ich nie jemanden betrog und nie aufhörte, treu zu sein, ohne sehr gewichtige Gründe, die aus dem Verschulden des anderen die Liebe töteten.* Was auch immer die gewichtigen Gründe in diesem Fall sind, ob Mallefille die Liebe durch Misstrauen oder Kontrolle getötet hat: Er reagiert überraschend ruhig auf die Verabschiedung. Weil er es für eine Laune Georges hält, die sich rascher verzieht als ein Sommergewitter in Nohant? Weil er es für unwahrscheinlich hält, dass diese beiden ungleichen Menschen ein Paar werden könnten? Oder weil er an Georges Bekenntnis glaubt? *Ich liebe ihn über alles.* Mallefille reist zurück nach Nohant. Nur, um seine Pflichten als Hauslehrer wahrzunehmen, oder weil er meint, dass Georges neue Flamme bald erlöschen und sie zu ihm zurückkehren werde?

George wähnt sich frei für Chopin. Pläne für die kommenden Monate hat sie längst gemacht: Ende Mai hatte sie bereits Grzymała eingeladen – *ich möchte Sie in diesem Sommer in Nohant haben* – und angeregt, er solle Chopin mitbringen. Das müsse sie nur vorher wissen, *denn ich werde Mallefille fortschicken, nach Paris oder nach Genf.*

Nun befindet sich Mallefille auf Nohant und sie in Paris.

Was wird geschehen? Das weiß nur der liebe Gott!

Mittlerweile wissen viele, wie es weitergegangen ist. Es ist ein Maler, der bezeugt, dass in jenem Sommer 1838 aus Frédéric Chopin und George Sand ein Liebespaar geworden ist: der fünfundzwanzigjährige Auguste Charpentier. Über George, ihr bisheriges Leben, ihre Freunde, Verehrer und Liebhaber ist er unterrichtet. Er muss es sein, denn George hatte ihm den Auftrag erteilt, sie und ihre Kinder zu malen. Im April dieses Jahres hat Charpentier Nohant besucht und ein Porträt von George fertiggestellt. Es soll zur offiziellen Ikone einer Frau werden, die schon mit vierunddreißig Jahren eine Legende ist. Zum Zeugnis ihres privaten Lebens aber wird ein Fächer, den Charpentier bemalt. Die Landschaft hat George selbst gepinselt, eine Hommage an Nohant, die Figuren stammen von der Hand des Malers. Im Zentrum des Geschehens ist George zu sehen, als Schäferin kostümiert, auf Knien vor ihr Liszt, still neben ihr Delacroix. Auf der linken Seite des Fächers sitzt Grzymała zufrieden lächelnd an einen Baumstamm gelehnt, neben ihm irrt als halbnackter bebrillter Genius Didier durch die Landschaft, zwischen Didier und George gebärdet sich im Dickicht Bocage als Pan, der wohl seiner entschwundenen Nymphe nachjammert. Rechts von George dräut Michel de Bourges, eine Pistole hinter dem Rücken verborgen, aus angemessenem Abstand sieht der Maler Charpentier dem Treiben zu.

Im Mittelpunkt des Interesses aber steht das Wesen auf Georges Schoß. Ein exotischer kleiner Vogel. Ob sie ihn eingefangen hat oder er bei ihr Zuflucht suchte, lässt sich nicht sagen. Aber sein Kopf trägt unverkennbar die Züge von Frédéric Chopin.

XIV
Im Zustand der Trunkenheit

Ein Intermezzo

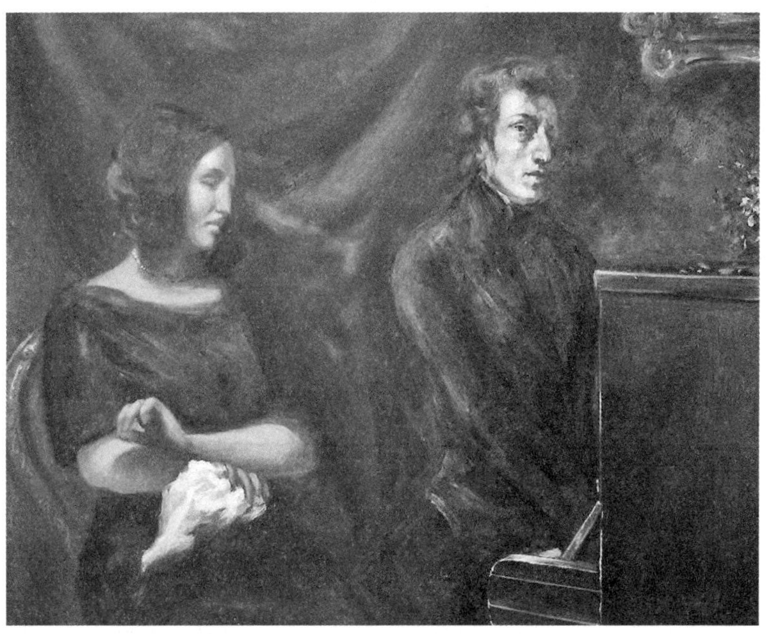

George Sand und Frédéric Chopin, 1838.
(Rekonstruktion eines in zwei Teile zerschnittenen Ölgemäldes von Eugène Delacroix).

𝄢

Für den Oktober 1838 hat George Sand eine lange Reise geplant. Dr. Gustave Papet, ihr junger Arztfreund auf Schloss Ars, nur 2 Kilometer von Nohant entfernt, hat dazu geraten. Papet ist einer von Georges Verschworenen. Damals, als George noch Aurore hieß und sich in den Jurastudenten Jules Sandeau verliebt hatte, war es Papet gewesen, der den beiden sein Haus für intime Treffen zur Verfügung stellte. Er erfuhr auch, was Aurore mit Sandeau durchmachte. *Es war eine Raserei der Lust, wie wir sie, glaube ich, noch nie erlebt hatten … Ich bin ganz geschwächt, mein Körper ist mit Bissen und blauen Flecken übersät. Ich kann mich nicht aufrecht halten.*

Auch in ihre Leidenschaft für Chopin dürfte George ihn frühzeitig eingeweiht haben.

Obwohl der Erbe Papet sein Geld nicht als Mediziner verdienen muss, hat er die Rolle des Hausarztes für die Sippe von George, bei Bedarf auch für ihre Gäste übernommen. Zu der Reise rät er aber nicht George und Frédéric, sondern George und Maurice. Die rheumatischen Beschwerden des Fünfzehnjährigen geben Grund zur Sorge. Ein Aufenthalt im Süden empfiehlt sich, wo die Herbstmonate wärmer sind als in Nohant und die Mauern nicht klamm.

Im Hochsommer schickt George ihren Sohn zunächst einmal in die Normandie. Die Meeresluft wird ihm gut tun, und da er wie besessen zeichnet, karikiert, porträtiert und erwägt, Maler zu werden, kann es nicht schaden, wenn er sich dort mit Kunst und Kultur auseinandersetzt. Sein Reisebegleiter: Félicien Mallefille. Der scheint darauf zu warten, dass seine Geliebte von ihrem Liebesrausch ernüchtert wird, umso rascher, je stärker der Rausch sie mitnimmt.

Während er mit Maurice Kathedralen und Abteien besichtigt, steht George reglos in einem Hinterhaus in Saint-Germain, Rue de Marais, im Atelier von Eugène Delacroix. Mit fast geschlossenen Lidern hört sie Chopin zu. Er sitzt am Flügel, den Kopf leicht gehoben, ins Ungewisse blickend, als komme von dort die Eingebung. Das Instrument hat Chopin persönlich ins Atelier des Freundes schaffen lassen, nicht nur, weil Delacroix die beiden zusammen porträtieren möchte. Ähnlich wie Grzymała wurde er von ihnen zum Paten ihrer Liebe ernannt.

Haben sie ihre Haltungen selbst gewählt oder auf den Rat des Malers hin eingenommen?

Was Delacroix erstehen lässt, ist ein Doppelbildnis. Doch die Liebenden verschmelzen darin nicht, sie berühren sich nicht einmal. Selbst ihre Blicke können sich nicht begegnen. George steht nicht am Flügel, so dass sie ihm, er ihr in die Augen sehen könnte. Sie befindet sich in seinem Rücken. Beide sind dunkel gekleidet, hell nur die Gesichter, Georges Hals und Schultern, ihre weiß leuchtenden Unterarme und das Taschentuch in ihrer rechten Hand. Sie hat die Hände unterhalb der Brüste überkreuzt, in der linken hält sie einen ihrer kurzen selbstgedrehten Cigarettos so, dass der Rauch in die andere Richtung zieht, weg von Chopin. Es sind zwei Welten, die Delacroix malt, jede in sich geschlossen, jede ihren eigenen Gesetzmäßigkeiten unterworfen: Die Proportionen von Georges Kopf und Oberkörper entsprechen nicht denen von Chopins Kopf und Oberkörper. Seine Gestalt scheint einem Bild mit anderen Maßstäben zu entstammen. So etwas passiert einem Delacroix nicht, dem technisch wohl souveränsten Künstler im Frankreich dieser Jahre. Er malt zwei voneinander unabhängige Porträts auf einer Leinwand. Empfindet er George und Frédéric trotz ihrer Verliebtheit als unvereinbar? George hegt diesen Verdacht. *Sie glauben*, befragt sie Delacroix zu ihrer Liebschaft mit Chopin, *dass das nicht länger Bestand haben wird als ein im Frühjahr erbautes Nest?*

Es ist, als bereite der Maler vor, was nach seinem Tod mit diesem Gemälde geschehen wird: Die Leinwand wird in zwei Teile zerschnitten, sei es, weil die Verehrer Chopins ihn der Sand nie gegönnt haben, sei es, weil die Verehrer der Sand sie von Chopin lösen wollen, sei es aus rein merkantilen Motiven. Chopins und George Sands Porträt gehen von da an bis heute getrennte Wege. Doch als jenes Doppelbildnis entsteht, gehen die beiden die schönste gemeinsame Wegstrecke ihres Lebens.

Das dringt wohl auch Mallefille zu Ohren. Er hat sein Erlebnis von Chopins Spiel an jenem Abend in einem Gedicht verewigt, überschrieben *Les Exilés – Die Verbannten*; er meinte, aus der g-Moll-Ballade die Tragödie der polnischen Exilanten herausgehört zu haben, und möchte seine Interpretation gerne veröffentlicht sehen. Dass Chopin literarische Deutungen seiner Werke hasst, ist Mallefille nicht bekannt. Bei der *Revue et Gazette Musicale* reicht er seine Ballade auf Chopins Ballade samt einem Begleitbrief an Chopin ein, in dem er von *geheimnisvollen Leiden* spricht, die der Komponist heraufbeschworen habe.

Mallefille selbst hat keine Lust, an Georges und Chopins Geheimnis zu leiden. Wo er die beiden findet, meint er zu wissen: im Haus der Marliani oder im Haus Chopins. Das Botschafterehepaar ist jedoch im August umgezogen; Charlotte und Emanuel residieren nun ein paar Häuser weiter, in der Rue de la Grange-Batelière Nr. 10. Auch George stünde dort wieder ein Zimmer zur Verfügung, doch sie hat es vorgezogen, sich in der Rue Lafitte ein billiges Zimmer im Erdgeschoss zu mieten. Seinen Ruf unbeschadet zu erhalten, ist Chopin viel wert, vor allem im finanziellen Sinn. Spräche es sich hier herum, dass er ausgerechnet dieser Frau verfallen ist, die in den Kreisen der Künstler bewundert, in denen des Geldadels und der polnischen Aristokratie jedoch abschätzig beurteilt wird, wäre er ruiniert. Zu solch einem Lehrer, egal wie berühmt er ist, entsendet kein Mann, der auf sich hält, seine Frau oder seine Töchter als Schülerinnen.

Was Chopins Ruf angeht, ist George zur Rücksichtnahme bereit, was ihre Liebe zu ihm angeht, sogar zu Opfern. Sie vermisst im späten Sommer ihr Nohant, wo die Birnen reifen, die Kompotte eingekocht werden, die letzten Rosen blühen, und beneidet Delacroix, der sich auf die alte Abtei in Valmont zu seinem Freund Bataille zurückgezogen, ihr eine Karte geschickt und von den Gärten dort vorgeschwärmt hat. *Bedenken Sie, dass ich in der Rue Lafitte wohne*, schreibt sie ihm nachts, *auf ein handtuchgroßes Stück Himmel mit einem Dutzend Sterne schaue, wo es die Gerüche der Firma Bignat & Cie gibt, dazu streunende Hunde und durch die Straßen irrende Lumpensammler zur Untermalung des Bildes und eiserne Rohre, die meine Aussicht versperren. Mein Gott, wie ist das hässlich! Und dann höre ich über meinem Kopf ein schönes Gewitter, glaube mich in Nohant, stehe auf, um das größte Schauspiel mitzuerleben, das die Schöpfung uns bietet. Vielen Dank! Ich sehe lediglich vier Mauern, und das Krachen des Donners wird vom Lärm der vorbeifahrenden Omnibusse übertönt.*

George haust in dieser Zelle und schränkt Chopin zuliebe ihren Umgang ein, ihre Freiheiten jedoch nicht. Mitte August überbringt Chopin dem gemeinsamen Freund Heine, bevor der Paris verlässt, einen Brief von George. Heine lebt schon seit 1834 mit der jungen Frau zusammen, die er Mathilde nennt, die ihm erotisch einiges, geistig nichts zu bieten hat und ihn überwacht. Wer ihr wichtig ist, verheimlicht George niemals. Mag sein, dass sie Chopin die Antwort des *Cousins* Heine an seine *Cousine* zeigt: *Ich liebe Sie sehr, von ganzem Herzen, mit allen Fetzen meines Herzens. Wenn Sie frei sind, erfreuen Sie sich dieser Freiheit. Ich bin noch in den schrecklichsten eisernen Fesseln, und weil man mich abends mit besonderer Sorgfalt ankettet, gelang es mir nicht, Sie in Paris zu sehen.* Sobald er zurück in Paris und außerhalb von Mathildes Kontrolle sei, verspricht Heine, George *einzuholen, und wenn es am Ende der Welt wäre … vorausgesetzt, dass man Sie nicht neuerlich gefangen nahm und ins Zuchthaus zurückführte, mein schöner Häftling, der aus dem Liebeszuchthause befreit wurde.*

Weiß Heine über ihre Trennung von Mallefille Bescheid? Ist ihm zu Ohren gekommen, dass Mallefille, als George auf Nohant von Bocage umworben wurde, den Schauspieler zum Duell gefordert hatte? Wittert er, wie gefährlich der kreolische Dichter, Aufseher in diesem *Liebeszuchthaus*, in seiner Eifersucht werden kann?

Am 9. September sieht es für die Öffentlichkeit so aus, als habe sich Mallefille damit abgefunden, dass Chopin seinen Platz eingenommen hat: Sein Gedicht erscheint in der *Revue et Gazette Musicale*; der ihm vorangestellte Brief an den Komponisten beginnt mit den Worten *Mein lieber Freund.*

Am 12. September 1838 vermeldet das *Journal des Débats*, die Schriftstellerin Georges Sand sei ermordet worden.

Was geschehen ist, kolportieren die Bekannten, die echten und die falschen Freunde hinterdrein unterschiedlich. Hat sich Mallefille in der Rue de la Chaussée d'Antin 38 in Position begeben, um George beim Verlassen des Hauses in flagranti zu erwischen? Das behauptet, allerdings erst Monate später, Marie d'Agoult, wie auch immer sie in Italien an diese Nachricht gelangt ist. Ihr zufolge schöpft Mallefille Verdacht, *legt sich vor die Tür Chopins, zu dem sich George jede Nacht begibt, auf die Lauer. Dort wird der Dramatiker dramatisch. Er schreit und heult und tobt und will einen Mord begehen, Freund Grzymała wirft sich zwischen die illustren Nebenbuhler.*

Zeugen vor Ort berichten, Mallefille habe George und Frédéric vor dem Hause der Marliani abgepasst, eine Pistole in der Hand, und Charlotte habe ein vorzeitiges Ende des Liebespaares verhindert. Andere wollen wissen, George selbst habe geistesgegenwärtig die Chance zur Flucht genutzt, als ein Fiaker zwischen ihr und dem bewaffneten Rächer übers Pflaster donnerte. Es sind auch Varianten im Umlauf, die behaupten, Mallefille habe Chopin wie zuvor schon Bocage zum Duell aufgefordert. Gesichert ist nur, dass George und Frédéric leben und sich Mallefilles Hoffnungen, George werde bald ernüchtert sein, nicht erfüllt haben.

Ich bin immer noch berauscht wie bei unserer letzten Begegnung. Nicht die kleinste Wolke trübt den klaren Himmel, es gibt kein einziges Sandkorn in unserem See, schreibt George im September an Delacroix. *Wenn Gott mir den Tod schicken und mich schon in der nächsten Stunde zu sich rufen sollte, würde ich mich nicht beklagen, denn ich habe drei Monate ungetrübten Glücks erlebt, in die kein Wermutstropfen gefallen ist.*

Das hindert George nicht daran, Delacroix zu bedeuten, nur die Leidenschaft für Chopin halte sie von ihm ab, von dem *Freund, der ein gutes und großes Herz* besitze und *rabenschwarze Augen, sehr lebendige Augen, die einen durchdringend anschauen.* Michel de Bourges hat sie mit seiner animalischen Männlichkeit erregt. Chopin mag vieles sein, animalisch männlich ist er nicht. Delacroix hingegen wird oft, nicht nur der pantherhaften Bewegungen und der starken weißen Zähne wegen, mit den Tigern verglichen, die er malt. *Sie wissen sehr gut, dass ich verrückt nach Ihnen wäre*, gesteht ihm George Sand, die Liebestrunkene, *wäre ich nicht in einen anderen vernarrt, und vielleicht würden Sie mich mehr lieben als alles andere, wenn die jungen Hexen aufgehört hätten mit ihren graziösen und koketten Tänzen.* Bedauernd fügt sie an: *Ich aber kann nicht tanzen.*

Ihre Reisepläne mit Maurice hat George nicht aufgegeben, nur aufgeschoben. Der Schuljahresbeginn kümmert ihre Kinder nicht, beide werden privat unterrichtet. Doch der Privatlehrer Mallefille hat nach dem gescheiterten Attentat seinen Dienst als Lehrer und Ersatzvater quittiert. Der Vater Casimir Dudevant, der nun offiziell Anrecht darauf hat, vier Wochen im Jahr über Sohn und Tochter zu verfügen, zeigt plötzlich keine Begierde, die Sehnsucht nach seinen Kindern zu stillen. *Schreibe mir doch*, sucht George im Sommer 1838 bei dem altvertrauten Rechtsanwalt Alexis Duteil Hilfe, *ob er beabsichtigt, seine Kinder zu holen, damit sie einen Monat ihrer Ferien bei ihm verbringen können.* George würde sich dann, *um Herrn Dudevant im ersten Jahr noch keine Umstände zu machen, zwei oder drei Wochen in der Gegend von Nérac aufhalten*, also in der Nähe von Casimirs Besitz in Guillery, *und würde sie dann in ein wärmeres Klima mitnehmen und dort den Winter verbringen.* Jetzt wäre es George willkommen, Maurice und Solange abzugeben. Sie muss ein Theaterstück zu Ende schreiben, *Les Joies des cœurs perdus – Die Freuden der verlorenen Herzen*, das noch in dieser Herbst-Saison zum ersten Mal auf die Bühne kommen soll, und will sich dem hingeben, an den sie ihr Herz verloren hat. Nun aber nimmt Dudevant seine Rechte nicht wahr. Wittert er, wem Georges freie Zeit zugute käme?

George wirft das nicht um. *Ich beeile mich, meine Arbeit zu Ende zu bringen, und wenn ich sie abgeliefert habe, werde ich abreisen, wahrscheinlich, ohne bei der Premiere anwesend zu sein, denn ich fürchte, dass sich die Inszenierung des Stückes verzögern wird und man mich bis zur kalten Jahreszeit hinhält, in der Maurice wieder sein Rheuma droht.* Solange, gesund wie ein junges Pferd, soll ebenfalls mitreisen. Beide Kinder sind bereits in Paris, als sich Georges Pläne ändern. Zuerst nur, was das Ziel angeht. Von Italien hatte sie geträumt. Franz Liszt und Marie d'Agoult sind dort unterwegs und wollen sich ab November in Florenz niederlassen. Doch dann ist George im Haus des spanischen Konsuls Marliani dem spanischen Minister Juan de Dios Álvarez y Mendizábal begegnet und dem Gesangslehrer Francisco Frontera, einem gebürtigen Mallorquiner, der sich hier nur Marquis de Valldemosa nennt. Álvarez hat mit seinen knapp fünfzig Jahren schon viele Existenzen hinter sich: als Kaufmann, Abenteurer, Militär, Kämpfer im Spanischen Unabhängigkeitskrieg gegen Napoléon und Weinimporteur. Wenige Jahre, nachdem er in Spanien von den französischen Besatzern in Abwesenheit zum Tode verurteilt worden war, hatte man ihn als Minister zurück in die Heimat berufen. Beliebt hatte er sich dort nicht bei allen gemacht: Mit einem Gesetz, nach ihm als *Desamortización de Mendizábal* bezeichnet, hatte er Kirchen und Orden, deren Besitzungen keinen Ertrag brachten enteignet, um Gebäude wie Ländereien zu verkaufen oder zu verpachten. Der mallorquinische Gesangslehrer sang das Loblied auf die Schönheit dieser Insel; der spanische Minister wusste, dass dort, wo früher Nonnen oder Mönche gehaust hatten, manches günstig zu mieten war. George schwenkt um. Neues Reiseziel: die Balearen. Mallorca, die Insel, die Álvarez und Frontera so vertraut ist.

Während ich diesen Plan verfolgte und meine Vorbereitungen zur Reise traf, sagte mir Chopin, den ich täglich sah und dessen Genie und Charakter ich zärtlich liebte, dass auch er bald geheilt sein würde, wenn er an Stelle von Maurice sein könnte, berichtet sie später in der Geschichte ihres Lebens. Wovon er im mediterranen Klima geheilt zu werden hofft, weiß George. Da seine Freunde ständig behaupten, er leide an Schwindsucht, hat George ihn gedrängt, sich von seinem Arzt Dr. Paul Gaubert gründlich untersuchen zu lassen. Der erklärte, Schwindsucht könne er nicht diagnostizieren. Dass Chopin angegriffen aussieht, steht jedoch außer Zweifel. Gaubert wendet sich an George: *Sie können ihn jedenfalls retten, wenn Sie ihm frische Luft, Ruhe und Bewegung verschaffen.*

Doch die Mutter George Sand vergisst über der Verliebtheit nicht ihre Pflichten. *An der Reise ließ ich ihn freilich nicht an Maurices Stelle, sondern neben demselben teilnehmen.*

Seine Freunde wissen, so George, dass Chopin die Stadt nie verließe, *wenn er nicht von einem Wesen fortgezogen würde*, das er liebt. Mendelssohn und Hiller vermochten ihn an den Niederrhein zu locken, die Eltern nach Karlsbad, Maria nach Marienbad und Dresden und vermutlich Delfina Potocka nach Enghien, denn Custine dürfte damals nicht genügend Anziehungskraft besessen haben.

Der Herbst 1838 ist ein guter Zeitpunkt, Paris zu verlassen, besonders für einen dünnhäutigen Menschen wie Chopin. Nicht nur die Umgebung von Georges Wohnung in der Rue Lafitte gleicht einer verwahrlosten Baustelle. Durch die ganze Stadt verlaufen die Risse zwischen den Besitzenden und denen, die zwölf, vierzehn Stunden am Tag in Staub, Ruß und Kot arbeiten. Die, denen es schlecht geht, suchen das Vergessen in billigen Vergnügungen. An der Place de la Bourse hat ein Flohzirkus sein Zelt aufgeschlagen, an der Barrière du Combat inszenieren die Metzgergesellen Tierhatzen, bei denen Rinder und Schweine in einem blutigen Schaukampf in den Tod getrieben werden. Nimmersatt haben Unternehmer zu viele Mietskasernen hochgezogen, nun werden sie an junge Frauen vermietet, die aus der Provinz in die Stadt drängen. Grisetten, die in ihren grauen Kleidern Wäsche waschen, Schuhe verkaufen, Talmi ebenso anbieten wie die eigenen Reize, oder Landmädchen, die sich als Prostituierte durchschlagen, oft schon mit neunzehn, zwanzig von der Syphilis gezeichnet. Die, denen es gut geht, wollen das Elend nicht sehen. Wer es sich leisten kann, ist seit den Weberaufständen in Lyon und dem Massaker in der Rue Transnonain auf der Flucht vor der Wirklichkeit.

Atemlos sind die Menschen auf der Jagd nach Neuem. Das Wachsfigurenkabinett von Curtius im *Palais Royal* präsentiert ständig neue Helden der Zeitgeschichte. Die Automatenmenschen im *Musée Mécanique* überraschen in immer kürzer werdenden Abständen mit neuen Fähigkeiten. Vor allem die Panoramen am Boulevard des Capucines und am Boulevard Montmartre stillen das Bedürfnis nach Ablenkung durch Neues. Aufregender jedoch ist das Diorama in der Rue Samson, schon vor fünfzehn Jahren dort errichtet von einem Theatermaler namens Daguerre, der es erfunden und stetig verbessert hat.

Die Pariser interessieren sich nur für Steigerung und Überraschung: neue Cafés, Tanzpaläste und Restaurants, neue Modeartikel, neue Techniken, neue Gerichte und Getränke, neue Helden im Theater und in der Oper, neue Fortsetzungsromane in den Journalen. Über einhundertvierzig neue Bühnenstücke sind seit einem Jahr in Paris aufgeführt worden, oft drei oder vier Dramen, Melodramen, Komödien oder Tragödien an einem einzigen Abend. Eugène Scribe schreibt fast jeden Monat ein neues Lustspiel, in dem er meistens politische Fragen aufwirft, jedoch so, dass er sich nicht angreifbar macht. Nach mehreren Attentaten und den Aufständen hat die Leutseligkeit des Bürgerkönigs Louis Philippe abgenommen. Er sucht seine Bestätigung nicht mehr darin, *Roi des Français* zu sein, sondern ein Förderer des Fortschritts. Die Engländer sind den Franzosen weit voraus im Ausbau des Eisenbahnnetzes und industrieller Fertigung, er will nun auf anderem Terrain glänzen. Seit August hält sich Alexander von Humboldt zu seiner vierten diplomatischen Mission in Paris auf. Ihn hat Louis Philippe in ein Komitee von Gutachtern berufen, das beurteilen soll, ob der König sein Geld in die neueste Erfindung dieses Louis Jacques Mandé Daguerre stecken soll: ein Verfahren der Lichtbildnerei, mit dem er Positive auf Papier herstellen kann. Daguerre hatte sich mit Joseph Nicéphore Nièpce zusammengetan, der schon 1822 mit einer Lochkamera eine lichtempfindlich beschichtete Metallplatte belichtet hatte. Die Kamera von Daguerre ist der des mittlerweile verstorbenen Nièpce überlegen, und nachdem der König diese Erfindung käuflich erworben, Daguerre und den Sohn von Nièpce mit hohen Jahrespensionen versorgt hat, können die beiden die Technik der Daguerreotypie zügig weiterentwickeln, um sie dann weltweit zu vermarkten.

Chopin erschrecken Neuerungen, in seinem Umfeld, aber auch in der Musik.

Stephen Heller, sein Pariser Freund und Kollege, hat Chopin aus Deutschland einen Gruß Schumanns mitgebracht: den *Carnaval.* Der Einband sei sehr hübsch, meint Chopin. Wozu den Freund verletzen, der ihn bewundert? Seinem Verleger Schlesinger soll Chopin gesagt haben, der *Carnaval* sei *überhaupt keine Musik.* Wochenlang sehen Chopins Schüler den Band unberührt auf dem Klavier herumliegen. Einige Miniaturen des *Carnaval* sind Personen gewidmet, eine von ihnen ist *Paganini* überschrieben, eine *Chopin*, andere mit den Namen von Vertrauten aus dem Davidsbund. Jeder in Leipzigs Musikkreisen weiß, dass *Estrella* Schumanns ehemalige Verlobte Ernestine ist und *Chiarina* seine anschließende Verlobte Clara.

Das Indiskrete geht Chopin wohl ebenso gegen den Strich wie die Verrücktheit des ihm gewidmeten Stücks. Er schweigt sich daher auch aus zu Schumanns *Fantasien für das Pianoforte*, die bei Chopins ehemaligem Verleger Haslinger erschienen sind, *Kreisleriana* genannt und vom Komponisten *Seinem Freunde Herrn F. Chopin zugeeignet.* Sie stürmen im Überschwang dahin und torkeln hinein in Trance. Eine Komposition, die Extreme ausreizt, kann Chopin mit seinen musikalischen Idealen nicht vereinbaren. *Sein Ideal, der Dichter par excellence, war ihm Mozart*, wird Liszt später schreiben. Chopin teilt die Ansicht Mozarts, dass *die leydenschaften, heftig oder nicht, niemal [sic] bis zum Eckel ausgedrücket seyn müssen und die Musick, auch in der schaudervollsten lage, das Ohr niemalen beleidigen, sondern auch debey vergnügen muss, folglich allzeit Musick bleiben Muß.* Wie ähnlich hört sich an, wenn Liszt über Chopin sagt: ... *selbst wenn er das Hässliche und Groteske darstellte, verlor er nicht seine natürliche Anmut; selbst der Grimasse gelang es nicht, ihn unschön erscheinen zu lassen.*

Chopin wird nicht verstehen, dass ihm von Rellstab selbst das vorgeworfen wird, was ihn an Schumann wie an Berlioz stört: *bizarre Originalität.* Wie Mozart liebt er die Spannung der Dissonanzen, aber wie Mozart will er sie einbinden in ein harmonisches Ganzes. Es gibt sie, seine *unter Blumen eingesenkten Kanonen*, doch sie sind eben *unter Blumen eingesenkt.* Chopin wird die *süßen Abgründe* seiner Musik, von denen Heine spricht, nicht leugnen und sie bei Mozart erkennen. Doch auch das sind eben *süße Abgründe*, in die man mit wohligem Schaudern hinabschaut, nicht hinabstürzt. Düster Abgründiges verschreckt ihn in der Musik ebenso wie im alltäglichen Leben.

Vor allem aber widerstrebt ihm Musik, die, wie Schumanns *Kreisleriana*, wie Berlioz' *Symphonie Fantastique*, auch vieles von Liszt, ihre Impulse von außen erhält. Vielleicht scheut Chopin aus diesem Grund davor zurück, sich einem Opernlibretto auszusetzen; vielleicht stört es ihn deshalb so, wenn Zuhörer äußere Ereignisse assoziieren bei seinen Klängen. Chopins Musik kommt von innen und nur von dort. *Seine Empfindungen und Eindrücke*, erkennt Liszt, *bildeten für ihn Ereignisse, die ihm wichtiger und bedeutsamer erschienen, als die Wechselfälle der Außenwelt.* Liszt findet es nur konsequent, dass Chopin sich zwar verbindlich gibt, aber keinem Zugang zu diesem Innersten gewährt. *In das Allerheiligste seines Herzens drangen selbst seine nächsten Bekannten nicht ein.* Das, sagt Liszt, *verschloss er … vor allen Blicken.*

Nun bedrängt ihn diese Außenwelt mit ihrer Neugier. Chopins Atembeschwerden nehmen zu. Er ist entschlossen, mit George gemeinsam Urlaub zu machen – nicht nur für ein paar Wochen, sondern für ein paar Monate. George kennt ihn nun gut genug, um zu erahnen, wie klar er ihr damit seine Liebe erklärt. Ihr selbst, auf dem Land im Berry groß geworden, fällt es schwer, lange in der Stadt zu bleiben. Chopin, in Warschau aufgewachsen, fällt es schwer, die Stadt zu verlassen. Ähnlich wie dort verfügt er in Paris über ein paar Reservate, in denen er behutsam behandelt wird. Keine groben Berührungen, keine Erschütterungen gefährden dort seine zerbrechliche Existenz. In Watte gepackt kann er ignorieren, was ringsumher geschieht. Nur die Neugierde in Paris behelligt ihn, seit George in sein Leben getreten ist, und der eifersüchtige Verfolger Mallefille ängstigt ihn.

Auch was die finanzielle Seite angeht, ist eine derart lange Reise für Frédéric riskanter als für George, die an jedem Ort und zu jeder Uhrzeit schreiben kann. Die Honorare aus den Klavierstunden, Grundlage seiner Existenz, entfallen nun gänzlich. Jeder Schüler, jede Schülerin wird im Oktober von Chopins Diener aufgefordert, das Fällige auf den Kaminsims zu legen. Fieberhaft versorgt sich Chopin mit Bargeld. Camille Pleyel schließt mit ihm einen Vertrag über den neuen, noch nicht vollendeten Zyklus Préludes ab, nachdem ihm Chopin nur ein paar Ausschnitte vorgespielt hat. In seiner Begeisterung zahlt er auch einen Vorschuss, drängt aber auf baldige Vollendung. Damit Chopin auf Mallorca komponieren kann, verspricht Pleyel, ein Klavier dorthin zu schicken, das kurz nach dem Komponisten ankommen soll. Von seinem Freund, dem Bankier Auguste Léo, hat sich Chopin mit einem zinslosen Darlehen von 1000 Francs versorgen lassen; er hat Léo von dem Kontrakt mit Pleyel berichtet und versprochen, dieses Honorar, bei Fertigstellung des Zyklus fällig, werde direkt an Léo gehen. Dieselbe Summe hat er noch bei einem privaten Geldverleiher aufgenommen, der für überhöhte Zinsen berüchtigt ist.

Bisher hatte Chopin sich nur zu Reisen aufgerafft, wenn er berufliche Beweggründe hatte, Vertrauten aus der Vergangenheit oder Verwandten begegnen wollte. Nun riskiert er den Aufbruch in völliges Neuland. Vielleicht hat es ihm die Entscheidung erleichtert, dass er fern der Heimat, auch fern der Kreise in Leipzig oder Mailand, Rom oder Dresden, die mit seinen hier im Austausch stehen, keinen Klatsch über sein Liebesverhältnis zu George befürchten muss. Die Abreise aus Paris jedenfalls soll getrennt stattfinden.

Am Donnerstag, dem 18. Oktober, verlassen George Sand, Maurice und Solange zusammen mit der Zofe Amélie das nasskalte Paris, um über Chalon, Lyon, Avignon und Nîmes nach Perpignan zu reisen.

Hat Chopin noch andere Motive, seinen Aufbruch später anzusetzen?

Am Samstag, dem 20. Oktober, trifft George mit Kindern und Zofe in Chalon ein, Frédéric in Saint-Gratien. Am Abend soll er dort auf dem Schloss von Astolphe Marquis de Custine auftreten. Der ist unterrichtet von Georges und Frédérics Liebesverhältnis. Es war zwar erst im Aufgehen begriffen, als die Sand Anfang Mai zu Chopins Soirée in der Stadtwohnung von Custine erschien. Entgangen ist dem Marquis anscheinend nichts. Ihm sind auch die gemeinsamen Reisepläne der beiden bekannt, wenngleich er sich im Ziel irrt. *Er fährt nach Valencia in Spanien*, wird Custine am 22. Oktober, zwei Tage nach Chopins Auftritt, seiner Schriftstellerfreundin Sophie Gay berichten, *das ist wie Jenseits.* Jenseits, nicht Abseits. Custine wählt seine Worte bewusst.

Zuerst spielt Chopin die eben erst vollendete Polonaise in A-Dur, für Custine *wundervoll kräftig und vital, eine Orgie der Freude.* Danach steht das kurze Largo in Es-Dur auf seinem Programm. Beide Stücke sind Verneigungen vor den anwesenden Landsleuten aus dem nahe gelegenen Montmorency. In der Polonaise, anders als die übrigen feierlich und geradlinig wie eine Militärhymne, beschwört Chopin ebenso die gemeinsame Heimatverbundenheit wie in jenem Largo, das auf einem Lied aufbaut, in dem Gott angefleht wird, den Polen ihr Vaterland zurückzugeben. Ein *Gebet der Polen* ist es für Custine. Zuletzt spielt Chopin eines seiner Meisterwerke: den Trauermarsch in c-Moll. Es ist kein Pathos in ihm, er will nicht zu Tränen rühren. Jenes nocturneartige Trio in D-Dur, das ihn unterbricht, wirkt wie ein erkämpftes Lächeln. Hier wird nicht geklagt und gejammert. Monoton schlagen die Glocken. Unaufhaltsam bewegt sich ein Trauerzug auf das Grab zu, ohne Pomp. Schmuck ist nichtig geworden. Einfach und von allem entblößt machen die Klänge die Unausweichlichkeit des Todes spürbar.

Custine gesteht Sophie Gay, warum ihn dieser Trauermarsch gegen seinen Willen zum Weinen bringt: Er hört darin Chopins eigene Todesklage. *Es war wie sein letztes Geleit zur ewigen Ruhe, und als mir in den Sinn kam, ich könnte ihn auf dieser Welt nicht wiedersehen, zerriss es mir das Herz.*

Dass Chopin den aus der offiziellen Gesellschaft verstoßenen Marquis schätzt, ist verstehbar. Custine bewundert ihn, begehrt ihn, aber er lässt ihn und nötigt ihn zu nichts. Wie wohl er sich im Schloss des Marquis fühlt, einem jener Häuser, die Chopin liebt, weil ihr Räderwerk reibungslos und geräuschlos funktoniert, ist unverkennbar: Stundenlang sitzt er oft am Klavier und improvisiert über polnische Lieder. Custine ist ein Mann, der Chopin sehr genau beobachtet, aber auch sich selbst. *Man liebt nicht ihn*, sagt er über Chopin, *man liebt sich selbst in ihm.*

Für Custine stirbt jedoch an diesem Abend etwas: die Hoffnung, *Chopinet* könne seinem Liebeswerben nachgeben. Ganz abwegig ist diese Hoffnung aus Custines Sicht nicht gewesen. Niemals hat sich Chopin in Paris mit einer der Damen eingelassen, die um ihn warben, nie hat er bei einem der virilen Konkurrenzkämpfe, einem Rennen, einer Jagd oder einem Fechtturnier mitgemacht, stets kleidet er sich so delikat wie Custine und erhält sich seine knabenhafte Gestalt. *Sie können sich gar nicht vorstellen*, klagt Custine Sophie Gay, *was Madame Sand in nur einem Sommer aus ihm gemacht hat! Die Schwindsucht hat sich dieser Gestalt bemächtigt, sie hat diesen Mann in eine Seele ohne Körper verwandelt.*

Mickiewicz hatte George Sand gewarnt, sich auf Chopin einzulassen: Das sei ein Vampir. Nun klagt der Marquis seiner Vertrauten, Chopin renne blind ins Verderben. *Das arme Geschöpf sieht nicht, dass die Liebe dieser Frau die Liebe eines Vampirs ist! Er folgt ihr nach Spanien, wohin sie schon aufgebrochen ist. Niemals wird er von dort zurückkommen. Mir zu sagen, dass sie zusammenleben werden, dazu hatte er nicht den Mut. Er hat mir nur gesagt, dass er ein milderes Klima und Ruhe braucht. Ruhe! – mit einem Vampir!*

Hätte Chopin Custine gesagt, er werde mit der Sand zusammenleben, hätte der Marquis seine Meinung wohl ebenso wenig verschwiegen wie der Dichter.

Von Saint-Gratien nach Paris zurückgekehrt, befällt Chopin Unruhe. Am Tag vor seiner Abreise geht er zu Léo, bittet ihn, ihm keine Briefe in irgendwelchen Geldangelegenheiten zu schicken. Dann verfasst er ein kurzes Testament, versiegelt es und legt es in seinen Schreibtisch.

Am 27. Oktober 1838 bricht Chopin mit dem Minister Álvarez y Mendizábal per Schnellpost von Paris auf. Vier Tage und vier Nächte will er durchfahren. Eine Gewalttour für einen, der als krank und schwach gilt. George, Maurice, Solange und Amélie sind am 30. Oktober in Perpignan, direkt an der französisch-spanischen Grenze, gelandet. Am 31. Oktober klettert Chopin dort aus der Kutsche, *frisch wie eine Rose, rosig wie ein Radieschen*, findet George Sand. Sie selbst ist angespannter. Sie hat unterwegs ihr Pensum nicht bewältigt. Auch sie muss ihr finanzielles Überleben für die nächsten Monate erkämpfen. Chopin hat nur für sich selbst aufzukommen, George außerdem für ihre Kinder, das Personal und die Unkosten ihres Schlossbesitzes. Dem Verleger hatte sie zugesichert, pünktlich Folge um Folge ihres neuen, auf mehrere Bände angelegten Romans *Spiridion* zum Vorabdruck in der *Revue des Deux Mondes* zuzusenden. *Ich habe zwanzigmal nach der Feder gegriffen, um die sechs oder sieben Seiten zu schreiben, die noch fehlen und damit den ‹Spiridion› zu beenden.* Vergeblich. *Diese Ruhetage waren die schlimmste Strapaze der ganzen Reise.*

An Allerheiligen besteigen die fünf in Port-Vendres den Raddampfer *Le Phénicien* nach Barcelona; am 2. November beziehen sie dort ihre Zimmer im Hotel *Cuatro Naciones.* Die fünf Tage in Barcelona verlaufen hoffnungsfroh. Chopin kommt mit den Kindern gut zurecht: mit Maurice, für ihn polnisch Maurycy, der Straßenszenen in sein Album aquarelliert, ebenso wie mit Solange. Maurice ist scheu wie Chopin und beschäftigt sich gerne allein. Solange ist wach, kokett und schnell. Sie, nicht Maurice, wird privat zusätzlich zu den Pflichtfächern auch in Englisch, Geschichte, vor allem aber Musik unterrichtet. Mit den Männern, die sie Onkel nennt, versteht sich Solange immer gut, mit einem musikalischen Onkel besonders.

Das Programm in Barcelona ist erzieherisch, aber unterhaltsam: Zusammen besichtigen sie die Kerker der Inquisition, zusammen besuchen sie Museen, Kirchen und eine Aufführung im *Teatro Liceo*, dem italienischen Theater. Wie wichtig die Gäste aus Frankreich genommen werden, bekommen die Honoratioren mit: Französische Kriegsschiffe liegen im Hafen der Stadt, Frankreichs Konsul in Spanien ist an Bord, Sand und Chopin samt Anhang werden empfangen.

Am Mittwoch, dem 7. November, legt der Frachtdampfer *El Mallorquin* in Barcelona ab. *Madame Dudevant, verheiratet*, und *Federico Chopin, Künstler*, sagt die Passagierliste, reisen samt den Kindern Erster Klasse. Das Wetter ist gut, als *El Mallorquin* Kurs nimmt auf Mallorca.

Die Reise der beiden Vampire verspricht harmonisch zu werden.

XV
Der Liebhaber als Patient

Ein Winter auf Mallorca

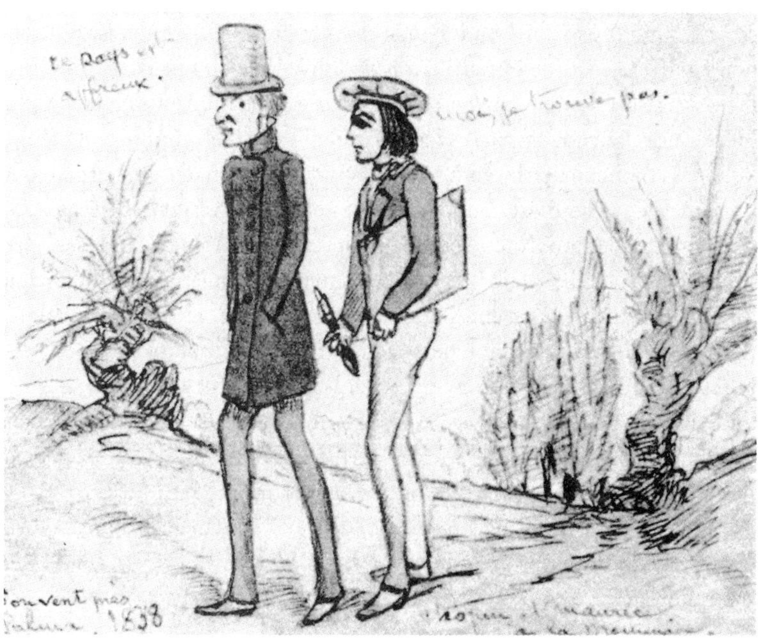

Frédéric Chopin und Maurice Sand auf Mallorca, 1838.
(Zeichnung von Maurice Sand).

𝄞

Von den Schönheiten Mallorcas hatten Álvarez und Frontera berichtet. Dass dort Reisende misstrauisch beäugt werden, weil die Mallorquiner so etwas nicht gewohnt sind, haben sie verschwiegen. Palma ist mit seinen rund 35 000 Einwohnern ein Kaff, im Vergleich mit Paris. Am Tag ihrer Ankunft, dem 8. November, irren die Gäste müde durch die Stadt. Hotels und Pensionen gibt es kaum, und die wenigen sind belegt. Möglich, dass manche der Hoteliers und Wirte auch behaupten, ausgebucht zu sein, wenn sie diese Ankömmlinge sehen. Vertrauen erweckt bestenfalls Amélie, die Zofe. Aber die anderen? Die Frau trägt Hosen, der Mann eine Kleidung, die hier völlig unangemessen ist, das zehnjährige Mädchen trägt Kleider eines Knaben, Leinenhose, Kittel und Filzhut, der fünfzehnjährige Knabe mädchenhaft langes, in der Mitte gescheiteltes Haar. Das Paar ist nicht verheiratet, sie ist sichtlich älter als er, und sie sind aus Paris angereist. Was treibt diese Leute hierher? Was wollen sie auf dieser Insel vor der afrikanischen Küste, die eigentlich nur für ihre Orangen und ihre Schweine bekannt ist?

In der Nähe des Quai, in der Calle de la Marina, beziehen sie in einem Gasthof zwei winzige Zimmer, wo *jeder ein Gurtbett, weich und federnd wie eine Schieferplatte, und einen Stuhl mit strohgeflochtenem Sitz vorfindet.* Die Ausstattung ist karg.

Sonst aber gibt es alles: Staub auf den Möbeln, Dreck unter den Betten, Ungeziefer in allen Winkeln, Gestank von der Straße und Lärm, weil unten im Haus ein Fassmacher seine Werkstatt betreibt. Die Gegend hier, am *Huerto del Rey*, ist verschrien, Gelichter streitet und krakeelt rund um die Uhr in den Gassen. An Schreiben oder Komponieren ist nicht zu denken.

Der 9. November ist der erste Tag, an dem George und Frédéric in Palma aufwachen. An diesem Freitag erkundigt sich Marie d'Agoult bei der gemeinsamen Vertrauten Charlotte Marliani nach George und Frédéric. *Wird der Aufenthalt auf den Balearen von längerer Dauer sein?*

Wie ich die beiden kenne, geraten sie sich schon nach einem Monat des Zusammenlebens in die Haare. Das mag Maries Hoffnungen entsprechen. Sie ist zwar von Liszt erneut schwanger, doch wohl nicht mehr begeistert. *Sie haben recht*, erklärt Marie der Freundin Charlotte Marliani, *wenn Sie Chopins Begabung schätzen ... Er ist der einzige Pianist, dem ich ohne Langeweile und mit tiefer Konzentration zuhören kann.*

Doch trotz der Widrigkeiten geraten sich George und Frédéric keineswegs in die Haare. Auf der Suche nach einem geeigneten Quartier haben sie zuerst Beistand bei den Familien gesucht, für die sie Empfehlungsschreiben von Bekannten und Freunden in Paris im Gepäck haben. Die angesehenen Bürger Palmas aber sind auch deswegen angesehen, weil sie so katholisch und traditionsverhaftet sind wie die übrigen Mallorquiner. Eine wie Hélène Choussat, die französische Ehefrau des Bankiers Bazile Canut, stellt die Ausnahme dar. Die Siebenundzwanzigjährige ist weltoffen, spielt selbst Klavier und verehrt Chopin ebenso wie George Sand. Ihr ist bewusst, dass ein außergewöhnlicher Besuch die Insel beehrt; sie schreibt auf, was sie erlebt und erfährt. *Madame Dudevant kam in Palma mit einem Empfehlungsschreiben und einem unbegrenzten Kreditbrief (ausgestellt von dem in ganz Europa akkreditierten Pariser Bankier Gaspar Remisa) für das Haus Canut an.* Der reicht nicht aus, um diese zigarrenrauchende Frau in Hosen mit einem Begleiter, der nicht ihr Ehemann ist, außerhalb des Bankhauses Canut vertrauenswürdig zu machen. *Man zog Erkundigungen ein und fand heraus, dass es eine Frau war, die Bücher schrieb! Aber wie schrecklich! Sie unterzeichnete mit einem Männernamen!*

Es sind nicht allzu viele, die auf Mallorca Bücher lesen, Bücher ausländischer Autoren. Die Neugier auf die Fremden ist so groß wie der Abscheu vor dieser Frau. Don Juan Burgues Lafortezza soll ein Exemplar von Sands Roman *Lélia* besitzen, heißt es nach ein paar Tagen. Das Werk macht die Runde. *Man fand es überspannt, unverständlich, und die Autorin wurde von Ignoranten verurteilt*, notiert Hélène Choussat. Das kann den Tatendrang von George Sand nicht behindern. *Sie brachte es fertig*, staunt Hélène, *dass ein seit kurzem angekaufter Dampfer mit dem Kontinent Kontakt aufnahm, um ihnen die Zeitungen der Woche zu bringen.* Außer Bazile Canut und Hélène Choussat, der Familie Cardona und dem französischen Konsul Flury kommt keiner auf den Gedanken, sich um die Reisenden aus Paris zu kümmern. Im Hause Canut dürfen

George und Frédéric vor dem Kamin sitzen, von Pierre Flury werden sie wenigstens einmal in dessen Loge ins Theater mitgenommen, die er sich mit Bazile und Hélène teilt. Doch wozu Kultur, wenn man aus Paris kommt? Das Wetter ist mild, die Vegetation üppig, George und Frédéric wandern in der Umgebung der Stadt mal mit, mal ohne Kinder, *auf Quartiersuche von Tür zu Tür.*

George durchschaut die Verhältnisse. *Wenn die Leute hier ankommen, kaufen sie zuerst ein Grundstück, dann wird gebaut, und dann werden Möbel bestellt. Schließlich bekommt man von der Regierung die Erlaubnis, sich irgendwo niederzulassen, und nach vier, fünf Jahren fängt man an, seine Koffer auszupacken und zieht ein frisches Hemd an, während man darauf wartet, dass der Zoll einem genehmigt, seine eigenen Schuhe und Taschentücher einzuführen.* Mittlerweile lässt Pierre Flury sie bei sich wohnen; er ist es auch, der ihnen von einer Unterkunft erzählt, die Stille und gute Luft verspricht. Im ehemaligen Kartäuserkloster oben, in Valldemosa, das 1835 durch Mendizábal zur Staatsdomäne erklärt und verweltlicht wurde, gibt es Wohnungen zu mieten. George und Frédéric besichtigen das Kloster. Ein *mysteriöses Paar,* ein spanischer Emigrant und seine Frau, die sich dort aus unklaren Motiven verborgen halten, zeigen den beiden ihre Behausung. Den Besuchern gefallen seine *vornehme Art,* ihre *melancholische Schönheit,* aber auch *die rustikalen und doch bequemen Möbel ihrer Zelle.* Die *poetische Stimmung* der Kartause betört George wie Chopin. Noch in Palma verfasst Chopin am 14. November für seinen Freund Julian Fontana einen Bericht aus dem Paradies: *Ich befinde mich in Palma unter Palmen, Zedern, Kaktus, Oliven, Orangen, Zitronen, Aloen, Feigen, Granatbäumen, mit einem Wort all dem, was der Jardin des Plantes dank der Gnade seiner Öfen besitzt. Der Himmel wie ein Türkis, das Meer wie Azur, die Berge – wie Smaragde. Und die Luft – wie im Himmel! Bei Nacht hört man überall Gitarren und Gesang – stundenlang. Riesige Balkone mit über den Kopf reichenden Weinstöcken; maurische Gemäuer. Die Stadt sieht wie alles hier nach Afrika aus … Mit einem Wort: ein herrliches Leben.*

Er ist voller Vorfreude auf das klösterliche Domizil – der geeignete Ort für ein Liebesverhältnis, das die Öffentlichkeit nicht duldet, und für ein musikalisches Vorhaben, das Konzentration verlangt. *Bald erhältst Du die Präludien,* verspricht er Fontana. *Ich werde wahrscheinlich in einem wunderschönen Kloster wohnen, es hat die schönste Lage auf der ganzen Welt: Meer, Berge, Palmen, ein Friedhof, eine Kreuzritterkirche, Ruinen von Moscheen, alte, tausendjährige Olivenbäume.*

Der in körperlicher Liebe unerfahrene Frédéric verbringt mehr Zeit als je zuvor mit George. Sie redet wenig, sieht genau hin und hört genau zu. Das Geheimnis von George Sands Erfolg bei den Männern: Sie verwöhnt jeden, den sie liebt, mit Aufmerksamkeit. Chopin fehlt nur eins: das Klavier von Pleyel.

Den alten Warschauer Freund Julian Fontana hat Chopin für die Zeit seiner Abwesenheit zum unbezahlten Geschäftsführer gemacht. Er soll überprüfen, wo das Klavier steckt, er soll Nachrichten und Manuskripte Chopins weiterreichen, mit Pleyel verhandeln, Rechnungen begleichen, eingelegte Briefe von Chopin an seine Eltern persönlich auf die Pariser Post bringen, Korrespondenz, die für Chopin zu Hause eingeht, nach Mallorca nachsenden und sich um den kranken Jaś Matuszyński kümmern. Und er soll schweigen. Vor der Pariser Gerüchteküche fürchtet sich Chopin sogar hier. *Mit Bekannten sprich wenig von mir*, bittet er. *Sag, dass ich im Frühjahr zurückkehre.*

Das Kartäuserkloster in Valldemosa, wo früher, den Prior eingerechnet, dreizehn Brüder hausten, wird *während der Sommerhitze größtenteils bewohnt, und zwar von Leuten aus dem Mittelstand, die in dieser Höhenlage und unter den dicken Gewölben frischere Luft suchen als in der Ebene von Palma.* Solange der Spätherbst warm ist, halten sich diese Sommergäste aus der Stadt noch immer dort oben auf. Eine Woche nach ihrer Ankunft, am 15. November, beziehen die fünf daher ein anderes Quartier. *Das erste Mal seit Menschengedenken hat sich auf Mallorca ein möbliertes Haus gefunden, das zu vermieten ist*, atmet George auf. Es heißt *Son Vent* und liegt 4 Kilometer von Palma entfernt in der Siedlung Establiments. Der Mietpreis ist für Pariser Verhältnisse niedrig, für mallorquinische der reinste Wucher. 100 Francs im Monat verlangt der Vermieter allein dafür, dass er ihnen die Einrichtung überlässt, wofür sie dankbar sein müssen: Möbel gibt es hier nicht zu kaufen und um sie bauen zu lassen, braucht der Auftraggeber *mucha calma*, wie George schnell gelernt hat. Ausgestattet sind die Räume *mit Gurtbetten oder grün angestrichenen Holzbetten, von denen einige nur aus zwei Böcken mit zwei Brettern und einer dünnen Matratze darüber* bestehen.

Doch noch sind die Reisenden hoffnungsfroh. Das Haus ist ein Sommersitz, luftig – *zu luftig*, wie George bald bemerken wird. Es liegt am Ende eines Tals und bietet einen *Blick auf die gelben Mauern von Palma, die gewaltige Kathedrale und das glitzernde Meer am Horizont.* Die ersten zwei, drei Tage dort sind makellos. Spaziergänge, Nichtstun, Erkundungen. Chopin schiebt die Arbeit auf. Am 21. November wendet er sich direkt an Pleyel. *Mein Klavier ist noch nicht angekommen. Wie haben Sie es geschickt? – über Marseille oder über Perpignan?* Pleyel liegt daran, dass die angezahlten Préludes bald fertig werden. *Ich träume Musik, aber ich schreibe sie nicht nieder, denn es gibt kein Klavier. In dieser Hinsicht ist das hier eine barbarische Welt.* Vermutlich schreibt Chopin das, um Druck auf Pleyel auszuüben. Es ist nicht das fehlende Klavier, was ihn nun am Komponieren hindert. Auf einer der Wanderungen sind George und Frédéric von einem Wolkenbruch überrascht worden und durchnässt heimgekehrt. Fünf Tage nach dem Einzug in *Son Vent* hat Chopin zu husten und zu fiebern begonnen. Das Wetter schlägt um. Der Vermieter weiß, warum er hier nicht überwintert. Sturzfluten reißen Bäume weg, Stürme tosen tags wie nachts. *Son Vent*, das Haus des Windes, macht seinem Namen alle Ehre. Die Fenster sind nicht dicht, es zieht durch die Ritzen, die Mauern sind so dünn, dass sich der Kalk an den Wänden *vollsaugt wie ein Schwamm. Das Regenwasser*, schreibt George, rinne *durch die undichten Zimmer.* Es ist nicht kalt, aber die Nässe legt sich um die Bewohner *wie ein eisiger Mantel.* Kaminschirme gibt es, aber keinen Kamin. Geheizt werden kann nur mit *braseros*, Holzkohlebecken, aus denen ein beißender Geruch aufsteigt, der die Atemwege Chopins noch mehr reizt. Die Erkältung wächst sich zur Bronchitis aus, eine Kehlkopfentzündung kommt hinzu. George ist als Krankenpflegerin beschäftigt, zum Schreiben kommt sie nicht. Dennoch nimmt sie wahr, was um sie her geschieht. Gerüche, Farben, Geräusche. *Auf Mallorca ist die Stille tiefer als anderswo; unterbrochen wird sie nur, wenn Esel und Maultier auf nächtlicher Weide ihre Glocken schütteln*, stellt George fest. *Der Bolero ist in den dunkelsten Nächten an den verlassensten Orten zu hören.*

Chopin hat sich zurückgezogen in seine Welt. Er hört keine Boleros. Was er auf dem Krankenlager in sein Notenheft skizziert, ist eine Mazurka. Eine Mazurka in e-Moll, deren Thema ein polnisches Lied aus dem Novemberaufstand aufgreift. *Dort im Anger leuchtet die Blume.* Eine Mazurka, die untanzbar ist, traurig, düster, verzweifelt. Überfällt Chopin hier, fernab von allem Vertrauten, die Sehnsucht nach Heimat? Oder drückt er in dem Schmerz seines Volkes doch seine eigenen Schmerzen aus?

Erstaunlich rasch kommt er wieder auf die Beine. Wehleidig hört es sich nicht an, was er Julian am 3. Dezember berichtet. *Während der letzten zwei Wochen war ich krank wie ein Hund; ich habe mich erkältet, trotz 18 Grad Wärme, blühender Rosen, Orangen, Palmen und Feigen.* Drei Ärzte, *die berühmtesten der ganzen Insel*, hat George herbeizitiert, jeder hat Chopin gründlich untersucht. *Der eine beroch das, was ich gespuckt hatte. Der zweite klopfte da, von wo ich gespuckt hatte, der dritte betastete und behorchte, wie ich spuckte. Der erste sagte, dass ich krepieren werde, der zweite, dass ich krepiere, der dritte, dass ich bereits krepiert sei. Ich aber befinde mich wie immer.*

Wie seine schwindsüchtige Schwester Emilia durch tägliches Schröpfen und Aderlässe mehr und mehr entkräftet wurde, hat Chopin nicht vergessen. George, als Krankenpflegerin erfahren, hat jahrelang Privatstunden in Anatomie bekommen, hasst Quacksalber und ist Gegnerin solche Maßnahmen. Den Ärzten scheint aber nichts Besseres einzufallen. *Nur mit Mühe habe ich mich der Aderlässe und Schröpfköpfe erwehren und verhindern können, dass man mir Heilpflaster ansetzte, die Eiterungen hervorrufen, und heute bin ich dank der Vorsehung wieder ganz der Alte*, triumphiert Chopin.

Bei George liest sich der Bericht über die Konsultationen anders. Chopins Husten habe im Ort das Gerücht in Umlauf gebracht, er leide an der Schwindsucht. Kaum einer der Mediziner sei daraufhin noch bereit gewesen, das Krankenzimmer zu betreten. Ein reicher Arzt habe sich bereit erklärt, gegen 45 Francs Honorar – weit mehr, als eine Pariser Koryphäe verlangt – Chopin einen Hausbesuch abzustatten, habe *nichts Ernstliches* diagnostiziert und Eibisch verordnet. Ein zweiter Arzt besichtigt den Kranken, doch was er verschreibt, gibt es nicht: Die Apotheken in Palma sind leer, sodass George für ihren Patienten *nur den letzten Dreck an Medikamenten* beschaffen kann.

Chopins Widerstandskräfte sind offenbar gut, seine Laune ist es Anfang Dezember auch. *In einigen Tagen werde ich in der schönsten Gegend der Welt leben*, freut er sich. *Wir sollen eine Wohnung in einem alten, riesigen, verlassenen und verfallenen Kloster der Kartäuser nehmen, die von Mendizábal gleichsam speziell für mich vertrieben worden sind.* Álvarez y Mendizàbal hat sich damit bei den Mallorquinern nicht beliebt, um Chopin aber, ohne es zu ahnen, verdient gemacht. *Mit einem Wort: ich werde mich dort wohl fühlen. Nur das Klavier fehlt mir noch.* Doch am selben Tag verfasst er einen kurzen Brief an Grzymała, in dem er deutlich wird. *Ein Teufelsland ist das, was Post, Menschen und Bequemlichkeit anbelangt.*

Seine unfreundliche Beurteilung der Menschen ist erklärbar; der Umzug in die Kartause geschieht nicht freiwillig. Seńor Gomez, der Hausbesitzer von *Son Vent*, wohnt weit weg, doch man hat ihn unterrichtet, woran sein Mieter leide. Anfang Dezember hat Gomez, für George nur *der Grobian*, den Fremden schriftlich mitgeteilt, sie hätten ihr Quartier sofort zu räumen. Zudem fordert er eine Entschädigung für die Kosten, die ihm entstehen, um das angeblich verseuchte Haus desinfizieren und frisch tünchen zu lassen, die Betten samt Bettzeug zu verbrennen und zu ersetzen. George zahlt die Renovierung und kauft die verpestete Haushaltswäsche; sie ist dankbar, einem Prozess zu entkommen. *Das einheimische Gericht hätte uns gerupft wie Hühner.*

Chopins Geld ist aufgezehrt, von Pleyel bekommt er erst Nachschub, wenn er die Préludes liefert. Er verlässt sich ganz auf Georges unbegrenzten Kredit beim Bankier Canut. Korrespondiert oder redet George mit Grzymała über Chopin, das gemeinsame Kind, ist er für sie nur *der Kleine* und Grzymała folglich *der Gemahl.* Chopin stößt sich nicht daran. *Das unentschlossenste Geschöpf der Welt* ist froh, wenn ihm Entscheidungen abgenommen werden. George erweist sich auf Mallorca als äußerst entschlussfreudig.

Das Fehlen eines Klaviers verstimmt den Kleinen sehr, vermeldet George im Anhang zu Chopins Brief an Grzymała. *Er hat hier eins gemietet, das ihn aber eher nervös macht als beruhigt. Er arbeitet trotzdem …* Das muss er auch. Es hat Gründe, dass er Julian dauernd ermahnt: *Sprich weder von mir noch von meinen Manuskripten viel.* Auch dieser Brief endet mit einem Appell an Julians Verschwiegenheit. *Sag niemandem, dass ich krank gewesen bin, denn man würde darüber klatschen.*

Chopins und Georges Kreditwürdigkeit beruht ausschließlich auf dem, was sie liefern. Er ist mit den *Präludien*, sie mit *Spiridion* im Rückstand; die Ärzte haben zwar nichts gebracht, aber viel genommen. Der erzwungene Auszug aus dem Haus des Windes ist George zwar *ganz recht, denn wir konnten dort nicht länger ohne das Risiko bleiben, im Zimmer zu ertrinken.* Sie ist auch dankbar, dass jenes *mysteriöse Paar* in der Kartause von Valldemosa die Insel eilig verlassen und Zelle samt Mobiliar an die Wohnungssuchenden abtreten will. Der Preis dieser sparsam möblierten Idylle ist jedoch nichts für Sparsame: 1000 Francs. *In Frankreich hätte es uns die Hälfte gekostet, so rar, teuer und schwer aufzutreiben sind in Mallorca die notwendigen Gegenstände des täglichen Bedarfs*, stellt George fest und zahlt.

Nach sechs Tagen in Palma, wo sie sich rund um die Uhr am Kamin des Konsuls Pierre Flury aufwärmen, soll es am 15. Dezember hinauf in die Kartause nach Valldemosa gehen. Am Tag vor der Abreise erreicht Chopin die Nachricht, das Klavier von Pleyel sei erst am 1. Dezember in Marseille auf ein Frachtschiff verladen worden. Seine Briefe an Fontana enthalten nun außer Auftragslisten Anzeichen der Verbitterung. *Ich hege*, schreibt Chopin, *die Hoffnung, dass das Klavier am Hafen überwintern wird, da sich hier während der Regenzeit niemand rührt. Es freut mich sehr, dass ich es erst kurz vor meiner Abreise erhalten werde, denn außer den 500 Francs, die ich für die Fracht und den Zoll bezahlen muss, werde ich noch das Vergnügen haben, es selbst wieder einzupacken und zurückzusenden! Inzwischen schlafen meine Manuskripte und ich selbst kann nicht schlafen, huste vielmehr und erwarte, seit langem mit Pflastern bedeckt, voll Sehnsucht den Frühling oder etwas anderes.*

Julian hat Chopin offenbar gestanden, dass der Bankier Auguste Léo, der Chopin zinslos Kredit gewährt hat, um Nachrichten über den Freund in der Fremde ersucht hat. *Geh zu Léo*, befiehlt Chopin, *aber sag ihm nicht, dass ich krank bin, weil es ihm um seine 1000 Francs bange werden könnte.*

Das Wetter am Umzugstag erhellt die Stimmung der Reisenden; *bei strahlender Herbstsonne* brechen sie am 15. Dezember frühmorgens nach Valldemosa auf. Die Fahrt aber gerät zum *Hindernisrennen.* Das Gefährt, von einem Maultier gezogen, ist *ohne jede Federung*, verfügt nur über *Scheibenräder mit massiven Eisenreifen.* George zumindest ist von der Landschaft angetan: *Nichts ist schöner als solche verwilderten Gegenden.* Doch das bedeutet: *Hohlwege, Gießbäche, Schlammlöcher, Hecken, Gräben.* Lakonisch bemerkt George: *Wegen solcher Kleinigkeiten hält man nicht an. Das Ganze nennt sich übrigens Straße.*

Für einen geschwächten Körper wie den Chopins keine idealen Reisebedingungen. *Die Strecke zum Kloster ist kurz, der Weg lang. Von Palma nach Valldemosa sind es etwa 17 Kilometer, dafür braucht man mindestens drei Stunden, wenn man zügig fährt*, das heißt *blaue Flecken, Schrammen und Beulen am Kopf oder zumindest das Gefühl völliger Zerschlagenheit* in Kauf nimmt.

Das letzte Stück Weg zur Kartause, steil und grob gepflastert, müssen sie zu Fuß gehen, *denn kein Gefährt*, so George, *kann ihn bewältigen.*

Wie üblich in den Klöstern der Kartäuser ist auch in der *Cartuja* von Valldemosa jede Kartause eine Einheit aus mehreren Räumen, da der Mönch nach der Ordensregel allein zu beten, zu studieren und zu essen hat. George, Chopin, die Kinder und Amélie beziehen zwei nebeneinanderliegende Kartausen. Jede umfasst ein kleines Vestibül, ein Ave-Maria-Zimmer, ursprünglich für das einsame Gebet bestimmt, ausgestattet *mit Wasserhahn über einem Muschelbecken aus einheimischem Marmor*, in dem sich der Mönch wusch, eine Toilette mit Wassercloset, drei große, 7 Meter hohe Räume zum Schlafen, Wohnen und Arbeiten und einen Garten mit Wasserreservoir. An Platz fehlt es nicht. Und über Lärm kann sich hier niemand beschweren. Mittlerweile hat der herannahende Winter fast alle aus dem Kloster vertrieben, nur der Apotheker und der Sakristan überwintern dort, und *eine Art Haushälterin* namens Maria Antonia, laut George *eine verwelkte Schönheit, doch noch immer schlank und adrett.* Maria Antonia gilt als *Wirtschafterin* der Gäste. Der größte Raum ihrer Kartause, neben der von George und Fréderic gelegen, dient als Küche. Der Alltag scheint geregelt.

Chopin ist mit sich selbst beschäftigt, George versucht sich mit ihrer neuen Umgebung vertraut zu machen. Als Schlossherrin von Nohant, wo sie über mehr als ein Dutzend Hausangestellte verfügt, hat sie es lernen müssen, Personal kritisch zu beobachten. Maria Antonia weckt Georges Argwohn. Sie redet ihr *nach dem Munde*, bietet ihre Hilfe an, lehnt für ihre Dienste aber *mit tiefgekränkter Miene, vor Entsetzen das Gesicht verbergend … jede Art von Entlohnung* ab, behauptet, sie mache das *Gott zuliebe*, beherbergt Dienstmädchen Catalina in ihrer zweiten Zelle und stellt zur Verfügung, was sie an Tongeschirr besitzt. Doch kaum hat sie die Herrschaft über den Haushalt übernommen, bedient sie sich, stiehlt aus den Vorräten, fischt aus den Töpfen der Gäste das Beste und zweigt sich Reinigungsmittel, Seifen und Bürsten ab. Während sie gemeinsam mit Catalina und *Nina, dem kleinen struppigen Scheusal,* das Hilfsdienste leistet, das Angelus-Gebet herunterleiert, machen sie sich zu dritt über die Nahrungsmittel der Gäste her. Anfangs betrachtet George das als Komödie, als aber sintflutartige Regenfälle die Fahrt nach Palma unmöglich machen und die Lebensmittel knapp werden, muss sich George mit Maurice und Solange ablösen, um die Vorräte zu bewachen. George schläft, den Zwieback fürs Frühstück unter dem Kopfkissen. Der Sakristan, nun als Pförtner tätig, ist ebenfalls keiner, den George Sand auf Nohant beschäftigen würde. Ein *stämmiger junger Mann* aus reicher Mallorquiner Familie, der den Mädchen durch seine Hosenträger imponiert, doch zu feig ist, etwas gegen den ehemaligen Hausknecht des Klosters zu unternehmen, der betrunken und fluchend durch die Flure schleicht. Außerdem hat der Pförtner *eine Skandalgeschichte auf dem Kerbholz; er war angeklagt worden, ein junges Mädchen, das einige Monate mit ihren Eltern in der Kartause zugebracht hatte, verführt und geschwängert zu haben.* Keiner, mit dem sie Solange allein ließe.

Von der großen Klosterapotheke, die hier der Dorfbewohner wegen erhalten worden ist, haben sich George und Frédéric einiges versprochen. Doch der Apotheker, ein ehemaliger Mönch, hat nichts als Eibischsirup und Kreuzwurz anzubieten. Er verkauft sie *für ihr Gewicht in Gold* und betet *für die Rückkehr der heiligen Inquisition.* In der Klosterkirche hofft Chopin, eine Orgel vorzufinden, die ihm das Klavier ersetzen könnte, hat *dabei allerdings vergessen, dass die Ordensregel der Kartäuser jegliches Musikinstrument als eitlen Tand und Sinnenkitzel verbietet.*

Bald schon empfindet Chopin die Abgeschiedenheit als bedrückend. Er fühlt sich abgeschnitten. Nicht zu Unrecht: Am 21. Dezember geht im Hafen von Palma ein Handelsschiff vor Anker, den Flügel aus dem Hause Pleyel an Bord, doch Chopin erfährt davon erst einmal nichts. Dafür erfährt er, wie viel Zeit alles braucht, um hierherzugelangen: Einen Tag nach Weihnachten, am 26. Dezember, erreicht ihn Fontanas Brief vom 9. des Monats. Was daran schuld ist, glaubt Chopin zu wissen: *Die Natur ist eine schöne Sache, nur darf man mit den Menschen nichts zu tun haben.* Das vermeidet er nun konsequent. Den Streit mit dem Personal, die Beschaffung von Lebensmitteln und Medikamenten, die Verhandlungen mit dem Tischler, der Regale bauen soll, den Umgang mit den Dorfbewohnern, denen die Fremden ein Dorn im Auge sind, überlässt er George. Chopin kapselt sich ab. Was die Reize der spartanischen Behausung angeht, bröckelt seine anfängliche Begeisterung zusehends. Zwei Tage nachdem Julian Fontanas Brief angekommen ist, am 28. Dezember 1838, antwortet Chopin ihm aus Valldemosa: *Zwischen Fels und Meer, in einem verlassenen, gewaltigen Kartäuserkloster, kannst Du Dir mich in einer Zelle, deren Türe größer ist als in Paris die Haustore, unfrisiert, ohne weiße Handschuhe und blass wie immer vorstellen. Die Zelle hat die Form eines Sarges mit einem hohen verstaubten Gewölbe. Ein kleines Fenster, vor diesem Orangenbäume, Palmen, Zypressen. Dem Fenster gegenüber, unterhalb einer Filigranrosette im maurischen Stil, steht mein Feldbett. Daneben ein altes leeres Schreibpult, das sich kaum benutzen lässt, auf ihm ein bleierner Leuchter (der Luxus ist hier groß!) mit einer kleinen Kerze, Bachs Werke, das Heft mit meinem eigenen Gekritzel und Schreibkram, der mir nicht gehört. Eine Stille – man könnte schreien – es bleibt immer still. Kurz, ich schreibe Dir von einem merkwürdigen Ort.*

Bachs Werke: Chopin hat *Das Wohltemperierte Klavier*, die neue Pariser Ausgabe, mit in den Urlaub geschleppt.

Die Liebe für Bach verbindet ihn mit Felix Mendelssohn, auch mit Ferdinand Hiller, der gemeinsam mit Chopin und Liszt Bachs Konzert für drei Klaviere aufgeführt hatte. Bach bedeutet für Chopin Größe und Ordnung und Ruhe. Bach bedeutet auch Geborgenheit in der Vergangenheit. Nach der sehnt er sich immer und überall zurück. Sein Warschauer Lehrer Żywny war es gewesen, der Chopin in seiner frühesten Jugend, ganz gegen den Zeitgeschmack, auf Bachs Werke eingeschworen hatte. Seit er selbst unterrichtet, übt Chopin mit jedem seiner Schüler Bachs Präludien und Fugen. Bach und sonst nichts spielt er in den vierzehn Tagen, in denen er sich einmal im Jahr auf ein Konzert im größeren Rahmen vorbereitet. In seinen Etüden hat Chopin bereits gezeigt, wie gut er selbst jene Gesetze der Logik und Konstruktion beherrscht, die er bei Bach bewundert. Nun sitzt Chopin über seinen Préludes, deren Bezeichnung verrät, in wessen Tradition er sie sieht. Keinem seiner Préludes folgt wie den Präludien Bachs eine Fuge, dennoch ist jede in sich geschlossen, nicht etwa nur ein Vorspiel, dem etwas fehlt. Wie Bachs *Wohltemperiertes Klavier* ist Chopins Zyklus auf vierundzwanzig Einheiten angelegt, auch seine Préludes folgen dem Prinzip des Quintenzirkels, wenngleich in anderer Reihenfolge. Gelassen macht ihn diese Arbeit anscheinend nicht. Ab und zu geht er spazieren, auch mit den Kindern. Maurice, der wie besessen zeichnet und aquarelliert, dokumentiert Chopins Zustand. Da ist Maurice selbst zu sehen, den Pinsel in der Hand, die Mappe unterm Arm, neben ihm Chopin, der in engem Gehrock und Zylinder mit missgelauntem Gesicht durch die Landschaft stakst. Maurice ergänzt die Zeichnung durch einen Dialog.

Chopin: Die Gegend ist scheußlich. Maurice: Das finde ich nicht.

Mit dem Wetter verschlechtert sich seit Jahresbeginn Chopins Gesundheit. Es gibt keinen Kamin, um zu heizen, nur einen *teuer bezahlten grotesken Ofen nach Art eines eisernen Kessels, der Kopfschmerzen und Atemnot verursacht.* Dennoch ist es so feucht, dass alle in klammen Kleidern herumlaufen. Wolken hängen schwer über dem Kloster, die Sonne zeigt sich fast nie, Feuchtigkeit sitzt in den Mauern. George hat mit Rheuma zu kämpfen, doch darüber redet sie nicht. Sieben Stunden unterrichtet sie jeden Tag ihre Kinder, die halbe Nacht arbeitet sie an *Spiridion*, schreibt *Lélia* um oder verfasst Briefe an ihren Verleger Buloz. In der verbleibenden Zeit hat sie die Pflegerin für Chopin zu spielen. Wagt sie es, die Kinder für ein paar Stunden sich selbst zu überlassen, vermehrt sich die Zahl der Pflegefälle. Die Kinder treibt *der Hang zum Wundersamen … zu leidenschaftlichen Expeditionen.* George wird *angst und bange*, wenn sie die Kinder *wie Katzen auf krummen Planken und über schwankende Balkone turnen* sieht. Unter eine Zeichnung, die ihn mit der Schwester auf dem Boden sitzend unter Bäumen zeigt, den Schoß voller Früchte, schreibt Maurice: *Im Orangenhain überfressen sich Maurice und Solange mit Orangen, davon werden sie krank.* Mehr als ihre leiblichen Kinder nimmt jedoch *der Kleine* George in Anspruch. Was Maria Antonia kocht, ist als Diät wenig geeignet. Nichts wird ohne große Mengen an Knoblauch, Pfeffer, fettem Schweinefleisch und ranzigem Olivenöl serviert. Erleichtert betrachtet die Tischrunde ein Gericht, das mit gezuckerten Orangenscheiben garniert ist. Eine Dessertüberraschung. Der erste Bissen offenbart, dass es sich bei den kandierten Orangen um Knoblauchzehen handelt. Amélie verweigert die Haushalts- und Küchendienste, sie sieht sich überfordert und ist es müde, mit den Händlern in Valldemosa zu feilschen, die für Fisch, Eier und Gemüse Preise verlangen wie Pariser Feinkosthändler. George übernimmt selbst die Küche, kehrt den Schmutz heraus, verstaut die Lebensmittel, die Konsul Flury von seinem Koch ins Kloster schicken lässt, kauft eine Ziege, um frische Milch für ihren Patienten zu haben, und melkt sie selbst. Bald gibt die Ziege jedoch keine Milch mehr: Maria Antonia und ihre Komplizinnen haben sich bereits bedient, nachdem sie Chopin die Fleischbrühe weggegessen haben. George gesteht nur dem Papier, sie sei nahe daran, *vor Erschöpfung zusammenzubrechen*. Was wird unter solchen Bedingungen aus der Liebe? George hat Delacroix erst vor kurzem auseinandergesetzt, sie sei der Meinung, *dass Pflichtgefühl und Zuneigung nicht das Geringste miteinander zu tun haben*. In Briefen gibt sie zu, ihr Kleiner sei *ein schrecklicher Patient* ohne *jegliche Selbstbeherrschung*. Er jammert nicht über seine Schmerzen, doch er bekommt *die Unruhe seines Geistes* nicht unter Kontrolle. Überall sieht er Gespenster. Kehrt George mit den Kindern von ihren abendlichen Spaziergängen in den Ruinen des Ortes zurück, empfängt sie der Anblick eines Irren: *bleich, hohläugig, die Haare förmlich gesträubt* braucht Chopin Zeit, die drei wiederzuerkennen, lacht angestrengt und spielt endlich weinend vor, was er inzwischen komponiert hat. Chopins Reizbarkeit hat viele Gründe, nicht nur gesundheitliche. Ihn entnervt das Warten auf Pleyels Klavier, das, wie ihm mitgeteilt wurde, beim Zoll festsitzt; ihn ängstigt der Pariser Klatsch. Ende Dezember hat er Fontana gegenüber zwar behauptet: *Was über mich geredet wird, ist mir ganz gleichgültig*. Kalt lässt ihn das jedoch nicht. Es geht um Geld, und da legt Chopin seine Vornehmheit ab. *Léo ist ein Jude. So ein Schuft!* beschimpft er in seinem Brief an Julian Fontana den Freund, der ihm zinslos Geld lieh. *Ich werde dem Juden einen kurzen, offenen Dankesbrief schreiben, der ihm in die Knochen fährt*. Offene Briefe schreibt Chopin jedoch nie. Sein wirklich jüdischer Verleger Moritz Adolph Schlesinger kommt nicht besser weg als Léo. Dass Schlesinger als Erster in Paris Chopins Werke zu drucken bereit war, hat der wohl vergessen. Angeblich hat Schlesinger ein Album mit verschiedenen Chopin-Walzern zusammengestellt und die Rechte für Deutschland an Heinrich Albert Probst, einen Leipziger Verleger und Musikalienhändler verkauft, ohne das Chopin mitzuteilen. *Schlesinger ist ein noch schlimmerer Hund*, erregt sich Chopin. Er erklärt zwar: *Alle diese Läuse beißen mich nun weniger*, und Léo solle nur wüten, schwärmt von den Mondnächten, den Adlern, die über dem Kloster kreisen, und meint: *Unter diesem Himmel durchdringt dich ein eigenartiges poetisches Gefühl.* Doch sobald er von Finanzen spricht, ist von Poesie wenig zu spüren. *Die Menschen hier sind Diebe*, klagt er, die in Paris bezeichnet er als *Lumpenpack.* Dass Chopin in Gelddingen den guten Ton fahren lässt, hat nicht allein mit seinem Misstrauen gegen die Mallorquiner zu tun, die den Fremden Orangen fast umsonst abgeben, *für einen Hosenknopf aber verlangen sie fabelhafte Summen.* Es beruht auch nicht nur darauf, dass er sich übervorteilt fühlt und sicher ist, die Zollbehörde, die sein Klavier herausgeben soll, werde *ganze Berge von Gold für diese Schweinerei verlangen.* Warum Chopin so grob wird, versteht man, wenn man an seine Erfahrungen mit den Wodzińskis denkt. Marias Bruder Antoni, *Antek* genannt, treibt sich wieder in Paris herum, denkt aber nicht daran, seine Schulden an Chopin zurückzuzahlen; vielmehr ist er so dreist, nun den gemeinsamen Warschauer Freund Jan Matuszyński um Geld zu anzubetteln. *Sag' dem Jaś, dass er von Antek genauso wie ich weder ein Wort noch einen Sous zurückbekommen wird*, warnt Chopin. Allein die Erwähnung von Antoni Wodziński wühlt ihn auf. Wie angegriffen Chopin nervlich ist, muss George und auch die Kinder erschrecken. Als sie, nachdem es Tage durchgeregnet hat, mit Maurice nach Palma aufbricht, um das Notwendigste zu besorgen, und sie für die Hälfte des Weges bereits sechs Stunden unterwegs sind, geraten sie *mitten in die Überschwemmung.* Der Kutscher sucht das Weite, George und Maurice schlagen sich im Dunkeln allein bis Valldemosa durch und kehren ohne Schuhe, nass bis auf die Haut, erst spät nachts zurück. Als sie die Zelle betreten, fährt Chopin *mit einem lauten Schrei in die Höhe* und sagt dann *mit fremder Stimme: Ach, ich wusste es, dass ihr tot seid.* Dann wird er bewusstlos. Wieder bei sich, erzählt er von den Wahnvorstellungen, die ihn verfolgt haben, und spielt vor, was er in der *düsteren Regennacht* komponiert hat. George ist hingerissen von diesem Prélude: Aus ihm hörte sie, wie aus den Préludes zuvor, die Ereignisse des tatsächlichen Lebens heraus. Fühlte sie sich bei den vorausgegangenen Stücken an Trauergesänge von Mönchen erinnert, an das Lachen der Kinder oder den Gesang der Vögel im raschelnden Laub, meint sie nun eindeutig, *das Geräusch der Wassertropfen* wiederzuerkennen, die *in gleichmäßigem Rhythmus vom Dach* fallen. Sie macht Chopin darauf aufmerksam; er streitet diese Ähnlichkeit ab und reagiert verärgert, als George dann auch noch von *nachahmender Tonmalerei* spricht. *Mit aller Kraft* protestiert er gegen derart kindische Deutungen. *Er hatte recht*, wird George später einsichtig schreiben. Wie sie sich korrigiert, hätte Chopin allerdings ebenso wütend gemacht: *Das Prélude, das er an jenem Abend komponierte, war wohl voll der Regentropfen, die auf den klingenden Ziegeln der Kartause widerhallten; in seiner Fantasie aber und in seinem Gesang hatten sich diese Tropfen in Tränen verwandelt, die vom Himmel in sein Herz fielen.*

Die unter solch unwirtlichen Bedingungen entstandenen Préludes op. 28 werden Schumann ratlos stimmen: *Es sind Skizzen, Etudenanfänge, oder will man, Ruinen, einzelne Adlerfittige, alles bunt und wild durcheinander. Auch Krankes, Fieberhaftes, Abstoßendes enthält das Heft; so suche jeder, was ihm frommt.*

Erkennt Schumann dort etwas von sich selbst? Vorwürfen dieser Art sah er sich jedenfalls auch schon ausgesetzt. Von *Fieberträumen* und *Seltsamkeiten* spricht Rellstab 1839 in der Rezension von Schumanns *Kinderszenen.*

Am 20. Januar erreicht das Pleyel-Klavier unbeschadet und unverstimmt die Kartause. Der Konsul hat die Zollgebühren auf 300 Francs gedrückt. Chopin spielt seine vierundzwanzig Préludes vermutlich Tag und Nacht durch – auf diesem Instrument klingen sie endlich so, wie sie sollen. *Die Klostergewölbe*, erinnert sich George später, *hallten wider von seinen Melodien.* Am 22. Januar 1839 schickt Chopin die Préludes mit einem Brief an Fontana. Der unbezahlte Mann für alles soll sie abschreiben, das Original Pleyel überreichen und umgehend kassieren. *Von dem Geld, das Dir Pleyel geben wird, das sind 1500 Francs, wirst Du die Miete von 450 Francs bis zum Jahresende bezahlen und meine Wohnung gleichzeitig kündigen, falls es Dir gelingt, eine neue für März zu finden. Wenn nicht, so muss die alte noch ein Vierteljahr länger behalten werden.* Den Restbetrag von 1000 Francs soll Fontana für Chopin an Léo zurückzahlen. Doch es gibt noch mehr zu tun für Fontana. *Sollte es Dir gelingen, eine neue Wohnung zu mieten, so wirst Du einen Teil der Möbel zu Jaś, den anderen zu Grzymała schicken. Pleyel wirst Du sagen, dass er mir Briefe durch Dich zuschicken soll.*

Geschäftlich fühlt sich Chopin hintergangen, organisatorisch überfordert und seelisch mitgenommen. Dennoch ist seine Schaffenskraft erstaunlich. Mitte Januar kündigt er Julian an: *In einigen Wochen wirst Du eine Ballade, Polonaisen und ein Scherzo erhalten.*

Flieht er in die Arbeit? Aus dem geplanten Liebesurlaub ist ein

Überlebenskampf geworden, das verleugnet auch George nicht. Zu spät hat sie eingesehen, dass Chopin *ein übertriebenes Verlangen nach kleinen Bequemlichkeiten spürte und daher vor jeder Entbehrung Abscheu empfand.*

Sie werden von den Einheimischen *wie Parias* behandelt, weil sie nicht in die Messe gehen und Chopin in den hallenden Räumen weithin hörbar hustet. *Einer, der hustet, gilt in Spanien als schwindsüchtig, und wer schwindsüchtig ist, wird behandelt wie ein Pestkranker, Räudiger, Aussätziger. Es gibt nicht genug Steine, Stöcke und Gendarmen, um ihn von überall zu verjagen, denn sie glauben, dass die Schwindsucht ansteckend ist und dass man deshalb den Kranken umbringen muss, so wie man vor zweitausend Jahren die Geisteskranken ausrottete.*

Dass George mit ihren Kindern am liebsten spätabends spazieren geht, hat nicht nur mit der Romantik mondbeschienener Nächte zu tun: tagsüber werden die Kinder mit Steinen beworfen. Während Chopin seine Freunde und Verleger als Juden beschimpft, beschimpfen die Mallorquiner George und ihre Kinder als Juden. George nimmt das zu Recht ernst: Sie hat einen Bericht der Inquisition aus dem Jahr 1755 gelesen, der stolz aufführt, wie viele Mallorquiner wegen ihres Judentums verbrannt oder in den Kerkern der Inquisition ermordet worden waren. *Es scheint unglaubwürdig, dass der Geist der Inquisition gänzlich erloschen sein soll.* Die Leute im Dorf nennen die Frau in Hosen nur *die Hexe.* Trotzdem hätte George Lust, hier über dem erwachenden Frühling die Schrecken des Winters zu vergessen: Die Mandelbäume stehen in voller Blüte, die Wiesen sind mit Narzissen übersät, die Luft ist lau.

Es drängt George nur Chopins wegen, die Insel so bald wie möglich zu verlassen. Doch nur einmal in der Woche legt ein Passagierschiff in Palma in Richtung Festland ab; ein Platz ist kurzfristig nicht zu bekommen. Sie entschließen sich, auf einem Frachtschiff nach Barcelona überzusetzen. Vieles muss vorher geregelt werden. Für die Fahrt hinunter nach Palma bestellt George eine bequeme Kutsche. Aber keiner ist bereit, sein Gefährt von diesem Kranken verseuchen zu lassen. Auf einem Eselskarren, schlechter als der, mit dem sie ankamen, brechen sie auf. In Palma spuckt Chopin Blut. Er wiegt nur noch vierzig Kilo. In den Augen von Hélène Choussat ist er *nahe daran zu sterben.* Am Vorabend der Abreise aus Palma erlebt Hélène bei Konsul Flury *Ma-*

dame Dudevants Verzweiflung bezüglich Chopins Klavier, das sie nun von Stadt zu Stadt herumschleppen sollte, ohne zu wissen, wo sie sich niederlassen würde. Sie bittet Bazile Canut, es für sie zu verkaufen. Der Bankier bietet es umgehend der Gräfin Ayamans an, die drei Klavier spielende Töchter hat. Sie lehnt *mit lautem Geschrei* ab. Madame Gradoli, die zwei Klavier spielende Töchter hat, stößt *die gleichen Schreie* aus. Bazile fragt seine Frau Hélène, ob sie es nicht wolle, doch die hat sich gerade ein teures Instrument von Pape zugelegt. Die Zeit drängt. Am Mittwochnachmittag müssen die Besucher Mallorca verlassen. Am frühen Morgen geht Hélène persönlich zu Madame Gradoli, um ihr das Klavier anzubieten. *Ich will es nicht*, kreischt sie, *es hat einem Schwindsüchtigen gehört, und ich habe keine Lust, meine Kinder zu verlieren.* Hélène Choussat findet einen Ausweg; sie verkauft ihr eigenes Instrument an die Gradolis, übernimmt selbst das von Chopin und besticht den Zoll, so zu tun, als sei es eben erst eingeführt worden; niemand soll sagen, im Hause Canut befinde sich ein todbringendes Klavier. Canut sagt zu, die Summe von 1200 Francs, die noch nicht bezahlt ist, direkt an Pleyels Firma zu entrichten.

Am Mittwoch, den 13. Februar um drei Uhr nachmittags verlässt der Raddampfer *El Mallorquin* den Hafen von Palma. Es ist drückend heiß. An Bord: hundert Schweine, die Besatzung, ein paar Geschäftsreisende sowie George, Maurice und Solange Sand, Amélie und Frédéric Chopin. An Deck, wo es luftiger wäre, dürfen sich die Gäste nicht aufhalten, weil sie *sonst die Schweine durch ihre Anwesenheit belästigt hätten. Der Kapitän des Schweinefrachters ist ein reizender Mensch*, spottet George, *der durch das Zusammenleben mit diesen edlen Tieren etwas … von ihrer Ungezwungenheit angenommen hat.* Er bittet George nur um eins: den Todkranken in die schlechteste Koje zu legen, da er sich bereits vorgenommen habe, sie hinterdrein zu verbrennen. Die Überfahrt wird zum Alptraum für Chopin. Der Gestank an Bord raubt ihm den Atem, der Lärm raubt ihm den Verstand. Um den Schweinen die Seekrankheit auszutreiben, werden sie gepeitscht. Ihr *Schmerz- und Wutgeschrei einerseits und die Anfeuerungsrufe des Kapitäns, begleitet von den Flüchen der Peiniger andererseits* hören sich an, als *fräßen die Schweine die Mannschaft auf.*

Am 14. Februar erreicht das Frachtschiff den Hafen von Barcelona. Chopin spuckt noch immer *Waschschüsseln voll Blut.* Der spanische

Kapitän erklärt, die Schweine hätten das Vorrecht, als Erste das Schiff zu verlassen. George dehnt ihren Hass auf die Mallorquiner auf die Spanier insgesamt aus. Es drängt sie, *mit dieser unmenschlichen Rasse ein für alle Mal Schluss zu machen.* Von Bord aus schreibt sie an den Kommandanten des französischen Flottenpostens einen Brief, den sie per Ruderboot vom Schweinedampfer aus hinüberbringen lässt. Samt Anhang wird sie von einer Barkasse abgeholt und auf das vor Anker liegende Marineschiff *Méléagre* gebracht. Der französische Zweimaster ist *sauber und elegant*, befindet sie aufatmend, *wie ein Salon.* Der Kapitän, die Offiziere, die gesamte Besatzung sind zuvorkommend zu den berühmten Asylsuchenden, der Konsul Gautier d'Arc ist geistreich und der Marinearzt fachkundig: Innerhalb von vierundzwanzig Stunden bringt er die Lungenblutung zum Stillstand, hält George fest. Sie fühlen sich alle, als wären sie *von einer Weltumsegelung heimgekehrt und nach dem Besuch der Wilden in Polynesien endlich wieder in der Zivilisation angelangt.*

Nach einer Woche Erholung im Hotel *Cuatro Naciones* reisen sie am 22. Februar an Bord des Dampfers *Le Phénicien* ab nach Südfrankreich.

Ihr Besuch wird Mallorca zu Ruhm verhelfen. Der Mythos dieser Reise wird alles, was Chopin auf der Insel komponiert hat, das neu Geschaffene wie das dort erst Vollendete, umwehen. Aus der Ferne hat er verfügt, was davon wem gewidmet werden soll. Das Scherzo in cis-Moll seinem Schüler Adolf Gutmann, die vierundzwanzig Préludes op. 28 dem Verleger Pleyel, die Ballade in F-Dur Robert Schumann. Einer Person allerdings ist kein einziges dieser Werke zugeeignet: George Sand.

XVI
Der Tod und ein irdisches Paradies

Von Marseille nach Nohant

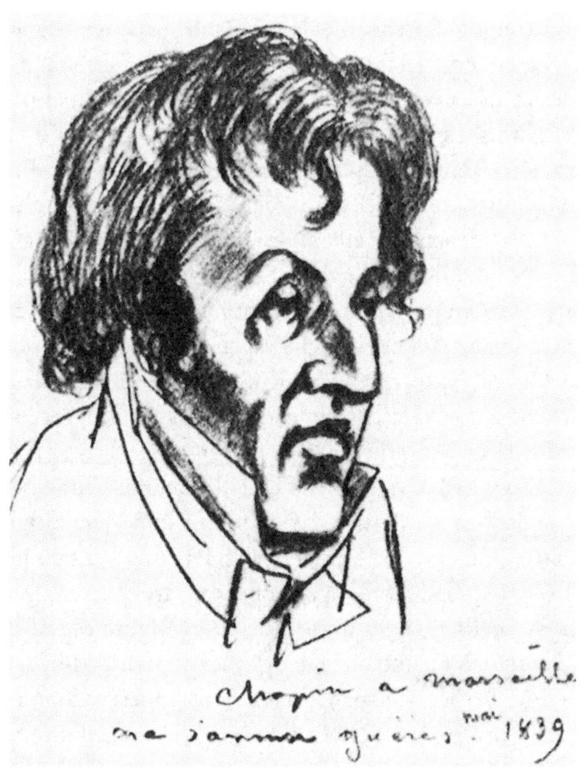

«Chopin in Marseille, während er sich gerade nicht amüsiert», 1839.
(Karikatur von Maurice Sand).

𝄢

Am 24. April 1839 findet morgens um zehn Uhr in der Kirche *Notre-Dame-du-Mont* in Marseille eine Totenmesse statt. Hunderte von Menschen drängen in die Kirche, die dem Verstorbenen nie begegnet sind. Vor fünf Tagen erst ist sein Leichnam hierher gebracht worden. 50 Centimes zahlt jeder der Besucher, um einen Platz zu ergattern, für hiesige Verhältnisse ein enormer Preis. Es ist nicht der Tote, der sie interessiert. Den Tenor Adolphe Nourrit kannte man vor allem in Paris. Es ist auch nicht das Mitleid mit der Witwe, die neben ihren sechs Kindern, fünf Mädchen und einem Jungen, erschöpft und tränenlos im Kirchenschiff sitzt. Nicht einmal die Sensationsgier ist es, die sie treibt. Dass Nourrit sich angeblich umgebracht hat, indem er in Neapel vom flachen Dach seines Hotels, manche sagen, vom Balkon sprang, nachdem er das Gefühl hatte, in einer Aufführung von Bellinis *Norma* versagt zu haben, ist wohl nicht bis nach Südfrankreich vorgedrungen. Seine Familie bestreitet ohnehin, dass es sich um Selbstmord gehandelt habe. Die Witwe redet von einem Unfall. Chopin kennt Nourrit zu gut, um das glauben zu können. Er hatte mit ihm Wohltätigkeitskonzerte bestritten, ihn auf der Bühne bewundert und bei sich privat eingeladen. Er weiß, dass der Sänger vor zwei, drei Jahren, gerade erst Mitte dreißig, seelisch abgestürzt war. Nourrit hatte es tief gekränkt, dass ihm, der in den Hauptrollen der großen Opern Rossinis, Halévys, Bellinis und Meyerbeers geglänzt hatte, ein jüngerer Konkurrent zur Seite gestellt worden war. Seither war Nourrit, aufgedunsen, schwermütig und voller Angst, seine Stimme ganz zu verlieren, nur noch in der Provinz aufgetreten; ein Gastspiel wie das in Neapel war die Ausnahme gewesen.

Chopin hat sofort zugesagt, ein Orgelsolo zu spielen während der Wandlung. Das hat sich rasch herumgesprochen: Die Kirchenbesucher hoffen, die Sand *in großer Toilette inmitten des Chores zu sehen, vielleicht auf dem Katafalk sitzend.* Und sie erwarten, *Chopin würde die Orgel zum*

Brausen und Tosen bringen, sodass mindestens zwei oder drei Orgelpfeifen dabei zu Bruch gingen, mokiert sich George. Doch sie werden enttäuscht. Weder von Chopin noch von seiner Begleiterin bekommen sie viel zu sehen; die beiden werden auf der Empore von der Orgel verdeckt. Diese Orgel erweist sich als *ein misstönendes, pfeifendes Instrument.* George kommen dennoch die Tränen bei dieser Totenfeier. Ist es, weil Nourrit tragisch und früh gestorben ist? Ist es, weil sie daran denkt, es hätte auch die letzte Messe für ihren Geliebten sein können?

Der Kleine hat das Beste daraus gemacht, findet George jedenfalls. *Er hat die sanften Register gewählt* und *Die Gestirne* von Schubert gespielt, ein geistliches Lied, das Nourrit oft gesungen hatte. Doch er interpretiert es *nicht mit so viel Emphase* wie der Tenor es sang, *sondern klagend und zart, als käme das Echo von weitem. Aus einer anderen Welt.*

Dort scheint sich Chopin für Georges Empfinden selbst schon aufzuhalten. *Dieser Chopin ist ein Engel. Seine Güte, sein Zartgefühl und seine Geduld beunruhigen mich manchmal; ich glaube, dass er zu fein, zu kostbar und zu vollkommen ist, um lange unser schweres Erdendasein zu ertragen*, schreibt sie am 26. April, zwei Tage nach der Totenmesse für Nourrit, an Charlotte Marliani. *Ich bin so daran gewöhnt, ihn im Himmel zu sehen, dass es mir nicht so vorkommt, als ob sein Tod oder sein Leben Realitäten für ihn wären. Er selbst weiß nicht genau, auf welchem Planeten er lebt.*

Chopins Korrespondenz der letzten Wochen liest sich jedoch irdisch. Er hat von George gelernt, die sich mit ihrem Verleger François Buloz streitet, dass die Fetzen fliegen. Chopin spielt jedoch keinen direkt, sondern alle von der Bande aus an – über Fontana. In seinen Briefen an den Freund geht es um Geldforderungen an Verleger, um Miete, Schulden, Besitz, Altlasten, Geschäfte, Verträge. *Du wirst*, kündigt er Fontana an, *nun auch noch meinen Umzug am Hals haben. Die Kosten des Umzuges soll bitte Grzymała* bezahlen.

Er ist außerdem sehr pragmatisch. *Wenn es Euch nun, was ich bezweifle, gelingen sollte, vom nächsten Monat an eine Wohnung zu mieten*, schreibt er Julian Fontana, *so verteilt mein Mobiliar auf Euch drei: Grzymała, Jaś und Dich. Jaś hat den meisten Platz, wenngleich, nach dem kindischen Brief zu urteilen, in dem er mir prophezeit, dass ich ein Kamaldulensermönch werde, nicht viel Grütze im Kopf; er möge daher denn das Wirtschaftsgerümpel in Empfang nehmen. Grzymała solltest Du nicht zu sehr belasten, und nimm Dir, was Dir nützlich sein kann, denn ich weiß nicht, ob ich im Sommer nach Paris zurückkehre. (Das behalte für Dich.)*

Fontana, dem bekannt ist, was Jan Matuszyński für Chopin getan hat, muss es erstaunen, wie der über seinen Hausarzt spottet; nur weil Jaś offenbar meinte, die Kartause, in der Chopin wohnt, sei noch als Kloster in Betrieb, und sie mit einem der in Polen verbreiteten Ordenhäuser der Kamaldulenser gleichgesetzt hatte. Fontana selbst hatte sich wohl beschwert, weil Chopin ständig etwas von ihm gefordert, sich aber kaum bedankt hatte, sondern im Gegenteil mäkelte, dass der Freund schlecht adressiere und nicht ausreichend frankiere. Chopins Reaktion auf den Vorwurf Fontanas beunruhigt keineswegs durch ein Übermaß an Güte, Zartgefühl und Geduld. *Es ist nicht meine Schuld, dass ich wie dieser dem Champignon ähnliche Pilz bin, der Dich vergiftet, wenn Du ihn aus der Erde gräbst und probierst. Ich bin mir dessen bewusst, dass ich niemals irgendjemandem zu etwas nütze gewesen bin, aber auch mir selbst nicht viel.*

Das Wesen von einem anderen Stern zeigt sich als Taktiker und Stratege. Genau setzt er Fontana auseinander, wie er bei den Verhandlungen die Verleger in London, Leipzig, Berlin und Paris gegeneinander ausspielen soll, um möglichst viel herauszuholen. Chopin ist bewusst, dass er Gefahr läuft, allmählich für einen Schmarotzer gehalten zu werden, der nur an sich selbst, nicht an den Freunden interessiert ist. Grzymała ist krank, Jaś spuckt Blut, Fontana wird von einer Frau hintergangen. *Du findest in mir einen dankbaren Menschen, auch wenn es nicht so wirkt*, erklärt Chopin dem väterlichen Freund Grzymała, der ihm wieder einmal Geld gesandt hat.

An seiner Genesung scheint Chopin keine Zweifel zu hegen, und es ist ihm wichtig, dass auch die anderen nicht daran zweifeln. Anfang April hat ihn im *Hôtel Beauvau* in Marseille ein Brief von Berlioz erreicht. Ob es nun Fontana war, der geredet hat, Grzymała oder die Marliani: Über Chopins Zustand werden in Paris Mutmaßungen angestellt. *Die einen sagen, es gehe Ihnen gut, die anderen, dass Sie schwer krank seien, und wieder andere schließlich, sie hätten keine Nachrichten von Ihnen; um dem ein Ende zu bereiten, seien Sie so gut und schreiben Sie mir vier Zeilen und sagen Sie mir, wie es Ihnen geht.*

Es geht mit ihm aufwärts, seit er in Frankreich ist.

Am 24. Februar waren die Mallorcaheimkehrer an Bord des Dampfers *Le Phénicien* in Marseille gelandet. Zuerst hatten sie zwei Tage bei Dr. François Cauvière in der Rue de Rome Nr. 71 gewohnt, ein erfahrener Chirurg von sechzig Jahren und langjähriger Freund der Marlianis. Wie schon der Marinearzt auf dem Zweimaster *Le Méléagre* hatte auch er den Patienten ermahnt, sich zu schonen und sich hier im Süden Frankreichs zu erholen. Wie der Marinearzt hat auch Cauvière Chopins Lunge für anfällig befunden, doch keinerlei Anzeichen der Schwindsucht diagnostiziert. Setzt er die Behandlungsmethoden des Kollegen ebenfalls fort? Der Schiffsarzt hatte mit Eis und Opium für die rapide Besserung von Chopins Befinden gesorgt.

Chopin ist ins Leben zurückgekehrt, auch ins Geschäftsleben. Fontana hat er nicht nur gedrängt, ihm möglichst schnell Geld zu schicken, sondern auch das versiegelte Dokument im Schreibtisch, oberste Schublade, ungelesen zu verbrennen. *Tu das, ich beschwöre Dich bei meiner Freundschaft – dieses Stück Papier ist nun überflüssig.* Dass es sich um sein Testament gehandelt hat, erwähnt er nicht, dafür seinen guten Zustand und seinen braven Lebenswandel. *Ich trinke nicht, weder Kaffee noch Wein, nur Milch, halte mich warm und sehe aus wie ein junges Fräulein.* Einer Zeichnung von Maurice zufolge sieht er aus wie ein vorgealterter Misanthrop mit tiefen Falten, hängenden Lidern und Mundwinkeln. *Chopin in Marseille 1839, nicht amüsiert*, schreibt der junge Zeichner unter sein Werk. Das bestätigen Chopins Briefe. *Was den Portier in meinem Haus betrifft, so lügt er sicherlich, doch wer wird es ihm beweisen, man muss ihm also das Geld geben, damit er nicht bellt.* Der Engel erklärt: *Ich bin gesünder, aber wütend.* Er nennt seine Verleger *Lumpen, Trottel, Schurken, Kanaillen, Kretins* und *Juden* und glaubt sich von allen verraten. *Mein Gott! Dieser Pleyel, der ein solcher Bewunderer von mir ist! Vielleicht denkt er, dass ich nicht mehr lebend nach Paris zurückkehre? Ich werde zurückkehren und mich bei ihm ebenso wie bei Léo bedanken!*

Es hört sich an, als befeure ihn der Gedanke an eine baldige Revanche. *Wenn Du, wie Du sagst, Dich zu einem Schuhmacher ausbilden lässt, dann bitte ich Dich, weder dem Pleyel, noch dem Probst Schuhe zu machen, sie sollen barfuß herumlaufen*, schreibt er Fontana. *Ich fühle mich mit jedem Tage wohler.*

Eigentlich könnte George beruhigt sein. Chopin findet Marseille zwar langweilig und hässlich, doch das Klima und ihre Pflege tun ihm gut. Er hat *ein kleines Bäuchlein angesetzt*, vermeldet sie Bocage, *hustet kaum noch und ist vergnügt wie ein Buchfink, solange der Mistral nicht weht.*

Energisch schottet sie ihn ab. *Vor unserer Tür herrscht großer Andrang, das ganze literarische Geschmeiß verfolgt mich, das ganze musikalische Gesindel ist hinter Chopin her*, berichtet sie Charlotte. *Bisher habe ich ihn für tot erklärt, und wenn das so weitergeht, verschicken wir Todesanzeigen von uns beiden, damit man uns beweint und in Frieden lässt.* Indem die beiden ihre Tür verschlossen hielten, ist George endlich wieder zum Arbeiten gekommen. *Mein Engel beendet den neuen Roman ‹Gabriel›*, meldet der Engel Frédéric an Grzymała. *Weißt Du, Du würdest sie heute noch mehr lieben, wenn Du sie so kennen würdest, wie ich sie heute kenne.* George könnte auch beruhigt sein, weil Chopin *die ganze Nacht und einen guten Teil des Tages* durchschläft *wie ein Kind.* Mithilfe von Opium? Für George zählt nur, dass Chopin wieder zu Kräften kommt und Gewicht zulegt. *Ich erhoffe mir viel von diesem Schlafbedürfnis, und der Arzt versichert, dass er die Reise bestens vertragen werde.*

Die Reise, die sie auf dem Dampfschiff *Le Pharamond* am 3. Mai antreten, führt nach Genua, auf die Spuren von Alfred de Musset, mit dem George hier einen Liebesurlaub verbrachte. Sie hat die Angewohnheit, mit dem jeweils neuen Geliebten Orte aufzusuchen, an denen sie mit einem seiner Vorgänger glücklich war. Möchte sie damit das alte Erlebnis überlagern, die Gesichter austauschen?

Am 5. Mai legen sie an. Für Chopin ist dieser Ausflug die Erfüllung seines Wunsches, endlich italienischen Boden zu betreten; eine Erholung ist er nicht. Marie d'Agoult und Franz Liszt halten sich nach wie vor in Italien auf. Sie haben aus der Zeitung erfahren, dass Frédéric Chopin und George Sand wieder in Frankreich gelandet sind. Und über Charlotte Marliani haben sie wohl gehört, dass die sogenannten Freunde nach Italien reisen. Marie hat Charlotte von Rom aus wissen lassen, im Juni werde sie mit Franz ebenfalls in Genua sein; bis dahin sollten die anderen doch ausharren. Der Zeitpunkt ist für eine Reise eigentlich nicht günstig: Die Gräfin d'Agoult steht kurz vor der Geburt ihres fünften Kindes, des dritten von Franz Liszt.

Chopin, George und die Kinder halten sich erst vier Tage in Genua auf, als Marie am 9. Mai in Rom von Daniel entbunden wird. Wie gewohnt übergibt sie das Kind einer Amme, dieses Mal einem schönen Landmädchen in den Sabiner Bergen, und hätte nun gerne Besuch. Wissen George und Chopin nichts davon? Oder wollen sie nichts davon wissen? Die mitteilungsfreudige Charlotte Marliani dürfte es kaum über sich gebracht haben, George das Neueste zu verschweigen: Maries Beziehung zu Franz Liszt wird von Krisen gebeutelt. Er macht kein Geheimnis daraus, wie viele Schönheiten ihm in Wien ihre Hingabe angeboten haben und dass er nicht imstande war, alle Angebote auszuschlagen. Marie nennt ihn einen *hergelaufenen Don Juan*, er protestiert nicht, zeigt keinerlei Reue, weigert sich, einen Treueeid abzulegen, hält einen Rückfall für möglich und meint, Marie sei eben viel zu schade für ihn und zu wenig belastbar für das Wanderleben mit einem fahrenden Virtuosen. Sie solle doch wieder die Nähe ihrer Familie suchen, mit der sie seinetwegen gebrochen habe.

Auf die Strapaze dieses Wiedersehens zumindest verzichten George und Chopin. Sie brauchen die Zeit für sich. Eine Frau von knapp fünfunddreißig Jahren, ein Mann, der gerade neunundzwanzig geworden ist; eine Frau, die viele erotische Erfahrungen gesammelt hat, ein Mann, der eine große erotische Enttäuschung hinter sich hat. Entdecken die beiden *Engel* in Genua die Lust der körperlichen Liebe wieder?

Auf der Rückfahrt geraten sie in einen Seesturm. George ist seefest, die Kinder sind es halbwegs, Chopin nicht. Er erholt sich unter ärztlicher Aufsicht; wieder in Marseille beziehen sie die Gästezimmer von Dr. Cuvière. Der meint, nach ein paar Tagen werde der Patient stabil genug für die Rückreise sein. Chopin drängt es nach Paris; George drängt es aufs Land, auf den eigenen Besitz. Es kursieren Nachrichten über Unruhen, die in Frankreich seit Monaten an unterschiedlichen Orten aufflackern, Proteste gegen die Verteuerung von Grundnahrungsmitteln wie Mehl und Brot. Frauen und Kinder, bewaffnet mit Steinen, Gabeln, Stöcken und Messern, haben Getreidetransporte überfallen, Säcke aufgeschlitzt und sich daraus bedient, haben Großhändler mit Jauche übergossen und gedroht, ihnen die Ohren abzuschneiden, sollten sie die Güter wegschaffen wollen.

Nohant ist autark.

Zurück in Marseille kündigt die Herrin von Nohant dem *Gemahl* Grzymała an, sie werde mit den Kindern und Chopin nun dorthin fahren, wo sie sich *von allen Reisen erholen können.* Chopin teilt seinen Eltern mit, er werde für ein paar Wochen bei der berühmten Schriftstellerin George Sand auf deren Landhaus bei Châteauroux zu Gast sein, und gibt ihnen die Adresse an. Alles andere verschweigt er. Das ist das Gute an der Lage von Nohant, 250 Kilometer von Paris entfernt: Dort wird er so unbeobachtet sein wie auf Mallorca. George plant mit gewohnter Perfektion noch von Marseille aus den Aufenthalt auf ihrem Landsitz durch. Sie legt fest, welches Zimmer für Chopin vorbereitet werden soll: jenes Zimmer auf der ersten Etage mit Blick in den Park, von dem aus eine Verbindungstür in ihres führt. Bei Pleyel bestellt sie ein Klavier und bittet, es rechtzeitig bis Ende Mai in Nohant anzuliefern und Chopin nichts davon zu verraten – über die schlechten Instrumente, auf denen er bis kurz vor der Abreise auf Mallorca spielen musste, und die wenig besseren hier in Marseille hat er oft genug geklagt. Ebenso präzise organisiert George die Reise in den Berry. Jules Boucoiran, Hauslehrer von Maurice und Solange und zugleich Sekretär der Hausherrin, wird angewiesen, mit Georges privater Kutsche nach Arles zu fahren und dort die Heimkehrenden in Empfang zu nehmen. Die vier begeben sich auf einem Schiff über die Rhône dorthin und von Arles aus, *in Herbergen wie biedere Bürgersleute übernachtend*, in die Provinz Berry, Département Indre. Die Sommerlandschaft, durch die sich die Reisenden Nohant nähern, ist satt und zufrieden. Laubwälder, Weizenfelder, ausgedehnte Wiesen, auf denen Schafe und Kühe grasen, Apfel-, Birn- und Zwetschgenbäume, Pappeln, Kopfweiden entlang der Bäche und Alleen, große Gehöfte. Und auf den Hügelkuppen Burgruinen. In Chopin wird bald die Erinnerung an die Ferien seiner Kindheit in Żelazowa Wola aufsteigen, an das Sehnsuchtsland Masowien. Manche Bilder, die sich vor ihm auf der Fahrt durch den Berry auftun, sehen jenen masowischen, die er immer mit sich trägt, zum Verwechseln ähnlich.

Am 1. Juni 1839 betritt Frédéric Chopin zum ersten Mal den Boden von Nohant.

Die Kutsche hält auf der schmalen Straße bei einem Pavillon, wo die Reisenden aussteigen. Die Hofeinfahrt zum Grundstück, abgeriegelt durch ein Gittertor, liegt gegenüber der kleinen Kirche des Ortes, einem schlichten romanischen Bau. Mit Schubkarren kommen die

Bediensteten und laden das Gepäck um. Zu Fuß geht Chopin mit George und den Kindern hinter einer Frau mit weißem, eckig gefaltetem Kopftuch her durch den Schlosshof, die Karren werden hinter ihnen dreingeschoben. Rechts sieht er die Wirtschaftsgebäude und die Stallungen, linkerhand die Remise mit den Kutschen. Durch den dichten Garten gehen sie auf das zu, was sich Château Nohant nennt. Vor Chopin liegt ein zweigeschossiges Gebäude mit schiefergedecktem Dach. Die Fassade ist bescheiden, aber von der überlegenen Gelassenheit ländlicher Herrenhäuser des 18. Jahrhunderts. *Für ein Landhaus zu geräumig, für ein Schloss viel zu klein*, befindet George selbst über das Anwesen. Ihre Großmutter Marie-Aurore de Saxe, die Tochter jenes *Maréchal* Moritz von Sachsen, hatte sich im Jahr 1793 diesen Besitz abseits der Städte gekauft, in denen das Blut der Geköpften die Plätze überschwemmte. Marie-Aurore de Saxe hatte einen Weinberg, einen Hausgarten, einen Park, Laubengänge und Alleen anlegen lassen und die Linden, Pappeln, Kastanien und Ulmen gepflanzt, die noch immer hier stehen. Drei Gutshöfe gehörten damals schon mit zu diesem Besitz, den sie vor achtzehn Jahren ihrer Universalerbin hinterlassen hat, als die noch hieß wie die Großmutter, Aurore.

In der Eingangshalle begrüßt der Hund die Neuankömmlinge, aber auch Georges Personal ist zum Empfang erschienen: von der Köchin über das Zimmermädchen, das Kindermädchen und den Kammerdiener bis zum Gärtner.

Die Frauen tragen dieses im Nacken geknotete Tuch um den Kopf, aus dem vorn das in der Mitte gescheitelte, glatt zurück gekämmte Haar herausschaut, hochgeschlossene Kleider mit kleinen Knöpfen und einer weißen Baumwollrüsche als Abschluss des Stehkragens. Klösterlich und ländlich wirken sie. Sie bewegen sich langsam, sie sprechen langsam. Wie die männlichen Angestellten, ob Gärtner oder Stallknecht, stammen sie aus der Gegend, aus dem Berry. *Ich habe etwas gegen fremde Bedienstete hier im Hause, weil meine Berrichons schlichte und gutmütige Bauersleute sind, die die Finessen der Pariser nicht kennen*, erklärt George.

Von der Halle aus führt eine Treppe in den ersten Stock, wo die Zimmer der Gäste und Georges Schlaf- und Arbeitszimmer liegen. Dort bezieht Frédéric Chopin sein Reich, eines der schönsten Zimmer des Hauses. Die Tapete in Rot und Blau mutet chinesisch an, der Teppich ist dick, der Waschtisch groß, der Blick aus den Fenstern geht nach Süden, aus dem Garten steigt der Duft der Rosen, der Lindenblüten, des Jasmin und der Pfingstrosen zu ihm herauf und auch der weißen Klematis, die sich an der Hauswand emporrankt.

Der 2. Juni beginnt für Chopin wie die folgenden Tage und Wochen und Monate. Und er verläuft wie die folgenden Tage und Wochen und Monate.

Punkt zehn sitzen alle beim Frühstück um den Tisch im Esszimmer. Die Wände sind holzgetäfelt und wie die hohen zweiflügeligen Türen weiß gestrichen. Weiß, grau und ziegelrot der Fliesenboden. Der Tisch ist gedeckt mit großen Kandelabern, schweres, einfaches Silber auf einem weißen Damasttischtuch. Kühl wirkt der Raum dennoch nicht. Die Fayencen leuchten von den Wänden und den Louis-Seize-Anrichten. Der Muranolüster über dem Tisch schimmert in hellem Türkis.

George, die von Mitternacht bis vier Uhr morgens an ihrem neuesten Roman gearbeitet und Korrespondenz erledigt hat, erscheint *wie eine Schlafwandlerin und schläft während des ganzen Frühstücks weiter. Nach dem Frühstück geht man in den Garten und spielt Boule, das belebt sie. Sie setzt sich hin und beginnt zu plaudern.* So werden die morgendlichen Verrichtungen auf Nohant später einmal im *Journal* von Edmont und Jules Goncourt beschrieben.

Jeder kann tagsüber tun und lassen, was er möchte. Manche, auch George selbst, lieben es, in der Küche zu sitzen und zuzusehen, wie sich der Bratspieß mit dem *Mittagshuhn* über dem offenen Feuer dreht, Kuchenböden mit Früchten aus dem Garten belegt werden, Brotteig geknetet, eingekocht oder Frischkäse zubereitet wird. Wie die Landgüter in Masowien ist auch das Anwesen in Nohant autark. Wie auf dem Anwesen von Chopins Schulfreund in Żelazowa Wola folgen die Rituale gelassen ihrem Rhythmus. Alles hat seinen Ort und seine Zeit und seine Richtigkeit. Die Menschen des Berry sind wie die auf dem masowischen Land bekannt dafür, dass sie sich mit großer Ruhe bewegen. Überall hat das Leben seine Spuren hinterlassen, und keiner denkt daran, sie zu tilgen. Die Balken an der Küchendecke sind vom Ruß geschwärzt, die kupfernen Kasserolen, Kessel, Kannen und Pfannen haben ihre Dellen. Die Stufen in den ersten Stock sind in der Mitte abgetreten. Jede Stelle des Hauses erzählt.

Chopin wird behütet, bedrängt wird er nicht. Er kann, was er auch in Paris gerne tut, mit den anderen Billard oder Schach spielen, kann mit ihnen an die Creuse oder die Indre spazieren, sich mit den anderen im Garten oder auf der Terrasse unterhalten, wo Orangenbäume, Fuchsien, Granatpfelbäume und Limettenbäume in Töpfen stehen. Doch meistens zieht er sich zurück an seinen Flügel. Wo er George findet, weiß er. Wenn George durch den Garten geht, sieht jeder, dass es stimmt, was sie sagt: *Ich liebe das Landleben leidenschaftlich.* Während Chopin am Klavier sitzt und komponiert, bindet sie hoch, schneidet zu, pflückt, liest aus, jätet. Wie vor zwei Jahren, als Liszt zu Besuch war, genießt sie es, wenn rund um die Uhr der Klang des Klaviers zu vernehmen ist. Er dringt aus dem offenen Fenster, wenn sie ihre vier bis fünf Stunden am Tag gärtnert, *mit einer geradezu stupiden Leidenschaft*, wie sie selbst erklärt. *Ich gestehe, dass mir das Schreiben nur halb so viel Spaß macht wie der Spaten, und dass ich etwas darum gäbe, entweder Geld zu haben oder keine Aufträge.* Dann würde sie, sagt George, für die geistige Arbeit einschließlich Lektüre ein, zwei Stunden pro Tag ansetzen und zehn bis zwölf für die körperliche Arbeit. Für Chopin ein abwegiger Gedanke. George verkörpert eine Gegenwelt zu seiner. Das wird ihm hier, auf Nohant, deutlicher denn je. *Ich muss etwas mit meinen Händen tun*, erklärt George, *etwas, das meine Augen erfreut, einen Spaziergang machen, der meinen Beinen Bewegung verschafft: Dann spüre ich neue Lebenskraft in mir, die mich die Leere und den Schrecken der menschlichen Angelegenheiten nicht mehr fühlen lässt.* Ihre Versuche, auch Chopin zu mehr Bewegung zu animieren, scheitern fast immer. Nach wenigen Minuten schon bleibt er im Schatten eines Baumes stehen, pflückt Blumen und möchte wieder zurück ans Klavier. Er ist viel und gerne allein, doch eines wird er hier dennoch erfahren: dass Georges nebeneheliche Tochter Solange zwar den Namen einer lokalen Heiligen trägt, dass George hingegen, von den Berrichons bewundernd die *Löwin des Berry* genannt, ihren Vornamen vom *georgeon* ableitet, wie die Menschen im hiesigen Dialekt den Teufel nennen. Umso entschiedener wird Chopin bei Aurora oder Aurore bleiben, in der himmlischen Sphäre. George zieht die irdische vor: *Mit den Händen zu arbeiten hat mich niemals abgeschreckt, und ich gehöre nicht zu den hehren Geistern, die aus ihrer Wolke nicht herabsteigen können. Ich lebe sicher häufig in den Wolken, aber das ist ein Grund mehr, mich öfter einmal wieder auf der Erde einzufinden*. Chopin hält sich lieber in den Wolken auf. Niemand hindert ihn daran. Erst am frühen Abend ist der zweite gemeinsame Termin angesetzt. Damit das Tageslicht noch genutzt werden kann, beginnt das Diner bereits um sechs. George hat die Gartenkleidung abgelegt, erscheint in einem einfachen Seidenkleid und erklärt, sie habe großen Hunger. Nach der Mahlzeit setzen sich die Hausbewohner an lauen Abenden auf die Terrasse, an kühleren in den Salon mit seinem vom Dorfschreiner gefertigten großen ovalen Tisch, den George hässlich findet. Jeder bringt seine Arbeit mit, stickt, schreibt, zeichnet, redet. George legt Patiencen, hört zu und redet, bis sie um Mitternacht zu Bett geht, kein Wort. Im Salon steht ein Klavier, an dem Chopin abends gerne improvisiert. Manchmal unterhält er die Gesellschaft auch mit seinen Grotesken, bei denen, wie schon Liszt bewundert hat, *seine Züge völlig unkenntlich* werden. Im Salon steht auch ein alter *Cartonier*, in dem Schreibmaterialien verstaut sind, Zeichenblöcke, Briefpapier und Federn, die Chopin beim Komponieren dutzendweise zerbricht. Für alles gibt es Nachschub. Im Korridor steht auf einem Wandschrank ein kleiner Holzkasten mit zwei Schlitzen, einer für Briefe, die auf die Post sollen, und einer für Wünsche und Mitteilungen innerhalb des Hauses. Wer abends einen Zettel einwirft, ihm fehle ein Kamm, hat am nächsten Morgen um sechs Uhr dreißig zur Auswahl.

Obwohl das Räderwerk des Haushalts so gut geschmiert läuft wie auf dem Schloss eines Grafen Thun oder eines Fürsten Radziwiłł, erlebt Chopin hier etwas völlig anderes. Wie auch in den Pariser Salons eines Fürsten Czartoryski, eines Grafen Komar, eines Botschafters d'Appony oder eines Grafen Plater waren dort die Hausangestellten Bewohner einer parallelen Welt. George aber bekundet: *Wenn es nach mir ginge, gäbe es in einer geordneten Familie weder Herren noch Knechte, und ich wünschte mir, dass man diese hässlichen Worte, die nur mit Vorurteilen behaftet sind, aus dem Sprachgebrauch tilgte. Man ist nicht Herr eines freien Menschen, der einen verlassen kann, wenn er mit einem unzufrieden ist.*

Dass sie sich bei den Angestellten Respekt zu verschaffen weiß und keineswegs alles durchgehen lässt, erlebt Chopin nicht erst jetzt. Kaum waren die Heimreisenden aus Mallorca in Marseille gelandet, hatte George ihre Zofe Amélie, die auf Valldemosa in Streik getreten war, entlassen. Dennoch bleibt George im täglichen Umgang ihrer Überzeugung treu: *Die treffende Bezeichnung ist das sehr französische Wort domestique, und man muss es in seinem Wortsinn Angestellter des Hauses sehen.* Sie ist dankbar, dass der Menschenschlag hier nicht liebdienerisch ist. *Unseren Berrichons ist der Lakaienjargon aus der großen Welt nicht geläufig.* Die *domestiques* sind für George gleichberechtigt. Sie bekommen das gleiche Essen wie ihre Familie und ihre Gäste, dazu ausreichend Wein. Sie spielen mit, wenn im hauseigenen Theater, einem großen Raum mit Bühne neben der Eingangshalle, etwas einstudiert oder eine Stegreifkomöde probiert wird, wobei laut Bulletin Chopin *als Regisseur* glänzt: Er improvisiert am Klavier, *um die Pantomime und das komische Ballett der jungen Leute zu begleiten, die sich in die commedia dell'arte stürzen.*

Der Dunst des Familiären liegt hier über allem. Chopin ist es gewohnt, zu seinen Mitmenschen Distanz zu halten, erst recht zum Personal. Anders George: Sie tritt nicht als Herrin auf, sie ist Mutter des ganzen Hauses, auch derjenigen Angestellten, die vom Alter her ihre Eltern sein könnten. Offenbar gibt Frédéric es hier ebenfalls auf, Abstand zu wahren. Er kann sich dieser allumfassenden Mütterlichkeit nicht entziehen; vielleicht will er es auch nicht.

Kommen Sie und schaffen Sie sich ein neues Mutterland in Nohant, hatte Marie d'Agoult von hier aus an Chopin nach Paris geschrieben. Vor zwei Jahren, als die Freundschaft noch ungetrübt war.

In der zweiten Juniwoche trifft ein Brief eben dieser Marie bei George ein, geschrieben am 9. Juni: *Ohne die Zeitungen hätten wir nichts von Euch erfahren. Ein ganzes Jahr habe ich von Euch kein Lebenszeichen erhalten. Ich habe wieder ein Kind zur Welt gebracht, das jetzt in der Gemeinde Palestrina die Brust der schönsten Frau bekommt. Ich habe mich drei Monate lang in Lucca von den Strapazen erholt. Liszt ist, seitdem er Vater dreier Kinder ist, melancholisch geworden. In dieser Hinsicht befindet Ihr Euch in einer besseren Lage. Meine Verehrung an Chopin.*

George, Mutter zweier Kinder, sorgt sich nun jedoch vor allem um das erwachsene Kind. Seinetwegen hat sie bereits Gustave Papet, den Arztfreund, der nur 2 Kilometer von Nohant entfernt auf seinem Schloss in Ars lebt, hinzugezogen. Am 15. Juni kann George ihrer Freundin Charlotte Marliani vermelden: *Chopin ist untersucht worden, seine Lunge ist in Ordnung.* Schwindsüchtig sei Chopin nicht, sagt Papet;

er habe ein Kehlkopfleiden, das vermutlich nicht zu heilen sei, zu verbessern aber durchaus.

Am 19. Juni 1839 ritzt George Sand das Datum dieses Tages ins Holz auf der linken Seite der Fensternische in ihrem Zimmer.

Sie hat sich entschieden, etwas an ihrem Leben zu ändern und will dieser Entscheidung immer gewärtig sein. Am Tag danach verrät sie es Charlotte Marliani: *Ich habe das Bedürfnis, wieder zu einem sesshaften Leben zurückzukehren. Ich liebe diese Reisen nicht mehr, oder vielmehr ich bin nicht mehr in der Verfassung, sie lieben zu können. Ich bin nicht mehr Junggesellin. Eine Familie ist kaum vereinbar mit dauernden Umstellungen.*

An jenem 19. Juni hat sie also wohl mit Chopin beschlossen, eine gemeinsame Zukunft zu planen, wie auch immer die aussehen kann bei einem Paar ohne Trauschein, die Frau vor dem Gesetz noch verheiratet und mit zwei Kindern unterschiedlicher Väter gesegnet. Ein Wanderleben zu führen wie Franz Liszt und Marie d'Agoult, ohne festen Wohnsitz, ohne Geborgenheit, ohne ein Familienleben mit den Kindern, nur, um so der Schmähung der Gesellschaft zu entkommen, das erscheint George ebenso undenkbar wie Frédéric. Beiden ist bewusst, dass er alle seine Schüler aus adligen wie geldadligen Kreisen einbüßte, lebte er offen mit George in einem Haushalt zusammen.

George greift praktische wie diplomatische Probleme energisch an. Ihrem Freund Balzac, auch er einer aus dem Berry, liefert sie in einem langen Brief vom 2. Juli einen Bericht über Mallorca und endet: *Was zum Teufel wollten wir da eigentlich! Sogar Nohant, so prosaisch meine armselige Einsiedelei im Berry auch ist, kommt mir vor wie das Gelobte Land. Dennoch bin ich hier auf dem Sprung und fürchte, dass ich nach Paris fahren muss; es geht um Rechnungen von Architekten, um Anwaltskosten und anderen poetischen Zeitvertreib.* Ihr Anliegen jedoch ist ein anderes. Balzac hat George wissen lassen, ab September werde in Fortsetzungen seine *Béatrix* in *Le Siècle* veröffentlicht, ein Schlüsselroman mit offenen Türen. Sie selbst komme darin vor, aber auch Marie d'Agoult und Franz Liszt – *fürchten Sie nicht, dass ich verletzt bin*, antwortet George. *Ob mir nun geschmeichelt wird oder nicht durch die Cousine Germaine, von der Sie sprechen, ich bin erfahren genug im Schreiben von Romanen, um zu wissen, dass man niemals das genaue Abbild eines Menschen wiedergibt*, rechtfertigt sie ihre wie seine Neigung, Zeitgenossen aus der eigenen Umgebung ins Werk einzubauen. *Es heißt, dass Sie in diesem Buch eine unbescholtene Person aus meinem Bekanntenkreis und deren Partner ziemlich in Verruf gebracht haben, an der Stelle, wo es Ihnen gefällt, von Les Galères zu sprechen. Sie wird zu gescheit sein, um sich darin wiedererkennen zu wollen, und ich zähle auf Sie, dass Sie mich reinwaschen, falls ihr je der Gedanke kommen sollte, ich hätte Ihnen da böswillig etwas hinterbracht.*

George liegt daran, das Klima sauber zu erhalten, zumal sie, wenn sich ihr Zusammenleben mit Frédéric herumspricht, Verbündete braucht, die das tolerieren. Noch weiß sie ja nicht, wie Marie hinter ihrem Rücken über sie und Chopin redet. Mit oft bis zu vierzig Seiten Korrespondenz pro Tag oder besser pro Nacht hält sie die Nähe zu den Pariser Bekannten. Es ist nun bald ein Jahr her, dass sie und Chopin die Stadt verlassen haben. Auch der von George nach wie vor verehrte Abbé de Lamennais hält sich derzeit wieder dort auf. Wie alle interessiert er sich für das, was über Georges und Chopins missglückten Liebesurlaub erzählt wird. Charlotte Marliani weiß am besten Bescheid. Sie hat jedoch noch mehr zu bieten: den Brief von Marie d'Agoult, in dem sie ihre Prognosen zu der Reise des Paares Chopin-Sand abgegeben hatte. Sie zeigt ihn Lamennais, und der, ein Genießer, was Intrigenspiele angeht, ist entzückt von der Idee, *diese Weibsbilder zu entzweien.* Er empfiehlt Charlotte, George diesen Brief einfach vorzulegen. Doch Charlotte als Botschaftergattin ist auf der Hut. Stünde sie als Intrigantin da, wäre ihr Ruf als Salonière in Paris ruiniert. Also lässt sie ihn George zukommen, doch diese muss schwören, Marie nichts davon zu verraten. Als George den Brief erhält, greift sie zur Feder und schreibt quer über das erste Blatt: *So wird man durch gewisse Freundinnen beurteilt und heruntergemacht!* Sie hält sich an das Schweigegelöbnis, weiht Chopin ein und kündigt Marie und Liszt schriftlich an, sie werde den Kontakt mit den beiden einstellen. *Ich will keine Scheinfreundschaften unterhalten.* Mag Marie sich nun den Kopf zerbrechen, was George zu diesem Entschluss gebracht hat.

Liszt, der an George wie an Frédéric hängt, wohl auch gerne ein weiteres Mal Urlaub auf Nohant gemacht hätte, revanchiert sich auf seine Weise.

Die letzten Produktionen der Sand, schreibt er im August, freilich nicht an George, hätten bei ihm *einen peinvollen Eindruck hinterlassen … Offensichtlich liegt seitdem Ermüdung, Erschöpfung, Abstieg vor. Aber war-*

ten wir ab; und da wir Freunde gewesen sind, wollen wir solche Dinge nur leise und unter uns sagen.

Freunde braucht George, neue oder alte. Gäste, die nach Nohant ein Stück städtisches Leben tragen, ohne das Chopin sich zu langweilen beginnt und die Langweile quält ihn. Hat er Angst, in der Stille könnten ihn die Gedanken an Masowien zu sehr überwältigen? Befürchtet er, das *neue Mutterland* könnte ihm ein schlechtes Gewissen einjagen, was die vernachlässigten Lieben im Vaterland angeht? Am 4. Juli drängt George ihre Freundin Charlotte: *Kommen Sie endlich. Bringen Sie auch den alten Grzymała mit. Ihr Kommen ist im Interesse der Kur des Kleinen wichtig. Er macht übrigens großartige Fortschritte. Fortschritte, was die Gesundheit und was die Arbeitskraft angeht.* George beobachtet, wie Chopin komponiert. Allein in ihrem Zimmer wird sie später protokollieren, wie er arbeitet. *Seine schöpferische Kraft*, notiert sie anerkennend, sei *spontan und wunderbar.* Er finde sie, ohne nach ihr zu suchen, ohne sie zu planen. Sie überkommt ihn während des Spaziergangs oder wenn er am Klavier sitzt. Was nun geschieht, beschreibt George genau: *Er hatte dann nichts Eiligeres zu tun, als es sich selbst zu Gehör zu bringen, indem er sie gleichsam auf das Instrument schleuderte. Danach aber begann die entnervendste Arbeit, der ich je beigewohnt habe. Angestrengt, unschlüssig, ungeduldig versuchte er bestimmte Einzelheiten des Themas, das er in sich gehört hatte, wieder aufzugreifen. Was er als Stück aus einem Guss imaginiert hatte, begann er während der Niederschrift allzu sehr zu analysieren, und seine Trauer, es nicht in derselben Reinheit wiederzufinden, brachte ihn zur Verzweiflung.*

Tagelang schließt sich Chopin dann in sein Zimmer ein, sie hört ihn weinen, ruhelos auf- und ablaufen, sich hinsetzen, weiterkämpfen. Doch zwischen diesen einsamen Gefechten verbindet sich Chopin zunehmend eng mit Georges Familie. Er bemüht sich sogar um Georges älteren Halbbruder Hippolyte Chatiron, der mit seiner Tochter Léontine oft von seinem Schloss Montgivray, in nächster Nähe, zwischen Nohant und La Châtre, gelegen, herüberkommt. Zu Nohant hat Hippolyte eine enge Beziehung: Seine Mutter war Dienstmädchen auf dem Schloss gewesen. Seine Frau Émilie Chatiron hindert ihn nicht daran, ähnliche Affären zu haben und auch nicht daran, eventuelle Zweifel an seinem Lebenswandel in Alkohol zu ertränken. Seine Witze sind derb, sein Auftreten ist laut, dennoch begrüßt ihn Chopin wie einen alten

Freund, lacht mit ihm und besucht ihn auf Montgivray. Chopin geht auch mit, wenn Maurice Schmetterlinge fängt, Steine sammelt oder Blumen, die er pressen möchte, und er gibt Solange regelmäßig Klavierunterricht.

George fördert diese familiären Annäherungen, spürt jedoch, dass ihrem Geliebten angemessene Unterhaltung fehlt. Er liebt das Landleben nicht so leidenschaftlich wie sie. Weil ihn zu wenig ablenkt von dem, was aus dem Unbewussten steigt? Am 8. Juli wendet sich Chopin an Grzymała, um ihn nach Nohant zu locken. Er beschreibt ihm genau, wie er anreisen solle, wie lange er mit welchen Verkehrsmitteln für die 250 Kilometer bis nach Nohant braucht, und drängt ihn: *Du würdest vielleicht auch eine gute Tat vollbringen, wenn Du uns besuchst. Das Bett der Frau d'Agoult wartet auf Dich, wenn Dir das angenehm sein kann, abgesehen von den beiden Herzen, die Deiner harren wie der Hühnergeier auf Regen.* Grzymała könnte die Erinnerungen an Marie aus dem Zimmer ausräuchern. Ständig fragt Chopin, wann der Freund, schließlich Pate ihrer Liebesbeziehung, denn endlich komme. George lässt es sich nicht nehmen, Frédérics Brief durch einen eigenen zu ergänzen. *Du Windhund von einem Gemahl! Wir warten vergebens auf Dich. Du musst wirklich kommen. Der Kleine ist immer in Quengellaune. Ich glaube, dass er ein Leben braucht, das weniger ruhig, weniger einsam und weniger regelmäßig ist als das Leben, das Nohant ihm bieten kann. Wer weiß, vielleicht braucht er auch einen kleinen Ausflug nach Paris? Ich bin zu allen Opfern bereit, nur um nicht zusehen zu müssen, wie ihn die Melancholie verzehrt. Du müsstest auch den moralischen Puls des Kleinen fühlen. Mir verrät er ja nicht, dass er sich langweilt. Aber ich glaube ihn zu verstehen. Er ist an ein so streng geordnetes Leben nicht gewöhnt, und ich dagegen werde in immer erschreckenderem Maß zur Mutter und Pädagogin. Ich bin aber dazu gezwungen.* Welche Sorgen sie sich um ihn macht, möchte George ihrerseits Chopin nicht eingestehen. *Sie lässt mich nicht lesen, was sie Dir geschrieben hat,* kritzelt Chopin auf die Rückseite des Blattes: *Das ist eine Unverfrorenheit!* Doch Grzymała muss die Freunde vertrösten: Erst nach den Feierlichkeiten zum Jahrestag der Julirevolution vom 27. bis 29. des Monats kann er Paris verlassen.

George ist erleichtert, als ein alter polnischer Vertrauter von Chopin sich nahe bei Nohant Urlaub von der Großstadt gönnt: Stefan Witwicki. Chopin kann polnisch reden, über polnische Dichtung, über die polnische Heimat und darüber, wie es den Vertrauten dort geht. Er hat sich zwar über den Gutsherrn Tytus Woyciechowski, jahrelang sein engster, wichtigster Freund, lustig gemacht, als der Chopin bestürmte, er solle ein Oratorium komponieren. *In dem Brief an meine Eltern habe ich ihm geantwortet, warum er eine Zuckerfabrik und nicht ein Kloster für Kamaldulenser oder Dominikanerinnen baut!* Doch wie viel ihm Polen und die Landsleute nach wie vor bedeuten, erfährt Witwicki auf Nohant: Chopin kündigt dem Dichterfreund an, die vier neuen Mazurken, die nächstes Jahr im Druck erscheinen, seien ihm gewidmet.

Doch der Pole und Pate Grzymała fehlt und vieles andere auch. Grzymała bekommt eine Auftragsliste. Jaś Matuszyński solle für Chopin zwei, drei Paar kräftigere Schuhe heraussuchen, Julian Fontana Noten von Weber zu vier Händen, die er mit Solange spielen möchte, außerdem möge er bei der Gräfin Marliani die Schatulle mit dem Silberbesteck abholen, die George dort vor der Abreise nach Mallorca deponiert hat, und sie nach Nohant bringen. An den letzten Julitagen trifft Grzymała endlich auf Nohant ein, wunschgemäß ohne seine Frau, die von George wie Frédéric bis auf höfliche Grüße ignoriert wird, jedoch in Begleitung von Emmanuel Arago, einem jungen Rechtsanwalt, der auch Opernlibretti und Gedichte verfasst und George durch Balzac kennen gelernt hat. Dass der Ersehnte da ist, hindert Chopin nicht daran, sich wie gehabt stundenlang auf sein Zimmer zurückzuziehen. Am Ende der ersten Augustwoche berichtet er Fontana: *Ich schreibe jetzt eine Sonate in b-Moll, welche den Marsch enthalten wird, den Du schon hast. Sie besteht aus einem Allegro, einem Scherzo in cis-Moll, dem Marsch und einem kurzen Finale von etwa drei Seiten … Nach dem Marsch plaudern die linke und rechte Hand unisono.*

George tut alles, damit Chopin zur Ruhe kommt. Anstrengungen gibt es hier für ihn nicht. *Ich korrigiere nur für mich selbst die Pariser Bach-Edition*, vermeldet Chopin. Trotzdem wird aus ihm nicht ein gesunder Mann, wie man das in diesem ländlichen Paradies erwarten würde. *Chopin geht es unverändert, mal mehr, mal weniger gut, nicht wirklich schlecht, nicht wirklich gut*, schreibt George am 23. August 1839 der Freundin Charlotte Marliani: *Mir scheint, das arme Kind leidet an anhaltender Kraftlosigkeit, was seine Moral glücklicherweise nicht im Mindesten beeinträchtigt. Er ist froh, wenn er etwas Energie in sich verspürt, und sobald er melancholisch zu werden droht, stürzt er sich auf das Klavier und komponiert wunderschöne Stücke.*

George Sand ist eine seelenkundige Frau. Sie erkennt durchaus, dass Chopins physische Schwäche mit der psychischen zusammenhängt. *Wer vermag die Grenzen zwischen körperlichem Leiden und geistiger Auszehrung zu erfassen?* hatte sie schon im Juli an Grzymała geschrieben.

Es ist höchste Zeit, dass Chopin wieder Geld mit Klavierunterricht verdient. George und Frédéric bereiten ihre Rückkehr nach Paris vor. Eine gemeinsame Rückkehr in getrennte Wohnungen, die jedoch danach ausgewählt werden, dass die Liebenden einander jederzeit besuchen können. Chopin ist in seinem Element: Er kann wieder delegieren. Nicht nur, was seine Umgangsformen angeht, hält sich Chopin gerne ans Vorbild der Aristokraten. *Seine Haltung*, bezeugt Liszt, *trug ein so vornehmes Gepräge, dass man ihn immer wie einen Fürsten behandelte.* Daran hat Chopin sich längst gewöhnt. Sein Leben lang haben andere für ihn die alltäglichen Dinge erledigt, Eltern, Schwestern, Freunde, die mit ihm die Wohnung teilten, weibliche wie männliche Bewunderer, manchmal auch Schüler oder Schülerinnen.

In der zweiten Septemberhälfte hat Fontana für ihn eine Wohnung zum gewünschten Preis in der gewünschten Größe und Lage gefunden: Rue Tronchet Nr. 5, nahe bei der Madeleine und damit nahe beim polnischen Club. Nun geht es ans Einrichten, was Chopin mit Sorgfalt betreibt, oder besser, betreiben lässt. Ende September schreibt er Julian Fontana: *Wähle eine Tapete, wie ich sie früher hatte, turteltaubengrau, aber leuchtend und glänzend, für beide Zimmer und eine grüne, dunkle, nicht breite Kordel für die Bordüre. Für das Vorzimmer etwas anderes, aber ordentlich muss es sein.* Die Wohnung muss bei Chopin ähnlichen Ansprüchen genügen wie seine Kleidung; fein und dezent hat alles zu sein. *Ich will es lieber ohne Muster, bescheiden und säuberlich haben als gewöhnlich und ordinär wie ein Kolonialwarenhändler.*

Fontana ist jedoch auch für die Beschaffung eines Kammerdieners und dessen Unterbringung zuständig. *Ich danke Dir für das Zimmer für den Diener, denn der wird sehr nötig sein.*

Chopin will einen Diener, keine Zofe. Wie schwierig der zu finden ist, weiß nicht allein Chopin. *Eine männliche Dienstperson ist ein Luxus-*

artikel in Paris, schreibt Wilhelm von Lenz, Pianist und Freund von Liszt, der die Stadt kennt. Die nehmen Aristokraten und Bankiers für sich in Anspruch, die hohe Löhne zahlen und eine Livrée finanzieren. Chopin wünscht ungerührt: *Mache auch einen Diener ausfindig. Wenn möglich, einen anständigen, ordentlichen Polen … Vereinbare mit ihm, dass er für sich allein isst, aber nicht mehr als 80 Francs Lohn.*

Julian Fontana wird nicht nur damit beauftragt, sich um die Verleger in Leipzig, Paris und London zu kümmern und in Chopins Sinn die Verträge auszuhandeln; er soll außerdem das alte Mobiliar, das er in Chopins Auftrag auf den Haushalt von Matuszyński, Grzymała und seinen eigenen aufgeteilt hat, instand setzen lassen. *Was nun das Bett und den Schreibtisch betrifft, so müsste man sie einem Möbeltischler zum Auffrischen geben.* Auch *die englische Matratze aus meinem Bett müsste man reparieren lassen, wenn es nicht zu teuer ist … Die Sessel und alles Übrige lässt Du gut ausklopfen.*

Das Einrichten überträgt er Fontana gleich mit. *Im Vorzimmer lass die grauen Vorhänge anbringen, die in meinem Klavierzimmer waren, im Schlafzimmer dieselben, die früher im Schlafzimmer waren, dahinter aber die aus weißem Musselin, von denen, die sich hinter den grauen befanden. Den kleinen Schrank will ich gern im Schlafzimmer haben, es sei denn, dass kein entsprechender Platz da wäre oder dass es im Salon zwischen den Fenstern kahl aussähe. Wenn man das kleine Sofa, das im Speisezimmer gestanden hat, mit dem gleichen Stoff wie die Stühle rot überziehen ließe, so könnte es im Salon hingestellt werden.*

Macht Chopin sich Gedanken darüber, welche Gegenleistung Julian Fontana erwarten könnte? Er gibt ihm nichts als gelegentliche Dankesworte und die Versicherung: *Alles, was Du tust, wird richtig sein. Du hast mein volles Vertrauen.*

Julian Fontana ist ein Warschauer Kommilitone; er hat wie Chopin Klavier und Komposition studiert und muss oder möchte zumindest davon leben. Chopin könnte ihm die Türen zu den wichtigen Häusern öffnen. Doch der ist zu stark mit seiner eigenen Behausung befasst, um auf diesen Gedanken zu kommen.

Mit der neuen Wohnug für Chopin handelt sich Fontana nur einen knappen Dank ein – und einen neuen großen Auftrag. *Nach Deiner und Grzymałas Beschreibung hast Du eine so ausgezeichnete Wohnung gefunden, dass wir glauben, Du habest eine glückliche Hand*, schreibt er am 1. Oktober aus Nohant und kündigt an, George werde den Portier von einem der Pariser Häuser, der für sie und die Kinder eine Wohnung suchen soll, bei Fontana vorbeischicken. Was dieser Portier ausfindig mache, solle er dann begutachten. Dem Portier können sie nicht die intimen Gründe für Georges Anforderungen an die Wohnung verraten. *Es geht ihr besonders darum, dass sie nach Möglichkeit abgesondert ist, zum Beispiel eine kleine Villa, oder etwas im Hof, irgendwo auf einen Garten hinaus.* Zeugen sind unerwünscht: *Nebenbei wenig andere Mieter.* Und was die Lage angeht, kann Chopin die Wünsche Georges auch nicht irgendeinem Concierge mitteilen, der mit Georges Ehemann ebenso Umgang pflegt. Bei dem verschwiegenen Fontana muss er keine Bedenken haben: *Wenn das Domizil in meiner Nähe wäre, so wäre das gut …*

Der Lohn für Fontana: das Vertrauen von George und Frédéric. *Stell Dir vor, ich weiß nicht wieso, aber wir glauben, dass Du etwas Ausgezeichnetes finden wirst, obwohl es schon spät ist.* Einen Plan, in dem er den Grundriss der idealen Wohnung skizziert, legt Chopin bei. Hinzu kommen noch Sonderwünsche: von der Nachbarschaft – *keine Schmiede, kein Fräulein* – bis zu Ausstattung und Lage – *selbstverständlich parkettiert … ordentliche Treppe … Sonnenlage nach Süden … ruhige Umgebung … keine üblen Gerüche.*

Es kann Fontana nicht entgehen, dass Chopin sich verändert hat. Der Respekt vor Respektspersonen hat abgenommen. *Besorge einen Diener und umarme Frau Léo*, ermahnt er und ergänzt: *das Erstere wird Dir gewiss angenehmer sein, ich erlasse dir daher das Zweite, wenn du das Erste ausführst.*

Fontana kann nicht ahnen, dass auf Nohant mit Vorliebe fäkalische Witze erzählt werden, was Chopin offenbar keineswegs unangenehm in die Nase steigt. George selbst redet niemals schlüpfrig daher, derb gerne. Sie spricht von ihrem *Hintern*, ihrer *Schnauze*, sagt beim Fluchen *Hol Sie der Henker!* oder *Scheiße.* Chopins Grußbotschaften, selbst wenn sie Damen aus besten Kreisen wie der Gräfin Plater und ihrer Tochter gelten, nehmen häufig eine landwirtschaftliche Wendung. *Der Frau Plater blase irgendwohin von mir, der Frau Pauline ebenfalls.* Den Pianisten Ignaz Moscheles, Idol seiner Jugend, hat Chopin auf einmal vom Sockel geholt. Es ist ihm zu Ohren gedrungen, dass Moscheles samt Familie nach Frankreich gezogen sein soll. Chopins Kommentar lässt an Ehrfurcht, nicht aber an Deutlichkeit zu wünschen übrig, auch was sein

Urteil über Pariser Komponistenkollegen wie Döhler, den Haydn-Schüler Neukomm oder den Freund Berlioz angeht. *Falls Moscheles bereits in Paris ist, so lass ihm ein Klistier aus Neukomms Oratorien, angerichtet mit Berlioz' Cellini und Döhlers Konzert verabreichen. Er wird dann gewiss auf den Locus gehen und irgendeinen Valentin machen. Ein wilder Gedanke, doch Du wirst zugeben, dass er originell ist.*

Beruhigen wird Fontana, der den Sklaventreiber auf Nohant nach wie vor verehrt, Chopins Übermut. *Dem Jaś serviere von mir zum Frühstück Sphinx-Schnurrbärte und Papageien-Nieren in Tomatensauce, bestreut mit Infusorientierchen. Du selbst nimmst ein Bad in Walfisch-Aufguss zur Erholung von all meinen Aufträgen, die ich Dir deshalb erteile, weil ich weiß, dass Du sie gern ausführst, was ich auch gern für Dich tun will, wenn Du Dich verheiratest, wovon mich Jas bestimmt bald benachrichtigen wird. Nur nicht mit der Ożarowska, das ist meine Partie!*

Weil in Paris bereits Proben für *Cosima*, einem Theaterstück der Sand, angesetzt sind, wollen alle vier früher als geplant in die Stadt zurückkehren. Je näher die Abreise aus Nohant rückt, desto dringlicher werden Chopins Bitten zur neuen Pariser Wohnung. Für ihn besitzt das Gehäuse elementare Bedeutung. Wenn dort nicht alles stimmt, fühlt sich Chopin verletzbar. Umso mehr, als er jetzt einen Hort der Geborgenheit verlassen wird. *In fünf, sechs oder sieben Tagen bin ich in Paris und möchte Hals über Kopf wenigstens die Tapeten und das Bett, wenn schon nicht alles vorfinden*, beschwört er Fontana. *Erbarme Dich und mach, dass es da ist.*

Dieses Erbarmen wächst sich für Fontana zum Hauptberuf aus. Zu spät hat Chopin, bei aller Dezenz modebewusst, festgestellt, dass seine Kleider von der Reise mitgenommen oder nicht mehr aktuell genug sind. Für das Landleben haben sie es noch getan, in der Stadt möchte er darin keinesfalls gesehen werden. An den Accessoires eines Herrn fehlt es auch. *Außerdem vergaß ich Dich zu bitten, dass Du mir einen Hut bei meinem Dupont in Deiner Straße bestellst. Er hat mein Maß und weiß, was für leichte ich brauche. Er mag ihm die diesjährige, nicht übertriebene Form geben, denn ich weiß nicht mehr, wie Ihr Euch jetzt kleidet. Außerdem geh zu D'Autremont, meinem Schneider am Boulevard, und lass ihn sofort graue Hosen für mich anfertigen. Wähle selbst eine dunkelgraue Farbe; Winterhosen, etwas Ordentliches, nicht gestreift, glatt und elastisch. Du bist Engländer, also weißt Du, was ich brauche. Dazu eine schwarze, schlichte Samtweste, aber mit einem winzigen, nicht lauten Muster, etwas zurückhaltend Elegantes. Wenn er nichts Ordentliches in dieser Art hat, dann eine schwarzseidene … Ich verlasse mich auf Dich.*

Zum Dank für alles, was er Julian aufhalst, hat Chopin dem Freund etwas versprochen: Er will ihm seine zwei neuen Polonaisen in A-Dur und c-Moll widmen, wenn sie als Opus 40 erscheinen. Dass andere mit sehr viel weniger Aufwand zu einer solchen Gunst gelangen, ist Fontana bekannt; ihm hat Chopin ja Anweisung erteilt, wem was zuzueignen sei. Immerhin übersendet er dem Kollegen diese Polonaisen und bittet ihn um seine Meinung.

Sieht Fontana hier eine Gelegenheit, dem Freund etwas heimzuzahlen, nutzt er die Chance, sich als Kollege in Erinnerung zu rufen, oder ist es einfach ehrlich gemeinte Kritik? Jedenfalls hat er an der zweiten Polonaise einiges zu beanstanden.

Am Montag darauf beauftragt Chopin Julian, die beiden Pavillons in der Rue Pigalle, die er aufgetan hat, für George und deren Kinder anzumieten und zu feilschen: … *frage nicht. Beeile Dich. Handle etwas hinunter, wenn möglich, da Du beide nimmst.* Einen Tag später, am Dienstag, dem 8. Oktober 1839, kündigt Chopin endlich an: *Wir fahren übermorgen, am Donnerstag, um fünf Uhr früh ab, und am Freitag um drei, vier, bestimmt aber um fünf bin ich in der Rue Tronchet Nr. 5. Bitte benachrichtige dort die Leute … Nun bitte ich Dich, da ich keine Hosen habe, dass der Schneider jene graue, die Du für mich bestellt hast, unbedingt bis Freitag früh fertigstellt, damit ich mich sofort umziehen kann, wenn ich ankomme. Lass die Hose in die Rue de Tronchet tragen und sie Tineau, dem Diener, übergeben, der sicher schon dort sein wird. Desgleichen den Hut von Dupont, und ich werde Dir zum Dank dafür den zweiten Teil der Polonaise bis zu meinem Tode abändern. Die gestrige Version gefällt Dir vielleicht auch nicht. Obwohl ich mir an die achtzig Sekunden lang den Kopf darüber zerbrochen habe …*

Mit anderem hat er sich mehr geschunden. Das Scherzo in cis-Moll, bereits Gutmann zugedacht, hat er erst nach mehrfacher Überarbeitung als vollendet befunden, zu der Mazurka in e-Moll, die er auf Mallorca auf dem Krankenbett begann und später bei Palma fertigstellte, deshalb auch *Palmejski* nannte, hat er drei weitere hinzugefügt, die er Witwicki als Opus 41 widmen will. Kurz vor der Abreise hat er auf Nohant noch die Arbeit an einem Impromptu in Fis-Dur aufgenommen. Jetzt, da die Fragen der Wohnung, Einrichtung und Winterausstattung Chopins geklärt sind, darf sich Fontana ans Kopieren dieser neuesten Werke machen. *Meine Manuskripte sind in Ordnung, die Noten sind gut eingetragen. Mit Deinen Polonaisen sind es ihrer sechs, das siebente nicht mitgerechnet, ein Impromptu, das vielleicht miserabel ist: Ich weiß es selbst noch nicht, weil es zu frisch ist.*

Am 11. Oktober 1839 um fünf Uhr nachmittags fährt Chopin zusammen mit Maurice, der für ein paar Tage bei ihm einzieht, in der Rue Tronchet vor. Es erwarten ihn in der perfekt vorbereiteten Wohnung eine Hose und Julian Fontana. Der Getreue hat alles erledigt. Nur den letzten Wunsch Chopins konnte er nicht erfüllen.

Veranlasse auch, mein Liebes, dass mich in der neuen Wohnung keine schwarzen Gedanken und kein würgender Husten befallen. Sorge dafür, dass ich gut werde, und fege, wenn Du kannst, viele Episoden aus meiner Vergangenheit hinweg.

XVII
Zwischen Rue Tronchet und Rue Pigalle

Ein Familienleben in der Pariser Gerüchteküche

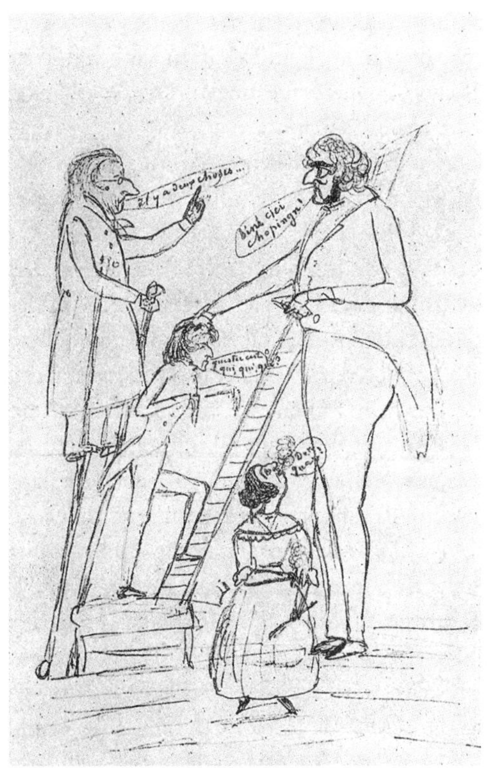

Wojciech Grzymała, George Sand, Frédéric Chopin,
nicht zu identifizierende Figur, 1842.
(Von rechts nach links; Karikatur von George oder Maurice Sand).

Wer für ein paar Wochen Paris verlässt, wird bei seiner Rückkehr überrascht. Wer nach fast einem Jahr in die Stadt zurückkehrt, tut sich schwer. Fronten haben sich verschoben, Feindschaften in Freundschaften und Freundschaften in Feindschaften verkehrt, Sterne sind vom Himmel gefallen und neue aufgestiegen. Die Neuigkeiten überrennen George Sand wie Frédéric Chopin.

George Sand möchte hier wie gewohnt wieder Mittelpunkt im Kreis der Künstler und Denker sein. Da heißt es verzeihen, nach- und zugleich vorsichtig sein.

Marie d'Agoult ist wieder da und mit ihren beiden kleinen Töchtern Blandine und Cosima ins Haus von Liszts Mutter in der Rue Neuve-des-Mathurins eingezogen, Daniel hat sie in den Sabiner Bergen gelassen. Am 19. Oktober hatten sich die Wege von Franz und Marie getrennt. Liszt war von Italien aus zur nächsten Konzertreise nach Wien aufgebrochen, um dort seine Triumphe fortzusetzen, und will von Österreich dann weiter in seine ungarische Heimat fahren. Dabei ist eine Geliebte mit drei unehelichen Kindern hinderlich: nicht allein, weil konservative Wiener Häuser das nicht dulden; es ist auch seinem Nimbus dienlich, als einsamer Held aufzutreten. Anna Liszt, vernarrt in die Kinder ihres Sohnes, opfert sich auf für die Töchter wie die Schwiegertochter, die aber ist verbittert. Marie d'Agoult findet, ihre *früheren Freunde* hätten sich bei der Rückkehr *größtenteils so leichtfertig im Urteil und so schnell im Vergessen gezeigt*, dass sie sich *nichts sehnlicher* wünsche, als sie von sich fernzuhalten. Sie fühle sich *unruhig, angefeindet, tausend Ängsten ausgeliefert.* Doch auf Dauer kann sie es sich nicht leisten, mit scharfer Zunge sämtliche Salonières in Paris so zu verletzen wie George. Ebensowenig darf es sich Chopin mit seinen Gönnern und Arbeitgebern verderben.

Er schimpft auf den Bankier Léo und dessen Frau, auf Schlesinger, Wessel oder Pleyel, jedoch nur Vertrauten wie Fontana oder Grzymała gegenüber. George, die sich mit Verlegern wie verräterischen Freundinnen offen anlegt, besitzt die Gabe, einlenken zu können und selbst Liebhaber und Verehrer, erfolglose wie erfolgreiche, einzugemeinden. Ihr ehemaliger Geliebter Bocage hat ihr sofort geschrieben, kaum dass er sie wieder auf französischem Boden wusste, und sie hat ihm klar beschieden: Sie wolle ihn gerne wiedersehen, doch Chopin sei in alle ihre Unternehmungen eingeweiht. *Er weiß, wie sehr ich Ihnen verbunden bin*, hat sie ihm mitgeteilt und das Wort *weiß* unterstrichen. *Ich liebe Sie sehr, von ganzem Herzen, mit allen Fetzen meines Herzens*, hatte Heinrich Heine George noch im August 1838 vor ihrer Abreise gestanden und bedauert, sie nicht sehen zu können, weil man ihn *abends mit besonderer Sorgfalt ankettet.* Jetzt hat er sich mit seinem Schicksal abgefunden, *nur das niedrigste und törichtste zu lieben*, wie er in Bezug auf seine Geliebte, genannt Mathilde, schon vor vier Jahren geklagt hatte. Auf sein Drängen hin besucht Mathilde sechs Tage in der Woche ein Mädchenpensionat, um etwas Deutsch zu lernen, die nötigsten gesellschaftlichen Umgangsformen und Bildungsgrundlagen zu erwerben und ihr Französisch zu verbessern, doch das schöne Bauernmädchen interessiert sich mehr für schöne Schals und Schuhe als für Schöngeistiges. Das alles kann George nicht hindern, sich Heine, der Chopin bewundert, als Freund zu erhalten. Chopin ist keiner, der sich Konflikten stellt. *An keiner … Knotenschürzung und -lösung hat er sich beteiligt*, sagt Liszt. Chopins Harmoniebedürfnis zuliebe beschließt George, sich mit Marie zu treffen, um so indirekt Liszt zu bedeuten, es gebe keinen Zwist. Denn die beiden Freunde tauschen sich nach wie vor eifrig aus.

Chopin hat verstanden, wie gut er eine Gefährtin wie George brauchen kann. Sie setzt sich allem aus. Sie springt ins kalte Wasser, in das der Indre oder der Creuse, aber auch in das kalte Wasser der Wirklichkeit. George ist eine Frau, die sich stellt.

Die beiden Heimgekehrten müssen sich arrangieren, auch mit unerwarteten Entwicklungen. Nicht eine Opernsängerin oder ein Virtuose, dieser ehemalige Theatermaler Daguerre ist auf einmal der am meisten umschwärmte Künstler. Er hat das erste fotomechanische Bild von Paris gemacht und will demnächst den König porträtieren. Balzac soll ebenfalls danach gieren, von Daguerre verewigt zu werden.

Der Kunstbetrieb in Paris ist noch fiebriger, die Konkurrenzkämpfe sind unerbittlicher geworden. Chopin sehnt sich nach Sicherheit. Er entzieht sich, wie Liszt erkannt hat, dem *Strudel der Gesellschaft.* Ihm ist die *Sorgfalt* aufgefallen, mit der Chopin *das unruhige Hin- und Her des Lebens, jede überflüssige Abschweifung und Zersplitterung* vermeidet, was ihn dazu bringt, ganz im Kreis der Vertrauten zu leben.

In diesem Kreis ist vieles am Zerbrechen. Die hart erkämpfte Ehe von Berlioz, bei dessen Hochzeit Chopin Trauzeuge war, ist gescheitert; Harriets Laufbahn als Schauspielerin ist zu Ende, sie ertränkt den Kummer darüber in Alkohol. Berlioz erträgt die Schuldenlast kaum noch, hat eine miserabel bezahlte Stelle als Bibliothekar am *Conservatoire* angetreten und verdient seinen Lebensunterhalt mit einer *Zwangsarbeits-Existenz* als Musikkritiker. Er arbeite, sagt er, *wie ein Neger für vier Zeitungen*, die ihm *das tägliche Brot geben.* Er ist mit wechselnden Geliebten unterwegs, meistens Sängerinnen oder Tänzerinnen zweifelhaften Rufes. Kann sich Chopin mit so einem zeigen? *Die Linie der feinen Sitte nur um eines Schrittes Breite zu überschreiten*, behauptet Liszt, sei *eine Versuchung, die Chopin nicht kannte.*

Chopins Freund und Kollege Charles Valentin Alkan hat vor einem guten halben Jahr einen unehelichen Sohn bekommen. Gemeinsame Auftritte mit Chopin wird es nicht mehr geben; aus dem Konzertleben hat Alkan sich zurückgezogen. Viele halten dem, was derzeit zum Alltag der Pianisten gehört, nicht mehr stand. Verleger, Kritiker oder Konzertveranstalter machen ihre eigenen Fehden gerne fest an einem der Künstler. Cherubini, Direktor des Conservatoire, lässt dort keinen hochkommen.

Auf Konzerte zu verzichten, fällt Chopin nicht schwer; *die Menge schüchtert mich ein, ihr rascher Atem erstickt mich, ihre neugierigen Blicke lähmen mich.* Kollegen wie Liszt durchschauen, warum er so selten öffentlich auftritt: *Hinter seinem freiwilligen Verzicht auf rauschende Erfolge verbarg sich ein inneres Verletztsein.* Die Welt der Salons war immer Chopins bevorzugtes Terrain. Ihr aber wird von Kollegen und Kritikern auf einmal vorgeworfen, das musikalische Genie umzubringen, da hier der schöne Schein wichtiger sei als der Inhalt. *In den mit rotem Damast behangenen Gemächern erfriert die Kunst, sie schwindet dahin in den goldgelb oder bläulich schimmernden Salons*, warnt Liszt. *Chopin versinkt bis über die Ohren im aristokratischen Sumpf*, schreibt der Pianist Stephen Heller in seinen kritischen Bemerkungen zum Pariser Musikleben, und ist erstaunt, dass Chopins Werken davon noch nichts anzumerken sei. Die seien *wunderschön und tief.*

Chopin muss froh sein um seine Schüler und Schülerinnen und daher Zugeständnisse machen. Nicht alle können die 20 Francs pro Stunde zahlen, nicht alle zahlen sofort bar.

Seine Welt gerät ins Wanken. Immerhin hat er in Tineau einen Diener gefunden, der sich um seine seidenen Krawatten, Westen und Strümpfe kümmert, seine langen Röcke ausbürstet, lockere Goldknöpfe festnäht und Kaffee kocht, während Chopin unterrichtet.

Wohler aber als in der eigenen Wohnung fühlt er sich in der Rue Pigalle Nr. 16, *hinten in einem Garten, über den Remisen und Stallungen eines zur Straße liegenden Hauses.*

Die Einrichtung der Madame Sand unterscheidet sich von der seiner Räumlichkeiten wie sein Kleidungsstil von dem Georges. Er liebt Grau, sie Braun, nicht nur beim Morgenmantel. *Sie hat ein Esszimmer mit Möbeln in geschnitzter Eiche. Ihr kleiner Salon ist hellbraun, und der Empfangssalon steht voll herrlicher chinesischer Vasen, die mit Blumen gefüllt sind*, beschreibt Balzac Georges neues Domizil. *Die Möbel sind grün; es gibt da ein Gestell voller Raritäten, Bilder von Delacroix, ihr Porträt von Calamatta.* Chopin bevorzugt es dezent, George hat es lieber opulent. Doch sie kommt Chopin in vielem entgegen. Es gibt einen Flügel von Pleyel, *prächtig, viereckig und aus Palisanderholz* und ihr Tagesablauf passt sich dem Chopins an. *Sie steht erst um vier auf, um diese Zeit nämlich ist Chopin mit seinem Stundengeben fertig.* Nicht nur Balzac beobachtet es: *Chopin ist immer dort.* Nicht nur Balzac weiß, wie die beiden ihre Nächte verbringen: *Ihr Schlafzimmer ist braun; das Bett besteht aus zwei nach türkischer Art auf den Boden gelegten Matratzen.* Ein Liebeslager. Gelassen ist der Tagesablauf Chopins jedoch nicht. Hat er die Nacht auf den Matratzen verbracht und von George Schokolade oder Bouillon zum Frühstück bekommen, fährt er zum Arbeiten in die Rue Tronchet. Das gehört sich so. *Die Linie der feinen Sitte* gedenkt er nach wie vor *nicht um eines Schrittes Breite zu überschreiten.*

Chopin beugt sich den Anforderungen und Konventionen. Er hatte es schließlich gelernt zu verheimlichen, was er denkt und fühlt, und dass eben genau das gut ankommt. *Dadurch, dass er das Gespräch von sich selbst ablenkte und über sein Empfinden unverbrüchliches Schweigen wahrte*, sagt Liszt, sei es ihm immer gelungen, den *so willkommenen Eindruck … zu hinterlassen.* Der Bankier Auguste Léo, den Chopin als Schurken und Halunken geschmäht hatte und dessen Frau zu umarmen er als Strafe empfand, lädt ihn zu sich ein, und er sagt zu. Ahnt er, dass er dort auf jenen Kollegen treffen wird, den er vor ein paar Wochen noch mit Abführmitteln außer Gefecht zu setzen wünschte? Ignaz Moscheles ist da. Er hat sich im Sommer im Seebad Boulogne erholt, ist Anfang September in Paris eingetroffen, erleichtert, dort erstmals keine öffentlichen Konzerte absolvieren zu müssen. Und er hat vor allem ein Ziel vor Augen: Er will endlich Chopin kennen lernen. Im Salon von August Léo und dessen Frau, der Tante von Moscheles Gattin, jüdisch wie Moscheles, musikbegeistert und großzügig, hat er schon vor Gästen gespielt. Sie fädeln es ein, dass er dort auf Chopin trifft. Diese Begegnung dürfte bei Chopin gemischte Gefühle auslösen. Mit fünfzehn Jahren, am 27. Mai 1825 hatte er in Warschau öffentlich eines der acht Klavierkonzerte von Moscheles gespielt und diesen Mann zu seinem Vorbild erhoben. Bei seinem Londonaufenthalt vor drei Jahren hat er Moscheles im Konzert erlebt, sich aber dessen Wunsch gefügt, danach in Ruhe gelassen zu werden – dass Chopin im Saal gesessen hatte, ahnte Moscheles nicht. Ebenso wenig weiß er, wie Chopin sich letzthin über ihn geäußert hat. Handelt es sich hier um Eifersucht oder das Selbstbewusstsein eines Komponisten, der sich dem ehemals bewunderten Vorbild nun überlegen weiß?

Moscheles seinerseits ist keineswegs kritiklos gegenüber Chopins Werken, die er seit Jahren *in den Abendstunden* studiert. *Ich bin ein aufrichtiger Bewunderer Ihrer Originalität und der nationalen Färbung Ihrer Motive*, bezeugt er, *immer aber stolpern meine Gedanken und durch sie die Finger bei gewissen harten, unkünstlerischen, mir unbegreiflichen Modulationen, so wie mir das Ganze oft zu süßlich, zu wenig des Mannes und studierten Musikers würdig erscheint.* Doch einem Brieffreund verrät er, wie sehr er dem Treffen entgegenfiebert. Er könne *es kaum erwarten.*

Moscheles trägt Chopin *viele Sachen* aus seinem Werk vor. Nüchtern bemerkt er über den Kollegen: *Er behauptet, meine Musik zu lieben, und jedenfalls kennt er sie genau.* Dann spielt Chopin einige seiner Etüden und seiner jüngsten Préludes. Moscheles ist berauscht: *… jetzt erst verstehe ich seine Musik und kann mir auch die Schwärmerei der Damenwelt* *erklären. Sein ad-libitum-Spielen, das bei den Interpreten seiner Musik in Taktlosigkeit ausartet, ist bei ihm nur liebenswürdigste Originalität des Vortrages. Die dilettantisch harten Modulationen, über die ich nicht hinwegkomme, wenn ich seine Sachen spiele, schockieren mich nicht mehr, weil er mit seinen zarten Fingern elfengleich darüber hinweggleitet.* Die Schwächen Chopins erlebt er als Stärken. *Sein Piano ist so hingehaucht, dass es keines kräftigen Forte bedarf, um die gewünschten Kontraste hervorzubringen. So vermisst man nicht die orchesterartigen Effekte, welche die deutsche Schule von einem Klavierspieler verlangt, sondern lässt sich hinreißen wie von einem Sänger, der wenig bekümmert um die Begleitung seinem Gefühl folgt.* Moscheles ergeht es wie fast allen, wenn sie Chopin erleben: Er überzeugt als ein Gesamtkunstwerk: *Sein Aussehen ist ganz mit seiner Musik identisch.*

Von da an kennen die musikliebenden Pariser nichts Spannenderes, als Moscheles und Chopin zusammen einzuladen und ans Klavier zu setzen, nacheinander oder miteinander. Ein Gegensatzpaar, auch äußerlich. Der muskulöse Mittvierziger mit lockigem Haar und sinnlichem Gesicht spielt energisch kraftvoll, der schmalschultrige Dreißigjährige mit dem aschblonden Seidenhaar elegisch zart. Besonders gut kommen die beiden Virtuosen mit einem Werk von Moscheles an, seiner Es-Dur-Sonate für vier Hände. Nach ein paar Auftritten bestellt das Publikum gleich *la sonate*. Auch der Comte de Perthuis, Adjutant von König Louis Philippe, wird Zeuge, wie die beiden einträchtig konzertieren und Chopin bereitwillig die Sonate des Konkurrenten zum Leuchten bringt. Perthuis verschafft ihnen die Einladung nach Saint-Cloud zu König Louis Philippe.

Um neun Uhr abends werden Moscheles und Chopin vom Adjutanten und dessen Frau abgeholt, hinaus nach Saint-Cloud gefahren und betreten *das schimmernde, wohlerleuchtete Schloss.* Es geht, wie Moscheles akribisch in seinem Tagebuch notiert, *durch viele Prunkgemächer in einen Salon carré, wo die Königliche Familie en petit comité versammelt* ist. An einem runden Tisch sitzt die Königin *mit einem eleganten Arbeitskorb* vor sich. Es ist bekannt, dass Louis Philippe nicht besonders musikalisch ist, seine handarbeitende Frau aber durchaus. Sie fragt, ob das Instrument, ein Pleyel, wunschgemäß platziert sei, ob die Sitze die richtige Höhe haben und die Beleuchtung in Ordnung sei.

Chopin spielt aus seinen Nocturnes und Etüden, wird *wie ein Lieb-*

ling bewundert und gehätschelt. Dann spielt Moscheles aus seinen Etüden, wird mit *demselben Beifall beehrt* und setzt sich nun mit Chopin zu zweit an den Flügel mit *la sonate.* Das Andante müssen sie wiederholen, im Finale überlassen sie sich *einem musikalischen Delirium. Chopins Begeisterung durch das ganze Stück hin muss, glaube ich, zündend für die Hörer gewesen sein.* Moscheles wird gefragt, ob er mit dem Orden der Ehrenlegion ausgezeichnet werden wolle oder lieber mit etwas anderem. Moscheles will lieber etwas anderes, da er kaum jemanden kennt, der diesen Orden noch nicht besitzt, und bekommt ein Reisenecessaire. Man wolle ihm anscheinend bedeuten, dass es Zeit sei abzureisen, raunt Chopin Moscheles zu. Sollten die beiden wirklich Freunde geworden sein?

Chopin wird mit einem Deckelpokal aus Sèvres-Porzellan mit vergoldeten Bronze-Montierungen bedacht; dabei könnte er Bargeld dringend brauchen. Eine halbe Stunde vor Mitternacht verlassen Chopin und Moscheles gemeinsam das Schloss, *brüderlich erfreut über die gegenseitigen Triumphe,* erklärt Moscheles. Chopin verrät nicht, wie er den Abend erlebt hat. Verschweigt er aus taktischen Gründen, was er über Moscheles denkt, oder hat auch er sein Urteil revidiert? Nach außen wirken sie nun wie Verschworene. Chopin sagt jedenfalls zu, für den dritten Band der Klavierschule, die Moscheles zusammen mit dem Kollegen François-Joseph Fétis herausgibt, drei neue Etüden, *Trois nouvelles Etudes* zu komponieren und noch vor der Abreise Moscheles auszuhändigen, vielleicht auch, um mit Fétis offiziell als versöhnt zu gelten. Er selbst dächte nie daran, eine Schule herauszugeben, schon um nicht mit Czerny in einem Atemzug genannt zu werden; doch er verdient seinen Unterhalt fast nur mit Klavierunterricht.

Am Tag nach dem Auftritt in Saint-Cloud, am 30. Oktober, betritt eine junge Frau zusammen mit einer anderen, die ihre Mutter sein könnte, Chopins Wohnung in der Rue Tronchet. Friederike Müller heißt sie, kommt aus Wien und führt Empfehlungsschreiben aus österreichischen Kreisen mit sich. Im März bereits war sie mit ihrer musikalisch gebildeten Tante nach Paris gereist, um bei Chopin Stunden zu nehmen, hatte aber erfahren, der befinde sich auf Reisen und keiner wisse genau, wann wieder mit ihm zu rechnen sei. Mehr als ein halbes Jahr hat sie nun mit der Tante auf ihn gewartet. Chopin, der sich selbst einmal den Zugang in Paris mit solchen Briefen erobern musste, liest, sieht, dass einer von der Gräfin d'Appony stammt, der Frau des österreichischen Botschafters, die vom Klavierspiel so viel versteht wie vom Strudelbacken. Sie ist für ihre Strudel berühmt. Die Kandidatin hat auf einer Matinee der Gräfin d'Appony gespielt, entnimmt Chopin einem der Schreiben.

Sie werden meines Unterrichts kaum mehr bedürfen, wehrt er sie ab. Sie erklärt, sie habe noch viel zu lernen und wolle seine Werke angemessen interpretieren. Damit landet Friederike Mülller ebenfalls nicht. *Das wäre traurig, wenn man nicht imstande wäre, sie ohne meinen Unterricht gut zu spielen*, entgegnet Chopin. Die Bewerberin lässt nicht locker. *Nun, so spielen Sie mir etwas*, gibt er sich endlich geschlagen und benimmt sich nun *gütig und rücksichtsvoll*, schiebt das Klavier für sie zurecht, fragt, ob sie richtig sitzt, lässt sie *so lange spielen, bis sie ruhig geworden* ist. Er tadelt *milde* ihr *steifes Handgelenk*, lobt ihre *richtige Auffassung* und nimmt sie an. Zwei Stunden in der Woche will er ihr geben, behält sich jedoch Absagen vor, *seiner Kränklichkeit halber.* Das nimmt ihm die junge Österreicherin ab; er sei *sehr leidend*, sagt sie, *matt, bleich* und hustet viel. Auch wenn ihn George behütet, strengt ihn das Hin und Her zwischen den Wohnungen an, sicher auch das gesellschaftliche Leben. Zur Ruhe kommt hier keiner, der einmal aufgesprungen ist auf jenes Karussell, das sich um die Achse der Eitelkeit dreht. Und keiner entkommt Begegnungen mit Menschen, denen er lieber aus dem Weg ginge. Die Pariser Salons, vor allem die polnischen, bilden ein Netzwerk, in dem man sich verfangen kann.

Wieder in die Stadt zurückgekehrt ist Juliusz Słowacki, obwohl er es sich hier mit seinen polnischen Landsleuten und deren Idol Mickiewicz verdorben hat. Słowacki gibt Polens geistiger Elite die Schuld daran, dass der Novemberaufstand gescheitert ist. Damit ist natürlich allen vorweg Mickiewicz gemeint: Słowacki war damals erst neunzehn, Mickiewicz erwachsen, berühmt und einflussreich. Der seinerseits erklärt, Słowackis Poesie sei *ein schöner Tempel, in dem kein Gott* wohne.

Hat Chopin das Gefühl, es wohne einer in ihm? Einen Gottesdienst hat er schon lange nicht mehr besucht. Ob er in die kritische Haltung zum Katholizismus, wie Liszt meint, *durch seine näheren Bekannten all-*

mählich hineingezogen wurde, und ihnen zuliebe *darauf verzichten musste, eine Kirche zu besuchen*, oder ob er selbst den Glauben an sie verloren hat? Als Liszt mutmaßt, Chopin habe, *um seinen neuen Bekannten durch eine Begegnung mit einer Soutane in seinem Haus keinen Ärger zu bereiten, seinen Verkehr mit den in Paris lebenden Geistlichen* eingestellt, ist Liszt selbst ein älterer Herr und tritt im Gewand des Priesters auf. Chopin muss jedenfalls beobachten, dass ein Gott, wie er ihn sich vorstellte, der diejenigen belohnt, die seinen Geboten gehorchen, und die anderen bestraft, nicht existiert. Ein anderer Landsmann, der Sohn des Fürsten Wincenty Krasiński und der Fürstin Maria Radziwiłł, zwei Jahre jünger als Frédéric, verhält sich gar nicht, wie es die katholische Kirche gebietet, doch er hat damit Glück und Erfolg. Dieser Zygmunt Krasiński hatte sich als Student im Warschau der späten zwanziger Jahre politisch engagiert, patriotisch, was seinem zarentreuen Vater missfiel. Lange schon führt er nun ein Wanderleben zwischen Italien, Österreich, Frankreich und der Schweiz. In der Schweiz trifft sich nun Krasiński regelmäßig mit der Frau, die von Chopin seit vielen Jahren angebetet wird: Delfina Potocka. Die beiden, heißt es, seien ein Liebespaar. Dass Słowacki und Krasiński Freunde sind, mag diesem Gerücht für Chopin zusätzlich einen bitteren Beigeschmack geben.

Für Beruhigung, Besänftigung und Befriedung sorgt an allen Fronten George Sand. *Mit Rücksicht auf Chopin*, wie sie sagt.

An Anlass zum Unfrieden fehlt es nicht.

Seit September erscheint Folge für Folge im *Siècle* Balzacs neuer Roman, *Béatrix ou les amours forcés*, *Béatrix oder Die erzwungene Liebe*. In Maries Umkreis weiß jeder, dass sie Franz Liszt als Dante gefeiert hat und sich als seine Beatrice. Balzacs Machwerk, behauptet Marie nun, sei *nach achttägigem tête-à-tête in Nohant* beschlossen worden. Damit liegt sie richtig. Balzac selbst hatte von Nohant aus über einen langen Abend am Kamin mit George Sand geschrieben: *Was Liszt und Marie d'Agoult angeht, so hat sie mich auf das Thema ‹Galeerensklaven und zwanghafte Liebe› gebracht, das ich wohl aufgreifen werde.* Titelheldin Béatrix de Rochefide ist *eine Frau ohne Herz und Verstand, die nur auf bösen Wegen wagemutig sein kann*, ihre Gegenspielerin Félicité des Touches wird gefeiert als eine Sphinx, sinnlich und verrätselt. Seiner Vertrauten Ewelina Hańska gesteht Balzac: *Ja, Mademoiselle des Touches ist George*

Sand; ja, Béatrix ist allzu sehr Madame d'Agoult. George Sand ist deshalb vor Freude ganz aus dem Häuschen; sie rächt sich da ein wenig an ihrer Freundin. Abgesehen von einigen Varianten stimmt die Geschichte.

Es könnte George gleichgültig sein, Maries Gunst zu verlieren. Nachdem sie ohnehin schon beschlossen hatte, diese *Scheinfreundschaft* abzubrechen, hatte sie kurz vor der Abreise von Nohant im Herbst noch einen Brief von Marie erhalten, *schroff, knapp und voller Boshaftigkeit.* Marie hatte sich vergebens um Chopin bemüht und vergebens der Liebe zwischen George und Frédéric ein baldiges Ende gewünscht. Dann wechselte sie das Lager und beschuldigte Chopin, er habe ihr George entfremdet. *Fest entschlossen, alle freundschaftlichen Kontakte mit dieser unangenehmen, undankbaren und falschen Person abzubrechen*, war George nach Paris gekommen. Trotzdem trifft sie sich mit Marie bei Charlotte Marliani, nur *mit Rücksicht auf Chopin, da dieses Zerwürfnis zu einem Bruch mit Liszt führen könnte.* Vielleicht ist auch Mitleid für Marie dabei; Liszt ist in Wien der Versuchung erlegen, viele Frauen zu beglücken, nicht nur eine und Marie erklärt, die Zeit des alleinigen Anspruchs sei beendet. George akzeptiert den Vorschlag Charlottes, den Abbé de Lamennais, der die Intrige angezettelt hatte, als Sündenbock in die Wüste zu jagen. Ihren Kleinen, den sie *Chopinet*, *Chop-Chop* oder, weil er etwas von einem Vogel hat, *Chip-Chip* nennt, verschont George von solchen Kabalen. *Mit Rücksicht auf Chopin* vermeidet sie Dispute, Streitereien oder Forderungen. Eifersucht scheint ihr fremd zu sein. Chopins Schülerinnen sind hübsch und jung, oft auch noch vermögend. George kümmert das nicht. Sie lässt ihn allein mit Marquis des Custine eine Vorstellung des *Théâtre Italien* besuchen. Auch die Rue Tronchet bleibt von allen Streitereien unbehelligt. Ein Schutzgebiet für *Chip-Chip.*

Glaubt George, dass Chopin zwar gerne umschwärmt wird, diese Bewunderung aber sein erotisches Verlangen bereits stillt?

Auch sonntags unterrichtet er und findet dann kein Ende. Es wirkt, als teile er seine Schüler auf in diejenigen, die er des Honorars, vielleicht auch der Beziehungen wegen unterrichtet, und solche wie Adolf Gutmann und Friederike Müller, die seine Freude daran wecken, Begabungen zu fördern und zu formen. Dem wenig vermögenden Gutmann hat Chopin die Chance gegeben, in seinem Salon in der Rue de

Tronchet vor Gästen wie Moscheles aufzutreten. Bei solchen Schülern schaut er auch nicht auf die Uhr. Kommt Friedrike Müller um ein Uhr zu ihrem Lehrer, wird sie oft erst um vier oder fünf entlassen. Nicht nur das erstaunt sie: Alles, was der Wienerin vorher über Chopins Unterricht zugetragen worden ist, erweist sich als falsch. *In Paris hatte man mir bange gemacht und erzählt, Chopin lasse Clementi, Hummel, Cramer, Moscheles, Beethoven und Bach studieren, seine eigenen Kompositionen jedoch nicht. Dem war nicht so.* Zwar muss sie Werke dieser Meister üben, doch er verlangt auch, dass sie Hiller, Thalberg und Liszt spielt, und *legt ihr schon in den ersten Unterrichtsstunden seine wunderbar schönen Präludien und Etüden vor*: manche noch ehe sie im Druck erschienen sind. Dass Bach sein Hausheiliger ist, entgeht Friederike Müller nicht. An einem einzigen Morgen spielt er ihr vierzehn von Bachs Präludien und Fugen auswendig vor. *Das vergisst man nie*, sagt er und lächelt, *traurig*, wie sie findet. Er erklärt ihr seine Traurigkeit: *Seit einem Jahr habe ich nicht eine Viertelstunde am Stück geübt, ich habe keine Kraft, keine Energie, ich warte immer auf ein wenig Gesundheit, um all das wiederaufzunehmen, aber … ich warte noch immer.* Er spricht wie immer leise und ausschließlich Französisch, obwohl er, wie Friederike bemerkt hat, Deutsch kann. Nichts an seinem Unterricht ist dem, was sie gewohnt ist, vergleichbar. Neu ist für sie, dass neben dem Flügel, auf dem die Schüler spielen, der Lehrer einen zweiten kleinen stehen hat, auf dem er begleitet oder vorführt, was er meint. Die Hand soll nicht auf die Klaviatur *gelegt* werden, so dass sie über fünf weißen Tasten zu liegen kommt, sondern *geworfen* werden – und zwar so, dass sie über zwei weißen und drei schwarzen Tasten zu liegen kommt. Üblich ist es, mit einer C-Dur-Tonleiter zu beginnen; Chopin lässt immer mit der H-Dur-Tonleiter anfangen. Die Handhaltung, erläutert er, sei am natürlichsten, wenn dem Daumen die weißen und den längeren zweiten, dritten und vierten Fingern die schwarzen Tasten zugewiesen werden. Die C-Dur-Tonleiter hält er für die schwierigste. Regelmäßig muss sie auch die chromatische Tonleiter spielen und Varianten des verminderten Septakkordes, jede Variante viermal. Sein Ziel: Geschmeidigkeit und Leichtigkeit. *Facilement, facilement*, mahnt er ständig. Weil ihn selbst das Schwere, Gewichtige ängstigt?

Beethoven mag er deswegen nicht. Einiges von ihm spielt er zwar, lehrt auch Stücke von ihm, doch nur wenige. Die Sonate op. 27, Nr. 2, die *Mondscheinsonate*, oder die Sonate op. 57, *Apassionata* genannt.

Seinem Schüler Adolf Gutmann hat Chopin gestanden, Beethoven erhebe ihn *in einem Augenblick in den Himmel, um ihn im nächsten Moment wieder zur Erde*, schlimmer: *in den Schmutz* zu stoßen. Mozart verehrt er, *denn seltener als irgendein anderer ließ er sich herab, die Grenze zu überschreiten, welche Vornehmheit von Flachheit trennt*, erklärt Liszt diese Vorliebe Chopins. In Mozarts Musik spürt er eine verwandte Seele, und die Seele ist bei ihm Teil des Unterrichtsprogramms. *Legen Sie doch Ihre ganze Seele hinein*, bekommt Friederike Müller wie jeder Schüler ständig zu hören.

Vor Übertreibungen jeder Art warnt Chopin Friederike Müller. Mehr als drei Stunden pro Tag zu üben, verbietet er ihr, und Werke von Komponisten, die für sein Empfinden übertreiben, studiert er nicht mit ihr. Berlioz? Nein, *zu grell, zu dicker Pinselstrich.* Sogar Kompositionen Schuberts erschrecken ihn, wie er vor dem Schubertliebhaber Liszt zugegeben hat, *wo das Gefühl sich gleichsam entblößt zeigt, wo man gewissermaßen das Fleisch zucken, die Knochen unter den Schmerzen krachen fühlt.* Eine *männliche Keuschheit* diagnostiziert Liszt bei dem Freund. Chopin wahrt im Äußeren die Formen, er wahrt sie auch in der Musik. Er geht in langem dunkelblauem Rock und Seidenweste in der freien Natur spazieren und besteht darauf, dass die Schüler streng im Rhythmus bleiben. Dass Berlioz behauptet, Chopin spiele niemals richtig im Takt, hat wohl damit zu tun, dass sich das Taktgefühl des Franzosen am Metronom orientiert. Chopin hasst *alles Dehnen und Zerren, übel angebrachtes Rubato sowie übertriebenes Ritardando.* Es ist das Pathetische, was ihn daran stört; die große, dramatische Geste ist ihm zuwider. Dehnt ein Schüler die Tempi über Gebühr, sagt er *mit leisem Hohn* nur: *Bitte, setzen Sie sich doch. Ungemein streng* erlebt ihn Friederike, wenn es um die richtige Anwendung des Pedals geht, *das bleibt ein Studium fürs Leben.* Gebraucht ein Pianist das Pedal übermäßig, so Chopin, versuche er damit über die Tatsache hinwegzutäuschen, dass er nicht Legato spielen könne. Das Legatospiel aber sei Sache der Hände, nicht der Füße, des Fingersatzes, nicht der Mechanik. *Er gibt sich unendliche Mühe*, stellt Friederike fest, *dem Schüler dieses gebundene, gesangreiche Spiel beizubringen*, wie es vor über dreißig Jahren bei Muzio Clementi und Johann Baptist Cramer als modern galt. Mit dem *Gradus ad parnassum* von Clementi, Etüden und Präludien von Cramer müssen sich die neuen Schüler in den ersten Stunden befassen. Als Friederike dann Chopins erste Etüde in C-Dur einübt, die er Liszt gewidmet hat, will er erreichen, dass sie die *Akkordreihen wie Bogenstriche ausführen* könne. Den stummen Fingerwechsel, das gelenkige Unter- und Übersetzen übt Chopin unermüdlich mit seinen Schülern. Linien, Bögen will er hören, keine voneinander getrennten Töne. *Der kann nicht einmal zwei Noten verbinden*, ist laut Friederike Müller *sein schärfster Tadel.*

Sind diese Linien, diese Bögen die geometrischen Figuren seiner Sehnsucht? Sinnbilder des Verbindlichen? Chopin geht Auseinandersetzungen aus dem Weg. Lieber behält er seine Meinung für sich, als sich deswegen mit jemandem anlegen zu müssen. Kritisiert, verurteilt oder spottet er, dann nur Dritten gegenüber. Linien, Bögen legen sich behütend auch über Dissonantes. Behütet wuchs Chopin auf, behütet fühlt er sich in den Salons, nicht in den Konzertsälen; bei George in der Rue Pigalle, nicht in der eigenen Wohnung; in der Stadt, nicht in der Natur. Chopin weiß, wie dünnhäutig er ist. Er will zwar nicht auf Gesellschaft verzichten, doch er setzt sich nur derjenigen aus, die ihn bewundert und liebt. In Paris werden Helden und Heldinnen von einem Tag auf den anderen abserviert; wer den Ton angibt, ist heute in diesem, morgen in jenem Lager anzutreffen. Chopin hält die Stadt nur aus, weil er so vieles von ihr ausblendet. In der Kutsche wird er von einem Reservat ins nächste gefahren. Zur Not schließt er die Gardinen.

Anfang des Jahres 1840 ist der deutsche Schriftsteller Heinrich Laube, vier Jahre älter als Chopin, zwei jünger als George Sand, nach Paris gekommen. Weil Laube unbedingt *die größte Schriftstellerin* kennenlernen will, als die Heine sie preist, bittet er den Freund, ihn bei George einzuführen. Heine sagt zu, doch auf dem Weg zu ihr hinaus gesteht er, sie seit zwei Jahren nicht mehr gesehen zu haben.

Sie sind aber doch beide in diesen zwei Jahren größtenteils in Paris gewesen, wundert sich Laube.

Ja, aber Paris ist groß, entgegnet Heine.

Hat aber nur eine George Sand, gibt Laube zu bedenken.

Aber auch nur einen Louvre, eine Italienische Oper, wehrt sich Heine, *und man kommt manchmal jahrelang nicht in den Louvre, nicht in die Italienische Oper, der Tag ist zu mächtig.*

Als sie endlich in der Rue Pigalle eintreffen, ist der Käfig leer: George ist ausgeflogen in den Bois de Boulogne. Beim zweiten Versuch erscheinen Laube und Heine bereits um zwei Uhr mittags. Sie sei da, aber sie liege noch im Bett, heißt es, die Gäste sollen sich etwas gedulden.

Wenig später empfängt sie die beiden *mit heiterer Herzlichkeit*; im braunen Morgenrock sitzt sie auf einem Boudoirsessel neben dem Arbeitstisch, *ihr schwarzes, überaus volles Haar griechisch gescheitelt und in einen tief herabgehenden Knoten geschlungen.* Sie trinkt Kaffee, den Chopin ihr *am Kamin* bereitet.

Berichtet Heine an diesem Nachmittag, der sich bis weit in den Abend ausdehnen soll, von seiner Begegnung mit Richard Wagner vor ein paar Wochen? Nachdem er seine Kapellmeisterstelle in Riga verloren hat, ist er auf der Flucht vor seinen Gläubigern heimlich mit Ehefrau Minna über die russisch-ostpreußische Grenze geflohen, mit dem Segelschiff auf Umwegen nach London gefahren und hofft nun, in Paris irgendwie Geld zu verdienen. Heine wird von Wagner bewundert, Meyerbeer gebraucht und angebettelt. Doch Meyerbeers Beziehungen bescheren nicht die Wunder, die Wagner erwartet. Weder die große Oper noch das Renaissance-Theater sind an den Werken des Sechsundzwanzigjährigen interessiert, auch nicht an seinen Vertonungen von französischen Gedichten wie der von Heines Ballade *Die beiden Grenadiere.* Wagner hat Heine zu Hause besucht, Heine kennt Wagners Notlage. Das Renaissancetheater hatte endlich zugesagt, Wagners Oper *Das Liebesverbot* aufzuführen, doch Anfang des Jahres 1840 musste es Bankrott erklären. Er kann nur überleben, weil Minna, unlängst noch gefeierte Schauspielerin, sich als Zimmerwirtin und Putzfrau verdingt. Heine ist von Wagner beeindruckt. Chopin wird ihn kein einziges Mal treffen, obwohl Wagner erst 1841 Paris wieder verlassen soll. Vermeidet Chopin die Begegnung, weil er fürchtet, der Mann aus Sachsen könne ihn zu sehr bedrängen? Meyerbeer verbreitet, dieser Wagner sei ein Pumpgenie. Oder vermutet Chopin, Wagners Musik werde ihm so wenig gefallen wie die von Berlioz? Er versäumt die Erfahrung, wie viel von seinen Klangwelten er in denen Wagners wiedererkennen könnte.

Laube wird Zeuge, wie die Sand und Chopin gemeinsam als Gastgeber auftreten und wer alles die Gegenwart eines so prominenten Paares sucht. Lamennais, von George begnadigt, jedoch für Laube nur ein vertrockneter Stubenhocker, kommt vorbei, auch Rochefoucauld und Bocage trudeln ein und alle möglichen anderen Schauspieler, Philosophen, Sänger, Schriftsteller; George verkehrt mit ihnen entspannt. Ihrem alten Freund Heine fährt sie *mit der Hand über das Haar* und schilt ihn *äußerst anmutig, dass er sie so lange nicht aufgesucht habe.* Sollte Laube eine Frau erwartet haben, die kämpferisch die Runde dominiert, sieht er sich getäuscht. *Sie scheint nicht nur sehr gut schreiben und sprechen, sondern auch sehr gut hören und schweigen zu können.* Ihre Heiterkeit findet Laube *milde*, ihr Lachen *herzlich*, und dass Chopin für sie Kaffee kocht, scheint ihm offenbar in Ordnung. Aus ihrer Nähe machen Frédéric und George vor der ständig anwachsenden Gesellschaft in Georges Salon kein Geheimnis mehr, doch durch die offiziell getrennten Wohnungen kann ihre Liaison für eine rein freundschaftliche gehalten werden. George hat seit Jahren viele alleinstehende Männer unter ihren engsten Vertrauten und daran, dass sie mit denen auch ausgeht, hat sich die Pariser Gesellschaft mittlerweile gewöhnt. Chopins Schüler können glauben, sie sei nicht mehr als eine Verehrerin, die ihm auf ihre Weise den Alltag erleichtert, mit dem er, wie jeder weiß, nicht zurande kommt. Das liegt, wie er selbst einsieht, auch daran, *dass ich unglücklicherweise nie das tue, was ich soll.* Einige aus dem Bekanntenkreis aber sind misstrauisch geworden. Am 13. Januar schreibt Charles Didier in sein Tagebuch: *Man sagt, George Sand sei schwanger.*

Woher bezieht der abgelegte Liebhaber diese Nachricht? Es ist sieben Jahre her, dass Didier George kennenlernte, und dreieinhalb, dass sie ihn verabschiedete. Lange hatte nur die Annäherung gedauert, das Liebesverhältnis nicht. Im März 1836 hatte Didier mit seinen Freunden Emmanuel Arago und Charles d'Aragon und einigen Flaschen Champagner George besucht und bei ihr eine *phantastische Nacht* verbracht, in den Sommermonaten fünf ebenso phantastische Nächte ohne Arago und d'Aragon auf Nohant. Dort hatte er sie über Michel de Bourges hinweggetröstet, der sich immer wieder einmal zurückgezogen hatte, nicht wissend, wie zufrieden George mit Michel als Liebhaber war. Bereits im Januar 1837 hatten Didier und die Sand ihre Affäre im Streit beendet; kurz danach hatte er geheiratet. Seine Frau verkehrt im Salon von Charlotte Marliani, kennt von dort George und hasst sie.

Das Gerücht, George erwarte ein Kind von Chopin, macht jedenfalls die Runde. Erreicht es auch Chopins Verehrer Astolphe de Custine?

Am 29. Januar 1840 gibt der Marquis eine Soirée. Marie d'Agoult ist anwesend, auch Chopin und Grzymała, nicht aber George. *Mit Rücksicht auf Chopin?* Die Gäste erwarten, dass sich Chopin irgendwann ans Klavier setzt und improvisiert. Vergebens. Jemand erkundigt sich bei Grzymała, warum Chopin nicht spiele. Grzymała antwortet: *Chopin spielt nirgends mehr. Die Musik hat für ihn aufgehört, eine Kunst zu sein; sie ist ein Gefühl geworden.*

Für alle, die wie Custine glauben, die Liebe zu George sauge Chopin den Lebenssaft aus, ist das die Bestätigung: Diese Schriftstellerin macht seiner Laufbahn als Musiker den Garaus. Der Held der musikalischen Salons zu Füßen dieser Frau? *Man sagt, dass er Piffoel*, Georges Alter Ego in ihren Tagebüchern, *anbete*, schreibt Marie an Liszt und setzt drei Ausrufezeichen dahinter.

Dass sich die Lebensstränge von George und Frédéric immer enger miteinander verflechten, entgeht Freunden wie Feinden nicht.

Am 27. Februar 1840 tritt Georges Sohn Maurice in das Atelier von Delacroix ein.

Dass Delacroix Chopin bewundert, oft bei George und ihm zu Gast ist, zeigt nur eine Seite dieser Beziehung. Wer George und Delacroix länger kennt, erinnert sich daran, wann sie in sein, er in ihr Leben trat: in jener Agonie ihrer Liebe zu Alfred de Musset. Zurück aus Venedig, schließlich auch befreit vom venezianischen Liebhaber Pietro Pagello, erneut umworben von Musset, hatte George Delacroix Modell gesessen; die *Revue des Deux Mondes* hatte ein Porträt der Schriftstellerin bei ihm bestellt. Mit rüde abgesäbeltem Haar hatte sie sich von ihm malen lassen und ihn eingeweiht in ihre Seelennot. Ihrem *Geheimen Tagebuch*, aber auch Freundinnen hatte sie anvertraut, was ihr Delacroix geraten hatte: *nicht mutig sein zu wollen. Lassen Sie sich gehen, sagte er, wenn es mir so geht, spiele ich nicht den Stolzen. Ich bin nicht als Römer geboren. Ich vergrabe mich in meiner Verzweiflung, sie verzehrt mich, sie drückt mich nieder, sie tötet mich. Wenn sie dann genug hat, wird sie müde und lässt von mir ab.* Viele hatten mitbekommen, dass Delacroix zu George Sand Zutrauen fasste und sie zu ihm. Doch erst vier Jahre später, als seine Liebe zu Madame de Forget erloschen war, hatte Delacroix sich erneut um ihre Nähe bemüht. *Ich werde versuchen, Sie heute Abend zu besuchen und mich Ihnen, deren Pantoffel, Strümpfe und Beine ich vergöttere (das ist arabisch) zu Füßen zu legen.* Als sie sich dann im Mai 1838 wiedersahen, spielte Chopin Klavier und George war Chopin verfallen. Was den Komponisten zu George hinzieht, versteht Delacroix nur zu gut: *Sie sind weder geziert noch kokett.* Bei aller Freundschaft für Chopin macht Delacroix auch jetzt keinen Hehl aus seinen Gefühlen für George. Hat sie ihrem Geliebten den Brief gezeigt, den Delacroix ihr erst vor kurzem, im Januar 1840 geschrieben hat? Darin kündigte er an, eine Soirée von George zu besuchen, vor allem um einige Stunden mit ihr zu verbringen, und endete mit *zärtlichen Grüßen.*

Am 1. März feiert Chopin seinen dreißigsten Geburtstag. Jung fühlt er sich nicht mehr, doch scheinbar hat er sich entschieden, wie seine Zukunft aussehen soll. Wird sich die Sehnsucht nach Heimat in der Fremde erfüllen? Chopins Kontakt zu seinen Eltern und Schwestern ist lockerer geworden. Hofft er nun, diese Familie aus Kindern, die nicht seine sind, Verwandten von George und gemeinsamen engen Freunden wie Grzymała und Delacroix, könne ihm eine Familie im eigentlichen Sinn ersetzen – Grzymała einen Vater, Delacroix einen Bruder?

Viele sagen, Delacroix liebe in George nur Chopin, doch ein Brief, den der Maler zweieinhalb Wochen nach Chopins Geburtstag an sie richtet, spricht eine andere Sprache: *Meinen Sie, ich käme zu Ihnen ... um der großen Männer willen? ... Glauben Sie das nicht. Sie sind es, Ihre Augen, Ihre liebe kleine Person, die ich liebe.*

Chopin verfolgt das Ganze eifersüchtig. *Jemand* sei, als ein Brief von ihm ankam, *ganz blass geworden*, verrät George umgehend Delacroix. Ob Chopin nun George die Nähe zu Delacroix neidet oder Delacroix die Nähe zu George: Keiner soll ihm etwas von ihr wegnehmen. Er braucht sie selbst, diese *liebe kleine Person.* Ende März wird er krank. Nun lebt und leidet er ganz bei George, die ihn pflegt und verköstigt. Kein Husten, sondern Brustschmerzen quälen ihn. George wendet sich an verschiedene Ärzte; sie begnügt sich nicht damit, den Pariser Arzt Paul Gaubert ans Krankenbett zu holen, sondern lässt sogar Papet aus dem Berry kommen. Chopins unbezahlter Hausarzt Jan Matuszyński ist selbst krank. Diagnose: Schwindsucht. Er behauptet, Chopin leide ebenfalls daran, doch George glaubt das nicht. *Ich vermute, dass es sich um Rheuma handelt. Ich hoffe, dass es kein Anfall der Brustkrankheit ist, obwohl sein Pole der Meinung ist*, erklärt sie am 2. April Doktor Gaubert. Der verordnet Chopin vor allem Ruhe. Mitte April beginnt er zwar wieder, Stunden zu geben, aber George lässt die Schüler auf deren Kosten hinaus an den Stadtrand in die Rue Pigalle fahren, damit Chopin ihr Haus nicht zu verlassen braucht, in dem er offiziell sein Unterrichtszimmer hat, aber auch seine inoffizielle Krankenpflegerin. Friederike beobachtet, dass er sich ständig die Stirn mit Kölnisch Wasser einreibt und *Opiumtropfen in Zucker- und Gummiwasser* einnimmt. Seit Marseille scheint Opium Chopins bevorzugtes Medikament geworden zu sein. Damit fällt er nicht auf: Es ist in den Pariser Künstlerkreisen Mode, mit Opium körperliche wie seelische Schmerzen zu lindern. Dass Verstopfung, Übelkeit und Erbrechen Folgen jenes Opiumkonsums sind, bedenken wohl die wenigsten.

Am 20. April gibt Liszt, nach Monaten zurückgekehrt, ein Konzert in der *Salle Erard*. Chopin wäre gerne unter den Zuhörern. *Du bist dazu berufen*, hatte er dem Freund erklärt, als es um öffentliche Auftritte ging. *Denn wenn du dein Publikum nicht gewinnst, bist du doch imstande, es zu unterwerfen.* Liszt ist als Mann der große Frauenverführer. Als Künstler scheint er aus Sicht Chopins die Zuhörer eher vergewaltigen als zu verführen. Er stellt also keine Konkurrenz zu ihm dar. Doch Chopin fühlt sich nach wie vor zu schwach, um einen solchen Abend durchzustehen. Friederike Müller besucht das Konzert, Chopin fragt sie am nächsten Morgen aus, was und wie Liszt gespielt habe. Begeistert berichtet sie von Liszts *künstlerischer Selbstbeherrschung und Ruhe bei der Überwindung der größten technischen Schwierigkeiten.* Er reagiert freudig auf Friederikes Erfolgsbericht: *Also, dann liege ich richtig mit meiner Meinung. Einfach zu sein ist das letzte Ziel. Wenn man alle Schwierigkeiten ausgereizt und eine immense Menge Noten gespielt hat, dann ist die Einfachheit, die daraus hervorgeht, mit all ihrem Charme das äußerste Zeichen von Kunst. Wer aber auf direktem Weg dorthin kommen will, der schafft es nie. Man kann nicht von hinten anfangen.*

Chopin hat Liszt offenbar vergeben, dass der gegen Chopins Vorstellungen von dem, was sich gehört, verstoßen hat; als Liszt Chopins leere Wohnung nutzen durfte, waren hinterdrein beim Aufräumen die Spuren einer Liebesnacht gefunden worden; dass die Dame, mit der Liszt sie verbrachte, auf dem Papier noch immer mit Chopins Freund Pleyel verheiratet war, hatte die Sache noch heikler gemacht. Doch Chopin sei *großmütig im Verzeihen*, sagt Liszt. Er beobachtet allerdings, dass Chopin vieles in sich hineinfrisst. Wenn *Kränkungen ihm tief in die Seele schnitten, sagt er, gärten sie in … Schmerzen und Qualen in ihm fort, so dass er, auch wenn er des Anlasses längst nicht mehr gedachte, noch die verborgene Wunde fühlte.* Ist es das, was Chopin krank macht?

Missgunst ist es nicht. Er neidet seinem Freund Liszt nichts, nicht einmal seine Gesundheit. Dass jedoch untätige Menschen gesund sind, bringt ihn auf. Das ist in seinen Augen ungerecht. *Wie ich die starken Menschen beneide*, klagt er Friederike Müller, *die von robuster Gesundheit sind und nichts zu tun haben!* Über seine dauernde Schwäche sei er *sehr verärgert. Ich habe keine Zeit, krank zu sein.*

Damit hat er recht, vor allem was die finanzielle Seite angeht. Nach der Rückkehr von dem Mallorca-Abenteuer, das ihn wie George so teuer zu stehen gekommen war, hat er im letzten Jahr jeden Tag bis zu sechs Stunden unterrichtet und damit gut verdient. Doch er kann es sich nicht leisten, kürzer zu treten. Der Umzug hat einiges gekostet, die Behandlung Gauberts und die Opiumtropfen sind nicht unentgeltlich. Georges Lage ist ebenfalls prekär. Der letzte Sommer auf Nohant hat sie mitgenommen. Zwar hat die Schlossherrin gelernt, ihr Anwesen zu verwalten, Rechnungen und Haushaltsbücher zu prüfen, aber sie ist großzügig. Die vielen Gäste, die sie im Berry durchfüttert und mit allem versorgt, machen den Aufenthalt dort um ein Vielfaches teurer als in Paris. Bei ihr ist nicht nur der Umzug ins Geld gegangen; Solange, schwer zu bändigen, begabt und faul, soll ab Herbst die Woche über ein teures Internat in der Stadt besuchen; Delacroix muss für die Ausbildung von Maurice entlohnt werden. Mit ihrem Verleger Buloz liegt George in ständiger Fehde. Er hatte Georges *Spiridion* wie üblich zuerst als Fortsetzungsroman in seiner *Revue des Deux Mondes* veröffentlicht und dann als Buch herausgebracht. Nun sieht er seine Kritik an der Autorin durch die Verkaufszahlen bestätigt: Es sei falsch, diesem religiösen Mystizismus zu huldigen. Der komme bei ihren Lesern nicht an. Um die Sand zu besänftigen, hat Buloz, seit neuestem auch Königlicher Berater des *Théâtre Français*, ihr vorgeschlagen, ein Theaterstück für dieses Haus zu schreiben. Georges Antwort war deutlich gewesen: Sie hatte ein faustisches Drama verfasst, getränkt mit religiösem Mystizismus.

Wie kam der in Georges Kopf? Hat Pierre Leroux George auf solche Abwege geführt? Als Liebhaber hat sie ihn abgewiesen, aber seine humanitären Visionen beeindrucken sie, seine Schwülstigkeit überhört sie. Der gelernte Drucker hat die Lehren des Pythagoras mit denen Buddhas und Saint-Simons zu einem religiösen Sozialismus verkocht und darf ihn in Georges Salon verkünden. Jedenfalls hatte Buloz George Sand 5000 Francs angeboten – wenn sie auf die vertraglich zugesicherte Veröffentlichung dieses Romans verzichte. Dennoch hat er sie ermuntert, es noch einmal mit einem Bühnenwerk zu versuchen. George hat *Cosima* geschrieben, eine Dreiecksgeschichte, angesiedelt in Florenz. George setzt auf das Theater als neue Einnahmequelle und auf ihre Instinktsicherheit. Keine andere sei als Darstellerin der Cosima so erfolgversprechend wie ihre Freundin Marie Dorval. Sie setzt ihren Wunsch durch. Chopin weiß nicht, wie intim die Beziehung der beiden Frauen einmal war; andere wissen und sagen es. Graf de Vigny, nebenehelicher Geliebter der Dorval, hat ihr verboten, *dieser Sappho zu antworten*, für ihn ein *Ungeheuer von Weib*. Gustave Planche, ein Freund Georges, hat wiederum sie gewarnt vor der Leidenschaft dieser Schauspielerin, weil sie *derjenigen gleicht, die Sappho für die jungen Lesbierinnen gehegt habe.*

Das Pariser Publikum und die Pariser Presse verübeln es Autoren, wenn sie nicht mehr das liefern, was von ihnen erwartet wird. Von George Sand erwarten sie Heldinnen, die um ihre Liebe und ihre Freiheit kämpfen, gut beobachtete Charaktere und Volkslegenden aus dem Berry, Geschichten von Leidenschaft und Gerechtigkeitssinn. Bodenständiges, nicht Abgehobenes, Irdisches, nicht Überirdisches. Für die fällige Bestrafung der Schrifststellerin, die Erwartungen enttäuscht hat, eignen sich solche Gerüchte, die leicht aufzuwärmen sind.

Acht Tage nachdem Chopin Liszts Matinée versäumen musste, begleitet er George zur Premiere ihres Stückes *Cosima* ins *Théâtre Français.*

Franz Liszt und Marie d'Agoult sind ebenfalls dabei. George hat beide zu sich und Chopin in ihre Loge eingeladen. Zu Ehren von Maries jüngster Tochter hat George die Titelheldin Cosima genannt. *Papier und Tinte sind erfunden worden, um das Leben poetisch zu gestalten und nicht, um es zu sezieren*, hatte sie sich selbst ermahnt, als sie sich mit Marie aus *Rücksicht auf Chopin* versöhnt hatte.

Der Premierenbesuch ist Chopins erster Auftritt in der Öffentlichkeit nach Wochen im Krankenstand. Der Beifall für die Geliebte, die das Bett ihres *Immerkranken* nur verlassen hatte, um die Proben zu überwachen, wird ihn aufmuntern. Auch George fühlt sich ihres Erfolges sicher. Eine Clacque brauche er nicht zu bezahlen, hat sie Buloz wissen lassen. Einhundertvierzig Freikarten für Freunde hat sie angenommen und verteilt. Doch es sitzen zweitausend Menschen in der Premiere. Bereits während der ersten Szene wird gezischt, gepfiffen, gebuht. Die Schauspieler werden nervös, vergessen den Text; Marie Dorval bringt nur mit letzter Kraft die Vorstellung hinter sich.

Auf dem Bankett, das Charlotte Marliani nach der Premiere für die Autorin und die Darsteller gibt, wird vermieden, über das Stück zu sprechen. George gibt sich gelassen. *Ich habe das Stück nie für besonders gut gehalten, aber ich bin überzeugt, dass es im Grunde aufrichtig ist … Ich trage das Unverständnis der Leute mit stoischer Ruhe. Ich bin nicht von gestern und weiß, in welchen Zeiten wir leben und mit was für Menschen wir es zu tun haben. Sie sollen nur schreien.*

Doch wie erlebt Chopin die Niederlage seiner Geliebten? Er selbst ist niemals ausgepfiffen oder ausgebuht worden. Augenzeugen berichten, er sei nach der Premiere in gedrückter Stimmung gewesen. George scheint es wenig zu behelligen, dass *Cosima* nach nur sieben Vorstellungen abgesetzt wird. Sogar die Kritik ihres Freundes Heine lässt sie ungerührt: In seiner Besprechung des Stückes hatte er zwar eine *Verschwörung des Adels und des Bürgertums* für das Fiasko von Georges Bühnendebut verantwortlich gemacht, ihr aber vorgeworfen, einen *literarischen Gewissensdirektor* namens Leroux über ihre geistige Ausrichtung bestimmen zu lassen, und der übe *leider einen verwirrenden Einfluss auf das Talent seiner Büßerin aus.*

Chopin weiß genau, von wem die Rede ist: Dieser Pierre Leroux verkehrt ständig in der Rue Pigalle, wo George an seinen Lippen hängt und ihm beim Abschied Geld zusteckt. Weckt das Chopins Eifersucht? Er begreift nicht, was sie an diesem Mann findet. Tage, Nächte, Freunde teilt Chopin mit George, nicht aber die politischen Ansichten. Groß geworden im Umfeld des Adels, zu Hause in den Salons, Lehrer von Fürstenkindern, Baronessen, Prinzessinnen und Bankierssöhnen, verficht Chopin als Bürgerlicher konservative Werte und aristokratische Formen. Die Demokratie, sagt Liszt, stelle sich Chopin *als ein Gemisch zu verschiedenartiger, unruhiger und wilder Elemente dar, um ihm sympathisch zu sein.* Die Baronesse Dudevant führt ihren Titel nie und ist schon in ihrer Jugend für die Idee einer klassenlosen Gesellschaft entflammt. Ist es das und nur das, was sie mit Leroux verbindet? Anfangs hatte Leroux Georges Begeisterung für seine Visionen als Begeisterung für seine Person missverstanden; und da war George deutlich geworden. Sie hat es jedoch geschafft, sich ihn als geistigen Freund zu erhalten. Das kennt Chopin mittlerweile; George versteht sich darauf, abgewiesene Verehrer oder abgelegte Liebhaber in ihren Freundeskreis einzugliedern. Eugène Pelletan, jener Hauslehrer, der von George *Pelikan* genannt, wegen seiner Avancen verlacht und entlassen worden war, hat ein Zimmer im zweiten der beiden Pavillons in der Rue Pigalle bezogen, unter dem Atelier von Maurice. George erspart ihm so die Miete. Ist auch der *Pelikan* ein Gegenstand der Eifersucht? George ist für jede Lösung offen und öffnet sich allem. Chopin zuliebe hat sie begonnen, etwas Polnisch zu lernen, verfasst in polnischem Kauderwelsch Grüße an Grzymała und übersieht die hochgezogenen Brauen von Astolphe de Custine. Als Chopin am 27. Juni 1840 auf einer Soirée des Marquis spielt, ist George dabei.

Chopin zieht die Grenzen enger. Als sich die Mutter von Alfred de Musset erkundigt, ob er ihrer Tochter Klavierunterricht erteilen könne, lehnt er ab. Wie leicht käme er ins Gerede, wenn die Schwester ausgerechnet jenes Mannes seine Schülerin wäre, mit dem George ein skandalumwittertes Verhältnis hatte; die Details sind in Büchern nachzulesen.

Und doch geschieht, was kaum einer glauben wollte: Er und George halten zusammen. Aus finanziellen Gründen muss sie den Sommerurlaub auf Nohant in diesem Jahr streichen. Niemals gibt sie dort weniger als 1500 Francs im Monat aus, mehr als doppelt so viel wie in Paris; vier Monate lang bewirtet sie die Sippe und an die zwölf Gäste. George erkennt, dass sie auf Nohant in eine Zwickmühle geriete. *Spiele ich die Ökonomische, wird man mich der Knausrigkeit bezichtigen; lasse ich alles laufen, komme ich nicht mit meinem Geld aus.* Chopin weiß, wie hart sie dieser Verzicht ankommt; er versucht sie zu trösten, unternimmt mit ihr Ausflüge. Er sei *immer gut wie ein Engel. Ohne seine vollkommene und behutsame Freundschaft würde ich oft den Mut verlieren*, schreibt George am 1. Juli ihrem Halbbruder Hippolyte Chatiron. Einen Tag später macht sie mit Chopin, Grzymała und Delacroix einen Ausflug nach St. Gratien, dem Schloss des Marquis, der Männer liebt und George hasst. Am 26. Juli besuchen George und Frédéric die Generalprobe von Berlioz' *Symphonie funèbre et triomphale*: Musik, die Chopin hasst und George liebt.

Sind sie nicht gemeinsam unterwegs, leiden sie beide. Selbst politisch sind sie ausnahmsweise einer Meinung: Beide begrüßen es, dass am 6. August der Putschversuch von Napoléons Neffen Louis Napoleón, diesmal im Seebad Boulogne, niedergeschlagen wird. Als George Mitte August nicht wie geplant mit Chopin zum Konzert der Sängerfreundin Pauline Viardot-Garcia nach Cambrai reist, sondern mit deren frisch angetrautem Ehemann, herrscht hier wie dort Trauer. Sechs Tage ist George unterwegs, sechs Briefe schreibt sie an Chopin und ihre Kinder. *Wenn Du wüsstest, wie traurig das Haus ist, seitdem Du nicht mehr da bist*, meldet Maurice der Mutter. *Chopin und ich schauen uns am Abend im Licht zweier Kerzenstummel mit großen Augen und großem Mund an.* Chopin sagt dann: *Ach mein Gott, mein Gott, es ist wahr, es fehlt uns jemand hier! Und ich antworte ihm dann: Ach mein Gott, mein Gott es ist wahr, es fehlt uns jemand hier… komm, komm zurück, um Deine Buben zu hätscheln, die Dich lieben.* Der zweite Bub ergänzt den Brief als liebender Vater. *Meine Padrona, die Kinder führen sich wunderbar auf. Ich schlafe im weißen Zimmer – wegen der Sicherheit des Hauses. Ihr treuer Diener.*

Es sieht aus, als wäre in jenem Jahr 1840 das Glück vollkommen.

XVIII
Die dünne Haut

Chopin in Paris und Chopin im Berry

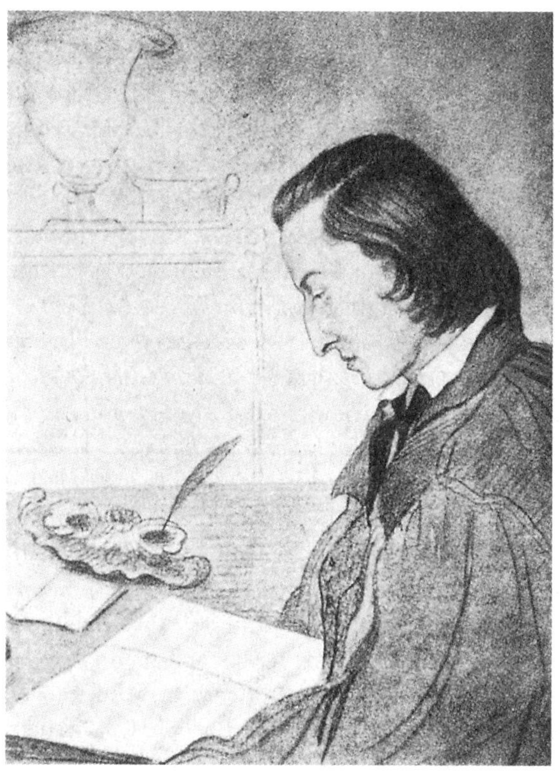

Chopin bei der Arbeit, um 1841.
(Bleistiftzeichnung von George Sand).

𝄢

Je näher der 26. April 1841 rückt, desto unruhiger wird Chopin.

Längst bereut er, *das fatale Ja* gesprochen zu haben, wie George Sand ihrer Freundin Pauline Viardot verrät.

Es ist zu spät, alles abzublasen, nicht aber, um Forderungen zu stellen. *Er will nicht, dass man darüber spricht*, vermeldet George.

Chopin möchte generell unterbinden, dass über ihn, sein Privatleben und seine Pläne geredet wird. Im Januar 1841 hatte sein Vater ihm geschrieben: *Ich freue mich sehr, dass Du gut gepflegt wirst, aber ich bin neugierig und will mehr von dieser Intimität wissen.* Chopin schweigt sich aus. George Sand keineswegs. Amüsiert beschreibt sie, was geschieht, seit sie sich herumgesprochen hat, die *große, grandissime Neuigkeit … der kleine Chip Chip gibt ein Rrrriesenkonzert. Freunde haben ihn so lange überredet, bis er sich schließlich überzeugen ließ.* Um dann *wie aus dem Schlaf* zu erwachen und aus allen Wolken zu fallen. Für ihn ist das Ganze dramatisch, für George nur komisch: *… es gibt kaum etwas Lustigeres als den furchtsamen und unentschlossenen Chip Chip, der seine Entscheidung nicht mehr widerrufen kann.* Der Freundin Pauline berichtet George, welche Vorsichtsmaßnahmen Chopin trifft, um an jenem 26. April in den *Salons Pleyel* möglichst unter Ausschluss der Öffentlichkeit zu spielen. *Er will keine Plakate, keine Programme, kein großes Publikum.* Doch das große Publikum lässt sich nicht aussperren. Im letzten Jahr hat Chopin nur wenig komponiert, doch es sind viele seiner Werke veröffentlicht worden: bei Troupenas und Schlesinger in Paris, bei Wessel in London, bei Mechetti in Wien, bei Schlesingers Vater in Berlin, bei Breitkopf & Härtel in Leipzig. Die *Trois Nouvelles Études* für die Klavierschule von Moscheles, das Impromptu op. 36, die zwei Nocturnes op. 37, die zweite, Schumann gewidmete Ballade op. 38, die beiden Polonaisen op. 40, vier Mazurken op. 41, der Walzer op. 42 und eine Komposition, die jeden formalen Kanon sprengt: die b-Moll-Sonate op. 35. Die Neugier ist angeheizt. Drei Viertel der Karten sind bereits verkauft, bevor das Konzert angekündigt ist.

Obwohl Chopins lang ersehnter Auftritt Sensation genug wäre, sollen an seinem Abend zwei weitere große Musiker das Programm erweitern: die vierzigjährige Sopranistin Laure Damoreau-Cinti und der siebenundzwanzigjährige Geiger Heinrich Wilhelm Ernst. Der mährische Violinvirtuose wird eine selbst komponierte Elegie vortragen, die Damoreau-Cinti, nebenbei Professorin am *Conservatoire*, zwei Arien aus Adolphe Adams Oper *La Rose de Péronne*, auf dem Klavier begleitet von Chopin. Zehn Jahre ist es her, dass er, gerade erst in Paris gelandet, diese Sängerin hörte und Tytus Woyciechowski begeistert berichtete: *ich ziehe ihren Gesang dem der Malibran vor. Die Malibran erstaunt, die Cinti entzückt.* Auch mit Heinrich Ernst verbindet ihn ein Erlebnis in der Vergangenheit: Beide hatten sie in jungen Jahren Paganini gehört und ihn zu einem Leitstern ihrer Laufbahn gemacht. Das kann Chopins Furcht jedoch nicht mindern. *Er hat vor so vielen Dingen Angst, dass ich vorschlage, er soll ohne Kerzen und Zuhörer auf einem stummen Klavier spielen*, amüsiert sich George. Eigentlich müsste sie seine Nervosität verstehen. Sechs Jahre ist es her, dass er zum letzten Mal in Paris vor großem Publikum aufgetreten ist. *Ich … verstumme vor fremden Gesichtern*, hat er Liszt gestanden.

Nicht nur, was solistische Auftritte angeht, hat sich Chopin mehr und mehr aus dem öffentlichen Leben zurückgezogen. Auch als Zuhörer ist er in letzter Zeit auffallend selten in den Konzertsälen zu sehen gewesen, und seine Schüler präsentiert er lieber im privaten Rahmen. Im vergangenen Dezember hat er Friederike Müller, wie ein Jahr vorher Adolf Gutmann, bei einer Soirée in seiner Wohnung Gelegenheit zum Auftritt gegeben.

Ist seine Verhaltenheit eine Reaktion auf die zunehmend streitbare George? Sie liegt sich mit ihrem Verleger Buloz in den Haaren, den sie einen *Schakal* nennt, während er sie als *Tigerin* beschimpft. *Le Compagnon du Tour de France*, *Der Gefährte von der Frankreichwanderschaft*, heißt ihr letzter Roman, in dem der Held, Handwerker und Angehöriger einer Loge, durch Frankreich reist, um die Mitglieder seiner Bruderschaft aufzurufen, alle Klassenschranken einzureißen. Vorbild des Helden in der Wirklichkeit ist ein Zimmermann namens Agricol Perdiguier, dem George zu genau diesem Vorhaben Geld geliehen hat. Buloz hatte vergebens um Änderungen gebeten und gewarnt, das Ganze werde ein Misserfolg. Es wurde ein Misserfolg. Niemand wolle so etwas von George Sand lesen, hatten die Buchhändler erklärt.

George hat jeden Kompromiss verweigert und ist mehr denn je mit ihrer politischen Meinung in der Öffentlichkeit zu vernehmen. Gemeinsam mit Lamartine, Balzac und Victor Hugo kämpft sie gegen die Pläne des Ministerrats unter Vorsitz von Adolphe Thiers, Paris mit Fortifikationsbauten rund um die Stadt zu befestigen. *Paris als Kriegsstadt! Paris von zwanzig Forts beherrscht! Paris von zweitausendvierhundert Geschützen umgeben, die von zehn- oder zwölftausend Kanonieren irgendeiner Miliz bedient werden! Ein solches Paris wäre keine Zuflucht mehr, wo die Freiheit wohnen wollte!*, protestieren Lamartine und die anderen prominenten Gegner. Mehr als ein Drittel der Parlamentarier verweigert die Zustimmung zu dem Projekt, trotzdem soll es verwirklicht werden. George ist entrüstet. Chopin hat für solche Dinge keinen Sinn. Es ist ihm peinlich, wenn George auf dem Ball einer Fürstin Czartoryska mit Arbeiterführern und Sozialisten im Schlepptau auftaucht. Diese Figuren sind nicht nach Chopins Geschmack. Das *Harte, Wilde* sei Chopin zuwider, hat Liszt beobachtet, und *in der Musik wie in der Literatur und dem Leben* sei ihm alles, *was an das Melodrama erinnert, ein Gräuel.* Manches hat in letzter Zeit dazu beigetragen, Chopin noch empfindlicher zu machen, als er es ohnehin ist. Am 1. Februar 1841 war Robert Schumanns Kritik von Chopins b-Moll-Sonate in der *Neuen Zeitschrift für Musik* erschienen. Er, der Chopin Hymnen gewidmet hat, übt Kritik. *Die ersten Takte sich ansehen und noch daran zweifeln können, von wem sie seien, wäre eines guten Kennerauges wenig würdig. So fängt nur Chopin an und so schließt nur er: mit Dissonanzen durch Dissonanzen in Dissonanzen … Dass er es ‹Sonate› nannte, möchte man eher eine Caprice heißen, wenn nicht Übermut, dass er gerade vier seiner tollsten Kinder zusammenkoppelte … Chopin schreibt schon gar nichts mehr, was man von anderen ebenso gut haben könnte; er bleibt sich treu und hat Grund dazu.* Doch Schumann ist der Ansicht, Chopin überfordere die Zuhörer. Manche seiner *Kühnheiten* seien sinnvoll, oft aber verwirre er ohne jeden Grund und entferne sich dadurch vom Publikum. Der Trauermarsch hat für Schumann *etwas Abstoßendes.* Und das Finale? *Aus diesem melodie- und freudlosen Satz*, schaudert er, *weht uns ein eigener grausiger Geist an, der, was sich gegen ihn auflehnen möchte, mit eiserner Faust niederhält, dass wir gebannt sind und ohne zu murren bis zum Schlusse zuhorchen – aber auch ohne zu loben: denn Musik ist das nicht.* Etwas Dunkles stößt Schumann ab. Aber warum ihn, den Komponisten der *Nachtstücke* und der *Kreisleriana*? Dass Chopin zu Schlesinger gesagt hat, Schumanns *Carnaval* sei überhaupt keine Musik, dürfte der kaum erfahren haben. Schumann sagt es selbst, warum er vor dieser Sonate erschaudert: Es *weht uns unser eigener grausiger Geist an.* Die Zerissenheit unter der glatten Oberfläche wird sichtbar, hörbar, spürbar. Und Schumann spiegelt sich in ihr. Chopins Zerrissenheit hat andere Ursachen als seine. Vor allem eine, die Liszt erkennt: *An keiner hervorragenden Tat … hat er sich beteiligt.* Doch wie Schumann neigt er dazu, sich in nächtliche Wahnvorstellungen hineinzusteigern und sich in Schreckensvisionen zu ergehen wie damals in Stuttgart oder später auf Mallorca. Er selbst spricht von *den verfluchten Gespenstern*, die ihn verfolgen.

Schumann erschrickt vor der Einsicht, dass dieser vermeintliche Götterliebling ebenso *schwarze Stunden* kennt wie er selbst. Sein Artikel endet mit den Worten: *So schließt die Sonate, wie sie angefangen hat, rätselhaft, einer Sphinx gleich, mit spöttischem Lächeln.* Ganz ähnlich schildern viele Chopins Auftritt im Konzert. Ganz ähnlich hört sich an, was Liszt über den Freund sagt: *In dem Wunsch, unerraten zu bleiben, jede Mitteilung über sein Ich verschmähend*, beschäftigte er *die Gesellschaft mit allem, nur nicht mit sich selbst, so dass seine innere Persönlichkeit unberührt und unter ihrer glatten Außenseite, die keine Annäherung gestattete, unzugänglich blieb.* Manche ahnen, dass dieses Rätselhafte dazu dient, die Mitmenschen auf Distanz zu halten.

Chopin ist dünnhäutig. Er weiß es, die anderen wissen es auch. Liszt erklärt sich Chopins Scheu vor öffentlichen Konzerten als eine Form des Selbstschutzes, seine Zurückgezogenheit als einen *Schild gegen Rivalität, Eifersucht und Ungerechtigkeit.* Jetzt, vor dem Konzert, ist Chopin besonders verletzbar. Seine Schülerin Friederike Müller beobachtet besorgt, wie überreizt er reagiert. Einst hatte man sie gewarnt, Chopin könne sich so extrem erregen, dass einem angst und bange werde um ihn. Manche hatten behauptet, wenn er die Fassung verliere, zerbreche er Bleistifte und zerstöre Stühle; von *leçons orageueses*, von *Gewitterstunden* war die Rede. Lange ist ihr das alles abwegig erschienen. Nun soll sie es mit *eigenen Augen* beobachten, was sie *bisher für unmöglich gehalten* hat.

Friederike hat Stunde, Chopin spielt ihr vor. Er sitzt *der Welt völlig entrückt* am Klavier, als sein Diener eintritt und ihm einen Brief aufs Notenpult legt. *Mit einem Aufschrei brach Chopin sein Spiel ab, sein Haar sträubte sich in die Höhe*, wird Friederike später in ihr Erinnerungsbuch schreiben.

Was hat er aus diesem Brief erfahren?

Enthält er die Nachricht, dass Maria Wodzińska Józef Graf Skarbek heiraten werde, keinen anderen als den Sohn von Frédérics Paten Fryderyk Skarbek? Ihr Bruder Antoni Wodziński treibt sich, ungeachtet seiner vielen Gläubiger, wieder in Paris herum. Hat er Frédéric über die Hochzeit der Schwester unterrichtet?

Chopin müsste sich erholen und ganz auf seinen Auftritt konzentrieren in den Wochen vor dem Konzert; im Vorfrühling hatte er Franchomme geschrieben: *Ich spucke Blut seit einer Stunde, und Matuszyński hat mich auf Medizin gesetzt, anstatt an mein Mittagessen – und ich lege mich ins Bett, anstatt auf ihn zu hören.* Doch nun ist Chopin unterwegs, um zu beobachten, was die Konkurrenz zu bieten hat. Im März steht Anton Rubinstein auf dem Podium. Nicht etwa eines der vielen Wunderkinder, die derzeit Mode sind: Der jetzt Elfeinhalbjährige wird, seit er 1840 seine erste Auslandstournee angetreten hat, als das Wunderkind bejubelt, neben dem die anderen verblassen. Er reist in Begleitung seines Moskowiter Lehrers Alexander Villoing, der ihn *eifersüchtig hütet.* Liszt aber, der miterlebt, wie Anton Rubinstein das Pariser Publikum erobert, hat den eifersüchtigen Hüter überzeugt, Unterricht bei ihm werde Villoings Schützling nützen und damit dessen Ruf als Pädagoge befördern. Schüler wie diesen Rubinstein finden sich nicht bei Chopin. Er hat hochbegabte wie Marcelina Czartoryska, doch kaum einer strebt eine Karriere als Pianist an; Friederike Müller und der fünfzehnjährige Georges Mathias sind da bereits die Ausnahme. Liszt finanziert sein Leben mit Auftritten, Chopin mit Klavierstunden. Da ist die Zahlungskraft der Schüler wichtiger als ihre künstlerischen Ambitionen. Denn in den Salons ihrer Eltern oder Ehemänner wird erwartet, dass Chopin unentgeltlich spielt – für die Ehre, dazuzugehören und bewirtet zu werden. Drängt man ihn allzu heftig, sich ans Klavier zu setzen, obwohl ihm die Lust oder auch die Energie fehlt, riskiert er nur selten die Bemerkung: … *aber ich habe doch fast nichts gegessen.*

Mitte März erst ist Liszt von einer Konzerttournee über Antwerpen nach Paris zurückgekehrt, die ihm erhebliche Summen eingebracht hat. Am 27. März wird er selbst in den Salons seines bevorzugten Klavierherstellers Erard auftreten, das erste in einer Reihe von Konzerten, jedes mit einem anderen Programm, kaum eines ohne jenes Bravourstück, das die Pariser lieben: seine Fantasie über *Robert le Diable* von Meyerbeer. In fetten schwarzen Buchstaben auf hellgelbem Grund wird an jeder Litfasssäule der Innenstadt groß angekündigt, dass Liszt vier Wochen später, am 25. April, in der *Salle du Conservatoire* Beethovens fünftes Klavierkonzert unter der Leitung von Berlioz aufführen wird; der Erlös des Konzertes soll der Errichtung des Beethovendenkmals in Bonn zugutekommen. Doch die Qualität seines Spiels hat keineswegs gelitten unter der Häufigkeit seiner Auftritte. *Ja, der Geniale ist jetzt wieder hier und gibt Konzerte, die einen Zauber üben, der ans Fabelhafte grenzt*, schwärmt Heine. *Neben ihm schwinden alle Klavierspieler mit Ausnahme eines einzigen, des Chopin, des Raffaels des Fortepiano.*

Ist es auch die Konkurrenz mit Liszt, die Chopin aufs Konzerpodium treibt?

Am 20. April lädt Chopin in seiner Wohnung in der Rue Tronchet zu einem Abendessen. Es ist zugleich die inoffizielle Generalprobe für den Geiger Heinrich Ernst. Delacroix ist geladen, außerdem einige von Chopins Schülern und Schülerinnen, darunter die schon vierunddreißigjährige Marie Gräfin de Rozières, Klavierlehrerin von Solange und so gut für kleine und große Dienstleistungen einzuspannen wie Julian Fontana. Sie betet ihn an und erhält im Gegenzug kostenlos Stunden. Als Tochter aus verarmtem Adel kann sie den Unterricht bei Chopin nicht zahlen. Als sie dennoch darauf bestand, zu ihm zu kommen, hatte er sie gefragt: *Sind Sie geduldig? – Sehr geduldig*, hatte Marie geantwortet. Daraufhin bot er an, sie bei George Sand einzuführen. *Sie hat eine Tochter, die ist der Teufel. Die können Sie unterrichten, und für jede Stunde, die Sie ihr geben, bekommen Sie eine von mir.* Marie ist ihm ergeben, und sie wird gebraucht. Daher bezichtigt Chopin sie nur anderen gegenüber, klatschsüchtig und ein *cochon insipide*, ein *geistloses Schwein* zu sein. Trotzdem stört es ihn, dass sie sich mit einem Mann eingelassen hat, der ebenfalls klatschsüchtig ist und ihn um viel Geld gebracht hat: Antoni Wodziński, der Bruder seiner einstigen Verlobten. Chopin müsste nun damit rechnen, dass die Nachricht von seiner

Intimität mit George Sand die Heimat, die Eltern, die Wodzińskis erreicht. Ist George deswegen nicht dabei? Andererseits wissen Zeitungsleser in Paris längst Bescheid: Seit Januar 1841 ist *Un Hiver au Midi de l'Europe*, Georges Bericht über den gemeinsamen Winter auf Mallorca, in Fortsetzungen in der *Revue des Deux Mondes* erschienen. Dort wird Chopin zwar nicht beim Namen genannt, er heißt nur *l'artiste*, doch wer dieser Künstler ist, bleibt kaum einem verborgen. Dennoch fordern beide nicht, wie Marie d'Agoult und Liszt es taten, die Konservativen heraus. Da gibt es nicht drei uneheliche Kinder, da gibt es nach außen keine Hinweise auf ein intimes Verhältnis. Und nach innen?

Jeder, auch Liszt, betont bei der Beschreibung Chopins, er sei *schwächlich*, ihm sei anzusehen, dass er *der größten Vorsicht* bedürfe. *Niemand unter den Parisern war imstande*, meint Liszt rückblickend, *die Reinheit der Wünsche zu begreifen, wie sie ihm vorschwebte*. Chopins *angeborene Vornehmheit* sei *umso größer* gewesen, *je weniger sie sich ihrer Verachtung der gemeinen Sinnenlust bewusst* geworden sei. Das hört sich nicht nach heißen Liebesnächten an.

Fragen sich die Pariser, die über die Vergangenheit von George Sand Bescheid wissen, wie diese Frau nun ihre Bedürfnisse stillt, für die *der Liebesakt, die Liebesvereinigung zweier Menschen* eine *reine und heilige Sache* ist, also einfach dazugehört? Oder nehmen sie das Angebot an, die Verbindung als eine rein freundschaftliche einzusortieren?

Am 25. April, einen Tag vor Chopins Auftritt, gibt Liszt in der *Salle du Conservatoire* sein Benefizkonzert. Trotz seines wie üblich schon Tage vorher ausbrechenden Lampenfiebers sitzt Chopin neben George unter den Zuhörern. Auch Richard Wagner ist im Saal, er soll für die *Dresdner Abendzeitung* über das Ereignis berichten. Sein Kommentar lässt Chopins Angst vor der großen Virtuosenschau auf einmal vernünftig erscheinen. *Was würde, was könnte Liszt nicht sein, wenn er kein berühmter Mann wäre, oder vielmehr, wenn die Leute ihn nicht berühmt gemacht hätten! Er könnte und würde ein freier Künstler, ein kleiner Gott sein, statt dass er jetzt der Sklave des abgeschmacktesten Publikums der Virtuosen ist. Dieses Publikum verlangt von ihm um jeden Preis Wunder und närrisches Zeug, er gibt ihm, was es will, lässt sich auf Händen tragen und spielt im Konzert für das Beethoven-Denkmal eine Fantasie über ‹Robert der Teufel›. Das geschah aber mit Ingrimm! Das Programm bestand nur aus Beethovenschen Kompositionen; nichts desto weniger verlangte das Publikum mit Donnerstimme Liszts vortrefflichstes Kunststück, jene Fantasie zu hören.*

Chopin erlebt, wie sein Freund *in ärgerlicher Hast* sagt: *Je suis le serviteur de public, cela va sans dire!* Dann setzt er sich an den Flügel und legt *mit zerknirschender Fertigkeit* dieses Stück hin.

Liszt bedient das Publikum mit dem, was es von ihm erwartet; ist er wohltätig, dann so spektakulär wie damals in Wien für ungarische Überschwemmungsopfer oder jetzt für das Gedächtnis des großen Kollegen. Chopin leitet ebenfalls einen Beitrag zum Beethovendenkmal, mit einem Einzelstück, einem Geniestück, das in die Zukunft weist – dem cis-Moll-Prélude op. 45, in dem von Anfang bis Ende moduliert wird. Doch kaum einer erfährt, dass er es dem Wiener Verleger Mechetti unentgeltlich zur Veröffentlichung in einem Album überlassen hat, das demselben Zweck dient wie Liszts Konzert.

Chopins Konzertabend soll um halb neun Uhr abends beginnen. Schon Stunden zuvor sind die *Salons Pleyel* hell erleuchtet. Liszt beobachtet das Geschehen: Um acht rollen *die Equipagen heran, um am Fuß der mit Teppichen und duftenden Blumen bedeckten Treppe die schönsten Frauen, die elegantesten jungen Männer, die reichsten Finanziers, die vornehmsten Adligen abzusetzen, kurz eine Elite der Gesellschaft, den ganzen Adel an Geburt, Vermögen, Talent und Schönheit.*

Der Flügel auf dem Podium ist bereits geöffnet, *um ihn herum Leute, eifrig bedacht in nächster Nähe einen Platz zu bekommen,* denn jeder denkt nur daran, *keinen Akkord, keine Note, keine Nuance, keinen Gedanken desjenigen zu versäumen, der nun dort Platz nehmen* soll.

Im Publikum sieht Liszt die Kollegen Berlioz und Kalkbrenner, die Dichter Mickiewicz und Heine, den Maler Delacroix. Auf Chopins Programm: die Préludes, die Ballade in F-Dur, das Scherzo cis-Moll, die letzten Mazurken und Nocturnes und einige seiner Etüden – laut Liszt diejenigen seiner Kompositionen, *die sich am weitesten von den klassischen Formen entfernen, also weder Konzerte noch Sonaten noch Fantasien noch Variationen* sind.

Liszt wird Zeuge, wie der Freund sein Publikum bannt, die *engste Verbindung* herstellt, so als fühle er sich *eher einem Privatkreis als einem Publikum* gegenüber. Daher, mutmaßt Liszt, könne er *sich ungehemmt geben als das, was er ist, nämlich als elegischer Dichter, tief, keusch und träumerisch.*

Der Kritiker Ernest Legouvé soll für die *Revue et Gazette Musicale* den Abend besprechen. In der Konzertpause bedrängt Liszt den Kritiker: Er selbst wolle das Konzert rezensieren. Legouvé gibt nach. Der angeblich angegriffene Chopin hatte mit wenig Kraft begonnen, doch er steigert sich. Zwei Etüden und zwei Balladen muss er wiederholen. *Sicher hätte das Publikum verlangt, jede Nummer da capo zu spielen*, ist Liszt überzeugt, *wäre nicht eine völlige Erschöpfung des Künstlers zu befürchten gewesen, die sich auf seinem bleichen Gesicht bereits ankündigte.*

Zu hören war von der Erschöpfung wohl nichts. Dem Pianisten Stephen Heller war es bereits aufgefallen, als er Chopin und Moscheles Duett spielen hörte, dass Chopin, obwohl er links saß, den für seine Brillanz berühmten Moscheles überstrahlte.

Am 2. Mai erscheint die Rezension von Liszt in der *Revue et Gazette Musicale* und eine von Léon Escudier in der *France Musicale.* Chopin wird hier wie dort gelobt. Doch von seinem Freund Liszt wird sich Chopin missverstanden fühlen. Die Nachricht, nicht Legouvé, sondern Liszt werde seinen Auftritt besprechen, hatte er bereits gereizt kommentiert: *Er wird mir ein kleines Königreich in seinem Imperium überlassen.*

Dass Liszt ihn als Poeten mit seinem Landsmann Mickiewicz vergleicht, dürfte Chopin noch behagen. Er weiß ja nichts davon, dass Mickiewicz ihn George gegenüber als *Vampir* bezeichnet hat, und besucht mit ihr immer wieder die Vorlesungen des Dichters. Doch was Liszt aus diesem Vergleich des Komponisten mit dem Dichter macht, muss Chopin aufbringen. *Wenn sich weniger Glanz mit seinem Namen verbindet*, schreibt Liszt und meint damit Chopin, *wenn ein weniger leuchtender Glorienschein seinen Kopf umgibt, so heißt das nicht, dass ihm die gleiche Kraft der Gedanken und die gleiche Gefühlstiefe fehlt, wie dem berühmten Autor.* Aber Chopins *Ausdrucksmittel* seien *beschränkt, sein Instrument* sei *zu unvollkommen.* Damit ist nicht die Qualität des Pleyel-Flügels gemeint, vielmehr Chopins Weigerung, große Orchester- oder Vokalwerke zu komponieren. Keine Oper, kein Oratorium, nicht einmal ein weiteres Klavierkonzert. Ein drittes in A-Dur hat er zwar begonnen, es aber bei einem Satz belassen, den er zu einem Solostück umschreiben und als *Allegro de Concert* herausbringen will. *Mit Hilfe des Klaviers alleine*, behauptet Liszt, könne sich Chopin *nicht vollständig offenbaren. Darauf geht auch … sein beständiger dumpfer Schmerz zurück, ein gewisser Unwille, sich der Außenwelt mitzuteilen. Eine Melancholie, die sich hinter scheinbarer Heiterkeit verbirgt.*

Die seinem Vaterland eigene Wildheit und Zerrissenheit drücken sich in den kühnen Dissonanzen und in den fremdartigen Harmonien aus …

Chopin lässt sich gerne porträtieren, zeichnen, malen, modellieren; bereitwillig sitzt er auch einem Jean Pierre Dantan Modell für eine Büste, der sich sein Geld mit kleinen Karikaturstatuetten verdient. Doch selbst wenn er sich in diesem Seelenporträt Liszts wiedererkennen sollte, muss es ihm widerstreben, sich in solcher Weise entblößt zu sehen. Das Nackte stößt ihn ab, im übertragenen wie im konkreten Sinn. Bis zum obersten Knopf zugeknöpft zeigt er sich zu jeder Jahreszeit. Ein offenes Hemd, wie Balzac es liebt, verstößt für Chopin gegen jeden Stil. Nicht von seinem Freund, sondern von Escudier, dem Kritiker in der *France Musicale*, wird sich Chopin verstanden fühlen. *Chopin ist Pianist aus Überzeugung. Er komponiert für sich selbst, er spielt für sich selbst … hören Sie ihm zu, wie er träumt, wie er weint, wie er singt, voller Zärtlichkeit singt. … Chopin ist ein Pianist des Gefühls par excellence.*

Dass Chopin seine Scheu überwunden hat, macht sich bezahlt. *Während dieser zwei Stunden hat er mit Hilfe seiner beiden Hände über 6000 Francs zusammengerafft – unter dem Beifallklatschen, Applaus und Getrampel der schönsten Frauen von Paris*, vermeldet George. Chopin braucht das Geld: Seine Wohnung kostet um die 1000 Francs im Jahr, der Diener 840, die Kutsche 560, die Kleidung mindestens 500 Francs. Für den gesamten zweiten Zyklus Préludes' hat er 3500 Francs bekommen. *Er hat sich einen ruhigen Sommer gesichert*, freut sich George.

Einen Sommer in Nohant.

Am 18. Juni treffen George und Frédéric, der seinen alten Diener Charles aus Paris mitbringt, im Berry ein.

Ich liebe, bekennt George in diesem Sommer Charlotte Marliani, *Nohant mit einer Zärtlichkeit wie ein Lebewesen, das stets heilsam, beruhigend und kräftigend auf mich gewirkt hat.* Auf Chopin soll es genauso wirken. Obwohl sich Chopin nicht darüber beklagt hatte, war George im ersten gemeinsamen Sommer hier aufgefallen, dass es in seinem Zimmer ungut roch. Sie machte verdorbenen Tapetenkleister dafür verantwortlich. Im April dieses Jahres hatte sie nun die alte Tapete abreißen und durch eine neue ersetzen lassen; ihrem Halbbruder Hippolyte, der die Renovierung überwachte, hatte sie befohlen, ausnahmsweise keinen Schnupftabak zu nehmen und sich die Nase zu putzen, damit sein Geruchssinn imstande sei, schlechten Kleister auszumachen. Sie hatte auch für einen Umbau des Zimmers gesorgt, der die Akustik verbessert. Damit Chopin ungestört üben kann, ohne zu befürchten, die anderen zu stören, hat George die Tür am Treppenabsatz, der zum Flur vor ihren und Chopins Räumlichkeiten führt, polstern lassen, ebenso die Türen zu seinem Zimmer und dem Salon. Chopin wird umsorgt und lässt andere seine Besorgungen erledigen.

Chopins Stimmung beeinträchtigt nur eines: dass er von Todesahnungen behelligt wird. Von eigenen und von denen der Freunde. *Ich habe geträumt, ich stürbe in einem Krankenhaus, und der Gedanke ist bei mir so fest verwurzelt, dass ich ihn nicht mehr loswerde – es ist, als hätte ich das erst gestern geträumt.* Liszt hatte in seiner Rezension behauptet, Chopin werde *verschont von allen Angriffen.* Und dieses *völlige Schweigen der Kritik* wirke so, als *ob sich die Nachwelt bereits zu Wort melde.* Dann hat Jaś Matuszyński Chopin erzählt, er habe dessen Tod geträumt. *Träume nicht, dass ich gestorben bin*, bittet Chopin Fontana. *Träume lieber, dass ich im Begriff bin, geboren zu werden … Ich fühle mich so ruhig und heiter wie ein Kind in den Windeln; und wenn mich jemand am Gängelband nehmen würde, wäre ich sehr zufrieden.*

Gewickelt, gefüttert und am Gängelband geführt, kommt er zum Arbeiten. Bereits am 27. Juni schickt er die neue *Tarantelle* und eine seitenlange Auftragsliste an Julian Fontana. Er hat ihn zu seinem Sekretär erklärt, und der soll kopieren, Honorare aushandeln, außerdem sachkundig letzte Hand anlegen: … *wenn der Takt meines Manuskriptes nicht richtig ist, gib es nicht ab, sondern schreibe es noch um.*

Er entschuldigt sich zwar: *Wäre ich vor meiner Abreise quasi nicht nur mit einem Bein zu Hause gewesen, würden Dir diese Belästigungen erspart bleiben.* Doch er erspart Julian nichts. *Charles hat die in Flanell eingenähte blecherne Wärmflasche für den Bauch vergessen. Wenn Du sie im Schränkchen findest, schicke sie.* Auch Einkäufe muss Fontana erledigen. Das neue Buch von Stefan Witwicki soll er besorgen, außerdem im Palais Royal eine *Jagdbluse* mit Perlmuttknöpfen, ein Hemd aus rauem Stoff, das hier auf dem Land stilistisch besser passt. Vor allem aber soll sich Fontana um den neuen Pleyel-Flügel kümmern und ihn per Eilpost nach

Châteauroux expedieren. Das vorhandene Instrument genügt Chopins Ansprüchen nicht; es hat in den beiden Jahren, die es unbenutzt herumstand, unter der Feuchtigkeit gelitten. Chopin erwartet offenbar, dass Pleyel ihm das Klavier kostenlos zur Verfügung stellt. Die 6000 Francs aus den Erlösen der Eintrittskarten zu seinem Konzert braucht er anderweitig. *Kaufe für die beiliegenden 100 Francs bei Houbignant feine Seife, 1 Flasche Patschuli, und 1 Flasche Bouquet Chantilly, im Palais Royal einen Kopfkratzer aus Elfenbein. Schicke auch zwei gut verpackte Exemplare der Büste, die Dantan von mir gemacht hat.* Außerdem braucht er dringend *eine große Pastete*: eine feine Straßburger, die er bei einer Wette verloren hat. *Am Ende des Monats werde ich Dir dann meine Pasteten aus meiner verräucherten Küche hier schicken.* Meine Pasteten, meine Küche, manchmal heißt es auch mein Haus oder mein Garten: Chopin fühlt sich auf Nohant als Hausherr und stößt sich daran, dass die Küche dringend geweißelt werden müsse, es hier aber an Kalk fehle. Nicht alles ist ihm hier fein genug. George genießt es, am Ufer der Creuse oder der Indre zu picknicken, Frédéric kann sich dafür nicht begeistern. Er weiß, was das Feinste ist, weiß, wo man es bekommt, und kauft es. Da muss an anderer Stelle eingespart werden. Damit das neue Instrument ihn bestimmt nichts kostet, bittet Chopin Fontana, zur Not den Konkurrenten Erard gegen seinen Freund auszuspielen. *Sollte Pleyel irgendwelche Schwierigkeiten machen, so wende Dich an Erard; ich denke, dass dieser Dir dann höchstwahrscheinlich zu Diensten sein wird.*

Schwierigkeiten vor Ort macht zunächst das Wetter. Am 4. Juli hat George ihren siebenunddreißigsten Geburtstag gefeiert, vier Stunden nach Mitternacht bebt die Erde, und kurz darauf setzen sintflutartige Regenfälle ein, die kein Ende finden. Weitere Schwierigkeiten macht Chopins Diener. Das hätte er sich ausrechnen können. Nicht ohne Grund bittet George jeden Gast ausdrücklich, kein eigenes Personal aus der Stadt nach Nohant mitzuführen, da es sich mit dem ländlichen nicht verträgt. Chopins Diener erledigt nichts so, wie es den ungeschriebenen Ordnungen des Hauses entspricht, und beschwert sich über Schlampereien. George hat ihm mit Kaltwasserduschen gedroht, fallls er nicht zur Vernunft komme. Ohne Erfolg. Dass Charles' Lohn um ein Vielfaches höher ist als der von Georges Hausangestellten, die ein Vielfaches mehr arbeiten, sorgt für zusätzlichen Verdruss.

Das Klavier kommt, Charles muss gehen. *Morgen werde ich wahr-*

scheinlich meinen alten Diener zurückschicken, der hier seinen Verstand verliert, schreibt Chopin am 9. August an Fontana. *Er ist ein anständiger Mann und kann bedienen, aber er ist ein Nörgler, der den Leuten hier auf die Nerven fällt.* Nur wohin mit dem Diener? Er muss ja irgendwo untergebracht werden. Chopin erledigt dieses Problem mit einem Satz an Julian: *Wenn er bei Dir erscheint, erschrick nicht; es ist die einzige Methode, ihn loszuwerden, wenn ich ihm sage, er solle auf mich warten; in ein, zwei Wochen werde ich ihm schreiben, dass ich entweder später zurückkehre als gedacht, oder irgendetwas anderes, und dann schlagen wir drei Kreuze hinter ihm.*

Mal soll Fontana verlegte Visitenkarten suchen, um die korrekte Schreibweise eines Namens ausfindig zu machen, mal Tokajer für den hilfreichen Arzt in Marseille beschaffen und gleich dorthin versenden. Dann wieder soll er Manuskripte abschreiben, wobei er stets aufs Neue zu besonderer Achtsamkeit ermahnt wird: ... *zerdrück, besudle, zerreiße es nicht.*

Chopin ist voller Schaffenskraft. Zügig vollendet er die Transkription des *Allegro de Concert*, das er Friederike Müller bei ihrem Abschied zu widmen versprochen hat, und sendet es Fontana mit dem Auftrag, es nicht etwa für 300, sondern nur für 600 Francs einem Verleger zu überlassen. Dann schreibt er zwei neue Nocturnes, die als Opus 48 erscheinen werden, und eine *Fantaisie* in f-Moll, die als Opus 49 herauskommt.

Wie immer kehrt in seinen Briefen ständig die Wendung wieder: *Sag nichts.*

Grüße auch Pleyel und entschuldige mich bei ihm, dass ich ihm noch nicht gedankt habe (sage nichts davon, dass er mir ein sehr schlechtes Klavier geschickt hat).

Wie beim letzten Aufenthalt in Nohant beauftragt Chopin von hier aus Fontana, eine neue Wohnung für ihn zu suchen: nicht nur, weil die in der Rue Tronchet sich als klamm und schwer heizbar erwiesen hat, vor allem, weil sie zu weit von der Georges entfernt liegt. Auch hier der Refrain: *Sage nichts.* Antoni Wodziński soll er nichts sagen und erst recht nicht Marie de Rozières.

Fontana hat Dantans kleine Chopin-Büste Antoni Wodziński geschenkt, der im August, spätestens Anfang September zurück zu seiner Familie nach Polen reist. Dies aber beunruhigt Chopin, *weil dort neues Geschwätz entstehen wird, und ich habe davon schon mehr als genug. Wenn ich Antoni mit keinerlei Aufträgen versehen habe, dann hat das nur diesen*

Grund … Wie sonderbar muss es außerdem meinen Eltern vorkommen, dass sie nicht als Erste diese Büste bekommen. Doch keinesfalls will Chopin, dass Fontana dieses Geschenk rückgängig macht. *Ich bitte, lass die Dinge so, wie sie sind, sonst wird das Ganze noch schlimmer; dann erzählt er alles Fräulein de Rozières, denn er ist rechtschaffen, aber schwach. Und sie ist indiskret, zeigt gern, wie intim sie mit ihm ist, und mischt sich gern in fremde Angelegenheiten ein …. Sie ist ein unerträgliches Schwein, das auf merkwürdige Weise in meinen Hof eingedrungen ist, herumwühlt und Trüffel zwischen den Rosen sucht. Eine Person, die man nicht anfassen darf, denn wenn sie etwas berührt, ist das mit unerhörter Indiskretion verbunden. Mit einem Wort, eine alte Jungfer. Wir alten Junggesellen sind da entschieden besser.*

Lebt Fontana auch deshalb allein, weil Chopin ihn so mit Beschlag belegt, dass keine Zeit für eine Frau und Familie bliebe?

Chopin geht es gut, von George und ihrem Personal gewickelt und gefüttert. Er fühlt sich gestärkt und erklärt Julian: *Die Bedingungen, was die Treppen angeht, gelten nicht mehr.* Bisher wollte er nur eine Wohnung in der ersten Etage mieten, nun traut er sich zu, ein paar Stockwerke hinaufzusteigen.

Damit er das Landleben aushält, braucht er Gesellschaft. Aber nicht die von Marie de Rozières und Antoni Wodziński, was George bereits geplant, Chopin jedoch abgebogen hatte. Wie immer langweilt er sich nach wenigen Wochen auf dem Land. Die Idee, Pauline Viardot einzuladen, gefällt ihm und George gleichermaßen. Doch die junge Sängerin hat Hemmungen, George auf der Tasche zu liegen. *Sie verursachen mir keinerlei Ausgabe*, beruhigt die Gastgeberin Pauline. *Wenn man im eigenen Haus lebt, das Korn isst, das man selbst gesät hat, und die Hühner, die man selbst aufgezogen hat, schaut man nicht auf einen Gast mehr oder weniger. Meine notorische Armut hört auf, sobald ich hier bin.* Auf einmal ist keine Rede mehr von den hohen Kosten, über die sie noch im letzten Jahr geklagt hatte. Am 2. August trifft Pauline mit ihrem Mann Louis Viardot auf Nohant ein. Zwei Wochen wollen sie bleiben, keinesfalls länger.

George war daran beteiligt, dass Pauline Garcia und Louis Viardot, Schriftsteller und Direktor des *Théâtre Italien*, ein Paar wurden. Pauline ist erst zwanzig, er ist einundvierzig. *Ihre Liebe zu ihm ist zart, keusch, generös, tief, still*, schreibt George in ihr Tagebuch. *Es ist eine Liebe ohne Rausch, Liebe ohne Leiden; kurz, es ist eine Liebe ohne Leidenschaft.*

Ihre eigene Beziehung zu Chopin ließe sich mittlerweile mit fast denselben Worten beschreiben. Meint George, die körperliche Leidenschaft schade Chopin, will sie ihn schonen? Oder verspürt sie kein Verlangen nach diesem Mann, den sie *mon malade ordinaire*, mein Immerkranker nennt? Ohne Leidenschaft aber kann George Sand nicht existieren. Es gibt eine neue in ihrem Dasein: Pauline Viardot-Garcia.

Zurück von Mallorca hatte George die mädchenhafte Sängerin in Paris im Oktober 1839 zum ersten Mal gehört. Als Desdemona in Rossinis *Otello. Königin der Welt*, hatte George die Bewunderte in einem Brief genannt und ihr gestanden: *Ich bin so begierig auf das Zusammensein mit Ihnen.* Pauline solle den Tag für einen Besuch in Georges Wohnung bestimmen. *Besäße ich Millionen, würde ich sie an jenem Tag dann für orientalische Teppiche ausgeben, um sie zu Ihren Füßen zu entrollen.*

Ein Jahr später hatte George ihrem Tagebuch anvertraut: *Sie ist die einzige Frau, die ich in den letzten zehn Jahren so zärtlich geliebt habe … Aber sie ist noch ein Kind, erst neunzehn, und ich hege Zweifel, ob der Altersunterschied jemals überbrückt werden kann.*

Hat sie Pauline zur Heirat mit Louis Viardot überredet, weil sie sicher sein kann, dass dies eine *Liebe ohne Rausch* bleiben wird? Zwar nennt sie Pauline *Herzenskind* oder *geliebte Tochter*, oft auch *ma fifille*, doch es ist deutlich, was die Sängerin, blutjung, fast scheu und hochbegabt, in ihr ausgelöst hat. Jahrelang wird George ihre Liebe zu Pauline beweisen und gestehen. *Ich liebe Sie hundertmal mehr als meine Arbeit, obwohl meine Arbeit für mich heilsam und mir viel wert ist.* Doch offenbar gelingt es ihr bereits in jenen Wochen, die leidenschaftlichen Gefühle in mütterliche zu verwandeln, sodass sie 1843 schreiben kann: *Neben meinen Kindern (und ich darf sagen* unter *meinen Kindern, denn Sie sind eins davon) kenne ich keine zärtlichere und dauerhaftere Zuneigung, als die zu Ihnen und zu Chip-Chip, der ja auch mein Kind ist.*

Auf Nohant allerdings verbringt George mehr Zeit mit Louis Viardot, der eine neue Zeitschrift gründen will. Und George braucht einen neuen Verleger. *Ich werde mich niemals mit Ihnen auf ein Streitgespräch über Prinzipien einlassen. Zumal Sie und Ihresgleichen von Berufs wegen gar keine haben*, erklärt sie Buloz und verwahrt sich gegen jede Einmischung in ihren neuen Roman *Horace. Sie wollen, dass ich vom Bürgertum spreche. Darf es aber nicht ignorant und ungerecht nennen. Ich soll von der Gesellschaft sprechen, darf aber nicht sagen, dass ich sie für vernunftwidrig und erbarmungslos halte …* Darüber kann sie mit Chopin nicht reden, der von eben jenem Bürgertum, von eben jener Gesellschaft lebt. Umso besser aber mit Viardot, der wie sie für die Ideen von Leroux brennt. George fordert den Bruch mit Buloz heraus. *Sie glauben, dass ich auf dem absteigenden Ast bin, bei Gott, mein armer Buloz, ich bin versucht, über Sie der gleichen Meinung zu sein … Sie werden kein Buch von mir finden, in dem ich die Ungleichheit und die Privilegien (und das Geld ist das wichtigste aller Privilegien) nicht anprangere … Wenn ich gezwungen werden soll, aufzupassen, dass ich der Regierung nicht missfalle, muss ich Sie darauf hinweisen, dass hiervon bei der Unterzeichnung unseres Vertrages nicht die Rede war. Entweder ist der Vertrag nichtig oder ich erwarte, dass er genauestens erfüllt wird.* Buloz versucht, vermutlich unter dem Einfluss seiner Ehefrau Christine, George zu beschwichtigen. Ohne Erfolg. *Wir können nicht mehr zusammenarbeiten. Trennen wir uns also. Was macht das schon? Ich kann schließlich nicht um meine Freiheit mit mir feilschen lassen; ich will sie ohne Einschränkung oder ich gehe. … Lassen Sie mich in mein Unglück rennen und belästigen Sie mich nicht mit dem Ihrigen.*

Chopin zieht sich mit Pauline Viardot zurück. Sie entspricht in jeder Hinsicht seinem Frauenbild. Schmal, sanft, das Gesicht ein vollkommenes Oval, das Haar in der Mitte gescheitelt, erinnert sie an seine beiden frühen Geliebten. Und für Sängerinnen hat er sich von Kindheit an begeistert. Für Henriette Sontag, die ihn in Warschau im Negligé empfangen hatte, für all die großen Diven, die er in Paris gehört hat, die Pasta, die Grisi, die Schröder-Devrient, die Damoreau-Cinti und für die Malibran, Paulines ältere Schwester, die im Herbst 1836 mit nur achtundzwanzig Jahren an den Folgen eines Sturzes vom Pferd gestorben war. *Man muss mit den Fingern singen*, sagt Chopin seinen Schülern. Mit Pauline Viardot kann Chopin über Schumann und Clara Wieck reden. 1838 hatte sie in Leipzig debütiert, und Schumann war ergriffen. Clara und Pauline sind seither eng befreundet und treffen einander auf den Tourneen. Mit Maria Wodzińska verbindet Pauline nicht nur das Äußere: Sie verfügt über ein großes zeichnerisches Talent und wird ebenfalls Chopin porträtieren. Doch sie ist keine dilettierende Pianistin, sie ist eine große Musikerin aus einer Dynastie von Sängern und Komponisten. Frédéric und Pauline vertiefen sich in Lieder und Arien des 18. Jahrhunderts, in die von Pergolesi und auch in die von Paër, ihrem Paten, bei dem Chopin in Paris als Neuankömmling mit Malfattis Empfehlung in der Hand vorgesprochen hatte. George hat die beiden gebeten, die Volkslieder des Berry aufzuschreiben, denn sie befürchtet, dass dieser Schatz sonst in Vergessenheit gerät. Auch das ist Stoff für viele Stunden. Es ist wohl kein Zufall, dass Chopin in der ersten der beiden Nocturnes, die er in jenem Sommer auf Nohant vollendet, jener erregenden in c-Moll, die Anweisungen *mezza voce*, mit halber Stimme und *sotto voce*, mit gedämpfter Stimme gibt. Doch vor allem spielen sie Billard miteinander und ziehen sich in den Schatten des Gartens zurück. Er und Frau Viardot, berichtet Chopin Fontana, beschäftigen *sich mit der Musik weniger als mit anderen Dingen.* George hätte Grund zum Argwohn, doch Eifersucht kennt sie nicht. Wenn *Horace* vollendet ist, will sie als Nächstes einen Roman über eine Sängerin schreiben, mit Pauline als Vorbild und Chopin als fachlichem Berater.

Die Viardots reisen ab. Delacroix, der sein Kommen zugesagt hatte, bittet wieder und wieder um Aufschub. Chopin flüchtet sich, sei es vor der Langeweile, sei es vor den in der Ereignislosigkeit aufsteigenden Gedanken, in die Arbeit. Seine ungewohnte Energie scheint man aus seiner Polonaise in fis-Moll herauszuhören, eine technische Herausforderung voller Temperament. Sein Selbstbewusstsein als Komponist zeigt sich auch in Äußerungen über den unmittelbaren Konkurrenten. *Liszt wird vielleicht eines Tages zum Abgeordneten von Abessinien oder Kongo*, schreibt er am 12. September an Julian Fontana. *Aber was die Motive aus seinen Kompositionen angeht – die werden in den Notizbüchern bleiben.*

Paris ist Kampf und Rastlosigkeit, Nohant der Ort, an dem er zum Komponieren kommt. Dennoch unterbricht Chopin wohl nicht ungern die Ruhe im Berry, um wegen der neuen Wohnung in die Metropole zu reisen. George hat ihm die Entscheidung erleichtert; sie hat ihm angeboten, er könne in denjenigen ihrer beiden Pavillons in der Rue Pigalle 16 einziehen, in dessen erster Etage sich das Atelier von Maurice befindet. Pelletan, der ehemalige Hauslehrer von Georges Kindern, muss dafür sein kostenfreies Logis räumen, außerdem soll er Frédéric beim Umzug behilflich sein.

Am 25. September kommt Chopin in Paris an, *gar nicht ermüdet*, um sich die Wohnung in der Rue Pigalle anzusehen und zu überlegen, wie er sie ausgestalten will. Er hat Sehnsucht nach George. Noch am Tag der Ankunft schreibt er ihr: *Vergessen Sie mich nicht.*

Am 30. September ist Chopin bereits wieder in Nohant, um Pelletan in einem Brief an Julian als *Dummkopf* zu beschimpfen und dem Freund nicht nur die Verhandlungen mit seinen Verlegern aufzubürden, sondern auch noch Aufträge für George, die er doch bei seinem Parisaufenthalt selbst hätte erledigen können. *In der rechten Schublade meines Schreibtisches wirst Du ein versiegeltes, an Frau Sand adressiertes Paket finden. Packe es in Wachsleinwand ein, versiegle es und schicke es an Frau Sand. Nähe die Adresse mit einem starken Faden auf, damit sie auf der Wachsleinwand haften bleibt.* Mit manchen Aufgaben würdigt er Fontana zum Lakaien herab. *Der zweite Schlüssel liegt im Spiegelschrank neben dem Rasierpinsel. Sollte er dort nicht sein, lass die Schublade von einem Schlosser öffnen.* Julian wird zum Dank gelobt: *Was Du gemacht hast, hast Du gut gemacht.* Manchmal muss sich der Kopist, eigentlich selbst Komponist, auch mit Spott zufrieden geben. *Wenn das Abschreiben Dich ermüdet, tröste Dich mit dem Gedanken, dass Du Deine Sünden dabei los wirst.* Wie es Fontana geht, bekümmert ihn nicht. *Tröste Dich, dass Du kein Rheuma und keine Gicht hast*, meint er. Immerhin wird er oft *gefälligster aller Menschen* genannt, während andere, ob Verleger, Bekannte, Geschäftsfreunde oder Bankiers, *Betrüger* sind. Wessel vor allem. Der hatte Fontana geklagt, dass er mit den letzten Werken Chopins ein Verlustgeschäft gemacht habe. Chopin meint, die Schuld dafür liege *höchstwahrscheinlich an den albernen Titeln, die er ihnen trotz meiner Anweisungen gegeben hat.* Der Londoner Verleger hatte sich als Dichter betätigt, das *Rondeau* op. 1 nannte er *Abschied von Warschau*, die Nocturnes op. 9 *Das Gemurmel der Seine*, die aus op. 27 *Die Klagenden*, das erste Scherzo op. 20 *Infernalisches Bankett* und den Boléro *Erinnerung an Andalusien* – obwohl Chopin niemals in Andalusien war. Das hört sich an wie eine Mischung aus Berlioz und Johann Strauss, nach Programmmusik also, die Chopin verachtet.

George ist auch auf Nohant immer an der Front. Nach der Trennung von Buloz gründet sie nun mit Pierre Leroux und Louis Viardot, Paulines Ehemann, die *Revue indépendante.* Darin erscheint ihr neuer Roman *Horace*, der dem alten Verleger zu brisant war, im Vorabdruck. Sie hat sich auch entschieden, ihre Tochter Solange weiterhin aufs Internat zu schicken, obwohl die protestiert, weil die Dreizehnjährige faul, verwöhnt, aufsässig und rücksichtslos ist. Dass sie hübsch und begabt ist, hilft da wenig, und der Vorschlag von Georges Bruder Hippolyte, das Kind früh zu verheiraten, am besten mit ihrem Freund Dr. Gustave Papet, macht

George nur deutlich, dass Solange nicht in die Nähe ihres Onkels geraten darf. Am 13. Oktober tritt Solange ins Internat Héreau in Paris ein.

Von Chopin hält George ihre Schwierigkeiten fern. Und er selbst überlässt die seinen Fontana. Dass er von keinem Ärger behelligt wird, beflügelt ihn offenbar. Mit unverminderter Kraft komponiert er weiter. Mit dem Herbst zieht die Melancholie bei Chopin ein. Doch er weiß, dass die zu ihm gehört, dass er sie sogar braucht. Am 20. Oktober, dem Tag, an dem er die Fantasie in f-Moll vollendet, schreibt er Fontana: *Der Himmel ist schön – traurig ist mir ums Herz – aber das macht nichts; wäre es anders, würde mein Dasein vielleicht niemandem nützen.* Eine Woche später, am 27. Oktober, kündigt er Fontana an, er werde mit George am kommenden Montag nach Paris zurückkehren, überhäuft ihn mit Bitten und Wünschen, was die Vorbereitung der Wohnungen in der Rue Pigalle angeht, und meint dann gelassen: *Irgendwie wird das schon werden. Meine alte Devise. Übrigens läuft die Zeit weg, die Welt vergeht, der Tod hetzt einen, und meine Manuskripte jagen Dich.* Er ahnt wohl nichts davon, dass Fontana von düsteren Stimmungen heimgesucht wird, die ihn Jahre später in den Freitod treiben werden.

Kaum ist Chopin in Begleitung von George, deren Diener und deren beiden Hunden Pistolet und Jessy in Paris angekommen, nimmt er den Unterricht wieder auf. Keiner scheut den langen Weg hinaus an den Stadtrand. Auch nicht Carl Filtsch, ein deutschstämmiger Ungar, der mit seinem Bruder nach Paris gekommen ist, um Unterricht bei Chopin zu nehmen. Chopin lässt ihn seine beiden neuen Nocturnes op. 48 spielen. Carls Bruder Josef berichtet den Eltern in Siebenbürgen, wie Chopin reagiert. *Bravo mein Kind, sehr gut, rief er aus.* Carl sei rot geworden und habe mit einem Lächeln aufgeschaut. *Daraufhin umarmte ihn Chopin, nahm seine beiden Hände in seine … Der gleich herbeigerufenen George Sand imponierte Carls Spiel so sehr, dass sie prophezeite, Carl werde ein zweiter Liszt oder Thalberg werden. Darauf Chopin: Nein! Er wird sie weit übertreffen.*

Außer ihm selbst, erklärt er nachher seinen Freunden, sei niemand imstande, diese Nocturnes so souverän zu spielen.

Carl Filtsch ist elf Jahre alt. Chopin hat ein Kind, ein geniales. Beinahe hätte Liszt es bekommen. Der hat Carl schon vor Chopin in Wien gehört, hat *dem Wunderkind Siebenbürgens* die Noten einer Schubert-Serenade gewidmet und es zu seinem Kollegen erklärt. Nun hat Chopin auch als Lehrer eines Genies Liszt eingeholt.

XIX
Zwei Todesfälle und ein Glücksfall

Die neue Rolle des Eugène Delacroix

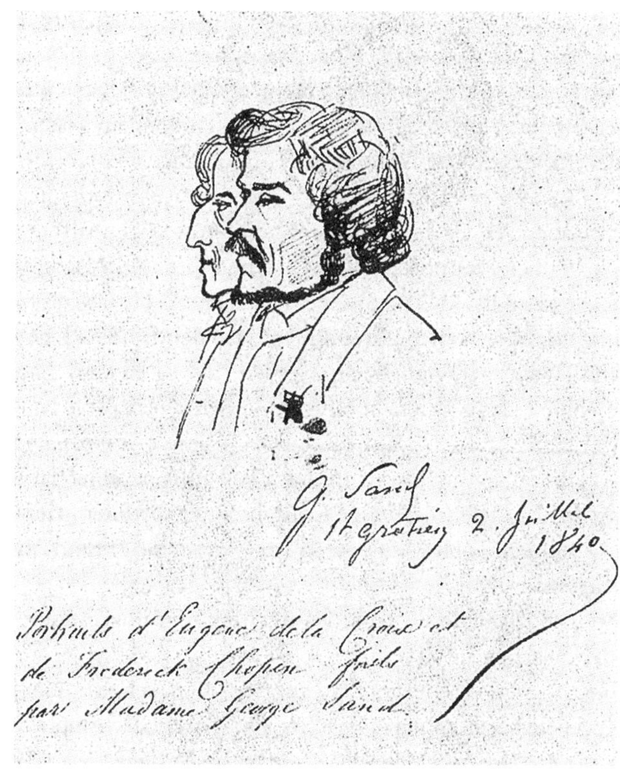

Frédéric Chopin und Eugène Delacroix, 1840.
(Bleistiftzeichnung von George Sand).

Chopin hätte mit dieser Katastrophe rechnen können. Sie kündigte sich seit langem an. Vielleicht hatte er die Anzeichen übersehen wollen. Vielleicht war er aber auch daran gewöhnt, dass dieser Freund, sein engster Freund, dazu da ist, sich um ihn zu sorgen.

Verehrer hat Chopin in Paris mehr als genug. Viele bezeichnen sich auch als seine Freunde, weil er in Briefen oder im Gespräch mit ihnen den Eindruck von Nähe erweckt. Doch nur wenige von denen, die Chopin *Liebes* oder *Liebster*, *Cher ami* oder *Chérissime* nennt, behandelt er auch so. Und nicht einmal diesen wenigen öffnet er sich. Über Liebe oder Freundschaft, über seine Nöte und Ängste redet er fast nie, bestenfalls über seine Leiden, seine Krankheitssymptome und seine Träume. Manche Freunde müssen den Eindruck gewinnen, es sei ihm wichtiger, geliebt zu werden, als zu lieben. *Liebe mich! Schreib!* enden seine Briefe meist. In seinem Verhalten ist Chopin von gleichmäßiger Liebenswürdigkeit zu allen. *Geschmeidig wie eine Eidechse* zeigt er sich nicht nur in den Bewegungen, sondern auch im Umgang. Er kann schmeicheln, Komplimente verteilen, tiefe Dankbarkeit bekunden, doch wie Fontana weiß, tut er das oft nur, um etwas zu erreichen.

Schweigen alle, die er seine wahre Meinung über andere wissen lässt, oder tauschen sie sich aus?

Ich liebe Sie stets noch mehr, wenn das möglich ist, schreibt Chopin Camille Pleyel, den er Fontana gegenüber als *Gauner* beschimpft. *Von ganzem Herzen der Ihre* unterschreibt er Briefe an Verleger, die er *Betrüger* heißt. Moscheles hat Chopin als Stammgast im Haus des Bankiers August Léo erlebt, den er anderen gegenüber der Geldgier und der Hinterhältigkeit bezichtigt. Léos Frau zu umarmen sei eine Strafe, lästert Chopin, doch er lässt sich von ihr die gesamte Wäsche besorgen. So wundert es nicht, dass viele einen Logenplatz in seinem Herzen zu haben glauben und anderen diesen streitig machen. Gutmann behauptet, Chopin sei mit Franchomme nicht intim genug, um ihm Geheimnisse anzuvertrauen, Franchomme sagt dasselbe von Gutmann.

Chopin wird gerne verwöhnt und bewundert, doch er hält auf Distanz. Will er sich nicht mit Verantwortung belasten? Ist er zu sehr mit sich selbst beschäftigt? Fürchtet er, zu große Einfühlung in die Sorgen der anderen könnte ihm Kräfte rauben, körperliche wie künstlerische? Oder möchte er sich nicht vereinnahmen lassen von einer Welt, in der jeder ihn zur *mascotte* seines Salons machen will? *Sie überschätzen auch, wie ich glaube, den Einfluss der Pariser Salons auf Chopin*, schreibt Liszt einem Bekannten. *Sein Innerstes ist durchaus nicht davon berührt worden.*

Es scheint, als wolle Chopin von möglichst wenig und möglichst wenigen *im Innersten berührt* werden. Er hat, was er braucht: Freunde für jeden Zweck. Freunde, mit denen er Polnisch reden und sich in Heimweh ergehen kann. Freunde, die in Paris zu Hause sind und ihn mit jedem Detail hier bekannt machen, und Freunde, die ihn anregen: all die Dichter, Maler, Komponisten, Pianisten, Schauspieler und Geiger. Er hat Freunde, die ihn finanziell stützen, Bankiers, Mäzene, Diplomaten. Er hat Freunde, die ihn aufheitern wie der Cellist Franchomme, Freunde, die ihn väterlich beraten wie Grzymała, Freunde, die ihm Türen öffnen wie der Fürst Czartoryski und seine Frau, Freundinnen, die ihn schmücken wie Delfina Potocka oder Pauline Viardot, und Freunde, die er ausnutzt wie Fontana. Doch immer hat es den einen, engsten Freund gegeben. Früher war das Tytus, doch seit langem schon hat ein anderer diese Rolle übernommen: Jan Matuszyński, sein *Liebster*, sein *Teuerster*, sein *Jaś*, sein *Jeannot*, sein Hausarzt.

Chopin fehlt ein Freund, der Künstler auf gleicher Augenhöhe ist. Liszt hält sich nur noch selten in Paris auf, ist auch seit dem Zwist zwischen Marie d'Agoult und George Sand fernergerückt. Er bedauert das und bittet Chopins Schülerin Vera Kologriwoff ihrem Lehrer auszurichten, er möge das Vergangene vergessen. Chopin antwortet Vera nur, er könne es nicht vergessen und sei mit dem *jetzigen Zustand sehr zufrieden.* Liszt sei nicht offenherzig, ein Geheimniskrämer und Intrigant; und er habe *ungünstig* über ihn geschrieben. Dass ausgerechnet Chopin einem anderen mangelnde Offenherzigkeit vorwirft, erstaunt. Und da er selbst allen Freunden immer wieder *Sage nichts!* befiehlt, müsste er sich beim Vorwurf der Geheimnistuerei an der eigenen Nase fassen. Mit der ungünstigen Berichterstattung meint Chopin wohl die Rezension des letzten Konzerts in den *Salons Pleyel*: die Lobeshymne, in der Liszt behauptete, *mit Hilfe des Klaviers allein* könne Chopin sich *nicht völlig offenbaren*, und dann Mutmaßungen über sein Seelenleben anstellte. Auch das kann Chopin nicht vergessen.

Schumann wäre einer, von dem er sich verstanden fühlen könnte. Auch wenn er ihn kritisiert, gesteht er diesem Genius jede Freiheit zu. Als 1841 die *Tarantelle* erschienen ist, meinte er, einem Chopin müsse man alles zugestehen; er dürfe *auch einmal die Nachtseiten seines Innern sehen lassen*. Schumanns Verehrung ist Chopin jedoch zu exzessiv. Warum muss er von Chopins *wilden Phantasien* reden und bei der Tarantella *einen von Wahnsinn besessenen Tänzer* vor sich sehen? Außerdem ist Leipzig zu weit weg. Berlioz, befindet er, mache *zu viel Lärm*. Balzac, über dessen *vieles Schwatzen* sich George lustig macht, beeindruckt ihn als Persönlichkeit und die Bewunderung des Dichters schmeichelt ihm, doch Chopin liest keine Bücher, nur Zeitung, Balzac hört gerne Chopins Musik, doch er versteht wenig davon. Wenn Balzac verbreitet, Chopin sei *weniger Musiker als seelisch Empfindender, der sich durch jede Art Musik mitteilen könnte*, kann Chopin das annehmen. Doch wenn er bedauert, dass Chopin sich nur dem *undankbaren Klavier* widme, verärgert das Chopin ebenso wie Liszts eigentümliche Bemerkung oder Tytus' Drängen, er solle ein Oratorium schreiben.

Denn Chopin beweist doch, dass er sich vom Klavier aus den Kosmos der Musik und der Empfindungen zu erschließen vermag. Zerrissenheit und Harmonie, Verzweiflung und Glückseligkeit, Wahnsinn und Erleuchtung, Mutlosigkeit und Leidenschaft, Bitteres und Heiteres, alles ist in seinen Werken enthalten. Doch immer wahrt er die Form wie Mozart, sein *Ideal* und verlässt sie wie Mozart nur im seltensten Fall. Ein Freund, der ihn darin verstünde, fehlt ihm. George ist zwar solch ein Freund, der inspiriert; Chopin erlebt, was Liszt sagt: *Auf alles, was sie hörte, verbreitete sich der Widerschein ihres feurigen Genies.* Doch George arbeitet Tag wie Nacht, auf Nohant auch noch im Garten und in der Küche. Hier überschneiden sich die Zeiten, in denen Chopin wach ist und George ebenfalls, noch weniger als in Paris.

Delacroix, das wäre ein Freund auf Augenhöhe. Doch der ist Chopin als Künstler so fremd wie Berlioz. Zu viel *Hartes*, *Wildes*.

Franz Liszt hat Delacroix als *Rubens der romantischen Schule* bezeichnet. Die Werke von Rubens sind Chopin so unsympathisch wie die von Michelangelo. George und Solange hat er erklärt, was ihn an Michelangelo stört: *Seine Figuren haben Bauchweh, sie winden sich unter heftigen Schmerzen.* Bedrängt ihn dort das Übermaß an Ausdruck, bedrängt ihn bei Rubens die Körpermasse. Das sei ein *Maler der fetten Hinterteile*, schaudert Chopin. *Alles, was das Normale überschreitet, empört ihn*, fasst George seine Aversionen zusammen. *Er vergräbt sich ganz in das Konventionelle. Wie sonderbar!* Was Chopin gefällt, ist die kühle Harmonie von Ingres, die Eleganz eines Ary Scheffer, auch die vornehme Zurückhaltung eines Perugino oder Fra Angelico. Und natürlich die Schönheit in Vollendung bei Raffael. Heine hat ihn ja den *Raffael des Fortepiano* genannt. Ein Titel, den er gerne trägt. Den Spötter Heine schätzt Chopin als Dichter sehr und ist sich mit ihm einig in der ironischen Distanz zu den Mitmenschen. Die beiden verstehen sich, beobachtet Liszt, *schon mit halb ausgesprochenen Worten und Tönen.* Wie die anderen aber scheint auch er nicht zum engen Freund Chopins zu taugen. Oder taugt Chopin selbst nicht dazu, irgendjemandes enger Freund zu sein? *Bereit, alles zu geben, gab er sich selbst nicht*, wird Liszt später sagen. Ihm fällt auf, wie geschickt sich Chopin jedem Zugriff entzieht; *er entschlüpfte … allen Verbindungen, allen Freundschaftverhältnissen und Fesseln*, beschreibt Liszt diese Eigenart.

Gut, dass Chopin seinen Jaś hat. Der fragt nicht, fordert nicht, der verändert sich nicht, der ist einfach da wie früher die Mutter. Geschrieben hat Chopin ihm wenig aus Nohant, aber Fontana in jedem Brief beauftragt: *Umarme Jaś.*

Sich von Jaś, Julian, George und Grzymała umsorgt zu wissen, steigert Chopins Leistungskraft. Er hat vieles geschaffen im letzten Jahr, aber er hat nur 2000 Francs eingenommen für fünf große Werke, die Polonaise fis-Moll, op. 44, das Prélude cis-Moll, op. 45, die Ballade in As-Dur, op. 47, die beiden Nocturnes op. 48 und die Fantasie in f-Moll, op. 49.

Aus der Klemme kann ihm da nur eines verhelfen: Er muss wieder ein Konzert geben. Dass Chopin an chronischer Geldknappheit leidet, befremdet alle, die wissen, dass er 20 Francs für die Stunde nimmt und fast immer sechs Stunden am Tag unterrichtet. Sogar seinen Schülern entgeht nicht, wie widersprüchlich sich Chopin in finanziellen Dingen verhält. Manchmal reagiert er panisch. Der Vater von Georges Mathias, einem besonders begabten Schüler, den er schon seit 1838 unterrichtet, staunt über einen Brief, in dem Chopin das Honorar für die letzten fünf Unterrichtsstunden, nur 100 Francs also, anmahnt. Einer seiner Schülerinnen jedoch, die wie gewohnt das Geld auf den Kaminsims gelegt hatte, gab er es bis auf ein 20-Francs-Stück zurück, wofür er ihren Namen auf eine Subskriptionsliste für bedürftige Polen setzte. Von seinem englischen Schüler Lindsay Sloper, den Moscheles ihm geschickt hat, will er gar kein Honorar annehmen.

Doch ihn kränkt es, dass er für seine Werke zu schlecht bezahlt wird. Für ihn ein Zeichen der Geringschätzung. Verzweiflung kennt Chopin, Zweifel an seinem Genie jedoch nicht. Einem Freund, mit dem er von Verhandlungen mit dem Pariser Verleger Troupenas zurückfährt, sagt er in der Kutsche: *Das Schwein. Er hat mir 200 Francs für eine Sonate geboten.*

Er braucht Geld, denn sein zurückhaltender Stil ist nicht billig. Die Dezenz seiner Kleidung, seiner Wohnungseinrichtung hat ihren Preis, die Kosten für seine zahlreichen Kutschenfahrten von Salon zu Salon summieren sich, und Chopins Gewohnheit, sich bedienen zu lassen wie ein Aristokrat, ist ebenfalls teuer. Houbignant ist der teuerste Parfumeur in Paris. Bei seinem Handschuhmacher, der ihn mit Saffianlederhandschuhen in Weiß und modischen Grautönen versorgt, gehen Adelige und Bankiers ein und aus; sein Hutmacher gehört zu den besten in der Stadt. Täglich kommt morgens der Barbier, um ihn zu rasieren und zu frisieren. Sein Diener wird weit über dem Üblichen entlohnt. Als George im Jahr darauf einen Redakteur finden soll, der mit 2000 Francs im Jahr zufrieden ist, stöhnt sie: *Das ist nicht viel mehr als der Lohn für Chopins Diener, und dafür soll man einen Mann von Talent und Bildung finden! Erste Maßregel des Ausschusses der öffentlichen Wohlfahrt: Chopin wird für vogelfrei erklärt, wenn er sich erlaubt, Lakaien zu halten, die wie Redakteure bezahlt werden.*

Auch was Geschenke angeht, lebt er über seine Verhältnisse. Blumenbouquets für die Pariser Damenwelt als Dank für Einladungen, zu Geburtstagen oder Namenstagen werden in den ersten Blumenbindereien zusammengestellt. Für Francine, eine Dienerin auf Nohant, lässt er vier Ellen teuerste Spitze und einen Schal besorgen, insgesamt 80 Francs gibt er aus für die Perle. Wie George schreibt, bittet er das *mit jener Dringlichkeit* zu erledigen, *welche seiner Freude am Schenken entspricht, und mit jener Ungeduld, mit der er Kleinigkeiten zu betreiben pflegt.*

Es geht Chopin nicht um Ruhm, nur um Geld, als er auf den 21. Februar 1842 ein Konzert ansetzt; es soll wie das letzte in den *Salons Pleyel* stattfinden. Nach dem Erfolg im Vorjahr ist es nicht schwer, ein hohes Honorar auszuhandeln.

Wieder reichert er das Programm mit anderen Solisten an, darunter zwei Freunde, die Sängerin Pauline Viardot und der Cellist Auguste Franchomme. Auch soll ein Lied des befreundeten Komponisten Joseph Dessauer aufgeführt werden. Angekündigt wird auf dem gedruckten Programm:

Andante und dritte Ballade von Chopin
Felice Donzella, Lied von Dessauer
Nocturnes, Préludes und Etüden von Chopin
Verschiedene Vokalsätze von Händel, gesungen von Mme. Viardot-Garcia
Solo für Violoncello, vorgetragen von Franchomme
Nocturnes, Préludes, Mazurken und Impromptu von Chopin
Le Chêne et le Roseau, gesungen von Mme. Viardot-Garcia, begleitet von Chopin

Wie üblich bei Chopins Auftritten sitzen im Publikum vor allem Damen. Der Kritiker der *France Musicale* erlebt das Ganze als *ein glänzendes Fest, wo sich Einfachheit mit Anmut und Eleganz* paare. *Jene hässlichen schwarzen Hüte, welche die Herren so schlecht wie möglich kleiden*, sind kaum zu sehen. Stattdessen *vergoldete Bänder und zarte blaue Gaze … perlengeschmückte Diademe, die frischesten Rosen und Reseden, ein Gemisch von tausend entzückenden und lebhaften Farben … auf den duftenden Häuptern und schneeweißen Schultern der reizendsten Frauen, welche sich die fürstlichen Salons streitig machen.*

Keine von ihnen kann jedoch George Sand noch den offiziellen Platz an Chopins Seite streitig machen. Für den Kritiker der *France Musicale* hat sie *den größten Erfolg des Abends*, als sie *mit ihren beiden Töchtern* auftritt und *Zielpunkt aller Blicke* wird. *Andere hätten sich von all diesen Augen, die sich auf sie richteten*, belästigt gefühlt, meint der Rezensent; George Sand begnügt sich mit *Kopfnicken und Lächeln.* Europas berühmteste Schriftstellerin, begleitet von Solange und ihrer Nichte Augustine *Titine* Brault, tritt souverän auf als die Frau an der Seite des großen Komponisten. Es interessiert kaum mehr, wie ihre Rolle nun genau aussieht, George wird in ihr anerkannt, auch und gerade von denen, die Chopin bewundern, denn sie wissen, wie sehr er sie braucht.

Chopin ist in bester Verfassung. Doch es ist weniger seine technische Überlegenheit, mit der er auch bei diesem Konzert die Rezensenten überzeugt. Er ist anders als alle anderen. *Liszt und Thalberg erregen … große Begeisterung*, schreibt der Kritiker Maurice Bourges. *Auch Chopin ruft Begeisterung wach, aber eine weniger energische, weniger geräuschvolle, und dies eben deshalb, weil er die innersten Fasern des Herzens vibrieren lässt.*

Chopins Welt scheint Ende Februar 1842 in bester Ordnung, zumal George auch von seiner Familie angenommen wird. Ludwika, die jene Rezension in der *France Musicale* zu Gesicht bekommt, beweist dem Bruder, dass sie in alles eingeweiht und solidarisch ist: *Weiß man in Paris nicht, wie viele Töchter Madame Sand hat? La France Musicale schreibt von zweien … Kein Wunder, dass man in Warschau alles mögliche Zeug über sie zusammenschreibt.*

Bald nach dem Konzert geht es abwärts. Zuerst erfährt Chopin von seiner Schwester Ludwika, dass an dem Abend seines Konzerts sein alter Warschauer Lehrer Żywny gestorben ist. Dann fällt durch Krankheit unerwartet George Sand aus, an deren Fürsorge sich Chopin längst gewöhnt hat. Der deutsche Schriftsteller Karl Gutzkow, der *von Sehnsucht besessen* ist, die Frau kennenzulernen, deren *Lélia* er übersetzte, kann nicht vorgelassen werden. Kaum ist George auf den Beinen, wird Solange krank, *weit kränker* als ihre Mutter. Sie ist noch nicht genesen, da wirft eine schwere rheumatische Erkrankung Chopin aufs Krankenbett. *Ich muss den ganzen Tag liegen, so sehr tun mir das Maul und die Lymphknoten weh*, vermeldet er Grzymała. Ausnahmsweise steht der Hausarzt Jaś nicht zur Verfügung; ein anderer Landsmann, Doktor Adam Raciborski, kümmert sich um Chopin. Auch Gutzkow hat schon gehört, womit die Schriftstellerin ihre freie Zeit zubringt: … *sie pflegt den Musiker Chopin mit selbstloser Hingabe.* Er ist ein anstrengender Patient, denn er langweilt sich, wenn er nicht wie gewohnt Klavier spielen, komponieren, unterrichten und jeden Tag in mindestens einem seiner Salons gastieren kann. Bücher gäbe es genug, doch mit denen kann der Geliebte der Schriftstellerin nichts anfangen. George Sands Romane nimmt er nur zur Kenntnis, wenn sie ihm daraus vorliest. Es drängt ihn hinaus, wider jede Vernunft. *Wenn Raciborski mir morgen auszugehen erlaubt (Jaś wurde nämlich heute zur Ader gelassen und liegt selbst), dann fahre ich sofort zu Dir*, kündigt er Grzymała an.

George wacht darüber, dass Chopin nicht zur Ader gelassen wird, aber sie hat längst eingesehen, dass es unmöglich ist, ihn von seinem Lebenswandel abzubringen. Würde man ihn aus diesen Kreisen *herausreißen und ihn an ein einfacheres, der beharrlichen Arbeit gewidmetes Leben gewöhnen wollen, würde man ihn, der auf dem Schoß von Fürstinnen aufgewachsen ist, seiner Lebensluft beraubt haben, freilich der Luft eines künstlichen Lebens* erkennt George, die das Natürliche liebt. Einer *geschminkten Frau vergleichbar*, lege er, sobald er abends allein ist, *seine Lebhaftigkeit und Widerstandskraft ab, um die Nacht fiebrig und schlaflos zuzubringen.* Es kostet ihn offenbar zu viel Kraft, die von ihm so geschätzte *contenance* den Tag über zu bewahren. Freunden wie Liszt entgeht nicht, wie stark seine *zurückgedrängten Gefühle* ihn bewegen, dass Chopin, während die anderen stundenlang reden und *sich erhitzen*, im Zimmer auf- und ab spaziert, *ohne nur die Lippen zu öffnen.* Liszt hat auch oft beobachtet, wie Chopin *beim Anhören gewisser Ungeheuerlichkeiten nervös zusammenzuckte.* Doch anmerken lässt sich Chopin nichts. *Selbst in der tiefsten Erregtheit blieb er gefasst*, sagt sein Freund. Nachts aber bricht das Unterdrückte aus ihm heraus.

Bei aller Verwöhntheit führt er ein strapaziöses Leben, *das schneller und aufgeregter* verläuft als das in der *Zurückgezogenheit und Gleichförmigkeit eines intimen Familienkreises.* George bietet ihm diesen Kreis, doch Chopin hat zu lange anders gelebt, um seine Gewohnheiten ablegen zu können. Jeden Tag besucht er *mehrere Salons* oder wählt *doch wenigstens für jeden Abend einen anderen.* So kann er *abwechselnd zwanzig bis dreißig Kreise mit seiner Gegenwart berauschen oder entzücken.*

Bewunderung scheint Chopin so nötig zu brauchen wie George Kaffee und Zigarren.

Mitte April aber verbringt er die meiste freie Zeit nicht in den

Salons, sondern in einer Wohnung, nahe bei seiner ehemaligen, Rue de la Chaussée d'Antin. Dort liegt Jaś Matuszyński im Sterben. Schwindsucht lautet die Diagnose. Doch für den körperlichen Zerfall von Jaś gibt es auch seelische Gründe. Chopin war Trauzeuge gewesen, als sein Schulfreund und einstiger Wohngenosse eine Ehe schloss, die sich schon bald als zermürbend erwies. Die Karriere von Jaś an der *École de Médecine* hatte bald ein Ende gefunden. Heimisch geworden war er nie in Paris, doch da er aktiv am Novemberaufstand teilgenommen hatte, war ihm anders als Chopin die Rückkehr verwehrt. George und Frédéric sitzen an seinem Bett, als ihn am 20. April mit dreiunddreißig Jahren der Tod holt.

Nach langem und grausamem Todeskampf starb er in unseren Armen, schreibt George an Pauline. *Der arme Chopin empfand dieses Sterben wie sein eigenes.* Schuldgefühle treiben ihn um, nicht mehr getan zu haben für den Freund, dem im Gegensatz zu ihm der Erfolg in der Fremde versagt blieb. George wird Zeugin, wie schwer ihn der Tod von Żywny und Matuszyński trifft. *Anstatt sich diese reinen Seelen in einer besseren Welt vorzustellen*, quälen ihn *schaudervolle Visionen*. Er sieht ihre *vom Fleisch entblößten Gesichter* vor sich und *wehrt sich gegen den Würgegriff ihrer eisigen Hände*. George ist gezwungen, *viele Nächte in dem seinem benachbarten Zimmer zu verbringen*, *jederzeit bereit*, ihre *Arbeit zum hundertsten Mal hinzuwerfen*, *um die Gespenster zu verjagen*, die ihn *im Wachen und Schlafen* verfolgen.

Schuld daran seien seine *abergläubischen Vorstellungen*, meint George, die *diesen Albdruck der Legenden* für typisch polnisch hält. Der Deutsche Heinrich Heine versteht diese Seite Chopins jedoch gut. *Heine, der trübsinnigste unter den Humoristen, lauschte mit dem Anteil eines Landsmannes Chopins Erzählungen über das geheimnisvolle Land, in dem seine Phantasie gerne verweilte*, berichtet Liszt. Gemeinsam versinken Heine und Chopin oft *in trübes Schweigen, vom Heimweh übermannt.* Es sind gerade die dunklen Gestalten polnischer Legenden, die beide faszinieren.

Ein Ereignis, über das ganz Paris spricht, dürfte Chopins Todeswahnvorstellungen noch steigern. Was die Gegner der schnellen Fortbewegung prophezeit haben, passiert Anfang Mai 1842 auf der Bahnstrecke Paris-Versailles: Eine der beiden Lokomotiven erleidet Achsenbruch, das Feuer aus den Heizkesseln greift auf den ersten Wagen über, in den vorschriftsmäßig von außen verschlossenen Wagen verbrennen über fünfzig Reisende.

George erkennt, was Chopin allein helfen kann: die Flucht in den Berry und ein neuer Freund. Wer das sein soll, weiß sie schon lange.

Im vergangenen Jahr bereits hatte sie alles versucht, um Delacroix nach Nohant zu locken, hatte versucht, ihm seine Badekur am Meer auszureden, die *in einem so kalten und ungesunden Jahr* doch nicht anzuraten sei; außerdem sei das teuer und langweilig. *Sie würden sich hier wohlfühlen, wir wohnen in einer gesunden Gegend … Wenn Sie Billard lieben, das gibt's hier überall. Wenn Sie gerne Musik hören, sie wird sich in Strömen ergießen, und zwar von erster Qualität. Wenn Sie Hunde lieben, es gibt prachtvolle Exemplare hier: Pistolet, Léda, Jessy … Wenn Sie Ihre Katze Cupido mitbringen, wird sie ebenso gut wie Sie aufgenommen werden. Eine Nationalgarde, bestehend aus viereinhalb Mann, wird vor Ihnen hermarschieren. Schließlich werden Sie kein Geld brauchen, eine Erwähnung wert in den heutigen Zeiten und bei dem elenden Beruf, den wir haben. Sie müssten lediglich 35 Francs für die Anreise und ebenso viel für die Rückreise bezahlen, was Sie nicht ruinieren würde.*

Bis ins Detail hatte sie ihm die Reiseroute beschrieben, wann er mit welchem Verkehrsmittel von wo aufbrechen müsse, und versprochen, ihm ihren Sohn Maurice mit der hauseigenen Kutsche nach Châteauroux entgegenzuschicken.

Delacroix war nicht erschienen.

Dieses Mal wäre sein Besuch noch wichtiger.

Am 5. Mai verlassen Chopin und George Paris. Dass es Chopin am Ende des Monats besser geht, ist wohl nicht allein dem Klima und der Ruhe auf Nohant zu verdanken. *Unsere Gesundheit ist einigermaßen*, schreibt er Grzymała am 31. Mai. *Morgen, übermorgen erwarten wir den braven Delacroix.* Schon drei Tage zuvor hatte sich George bei Delacroix gemeldet: … *mein Chopinet ist … ganz glücklich und erwartet Ihre Ankunft mit freudiger Erregung. Er überlegt, was wir alles anstellen können, um Sie zu unterhalten, wo wir spazieren gehen werden, was es zu essen geben soll und was er Ihnen auf dem Klavier vorspielen wird.* Sie ist froh, dass auch ihre Kinder sich auf den Gast freuen. *Sogar Solange, der hochmütigen Solange, entschlüpfte ein gnädiges ‹Umso besser›, als sie von Ihrem Kommen hörte, und mein Bruder wird reden für vier, trinken für zehn, nur um Ihnen zu gefallen … Ich habe einen guten Tee und vorzügliche Sahne zum Frühstück … Chopin hat zwei wundervolle Mazurken komponiert. Die mehr wert sind als vierzig Romane und die mehr zum Ausdruck bringen als die gesamte Literatur des 19. Jahrhunderts.* Und damit Delacroix auch keine Angst hat, auf Nohant sei nichts los, verspricht sie: *Wir werden einen ländlichen Ball veranstalten, über den Sie staunen werden.*

Am 4. Juni kommt er in Begleitung seiner Katze Cupido endlich an. *Die Ankunft von Eugène Delacroix war ein Fest für ihn*, erinnert sich Solange. Obwohl Chopin die Kunst von Delacroix ablehnt, teilen die beiden vieles. Delacroix legt ebenso großen Wert wie Chopin auf seine äußere Erscheinung, auch wenn er sich, wie es seiner Kunst und seinem Ruf entspricht, verwegen stilisiert. Daguerre hat ihn in diesem Jahr porträtiert. Das schwarze Haar scheinbar ungekämmt, der Blick dunkel im Ungewissen verloren, die Lippen fest verschlossen, zu einem teuren dunklen Jackett ein Halstuch statt einer Krawatte, ein Bekenntnis zur Bohème. Die perfekt inszenierte Zufälligkeit. Ausführlich kann Chopin sich mit Delacroix über die feinsten Stiefeletten und über den besten englischen Schneider austauschen, der warme, aber leichte Anzüge für den Winter herstellt.

Was Delacroix bereits am 7. Juni 1842 seinem Freund Pierret schreibt, ist ein Lobgesang auf die Gastfreundschaft George Sands und die Atmosphäre des Hauses. George und Chopin wiederum sind froh, dass Maurice durch die Anwesenheit seines Lehrers angeregt wird. *Seit einigen Tagen bin ich nun hier … Kaum habe ich mich eingerichtet, ist mir schon klar, dass ich meinen Plan, gar nichts zu tun, nicht durchhalten kann … Ich werde mich mit dem Sohn des Hauses verlustieren und ein kleines Bild für die Schlosskirche beginnen … Es ist ein angenehmer Ort, und die Bewohner könnten nicht netter zu mir sein. Wenn man sich nicht zum Essen, zum Billardspiel oder zum Spaziergang trifft, hält man sich in seinem Zimmer auf, liest oder streckt sich gemütlich auf dem Sofa aus. Manchmal hört man durch das angelehnte Fenster, das in den Garten hinausgeht, ein paar Klangfetzen von der Musik Chopins, der bei der Arbeit ist. Sie mischen sich mit dem Gesang der Nachtigallen und dem Duft der Rosen.*

Chopin blüht auf, doch George kann nicht verbergen, in welch *bejammernswerten Zustand* sie sich befindet. Sie leidet unter Kopfschmerzattacken und Lichtscheu, sie selbst spricht von *ständigen uner-*

träglichen Schmerzen am Sehnerv, sodass sie *weder lesen noch schreiben, noch ausgehen* kann. *Tag und Nacht* trägt sie *eine dreifache blaue Brille und eine in Eiswasser getränkte Binde.* In den vier Wochen, die Delacroix auf Nohant Urlaub macht, bekommt er seine Gastgeberin nur abends zu Gesicht. *Mein Augenlicht ist nicht geschwächt, aber meine Augen sind dermaßen empfindlich geworden, dass mir jegliche Arbeit unmöglich und für zwei Monate auch verboten worden ist.* George bleibt *immer bis zum Abend im Zimmer eingesperrt hinter blauen Vorhängen.* Doch das Uhrwerk ihres Haushaltes läuft wie geölt. Der ländliche Ball versetzt Delacroix wirklich in Erstaunen: Bei den *Volkstheatertanzaufführungen auf dem Rasen vor dem Schloss … spielen die besten Dudelsackpfeifer der Gegend.*

Chopin tut sich schwer im Umgang mit lauteren, derberen, einfacheren Menschen. Die Sozialistenfreunde von George, allen voran Leroux mit seinen schmutzigen Fingernägeln, stoßen ihn ebenso ab wie viele der Arbeiter, Bauern und ländlichen Besucher auf Nohant. Delacroix sieht das ganze Leben hier mit den Augen des Malers. In diesen Augen besitzt auch das einen Reiz, was Chopin nicht gefällt oder gar nicht auffällt. *Die Menschen in dieser Region sind sehr herzlich und wohlmeinend: hässliche Leute trifft man selten, aber von schönen wird man auch nicht oft überrascht. Die Frauen haben diese milden Gesichtszüge, die wir aus Bildern der alten Meister kennen. Sie sehen alle aus wie die heilige Anna.*

Die Eintönigkeit, die Chopin rasch peinigt, kostet Delacroix aus. *Feder und Tinte werden mir mehr und mehr zuwider. Ich habe Dir so wenig zu berichten wie Du mir*, schreibt er am 22. Juni an seinen Freund Pierret. *Ich führe ein Klosterleben, so einförmig wie nur denkbar, durch keinerlei Ereignis unterbrochen. Wir haben Balzac erwartet, der aber nicht gekommen ist, was ich nicht bedaure. Er ist ein Schwätzer, der die Harmonie der Nonchalance, die ich hier genieße, gestört haben würde. Hier und da ein bisschen malen, Billard spielen und spazieren gehen ist mehr als genug, um den Tag auszufüllen. Wir haben hier nicht einmal den Umgang der Besucher und Nachbarn aus der Umgegend; hier bleibt jeder für sich und sorgt für sein Rindvieh und seine Ländereien.*

Also bleibt genug Zeit für Unterhaltungen mit Chopin, die beste Medizin für dessen noch immer angegriffene Seele. Delacroix spielt Geige, hat eine schöne Singstimme und ein gutes Gehör. Zwei Komponisten verehrt er mehr als alle anderen: Mozart und Chopin. *Mit*

Chopin, einem sehr bedeutenden Menschen, den ich sehr liebe, habe ich unendlich lange Gespräche; er ist der echteste Künstler, dem ich je begegnet bin. Er gehört zu den wenigen, die man bewundern und achten kann. Madame Sand leidet unter heftigen Kopf- und Augenschmerzen, die sie mit großer Energie überwindet, um uns nicht durch ihre Klagen zu belästigen.

Geht es ihr schlecht, zieht sich George zurück; sind die Schmerzen auszuhalten, beobachtet sie beglückt, dass ihre Rechnung aufgegangen ist. Der Gast und der Gefährte wachsen einander mehr und mehr zu. *Chopin und Delacroix lieben sich wirklich zärtlich. Ihre Charaktere ähneln einander sehr; sie sind auch gleich groß an Herz und Geist. Aber im Bereich der Kunst versteht Delacroix Chopin und verehrt ihn; Chopin versteht aber Delacroix nicht. Er schätzt und liebt den Menschen, aber er verabscheut den Maler. Delacroix, der vielseitig begabt ist, liebt die Musik; er kennt und versteht sie. Er wird nicht müde, Chopin zuzuhören; er genießt seine Kunst und kennt sie auswendig. Diese Bewunderung nimmt Chopin entgegen und ist von ihr gerührt; aber wenn er ein Bild seines Freundes betrachtet, leidet er und findet kein Wort dafür. Er ist Musiker, nichts als Musiker. Sein Geist kann sich nur in Musik ausdrücken … Er ist das originellste und eigenartigste Genie, das es jemals gab, aber er will nicht, dass man es ihm sagt.*

Delacroix braucht wie Chopin die Arbeit, sie muss für ihn *das Salz in der Suppe sein. Dieses Leben ist zu einfach. Ich muss es mir doch durch ein wenig Kopfzerbrechen erkaufen; wie der Jäger, der mit umso größerem Appetit isst, wenn er vorher durchs Gebüsch gekrochen ist, so muss man sich Gedanken machen, um den Zauber des Nichtstuns auszukosten.*

George Sand beobachtet, was Delacroix treibt, wie er Sträuße bindet, arrangiert und *mit kühnem Strich* sein erstes Blumenbild malt. Sie redet mit ihm über seine Arbeit, über das, was er die *Architektur* eines solchen Blumengebindes nennt, sitzt daneben, wenn er *fieberhaft und mit einer geradezu vibrierenden Mitteilsamkeit* malt. Delacroix zeichnet den Garten von Nohant, lässt sich von George ein Stück weißen Stoff, gedacht für ein neues Mieder, geben und malt darauf *Die Erziehung der Jungfrau Maria*. Chopin interessiert das nicht. Doch er muss keine Bücher lesen und keine Bilder anschauen, die ihn erschrecken: Er lernt bei Unterhaltungen am Tisch, auf einer Parkbank oder auf einem Spaziergang etwas über die Bildende Kunst. Etwas, das ihm zeigt, dass die Welt eines Delacroix und seine durchaus vergleichbaren Gesetzen gehorchen.

Maurice, nach Ansicht seiner Muter *noch nie sehr freigiebig mit seiner Zuneigung*, ist stolz, mit seinem Lehrmeister vor anderen disputieren zu dürfen. Auch während des Abendessens. Als sie beim Dessert angelangt sind, bittet Maurice Delacroix, ihm das Geheimnis der Reflexe zu erklären. George verfolgt das Geschehen gebannt. *Chopin lauscht mit vor Überraschung weit geöffneten Augen. Delacroix zieht einen Vergleich zwischen den Tönen der Malerei und denen der Musik. Die Harmonie in der Musik besteht nicht allein im Aufbau der Akkorde, sondern auch in deren Beziehungen, in deren logischer Abfolge, in ihrer Verkettung, in dem, was Delacroix ihre akustischen Reflexe nennen möchte. Analoges geht in der Malerei vor sich. Die Reflexe der Reflexe führen uns ins Unendliche. Delacroix weiß das genau, aber er wird das nie beweisen können.*

Chopin erhebt sich unruhig von seinem Stuhl.

«Erlaubt, dass ich etwas Atem hole. Die Sache mit den Reflexen genügt mir für den Augenblick. Sie ist wunderbar, sie ist mir neu; aber es ist etwas Alchemie dabei.»

«Nein», antwortet Delacroix, «es ist reine Chemie: die Töne trennen sich und verbinden sich wieder ...»

Chopin hört nicht mehr zu. Er hat sich ans Klavier gesetzt und beachtet nicht, ob man ihm zuhört. Er improvisiert scheinbar ganz dem Zufall nach. Dann hält er plötzlich inne.

«Es ist doch noch nicht zu Ende!», ruft Delacroix.

«Es hat noch gar nicht angefangen, Mir fällt nichts ein ... nichts als Reflexe, Schatten, Andeutungen, die keine feste Form annehmen wollen. Ich suche die Farbe und finde nicht einmal die Zeichnung.»

«Sie werden das eine nicht ohne das andere finden», sagt Delacroix, «und Sie werden beides finden.»

«Aber wenn ich nur den Mondschein fände?»

«Dann werden Sie den Reflex eines Reflexes gefunden haben», wirft Maurice ein.

Das gefällt Chopin.

Er nimmt, so unbestimmt und ungewiss die Melodie auch ist, den Faden wieder auf. Vor unserem Auge erscheinen nach und nach zarte Farben, die den zarten Modulationen entsprechen, die wir hören. Und dann ertönt der blaue Klang, und wir sind mitten im transparenten Azur der Nacht.

George die jene Eindrücke festhält, weiß wohl, dass manche behaupten, sie verstehe den Menschen Chopin, aber nicht den Komponisten. Doch was sie nach den Erlebnissen jenes Sommers über Chopins Musik schreibt, klingt keineswegs verständnislos. Natürlich gehe es darin um Gefühle, aber *die Ursache jener Gefühle kann die Musik nicht darstellen, sie darf es nicht einmal versuchen. Das ist ihre Größe: sie kann nicht in Prosa reden …*

George muss Prosa schreiben. Neue Konkurrenz ist in Paris auf den Plan getreten: Seit Juni 1842 erscheint Eugène Sues Roman *Les Mystères de Paris*, *Die Geheimnisse von Paris*, im *Journal des Débats* in täglichen Folgen. Die Leser sind süchtig nach diesen Episoden. Landet Sue wegen seiner Schulden im Gefängnis, holt der Premierminister ihn wieder heraus, weil es sonst zu einem Aufstand käme. Georges neue Heimat, die von ihr, Viardot und Leroux gegründete *Revue indépendante*, braucht Stoff, doch ihr Augenleiden setzt sie außer Gefecht. Marie de Rozières beobachtet, wie Chopin den Krankenpfleger spielt. Die geladenen Gäste will George dennoch nicht mehr ausladen, weder die Viardots, die sich für September angesagt haben, noch die anderen. Auf Chopins Empfindlichkeit nimmt George jedoch Rücksicht. Ihre ehemaligen Liebhaber tauchen auf, zuerst Michel de Bourges, dann, nachdem Delacroix abgereist ist, der Schauspieler Bocage, beide bleiben nur einen Tag. Währenddessen unterhält Chopin sich mit seinem Klavier: Pleyel hat ihm ein neues Instrument nach Nohant expedieren lassen, mit dem Chopin zufrieden ist. Er sitzt an einer neuen Ballade und einer neuen Polonaise. Nimmt diese Polonaise in As-Dur heroische Züge an, weil Stefan Witwicki zu Besuch kommt, der patriotische Dichterfreund? Witwicki verhehlt nicht, wie sehr er Chopin seinen Erfolg, auch den finanziellen, neidet. Dass Chopin ihm einen jungen Polen zum Französischunterricht vorbeigeschickt hat, dem er gesagt hatte, Witwicki verlange zehn Sous die Stunde, hat diesen nicht mit Dankbarkeit erfüllt: Er weiß, das Chopin das Zwanzigfache nimmt. Seither war das Verhältnis zwischen beiden empfindlich gestört.

Chopin hätte Gründe, diese Freundschaft zu kitten, denn er hat nicht nur Jaś Matuszyński verloren; auch Julian Fontana steht nicht mehr zu Diensten. Während George und Chopin auf dem Weg nach Nohant waren, hatte Fontana seiner Schwester in der Heimat geschrieben, was er Chopin wohl nicht zu sagen wagte. *Ich hatte immer auf einen gewissen Freund gebaut, der mich stattdessen angelogen und ausgebeutet hat. … Ich bin sogar eine Zeit lang aus Paris geflohen, um seiner Dominanz zu entgehen – ein Schritt, der meiner Karriere nur noch mehr geschadet hat.*

Nun hat er Schluss gemacht. Chopin scheint nicht wahrzunehmen, dass sich Fontanas Rückzug gegen ihn richtet und dass Fontana plant, nach Amerika auszuwandern, wird Chopin kaum als das verstehen, was es ist: ein Versuch, der Nähe des großen Genies zu entkommen. Fontanas Hoffnungen, als Komponist oder auch nur als Klavierlehrer in Paris Fuß zu fassen, sind gescheitert; der berühmte Freund hat ihm in keiner Weise weitergeholfen. Doch Fontanas finanzielle Lage hat Chopin so wenig beschäftigt wie seine Seelenlage. Es gibt bereits Anzeichen dafür, dass Fontana seinem Leben einmal selbst ein Ende setzen wird. Chopin will das nicht sehen. Selbst die Briefe, die Chopin 1848, in seinem vorletzen Lebensjahr, an Fontana nach Amerika schreibt, bringen niemals dessen Nöte zur Sprache.

Der Handlanger fehlt umso mehr, als Chopin der nächste Umzug bevorsteht; die Bleibe in Georges zweitem Pavillon hat seinen Ansprüchen nicht genügt. Charlotte Marliani hat den beiden vorgeschlagen, dort einzuziehen, wo sie bereits mit ihrer Familie wohnt: in einer dieser neuen Wohnanlagen, die englische Vorbilder imitieren und sich deshalb Square nennen. Was die Bauformen angeht, orientiert sich der Gebäudekomplex jedoch an italienischen Palazzi. Der Square d'Orléans, nördlich der Rue Saint-Lazare gelegen, ist eine mächtige Anlage mit fünfunddreißig großen, elf mittleren bis kleineren Appartements, sechs Ateliers, Stallungen und Nebengebäuden für die Kutschen, doch die Innenhöfe sind begrünt. Brunnen plätschern inmitten der Blumenbeete und Rasenflächen, die Wege sind mit Sand bestreut, vom Straßenlärm ist in den nach innen gelegenen Wohnungen nichts zu hören. Der Square d'Orléans bietet die Ruhe, die George braucht, und den familiären Umgang mit Vertrauten und Bekannten, wie sie ihn von Nohant kennt und liebt. Nicht nur Charlotte Marliani wohnt bereits dort, ebenso Balzac, Pauline und Louis Viardot; die Behausung von Marie Dorval liegt in nächster Nähe, in der Rue Lazare. Dennoch wollen sie sich noch ein paar andere Wohnungen ansehen, bevor die Entscheidung fällt.

Als die beiden nach zehn Tagen wieder in den Berry reisen, haben sie die Verträge für das Appartement Nr. 5 und das Appartement Nr. 9 in der Square d'Orléans unterzeichnet und im vierten Stock über Georges Wohnung Atelierräume für Maurice angemietet. Chopin kann von seiner Wohnung im Hochparterre aus hinüber zu Georges Fenstern in der ersten Etage schauen. Die Mieten sind niedrig, die Lage zwischen der Place Pigalle und den großen Boulevards ist verkehrsgünstig, die Nähe der Gare Lazare erfreulich. Chopin sieht eine gemeinsame Zukunft mit George vor sich und das Glück der Geborgenheit, als sie am 27. September nach Paris zurückkehren. George lässt erkennen, was der Preis dieses Glückes ist, den sie bezahlt. Sie ist in diesem Sommer achtunddreißig geworden und schreibt an den befreundeten Abbé Georges Rochet: *Dieses Jahr bin ich ruhig und nähere mich dem Alter in zufriedener Gelassenheit. Das ist im Augenblick alles, was es von mir zu sagen gibt … Ich weiß nicht, ob ich glücklich bin, ich frage mich das niemals, da ich sonst fürchten müsste, den Mut zu verlieren.*

Was Ludwika am 15. Oktober ihrem Bruder berichtet, könnte ihn ermuntern, sich zu entscheiden: *In Szafarnia hegt man noch immer gute Erinnerungen an Dich!* Sie versäumt nicht zu erzählen, dass Maria Wodzińskas Entscheidung für einen anderen keineswegs eine ideale Ehe beschert hat. *Das junge Ehepaar Skarbek hat nichts Jugendliches an sich! Sie ist immerzu krank. Sie wollen unbedingt, dass wir sie besuchen. Ich aber bin noch nicht hingegangen. Viele haben gefragt, ob Du wohl bald heiratest.*

Das fragen sich auch viele in Paris.

XX
Familienanschluss

Zu braves Leben am Square d'Orléans

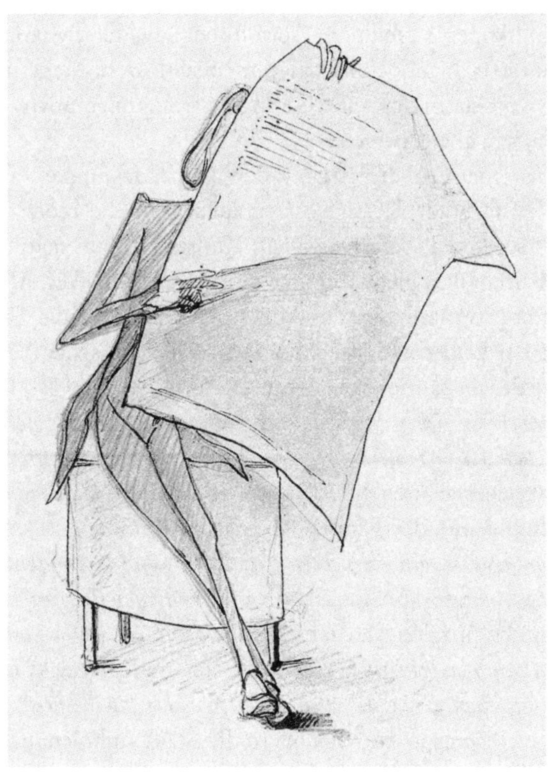

Chopin, zeitunglesend, 1841.
(Zeichnung von Pauline Viardot-Garcia).

𝄢

Dass er nicht einfach ist, weiß Chopin. Es ist elf Jahre her, als er Tytus gestanden hat: *Was meine Gefühle angeht, bin ich mit anderen immer in Synkopen.* Synkopen laufen dem Gewohnten zuwider. Synkopen erzeugen Spannungen. Dennoch ist Chopin entschlossen, Teil einer großen Familie zu werden, in der seine Gefühle einem anderen Rhythmus gehorchen als dem aller übrigen.

Cité d'Orléans nennen die Pariser den Gebäudekomplex am Square d'Orléans. Eine Stadt für sich ist er auch. Manche reden sogar von einem kleinen Athen, denn vor allem Künstler haben sich hier eingemietet. Schriftsteller wie Alexandre Dumas *fils*, Musiker, Maler, Bildhauer, darunter Dantan, der Chopins Büste schuf, auch die Taglioni, als Ballerina so bekannt wie als Sammlerin venezianischer Paläste. Vor allem aber alte Bekannte von George Sand. Sie liebt das Großfamiliäre: *… mit Hilfe lieber Freunde nähern wir uns, so weit das in diesem melancholischen Paris möglich ist, dem Leben von Nohant an*, freut sich George. Für sie macht es die Atmosphäre *besonders ländlich*, dass sie so nah bei Chopin und der Familie Marliani wohnt, *dass sie es nicht nötig haben, diesen großen, gut erleuchteten und mit Sand bestreuten Square zu verlassen, um einander abends wie die Nachbarn in der Provinz zu besuchen.* Sie ist beglückt, mit den Marlianis *eine gemeinsame Küche zu haben*, und wenn *alle zusammen bei Mme. Marliani* essen, findet sie das *viel ökonomischer und interessanter … als wenn jeder für sich allein speist.* Um noch mehr von der Atmosphäre Nohants in die Stadt zu holen, hat sie einen Billardtisch gemietet und Chopin neben ihrem Salon einen eigenen als Musikzimmer eingerichtet, wohin er sich nach Belieben zurückziehen kann.

Bei gutem Wetter dringt aus offenen Fenstern überall im Square Musik: Alkan, Zimmermann, Kalkbrenner, Marmontel, Ortigue und Chopins Schüler Gutmann wohnen ebenfalls hier. Auber lebt in der Rue Lazare, also in nächster Nähe. Doch Chopin hat wenig Interesse am intimen Umgang mit anderen Komponisten und Pianisten. Sein Urteil über die großen Kollegen steht ohnehin fest. *Rossini hat Genie, Meyerbeer Talent, Auber Anmut, Halévy Sachverstand und Donizetti einen Leierkasten.* Er besucht zwar die Konzerte von Kalkbrenner, Zimmermann, Thalberg oder Marmontel, natürlich auch die von Alkan. Doch die räumliche Nähe ist für ihn kein Grund, sich enger mit den Kollegen zusammenzutun, abgesehen von Gutmann und Alkan. Vor drei Jahren schon hat sich Charles-Valentin Alkan, gerade neunundzwanzig, aus dem öffentlichen Konzertleben zurückgezogen und ist von einem Pianisten, der in den Konzertsälen brillierte, zu einem menschenscheuen Sonderling geworden. Auch seine Kompositionen werden immer eigenwilliger. Von Chopin jedoch fühlt Alkan sich verstanden. Beide konzentrieren sich auf das Klavier, beide kennen technisch keine Schwierigkeiten, beide schaffen immer wieder Kompositionen, die außer ihnen kaum einer zu spielen vermag. Alkan versteigt sich dabei zuweilen ins Bizarre. Bei seinen *Trois Grandes Études* op. 76 ist der erste Satz für die linke Hand allein, der zweite für die rechte Hand allein und erst der dritte für beide Hände geschrieben. Ein Herausforderung, die Chopin Spaß macht.

Er wirkt alles andere als menschenscheu in dem neuen Heim; er liebe die Geselligkeit, freut sich George. Sein *Allerheiligstes* benutze er *nur zum Unterrichtgeben.*

Aber auch wenn er sich jeden Abend bei George aufhält, grenzt er doch seine Welt von ihrer ab. Ihre Wohnung ist *im Stil junger Leute eingerichtet*, der Flur ist zum Ablegen von Mänteln und Hüten da, auf dem Kaminsims des Salons liegen Rauchutensilien, im Schlafzimmer Matratzen auf dem Boden. Das Ganze wirkt auf die Besucher orientalisch. Chopins Wohnung ist vornehm und geordnet. Dort stehen auf dem Kaminsims die Geschenke der adligen Verehrer aus Gold, Silber oder Sèvres-Porzellan und eine Uhr.

Unter Georges Salongästen finden sich zwar Freunde Chopins wie Mickiewicz, Gutmann und Alkan, sogar der aus Warschau zugewanderte Schweizer Komponist Soliva, der 1830 die Uraufführung des e-Moll-Konzertes dirigierte. Doch es überwiegen die Schriftsteller, Philosophen und Journalisten aus dem Umkreis der Sand, die Chopin anstrengen; *das Durcheinander der Vorfälle und Meinungen mit den unvermeidlichen Reibungen* sei *seiner Natur zuwider*, meint Liszt. Seine

Zuflucht ist das, was ihn an die Heimat erinnert; Chopins neuer Diener, Jan Alaphilippe ist endlich wieder ein Pole. Bisher hat Jan im polnischen Club bei der Madeleine gearbeitet, Französisch spricht er kaum.

Was den Rhythmus des täglichen Lebens angeht, lebt Chopin ebenfalls *in Synkopen* zu George. Er steht sehr früh auf; Schüler, die wie Lindsay Sloper oder Georges Mathias schon morgens um acht zu ihm kommen dürfen, finden ihn immer perfekt gekleidet, frisiert, rasiert und parfümiert vor. George liebt es, nach dem Aufstehen Gäste im Morgenrock zu empfangen. Und sie beginne ihren Tag, behauptet Balzac, um vier Uhr nachmittags, weil Chopin dann seine Unterrichtsstunden beende. Oft aber nimmt er auch zu späterer Uhrzeit noch Schüler an, denn sie drängen aus aller Welt zu ihm. Liegt das daran, dass Liszt, ein Vagabund in den Konzertsälen Europas, kaum mehr zu fassen ist, oder strahlt Chopins Ruhm durch die vielen im Druck erschienenen Werke weiter als früher?

Jan hat Anweisung, ungeladene und unangemeldete Besucher wegzuschicken. Im Oktober 1842 klingelt ein Mann in Chopins Alter am Square d'Orléans Nr. 9 und händigt dem Diener eine Karte aus, auf der steht: *Laissez passer. Franz Liszt.* Chopin halte sich gar nicht in Paris auf, behauptet Jan. Doch der Besucher ist auf eine solche Reaktion vorbereitet; er lässt sich nicht beirren und wiederholt: *Überreichen Sie die Karte, alles Übrige ist meine Sache.* Jan überreicht sie.

Wilhelm von Lenz heißt der Bewerber; er ist aus Petersburg angereist, wo er schon die Position eines Staatsrats erobert hat. In den Augen Chopins wäre das keine Empfehlung. Doch die von Liszt besitzt Gewicht. Vor vierzehn Jahren hat Lenz zum ersten Mal Paris besucht, bei Liszt Unterricht genommen und ihn für Webers Klaviermusik begeistert, die er noch nicht kannte. Nun wartet Lenz schon seit dem Sommer darauf, sich bei Chopin vorstellen zu können. In dem Milieu, in dem Chopin lebt, wurde Lenz gesagt, habe man sich den ganzen Sommer über auf dem Land aufzuhalten; es gelte als *nicht distinguiert*, vor dem Spätherbst nach Paris zurückzukehren. Und Chopin sei sehr *distingué.* Weder Liszt noch Lenz wissen, dass Chopin und George schon seit Ende September wieder in der Stadt sind, aber mit der Einrichtung ihrer neuen Wohnungen beschäftigt. Liszt hat den unruhig werdenden Lenz, der bereits seine Beurlaubung aus dem Petersburger Dienst verlängern musste, beruhigt: *Er kommt, ich hab's erfahren, wenn ihn nur die Sand loslässt.* Und Lenz hatte mit seiner Antwort gezeigt, dass er mit dem Pariser Klatsch über die Verfasserin von *Lélia* und *Indiana* vertraut ist: *Wenn* ***er*** *nur Indiana losließe.*

Das tut er nicht, hatte Liszt angeblich erwidert, *das kenn' ich.*

Liszt weiß auch *wie schwer* es ist, bei Chopin angenommen, ja überhaupt vorgelassen zu werden: *Wie viele haben eine Reise nach Paris gemacht und bekamen ihn nicht zu sehen.*

Eigentlich hatte er Lenz versprochen, mit ihm zusammen bei Chopin vorzusprechen, um sicher zu gehen, dass ihm das Schicksal der anderen erspart bleibt. Doch Liszt muss die Stadt verlassen, bevor sich Chopin und George im öffentlichen Leben zurückmelden und ihren Salon eröffnen: Ab November 1842 ist Liszt als Hofkapellmeister in Weimar unter Vertrag; er soll dort bereits am 23. Oktober ein Konzert geben. *Gehen Sie gegen zwei Uhr in die Cité d'Orléans, wo er wohnt*, hatte er Lenz geraten. Der hatte die Anweisungen befolgt und die Wohnung Chopins leicht gefunden, da die Appartements in der *Cité d'Orléans* durchnummeriert sind. Später wird er protokollieren, was er erlebt und der Nachwelt sein Bild von Chopin zeichnen. Vor ihm steht *ein junger Mann mittlerer Statur, schlank, hager, mit verhärmtem, sprechendem Gesicht in feinster Pariser Kleidung.* Er bietet dem Gast keinen Stuhl an. Lenz steht vor ihm *wie vor einem regierenden Herrn.*

Was wünschen Sie?, fragt Chopin den Besucher. Er hält die Karte mit Liszts handschriftlichen Worten in der Hand und will wissen, ob Lenz ein Schüler von ihm sei.

Ein Freund von Liszt, sagt Lenz. Er fühlt sich gut vorbereitet. Mit Liszt gemeinsam hat er Chopins Mazurken in B-Dur und a-Moll, op. 7, erarbeitet. Liszt hat sich Mühe gegeben. In beiden Stücken hat er *bedeutsame kleine Varianten notiert* und *die Sache sehr streng* genommen, vor allem den *scheinbar so leichten Bass* im Maggiore der a-Moll-Mazurka. *Nur ein Esel kann glauben, dass das leicht ist!*, hatte Liszt sich entrüstet. *An diesen Verbindungen erkennt man den Virtuosen. Spielen Sie Chopin das so vor, er wird etwas merken; es wird ihn freuen.* Er kennt Chopins Liebe zum Legato und hat Lenz gezeigt, wie er *diese Bögen .... im Bass ziehen* muss.

Ich wünschte, Ihre Mazurken ... mit Ihnen kennen zu lernen, erklärt

Lenz nun Chopin. *Ich habe einige von ihnen bereits mit Liszt…* Zu spät spürt er, dass es nicht klug war, das zu erwähnen.

So? sagt Chopin *gedehnt* aber höflich. *Wozu brauchen Sie dann mich? Spielen Sie mir bitte, was Sie mit Liszt gespielt haben.* Er zieht eine elegante kleine Uhr aus der Tasche. Eigentlich sei er im Ausgehen begriffen und habe verboten, jemanden vorzulassen.

Lenz fühlt sich *in der peinlichsten Lage.* Aber wer bei Liszt bestanden hat, redet er sich selbst zu, dürfe keine Angst mehr haben. Er geht zum Flügel und öffnet ihn, als wäre er zu Hause. Ein Pleyel, das hat er erwartet. Man weiß in ganz Paris, zumindest in den Pianistenkreisen, dass Chopin Pleyels Instrumente und dabei speziell die leicht gängigen bevorzugt. Doch Chopin liebt sie vor allem wegen ihres silbrigen, ein wenig verschleierten Klangs, während Liszt die Instrumente Erards vorzieht, deren Klang golden strahlt. *Wenn ich indisponiert bin*, sagt Chopin, *so spiele ich am liebsten auf einem Klavier von Erard, wo ich den Ton schon fertig vorfinde. Bin ich aber in der richtigen Verfassung und kräftig genug, mir meinen eigenen Ton zu bilden, dann muss ich ein Klavier von Pleyel haben.* Das jedoch ist kaum bekannt, und deshalb gilt Chopins Schwächlichkeit als Grund seiner Vorliebe.

Chopin stützt sich aufs Instrument und sieht Lenz *mit klugen Augen gerade ins Gesicht.* Lenz wagt nur einen Blick auf ihn zu werfen und beginnt mit der B-Dur-Mazurka, zu der Liszt ihm Varianten notiert hatte. Es ist wohl durchaus berechnend, dass er sich ein polnisches Stück ausgewählt hat, denn Chopin, meint Lenz, sei *der einzige politische Komponist. Er war Polen, er komponierte Polen*, wird er schreiben.

Als er beendet hat, *flüstert* Chopin: *Die Bearbeitung ist nicht von Ihnen, nicht wahr? Das hat* **er** *Ihnen gezeigt – er muss auch überall Hand anlegen. Nun – er darf das, er spielt vor Tausenden, ich selten vor einem!* Dann erklärt er sich bereit, Lenz Stunden zu geben, aber nur zweimal die Woche. Mehr sei ihm nicht möglich. Er ermahnt Lenz, pünktlich zu sein. *Mein Haus ist ein Taubenschlag.* Wieder schaut er auf die Uhr. *Was lesen Sie, womit beschäftigen Sie sich überhaupt?*

Dass Chopin solche Fragen stellt, mag verwundern. Doch Lenz ist nach eigener Aussage auch auf diese Frage *gut präpariert.* Von der Sand hält er nichts. Ihre Werke seien die *Kehrseite der Literatur* und zeugten *vom Verfall der Sitten.* Dass sie sich seit zwei Jahren für die Ansichten des Jean-Jacques Rousseau stark macht und die Gleichheit aller Menschen fordert, kann einem Beamten im Dienst des Zaren erst recht nicht gefallen. Man hat ihm zugetragen, Chopin erkläre seinen Verzicht auf literarische Betätigung damit, die Sand schreibe derart schön, dass andere kein Recht hätten, sich darin zu versuchen. Lenz hatte darauf erwidert: *Wie gern täuscht sich das Genie dem Weib gegenüber. Was hätte diese in Frankreich so überschätzte Frau Unvergängliches geschrieben?* Doch er hat sich entschlossen, mit Chopin *umzugehen wie mit einem Frauenzimmer, dem man durchaus gefallen will.*

So verhält er sich auch.

George Sand und Jean-Jacques Rousseau ziehe ich allen Schriftstellern vor, lügt Lenz.

Das hat Ihnen Liszt gesagt, erwidert Chopin. Er hat den Besucher durchschaut, aber er lächelt dabei und ist *bildschön in diesem Augenblick.* Über sein Verhältnis zu Liszt äußert er: *Wir sind Freunde, aber wir waren Kameraden.*

Lenz begreift, dass die Situation zwischen den sogenannten Freunden keineswegs entspannt ist. In einer der nächsten Stunden meint Chopin, Lenz überrasche ihn zwar mit guten Ideen, wenn er ihm eins seiner Werke zum ersten Mal vorspiele, sei aber nur noch mittelmäßig, wenn er sich dann gründlich damit befasse. Da rutscht es Lenz heraus: *Liszt hat mir dasselbe gesagt.*

Dann, bemerkt Chopin trocken, *wundere ich mich nicht, wenn Sie mir Recht geben.*

Lenz als Bote zwischen Liszt und Chopin ist ein Sonderfall. *Sie sind der erste Schüler, den er mir empfiehlt*, sagt Chopin zu Lenz. Liszt seinerseits hätte gerne einen Schüler von Chopin, um den er ihn beneidet, vor dem er sich angeblich aber auch fürchtet. Lenz selbst war dabei, als Liszt im Salon von Marie d'Agoult gesagt hat: *Wenn dieser Kleine auf Tournee geht, mache ich meinen Laden dicht.* Wer dieser Kleine ist, weiß Lenz. Er begegnet ihm oft im Vorzimmer Chopins: dem zwölfjährigen Carl Filtsch. Ein Kind noch mit hoher Stirn und traumverlorenem Blick. Welche Sonderstellung dieses Kind genießt, entgeht den anderen Schülern nicht. Selbst wenn Chopin sich völlig abkapselt, für Carl hat er Zeit. *Wenn er erscheint*, berichtet Carls Bruder Josef nach Hause, *entschuldigt er sich, heute keine Stunden geben zu können. Uns wird aber bedeutet, wir mögen uns den anderen anschließen, doch bald umkehren, denn die*

Stunden mit ‹le petit gamin› – so nennt er Carl – sind ihm ein Vergnügen, und er würde nur ungern darauf verzichten.

Am 28. November tritt Carl Filtsch zum zweiten Mal im Salon von George Sand auf, nun bei einer Matinée, zu der vor allem Damen geladen sind. Der Baron Rothschild, der Baron Stockhausen, Lenz und Carls Bruder Josef sind jedoch unter den Zuhörern. Filtsch spielt den Solopart in Chopins e-Moll-Konzert, sein Lehrer begleitet ihn auf dem zweiten Instrument. Schon vorher hat Chopin erklärt, Filtsch spiele das Konzert besser als er selbst.

Lenz gibt Chopin recht, obwohl er ihn noch nie mit seinem Konzert gehört hat: Chopins *Eleganz und Grazie* seien zwar *unerreicht*, aber ihm fehle *die physische Kraft*. Carl Filtsch mit seinen zwölf Jahren hat sie.

Das hast du gut gemacht, mein Junge, lobt ihn Chopin. *Du wirst ein großer Künstler werden.* Er ist sichtlich bewegt und sagt, dieses Konzert habe er *in einer glücklichen Zeit* geschrieben und gespielt. Ahnen die Gäste, dass es um eine Liebe ging? Vor Schülern spricht Chopin niemals von seiner Vergangenheit, seiner Heimat, seiner Herkunft. Ist es dieses unerwartet private Bekenntnis, das Carl Filtsch in Tränen ausbrechen lässt?

Jetzt müsse er mit Carl noch etwas erledigen, beendet Chopin die Rührseligkeit; *wir haben noch einen Spaziergang zu machen.* Keine der Damen außer George Sand darf Filtsch zum Abschied umarmen. Lenz gibt zu, dass er auf Filtsch eifersüchtig ist. Chopin habe *nur Augen für ihn.* Filtsch wird nicht wie ein Schüler behandelt: Chopin scheint ihn adoptiert zu haben. *Mon garçon*, mein Junge, hat er ihn vor allen genannt. Lenz hängt sich an die beiden an, als sie zur Musikalienhandlung von Chopins Verleger Schlesinger gehen. Dort verlangt Chopin den Klavierauszug von Beethovens *Fidelio* und schenkt ihn Carl.

Beethoven ist keineswegs Chopins Hausheiliger. Bachs Präludien und Fugen, die Klavierauszüge zu Mozarts Requiem und Pergolesis *Stabat Mater* befinden sich immer in seiner Nähe, der zum *Fidelio* nicht. Wenn es ein Werk von Beethoven gibt, das Chopin außerordentlich schätzt, dann ist es das *Erzherzog-Trio.* Es ist wohl als symbolische Geste zu verstehen, dass er sich für den *Fidelio* entscheidet, diese Hymne auf die Treue. *Lies darin, solang du lebst*, schreibt Chopin in den Klavierauszug, *und denke dann ab und zu an mich.*

Beethovens Werk liege Chopin eigentlich nicht, behauptet Lenz, der selbst ein großer Verehrer des deutschen Komponisten ist. Chopin spielt Beethoven nur, wenn er dazu gedrängt wird. Als er im Salon von Maria Baronin von Krüdener, einer Schülerin, vor *russischen Damen* die Variationen aus Beethovens As-Dur-Sonate op. 26 vortragen soll, bittet er den Gast aus Petersburg, ihn dorthin zu begleiten. Denn dieser kennt einige der russischen Damen. *Schön* spielt er, urteilt Lenz, *aber nicht so schön wie seine Sachen, nicht packend … nicht als einen von Variation zu Variation gesteigerten Roman … ideal schön, aber weiblich! Beethoven ist ein Mann und hört nie auf, einer zu sein.*

Chopin ist für ihn keiner, mit dem geht er um *wie mit einem Frauenzimmer.* Mag sein, dass ihn die äußere Erscheinung dazu verführt, Chopin die Männlichkeit abzusprechen. Chopin selbst behauptet immer wieder, er sehe aus *wie ein Fräulein.* Sogar Pauline Viardot, die Chopin verehrt, zeichnet ihn schmal wie ein Mädchen, fast lächerlich in den engen Hosen, die seine dünnen Beine betonen. Ein Mann ohne Muskeln, ein körperloses Genie.

Kann so einer sich behaupten?

Lenz wird Zeuge eines Duells.

Er sitzt bei Chopin am Pleyel und spielt die Mazurka in B-Dur, op. 17, da betritt Meyerbeer den Salon. Unangemeldet, was nur ihm erlaubt ist. *Der war der König*, berichtet Lenz. Meyerbeer ist ein eindrucksvoller Mann mit kräftigen Schultern, sehr großen Händen und Füßen, der sich fürstlich kleidet und souverän auftritt.

Lenz unterbricht, Meyerbeer setzt sich. Chopin begrüßt den Gast und bittet Lenz, weiterzuspielen.

Das ist ein Zweiviertel-Takt, sagt Meyerbeer.

Chopin widerspricht. Er lässt Lenz wiederholen und schlägt mit dem Bleistift den Takt auf dem Klavier, *mit glühenden Augen.*

Zwei Viertel, wiederholt Meyerbeer ruhig.

Nun erlebt Lenz zum ersten und einzigen Mal, wie sich Chopin ereifert. *Ein leichtes Rot* färbt *seine bleichen Wangen.*

Das sind drei Viertel! sagt er ungewohnt laut. Meyerbeer überhört den dritten Schlag, weil er durch die starke Betonung des zweiten Schlages verschluckt wird.

Geben Sie's mir für ein Ballett in meiner Oper, sagt Meyerbeer, *dann zeige ich es Ihnen.*

Das sind drei Viertel! Chopin schreit beinahe, setzt sich ans Klavier und spielt die Mazurka mehrmals, laut zählend, den Takt mit dem Fuß stampfend.

Meyerbeer beharrt auf zwei Vierteln. Darauf entschwindet Chopin, ohne sich von seinem Schüler oder seinem Gast mit einem Wort zu verabschieden, in seinem Kabinett. Lenz nutzt die Gelegenheit und stellt sich Meyerbeer als Freund des Grafen Mihał Wielhorski vor, mit dem Meyerbeer ebenfalls befreundet ist. Gemeinsam verlassen sie Chopins Wohnung. Unten angekommen fragt Meyerbeer den Petersburger Staatsrat, ob er ihn mit seinem Wagen nach Hause bringen dürfe.

Ich habe Chopin lange nicht gesehen, vertraut Meyerbeer Lenz unterwegs angeblich an. *Ich liebe ihn sehr! Ich kenne keinen Pianisten wie ihn, keinen Komponisten für Piano wie ihn! Das Klavier lebt von den Nuancen, von den Kantilenen, es ist ein Intimitätsinstrument.*

Vieles von dem, was Lenz in jenen Wochen seines Pariser Aufenthaltes notiert, verrät vor allem eines: Chopin wird umspült von Eifersüchteleien, Gerüchten, Unterstellungen. Auch Lenz mischt dabei mit. Wer immer in Chopins Gunst steht, wird von den anderen misstrauisch beäugt. Lenz beobachtet genau, dass Chopin nur die schönste unter seinen Schülerinnen, eine Admiralstochter namens Laure Duperré, *wie eine Palme gewachsen*, bis an die Treppe begleitet. Als Lenz Chopin bittet, ihn bei Laure einzuführen, behauptet er, eine Abfuhr bekommen zu haben. Es entgeht Lenz auch nicht, dass Chopin Adolf Gutmann schätzt, für Lenz nur *ein roher Geselle*, gesegnet *mit blühender Gesundheit und herkulischen Knochen*. Dieser Gutmann ist Lenz *ein Gräuel* – ein Kraftprotz, der *wie ein Lastträger* Klavier spiele. Chopin habe *sich die Mühe gemacht, aus diesem Klotz einen Zahnstocher zu schnitzen*, lästert Lenz und fragt sich, warum Chopin diesen Gutmann als einen Freund behandelt und mit Widmungen würdigt. Die Antwort, die Lenz sich selbst gibt, ist einfach: Der starke Gutmann imponiere dem schwächlichen Chopin allein durch seine *physische Ausstattung*. Den Bass des cis-Moll-Scherzos, Gutmann gewidmet, könne keiner außer diesem spielen, der mit *seiner Klopffechterfaust* noch ein *Loch in den Tisch schlagen* werde. Vielleicht, mutmaßt Lenz, werde dieser Gutmann auch von George Sand protegiert. Solche Spekulationen sind beliebt. Chopin sei *verblendet*, behauptet Lenz, *von vornherein eingenommen für diese Giftpflanze, vielleicht weil er nur einseitig literarisch gebildet* sei und von großer Literatur keine Ahnung habe. Das aber weiß Lenz zu verschweigen. Er wird bei Charlotte Marliani eingeladen, wo er nicht etwa Chopin, sondern Webers *Aufforderung zum Tanz* spielen soll. Dort stellt Chopin den Gast aus Petersburg seiner Geliebten vor; sie würdigt ihn keines einzigen Wortes. *Unartig*, befindet Lenz. Trotzdem setzt er sich neben die Sand an den Tisch. *Chopin flatterte umher wie ein im Käfig erschreckter kleiner Vogel*, wird Lenz hinterher protokollieren, weil er wohl geahnt habe, was passieren wird: Lenz und die Sand geraten aneinander.

Kommen Sie nicht einmal nach Petersburg?, dient er sich ihr an, *wo Sie so viel gelesen, so hoch verehrt werden?*

Sie erklärt: *Ich werde mich nie herablassen, ein Land der Sklaven zu besuchen.* Lenz schlägt zurück: *Sie haben am Ende recht, nicht zu kommen. Sie könnten die Tür verschlossen finden.* Statt eine Antwort zu geben, berichtet Lenz, *stand George Sand theatralisch auf und schritt männlich durch den Salon, zum lodernden Kamin. Dort zog sie eine enorm dicke Trabucco-Zigarre aus ihrer Schürzentasche und rief in den Salon hinein: Frédéric, un fidibus. … Frédéric schwankte gehorsam mit seinem Fidibus heran.*

Beim Betreten und beim Verlassen von Chopins Wohnung begegnet Lenz regelmäßig dessen Schülerinnen, jung, vermögend, *eine schöner als die andere.* Warum nur hat der sich dann für diese kurz gewachsene Frau mit *großen, braunen Kuhaugen* entschieden, die sechs Jahre älter ist als er und ein Doppelkinn hat? Das Genie, dieser *in Frankreich so überschätzten Frau* verfallen, von ihr herabgewürdigt zum Liebesdiener: Das ist es, was Lenz sieht, sehen will und verbreitet. *Pauvre Frédéric*, stöhnt er. Die Schilderung von Lenz wird den Frauen gefallen, die sich von George Sand ihres Lieblings beraubt fühlen. Solange ihn keine besaß, gehörte er allen. Er hatte jede mit einem *Vielleicht* zurückgelassen. Chopin ist ein Meister der Andeutungen, auch musikalisch. Als er mit dem Gast aus Petersburg vom Salon der Baronin Krüdener zurückfuhr, hatte Lenz Chopins zarten Anschlag moniert, für seinen Geschmack nicht dem männlichen Beethoven gemäß. Chopin erklärte: *Ich deute an, der Zuhörer selbst muss das Bild vollenden.*

Verstanden hat Lenz diesen vielsagenden Satz nicht.

Nun ist da diese Eindeutigkeit namens Sand. Fast alle, die Chopin lieben und auf irgendeine Art für sich in Anspruch nehmen, sind sich einig: Diese Frau beherrscht Chopin wie ein Mann und fügt ihm mit ihrer virilen Energie Wunden zu. Auch Marie de Rozières, obwohl sie zugibt, die Sand sei *gut, selbstlos und aufopfernd* zu Chopin. *Er nennt sie einen Engel.* Doch Marie, gleich alt wie George, jedoch erfolglos im Beruf und erfolglos bei den Männern, kann sich nicht enthalten, nachzusetzen: … *aber der Engel hat große Flügel, die zuweilen verletzen.*

Seit sie zusammenwohnen, haben George wie Chopin hart zu kämpfen gegen Klatsch, Neid und Konkurrenz.

Im Januar 1843 wird den Abonnenten der *Revue et Gazette Musicale* eine Lithographie zum Kauf angeboten, auf der Nicolas Maurin den Stand der Dinge zeigt: die derzeit berühmtesten Pianisten in Paris. Rosenhain, Döhler, Chopin, Dreyschock, Thalberg, Wolff, Henselt und Liszt. Alle sind nach Chopin geboren, als Pianisten erfolgreich, als Komponisten weniger, von Liszt abgesehen. Wolff, der ebenfalls Schüler von Elsner in Warschau war, vier Jahre nach Chopin nach Paris kam und ihm ein Klavierkonzert gewidmet hat, gilt als Freund seines polnischen Landmanns. Doch er, Sohn zweier jüdischer Eltern, wird in Umlauf setzen, Chopin sei allen Juden, Meyerbeer und Halévy nicht ausgenommen, feindlich gesonnen. Aus Gründen des Wettbewerbs? Rosenhain ist Jude, Thalberg ist Jude, Dreyschock ist Jude, auch Kalkbrenner und Alkan sind Juden, ebenso wie der Bankier Léo und der Verleger Schlesinger. Hat Fontana dem polnischen Landsmann Wolff, nachdem er selbst sich aus Chopins Dienst enttäuscht verabschiedet hat, von dessen Äußerungen über den Bankier und den Verleger berichtet? Einiges könnte solchen Gerüchten Einhalt gebieten: Dass Chopin lange für Kalkbrenner wie Moscheles geschwärmt und sich mit Moscheles angefreundet hat, dass er Halévy *Sachverstand* bescheinigt und mit Alkan engen Umgang pflegt, dass er Meyerbeer trotz des Zweivierteltakt-Streits als Persönlichkeit schätzt, wie Franchomme bezeugt. Wer Chopin kennt, der kennt auch seine Furcht vor gewieften Geschäftsleuten und liest seine Bezichtigungen anders.

Öffentlich äußert sich Chopin niemals scharf, auch nicht über Kollegen. Das erledigt Heine für ihn, der im März die *Musikalische Saison* in Paris rezensiert. Herz, Pixis und Kalkbrenner gehören für ihn *zu den Mumien*, Stephan Heller sei *mehr Komponist als Virtuose*, Edward Wolff billigt er *Verve* zu, Thalbergs Vortrag findet er *gentlemanlike, anständig* und *ganz ohne Grimasse*, Dreyschock veranstalte ein höllisches Spektakel – *man glaubt, nicht einen Pianisten Dreyschock, sondern drei Schock Pianisten zu hören. Doch bei Chopin,* bekennt Heine, *vergesse ich ganz die Meisterschaft des Klavierspiels und versinke in die süßen Abgründe seiner Musik.*

Chopin legt sich mit niemandem an. Er hasst Krieg, auch Kleinkrieg und hat darauf verzichtet, gegen den englischen Kritiker James William Davison vorzugehen, der in der *Musical World* geschrieben hatte: *Herr Chopin hat durch Mittel, die wir nicht erraten können, einen enormen Ruf erlangt, einen Ruf, den man oft Komponisten abspricht, die zehnmal genialer sind als er.* Chopins Musik sei voll *schwülstiger Übertreibungen und peinigender Missklänge,* und *wenn er nicht auf diese Weise auffällt, ist er nicht besser als Strauß oder ein anderer Walzerfabrikant.* Wessel, Chopins Verleger in England, hatte sich mit einem offenen Brief dagegen gewehrt, in dem die Namen prominenter Chopin-Verehrer aufgeführt wurden, von Balzac bis Berlioz, von Mendelssohn bis Moscheles, von der Sand bis Schumann. Chopin hatte geschwiegen. Er beschäftigt sich mit Wiedergutmachungen.

Am 17. März 1843 besucht Chopin das Konzert eines keineswegs namhaften Pianisten: Julian Fontana gibt sein Abschiedskonzert. Er wird nach Amerika emigrieren. Chopin möchte wohl mit seiner Anwesenheit zeigen, mit Fontana sei alles im Reinen. Auch das Verhältnis zu Liszt hat Chopin offenbar bei einem Mittagessen einzurenken vermocht: *Du hast also mit Liszt zu Mittag gespeist! Ich kenne Deine Weisheit und weiß, dass Du trotz seiner Angeberei mit ihm Freundschaft halten wirst,* hatte Chopins Vater Nicolas seinen Sohn gelobt. Nun zeigt sich Liszt für die versöhnliche Geste erkenntlich: Als er auf der Rückreise von Petersburg am 5. April ein Konzert in Warschau gibt, trifft er sich danach mit Chopins Vater.

Dem Klatsch, den Diskussionen und verstiegenen Theorien versucht Chopin sich zu entziehen, in Georges Salon ebenso wie in den Salons der anderen. *Nur einem kleinen Kreis auserwählter Zuhörer, deren Sehnsucht ihn zu hören unzweifelhaft echt* sei, so Balzac, könne *es gelingen, ihn zum Spielen zu veranlassen; gewöhnlich um Mitternacht* fange er an, *sich völlig gehen zu lassen, nachdem die großen Tiere aufgebrochen sind, die politischen Diskussionen ein Ende gefunden haben, die Klatsch-Hausierer mit ihren Anekdoten fertig sind, die Fallensteller ihre Fallen gelegt, ihre Gemeinheiten ausgekramt haben – kurz, wenn man von der Prosa des Lebens gründ-*

lich angeekelt sei. Dann werde Chopin, *der stummen Bitte eines verständigen Auges gehorchend, zum Dichter* am Klavier. *Die bloße Neugier, die allein sein Name* hervorruft, berichtet Balzac, scheine Chopin *geradezu zu irritieren*, und wenn ihm die Gäste nicht behagen, halte *er sich möglichst abseits.*

Die Turbulenzen in Paris greifen Chopin an. Seit letztem Sommer hat er kaum etwas komponiert. Auf Nohant hatte er von Mai bis Ende September 1842 vier Werke geschaffen, von denen zwei zu seinen größten gehören: die Ballade in f-Moll und die Polonaise in As-Dur. Hier in Paris hat er noch nicht einmal die Zeit gefunden, diese beiden neuen Werke für den Druck fertig zu stellen und den Verlegern zu schicken. Nur selten ist Chopin zur Ruhe gekommen. Es geht laut zu, rings um die Stadt, wo die Befestigungen trotz aller Proteste auf 39 Kilometer Länge mit vierundneunzig Bastionen, zweiundfünfzig Eingängen und dreiundzwanzig Schranken zu Ende gebaut werden, in der Stadt, wo sie die Gare du Nord hochziehen und neue Gleise verlegt werden.

Sogar im Salon des Marquis de Custine herrscht Erregung: Mitte Mai sind seine Reiseerinnerungen aus Russland, *La Russie en 1839*, erschienen und sofort zum Diskussionsstoff in allen gebildeten Kreisen geworden. Obwohl die Buchausgabe enorm teuer ist und der Text mit seinen Wiederholungen und Abschweifungen stellenweise ermüdend, findet sie reißenden Absatz.

Am 21. Mai 1843 bricht Frédéric mit George und seinem Diener, ohne Maurice und Solange, nach Nohant auf. Die Fahrt dauert entschieden kürzer, da sie nun bis Orléans mit dem Zug fahren können.

Dass Delacroix sein Kommen angekündigt hat, freut Chopin. Was George von sich sagt, beruhigt ihn. *Ich bin kein politischer Kopf*, hat sie vor Giuseppe Mazzini bekannt, *obgleich ich sehr wohl ein politisches Empfinden und einen gewissen Sinn für soziale und politische Ideen habe.* Bereits im Januar hat sie zusammen mit Viardot und Leroux die Leitung der *Revue indépendante* abgegeben. Es sieht aus, als stünden Monate der Entspannung bevor.

George gelingt es, Chopin zu überreden, sie bei ihren Ausflügen zu begleiten. Weil ihn die langen Fußmärsche an die Ufer der Creuse, der Indre oder auf eine der umliegenden Burgen und Ruinen zu sehr erschöpfen, hat sie die Eselin Margot mit einem weichen Sattel und

Zaumzeug versehen; auf Margots Rücken reitet Chopin hinter den Wanderern drein. *Der Himmel war uns so gnädig, dass wir dauernd Spaziergänge machen mussten*, vermeldet Chopin wenig begeistert nach Paris. Doch die Bewegung in freier Luft tut ihm gut. Sitzt er in seinem Zimmer am Flügel, arbeitet er rasch und konzentriert.

Die Viardots haben hier ihre kleine Tochter Louise abgegeben, weil Louis, von seiner Funktion als Chefredakteur der *Revue* befreit, Pauline auf einer Konzerttournee begleitet. Louise ist noch keine zwei Jahre alt. *Sie nennt mich Mama*, berichtet George Pauline Viardot am 8. Juni, *und sagt ‹kleiner Chopin›, wodurch alle Chopins dieser Welt dahinschmelzen würden. Chopin vergöttert sie und verbringt sein Leben damit, ihr die Hände zu küssen.*

Nicht nur. Chopin arbeitet hier an zwei neuen Nocturnes in f-Moll und Es-Dur und an einem Stück, das er vorläufig *Variantes* nennt. Auch im Juni ist das Leben auf Nohant von jener Schwerelosigkeit, die Chopin beflügelt. Louise macht anderen Arbeit, ihm macht sie nur Spaß. Am 16. Juni berichtet George ihrer Freundin Pauline Viardot schon wieder beglückt von der geliehenen Tochter: ... *sie tanzt, lacht, plappert, spricht mit Chopin Polnisch, mit Françoise Dialekt und mit Pistolet Sanskrit, sie pinkelt überall hin, isst, schläft, kurz: Sie ist unser Sonnenschein und die einzige Freude in der Abwesenheit meiner anderen Kinder.*

Nie gäbe sie zu, dass ihre beiden Kinder, mittlerweile zwanzig und fünfzehn Jahre alt, keineswegs nur Freude bereiten. Maurice hat von der Entschlossenheit und Tatkraft seiner Mutter nichts geerbt; Marie d'Agoult hatte vor sechs Jahren schon vorhergesagt, er werde einmal *ein Mann der bequemen Tugenden* sein. Als er nach Nohant kommt, wird der Alltag nicht einfacher, weil Maurice sich mehr und mehr als Hausherr zu gebärden beginnt. Er wird Gefallen an den ruhigen Vergnügungen und am Leben eines Gutsbesitzers finden, hatte Marie d'Agoult prophezeit, es sei denn, ein ungewöhnliches Talent triebe ihn ins Künstlerdasein. Sein Talent ist nicht ungewöhnlich, und das Künstlerdasein ist ihm zu unbequem.

Die Spannungen nehmen zu. Chopin hat erneut den Fehler begangen, seinen Diener aus Paris mit hierher mitzunehmen. Wie zu erwarten war, gibt es Schwierigkeiten. George ist verärgert, dass Chopin sich nicht an ihre Hausregel hält, kein fremdes Personal mitzubringen; es gibt genügend Angestellte, die ihm zu Diensten stehen. Entsprechend klingt die Anweisung, die George schon vor Antritt der Reise ihrem Halbbruder Hippolyte gegeben hat: *Chopins Diener, ein ernster und dummer Pole, wird sich mit wenig zufrieden geben. Man kann ihn neben die Sattelkammer stecken.* Jan erledigt nichts so, wie es hier im Haus üblich ist, und legt sich mit dem Personal an. Das beschwert sich bei George über diesen Polen, der außer Schimpfwörtern kein Französisch könne. Dass Jan alles übergründlich erledigt, wird in Nohant als störend empfunden. Er klingelt so lange zum Mittagessen, als sei Feuer ausgebrochen.

Doch Chopin kann sich alldem entziehen in der Stille seines Zimmers.

Dann aber verändert sich die Stimmung auf Nohant radikal. George erfährt von einem skandalösen Vorfall, der sich in nächster Nähe ereignet hat. Bei La Châtre ist auf offenem Feld ein verwirrtes Kind aufgefunden worden, verwahrlost, halb verhungert und verdurstet. Die Nachforschungen ergeben, dass das kleine Mädchen namens Fanchette im Hospiz von La Châtre gelebt hat und auf Befehl der Anstaltsleitung ausgesetzt worden ist. Die Löwin des Berry wird ihrem Ruf gerecht. Sie will die Öffentlichkeit auf dieses Verbrechen aufmerksam machen. Dem Berry aber fehlt eine kritische Zeitung. Also beschließt George, mit Freunden vor Ort eine zu gründen, ein aufklärerisches Blatt, den *Éclaireur de l'Indre.* Nohant wird täglich Schauplatz von Konferenzen. Gedruckt werden soll die Zeitung nicht in Paris, sondern in der Provinz, in Boussac, wo Leroux eine Druckerei gekauft hat, mit der er seine Familie durchbringen will. Als Drucker der *Revue indépendante* hatte er versagt; wenn der Termindruck ihn zu sehr belastete, war er einfach tagelang verschwunden. Doch George hält zu ihm. Für sie ist er mit seinen flammenden Reden nach wie vor ein Held. *Ich kann den Gedanken nicht ertragen, diese Fackel könne erlöschen und uns in der Finsternis zurücklassen.* Chopin stört es, ihn ständig im Haus zu wissen, er erträgt den ungepflegten und lärmenden Leroux nicht. *Dem nun genügt es, einen großen Gedanken hinzuwerfen*, beschwert sich Chopin. Leroux' Fehler sei, *dass er etwas anfängt und nie ganz zu Ende führt.* Umso hitziger debattiert er.

Klangfetzen der Musik Chopins mischen sich mit dem Gesang der Nachtigallen und dem Duft der Rosen, hatte Delacroix im Vorjahr erfreut geschrieben. Nun mischen sie sich mit erhitzten Reden, die aus den offenen Fenstern dringen oder im Garten geführt werden. Ist das der Grund, dass Delacroix nach nur zehn Tagen, am 27. Juli, Nohant bereits wieder verlässt?

Am Sonntag, dem 13. August, reist Chopin nach Paris, wo er mit seinen Verlegern verhandeln muss und die fünfzehnjährige Solange vom Internat abholt, um sie nach Nohant zu bringen.

Dass er damit betraut wird, ist kein Zufall. Früher hatte George den Mut und die wache Neugier ihrer Tochter bewundert, als der selten liebende, jedoch scharfe Blick der Marie d'Agoult bereits den *leidenschaftlichen, unbezähmbaren Charakter* dieses Kindes erkannt hatte. *Solange ist für das Absolute bestimmt, im Guten wie im Bösen*, hatte Marie damals prophezeit. *Ihr Leben wird voller Streitereien, voller Kämpfe sein.* Seit einigen Jahren muss George nun zugeben, dass die Tochter ihr aus dem Ruder läuft. Solange hat entdeckt, wie sich mit Koketterie einer gegen den anderen ausspielen lässt, was Chopin nicht zu durchschauen scheint. George geht nicht direkt gegen Solanges Machenschaften an. Hindert sie das schlechte Gewissen daran? Als sie damals mit Musset nach Venedig entflohen war und erst fünf Monate später zurückkehrte, hatte sie ihre fünfjährige Tochter auf Nohant gelassen. Bei ihrer Rückkehr fand sie ein verschrecktes Kind vor und kam erst allmählich dahinter, dass Solange von Julie, einer Magd, regelmäßig verprügelt worden war. Weil Solange im Herbst vor zwei Jahren nun erneut in ein Internat gesteckt worden ist und sich nur am Wochenende bei ihrer Mutter, ihrem Bruder und Chopin aufhält, fühlt sie sich vom Familienleben ausgeschlossen. Der Abschied am Sonntagnachmittag wird jedes Mal zu einem Drama, das auch Chopin miterlebt. Solange weiß nicht, dass ihre Mutter dem Direktor des Internats, auf das sie gewechselt hat, schrieb, sie sei *launisch, herrschsüchtig, eifersüchtig und hysterisch*, habe zudem einen *übertriebenen Gerechtigkeitssinn.* Doch sie weiß, was ihr vorgeworfen wird, denn in ihren Briefen nach Hause oder nach Nohant verteidigt sie sich: *Ich brauche Dir nicht zu sagen, dass ich keine Lügnerin mehr bin, weil ich nie eine war.* Es quält Solange, dass George ihr den Bruder Maurice, für Solange *Didion*, als Vorbild hinstellt und hervorhebt, wie schön es in Nohant ohne Solange sei. Sie nimmt Maurice sogar in ihr Arbeitszimmer mit; *dort malt Dein Bruder Aquarelle mit einer Konzentration und Ausdauer, die ich auch bei Dir gern mal in irgendeiner Sache erleben würde, und sei es nur beim Stricken.*

Chopin gibt Solange auf Nohant Klavierstunden und lobt sie. Solange spürt, wie wichtig es für Chopin ist, geliebt zu werden, und sie bedankt sich, indem sie ihren Charme an ihn versprüht. Auch äußerlich ist Solange das Gegenbild ihrer Mutter. Das lange Haar ist blond, die Haut weiß und rosig, die Augen sind dunkelblau, die Brauen schwach ausgeprägt, weshalb sie sie, wie Delacroix es ihr gezeigt hat, mit einem weichen Stift nachzieht. Solange ist sich ihrer Reize bewusst und weiß sie bereits einzusetzen. Sie hat Chopin auf ihre Seite gezogen. Steht er nicht zu ihr, rächt sie sich dafür mit Bemerkungen, die auch George verletzen müssen. *Sag dem geschlechtslosen Kerl, er soll mir schreiben*, hieß es in einem Brief, den Solange der Mutter aufs Land schickte, *er hat mir noch keine Zeile zukommen lassen, seit er in Nohant ist.*

Wie viel Chopin mit den beiden Konzerten eingenommen hat, ist Solange nicht entgangen. *Anscheinend ist er zu stolz geworden und spielt den Hausherrn, seit er sein eigenes Geld verdient.*

Dass Chopin sich als Hausherr fühlen könnte, stört jedoch nicht sie, es stört Maurice. Noch aber ist der Hausfrieden nicht gefährdet. Chopin, nicht der Bruder holt Solange nun in Paris ab; eine Geste, die den Frieden festigen könnte. Chopins Bedürfnis, in Georges Nähe zu sein, ist nach fünf Jahren unvermindert stark. *Um elf Uhr bin ich angekommen*, schreibt er am 14. August. *Am liebsten wäre ich schon wieder zurück. Sie zweifeln nicht daran, und ich bin froh, dass wir am Donnerstag wieder abreisen.*

Unbeschwert sind die folgenden Wochen im Berry aber nicht. Solange weiß, dass Pauline Viardot kommen wird, um ihre kleine Louise abzuholen. Sie ist eifersüchtig auf die *fifille*, denn George macht kein Geheimnis daraus, dass sie sich eine Tochter wie Pauline erträumt.

Freunde aber erfahren nichts von diesen Spannungen auf Nohant. Am 1. Oktober schreibt George, gerade von einem Ausflug ins Creusetal zurück, an Pauline Viardot. Sie berichtet, wie mühsam es gewesen war, in dieser Wildnis den Weg zu erkunden, *wo sich seit Menschengedenken keine Kutsche hingewagt hatte, schon gar nicht bei Nacht.* Aber sie hatten den Weg gefunden, *auf wunderbarste Weise, ohne Unfall. Wir waren zu neunt und recht tapfer. Wir haben auf Stroh geschlafen und siehe da – Chopin hat alldem die Stirn geboten, ohne müde oder krank zu werden.* Sie ist stolz auf sein Durchhaltevermögen. Beeindruckt es sie, wenn Chopin sich als Mann beweist? Schmerzt es sie, dass ihre Tochter den Geliebten als *Sans-Sexe* bezeichnet hat? George streicht heraus, wie viel Leistungskraft Chopin bewiesen hat. Auch Charlotte Marliani berichtet sie über die *kurze Reise durch ein flaches, aber sehr malerisches Gebirge, das schwerer zu passieren ist als die Alpen, weil es dort weder Wege noch Gasthäuser gibt. Chopin kletterte mit seinem Esel überall hin und fühlte sich nie besser als bei diesen Strapazen und Gefahren.*

Doch weder ihm noch ihr geht es gut. Mitte Oktober berichtet Chopin Grzymała, dass George nach der Rückkehr von diesem Ausflug krank geworden sei. *Die Gesundheit der Hausherrin ist nicht die beste. Ich schleppe mich dahin, so gut ich kann … Seit einigen Tagen kann sie nicht arbeiten. Das bekümmert sie, also ist es hier nicht fröhlich.* Was auf Georges Stimmung drückt, sind nach ihrer eigenen Aussage jedoch vor allem Seelennöte. *Nohant hat sich sehr verändert*, schreibt sie, wie immer nachts, an Bocage. *Meine näherrückenden vierzig Jahre haben eine ernste Note hereingebracht … Obendrein hat der schlechte Gesundheitszustand unseres Freundes uns an eine melancholische oder zumindest angespannte Stimmung gewöhnt … Der angehende Tag ist grau wie der Kopf derjenigen es zu werden beginnt, die Ihnen hier schreibt.*

Verrät das, was Chopin hier vollendet, etwas von diesem seelischen Wetterwechsel? Die erste der drei Mazurken, die als Opus 56 erscheinen sollen, beginnt zwar etwas träge und verhalten, entfaltet dann aber ein farbiges Leben; die zweite ist, bei Chopin selten, unkompliziert und gut gelaunt; die dritte ergreift mit ihrer Melancholie, aus der sie sich aufschwingt, um dann in Verzweiflung zu münden. Ihr Ende aber ist nicht düster, da bemüht sie sich um ein Lächeln.

Die *Variantes* hat Chopin noch nicht vollendet. Doch schon jetzt ist abzusehen, dass sie eines seiner ungewöhnlichsten Werke wird. Sie beginnt damit, dass die rechte Hand eine jener Melodien singt, die sehnsuchtsvoll ins Weite, ins Unendliche schweifen. Erst später wird Chopin vor diesen Anfang noch zwei weitere Takte setzen, in denen die linke Hand allein beginnt, als wolle sie erst hinführen zu diesem Flug in die Ferne. Wie in Trance wird in den *Variantes* vierundfünfzig Mal eine Figur wiederholt, die aufsteigt, abfällt und in einer Synkope ausschwingt. Auf den Rat von Schülerinnen wird er das fertige Stück *Berceuse* nennen. Es würde Chopin ärgern, wenn er wüsste, dass später behauptet wird, die Bewegungen von Louises Wiege hätten ihn zu diesem Stück inspiriert.

Am 29. Oktober verlässt Chopin Nohant, um nach Paris zurückzukehren. Ohne George. Nur Maurice und sein polnischer Diener begleiten ihn. Es ist die erste längere Trennung seit Beginn ihrer Liebe. Dass George das beunruhigt, ist offensichtlich. Nicht genug, dass sie Maurice anweist, sich um Chopin zu kümmern wie sie es täte. Bereits vor Chopins Abreise verfasst George Briefe an ihre Freunde Grzymała und Charlotte Marliani mit dem Auftrag, nach Chopin zu sehen.

Was sie am 26. Oktober an Grzymała schreibt, klingt so, als mache sie sich bereits Vorwürfe und müsse sich für ihre Entscheidung rechtfertigen: *Dem Kleinen geht es gut, das Wetter ist noch mild. Übrigens hat sein labiler Gesundheitszustand seit der Spanienreise nichts Beunruhigendes. Wenn es ihm nicht viel ausmacht, einige Wochen ohne mich zu verbringen, gibt es keinen Grund, warum ich mich allzu sehr beunruhigen sollte. Allerdings verlasse ich mich darauf, dass Du mir wahrheitsgemäß Bericht erstattest, ebenso, wenn es darum geht, ihn zu zerstreuen. Aber ich werde ganz sicher Ende November bei Euch sein, und ich komme von einem Tag auf den anderen, falls mein Kleiner vorher erkranken sollte.*

Am 28. Oktober wendet sie sich auch noch an Charlotte Marliani. *Kümmern Sie sich um ihn, auch wenn er nichts möchte. Er vernachlässigt sich, wenn ich nicht bei ihm bin, und sein Diener ist zwar ein guter Mensch, aber dumm. Was das Abendessen anbelangt, mache ich mir keine Sorgen, denn man wird ihn allseits einladen. Aber ich fürchte, dass er morgens, wenn er es wegen seines Unterrichts eilig hat, vergisst, eine Tasse Schokolade oder Bouillon zu trinken, die ich ihm gegen seinen Willen einflösse, wenn ich da bin.*

Von Jan hält sie nach dessen Gastspiel auf Nohant noch weniger als zuvor. *Nichts wäre einfacher für seinen Polen, als ihm eine Suppe und ein Kotelett zuzubereiten. Aber er wird es ihm nicht sagen, vielleicht verbietet er es ihm sogar. Sie müssen Chopin also gut zureden.*

Auch der Freundin Charlotte versichert George: *Ich verlasse mich darauf, dass Sie mich benachrichtigen, falls er krank wird … dann werde ich alles stehen und liegen lassen und kommen, um ihn zu pflegen.* Doch George hat Gründe, ihren Aufenthalt zu verlängern. Sie muss den Garten auf den Winter vorbereiten und arbeitet so hart, wie sie es während Chopins Anwesenheit nicht gekonnt hätte. Delacroix, nicht Chopin gesteht sie, was sie vor ihrer Rückkehr alles erledigen muss: *Bis es so weit ist, säe ich, pflanze, dünge meine Beete und lege neue an, ramme Pfähle in die Erde, richte Mauern wieder auf und lasse gute Gartenerde eine halbe Wegstunde weit heranschaffen. Ich komme den ganzen Tag aus den Holzschuhen nicht heraus und gehe erst zum Abendessen ins Haus zurück.* Chopin verrät sie nur, dass sie vor Müdigkeit in ihrem Schreibtischsessel einschläft.

Weder Grzymała noch die Marliani können jedoch verhindern, dass Chopin krank wird. In der Praxis von Doktor Jean-Jacques Molin in der Rue de l'Arcade wird ein Hilfeschrei abgegeben. *Lieber Doktor, haben Sie die Güte, mich heute zu besuchen. Ich bin leidend. Ihr ergebener Chopin.*

Diesem Arzt vertraut er, weil er mit homöopathischen Mitteln arbeitet und Aderlass ablehnt. Doch dessen Methoden bringen keine rasche Heilung. George berichtet Chopin nur von seinen Zahnschmerzen. Sie ahnt jedoch, dass er ihr seinen wahren Zustand verschweigt. *Guten Tag, mein Chip Chip. Verscheuchen Sie die dicke Backe ... Sprechen Sie mit Doktor Molin darüber und tun Sie, was er sagt. Von Maurice weiß ich, dass Sie sich weder gut noch schlecht fühlen*, schreibt sie am 4. November. *Das beruhigt mich in keinster Weise. Verheimlichen Sie mir die Hälfte? Und Sie fühlen sich eher schlecht als gut? Sind Sie wenigstens ausreichend beschäftigt, um von Ihrem Leiden abgelenkt zu werden? Haben Sie nette Leute gesehen? Schlafen Sie nachts? So, das ist es, was ich vor allem wissen möchte und was Sie mir nicht sagen. Ich küsse Sie so, wie ich Sie liebe.*

In der zweiten Novemberwoche verschlimmern sich Chopins Atembeschwerden. Er leidet unter einem Stechen in der Brust und hartem Husten. Doktor Molin kommt jeden Tag vorbei. George ist eine Frau, die genau zuhört und genau liest, auch zwischen den Zeilen. *Schreibe mir, ob Chopin nicht krank ist*, ermahnt sie Maurice am 17. Oktober, *seine Briefe sind kurz und traurig. Pflege ihn, wenn es ihm schlecht geht. Nimm bei ihm soweit wie möglich meine Stelle ein. Er würde auch mit allem Eifer meine Stelle bei Dir einzunehmen suchen, wenn Du krank wärst.* Wie Chopins Kräfte verfallen, spricht sich in Paris herum. Die Schwester seines Schülers Adolf Gutmann sagt: *Die Treppen zu steigen würde ihm selbst unter Beihilfe unmöglich gewesen sein.* In polnischen Salons wird auch darüber geredet, dass es gleichzeitig mit Chopin Juliusz Słowacki übel erwischt hat – mit fast denselben Beschwerden. George muss erfahren, wie es um ihn steht.

Am 14. November wendet sich George mit einem dringenden Appell an Charlotte Marliani. *Ich habe kürzlich von ihm einen langen, unsagbar traurigen Brief bekommen.* Akuter Geldmangel sei die *Ursache seiner Sorgen und Ängste. Ich habe ihm heute 500 Francs geschickt … Ich weiß, dass Sie in diesem Jahr auch ziemlich in Verlegenheit sind. Vielleicht aber finden Sie etwas auf dem Grund Ihrer Schublade? … Nein, wir dürfen ihn nicht fallen lassen.*

Es geht nicht um Chopin, es geht um Leroux. Was Chopin betrifft, ist George hin- und hergerissen. *Ich weiß, dass er ohne mich leidet,* schreibt sie am 18. November an Grzymała, der ihr mitgeteilt hat, wie es um Chopin wirklich steht, *und dass er sich freuen würde, mich zu sehen, aber ich weiß auch, dass er feinfühlig, wie er ist, traurig und beinahe gedemütigt wäre, wenn er sieht, dass ich wichtige Dinge liegenlasse, um seine Krankenpflegerin zu sein, das arme Kind, obwohl ich von Herzen gern seine Krankenpflegerin bin.*

Das arme Kind, der Engel ist rührend; doch ist er noch begehrenswert für sie, dieser *Sans-Sexe?* Ist er wie Leroux nur noch ein Mensch, dessen Existenz sie mütterlich beschützt, aus Treue und aus Bewunderung?

Während George mit sich kämpft, erreicht sie in Nohant ein Liebesbrief aus Paris: … *meine Liebe zu Ihnen ist einzigartig. Eine solche Leidenschaft verleitet zu lächerlichem Überschwang, und ich bin stolz, dass ich einen Worterguss unterdrückt habe … Da die Einbildungskraft meine Einsamkeit belebt, kann ich meine Gesellschaft frei wählen. Sie, meine Liebe, sind oft bei mir, ich rufe Sie in meinem Geiste hierher.*

Der Brief stammt von Delacroix.

Ist es die Angst, sich ihre erloschene Leidenschaft Chopin gegenüber eingestehen zu müssen, die George von der Rückkehr abhält? Fürchtet sie, dem Kranken gegenüber nur Mitleid zu empfinden? Sie hat angekündigt, am 29. November Nohant zu verlassen. Als Maurice bettelt, sie möge doch endlich kommen, antwortet sie ihm: *Du und Chopin, Ihr seid doch kleine Egoisten. Warum müsst Ihr Euch, nur weil Ihr Euch langweilt, bei Mama beschweren – Chopin indirekt und Du offen? Vorgestern war ich schon drauf und dran, Hals über Kopf nach Paris zu fahren. In acht Tagen kommt sie doch ohnehin, also lasst sie doch noch etwas den Herbst genießen – ihre liebste Jahreszeit –, ohne ihr auf die Nerven zu fallen und Sorgen zu machen.*

Offenbar hat der Sommer in Nohant Chopins Konstitution gestärkt. Er erholt sich rascher als erwartet. Nun versucht er zu zeigen, dass er keineswegs egoistisch ist. *Mein Gott, schonen Sie sich für die Reise,* fleht er sie drei Tage vorher schriftlich an. *Sie haben berichtet, Ihr Gaumen sei wund. Um Himmels willen, nehmen Sie dieses Medikament nicht weiter.* Er gibt zwar zu, er sei erschöpft, doch ihm liegt daran, George zu beruhigen. *Ich glaube, meine Arznei schläfert mich einfach zu sehr ein. Ich werde Molin um eine andere bitten. Ich bitte Sie zu glauben, dass wir beide wohlauf sind. Dass mir die Krankheit fern ist und ich nur Glück vor mir sehe. Dass ich nur Glück vor mir sehe. Dass ich noch nie so voll froher Hoffnung war wie für die kommende Woche.*

Es ist nun vier Jahre her, dass Marie d'Agoult prophezeit hatte: *Wie ich die beiden kenne, geraten sie sich schon nach einem Monat des Zusammenlebens in die Haare.* Was Chopin ganz ans Ende dieses Briefbogens schreibt, straft die Diagnose der ehemaligen Freundin Lügen: *Noch vier Tage!*

XXI
Husten, Seelenwunden und der beste Arzt

Die Vergangenheit zu Gast in Paris und im Berry

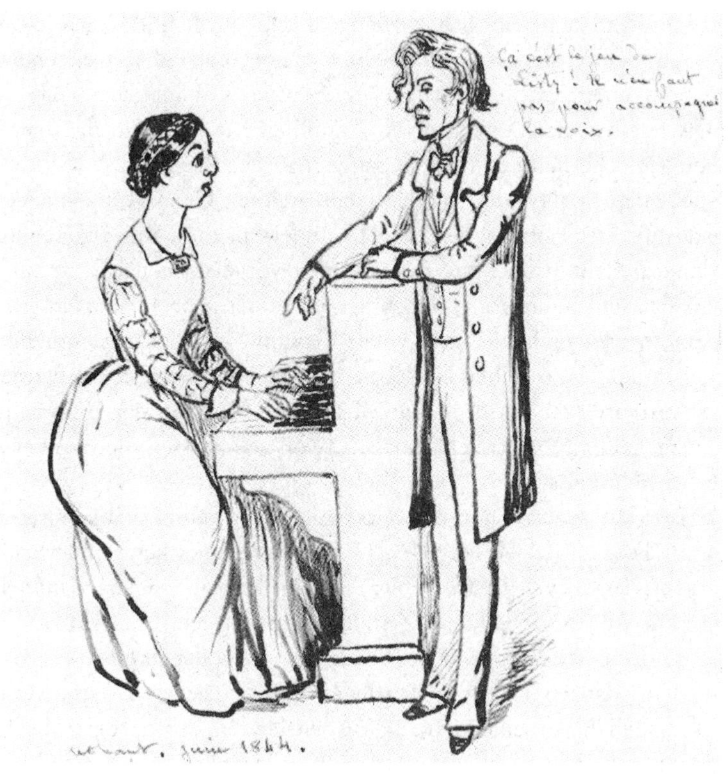

Pauline Viardot-Garcia und Chopin, 1844.
(Karikatur von Pauline Viardot-Garcia).

Kaum einer versteht, dass Chopin ausgerechnet diese Frau zu sich vorlässt, sobald er sich dazu körperlich imstande fühlt. Seit Beginn des Jahres 1844 hat er sich zurückgezogen. Nicht nur Konzert und Theater, selbst die vertrauten Salons meidet er seither weitgehend. Fremden, aber auch Freunden, zeitweise sogar den Schülern bleibt die Tür Chopins verschlossen. Seine Krankheit habe Chopin menschenscheu gemacht, heißt es, manche sagen menschenfeindlich.

Womöglich aber gibt es noch einen anderen Grund für seine Verdüsterung. Der Einzige, den er wohl, anders als diese in ihrer Bewunderung aufdringliche Frau, mit Freuden vorgelassen hätte, ist nicht mehr da. Sein Kind, Carl Filtsch, ist auf seiner großen Tournee nach einem anstrengenden Winter voller Termine in Wien zusammengebrochen. Die Ärzte haben ein schweres Lungenleiden festgestellt, weitere Auftritte verboten und Carl angeraten, die Seebäder in Venedig aufzusuchen, an Österreichs Adria. Davon aber wissen die meisten in Chopins Umkreis nichts.

Mitte Januar war Chopin bereits einige Tage fiebrig krank gewesen. Anfang Februar jedoch hatte er zu Ehren der polnischen Kinderbuchautorin Klementyna Hoffmanowa, die ihn an seine eigene Kindheit, jenes im Rückblick goldene Zeitalter erinnert, ein Hauskonzert in Georges Appartement gegeben, bei dem er die vollendete *Berceuse* vortrug. Kurz danach hat er bereits wieder im Bett gelegen. Doktor Molin ist fast täglich vorbeigekommen. In den letzten Februartagen hat er sich wieder in der Öffentlichkeit gezeigt: auf dem Friedhof *Père Lachaise*. Alle Blicke waren auf ihn gerichtet. Leichenblass und abgemagert, zu schwach, um allein zu gehen, hat er sich ans offene Grab führen lassen, in dem der Sarg von Camille Pleyels Mutter versenkt worden ist. Dass Camille Pleyel und Chopin einander in die Arme gefallen und in Tränen ausgebrochen sind, fand die Presse eine Nachricht wert.

Danach ist es langsam aufwärtsgegangen, doch Chopin macht sich nach wie vor rar. Selbst prominente Bekannte müssen sich damit abfinden, von ihm versetzt zu werden. Ary Scheffer, den Chopin als Maler bewundert und von dem er sich erneut porträtieren lassen wollte, hat ihn mehrmals zu sich eingeladen. Chopin hat zugesagt, ist aber nicht erschienen. Menschen, die ihn nicht kennen, müssen ihn für überheblich halten.

Auch Julian Schulhoff, ein junger Komponist und Pianist aus Böhmen, hat es bisher nicht geschafft, an Chopin heranzukommen, und versucht es dann über einen Umweg: Er hat erfahren, dass Chopin sich zur Klavierfabrik von Mercier fahren lassen wollte, wo ihm ein neu erfundenes transponierendes Instrument vorgestellt werde. Als Chopin in Begleitung eines älteren Kapellmeisters auftaucht, erwartet ihn bereits eine kleine Verehrergemeinde. Eine der Damen stellt ihm Schulhoff vor. Er reagiert abweisend. Schulhoff fragt dennoch, ob er ihm etwas vorspielen dürfe; unwirsch gibt Chopin die Erlaubnis, lehnt sich aber so ans Klavier, dass er dem Pianisten den Rücken zukehrt. Schulhoff lässt sich durch das offensichtliche Desinteresse Chopins nicht abhalten und spielt ein eigenes Werk, sein Opus 1, ein *Allegro brillant en forme de Sonate. Mit wachsendem Interesse* hört Chopin zu. Als Schulhoff aufsteht, reicht Chopin ihm die Hand. *Sie sind ein wahrer Künstler – ein Kollege.* Einige Tage später wagt es Schulhoff, in Chopins Wohnung am Square d'Orléans vorbeizuschauen, um zu fragen, ob er ihm dieses Werk widmen dürfe. *Ich bin sehr geschmeichelt von der Ehre, die Sie mir erweisen*, sagt Chopin. Nicht allein Schulhoff hat den Eindruck, Chopin bedauere es im Nachhinein, so schroff gewesen zu sein. Dennoch passiert es ihm immer wieder.

Aber offenbar nicht bei dieser Frau. Sie heißt Jane Wilhelmina Stirling, ist das jüngste von elf Kindern, kommt von Kippenross House in Perthshire, nordwestlich von Edinburgh, und ist wie jedes Jahr mit ihrer verwitweten, dreizehn Jahre älteren Schwester Katherine Erskine für sechs Monate nach Paris gekommen. 1828 war sie zum ersten Mal hier gewesen. Acht, neun Jahre später ist sie Chopin in ein paar der Salons hier begegnet, und auch seine Konzerte hat sie besucht. Diesmal sollen Unterrichtsstunden bei Chopin ihren Besuch krönen.

Dass er ausgerechnet Miss Stirling Zugang gewährt, muss jeden erstaunen. Sie ist vierzig, so alt wie George, aber groß, knochig, bleich und schmallippig. Ihr Französisch ist mittlerweile gut, im Umgang aber hat sie sich nicht angepasst. Auch ihre Aufmachung entspricht keineswegs Chopins Vorstellungen von Eleganz, eher den klimatischen und landschaftlichen Bedingungen der schottischen Provinz. Einst, vor sechzehn Jahren, soll sie mit ihrer Zerbrechlichkeit noch einen gewissen Reiz gehabt haben und auch einige Verehrer; nun aber ist sie in Chopins Augen eine alte Jungfer. Dass sie in ihrem Elternhaus über eine umfangreiche Bibliothek und eine Kunstsammlung mit bedeutenden britischen Meisterwerken verfügt, als Kind sogar von Raeburn porträtiert worden ist, macht sie in Paris nicht begehrenswerter. Auch musikalisch hat sie wenig zu bieten. Sie kann die schottische Harfe spielen, das aber ist in den Salons hier gar nicht gefragt. Was das Klavier betrifft, ist Jane Wilhelmina Stirling bemüht, mehr nicht. In solchen Fällen verliert Chopin, seit es ihm schlecht geht, rasch die Geduld. Wie früher am Kaminsims lehnend die Stunden zu absolvieren, ist ihm nicht mehr möglich. Im Sessel sitzend oder auf seiner Chaiselongue liegend hört er zu. Es kursieren alle möglichen Geschichten, die seine Unduldsamkeit belegen. Als eine Schülerin das Arpeggio zu Beginn der ersten Etüde in As-Dur im zweiten Heft von Clementis *Préludes et Exercises* nachlässig gespielt habe, sei er aufgesprungen. *Was ist das? Hat da ein Hund gebellt?* soll er gesagt haben. Er hat auch Schülerinnen wie diese Emilie von Timm aus Riga, siebzehn Jahre jünger als die Schottin, die Chopins Feinfühligkeit bewundert. *Ich glaube, er sieht durch die Haut ins Herz.* Sie ist begabt, hellhörig und dankbar für jedes Wort: … *treu seinem Grundsatz, guten Sängern spielend nachzustreben*, schreibt sie den Eltern, *hat er dem Pianoforte das Geheimnis abgelauscht, das Atmen auszudrücken.*

Chopin ist ausgebucht und muss krankheitsbedingt immer wieder absagen. Trotzdem unterrichtet er diese Jane Wilhelmina Stirling, die zu alt ist, um auch nur eine mittelmäßige Pianistin zu werden, und zu unbegabt, um jenes Atmen der Musik zu begreifen. Auguste Franchomme, der zusammen mit der entsprechend nachsichtig behandelten Marie de Rozières einen Teil der Aufgaben übernommen hat, die früher Julian Fontana für Chopin erledigte, wird wissen, wo die Vorzüge der Miss Stirling liegen: in ihrer Familie. Ihr Vater ist Gutsherr und Bankier. Ist es Geiz, Sparsamkeit oder der Vergleich mit einheimischen Tarifen, dass Chopins Stundenpreis Jane dennoch erschreckend hoch erscheint?

Chopin braucht dringend Geld. Er spart zwar in Paris als ständiger

Tischgast von George und Charlotte viel ein, erst recht auf Nohant, wo er monatelang durchgefüttert wird. Doch die Kosten für ärztliche Visiten, Behandlungen und Medikamente steigen, die Einkünfte für den Unterricht sinken, und das Interesse an seinen Werken hat nicht nur beim englischen Verleger stark abgenommen. Von Franchomme, der Frau und Kinder ernähren muss, hat er sich 500 Francs geliehen, denn Schlesinger hat sich noch immer nicht entschieden, ob er Chopin seine letzten drei Mazurken abkaufen möchte.

Für Chopin muss es schmerzlich sein, mitanzusehen, wie leicht Franz Liszt sein Geld als Virtuose verdient. Er ist nur ein Jahr jünger, doch seine Konzertreisen kreuz und quer durch Europa scheinen ihm nicht das Geringste anzuhaben. In Gegenwart von Mendelssohn und Grieg hat er deren Werke aus dem Manuskript vom Blatt gespielt. Sein Repertoire wächst ständig, und er beherrscht es mit traumwandlerischer Sicherheit. Zeit zu üben bleibt ihm bestenfalls unterwegs, an seiner stummen Reiseklaviatur. Kommt er am nächsten Ziel an, begibt er sich oft direkt aus der Kutsche in den Konzertsaal, ohne auch nur den Flügel ausprobiert zu haben. Vor Ort ist er dann mit seinen meist weiblichen Verehrern und mit Waschkörben von Korrespondenz beschäftigt; während seines fünfwöchigen Berlinaufenthalts sollen vorletztes Jahr dreitausend Briefe bei ihm eingegangen sein. Auch Chopin muss wahrnehmen, welche Hysterie der ehemalige Kamerad erregt. Die Zeitungen und Fachzeitschriften berichten über nichts lieber. *Man hat ihm Serenaden gebracht, eine Dame ist vor ihm niedergekniet und hat ihn gebeten, seine Fingerspitzen küssen zu dürfen, eine dritte hat den Überrest aus seiner Teetasse in ihren Flacon gegossen, Hunderte haben Handschuhe mit seinem Bild getragen, viele haben den Verstand verloren. Alle haben ihn verlieren wollen …*, vermeldete die *Hell'sche Abendzeitung* in Berlin. Der Handel mit Liszt-Devotionalien blüht, vergleichbar mit dem früheren Kult um Paganini. Chopin verärgert dieses ganze Getöse. Weil es ihm zu vulgär erscheint? Weil es die Musik schändet? Oder aus Eifersucht?

Kritiker prophezeien, unter solchen Umständen könne Liszt sein musikalisches Niveau nicht halten. Am 16. und am 25. April soll er nun in Paris auftreten. Nicht allein Heinrich Heine ist misstrauisch. Ein Spektakel Berliner Ausmaßes erwartet er nicht. Er hält das, was er *Lisztomanie* nennt, für ein deutsches Phänomen, *ein Merkmal des poli-*

tisch unreifen Zustand jenseits des Rheins. Dann aber hört er Liszt im *Théâtre Italien, vor einer Versammlung, die man wohl die Blüte der hiesigen Gesellschaft nennen könnte.* Alexandre Dumas, Eugène Sue, Kollegen wie Thalberg werden gesichtet. Auch Chopin sitzt im Saal, neben seiner Schülerin Emilie von Timm.

Wie gewaltig, wie erschütternd wirkte schon seine bloße Erscheinung, muss Heine zugeben. *Liszt war … von einem heiligen Feuer ergriffen, das mit dem besten menschlichen Willen auch er nicht nach Belieben herunterbeschwören kann*, schwärmt Emilie von Timm; *es ist immer ein Beweis hoher Gnade, es ist der heilige Geist des Künstlers, dem seine Kunst zur Gottheit geworden.*

Und was meint Chopin, laut Emilie *Liszts strengster Kritiker*?

Er zeigt sich *ganz ergriffen*, als er *von jener Zauberleistung* spricht und sagt *mit gesenktem Kopf und nur halblaut sprechend: ‹c'était beau, prodigieusement beau.›* Und bleibt *einige Augenblicke stumm in Nachdenken versunken*. Emilie spricht sehr gut Französisch: *prodige* bedeutet Wunder. Nur darüber, ob das Wunder himmlischer oder höllischer Natur sei, gehen die Meinungen auseinander. Manchen sind Liszts Wunderleistungen unheimlich. *Wenn man nicht der Teufel selbst ist*, meint der Rezensent im *Le Corsaire* am 28. Mai, *kann man aus einem solchen Holzkasten nicht herausholen, was dieser Mann herausholt.*

Wie Liszt sich anzieht, frisiert, bewegt, benimmt, war früher Anlass für bissige Bemerkungen seitens der Kritiker. Nun wird ihm alles nachgesehen. Weder an dem langen Haar, dem hautengen schwarzen Rock oder an dem ungarischen Ehrensäbel stößt sich einer. *Meine Ansicht ist, dass ein Künstler nicht wie ein Kerzenfabrikant aussehen muss und aussehen kann*, erklärt Théophile Gautier.

Liszt ist souverän, verführerisch, vermögend und vor allem gesund. Sein Anblick muss Chopin treffen. *Die Jugend beneidet er seufzend um ihre Kraft*, berichtet Emilie. Doch Liszt führt Chopin vor Augen, dass auch ein Mann seines Alters unter größten Strapazen Kraft haben kann. Emilie gegenüber wirft Chopin sich vor, selbst für seinen Zustand verantwortlich zu sein. Chopin gehe, berichtet sie den Eltern im Mai 1844, *mit stiller Verzweiflung auf sein Grab zu. Er fühlt seine Schuld an seiner Vergänglichkeit, bereut schwer, die Lebenskräfte einst vergeudet zu haben.*

Chopin bereut wohl auch anderes, was nun nicht mehr gutzumachen ist. Dass ihn der Tod von Pleyels Mutter schwer getroffen hat, ist jedem aufgefallen. Er musste Chopin vor unangenehme Fragen stellen. Camille hat seine Mutter bis zuletzt umsorgt. Chopin hat sich, selbst als es ihm gut ging, nicht um seine Mutter und seinen Vater gekümmert. Im Frühling vor zwei Jahren schon war ein Brief von Justyna Chopin eingetroffen, in dem sie den Sohn um finanzielle Unterstützung bat, eigentlich nur eine Rückzahlung der vielen Darlehen. Dem Vater, beschwor sie ihren Sohn, solle er davon nichts verraten. 3000 Gulden hätte sie gebraucht, um persönliche Schulden zu begleichen. Es ist keine Antwort Chopins bekannt. Dabei hatte er damals die enorm hohe Gage für sein Konzert im Februar bereits in der Tasche. Warum hat er nicht mehr für die Familie getan, als ab und zu Briefe zu schreiben? Warum hat er weder dem Vater noch der Mutter oder seiner Lieblingsschwester Ludwika, schließlich eine gute Klavierspielerin, eines seiner Werke gewidmet? Warum ist er nicht ein einziges Mal nach Hause gereist, obwohl er weiß, dass sein Vater herz- und lungenkrank ist? Frédéric hat erfahren, dass die Eltern ihren Haushalt nicht mehr bewerkstelligen konnten und in die Wohnung von ihrer Tochter Izabela und deren Mann Antoni eingezogen sind. Liszt hat auf der Rückreise von Petersburg in Warschau ein Konzert gegeben, zu dem er Chopins Eltern Ehrenkarten schenkte; er hat sich mit Chopins Kompositionslehrer Elsner, vor allem aber mit Nicolas und Justyna Chopin getroffen. Der eigene Sohn hat das nicht geschafft. Liszt hat in Warschau seine Begeisterung für die Polen so laut bekundet, dass er daraufhin beim Zaren in Ungnade gefallen ist und vom Petersburger Konzertleben ausgesperrt wurde. Mit all dem hat er den Zauderer in Paris bloßgestellt: Es geht doch. Emilie hat Chopin oft *seine Tränen verbergen, verschlucken sehen, oft ihn sagen hören: ‹Ach, ich bin zu gar nichts auf der Welt mehr gut›.* Lebensmüde aber ist er nicht, *weil seine feurige Seele ihn mit immer neuen Fesseln an das Leben ketten zu wollen scheint, während der Körper zusammensinkt.*

Ende April geht es ihm wieder gut genug, um das Konzert seines Freundes und Nachbarn Charles-Valentin Alkan zu besuchen, der nach Jahren wieder aus der Zurückgezogenheit auftaucht. Vier Wochen später, am 25. Mai, wird Chopin an Georges Seite im *Théâtre Odéon* gesehen. Die *Antigone* von Sophokles wird aufgeführt, erstmals mit einer zeitgenössischen Bühnenmusik. Dass Georges früherer Liebhaber Bocage in der Rolle des Kreon auftritt, wäre für Chopin eher ein Hinderungsgrund, die Vorstellung zu besuchen. Ihn interessiert wohl die Komposition seines Kollegen Mendelssohn, den er völlig aus den Augen verloren hat. George kennt den Text von Sophokles, Chopin wohl kaum. Über ihn, *das unentschlossenste Geschöpf der Welt*, bricht eine Tragödie herein, in der es um Entschlusskraft geht. Um den Mut zu handeln und um Feigheit im Namen des Gesetzes. Aber auch um den Tod, das Begräbnis in der Heimaterde, um die Zeremonie der Bestattung, deren Ziel es ist, den Einzelnen mit der Familie, der Gemeinschaft zu verbinden.

Als Chopin und George nach Hause kommen, erwartet sie eine Nachricht aus Warschau: Chopins Vater ist tot. Bereits am 3. Mai ist er gestorben, am 6. Mai begraben worden.

Chopin schließt sich in ein völlig dunkles Zimmer ein und will niemanden sehen. Er fiebert. Am 26. Mai ruft George Doktor Molin zu sich, um über *das arme Kind* zu reden, doch Chopin lässt auch den Arzt nicht in sein Zimmer. Auchs Liszt, der vorbeikommt, um Chopin sein Beileid auszudrücken, wird weggeschickt. Hilfesuchend wendet sich George an Franchomme: *Heute will er allein bleiben, aber ich bitte Sie, ihn morgen zu besuchen. Sie gehören zu den zwei, drei Personen, deren Anwesenheit ihm gut tun könnte. Ich selbst leide zu sehr wegen seines Kummers und habe keine Kraft, ihn zu trösten.*

Als Chopin wieder zu sich kommt, schreibt er seiner Familie. Er bittet darum, ihm das Ende des Vaters genau zu schildern. Geschieht das auf Anregung von George, der Seelenkundigen?

George verordnet Chopin zudem Erholung auf Nohant. Seine Gesichtszuckungen sind für die Menschen um ihn her so schwer zu ertragen wie für ihn selbst. *Chopin ist, seit er seinen Vater verloren, noch angegriffener als sonst*, berichtet Emilie von Timm, *er ist freilich noch hier, aber zu schwach, um Stunden zu geben.* Als sie zum dreiunddreißigsten und letzten Mal Unterricht hat am Square d'Orléans, wagt Emilie es nicht, ihn zu fragen, ob sie nach seiner Rückkehr wiederkommen dürfe. Sie hat miterlebt, wie Chopin einer anderen Schülerin, die um Fortsetzung des Unterrichts im nächsten Jahr bat, *mit halb vor Ungeduld, halb vielleicht vor Kummer zitternder Stimme zur Antwort gab: ‹Das nächste Jahr, sagen Sie. Aber davon sind wir noch weit weg, mein Gott, ich darf nicht daran denken, ich kann Ihnen nichts versprechen›.*

Ausfahrten sind in seinem Zustand unmöglich geworden. Mitten im Frühling herrscht in Paris *das raueste nasseste Oktoberwetter.* Am

29. Mai, vier Tage nachdem die Nachricht vom Tod des alten Chopin am Square d'Orléans eingegangen ist, wendet George sich an jene Frau, die sie selbst als die *einzig wichtige* in Chopins Leben erkannt hat: seine Mutter. George schreibt nicht als Geliebte, als Lebensgefährtin Chopins, sondern als mütterliche Freundin. *Ich glaube, dass ich der vortrefflichen Mutter meines lieben Frédéric nur Trost spenden kann, indem ich ihr versichere, wie standhaft und ergeben sich dieses bewundernswerte Kind verhält. Machen Sie sich wenigstens keine Sorgen um seine Lebensumstände … Ich kann ihm diesen tiefen, so begreiflichen und beständigen Schmerz nicht nehmen, aber ich kann mich um seine Gesundheit kümmern und ihm so viel Zuneigung und Fürsorge geben, wie Sie es auch getan hätten.* Der Brief klingt, als tauschten sich zwei Mütter aus. *Indem ich meine Tage Ihrem Sohn widme und ihn wie meinen eigenen behandle, weiß ich, dass ich Sie wenigstens von dieser Seite her etwas beruhigen kann.*

Noch am selben Tag bricht George mit Chopin in den Berry auf.

Dort erreicht ihn ein langer Brief von Antoni Barciński, Izabelas Mann, der abwechselnd mit Józef Kalasanty Jędrzejewicz, Ludwikas Mann, Tag und Nacht am Sterbebett von Nicolas Chopin gewacht hatte. Schwingt in dem, was er über das lange Sterben des Schwiegervaters schreibt, ein Vorwurf mit? Die Sympathien Antonis scheinen nicht seinem Schwager zu gelten, sondern der ihm unbekannten George. *Ich würde mich ihr zu Füßen werfen, wenn ich sie eines Tages sehen könnte, und würde sie mit Tränen der Dankbarkeit benetzen für die liebevolle und mütterliche Fürsorge, die sie Dir angedeihen lässt.* Auch Izabelas Nachsatz gilt nur ihr: *Sprich Deiner Betreuerin unsere Dankbarkeit aus für die Fürsorge, mit der sie Dich umgibt, und für die Güte, die sie uns erwiesen hat.*

Es hat die Familie offenbar beeindruckt, dass die berühmte Schriftstellerin sich Zeit nimmt, ihnen derart ausführlich ihr Beileid auszusprechen. Dass sie sich selbstlos und kostenlos als *Betreuerin* zur Verfügung stellt.

Ende Juni kommt die Antwort von Chopins Mutter auf das Schreiben von George an, verfasst am 13. Juni. Georges Behauptung, für Frédéric nur Muttterersatz zu sein, hat Justyna Chopin offenbar für bare Münze genommen. *Sie verstehen meinen Zustand sehr gut; es bedarf eines Mutterherzens, um das zu ahnen und meinem Herzen wirklichen Trost spenden zu können; dafür dankt Ihnen aufrichtig Fryderyks Mutter und vertraut ihr teures Kind Ihrer mütterlichen Fürsorge an.*

Sie weiß nicht, dass George noch vor fünf Jahren geschrieben hat: *Kann es denn jemals Liebe geben ohne einen einzigen Kuss, und einen Kuss der Liebe ohne Wollust?*

Auf Nohant sieht es nicht so aus, als könne sich Chopins Stimmung aufhellen. Es regnet von morgens bis abends, oft noch die Nacht durch.

Chopin flieht in die Arbeit. Er hat mit einer neuen Sonate in h-Moll begonnen. Das Œuvre von Liszt ist in letzter Zeit zunehmend buntscheckig geworden. Er hat einen Walzer auf zwei Motive aus Donizettis Opern *Lucia di Lammermoor* und *Parisina d'Este* geschrieben, ein *Chanson bohémienne* für Klavier, eine Paraphrase über die Mazurka eines Amateurs, Lieder für Männerchöre, wie das mit dem Titel *Wir sind nicht Mumien*, die Klavierbegleitung zu einem *Serbischen Lied* des Fürsten von Hohenzollern-Hechingen; er hat den *Tscherkessenmarsch* aus Glinkas *Ruslan und Ludmilla*, Webers Ouvertüre zum *Oberon*, Berlioz' Konzertouvertüre *Le Carnaval Romain* und einen *Russischen Galopp* von Bulhakow aufs Klavier übertragen. Seine Konzertmenüs sind ähnlich üppig angerichtet und bieten alles von Bach bis Berlioz, von Schubert bis Chopin. Will Chopin dem allem ein reifes Werk entgegensetzen, ein klassisch vollendetes? Er brennt vor Schaffensdrang. Es ist, wie Emilie beobachtet hat, die *feurige Seele*, die ihn ans Leben bindet, *während der Körper zusammensinkt.* Täglich setzt er sich ans Klavier und komponiert. Nicht einmal Pauline Viardot kann ihn abhalten, die Mitte Juni für drei Wochen nach Nohant kommt und George über den gefürchteten vierzigsten Geburtstag am 1. Juli hinweghilft.

Pauline zeichnet zwei Karikaturen von Chopin, die mehr sagen als jede Tagebucheintragung. Auf der einen sieht man ihn mit eingefallenen Wangen, argwöhnischem Blick und bitterem Zug um den Mund; die andere zeigt ihn am Klavier stehend, wo er die sich selbst begleitende Pauline Viardot mit ausgestrecktem Finger und saurer Miene zurechtweist. Chopins Kommentar schreibt die Sängerin neben seinen Kopf: *Das ist das Spiel von Liszt. Es ist nicht zur Begleitung der Stimme geeignet.*

Vielleicht treibt der Gedanke an Liszt ihn an, vielleicht auch der Gedanke an die ersehnte Frau, die George eingeladen hat: Ludwika.

Ich erwarte Sie bei mir mit lebhafter Ungeduld, hatte George an Chopins Schwester geschrieben und sie vorgewarnt: *Sie werden mein liebes Kind recht leidend und ganz anders vorfinden als zu der Zeit, da Sie es zuletzt sahen; erschrecken Sie aber über seinen Gesundheitszustand nicht zu sehr.*

Sie gibt einen ausführlichen Krankenbericht ab. *Er ist seit mehr als sechs Jahren, in denen ich ihn täglich gesehen habe, im Wesentlichen der gleiche: Jeden Morgen ein ziemlich starker Hustenanfall; jeden Winter zwei oder drei größere Krisen, die aber nur wenige Tage dauern; und von Zeit zu Zeit neuralgische Scmerzen – das ist sein gewöhnlicher Zustand. Im Übrigen ist seine Lunge gesund und seine zarte Konstitution ohne ernstliche Schädigung. Das Glück, Sie wiederzusehen, wird ihm, obwohl es mit tiefer, schmerzlicher Erregung gemischt sein wird, die ihn vielleicht am ersten Tag erschüttern wird, sehr gut tun …*

Zum ersten Mal in Paris, wollen sich Ludwika und Józef Kalasanty die Stadt ansehen. George hat ihnen ihr Apartement samt Bediensteten zur Verfügung gestellt. Alle Freunde werden eingespannt, um seiner Schwester und ihrem Mann den Aufenthalt in Paris unvergesslich zu machen. Marie de Rozières ist fürs Gewöhnliche da, Grzymała fürs Besondere. Er hat sich bei einem *Salto mortale von der Treppe* und schwerem *Unglück an der Börse*, wie George mitleidig bemerkt, *den Hintern, den Kopf und verschiedene andere Dinge wundgeschlagen.* Chopin ist zwar *verzweifelt* über Grzymałas *lädierten Hintern*, doch das hindert ihn nicht daran, den Freund zu bitten, er möge seine Kontakte spielen lassen, damit die Verwandtschaft das Feuerwerk zum Jahrestag der Julirevolution aus einer Loge erlebt. Grzymała hat Zugang zum Personal des Königs. *Könntest Du mir durch jenen Kammerdiener Philippes ein Stück Fenster in den Tuilerien besorgen lassen. Manchmal fällt Dir so etwas leicht.* Franchomme soll Schwester und Schwager zu einem Hauskonzert einladen.

Am 13. Juli fährt Chopin nach Paris, um Schwester und Schwager zu begrüßen, und bewältigt mit ihnen ohne jedes Anzeichen von Schwäche ein großes Programm: Theater, Oper, Konzerte, Botanischer Garten, Treffen mit Polen wie Grzymała, Fontana und Witwicki, die Ludwika und Józef Kalasanty aus Warschau kennen. Er tue sich, sagt Liszt, *ihretwillen Zwang an* und besuche *zwanzig Mal hintereinander dieselben Orte …, ohne in seinem Amt als Cicerone oder müßiger Zuschauer jemals Ermüdung oder Langeweile zu bekunden.* Doch Ludwika und ihr Mann lassen Chopin am 25. Juli allein nach Nohant zurückkehren. Angeblich hat Józef Kalasanty wichtige Geschäfte zu erledigen. In Warschau zum Doktor der Philosophie promoviert, lehrt er als Professor für Recht und Verwaltung am Landwirtschaftlichen Institut in Marymont und ist Friedensrichter des Bezirks und der Stadt Warschau. Es fragt sich, was er in Paris beruflich zu tun haben könnte. Möchte er auf diese Weise Chopin zu erkennen geben, dass er es ihm nachträgt, den alten kranken Vater nicht ein einziges Mal besucht und den Schwiegersöhnen seine Sohnespflichten aufgehalst zu haben?

Erst am 9. August treffen Ludwika und Józef Kalasanty Jędrzejewicz in Nohant ein.

George hat eine unsichere, in sich gekehrte Frau ohne Weltläufigkeit erwartet. Woher sollte sie die auch haben, nachdem sie aus Polen nie herausgekommen ist? Doch sie erlebt eine Frau, die souverän und klug, belesen und musikalisch ist. Was Gesundheit und Charakter angeht, ist Ludwika, Mutter von vier Kindern, wohl das Gegenteil ihres Bruders: stark, entschlussfreudig und belastbar.

Ludwika und Józef Kalasanty erleben im Berry, welche Rolle die Baronesse Dudevant hier spielt. Sie zieht die Fäden im Hause, ist im ganzen Umkreis jedem Bauern bekannt, sie bestellt Tänzer und Musiker auf den Platz vor dem Schloss, sie lässt auf der Fahrt nach La Châtre jedes Mal anhalten, um eine kranke Frau zu besuchen. Sie sorgt dafür, dass Józef Kalasanty mit ihrem alten Freund Doktor Papet auf die Jagd gehen kann, sie bittet Solange, Lieder aus der Region zu singen, und Chopin, sie zu begleiten, weil sich Ludwika dafür interessiert. Sie hat *Le Menieur d'Angibault* vollendet, *Der Müller von Angibault*, einen Roman, der im Berry spielt, und liest daraus vor. Die Mühle von Angibault können die Gäste besichtigen, auch das Schloss Blanchemont, auf dem die junge Gräfin lebt, die sich in einen gebildeten Handwerker verliebt hat, und ihren Besitz hergeben will, um der Utopie einer Gesellschaft ohne Klassenunterschiede näherzukommen. Die ersten Nummern des *Éclaireur de l'Indre*, der im Vorjahr gegründeten Zeitung, sind erschienen, George bestückt sie kostenlos mit Beiträgen. Das ist mehr als eine Schriftstellerin mit einem Haus, das kein rechtes Schloss ist. Das ist eine Fürstin ohne Thron.

Es ist jedoch nur Ludwika, nicht ihr Mann, die tief eintauchen will in diese Welt, die für ihren Bruder so wichtig geworden ist. Sie begleitet ihn und George auf Ausfahrten in die Umgebung, zu Besuchen bei Freunden und Bekannten in der Nachbarschaft oder bei Besorgungen. Für alles, was hier zum Leben gehört, interessiert Ludwika sich. Solange singt ihr Volkslieder aus dem Berry vor, die ihr gut gefallen, denn Chopin wird nach dem Abschied Noten mit Texten nach Warschau senden. Solange, schreibt er, habe ihn *zweimal daran erinnert, sie hat dir die Worte aus dem Gedächtnis aufgeschrieben und ich die Musik*. Was treibt Józef Kalasanty währenddessen? *Mein Mann ist noch verhältnismäßig ruhig, doch weiß ich nicht, wie lange das währen wird*, berichtet Ludwika am 11. August Marie de Rozières, die sie in Paris kennengelernt hat. *Er ist mit Zeichnen beschäftigt, was ihm den Mund stopft.* Befürchtet sie Konflikte, wenn ihr Mann zu reden anfängt?

George wird in den drei Wochen ihres Aufenthaltes eine Freundin für Chopins Schwester und Schwager. Auch Solange kommen sie nahe, Maurice aber nicht. Boykottiert er Chopins Familie? Józef Kalasanty schenkt ihm ein Gerät, um Zigaretten zu drehen. Maurice bedankt sich nicht. *Die Höflichkeit liegt nicht in seinem Wesen*, entschuldigt ihn Chopin. Doch es klingt durch, dass er das selbst keineswegs entschuldbar findet. Aus dem vor kurzem noch in gemeinsamer Liebe zu George verschworenen Pariser Wohngenossen ist ein Widersacher geworden, seit Georges Nichte Augustine sich im Haus aufhält. Ihr lastet Chopin die Veränderungen des jungen Mannes an, den er seit Mallorca wie einen Sohn behandelt hat, obwohl Maurice nur dreizehn Jahre jünger ist.

Am 29. August verlässt er mit Schwester und Schwager Nohant, damit sie noch einmal die Amüsements von Paris auskosten können. George hat wichtige Dinge vor: Sie baut den Garten um und kocht ein. *Konfitüre ist ganz etwas Ernstes*, schreibt sie an Jules Néraud; *ich habe 40 Pfund Pflaumenkonfitüre gekocht … Nun bin ich allein damit beschäftigt, sie einzumachen. … so eine Arbeit darf man niemand anderem anvertrauen. Das muss man selbst tun … Es ist so ernsthaft wie ein Buch schreiben.*

Sie arbeitet bereits an einem neuen Werk, *Jeanne*, schreibt Geschäftsbriefe wegen des Vorabdrucks von *Meunier d'Angibault* und Ausnüchterungsbriefe an ihren neuesten Verehrer, den Maurer Charles Poncy, siebzehn Jahre jünger als George. Er hatte ihr Gedichte zugesandt, sie hatte ihn ermuntert, weiterzumachen, und Poncy hatte das persönlich verstanden. *Ich bin vierzig Jahre alt*, wird George nun deutlich, *ich besitze durchaus die Vernunft, die man in meinem Alter haben muss.* Kurz danach verfasst sie selbst eine Liebeserklärung: … *ich liebe Sie*, schreibt George Ende August. *Ich habe ein schweres Herz, weil ich Sie verloren habe, und ich bin voll Zärtlichkeit und Verlangen, Sie wiederzu-*

sehen. Lassen Sie mich hoffen, dass Sie wiederkommen werden oder dass Sie ein Mittel ausfindig machen, dass wir uns an irgendeiner Grenze wieder treffen! Der Brief gilt Ludwika, die sich noch in Paris aufhält, zu Georges Beruhigung. *Denken Sie daran, dass Sie in meinem Herzen an Frédérics Seite stehen. Das ist alles, was ich Ihnen zu sagen habe. Umarmen Sie ihn tausendmal von mir und geben Sie ihm Mut. Tausend zärtliche Grüße an Kalasanty.*

Chopins Tage in Paris sind voll ausgefüllt. Er erlebt *ein Glück, das einem den Verstand nehmen könnte.* Zusammen mit seiner Schwester läuft Chopin *ständig in der Stadt herum*, führt Schwester und Schwager in die Salons der polnischen Emigranten, der Freunde und am 2. September zu einem seiner engsten Vertrauten, zu Auguste Franchomme. Die beiden spielen Chopins Cellosonate und feiern bis in den frühen Morgen. Am 3. September sollen die Gäste aus Warschau in die Heimat zurückfahren; um halb drei Uhr morgens schreibt Chopin Ludwika das Lied *Wiosna*, *Frühling* in ihr Album – er hat es komponiert, als sein Frühling mit George begann, 1838. Doch obgleich Ludwika wohl, anders als ihre Mutter, geahnt hat, dass George für Frédéric mehr ist als eine *mütterliche Freundin*, ist es beiden offenbar gelungen, ihr die wahren Verhältnisse zu verheimlichen. Das ist nicht schwer, seitdem die *Küsse ohne Wollust* sind in ihrem Liebesleben. Als Chopin, zurückgekehrt nach Nohant, an seine Schwester schreibt, bezeichnet er George wie schon die Jahre zuvor in den Briefen an die Familie als *Herrin des Hauses.*

Die Herrin des Haues ist zufrieden. Der Besuch von Ludwika und Józef Kalasanty hat *den erwünschten Erfolg beschert. Die Bitterkeit ist aus seinem Herzen gewichen, wodurch er wieder an Kraft und Mut gewonnen hat.* Die Gegenwart von Ludwika, stellt George dankbar fest, habe *viele Wunden vernarben* lassen und Chopin *einen neuen Vorrat an Hoffnung und Gottvertrauen* beschert. *Ich versichere Ihnen*, schreibt George an die neue Freundin, *dass Sie der beste Arzt sind, den er je gehabt hat.* Die zurückgelassenen Medikamente: Erinnerungen und Erinnerungsstücke. Das Zimmer, das die beiden auf Nohant bewohnt haben, ist Chopin nun heilig: *Oft wenn ich dort eintrete, suche ich, ob nicht etwas von Euch zurückgeblieben ist, sehe aber nur die Stelle neben dem Sofa, wo wir immer Schokolade getrunken haben, und die Zeichnungen, die Dein Mann kopiert hat. Mehr ist von Dir in meinem Zimmer geblieben: Auf dem Tisch liegen in Seidenpapier gewickelt die von Dir bestickten kleinen Pantoffeln und auf dem Klavier der Bleistift, den Du in Deinem Geldbeutel hattest und der mir gute Dienste leistet.*

Erinnerst Du Dich, beginnen viele Sätze, als er Ende Oktober an Ludwika schreibt. *Erinnerst Du Dich*, beschwört er die gemeinsamen Erlebnisse herauf. Und endet: *Die Herrin des Hauses umarmt Dich.*

Der *Vorrat an Hoffnung und Gottvertrauen* wirkt sich auf die neue Sonate aus, die er nun vollendet. Nur formal folgt sie in ihren vier Sätzen der vorausgegangenen in b-Moll. Doch während sich Chopin dort jene Exzentrik erlaubt, die Schumann von den *vier tollsten Kindern* reden ließ, die Chopin hier *zusammenkoppelte*, hat er hier vier sehr disziplinierte zusammengespannt. Unüberhörbar bezieht er sich in dem neuen Werk auf Johann Sebastian Bach. Obwohl sich die Sonate romantisch vom Dunklen ins Helle bewegt, sich vom Düsteren zum Heiteren läutert, ist sie streng kontrapunktisch aufgebaut. Chopin beweist hier seine Überlegenheit, aber zugleich, besonders im Finale, eine Energie, die keinerlei Ermüdung kennt. Das Rondo stürmt vorwärts wie ein junger, gesunder Mensch.

Am 28. November verlässt Chopin ohne George, mit seinem von Solange und Maurice erneut verspotteten Diener Jan den Berry und bezieht sein Pariser Winterquartier. Friederike Müller ist im Spätherbst des Jahres 1844 wieder nach Paris gekommen; sie findet *Chopin etwas kräftiger aussehend*; *seine Freunde*, meint sie, hoffen auf eine *Herstellung seiner Gesundheit oder wenigstens auf eine bedeutende Besserung seines Befindens.* George hat hart gearbeitet, gut verdient und will mit ihm wieder in die Wärme reisen. Es muss ja nicht Mallorca sein. *Wenn man ihn ab dem kommenden Sommer ein ganzes Jahr hindurch vor Kälte schützen könnte, dann hätte er achtzehn Monate lang Ruhe, um seinen Husten auszukurieren.*

Doch nun ist sie es, deren Gesundheit angegriffen ist. Der frühe Wintereinbruch mit schweren Schneefällen im ganzen nördlichen Frankreich setzt ihr zu. In Paris ist das Wetter nicht besser, doch offenbar der Zustand Chopins. Wie immer, wenn die beiden getrennt sind, schreiben sie sich täglich. Doch die Rollen sind vertauscht: Chopin sorgt sich um George. *Die Hauptsache ist, dass Sie sich nicht bei solchem Wetter auf die Reise begeben, weil Sie dadurch leiden könnten*, schreibt er. Der nächste Brief beginnt: *Leiden Sie nicht, leiden Sie nicht.* Er fleht sie an: *Schonen Sie sich, Mühen Sie sich nicht zu sehr mit dem Packen ab.* Er wählt den Stoff für ein neues Kleid aus, das George nähen lassen will, teuerste schwarze Seide, und trägt sie zu Georges Schneiderin. Er selbst muss sparen; *ich habe keinen schönen Anzug, weshalb ich auch keine unnützen Besuche machen werde.* Schnelle Einkünfte sind nicht in Aussicht. *Meine Stunden sind noch nicht in Gang gekommen.* Chopin kümmert sich darum, dass Georges Räume durchgeheizt werden: *Die Ofensetzer sind soeben gekommen, ich hätte ohne sie nicht gewagt, richtig Feuer zu machen.* Er lässt seinen Diener Jan in Georges Salon Boden und Spiegel putzen, Jan holt die nicht winterfesten Blumentöpfe aus Georges kleinem Pariser Garten und stellt sie in die Küche. Immer wieder dringt er in George, ihre Abreise aus Nohant aufzuschieben; *wir wären alle sehr betrübt, Sie bei solchem Wetter und nicht völlig gesund unterwegs zu wissen.* Will er sich den Vorwurf vom letzten Jahr ersparen? *Du und Chopin*, hatte George damals an ihren Sohn geschrieben, *Ihr seid doch kleine Egoisten.* Oder will er sich dankbar erweisen für die Gastfreundschaft, die George seiner Schwester und seinem Schwager erwiesen hat?

George fehlt ihm, aber er jammert nicht und drängt nicht. Er besucht einfach Freunde, bei denen er keinen schönen Anzug braucht. Delacroix ist mit seinem Atelier in die Rue Notre-Dame-de-Lorette 58 umgezogen, unweit von Chopins Wohnung am Square d'Orléans. Bei Franchommes Familie ist er ohnehin immer willkommen. George gegenüber behauptet er, guter Dinge und wohlauf zu sein. Der Schwester jedoch hat er geschrieben: *Seit ich Dich sah, gab es mehr Trauer als Fröhlichkeit.* Die Briefe an George unterzeichnet er, noch keine fünfunddreißig, mit Wendungen wie *Ihr immer älterer, sehr, außerordentlich, unglaublich alter Ch.* oder *Ihr mumienhaft alter Ch.* Offenbar ist das keine Übertreibung. Am 4. Dezember ist er bei Franchomme zum Abendessen eingeladen, wo er *neben dem Kamin* in seinem *dicken Überrock neben dem dicken Buben* diniert. *Er war rosig, frisch und hatte nackte Beine. Ich war gelb, kalt, welk und trug dreifachen Flanell unter dem Beinkleid.*

Jane Wilhelmina Stirlings Bewunderung tut das keinen Abbruch.

Am 12. Dezember erst kehrt George von Nohant zurück. Dass Jane Stirling sie nicht mag, ist kein Geheimnis mehr.

In den Musikalienläden von Paris, Leipzig und vermutlich auch Warschau liegen Chopins Nocturnes op. 55 auf, die bei Schlesinger und Breitkopf & Härtel im Druck erschienen sind. Komponiert hat er sie in der Geborgenheit von Nohant, verwöhnt von George Sand, gewidmet hat er sie *Mademoiselle Jane Wilhelmina Stirling.*

XXII
Die Symptome des Heimwehs

Schaffenskrisen eines Mannes Mitte dreißig

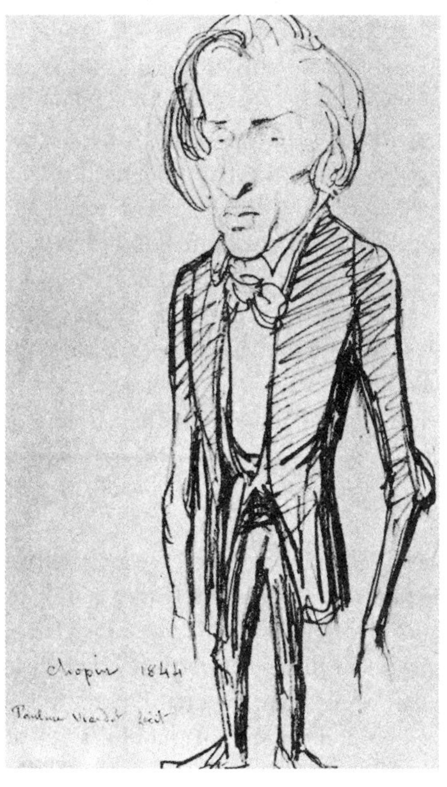

Karikatur Chopins, 1844.
(Zeichnung von Pauline Viardot-Garcia).

𝄢

Es könnte Chopin gut gehen in diesem Juli 1845. Die Temperaturen sind sommerlich warm, die Luft riecht nach Heu und Rosen. Chopin ist auf Nohant, bei George, in vertrauter Umgebung. Er hat auch jemanden bei sich, mit dem er Polnisch reden kann: Wieder hat er seinen Jan mitgenommen in den Berry, obwohl der schon nach dem letzten Aufenthalt und den Streitereien hier *jeden Monat weggehen* wollte, *wobei er ständig weinte.* Chopin braucht seinen polnischen Diener, dessen Gegenwart ihm das Gefühl gibt, dass er seine Heimat nicht verloren hat. Liszt bescheinigt ihm, er sei des Französischen *völlig mächtig*, aber er spricht es mit starkem Akzent und macht dem Freund wie anderen gegenüber kein Geheimnis daraus, dass ihm die Sprache nicht zusagt. Er bemängelt ihren *frostigen Geist und geringen Wohlklang.* Wärme strahlt für ihn nur das Polnische aus.

Noch am 8. Juli hat Chopin dem Bankiersfreund Auguste Léo geschrieben: *Mir geht es ausgezeichnet, und auf dem Land ist es so schön, dass ich Sie sehr bedauern müsste, weil Sie sich in der Stadt einschließen, wäre es nicht Paris.*

Die Fahrt nach Nohant, wo er mit George, Maurice, Solange, Pauline Viardot und Jan Mitte Juni angekommen war, hatte Chopin problemlos überstanden. Die Unwetter, die sie empfangen haben, waren für ihn ein Schauspiel, mehr nicht. Schwere Gewitter hatten in den ersten Tagen große Verwüstungen angerichtet. Die Indre war über die Ufer getreten, Regensturzfluten hatten Äcker und Wiesen, auch die Gartenanlagen von Hippolyte überschwemmt; aus den Kellern von Nohant musste das Wasser geschöpft werden, und die Straße nach Châteauroux hatte sich in einen Fluss verwandelt. Bald war alles versickert, doch die Schäden für die Landwirtschaft sind nicht wiedergutzumachen. Das beschäftigt die Löwin vom Berry, die mit den Erträgen ihrer Ländereien hier den Lebensunterhalt bestreitet und Mitgefühl mit den anderen Bauern hat. Ihr Gast Chopin dagegen langweilt sich, vermisst die

Anregungen von Paris, die Gesellschaft der Salons. *Ich bin für das Landleben nicht geschaffen*, schreibt er im Juli 1845 an seine Familie, *doch ich genieße die frische Luft. Ich spiele nicht viel, weil mein Klavier verstimmt ist, ich schreibe noch weniger, deshalb habt Ihr so lange nichts bekommen.*

Chopin befindet sich in einer sonderbaren Stimmung. *Ich weiß nicht, wie es kommt, aber ich kann nichts Rechtes tun, und dennoch faulenze ich nicht, krieche nicht von einer Ecke in die andere, wie mit Euch, sondern hocke ganze Tage und Abende in meinem Zimmer. Ich muss jedoch einige Manuskripte vor meiner Abreise hier beenden, denn im Winter kann ich nicht komponieren.* Es ist nicht allein die Kälte, die Chopins Leistungskraft schwächt, und das Fehlen von Sonne, was ihn hinabstimmt; im Winter ist er durch Unterricht und gesellschaftliche Verpflichtungen derart mit Beschlag belegt, dass er zu nichts kommt. Nur die h-Moll-Sonate hat er seit der Abreise von Schwester und Schwager vollendet. *Jetzt habe ich außer den neuen Mazurken nichts druckfertig, müsste aber.* Mazurken: Musik, die ihn an Masowien erinnert. Ihm vertraute Rhythmen, die anderen gegen den Strich laufen: Die meisten Mazurken enden auf den zweiten Taktschlag, viele sind, was jeden Walzerliebhaber stört, sogar auf den dritten Schlag betont. Diese drei neuen, die er als Opus 59 herausgeben wird, sind durchzogen von einem süßen Schmerz. Melancholisch klagt die erste, sehnsüchtig besingt die zweite das einfache Glück, heftige Gefühle brechen in der dritten hervor. Wehmütig sind alle drei.

Verwandten gegenüber gibt sich Chopin jedoch lustig und lästert mit Witz über den Geniekult. *Liszt lässt sich in Bonn, wo Beethoven ein Denkmal errichtet wird, ‹er lebe› zurufen. In Bonn werden Zigarren verkauft: ‹echte Beethoven-Zigarren›, obwohl er doch sicher nur Wiener Tabakspfeifen geraucht hat; man hat schon so viele Möbel, alte Schreibtische, alte Regale aus Beethovens Nachlass verkauft, dass der arme Komponist … ein riesiges Möbelgeschäft gehabt haben muss.*

Seine Gedanken sind nicht bei der Arbeit, sie sind bei der Familie: *Man hört die Reisekutschen, sie fahren hinter dem Garten vorbei; vielleicht hält eine, und Ihr steigt heraus!*

Chopin selbst schildert sehr präzise, was ihn am Arbeiten hindert: *Ich bin gar nicht bei mir in diesem Augenblick, sondern … in irgendeiner seltsamen Ferne*, schreibt er in jenem langen Brief, den er am 18. Juli beginnt und am 20. Juli beendet. Fast immer muss er sich vier oder fünf Mal hinsetzen, bis er einen Brief zum Abschluss bringt; die Briefe werden länger und länger. Sie lassen jeden Aufbau, jede gedankliche Linie vermissen, es sind Protokolle seiner Assoziationen und Gefühle, denen er beim Schreiben freien Lauf lässt.

Seit dem Besuch von Ludwika und Józef Kalasanty leidet er an einer Krankheit, die er bereits überwunden zu haben schien: an Heimweh. Für Mediziner kein ernstzunehmendes Syndrom, zumal Chopin sonst offenbar gesund ist. George hat wie immer zur Kontrolle von Chopins aktuellem Zustand ihren Arztfreund aus dem nahen Ars kommen lassen. *Papet hat ihn auch dieses Jahr gründlich untersucht und mit größtmöglicher Sorgfalt abgetastet und abgeklopft. Nach seinem Befund sind seine Organe alle völlig gesund. Aber er glaubt, dass Chopin zur Hypochondrie neigt und dazu, sich ständig aufzuregen, und dass das so bleiben wird, bis er das vierzigste Lebensjahr überschritten hat und seine Nerven ihre außergewöhnliche Erregbarkeit überwunden haben werden.*

Was Papet als Hypochondrie bezeichnet, ist für Chopin echter Schmerz. Einige Ereignisse des ersten halben Jahres haben ihn sehr erschüttert. Zu Frühlingsbeginn hatte er mit George und Delacroix in der *Salle du Conservatoire* Mozarts Requiem gehört. Mitte Mai erhielt er die Nachricht, dass am 11. des Monats sein Lieblingsschüler Carl Filtsch mit fünfzehn Jahren in Venedig gestorben war. Er hatte sich dort bei einem Bade- und Kururlaub von seiner Schwindsucht erholen sollen. Ende Mai, Anfang Juni hatte Chopin mit George eine Veranstaltung in der *Salle Valentino* in der Rue Saint-Honoré besucht. Dort, wo üblicherweise große Virtuosen auftreten, Violinisten vor allem wie der Taufpate des Saales, hatten sich an jenem Veranstaltungsabend zwölfhundert Menschen gedrängt, um die Bilder des Amerikaners George Catlin zu sehen, eines fünfzigjährigen Juristen, der seit langem nur noch für die Rechte der Indianer kämpft und deren Leben in Zeichnungen, Aquarellen, Stichen und schriftlichen Aufzeichnungen dokumentiert. Auf der Bühne der *Salle Valentino* waren Iowa-Indianer in einem Stück zu erleben, das Catlin zusammengestellt hatte. Sie tanzten ihre Tänze zu ihrer Musik. Männer, Frauen, Kinder, gekleidet und mit Federn geschmückt wie in ihrer Heimat, sangen in der Sprache ihrer Heimat, trommelten und klapperten. Der Bärentanz vor allem beeindruckte die Pariser, sogar den König: Louis Philippe hatte Catlin und seine Familie im Louvre empfangen und gewürdigt. Das war Catlin aus Amerika nicht gewohnt. Sein zweibändiges Werk über *Sitten,*

Gebräuche und Lebensumstände der nordamerikanischen Indianer wird in den USA weitgehend boykottiert. George Sand begeisterte sich für die Idee des unverdorbenen Wilden, für den Idealisten Catlin, der sich wie sie selbst für die Entrechteten einsetzt, und verfasste einen Artikel zum Thema. Chopin interessierte vor allem das Schicksal einer der jungen Indianerinnen. Noch im Sommer, auf Nohant, treibt es ihn so stark um, dass er seiner Familie ausführlich davon berichtet. Nicht dass sie gestorben ist, beschäftigt ihn, sondern woran sie gestorben ist. *Die Frau von einem, der Kleiner Wolf hieß, sie hieß Oke-wi-mi ... Die Bärin, die auf dem Rücken einer anderen marschiert, ist an Heimweh gestorben (das arme Geschöpf) –, und auf dem Friedhof Montmartre (dort wo auch Jaś begraben liegt) setzt man ihr ein Denkmal. Vor dem Tod hat man sie getauft, das Begräbnis fand in der Madeleine statt.* Sogar das geplante Denkmal schildert er genau. Der offiziellen Nachricht zufolge war die Indianerin an Schwindsucht gestorben. Sind Heimweh und Schwindsucht für Chopin verwandte Leiden? Jaś, sein polnischer Freund, starb in der Fremde an der Schwindsucht, Carl Filtsch, das geniale Kind aus Siebenbürgen, ist fern der Heimat derselben Krankheit erlegen. *Consomption* sagen die Franzosen dazu, was an das Verzehrtwerden, ans Auszehren erinnert. Verzehrt sich der Heimwehkranke nicht auch, in Gedanken an das Ferne, Verlorene? Frisst die Trauer um das Verlorene seine Kräfte für die Gegenwart auf? Macht ihn der innere Zwiespalt labil? Chopin erfasst seine Situation genau. *Ich bin immer mit einem Fuß bei Euch*, bekennt er der Familie, *mit dem anderen bei der Herrin des Hauses, die im Nebenzimmer arbeitet.* Wer Heimweh hat, lebt nie ganz im Hier und Jetzt. Wer Heimweh hat, lebt zu einem Großteil im Dort und Damals, in *espaces imaginaires*, wie Chopin das nennt.

Was aber hält ihn ab, sein Heimweh durch eine Reise nach Polen zu heilen? Es gäbe Gründe genug. *Mutter ... ist erschöpft und gealtert*, hat er Ende März schon an Witwicki geschrieben. *Vielleicht werden wir uns irgendwo wiedersehen.* Er weiß, dass sein *Mamachen* mit heftigen Rheumabeschwerden zu kämpfen hat, dass Izabelas Mann schwerkrank war, dass Ludwika gesundheitliche Probleme hat: Bei ihrem Besuch in Paris hat sie Dr. Jean Nicolas Marjolin aufgesucht, einen berühmten Chirurgen.

Doch Chopin überlegt stattdessen, wie die Familie noch einmal ihn besuchen könnte: Er will Polen nach Frankreich holen. Besuche bei den

Seinen delegiert er an andere. Adolf Gutmann und Pauline Viardot haben versprochen, in diesem Jahr 1845 auf ihrer Russlandtournee bei Chopins Verwandten Station zu machen. Natalia Prinzessin Obreskow, eine vermögende Verehrerin Chopins, will im Herbst Chopins Familie in Warschau besuchen; von dort aus soll sie, wie er sich ausdenkt, einfach in ihrer Kutsche *Mamachen mitbringen. Um sie abzuholen, müsst Ihr, Töchter, Schwiegersöhne und Enkel, alle hierherkommen.* Auch Elsner, der sich mit einem Beinleiden herumschlägt, solle sich doch am besten in Neris – *der nächste Badeort, in einem halben Tag zu erreichen* – kurieren lassen. Chopins Aufträge, wer daheim in seinem Namen zu küssen und umarmen sei, nehmen inflationär zu. Ein Zeichen, dass sich das Heimweh zur Krankheit auswächst?

Die neunzehnjährige Zofia Rosengardt, einer seiner Neuzugänge unter den Schülern, ist eine Pianistin, die trotz ihrer Schüchternheit gute Aussichten auf eine Karriere hat. Chopin hätte sie aber auch sonst genommen: Sie stammt aus Warschau, kennt seine Eltern, seine Schwestern und wurde von denen ebenso wie von Witwicki empfohlen. Das ist für ihn entscheidend.

Nun sieht es so aus, als werde ihm auch das durch überhöhten Monatslohn erkaufte Stück Heimat in Gestalt seines Dieners bald entrissen. Suzanne, Georges belgische Köchin, und Jan sind sich wieder einmal in die Haare geraten. *Ein großes Gewitter draußen – in der Küche ebenfalls. Draußen sieht man das, doch was in der Küche geschieht, hätte ich nicht gewusst, wenn nicht Suzanne gekommen wäre, um sich über Jan zu beschweren, der ihr französische Grobheiten an den Kopf geworfen hat, weil sie ihm das Messer vom Tisch genommen hat … Sie zanken sich oft, und da die Dienerin der Fr. S. anmutig, behende und unentbehrlich ist, ist es also möglich, dass ich um des Friedens willen meinen Diener werde entlassen müssen, was ich durchaus nicht mag, denn ein Auswechseln von Personen hat noch nie etwas gebracht. Zu allem Unglück gefällt er auch den Kindern nicht, weil er ordentlich ist und pünktlich seine Arbeit verrichtet.*

Chopin weiß, dass ihn die Gedanken an die Heimat wehmütig stimmen, doch er hat Sehnsucht, daran zu leiden. Seinen Dichterfreund Stefan Witwicki vermisst er eben deshalb: *Mit Dir zusammen hätte ich viel weinen können*, hatte Chopin ihm schon an Ostern geschrieben.

Klammert er sich an die Heimat, weil er sich hier auf einmal ausgestoßen fühlt? Hier, das heißt in Frankreich, das heißt für ihn mittlerweile im Umkreis von George. Da ist jedoch vieles anders, als es einmal war. Die Fronten haben sich verschoben, die Lager wurden gewechselt. Chopin sucht neue Verbündete. Früher hat er Marie de Rozières als Klatschbase gemieden, nun rühmt er sie für *all Ihre Güte, Ihre Herzensgüte* und zeichnet Briefe an die einstige Schülerin als *Ihr Kollege Ch.*

Im letzten Jahr hatten sich die Anzeichen gemehrt, nun sind sie eindeutig: Maurice hat sich in Pauline Viardot verliebt. George sieht das nicht ungern, könnte doch Pauline, eine früh gereifte junge Frau von vollendeten Umgangsformen und großer Dispziplin Maurice etwas davon beibringen; George ist bewusst, dass sie selbst ihrem Sohn gegenüber zu nachsichtig ist, die Freundin an ihn zu verlieren fürchtet sie nicht im Geringsten. Chopin hingegen verärgert diese unverhohlene Schwärmerei von Maurice. Es macht ihn eifersüchtig, denn Pauline ist seine Verbündete in der Musik. George versteht ihn als Mann wie sonst kaum jemand, doch als Komponisten bei aller Bewunderung kaum. Wie viele gerät sie immer wieder in Versuchung, sich Beinamen zu seinen Werken zu erdenken und sie damit auszudeuten, was ihm stets missfällt. Mit Pauline unterhält sich Chopin in seiner innersten Sprache – der musikalischen. Er wird sie sogar zu seiner intimen Botin ernennen. *Sie hat mir hier ein selbst komponiertes spanisches Lied vorgesungen*, berichtet er der Familie, nachdem Pauline zu ihrer Russlandtournee aufgebrochen ist; *sie versprach, es Euch vorzusingen. Ich liebe es sehr .... Dieses Lied wird Euch mit mir verbinden – ich habe es immer mit großer Ergriffenheit gehört.*

Doch Maurice droht die Intimität der beiden Seelen durch seine körperliche Annäherung zu stören. Pauline hat sich von ihrem Mann niemals erotisch angezogen gefühlt, Maurice ist kein Kind mehr, am 30. Juni ist er einundzwanzig geworden, volljährig. Sein dichtes dunkles Haar, seine brünette Haut, sein kräftiger Bartwuchs, seine glühenden Augen, seine starken weißen Zähne müssen eine junge Frau mehr reizen als Louis Viardot, ein geistig vitaler, äußerlich aber bereits ältlicher, farbloser Mann. Chopin war für Maurice anfangs ein väterlicher Freund gewesen, dann ein Leidensgenosse, als sie beide von George getrennt waren. Jetzt ist er ein Rivale – im Kampf um die Gunst der Mutter, um die Zuwendung Paulines, um Macht und Recht in der Familie. Maurice mag sich auch daran stoßen, dass Chopin von *unserer Küche, unserem Garten, unserem Haus* redet.

Chopins Frieden in seiner Wahlheimat, seinem *Mutterland*, wie Marie d'Agoult es nannte, scheint also gefährdet. Pauline ist Anfang Juli abgereist, doch am 10. September kommt Augustine Brault zum ersten Mal nach Nohant. Sie ist die Tochter von Adèle Brault und damit eine Cousine zweiten Grades von George, aber zwanzig Jahre jünger und für sie wie eine Tochter. Eine, die alles hat, was Solange fehlt: Heiterkeit, Verbindlichkeit und Sanftmut. George kann nicht vergessen, was ihre Tochter beim ersten Besuch auf Schloss Courtavenel getan hat, dem Landgut nahe Paris, das sich die Viardots geleistet haben. Pauline hatte George die Gartenanlagen gezeigt, Solange war hinter den beiden dreingegangen, als sie ein zischendes Geräusch vernahmen. Mit unbeteiligtem Gesicht schwang Solange eine Peitsche und köpfte die Blumen rechts und links des Weges.

Augustine, gerufen Titine, käme so etwas niemals in den Sinn. Dass sie über eine schöne Stimme verfügt, weckt in George den Wunsch, aus ihr eine zweite Pauline Viardot zu machen und vielleicht eine Schwiegertochter. Sie hat langes, dunkles Haar, dunkle Augen und eine schmale Gestalt. Maurice ist begeistert, eine so hübsche *Cousine* zu entdecken, dazu noch so weitläufig verwandt, dass Annäherungsversuche möglich sind. Doch was George an Titine unverdorben findet, ist für Chopin nur ungeschliffen; in dem, was George als natürlich lobt, sieht er Zeichen mangelnder Bildung. Vor allem stößt er sich an der fragwürdigen Moral ihrer Familie. Die Mutter ist zwar mit Augustines Vater Joseph Brault verheiratet, lässt sich aber seit Jahren von einem Liebhaber aushalten; Joseph Brault verdient zu wenig, um ihre Ansprüche zu befriedigen. George ist zu Ohren gekommen, dass die Mutter Ähnliches mit Titine vorhat. Das will sie verhindern und Titine wie ein Kind bei sich aufnehmen. Die Eltern haben sofort die Chance gewittert, damit Geld zu machen, und klagen über den unbezahlbaren Verlust ihrer Tochter. Er sei bezahlbar, erklärt ihnen George und belegt das.

In seiner Ablehnung von Titine findet Chopin eine Verbündete in Solange.

Nach außen hin gibt sich Solange schwesterlich mit Titine und lässt sich gerne Arm in Arm mit ihr sehen. Solange ist blond, üppig, wild, für Marie d'Agoult *eine junge Nymphe, die aus ihren Wäldern entschlüpft ist.* Titine dagegen ist dunkel, schmal und brav. Sie muss Solange unsympathisch sein, da George sie ihrer Tochter ständig als Vorbild hinhält. Sind es diese Spannungen oder dringliche Erledigungen in Paris, die Chopin am 19. September für eine Woche nach Paris reisen lassen?

George spürt, was die Stimmung im Hause knistern lässt. Sie ist wachsam, bemüht sich, die Brandgefahr einzudämmen. Gleich nach Chopins Abreise will sie mit ihren Kindern und ihrem Halbbruder einen Ausflug in das Creusetal unternehmen. Doch am 20., um Mitternacht, schreibt sie ihm noch einen Brief. *Wir werden morgen früh sehr zeitig aufbrechen ... Da ich während des Ausfluges kaum an Sie schreiben kann, möchte ich wenigstens dafür sorgen, dass Sie in Paris ein paar Zeilen von mir vorfinden. Der Gedanke macht mich traurig, dass Sie jetzt im Reisewagen sitzen und eine schlechte Nacht verbringen. Nehmen Sie sich wenigstens die Zeit, in Paris dreimal zu übernachten, damit Sie sich ausschlafen können, und strengen Sie sich nicht zu sehr an.* Im nächsten Satz verfällt sie ins Du: *Hab mich lieb, mein Engel, Du mein Glück, ich liebe Dich.*

Dieses Bekenntnis jedoch unterschreibt sie nicht: Unter dem Brief fehlt ihr Name.

Als Chopin wieder auf Nohant ist, kann auch Georges Fürsorge nicht verhindern, dass er sich zunehmend kritisch über ihre Familie äußert. Auch über seine Verbündete. *Solange*, spottet Chopin im Herbst 1845, *zieht sich an und wieder aus, steigt aufs Pferd und wieder herunter. Sie steht auf und legt sich schlafen, sie kratzt sich, sie gähnt, sie schlägt ein Buch auf und klappt es wieder zu, sie streicht sich die Haare glatt, sie schimpft Maurice einen Dummkopf – mit einem Wort, sie ist sehr beschäftigt mit allen möglichen wichtigen Dingen, die sie daran hindern, vor dem Dessert herunterzukommen.* Noch kritischer äußert er sich in demselben Brief über ihren Bruder: *Er schmiert herum, foppt andere Leute, schleckt sich den Schnurrbart, feixt, trödelt, zieht seine Reitstiefel an, verströmt Stallgeruch.* Adressiert ist der Brief an eine Frau, deren Mitteilungsfreude er allzu gut kennt: an Marie de Rozières. George beendet Briefe an sie meist mit den Worten: *Meine Kleine, ich umarme Sie zärtlich.* Chopin muss also damit rechnen, dass George davon erfährt. Auch wenn sie ihre Kinder, Solange vor allem, kritisch sieht: Kritik an der Familie zu üben erlauben die meisten Menschen keinem Außenstehenden.

Den ganzen Oktober 1845 herrscht *herrliches Wetter*; trotzdem ist Chopins Arbeitskraft geschwächt. Ganz im Gegensatz zu der von

George: Am 24. Oktober beendet sie ihren Roman *Isodora* und beginnt kurz darauf mit dem nächsten, *La Mare au Diable*, *Das Teufelsmoor*. Ein Roman, der wieder einmal hier in der Gegend von Nohant spielt. Nach nur vier Tagen beendet sie dieses Werk, das später als eines ihrer besten gelten soll. Ihr Rezept kann sie dem hustenden Chopin kaum zur Nachahmung empfehlen. *Ich habe mir das Rauchen während der Nachtarbeit angewöhnt, um mich wach zu halten*, gesteht sie René Vallet de Villeneuve, einem Verwandten, den sie bald besuchen möchte. *Ich rauche Zigaretten! Sehr kleine und nicht gerade erstklassig im Geschmack, recht jämmerlich neben denen, die gewisse Modedamen heute zu konsumieren pflegen … ich rauche beinahe ununterbrochen – und heimlich noch mehr. Aber mehr noch, man merkt mir das Rauchen an, was ich auch dagegen tue … Doch wenn ich drei Stunden nicht rauche, verfalle ich in einen Zustand der seelischen Stumpfheit, fange an zu gähnen und an den Fingernägeln zu kauen und komme mir vor wie eine arme Seele im Fegefeuer.*

Chopin und George gehen ganz unterschiedlich mit der Zeit um, im Leben und in ihren Werken. Jenen *tempo rubato*, den Chopin kultiviert, gibt es bei Georges Leben nicht: Ihr Tag, ihr Denken, ihr Leben ist strukturiert. Doch diese geraubte Zeit ist es, die Chopins Wesen ausmacht und seine Magie. *Tempo rubato* meint keineswegs, das Metrum zu vergessen: Es bedeutet, das Metrum zu beseelen, sodass die Musik atmet. Liszt hat das verstanden. *Alle seine Kompositionen müssen in dieser schwebenden … Weise, mit jener morbidezza wiedergegeben werden, hinter deren Geheimnis schwer zu kommen ist.* Dadurch gelingt es Chopin, längst vollendete Werke so zu spielen, als folge er gerade einer Eingebung. Dadurch gelingt es ihm, seine Zuhörer mitzunehmen auf seine Ausflüge in andere Gefilde. Sie sind dabei, wenn er sich den Weg sucht, und können ihm folgen. Er lässt ihnen die Zeit, ihren Rhythmus in seinem zu finden.

Am 7. November ist Chopin so krank, dass George ihren Freund Papet zur Visite herüberbittet. Ob Papet versteht, dass Chopin genau das krank macht, was George gesund macht?

Am 7. November schreibt sie an Charlotte Marliani: *Chopin … hatte während des ganzen Sommers keine gesundheitlichen Schwierigkeiten, aber er nimmt sich alles sehr zu Herzen, wie das leicht kränkelnde Menschen zu tun pflegen, und sieht sich immer mit einem Fuß bereits im Grab, mit einem gewissen Vergnügen.*

Ist Todessehnsucht mit dem Heimweh verwandt?

Was Chopin fehlt und sie beide trennt, diagnostiziert George präzise: *Auch hätte er Zerstreuung nötig, aber er kann das Alleinsein nicht ertragen, und ich kann nicht ständig in Paris leben …*

In diesem Jahr macht sie kein Geheimnis mehr daraus, dass Chopin ihr zur Last fällt, weil er dem Leben hier nichts abgewinnen kann oder will. *An sonnigen Tagen heitert sich sein Gemüt auf, aber an den langen Regentagen ist er verdrießlich, und ihm ist sterbenslangweilig. Nichts von dem, was mir auf dem Land gefällt, macht ihm Spaß*, schreibt sie an Marie de Rozières. George gibt zu, dass Maurice dazu beiträgt, Chopin und sie auseinanderzutreiben. Sie wäre bereit, die Aufenthalte im Berry Chopins wegen abzukürzen. *Ich würde ihm gerne meine Liebe zum Landleben opfern, aber Maurice ist da anderer Meinung, und wenn ich eher auf Chopin hören würde als auf Maurice, gäbe es lautes Geschrei.*

Das Leben auf dem Land stellt einen wie Chopin an den Rand des Geschehens, George stellt es in den Mittelpunkt. *Es ist Weinlese*, freut sie sich Anfang November, *wir feiern Hochzeit und was weiß ich noch alles. Ich kehre nur zum Abendessen ins Haus zurück und ich lebe so sehr in der freien Natur, dass ich nicht mehr weiß, wie ich überhaupt in meinen engen vier Wänden in Paris werde existieren können. Dennoch werde ich Ende des Monats abreisen.*

Wer Ende des Monats, am 28. November, abreist, ist Chopin. George hat noch zu tun. Sie lässt eine Reitbahn anlegen, ein Gewächshaus bauen und ein Atelier. Aus der Ferne gibt sie Charlotte Marliani Erklärungen und Anweisungen, wie der kranke Mann in Paris zu behandeln sei. *Das kommt von seiner nervösen Veranlagung, und wenn Sie auf meinen Rat hören wollen, riskieren Sie nicht, ihn zur Ader zu lassen. Ich halte das bei seinem leicht erregbaren Wesen für sehr schädlich. Er hätte einen Anstoß nötig, welcher Art auch immer, sei es eine Luftveränderung, seien es neue Gewohnheiten oder etwas, was ihn ablenkt.*

Am 9. Dezember kehrt George mit den Kindern nach Paris zurück. Doch ihr sind bereits Gerüchte vorausgeeilt, ihre Verbindung mit Chopin sei in Auflösung begriffen.

Drei Tage nach Georges Ankunft gibt Chopin seiner Familie einen

Lagebericht. Er klagt über das Wetter. *Hier ist es nicht kalt, aber feucht und trübe.* Er klagt darüber, dass Jan seit Ende September nicht mehr in seinen Diensten steht. *Ich hätte ihn nicht entlassen, aber die Kinder machten sich über ihn lustig, so dass ich ihn nicht länger behalten konnte.* Er klagt über die daraus erwachsenden Umstellungen, wenngleich Grzymała ihm beisteht. *Für mich bedeutet das große Scherereien, doch hat mein Freund Albert mir einen sehr ordentlichen und geschickten, hoffentlich auch treuen Franzosen namens Pierre ausfindig gemacht, der sieben Jahre lang bei den Eltern meines Es-Dur-Walzers gedient hat.* Das Haus von General Horsford, dessen Tochter Emma ihr Lehrer Chopin diesen Walzer gewidmet hat, gilt schließlich als Bastion britischer Wohlherzogenheit.

Es verstimmt Chopin dennoch, wegen der anderen etwas am Gewohnten ändern zu müssen, aber er betont, seine Welt sei in Ordnung. Chopin weiß mittlerweile, wie schnell der Klatsch aus Paris bis Warschau durchdringt. *Glaubt nie bösen Gerüchten, denn es gibt viele Menschen auf der Welt, die das Glück anderer nicht ruhig mitansehen können.*

Er arbeitet an drei neuen Werken: der Barcarole, der *Polonaise-Fantaisie* in As-Dur und der Cello-Sonate in g-Moll, die er Auguste Franchomme widmen will. Sein Versuch, sich für das gestundete, niemals zurückgezahlte Geld erkenntlich zu zeigen, indem er Jane Stirling Cello-Unterricht bei dem Freund empfahl, war ein fragwürdiges Unterfangen; um sich dieses Instrument zu erobern, ist die Schottin deutlich zu alt. Dass Chopin ihm seine Sonate widmet, wird bei Franchomme wohl besser ankommen als die aufgenötigte Schülerin.

Doch obwohl Chopin seitenlang stolz von George und ihrer hochadligen Verwandtschaft berichtet, jenem René Vallet de Villeneuve, den sie soeben auf seinem Loire-Schloss Chennonceaux besucht hat, kann er seine Unzufriedenheit und innere Unruhe nicht verbergen. Er redet vom Stundengeben als seiner *Mühle* und bringt den Brief an die Familie zu keinem Ende. Am 17. setzt er ihn fort. *Heute ist es sehr düster und hässlich.* Am 21. schafft er zwei weitere Seiten, aber keinen Abschluss. Er scheint sich an diesen Brief zu klammern. Alle sind krank, auch George. Es sind wohl die Verhältnisse, die sie gefällt haben: Emanuel Marliani hat sich von seiner Frau getrennt und ist ausgezogen. Allein wird Charlotte Marliani die große Wohnung kaum halten können. Die Großfamilie am Square d'Orléans ist zerbrochen, Georges ländliches Idyll in der Stadt wird zerstört. Und Chopins Sicherheiten, zu denen auch die Belastbarkeit der Gefährtin gehört, schwinden. *Wenn ich unerträglich huste, dann ist das nicht verwunderlich, aber die Herrin des Hauses ist so erkältet und hat solche Halsschmerzen, dass sie ihr Zimmer nicht verlassen darf, worüber sie sehr ungehalten ist … Ganz Paris hustet … Die Feuchtigkeit ist unerträglich … und was mich betrifft, so sehe ich, dass mehr geredet wurde, als vorgefallen ist.*

Gerüchte, Krisen, Veränderungen – all das hasst Chopin. Die Sehnsucht nach der Geborgenheit, der Familie, dem Frieden zu Hause wächst. Am Heiligen Abend überwältigt ihn vollends das Heimweh. *Heute ist Weihnachtsabend, unsere Christkindbescherung. Hier kennt man das nicht*, klagt er seiner Familie. *Man speist wie immer um sechs, sieben oder acht … der gewöhnliche Pariser spürt den Unterschied zwischen heute und gestern nicht. Hier ist der Weihnachtsabend traurig, weil alle krank sind und keinen Arzt haben wollen; der Schnupfen ist außerordentlich schlimm, sie haben sich richtig zu Bett gelegt.*

Dass er zum ersten Mal der Stärkere ist, verleiht Chopin jedoch neues Selbstvertrauen. *Ich habe so viele Menschen überlebt, die jünger und kräftiger waren als ich, dass ich mir vorkomme, als sei ich ewig.* Und zwei Tage später meldet er stolz: … *ich bin der Widerstandsfähigste.*

Er weiß, dass ihn nur eines umbringt: dramatische Veränderungen. Doch auch wenn er es leugnet, sie kündigen sich an.

XXIII
Vorzeichen und Vorwarnungen

Ein Schlüsselroman und seine Folgen

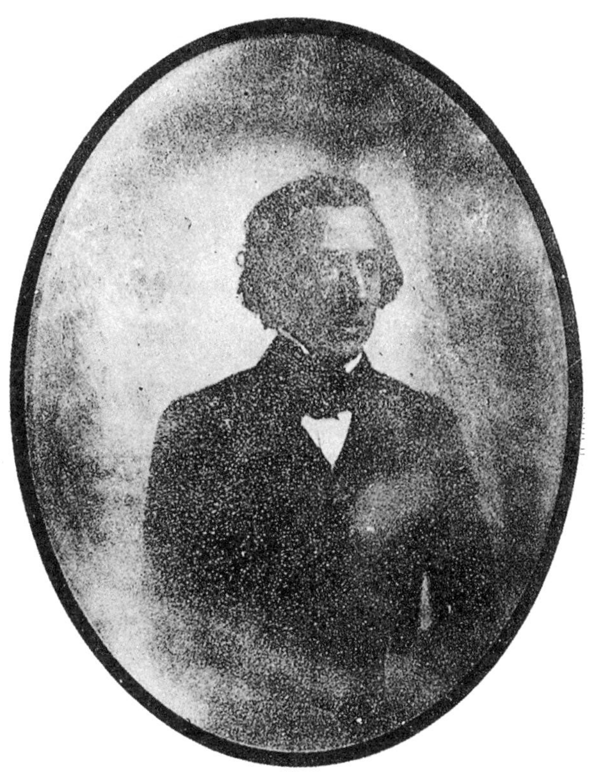

Frédéric Chopin, um 1846.
(Daguerreotypie).

𝄞

Die ganze Stadt spricht davon: Am 20. Februar 1846 findet ein Karnevalsball im *Hôtel Lambert* statt, seit drei Jahren Stadtpalais der Czartoryskis. Der Palast, Mitte des 17. Jahrhunderts auf der Île Saint-Louis mit weitem Blick auf die Seine erbaut, gilt als das begehrenswerteste private Wohnhaus in Paris. Auch wegen seiner Vergangenheit: Voltaire ging hier ein und nur selten aus, denn hier wohnten der Marquis de Châtelet und seine Frau, die ihn geistig wie körperlich überragte und Voltaires Geliebte war. Chopin, George, Solange, Emmanuel Arago und Delacroix sind unter den Gästen. Auch Titine ist dabei: Im Januar hat George sie offiziell als Tochter in ihren Haushalt, ihre Familie aufgenommen.

Noch mehr als Titine stört Chopin ein weiterer Begleiter: Louis Blanc. Der Sozialist, ein Jahr jünger als er, ist eine männliche Erscheinung, kämpferisch und radikal. Er beeindruckt George. Sein 1839 erschienenes Werk *L'Organisation du Travail*, *Die Organisation der Arbeit*, in dem er das Recht auf Arbeit als Bürger- und Menschenrecht fordert, ist für sie eine Bibel. Seither öffnet sie ihm alle Türen. Nachdem Blanc Napoléons Neffen Louis Napoléon Bonaparte auf der Festung Ham besucht hatte, wo er seit seinem zweiten Putschversuch im August 1840 eine lebenslange Haftstrafe absitzt, war sie davon derart beeindruckt, dass sie einen seitenlangen Artikel von Blanc in *L'Éclaireur de L'Indre* veröffentlichte. Sie sieht in ihm einen geeigneten Mann für Solange. Solange sieht das anders, und Chopin sieht in ihm einen, der sich zu sehr für George interessiert.

Der Andrang vor dem *Hôtel Lambert* ist gewaltig. *Die Menschen standen zwei oder drei Stunden lang an, um hereinzukommen, und genauso lang dauerte es, bis man wieder draußen war*, berichtet George hinterdrein ihrem Cousin René Vallet de Villeneuve. *Es war eine derartige Menschenmasse, dass man sich nicht wiederfand, wenn man sich nur für einen Augenblick getrennt hatte.* Und mittendrin Chopin, der angeblich

Menschenscheue. Doch er ist unter Polen: Adam Czartoryski, mittlerweile ein Mann von Mitte siebzig, hat das Palais Lambert zum Zentrum der polnischen Emigranten in Europa gemacht.

Wie jeder Besucher ist auch George überwältigt. *Der Ball im Palais Lambert war unglaublich prächtig*, schwärmt sie dem Cousin vor. *Den Garten hatte man mit einem künstlichen blauen Himmel überspannt, der mit Blätterwerk und künstlichen Blumen geschmückt war ... Den großen Innenhof mit seinem Springbrunnen in der Mitte hatte man in einen Ballsaal verwandelt, und er schimmerte im Licht von tausend Kerzen, die große Treppe mit ihrem königlichen Zuschnitt war mit Blumen bestreut, die von Lebrun ausgemalte Galerie leuchtete in so frischen Farben, als sei sie erst gestern vollendet worden, das ganze Haus war offen, strahlend und geschmückt vom Keller bis zum Speicher. Zwei Orchester spielten, dazu noch eine Militärkapelle, die in der Kuppel verborgen war und mit ihren schmetternden Fanfaren die Tanzpausen füllte.* Chopin gibt sich diesen Freuden hin und genießt es, den ganzen Abend seine Sprache zu sprechen. George bewahrt Abstand, denn ihr fehlt das Entscheidende: *Ein Publikum, das zu diesen noblen Räumen passt. Es waren mindestens dreitausendfünfhundert Menschen zugegen, aber unter dieser Menge höchstens zwanzig, die durch ihre Schönheit, ihre natürliche Vornehmheit und die Art, wie sie gekleidet waren, in diesen Rahmen passten.*

Versteht Chopin das als Rüge seiner Landsleute? George hat den Ball auch nur besucht, weil er einem wohltätigen Zweck dient: der Unterstützung hilfsbedürftiger Polen. Festivitäten, bei denen es den Gastgebern allein darum geht, *mit ihrem Reichtum zu protzen*, boykottiert George. Zu der im *Hôtel Lambert* kann sie stehen. *Der Ball hat 15 000 Francs gekostet und 60 000 Francs Gewinn eingebracht.*

Wird er auch nach Polen fließen oder ausschließlich den polnischen Emigranten in Frankreich zukommen?

Viele der polnischen Gäste wissen, was in ihrer Heimat in dieser Nacht und den darauffolgenden geschieht. Denn Ludwik Mierosławski, der in jenen Tagen sein Leben aufs Spiel setzt, ist Sohn einer französischen Mutter, lebt seit Jahren im Pariser Exil und agiert von Versailles aus. Hinter ihm steht die *Polnische Demokratische Gesellschaft*, die ein Jahr nach Chopins Ankunft in Paris gegründet worden war. Aristokraten wie Adam Czartoryski beziehen entschieden Opposition zu ihr, aber die meisten der Schriftstellerfreunde im Umkreis von Chopin gehören ihr an; ebenso wie viele der Polen in der Kolonie von Montmorency, die Chopin aufsucht, wenn er in der Nähe bei Astolphe de Custine auf Saint-Gratien zu Gast ist. Die Demokraten setzen ihre Hoffnung auf die zahlreichen Geheimbünde in Polen, auf die gut organisierten Freischärler und darauf, dass der Aufstand in allen Teilungsgebieten Polens gleichzeitig losbrechen und deshalb nicht mehr aufzuhalten sein wird. Von langer Hand hat Mierosławski, der bereits als Sechzehnjähriger beim Novemberaufstand in Warschau mitgekämpft hatte, nun mit Anfang dreißig eine Erhebung im preußisch besetzten Posen vorbereitet. Keiner kann sagen, wie viele der dreieinhalbtausend Gäste im *Hôtel Lambert* eingeweiht sind, wie viele beim Tanzen und Champagnertrinken daran denken, dass vor zwei Tagen, am 18. Februar, österreichische Truppen in die Freie Stadt Krakau einmarschiert sind, eine Nachricht, die nun dank moderner Telegrafen wohl rasch bis nach Paris durchgedrungen ist. Chopin dürfte Bescheid wissen, sein Freund Stefan Witwicki ist am Rande beteiligt, und unter den Anführern des Aufstandes finden sich Mitglieder der *Polnischen Literarischen Gesellschaft*, der auch Chopin angehört.

Ist es Zufall oder Hinweis, dass der Ball im *Hôtel Lambert* am 20. Februar stattfindet?

Schon 1845 hatte Mierosławski die Nacht vom 21. auf den 22. Februar 1846 für den Beginn des Aufstandes in Posen festgesetzt; die Leute von der *Demokratischen Gesellschaft* halten die Chancen auf einen Sieg für gut. Mierosławskis Plan ist, wie dessen Bewunderer, darunter Alexander von Humboldt, befinden, *bis ins kleinste Detail geistreich, militärisch unübertrefflich und philosophisch richtig ausgearbeitet.* Die philosophischen Köpfe, darunter der Schriftsteller Edward Dembowski in Krakau, haben über den hohen Idealen nicht die Bauern vergessen und versucht, einen Kompromiss zwischen dem grundbesitzenden Adel und den radikalen Demokraten zu finden. Mierosławski und seine Verbündeten ahnen nicht, dass einer aus dem grundbesitzenden Adel, Henryk Graf Poniński, sie verraten hat. Bereits Anfang Februar hatte er den Posener Polizeipräsidenten Minutoli über das Ziel der Revolutionäre unterrichtet, die Festung und Stadt Posen einzunehmen, und hat ihm sämtliche Einzelheiten des Plans unterbreitet.

Während die Gäste des Balles ihren Rausch ausschlafen, werden bereits polnische Freiheitskämpfer aufgespürt, verhaftet und in die Verliese der Zitadelle von Posen geworfen.

Die ersten Nachrichten, die Paris erreichen, sind jedoch noch positiv. Sympathisanten, die zwischen Paris und Polen pendeln, bringen die Neuigkeiten mit. In Krakau haben die Aufständischen bereits eine «Nationalregierung der Republik Polen» eingesetzt; die österreichischen Truppen, von den Statthaltern der drei Schutzmächte zu Hilfe gerufen, um die Lage zu beruhigen, hatten die Stadt fluchtartig wieder verlassen. Als Chopin am 1. März Geburtstag feiert, ist in Paris noch kaum einem bekannt, dass Edward Dembowski von einer österreichischen Kugel tödlich getroffen wurde, als er an der Spitze der *Schwarzen Prozession* ausritt, um die Bauern doch noch ins Lager der Aufständischen zu ziehen. Mit Gerüchten, die nationalen Helden planten neue Lasten und Fronpflichten für die Bauern, war es den Gegnern gelungen, die Bauern zu ihren Verbündeten zu machen. Zehn Gulden waren auf den Kopf jedes Freiheitskämpfers ausgesetzt worden, der tot oder lebendig angeschleift wurde. Mit Dreschflegeln und Mistgabeln, Sensen und Säbeln bewaffnet hatten die Bauern ein Blutbad angerichtet, einhundertdreißig der Freiheitskämpfer abgeschlachtet, neunzig schwer verletzt.

Am 3. März marschieren österreichische und russische Truppen in Krakau ein. Am 5. März hinterlegt der Dichter Józef Bohdan Zaleski, der am Novemberaufstand teilgenommen hatte, am Square d'Orleáns eine Nachricht für Chopin. Józef steht ihm nah; er ist verlobt mit Chopins Schülerin Zofia Rosengardt. In diesem Jahr wollen die beiden heiraten; Chopin hat zugesagt, den Trauzeugen zu spielen. Es ist eine Nachricht voller Hoffnung: *Ich möchte Dich nicht beim Unterricht stören, aber an Deinem Namenstag möchte ich Dir die besten Glückwünsche überbringen. Gebe Gott, dass ich Dich in Zukunft schon in unserem freien und unabhängigen Polen beglückwünschen kann. In Krakau läuft alles ausgezeichnet. Witwicki hat es gut, dass er der Heimat so nahe ist. Ich grüße und umarme Dich zärtlich.*

Am 7. März marschieren auch die Preußen in Krakau ein. Alles ist verloren. Die drei Teilungsmächte verkünden ihren Beschluss, den Freistaat Krakau noch in diesem Jahr ganz aufzulösen und Österreich einzugliedern. Dies ist ein klarer Verstoß gegen die Bestimmungen des Wiener Kongresses. Ende März ist auch in Paris bekannt, welche Gräueltaten, vor allem in Galizien, gegen die Aufständischen begangen worden sind. Doch auf der Tagung der französischen Abgeordneten und Diplomaten am 4. April werden im Palais du Luxembourg nur ein paar Phrasen des Mitgefühls abgesondert; auf eine Stellungnahme und Verurteilung des Vertragsbruches warten die Polen vergebens.

Chopin erträgt Zwist im Freundeskreis schwer. Es greift ihn an, dass Czartoryski, ein Gegner der Demokraten, nun erklärt, er habe gleich gesagt, die Sache sei aussichtslos, während Zaleski, Witwicki und andere Schriftstellerfreunde verzweifelt sind und verbittert über die mangelnde Solidarität.

Zu seinem Trost hat George nun Feuer gefangen für die polnische Sache. Aufgewühlt schreibt sie wenige Tage später dem Cousin René von dem *armen Polen, das seinen Namen, seine Sprache, seine Nationalität und Religion wiederzuerlangen sucht. Seit einigen Tagen bin ich davon tief berührt und so unruhig, dass ich nicht schlafen kann … Es geht darum,* Pole *zu sein.*

Kann das die beiden einander wieder näherbringen? Die Unterschiedlichkeit ihrer Temperamente ist zunehmend zum Problem geworden. Für George gilt: *Für mich ist die größte aller Strapazen … das Nichtstun.* Für Chopin ist die größte Strapaze, keine gesellschaftlichen Anregungen zu bekommen, die jedoch frei Haus geliefert werden müssen. George sagt, es sei für sie *ein Ding der Unmöglichkeit zu leben, ohne eine Aufgabe zu erfüllen.* Chopin kann nur komponieren, wenn ihn sonst keinerlei Aufgaben bedrängen. So war es doch daheim auch. Wird er auf Nohant unleidlich, möchte George *ihn durch die Berührung mit einem Zauberstab nach Paris versetzen. Aber andererseits weiß ich*, sieht sie ein, *dass er sich dort ohne mich langweilt.*

Es erstaunt keinen, dass Chopin nach all den Nachrichten aus der Heimat im April krank wird. Doch trotz seiner schweren Erkältung will er nach Tours verreisen, zur Familie Forest, den Verwandten seines Freundes Franchomme. Dreizehn Jahre sind vergangen seit seinem ersten Besuch dort. Damals hatte Marie d'Agoult vergeblich versucht, ihn auf ihr Schloss nach Croissy zu locken; er verbrachte seine Tage wohl lieber *mit einem schönen, schlichten, naiven Mädchen vom Lande*, wie Marie d'Agoult laut Liszt *bösartig vermutet* hatte. Chopin war die Zeit in Tours im Nachhinein vorgekommen *wie ein überaus angenehmer Traum*, aus dem er nicht mehr erwachen wollte.

Am 20. April bricht er in die Touraine auf – ohne George. *Chopin ist mit einer Erkältung nach Tours gefahren und gesund zurückgekehrt*, protokolliert sie zwei Wochen später. Doch das Klima am Square d'Orléans ist gestört, obwohl sich Maurice derzeit auf dem Anwesen seines Vaters in Guillery aufhält. Chopin hat sich zwar erholt, *nur ist er jetzt ein Plagegeist und versucht öfter als sonst, Streit mit den Leuten anzufangen. Ich lache darüber, Madame de Rozières weint, Solange schlägt auf gleiche Weise zurück.*

Nach außen hin versucht George die Illusion zu wahren, ihre Verbindung mit Chopin sei gesund. Sie hat ihren Halbbruder Hippolyte gebeten, ihr das Manuskript von *La Mare au Diable* zu senden, hat auf die erste Seite *Meinem Freund Frédéric Chopin* geschrieben und das Ganze an Ludwika nach Warschau gesandt, mit einem Brief, der belegt, dass sie für Chopin wie gewohnt sorgt. *Bald entführe ich ihn seinen in ihn vernarrten Schülern und nehme ihn mit nach Nohant, wo er viel essen, viel schlafen und wenig komponieren soll.*

Gesund ist Chopin; er fühlt sich in so guter Verfassung, dass er kurz nach der Rückkehr aus der Touraine am 2. Mai auf einer Soirée am Square d'Orléans einen ganzen Abend lang spielt. Fürst und Fürstin Czartoryski sind anwesend, die beiden Viardots, Delacroix, natürlich George und wieder einmal dieser Louis Blanc.

Drei Tage später bricht George mit Solange und der adoptierten Tochter Augustine nach Nohant auf. Ohne Chopin. Erst mehr als drei Wochen später reist er nach. Ungefähr gleichzeitig mit Chopin trifft auf Nohant eine sensationelle Nachricht ein: Am 25. Mai hat einer der Häftlinge auf der Festung Ham, wo derzeit umgebaut wird, einen Balken geschultert und wie ein Zimmermannsgeselle ungehindert das Gefängnis verlassen. Der Flüchtling, der sich von Frankreich sofort nach Großbritannien abgesetzt haben soll, ist Louis Napoléon Bonaparte.

Für George, die mit Napoléons Neffen und ihren sozialistischen Freunden den Hass auf Louis Philippe teilt, eine aufregende Nachricht; Chopin interessiert das kaum. Es fällt ihm schwer genug, sich auf seine Arbeit zu konzentrieren. Er möchte unbedingt seine Cellosonate beenden, drei neue Mazurken und drei neue Walzer komponieren und zwei Nocturnes. Unter Druck steht jedoch nicht er, sondern George. Seit sie mit *La Mare au Diable* auf Rat ihres Freundes Rollinat wenigstens schreibend die sozialistischen Utopien aufgegeben hat und zurückgekehrt ist zu ihrem Genre des ländlichen Liebesromans, reißen ihr die Verleger wieder die Manuskripte aus den Händen. Am 25. Juni soll die erste Folge ihres neuen Romans *Lucrezia Floriani* im *Courrier français* als Vorabdruck erscheinen. Fieberhaft arbeitet sie daran weiter, den Termin einhalten zu können. *Ich habe … in einem Monat beinahe zwei Bände geschrieben*, berichtet sie am 3. Juni ihrer Wunschtochter Pauline Viardot. *Ich muss bis zum fünfzehnten Juni fertig werden, weil da Zahlungen fällig sind und ich dann über das restliche Geld, das mir noch zusteht, verfügen kann. So stehen die Dinge. Sie kennen Gott sei Dank derartige Sorgen nicht. Wenn Sie auch zuweilen lange und hart arbeiten müssen, so stehen Sie doch nicht unter einem solchen Druck. Außerdem verdienen Sie mehr und haben nicht drei große Kinder auf dem Hals! Ich will mich nicht darüber beklagen, denn sie machen mir auch Freude, und ich habe Kraft zum Arbeiten.*

Und die Kraft, den *Plagegeist* auszuhalten. *Neben meinen Kindern … kenne ich keine zärtlichere und dauerhaftere Zuneigung, als die zu Ihnen und zu Chip-Chip, der ja auch mein Kind ist*, betont sie in demselben Brief an die Freundin Pauline. Doch Chopin fühlt sich ausgegrenzt und zu kurz gekommen: Titine und Maurice bilden eine geschlossene Front. Freunde von Maurice verstärken dieses Lager – das ist nicht nur Eugène Lambert, den er im Atelier von Delacroix kennengelernt hat, sondern auch dieser junge Victor Borie, von George zum Chefredakteur von *L'Éclaireur de L'Indre* ernannt. Ist es nur Bewunderung, die er George entgegenbringt? Ist er nur ihr Schützling? Chopin sieht überall Rivalen. Wenige Tage nach seiner Ankunft bittet er Marie de Rozières, ihm dringend etwas nachzusenden, das in seinem Salon am Square d'Orléans liegen geblieben sei: die Partitur von Mozarts *Requiem.*

Geht es ihm um Mozart, über den er mit Delacroix, der demnächst kommen will, so gerne redet? Oder geht es um den Tod?

Damit das *Kind* im kommenden Winter besserer Laune ist, hat George eine Reise nach Italien geplant, nach Venedig. Vielleicht möchte sie dort auch die Erinnerungen an die qualvollen Monate mit Alfred de Musset und die gräßlich netten mit dem fischkundigen, jedoch nicht seelenkundigen Arzt und Ichthyologen Pietro Pagello übermalen. Chopin belebt diese Aussicht. Im letzten Winter, an Weihnachten, hatte er der Familie gestanden: *Manchmal würde ich für ein paar Stunden Sonne mehrere Jahre meines Lebens hingeben.*

Trotz ihrer Bemühungen um das Glück ihres ältesten Kindes kann George Sand nicht mehr verhehlen, dass sie ihn lächerlich findet. *Chopin ist ganz erstaunt, dass er schwitzt. Er ist darüber völlig verzweifelt und behauptet, er verpeste die Luft, obwohl er sich wasche*, berichtet sie am 18. Juni ausgerechnet der mitteilungsfreudigen Marie de Rozières. *Wir lachen Tränen, wenn dieses ätherische Wesen sich nicht damit abfinden kann, dass es schwitzt wie alle anderen auch … Er stinkt nur nach Eau de Cologne, aber wir sagen ihm, er rieche wie Pierre Bonnin, der Schreiner, und er flieht in sein Zimmer, als verfolge ihn sein eigener Gestank.*

Er flieht in seine Musik, in seitenlange Briefe an die Familie und in die Hoffnung auf Verbündete. Zwei Polen, Grzymała und Laura Górska Gräfin Czosnowska, haben ihren Besuch angekündigt, danach soll Delacroix ein drittes Mal Nohant beehren. Am 7. Juli treffen Grzymała und Laura Czosnowska, von Chopin Lorka genannt, erwartungsgemäß in Nohant ein. Dass Lorka Chopin abgöttisch verehrt, weiß in Warschau fast jeder. War er der Grund dafür, dass sich 1831 ihr Ehemann Janusz – *maßlos und unnötig eifersüchtig*, wie eine Bekannte sagt – *zu ihren Füßen* erschoss? Dieselbe Bekannte kolportierte damals, man *flüstere, Chopin sei in die schöne Witwe verliebt.* Da aber befand er sich bereits in Paris.

Sicher ist: Verehrung kann er nun brauchen. Wird sie ihn inspirieren? Die Arbeit stagniert; *ich tue mein Möglichstes, um zu arbeiten*, klagt er am 8. Juli *Franchomme, aber ich komme nicht von der Stelle. Wenn der Zustand so bleibt, wird der Klang meiner künftigen Kompositionen eher an das Zerschlagen von Porzellan als an das Zwitschern der Grasmücken erinnern.*

George sammelt neue Energie in der Natur, badet jeden Tag im Fluss, legt sich *mit dem Rücken in den Sand, bis zum Kinn im Wasser*, sieht ihren Töchtern und den Hunden zu. Chopin findet alle Unternehmungen an der frischen Luft *ermüdend.* Was im Haus geschieht, strengt ihn ebenfalls an. Dass Lorka bei George, Maurice, Solange und Titine nicht gut ankommt, quält Chopin. Was immer man über ihren auf dem Land befremdlichen Aufputz und ihre schweren Moschuswolken denken mag: Lorka ist eine Freundin seiner Familie, und sie ist Polin. *Dass die Herrin des Hauses oft in Lorkas Gegenwart* zu ihm sagt*: Ihre Schwester ist hundertmal mehr wert als Sie*, stört ihn nicht. *Davon bin ich überzeugt, antwortet er.*

Doch wie man mit der polnischen Gräfin umgeht, verletzt ihn. Für Chopin ist sie Teil seiner Heimat, und wer etwas gegen sie hat, hat etwas gegen Polen. Nach zwölf Tagen verlässt Laura Czosnowska mit Grzymała Nohant. Friedlicher wird es dadurch nicht, denn Maurice und Titine, für Chopin nur *die Cousine*, lästern nun über sie. *Obwohl man hier höflich zu ihr war, hat man nach ihrer Abreise doch wenig Sympathie für sie bewahrt. Der Cousine hat sie nicht gefallen, also auch nicht dem Sohn; hieraus entstanden Späße, aus Späßen Grobheiten, und da mir das nicht gefiel, fällt jetzt kein Wort mehr über sie.*

Chopin, der alle Veränderungen hasst, erlebt, wie Maurice den Hausangestellten kündigt, um neue einzustellen. *So ist von den alten Dienern, die die Jędrzejewiczs gesehen haben, kein einziger mehr da. Der alte Gärtner, der 40 Jahre diente, dann Françoise, die achtzehn Jahre da war … all das seit Ankunft der Cousine, die auf Maurice spekuliert, und er nützt dies aus*, berichtet er seiner Familie. Geblieben ist vom ehemaligen Personal nur noch *Luce, die dort geboren und in einer Wiege zusammen mit Solange zur Taufe getragen wurde.* Chopin leidet unter Trennungen. Doch Maurice macht klar, dass er nun Herr im Hause ist und Chopin in den Belangen von Nohant nichts zu vermelden hat.

George ist selten da, um zu schlichten. *Ich bin täglich von sieben Uhr morgens bis fünf Uhr abends an meinem Schreibtisch*, schreibt sie Pauline, die *Zeit fürs Essen ausgenommen.* Der neue Roman *Lucrezia Floriani* muss fertig werden. Chopin fühlt sich alleingelassen. Dass er sich mit dem Komponieren schwertut, ist der ersten der beiden Nocturnes, die hier entstehen, anzumerken. Dieses Stück in H-Dur ist sorgfältig ausgetüftelt, kunstvoll, aber seelenlos. Auch die ersten beiden Mazurken seiner neuen Trias, eine in H-Dur, die andere in f-Moll, sind langweilige Schönheiten, blass und ohne Charakter.

Am 16. August fährt endlich die Reisekutsche auf Nohant vor, der Delacroix entsteigt. Chopin braucht ihn, er braucht Chopin und Nohant. Seit dem Tod seines Bruders im letzten Jahr kämpft Delacroix gegen Schaffenskrisen an. Am 10. August noch hatte er an George geschrieben, er freue sich so sehr auf Nohant, weil das in *meinem Herzen und in meinen Gedanken einer der seltenen Orte ist, wo mich alles freut, beruhigt, tröstet. Was ich Ihnen sage, liebe Freundin, ist wirklich wahr, und auch wenn ich Ihnen nicht jede Woche schreibe, denke ich doch fast täglich daran. Wie könnte ich auch anders, da mir meine grausame Herrin, die*

Malerei, die größten Enttäuschungen bereitet hat, diese unvermeidlichen Enttäuschungen, die zu den letzten Tagen eines alten Künstlers gehören und sie vergiften, wenn er die Dummheit besitzt, die Meinung der Kanaille zu beachten.

Er ist nun achtundvierzig.

Ist es Delacroix' Gegenwart, die Chopin beschwingt? Die zweite Nocturne in E-Dur ist eine Eingebung. Einfach und innig wie eine Liebesgeschichte beginnt sie, erhitzt sich dann, verheddert sich in Leidenschaften, um zum Schluss wieder ganz einfach und innig zu enden, als wären all die Komplikationen zuvor vergeben und vergessen.

Zu meinem Glück, sagt George Sand, *hat mich Gott zum Lieben und zum Vergessen geschaffen.*

Die dritte Mazurka in cis-Moll, die in diesem Sommer auf Nohant entsteht, atmet eine große Sehnsucht. Es gibt keine bessere Antriebskraft für Chopins Genie als dieses Gefühl. Es enthält Wünsche, die unerfüllt sind, Fantasien, die unverwirklicht sind, ein Bedürfnis nach Nähe, das ungestillt, ein Fernweh, das unbefriedigt bleibt.

Der neue Walzer in Des-Dur gelingt ihm ebenfalls. In ihm klingen masowische Motive an, jedoch kein Schmerz. Er ist von Leichtigkeit erfüllt und *molto vivace* überschrieben.

Mag sein, dass Delacroix Chopin beflügelt. Doch er selbst fühlt sich zunehmend unwohl. Denn George liest ihm und Chopin aus *Lucrezia Floriani* vor. Lucrezia ist eine Frau in der Mitte des Lebens, der Affären müde geworden. Fürst Karol de Roswald ist ein Mann von androgyner Schönheit, keusch, elegisch, doch seit er in Lucrezia verliebt ist, von Eifersucht gepeinigt, misstrauisch und unduldsam. Delacroix kommt diese Konstellation sofort bekannt vor. Delacroix weiß vermutlich nichts von den Albträumen, die Chopin quälen. Doch George kennt sie. *Von quälenden Träumen geschüttelt, wachte Karol manchmal unter Schrecken und Verzweiflung auf … Dann fand er die mütterlichen Arme der Floriani.*

Andere Passagen aber bedürfen nicht der Erfahrung am Bett Chopins.

Karol ist *von ausgesuchter Höflichkeit*, aber sein Körper ist *so empfindlich wie sein Geist. Dass sein Körper sich nicht kräftig entwickelt hatte, bewahrte ihm eine charmante Schönheit, eine außergewöhnliche Physiognomie, die weder das Alter noch das Geschlecht verriet.* Er sehe aus *wie ein Fräulein,* hatte Chopin schon oft befunden. Karol ist *ein Engel mit dem schönen Gesicht einer traurigen Frau.*

Lucrezia ist Schriftstellerin, hat viele Liebschaften durchlebt, sich aber niemals zwei Männern gleichzeitig hingegeben. Sie umsorgt den kranken Karol als Krankenschwester und mütterliche Freundin. Seine *schwächliche Konstitution* macht Karol *interessant in den Augen der Frauen.* Auch in denen Lucrezias. Sie lebt mit Hund und Kindern auf dem Lande. Für Karol gibt es nur eine Fau im Leben: seine Mutter. Lucrezia nimmt das hin. Doch Karol hat einen, einen einzigen Fehler, den sie nicht erträgt: die *Intoleranz des Geistes.* Überall wittert er Konkurrenten um Lucrezias Gunst.

Am 24. Juli hatte George an Marie de Rozières geschrieben: *Ich hatte Recht damit, zornig zu werden; es gab mir Mut, ihm eines Tages einige Wahrheiten ins Gesicht zu sagen und ihn zu warnen, ich könnte seiner überdrüssig werden. Von da an ist er vernünftig gewesen, und Du weißt ja, wie herzensgut, lieb und großartig er sein kann, wenn er nicht verrückt spielt.*

Doch Chopin spielt weiter verrückt. *Karol verkannte die Hingabe und Offenheit seiner Geliebten mit unglaublicher Sturheit. Nichts konnte ihn von seiner Eifersucht heilen.* Er pflegt sein Leiden. *Tatsächlich war seine Gesundheit nicht ernsthaft angegriffen und sein Leben dadurch nicht grundsätzlich bedroht. Aber da er immer nur klagte und seine Kräfte nie ausprobierte, glaubte er, seine Mutter nicht lange überleben zu können.*

Chopin ist bei den Ausflügen hier fast nie mehr mit von der Partie, *weil mich diese Dinge manchmal mehr Anstrengung kosten, als sie wert sind,* schreibt er an Mutter und Schwestern. Sie – jene Lucrezia – liebt *die Zurückgezogenheit, die Arbeit und das Landleben.* Er liebt das alles nicht. Doch ohne Lucrezia fühlt Karol sich hilflos. *Wenn er ein paar Wochen von Lucrezia getrennt war, verzehrte er sich vor Ruhelosigkeit, er wurde krank, weil er sich niemandem anvertrauen und seine Bitterkeit nicht an der auslassen konnte, die sie unschuldigerweise verursacht hatte.* Das Ende der Geschichte hat für Delacroix wohl nichts mit George und Chopin zu tun. Lucrezia erkennt: *Tatsächlich liebte sie Karol nicht mehr.* Aber: … *die Liebe war ihr Leben, und als die Liebe zu Ende ging, war auch ihr Leben zu Ende.* Jahrelang hatte er sich gefallen *in dem Gedanken, von Tag zu Tag mehr hinzusterben.* Nun stirbt sie.

Chopin kann nicht wissen, dass George in ihren Briefen in letzter Zeit oft den Wunsch geäußert hat, sterben zu dürfen. Er findet bei sich wohl auch weder *Eifersucht* noch *Sturheit* oder *Intoleranz des Geistes.* Und wie jeder Mann, der in seine Mutter vernarrt ist, erkennt er das selbst nicht.

Lucrezia ist nicht George und Karol nicht Frédéric; vor allem ist Karol kein Komponist, nicht einmal Künstler. Doch sie teilen viele – zu viele – Merkmale, innere wie äußere.

Ist das Erlöschen von Lucrezias Liebe als Vorwarnung zu verstehen?

Ich habe Folterqualen durchlitten, als George den neuen Roman vorlas, wird Delacroix Madame Joubert gestehen. *Der Henker und das Opfer erstaunten mich gleichermaßen. Mme. Sand wirkte völlig ungezwungen, und Chopin bewunderte unaufhörlich die Erzählung. Um Mitternacht zogen wir uns gemeinsam zurück. Chopin wollte mich begleiten, und ich nahm die Gelegenheit wahr, seine Eindrücke zu erforschen. Spielte er mir gegenüber Komödie? Nein, wirklich, er hatte nichts begriffen, und der Musiker erging sich beharrlich in enthusiastischem Lob auf den Roman.*

Als Delacroix nach zwei Wochen, am 30. August, abreist, händigt Chopin ihm drei Manuskripte aus, die er nach Paris mitnehmen soll: die Cellosonate für Franchomme, die drei Mazurken op. 63 und den As-Dur-Walzer aus Opus 64. Die Mazurken sind Lorka gewidmet, der auf Nohant verspotteten Laura Gräfin Czosnowska. Der Walzer ist Delfina Potocka zugeeignet. Gesehen hat er sie in den letzten beiden Jahren nur noch selten. Sie hat sich ein Haus in Nizza zugelegt, und mit wem sie dort lebt, ist in Paris bekannt. Es ist ein Mann, der so unglücklich verheiratet ist wie sie, der diese Ehe flieht und auf dieser Flucht die wahre Liebe gefunden zu haben glaubt: Zygmunt Krasiński. Vor drei Jahren war er von seinem Vater zur Ehe mit Eliza Branicka gezwungen worden, anschließend in die Schweiz geflohen und dort der schönen Gräfin wieder begegnet. Auch sie ist für Chopin ein Objekt der Sehnsucht, unerreichbar und eben deshalb inspirierend.

Ist es so gesehen ein Glück, dass auch Chopins Hoffnung, im Winter nach Venedig zu reisen, sich zerschlägt? *Dieses Jahr war von Italien für den Winter die Rede – aber die jungen Leute waren für den Landaufenthalt.*

Die jungen Leute, Maurice, Titine und Solange, wissen, dass ihre Mutter nichts gegen ihren Willen unternimmt. Darin ist sie ganz Lucrezia. Vermuten sie, dass Chopin den Strapazen einer langen Reise nicht standhalten würde? *Wenn ich erschöpft bin*, gibt er selbst zu, *dann bin ich schlechter Stimmung, und das wirkt sich auf die Laune aller aus, sodass es den jungen Leuten den Spaß verdirbt.* Chopin vertont seine Sehnsucht nach Venedig in einem Gondellied, der *Barcarole.*

Sfogato schreibt er als Anweisung hinzu. Zum ersten Mal in der Musikgeschichte wird dieses Wort verwendet, um auszudrücken, wie der Komponist sein Werk hören will. *Luftig* ließe es sich übersetzen, doch *sfogare* meint, sich Luft machen, sich austoben: und *sfogarsi* bedeutet, jemandem sein Herz ausschütten.

Dann passiert etwas, das die Gewichtungen in Chopins engstem Umkreis erneut verlagert: Solange verkündet, sie werde sich verloben, und Maurice hat das ebenfalls vor. Wird Chopin bald George wieder mehr für sich haben? Georges Kinder waren es, die den Plan, Chopins Gesundheit wegen den Winter in Italien zu verbringen, vereitelt haben; *aber die jungen Leute waren dafür, hierzubleiben*, um sich nicht von ihren Geliebten trennen zu müssen. Zuversichtlich erklärt Chopin am 11. Oktober der Familie: *Doch es werden sich im Frühjahr, wenn Sol und auch Maurice heiraten (beides deutet sich an), die Meinungen ändern.* An den Rand des Blattes schreibt er: *Wahrscheinlich wird es dieses Jahr dazu kommen.*

Was Maurice angeht, drängen Augustines Eltern auf eine Entscheidung. In einem Brief unterstellen sie George, sie habe Titine nur adoptiert, um eine kostenlose Bettgespielin für ihren Sohn zu haben. Was Solange angeht, hofft George, die innerlich zerrissene Tochter könne sich in einer Ehe selbst finden. Bereitwillig akzeptiert sie den Mann, den Solange sich ausgesucht hat. Kein Fremder, sondern ein Adliger aus der Nachbarschaft: Fernand Vicomte de Préaulx. *Er ist nachgiebig, zuvorkommend und herzensgut*, berichtet George ihrem Verleger Pierre-Jules Hetzel, *aber er ist ein Landedelmann, ein Waldmensch, schlicht wie die Natur, gekleidet wie ein Jagdhüter, schön wie ein Jüngling der Antike, langhaarig wie ein Wilder, tapfer und edelmütig. Im Augenblick besitzt er keinen Sous, und obendrein ist er Legitimist. Daher sagen die Leute, wir seien verrückt, und ich bin sicher, dass meine republikanischen Freunde über mich herfallen werden. Ich gebe zu, dass ich als Schwiegersohn etwas anderes erwartet hatte als einen Adligen, einen Royalisten und Wildschweinjäger. Aber das Leben ist voller Überraschungen, und es hat sich herausgestellt, dass dieser Junge ein größerer Freund der Gleichheit ist als wir, und unter seiner Löwenmähne sanfter als ein Lamm. So lieben wir ihn, und er liebt uns.*

Ist es die Hoffnung, mit der Verheiratung von Maurice und Solange werde der häusliche Krieg ein Ende haben, die Chopin nun beschwingt? Er regt George an, das Theaterspielen auf Nohant wiederzubeleben. Sie hat die Gabe, mit wenigen Sätzen Charaktere und eine Handlung zu umreißen, die von den hauseigenen Darstellern, ob Sohn, Zofe oder Köchin, wie in der Stegreifkomödie spontan mit Leben erfüllt werden. Chopin karikiert wie früher bizarre Typen auf der Bühne oder begleitet das Spiel auf dem Klavier.

Als Chopin in Begleitung von Emmanuel Arago am 31. Oktober nach Paris aufbricht, sieht es so aus, als habe sich alles eingerenkt, als werde bald wieder alles glattlaufen. Sie kommen nur bis zur Brücke in Olivet. Der Herbst war tropisch gewesen, warm und regenreich. Der Spiegel der Loire war angestiegen wie zur Zeit der Winterschmelzenhochwasser. Die beiden kehren um.

Am 11. November reist Chopin zum zweiten Mal ab. Ahnt er, dass er Nohant niemals wiedersehen wird?

Der Dezember neigt sich dem Ende zu, als Chopin seinem Freund Grzymała klagt: *Zu meinem Unglück muss ich auf verschiedene Soirées gehen. Ich bin schwach wie ein kranker Hund.*

Für die Hochzeit seiner Schülerin Zofia Rosengardt mit Bohdan Zaleski komponiert er zwei geistliche Lieder und begleitet sie auf der Orgel der Kirche Saint-Roch, wo die Trauung am 26. November stattfindet. In ihrem Tagebuch schildert sie die nervliche Zerrüttung ihres Lehrers. Chopin kennt keine Geduld mehr: Er brüllt Zofia an, als sie die Noten zu einem Nocturne vergisst, das sie eingeübt hat.

Er habe keine Zeit zu verlieren.

Und als könne er sie aufhalten, klammert er sich an das, was unwandelbar erscheint. Sein Studienfreund aus Warschau, Józef Nowakowski, ist zu Gast in Paris. *Bereitet es Dir kein großes Vergnügen, mich zu sehen*, schreibt ihm Chopin ins *Hôtel de la Cité Bergère, so ist es mir ein großes, Dich zu sehen, aus keinem anderen Grund, als dem, dass Du derselbe bist wie einstmals daheim.*

Er will, dass alles beim Alten bleibt. Er will nicht darüber nachdenken, warum George ihn zum ersten Mal an Weihnachten und Neujahr allein lässt. Delacroix hat Recht: *Er hat nichts begriffen.*

Den letzten Brief des Jahres schreibt er an sie, am 30. Dezember

1846, morgens um halb vier. Der erste Satz darin lautet: *Ihre Briefe haben mich gestern sehr glücklich gemacht.* Zwei Worte in diesem Brief unterstreicht er: *sehr glücklich.*

XXIV
Die Macht der Familie

Eine Hochzeit und eine Art Scheidung

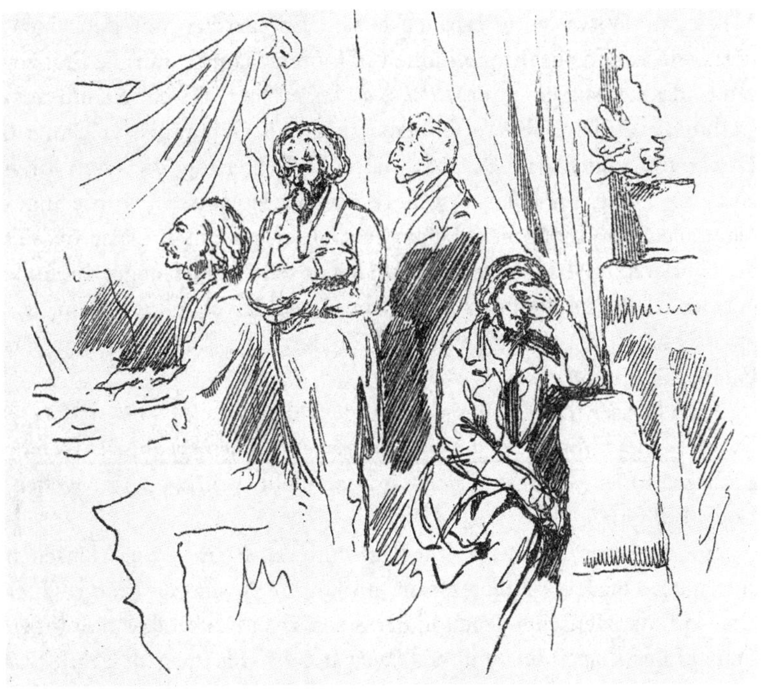

Frédéric Chopin, seine Freunde Szumlański und Grzymała, der Pianist und Komponist Thomas Tellefsen bei einer Soirée 1847. (Zeichnung von Cyprian Kamil Norwid, 1849).

𝄢

Am 1. April 1847 fahren George Sand und Frédéric Chopin in die Rue de Vaugirard. Sie steigen aus vor dem Renaissancepalast, den Maria de Medici als Witwe hatte erbauen lassen. Ein Palazzo mit Buckelquadern, wie sie ihn aus ihrer Kindheit in Florenz kannte. Für die Franzosen ist das seit langem nur ihr *Palais du Luxembourg*. Es hatte Kunstausstellungen gedient, als Waffenmanufaktur, als Gefängnis für Danton, Desmoulin und David. Seit 1834 lässt die Regierung, die es zu ihren Zwecken nutzt, das Palais erweitern. Ein Parlamentssaal wurde angebaut, auch eine Bibliothek. Deren zentrale Kuppel malt Delacroix seit dem vorletzten Jahr bereits aus. Nun hat er seine beiden engen Freunde geladen, denn sie kommen in diesem Gemälde vor. Gemeinsam, wie ein Ehepaar, betreten George und Frédéric die Gartenanlagen, das Palais, die Bibliothek.

Eine Pariser Idylle. Alles scheint wie früher zu sein.

Wer genau hinzuschauen wagt, muss jedoch bemerken, wie Gefahr aufzieht. Einer scheint es noch immer nicht wahrhaben zu wollen: Louis Philippe.

Im Jahr von Chopins Ankunft wohnten in Paris 22 500 Menschen auf einem Quadratkilometer, nun, im Jahr 1847, sind es 30 600. Über eine Million Menschen leben in der Stadt, zwei Drittel davon drängen sich auf der *Rive Droite* und der *Île de la Cité*. *Hüten wir uns, die Stadt Paris mit einem Gürtel von Fabriken einzuschnüren*, hat der Präfekt Chabrol gewarnt, *das wäre eine Schlinge, die Paris eines Tages erdrosseln würde*. Aber auch auf ihn hat man nicht gehört. 300 000 offiziell angemeldete Arbeiter gibt es in Paris, nur zehntausend Facharbeiter verdienen mehr als 5 Francs am Zwölfstundentag, so viel wie Chopin in fünfzehn Minuten. Über die Hälfte der Arbeiter erhält zwischen 3 und 5 Francs pro Tag, Frauen und Kinder bekommen 60 bis 90 Centimes. In den Augen von George ist diese Stadt *ein Grab*. Nur widerwillig ist sie Anfang Februar mit Maurice, Augustine, Solange, deren Verlobtem Fernand

Préaulx und der Hausangestellten Luce nach Paris gereist. Mit Retuschen an der Oberfläche wird versucht, über die Krise hinwegzutäuschen: In allen Arrondissements bringen Arbeiter neue Straßenschilder an, blaues Porzellan mit weißer Schrift.

Am Square d'Orléans ist seit Februar das Leben von Georges Familie und Chopin wie gewohnt weitergelaufen. Zu den alten Vertrauten wie Delacroix, den Czartoryskis, Franchomme oder Delfina Potocka sind neue hinzugekommen. Als Chopin am 21. Februar in Georges Appartement auf einer Soirée spielt, sitzt ein Bildhauer unter den Zuhörern. Jean-Baptiste Auguste Clésinger ist nur vier Jahre jünger als Chopin. Ein athletischer Mann, vollbärtig, stark, impulsiv. Drei Tage zuvor haben George und Solange ihn in seinem Atelier aufgesucht, weil er Büsten von ihnen fertigen will.

An jenem 1. April, als Chopin mit George zusammen das Werk von Delacroix besichtigt, weiß er schon mehr über diesen Clésinger. Doch das Thema des Tages ist das Deckengemälde des Freundes Delacroix, auf dem er Chopin als Dante verewigt hat. Marie d'Agoult würde sich ärgern, hatte sie doch Liszt zum Dante und sich zu seiner Beatrice stilisiert. Auch wenn sie und Liszt längst kein Paar mehr sind, muss es in Maries Augen wie ein Gedankendiebstahl sein, dass nun Chopin zu Dante verklärt wird. Doch wenigstens ist George Sand nicht als Beatrice dargestellt, sondern als Aspasia.

Und es schmeichelt ihr, mit Aspasia, der zweiten Frau des Perikles, verglichen zu werden: eine Philosophin, die jüngere Männer ihre Weisheit lehrte; eine Schönheit im Mittelpunkt eines großen gebildeten Kreises; eine streitbare Frau, die wegen ihres Lebenswandels umstritten war, geschmäht von den einen, gefeiert von den anderen.

Und Chopin als Dante?

Dass Chopin ein Dichter, ein *Tondichter* sei, hat nicht allein Schumann erkannt.

Chopin ist Dantes *Commedia* nicht vertraut, George Sand durchaus. Auch Delacroix kennt die Anfangsverse: *Es war in unseres Lebensweges Mitte / Als ich mich fand in einem dunklen Walde; / Denn abgeirrt war ich vom rechten Wege.* Ein Mann in der Krise seines Daseins.

Zudem weiß Delacroix, wie Georges Roman *Lucrezia Floriani* endet.

Karol sah nichts von allem, was vorging … wie versteinert stand er am Gartentor. Auf dem gegenüberliegenden Pfosten las er einen Vers, den der

Regen und die Zeit nicht hatten auslöschen können. ‹Lasciate ogni speranza, voi ch' entrate!›

Lasst alle Hoffnung fahren, Ihr, die Ihr eintretet. Die letzten Worte auf dem Sims des Höllentores, das Dante zu Beginn der *Commedia* durchschreitet.

Doch *Karol sah nichts von allem, was vorging.* Bereits fünf Tage nach dem Besuch in der Bibliothek des Palais Luxembourg bricht George mit Solange, Augustine und Luce wieder auf nach Nohant.

Chopin ist guter Dinge. *Heute bin ich wieder allein in Paris*, berichtet er der Familie. Er verrät ihnen, dass Solange die Verlobung mit Préaulx gelöst hat. *Sol heiratet doch nicht, denn als sie zum Abschluss des Ehevertrags hier zusammenkamen, verlor sie die Lust; ich bedaure das, und auch der Bursche tut mir leid, denn er ist sehr ehrenwert und sehr verliebt, doch es ist besser, dass dies vor der Trauung geschehen ist, als danach.*

Sonst schreibt er, wie er selbst feststellt, *belangloses Zeug.* Von unaromatisierter Schokolade aus Bordeaux, mit der ihn eine Schülerin versorgt, von seiner Unlust, sich zum Souper auswärts umzuziehen, von einem Publikum, das kritiklos den neuesten Moden verfällt, für ihn *Grünschnäbel, die jedem Wort nachrennen*, von den *Chören der Athalie*, komponiert von Gossec, *die recht langweilig sind*, vom gemeinsamen Bekannten Nowak, *ein Trottel, vor dem uns Gott bewahre*, von Delfina Potocka – *Ihr wisst, wie sehr ich sie liebe*, die bereits wieder nach Nizza gefahren ist, um sich, was Chopin nicht wissen will, mit Krasiński zu treffen. Er berichtet auch *von der diesjährigen Bilder- und Skulpturenausstellung*, wo zwar *nichts sehr Bedeutendes von den bekannten Meistern* zu sehen sei; dafür könne man dort aber *neue echte Talente* entdecken. Vor allem einen Bildhauer namens Clésinger. *Merkt Euch den Namen des Bildhauers, denn ich werde Euch bestimmt oft von ihm schreiben, da er Frau S. vorgestellt worden ist. Vor ihrer Abreise hat er ihre und Solanges Büste gemacht; alle bewundern sie ungemein …* Beim vierten Anlauf, auf dem sechsten oder siebten Blatt, erwähnt Chopin die wirtschaftliche Krise. Selbst von seiner Kutsche aus sind sie nicht zu übersehen, die zerlumpten Menschen, die Essensreste von der Straße auflesen und Abfälle durchwühlen. *Das Getreide ist hier außergewöhnlich teuer, wie Ihr wisst, und es herrscht viel Elend, trotz der großen Wohltätigkeitsaktionen. Frau S. hilft viel in ihrem Dorf und der Umgebung, wie Ihr Euch denken könnt, und das ist einer der zehn Gründe, dass sie … schon so früh abgereist ist.*

Und die anderen neun? Zwar kommt Chopin auf Georges heiklen Roman zu sprechen, doch das Wesentliche umgeht er. *Ihr zuletzt erschienenes Werk ist ‹Lucrezia Floriani›, aber seit vier Monaten hat die Presse schon ihren neuen Roman mit dem vorläufigen Titel ‹Piccinino› (was der Kleine heißt)… Ich bezweifle nicht, dass das Buch Ludwika besser gefallen wird als die Lucrezia.*

Will er damit begründen, dass er ihr die *Lukrezia* nicht zuschickt? Von seiner Krise mit Frau S. aber ist nicht die Rede – in diesem Brief, den Chopin am 28. März beginnt und am 19. April beendet. In einem Schreiben, das Liszt am 7. Februar aus Russland an Marie d'Agoult sendet, fragt der Freund: *Ist der Bruch zwischen Chopin und Madame Sand definitiv?*

Chopin stellt sich diese Frage nicht. *Ihr fragt mich*, schreibt er der Familie, *was ich diesen Sommer mit mir anfangen werde; nichts anderes als immer: Ich fahre nach Nohant, sobald es warm wird.* Er berichtet von den Ereignissen dort, als sei er nach wie vor mit allem eng vertraut und in jedes Detail eingeweiht: *Heute hatte ich wieder Nachricht aus Nohant, sie sind gesund und richten das Haus wieder anders ein – sie lieben es, umzustellen und neu zu arrangieren …*

Doch *Karol sah nichts von allem, was vorging.*

Chopin unterrichtet viel, meistens sieben Stunden am Tag, komponiert wenig und beginnt mit Entwürfen für eine Klavierschule, *Notices pour la Méthode des Méthodes.* Vor allem posiert er. Zuerst sitzt er Ary Scheffer, danach Rudolf Lehmann, schließlich dem Lieblingsmaler der europäischen Schönheiten, Franz Xaver Winterhalter Modell. Dann hört er, Solange werde heiraten. Diesen Bildhauer, dessen Namen sich die Familie merken sollte, Jean-Baptiste Auguste Clésinger. Am Tag darauf, dem 2. Mai, wirft ihn ein Asthmaanfall aufs Bett. Hustenanfälle peinigen ihn. Er leidet so sehr an Atemnot, dass er um sein Leben fürchtet. Die Nachricht, sein alter Freund Stefan Witwicki sei in Rom an den Pocken gestorben, zieht ihn noch tiefer hinab. Nicht einmal Delacroix empfängt er. Maria Anna Czartoryska darf ihn pflegen; sie ist es auch, die einen alarmierten Brief nach Nohant sendet. Grzymała wird eingeweiht, kann George aber bereits beruhigen: Chopin sei über den Berg. Am 11. Mai lässt Chopin zum ersten Mal Eugène Delacroix vor. Errät er, was Chopin krank macht?

Einen Tag später wendet sich George an Gutmann, der an Chopins Bett wacht und ihn mit Medikamenten versorgt. Sie dankt ihm *für die aufopferungsvolle Pflege* und gesteht: *Ich glaube, ich wäre verrückt geworden, hätte ich von dem Ernst seiner Krankheit erfahren, ohne gleichzeitig zu hören, dass die Gefahr vorüber ist.*

Am selben Tag schreibt George auch noch einen langen, intimen Brief. Nicht an Chopin, sondern an Grzymała. Es ist der Brief einer besorgten Frau. *Über die Krankheit von Chopin hatte ich nur ungenaue und unzuverlässige Nachrichten … Ich habe in diesen vierundzwanzig Stunden Unsägliches durchlitten, hätte mich aber, was auch immer passiert wäre, der Umstände wegen nicht von der Stelle rühren können.*

George ist auf Nohant festgenagelt; sie erwartet ihren Ehemann Baron Dudevant, von dem sie getrennt, aber, weil es das Gesetz nicht erlaubt, keinesfalls geschieden ist. Er bringt die Papiere, die notwendig sind für die Mitte Mai geplante Heirat von Solange und Auguste Clésinger. George verspricht aber: *Ich werde in jedem Fall gegen Ende des Monats für einige Tage in Paris sein, und wenn Chopin transportfähig ist, werde ich ihn hierher mitnehmen.*

Doch sie gesteht Grzymała, dem sie schon zu Beginn ihrer Beziehung dargelegt hatte, wie unerträglich für sie Chopins Geringschätzung der körperlichen Liebe sei: *Seit sieben Jahren lebe ich wie eine Nonne mit ihm und den anderen. Ich bin vorzeitig gealtert …* Der Verzicht habe für sie *weder Mühe noch Opfer* bedeutet, so sehr sei sie *der Leidenschaften überdrüssig* gewesen. Doch nun spricht sie von ihrer Verbindung mit ihm bereits in der Vergangenheitsform. *Wenn er sich auf eine Frau der Welt unbedingt verlassen konnte, dann auf mich, aber er hatte das nie begriffen …*

Dass George, die offen für die Liebeslust eintritt, ihn in dieser Hinsicht verhungern ließ, hat offenbar Chopins Misstrauen gereizt. Was waren Georges Gründe dafür, sich ihm zu verweigern? Haben Ärzte ihr geraten, dieses Wesen ohne Muskeln und Widerstandskraft zu verschonen mit der *Heftigkeit* ihrer *sinnlichen Triebe*, wie sie es selbst nennt? Liszt hätte sie darin unterstützt, denn er meint, sie habe Chopins Belastbarkeit überfordert, *wie feuriger Wein das zerbrechliche Gefäß sprengt, in dem er aufbewahrt wird.* Oder hatte sie einfach keinen Appetit auf diesen *Engel mit dem schönen Gesicht einer traurigen Frau*, als den sie Karol beschreibt? Engel sind geschlechtslos, und wenn sie husten, nicht erregend.

Er wirft mir vor, ihn umzubringen, indem ich mich ihm versage, obwohl ich ihn mit Sicherheit umbringen würde, wenn ich anders handelte. Er habe sie, sagt George, *zu seiner Sklavin gemacht.* Dass sie sich davon verabschiedet hat, bedeutet keineswegs das Ende ihrer Fürsorge. *Verlass Dich drauf, dass ich weder den Mut noch die Ausdauer noch meine Hingabefähigkeit verlieren werde.* Offen schreibt sie Grzymała, was sie Chopin verübelt: dass er sie in einen Zwiespalt gebracht hat, indem er sich in innere Angelegenheiten der Familie eingemischt hat. Im letzten Sommer hatte Maurice seine Mutter vor die Wahl gestellt, sich zwischen ihm und Chopin zu entscheiden. *Seine Einflussnahme auf diese familiären Dinge* will George unter keinen Umständen dulden, weil das für sie *den Verlust jeglicher Würde* bedeutete und sie *um die Liebe der Kinder bringen* würde. Sie hat mitbekommen, dass Chopin beleidigt war, wenn er bei solchen Entscheidungen nicht um Rat gefragt wurde, auch jetzt in Sachen Solange. *Ich kann mir gut vorstellen, dass Chopin … gelitten haben muss, zumal ihm die näheren Umstände unbekannt geblieben sind und er daher nicht imstande war, mir zu raten. Aber die Ratschläge, die er für praktische Lebensfragen erteilt, kann man unmöglich in Erwägung ziehen. Weder hat er je den Tatsachen richtig ins Auge gesehen noch je die menschliche Natur in irgendeiner Weise begriffen. Seine Seele ist ganz Poesie, ganz Musik, und alles, was anders geartet ist als er, kann er nicht ertragen.* George liefert dem Vertrauten Grzymała ihre Diagnose für Chopins Leiden: … *was dieses arme Wesen seelisch und körperlich verzehrt, nagt schon lange an seinem und meinem Lebensnerv, ohne dass ich ihm je wohltun konnte, denn die unruhige, eifersüchtige und argwöhnische Zuneigung, die er mir entgegenbringt, ist der Hauptgrund seiner Schwermut.*

Was aber ist der Grund dafür, dass George der überstürzten Hochzeit ihrer Tochter zugestimmt hat? Chopin gegenüber hat sie Clésinger gerühmt: Er sei *mutig, belesen, tatkräftig und ehrgeizig.* Eigenschaften, die sie an Chopin, dem *unentschlossensten Geschöpf der Welt*, vermisst. Chopin ist vieles, ein richtiger Kerl war er nie. Clésinger hat Solange im Sturm erobert; ihre Mutter auch. Mitte April war er unangekündigt in den Frieden von Nohant eingebrochen. *Clésinger ist angekommen wie Caesar, mit einer Entschlossenheit, einem Willen und einer Hartnäckigkeit, die man nicht unentschlossen oder hinhaltend beantworten konnte. Wir mussten uns innerhalb von vierundzwanzig Stunden zwischen Ja und Nein entscheiden*, berichtet George am 16. April ihrem Sohn Maurice in Paris.

Warum *mussten* sie das? Warum hat sich George, sonst besonnen und überlegen, Clésingers Ultimatum unterworfen? Das Wort *leidenschaftlich* kommt immer vor, wenn sie von ihm spricht. Bei einer Frau, die ständig für andere Entscheidungen treffen muss, hat ein Mann gute Chancen, der Jupiter gleich wie Blitz und Donner über die Menschheit kommt. *Er reist heute Abend wieder ab, er wird zu Dir kommen und will mit Dir sprechen*, kündigt sie Maurice an. *Am Tag drauf wird er nach Besançon reisen, seinen Vater mitnehmen, wieder abreisen und innerhalb vierundzwanzig Stunden Deinen Vater aufsuchen. Er wird ihn überzeugen und sofort nach Paris mitnehmen*, protokolliert George den geplanten Siegeszug ihres Caesars. Sogar sie selbst folgt ihm aufs Wort: *Ich werde mich mit meinen beiden Töchtern ebenfalls dorthin begeben, damit wir das Aufgebot bestellen und den Ehevertrag aufsetzen können.* George ist Clésingers Draufgängertum voll und ganz erlegen. *Alles wird sich so abspielen, weil dieser Mann es so will und weil er alles verwirklicht, was er will, und zwar augenblicklich, noch zur selben Stunde, ohne zwischendurch essen oder schlafen zu müssen … Diese Willenskraft gefällt mir.* Doch sie hatte Maurice ausdrücklich ermahnt: *Zu Chopin kein Wort davon. Das geht ihn nichts an, und wenn der Rubikon überschritten ist, sind alle Wenn und Aber nur von Übel.*

Was sie mit *Rubikon* meint, kann Maurice nur raten. Ist seine Schwester bereits die Geliebte von Clésinger? Bei seinem Draufgängertum wäre das zu vermuten. Auch die Hast, mit der die Hochzeit arrangiert wird, nährt den Verdacht, dass George befürchten musste, ihre Tochter sei von Clésinger geschwängert worden.

Am 19. Mai findet auf Nohant ein großes Fest statt, zu dem Chopin nicht eingeladen ist. Doch George hat ihn über alles unterrichtet. Am 15. Mai dankt ihr Chopin: *Ich kann Ihnen nicht sagen, wie viel Freude mir Ihr guter Brief bereitet hat, den ich soeben erhielt … Keiner Ihrer Freunde, Sie wissen es genau, kann aufrichtiger als ich das Glück Ihres Kindes wünschen. Darum bitte ich Sie, das von mir auszurichten.* Auch Solange hat ihm persönlich geschrieben. Am Tag der Trauung antwortet er ihr. *Vor einigen Tagen habe ich Ihre Mutter gebeten, Ihnen meine aufrichtigsten*

Wünsche für die Zukunft zu übermitteln – und diesmal kann ich nicht umhin, Ihnen zu sagen, wie viel Freude mir Ihr reizender kleiner Brief bereitet hat, in dem Sie mir so glücklich erschienen. – Sie sind nun auf dem Höhepunkt Ihres Glückes angelangt.

Die Hochzeit ist vor allem das Ende einer Gewalttour. *Wir sind total am Boden*, stöhnt George am Tag danach. Besondere Schwierigkeiten hatte sie mit *Solanges Vater* gehabt, der *sich sonderbar benahm* und im letzten Moment das Ganze sabotieren wollte. George aber hat *M. le Baron Dudevant, ein Mann, stets betrunken und vollgefressen, böswillig, voller Selbstgefälligkeit und Falschheit*, überrumpelt und den *Bürgermeister und den Pfarrer … in dem Augenblick kommen lassen, als alle am wenigsten darauf gefasst waren.* Sie hat sich einen Muskelriss zugezogen, kann keinen Schritt gehen, ist erschöpft, aber zufrieden. *Meine Tochter Solange hat sich … gut verheiratet mit einem feinen Mann und großen Künstler … Sie ist glücklich. Wir alles sind es.*

Sie vergisst darüber nicht Chopin. *Und während dieser ganzen Zeit lag Chopin todkrank in Paris!*, setzt sie als Postskriptum ans Ende dieses Briefes.

Chopin gibt sich erleichtert, bei der Hochzeit von Solange nicht dabei gewesen zu sein; weil *ich nicht weiß, welche Miene ich zu all dem gemacht hätte*, erklärt er seiner Familie, der er noch ein paar Wochen davor von diesem Künstler vorgeschwärmt hatte. Da aber liegt die Hochzeit bereits drei Wochen zurück, und Chopin ist nicht entgangen, wie rasch Georges Begeisterung für Clésinger geschwunden ist. Seit dem 31. Mai hält sich George in Paris auf und versucht, eine Katastrophe aufzuhalten. Rasch hat sich herausgestellt, dass Clésinger hoch verschuldet ist. Als George wiederholt versuchte, mit ihm darüber zu sprechen, *hat er es jedes Mal rundweg geleugnet.* George ist entsetzt von dem, was sie im Haus des jungen Paares beobachtet. Solange, die kurze Zeit aufgeblüht war, enttäuscht ihre Mutter, der Schwiegersohn, den sie für *einen feinen Mann und großen Künstler* hielt, noch mehr. Hatte sie gehofft, Clésinger könne Wunder wirken an ihrer Tochter? Die Eifersucht auf den Bruder, auf Titine und alle anderen, die ihr die Mutter wegnahmen, hatte aus der wilden, wagemutigen Solange eine Frau gemacht, die sich mit Lügen und Intrigen die Anerkennung zu verschaffen suchte, die man ihr versagte. *Anstatt sie auf Dein Niveau emporzuziehen*, wirft George nun Clésinger vor, *hast Du sie wieder zu dem kleinen, boshaften*

Mädchen werden lassen, schmeichlerisch und hinterhältig. Solange war es durch gezielt verbreitete Gerüchte gelungen, die geplante Verheiratung von Titine mit dem von George bewunderten Landschaftsmaler Théodore Rousseau zu hintertreiben, nachdem das Aufgebot in Kirche und Rathaus von Nohant bereits bestellt war. Möglicherweise fürchtete sie, George werde auch die Adoptivtochter großzügig bedenken, sodass für sie zu wenig übrig bliebe. Solange hat von George ein großes Mietshaus in Paris, das *Hôtel Narbonne*, als Mitgift bekommen, allerdings kein bares Geld und auch keine Möglichkeit, das Haus mit Hypotheken zu belasten.

Bei ihrem Parisaufenthalt im Juni bekommt George und durch sie auch Chopin mit, auf welch großem Fuß ihr Schwiegersohn mit ihrer Tochter lebt. *Ich weiß inzwischen, dass Ihr das kein Jahr durchhalten könnt*, lässt George Clésinger wissen.

Bei der Hochzeit hatte er mit geliehenem Geld geblendet: 4380 Francs hatte er für Schmuck, 5326 für Hochzeitsgeschenke und 3750 Francs für den Schneider ausgegeben. Hier in Paris halten Solange und ihr Mann sich zwei Dienstboten, beschäftigen außerdem die Familie des Portiers, haben einen Wagen samt Remise gemietet, der täglich 20 Francs kostet, dekorieren ihre Räumlichkeiten ständig mit Magnolien und Blumenbouquets wie für ein Fest und geben für ihre Toilette Unsummen aus. George wird deutlich: *An tausend Kleinigkeiten habe ich gesehen, dass Du den großen Herrn spielen willst, bevor Du einer bist.*

Sie bemüht sich, Clésinger, immerhin ein Mann von dreiunddreißig Jahren, nicht herabzusetzen: *Du hast ein Herz, bist intelligent und weißt, wie sehr ich Dich liebe.* Nicht dass er verschuldet ist, verübelt sie ihm, nur dass er versucht hat, sie zu täuschen. Die Höhe seiner Schulden hat er durch Tricks herunterzuspielen versucht; was seine Arbeit betrifft, hat er *vage Aussagen* als *feste Aufträge* ausgegeben; die Behauptung, sein Vater in Besançon werde ihn zur Hochzeit mit einer *hübschen Summe* bedenken, war ebenso erlogen wie die, er habe Geld, das ihm sein Vater für eine Ausstellung anbot, *aus Stolz nicht angenommen.* Außerdem hat George schnell festgestellt, dass Clésinger säuft. *Der Alkohol ist Dein Feind und wird Deinen Ruhm zugrunde richten.* Doch noch hat George die Hoffnung, die sie auf diese Ehe, ihren Schwiegersohn und ihre Tochter Solange gesetzt hat, nicht aufgegeben. *Ich wünsche nichts anderes, als dass sie zu dem Menschen wird, der sie werden kann*, schwört sie und fleht Clésinger an: *Bessre Dich! Deinetwegen, allein Deinetwegen, Deiner Zukunft, Deiner Begabung, Deiner Unabhängigkeit, Deiner Würde wegen.* George hat ihm versichert, sie werde ihrer Tochter von dem, was sie erfahren hat, nichts verraten, um deren Begeisterung für ihren Mann nicht zu zerstören. *Mir ist es lieber, wenn sie Partei für Dich als für mich ergreift.*

Chopin ist gekränkt, weil er vor dieser Heirat nicht um seine Meinung gebeten wurde. Gegenüber seiner Familie behauptet er, er habe das alles kommen sehen: ... *mir hatte es gleich nicht gefallen, dass ihn die Mutter in den Himmel lobte.* Aber das schreibt er erst, nachdem George hier drei Wochen lang die Hintergründe erhellt, die Lügen aufgedeckt, die Situation erfasst, ihrem Schwiegersohn die Meinung gesagt hat und wieder abgereist ist.

Dass George ihm die Trennung in Aussicht gestellt hat, erwähnt Chopin mit keinem Wort.

Doch *Karol sah nichts von allem, was vorging.*

Im Gegenteil: Er äußert sich über George Sand so, als wolle er sie demnächst heiraten, der Familie ihre gesamten Vorteile vor Augen führen und ihre wenigen Schwächen aufzeigen, die deutlich machen, wie sehr sie ihn braucht. Es hört sich so an, als halte Chopin sich selbst für einen pragmatischen und psychologisch hellsichtigen Mann. *Die Mutter ist hinreißend, aber sie hat nicht die Spur von praktischem Verstand.* Ihre *Geheimniskrämerei* sei daran schuld, dass er sie nicht rechtzeitig habe warnen können vor Clésinger, denn Marliani, Delacroix, Arago und er selbst hatten *hinsichtlich seiner Person die unerfreulichsten Informationen. Dass er verschuldet sei, dass er ein Rohling sei und seine Mätresse geschlagen habe, die er jetzt schwanger sitzen ließ.*

Dass Maurice ebenfalls für Clésinger plädiert hat, kann sich Chopin leicht erklären: ... *er konnte Préaulx nicht ausstehen, weil der sehr höflich und ein höherer Adliger war.* Für die Ehe der Clésingers sieht Chopin schwarz. *Ich gebe ihnen nicht ein Jahr nach dem ersten Kind – und die Mutter wird die Schulden zahlen müssen.* Doch zugleich nimmt er das Paar in Schutz, wohl eher Solanges, als ihres Mannes wegen. *Sie schämten sich ein wenig, als sie auf dem Land waren, mir davon zu schreiben, ich habe diesbezüglich die interessantesten Briefe.*

Dass er wieder nicht mitgefahren ist nach Nohant, erklärt er der

Familie so: *Außer der Herrin des Hauses, dem Sohn und der Tochter sind da noch die neuen Gestalten, an die ich mich erst gewöhnen muss, und ich habe davon schon genug. Von all denen, die Ludwika auf dem Land gesehen hat, ist nicht ein einziger mehr da. Fünf neue Diener.* Sogar Luce, die Tochter der treuen Françoise, ist entlassen worden.

Chopin igelt sich ein und grenzt sich ab. Seine Abneigung gegen Clésinger gilt nun auch dem Künstler, denn dessen Ruf haftet an, was Chopin verabscheut. Es werde in Paris darüber geklatscht, dass Solange mit ihren achtzehn Jahren einen *Steinmetz* geheiratet habe, *der wollüstige, um nicht zu sagen schamlose Werke ausstellt.* Es ist Clésingers Marmorskulptur einer nackten, von einer Schlange gebissenen Frau, von der man in Paris redet. Sie bäumt sich im Todeskampf auf wie in höchster Liebeslust. Bei der nächsten Ausstellung Clésingers, prophezeit Chopin, werde das Publikum dann den *Bauch und die Brüste seiner Frau in Gestalt einer Statue* betrachten können, und er werde sicher auch *Sols kleinen Hintern in weißen Marmor hauen.* Doch noch immer hält er George hoch und hofft, dass sich bei ihr wie gewohnt *alles zum Guten wendet ... Ich sage ihr immer, dass sie einen Stern hat, der sie leitet; damit tröste ich sie oft, wenn ihr schwarze Gedanken kommen ... Die Kinder, die sie über alles liebt, hatte sie stets bei sich – sie hat sie gesund und glücklich erzogen...* Georges Leiden, die er doch kennt, möchte er so wenig sehen wie die Anzeichen eines nahenden Endes. *Sie selbst bleibt bei all ihrer gewaltigen Arbeit gesund – nicht einmal ihre Augen haben gelitten, obwohl sie so viele Bücher geschrieben hat (über neunzig). Alle verehren sie – sie ist ziemlich wohlhabend – wohltätig – bei der Hochzeit ihrer Tochter hat sie 1000 Francs an die Armen ihrer Pfarrei gegeben.* Einzige Kritik: *Manchmal spricht sie nicht die Wahrheit, aber das darf ein Romancier ja.*

Es muss in seinem Umkreis, dem der Freunde, der Schüler und der Salons, auffallen, dass sich Chopin in diesem Sommer nicht einmal für einen Monat aufs Land zurückzieht. Das *Théâtre du Vaudeville* war Chopin zu frivol, der *Hippodrome* schon wegen des Publikums suspekt gewesen. Nun aber ist ihm jede Ablenkung recht. In Paris wird überall diskutiert, wie viel Einblick *Lucrezia Floriani* ins intime Leben der Verfasserin gebe. Manche Briefe gehen direkt an George, die meisten aber kursieren hinter ihrem Rücken. Am 16. Mai 1847 schon hat die Schriftstellerin Hortense Allart an Georges alten Förderer, den Kritiker Sainte-Beuve geschrieben: *Sie hat uns einen Chopin präsentiert, bei dem auch die hässlichsten kleinen Angewohnheiten nicht ausgespart sind, und sein literarisches Double wird mit einer Kälte beschrieben, die durch nichts gerechtfertigt ist.* Entschieden protestiert sie gegen *einen solchen Verrat von Schlafzimmergeheimnissen.* Liszt hingegen schlägt sich auf die Seite von George. In einem Brief vom 23. Mai erklärt er seiner neuesten Geliebten, Carolyne Fürstin Sayn-Wittgenstein: *Die Hauptfigur ist in gewisser Hinsicht das Porträt der Autorin in Prosa und Morgenrock … Die Nebenfigur Fürst Karol (Chopin) ist mit einer Raffinesse und melancholischen Bosheit gezeichnet, die nur die wenigen ganz nachempfinden können, die selbstlos lieben möchten und von Ausstrahlung, Herzensneigung und andauernder Hingabe faseln, aber recht schnell auf den Charakter gestoßen sind und es bitter bereut haben, da sie eines Tages die traurige Entdeckung machten, dass es nicht der Mühe wert ist, weil die Partie weder adäquat ist noch wirklich ehrlich …. und man sich der Gefahr aussetzt, eine dumme Figur zu machen, da man einfältig und unnötigerweise hereingefallen ist.* Er findet *Lucrezia Floriani* äußerst lesenswert; der Stil sei von einer *seltenen Sicherheit und Transparenz.* Diese Durchsichtigkeit ist es, die andere George Sand vorwerfen. Nun sei die *Wahrheit transparent* geworden, schreibt Chopins Schülerin Zofia Rosengardt in ihr Tagebuch.

Doch *Karol sah nichts von allem, was vorging.*

Wegschauen ist für viele in Paris die Methode der Wahl. Doch ab einem bestimmten Punkt lassen sich die Vorzeichen gewaltsamer Veränderungen nicht mehr verdrängen.

Zweimal ist im vergangenen Jahr auf den König geschossen worden, im April im Park von Schloss Fontainebleau, im Juli im Garten der Tuilerien. Die Skandale in den obersten Rängen der Macht füllen fast täglich die Zeitungen. Ein Prinz, wenn auch keiner aus Louis Philippes Familie, war der Fälschung überführt und vor Gericht gestellt worden; ein Graf, zugleich Mitglied des Senats, hatte in einem Anfall von geistiger Umnachtung versucht, seine Kinder zu ermorden; zwei Minister waren wegen unsauberer Geschäfte mit Bergwerkskonzessionen zu Haftstrafen verurteilt worden; der Herzog von Choiseul-Praslin hatte sich dem Verdacht, seine Gattin ermordet zu haben, nur entziehen können, indem er sich selbst vergiftete; der Innenminister warf dem Justizminister Bestechlichkeit vor, der Justizminister seinerseits dem Innenminister.

Am 5. Juli gibt der fünfte Sohn von Louis Philippe, der dreiundzwanzigjährige Antoine Herzog von Montpensier, ein Sommerfest im Park von Vincennes. Für ein Vermögen hat der Gastgeber dort mit kunstvoller Beleuchtung und bühnenhafter Ausstattung einen Märchengarten zaubern lassen. Dreitausend Gäste sind geladen. Weil die 300 Millionen Francs an privatem Vermögen in Paris ungleich verteilt sind, wird davon viel zu sehen sein – fünfzehn Millionäre besitzen ein Fünftel davon. Die sind wohl dabei. Von den Tuilerien bis zur Place de la Nation stehen die Zuschauer in drei Reihen entlang der Quais und der Rue du Faubourg Saint-Antoine, um die Kutschen der Gäste und die reich dekorierten Fahrgäste anzustarren. Keineswegs bewundernd. Drohungen werden gebrüllt; nicht nur der Beobachter Victor Hugo spürt *diese Wolke von Hass, die den leuchtenden Anblick verdüstert.*

George wäre auf Seiten derer, die protestieren. Chopin würde unter den Gästen viele vertraute Gesichter erkennen. Doch er entzieht sich allem.

Am 9. Juli 1847 lädt die republikanische Opposition ebenfalls zu einer Veranstaltung im Freien. Kein Fest, sondern eine Kampagne. Die Regierungsgegner haben in Montmartre ein Bankett im Garten des Restaurants *Châteaurouge* organisiert. Politische Versammlungen sind nach wie vor untersagt, doch dieses Verbot umgeht man, indem man eine halbe Livre Eintritt verlangt. Zu viel für die ganz unten, und das ist Absicht. Die Veranstalter wollen vermeiden, dass Arbeiter dorthin drängen, denn ihnen geht es darum, einflussreiche Personen zu gewinnen. Das politische Ziel ist bekannt: Die Opposition will das allgemeine Wahlrecht durchsetzen, was Minister Guizot und der König nach wie vor ablehnen. Denn wenn das Wahlrecht nicht mehr wie bisher ans Steueraufkommen gebunden ist und alle, die weniger als 300 Francs im Monat verdienen, somit ausgeschlossen sind, werden statt 250000 Franzosen eine Million abstimmen und das Monopol der Bourgeoisie brechen. Zwölftausend Wahlberechtigte und fünfundachtzig Abgeordnete kommen bei dem Bankett zusammen. Noch ahnt keiner, nicht einmal die Veranstalter selbst, dass es nur das erste von siebenhundert im ganzen Land sein soll und der Beginn der Revolution.

Es gäbe Gründe, aus der Stadt zu fliehen und alles, was hier dräut, in der Ruhe von Nohant zu vergessen. Doch Chopin bleibt in Paris.

Die erste Nachricht nach langem Schweigen, die ihn in der zweiten Juliwoche aus dem Berry erreicht, sind ein paar flüchtig hingeworfene Zeilen von Solange. Sie sitze in La Châtre fest, sei krank, habe kein Geld, nach Paris zurückzufahren und bitte Chopin, ihr seine Kutsche auszuleihen, die noch immer in Nohant stehe. Ihre Mutter habe ihr die Erlaubnis in Chopins Namen verweigert. Er antwortet am selben Tag. *Ich bin äußerst betrübt, zu erfahren, dass Sie leidend sind. Ich beeile mich, Ihnen meinen Wagen zur Verfügung zu stellen. Ich habe darüber Ihrer Frau Mutter geschrieben. Schonen Sie sich. Ihr alter Freund Ch.*

Zu dieser Zeit sitzt George Sand an einem Brief an Chopin, den sie bereits vor Tagen begonnen hat. Es hat Gründe, dass ausgerechnet sie sich schwertut mit dem Schreiben: Am 11. Juli ist das zerschlagen worden, was ihr am kostbarsten war. Am 17. Juli macht George Sand ihr Testament.

Chopin weiß von alledem nichts. Er weiß nicht einmal, dass George Solange und ihren Mann nach Nohant eingeladen hat, in der Hoffnung, sie dort zur Vernunft zu bringen und die Zukunft des Paares zu besprechen. Clésinger hatte Solanges Verschwendungssucht für die finanzielle Notlage verantwortlich gemacht und jede Mitschuld abgestritten. Doch das Klima dort hatte sich täglich mehr aufgeheizt. Franchomme überliefert Details dazu, ohne anzugeben, woher er sein Wissen bezieht. Ein Gast auf Nohant habe Solange *immer unhöflich behandelt. Als eines Tages Clésinger mit seiner Gattin die Treppe herunterkam, ging dieser Mann an ihnen vorbei, ohne den Hut abzunehmen. Der Bildhauer hielt ihn an und sagte: ‹Grüßen Sie Madame!› Und als der Herr – oder der Flegel, wie man es nimmt – das verweigerte, gab er ihm eine Ohrfeige. George Sand, die oben auf der Treppe stand, sah dies, eilte herab und gab ihrerseits Clésinger eine Ohrfeige. Dann wies sie ihren Schwiegersohn aus dem Haus.*

Der Schwiegersohn blieb. Nach insgesamt zwei Wochen war das Ganze eskaliert. George saß mit dem Pfarrer von La Châtre, Maurice und zwei seiner Freunde, dem Künstler Eugène Lambert und dem Dichter Victor Borie, beim Abendessen, als Solange und ihr betrunkener Ehemann erschienen. Sie verlangten von George, eine Hypothek auf Nohant aufzunehmen, um so ihren Ruin zu verhindern; Solange war im zweiten Monat schwanger. Doch George ließ sich durch nichts mehr erweichen.

Wir sind uns fast an die Gurgel gegangen, berichtet George Marie de Rozières. *Mein Schwiegersohn stürzte sich mit einem Hammer auf Maurice und hätte ihn umgebracht, wenn ich mich nicht dazwischengeworfen und ihm ins Gesicht geschlagen hätte, worauf er mir einen Stoß gegen die Brust versetzte. Wären nicht zufällig ein Diener, der Ortsgeistliche und ein paar Freunde dabei gewesen, hätte Maurice diesen Clésinger mit der Pistole über den Haufen geschossen. So gelang es in einem allgemeinen Handgemenge, die beiden zu trennen. … Gestern Abend ist das teuflische Paar abgereist, hohnlachend und noch stolz auf seine Unverfrorenheit, und hat einen Skandal hinterlassen, den die beiden zeit ihres Lebens nicht werden ungeschehen machen können. Drei Tage hockte ich zu Hause und hatte Angst, Opfer eines Mordanschlags zu werden. Ich will sie nie wiedersehen, sie sollen dieses Haus nie wieder mit ihren Füßen schänden. Sie sind zu weit gegangen. Mein Gott, was habe ich getan, um eine solche Tochter zu verdienen?*

George schreibt sich die Verzweiflung in den Tagen danach von der Seele, berichtet Emmanuel Arago und Marie de Rozières von der Katastrophe mit Solange und ihrem Mann. *Zu guter Letzt sah ich mich gezwungen, die beiden nicht bloß des Hauses zu verweisen, sondern buchstäblich hinauszuschmeißen.*

Das war offenbar radikal passiert. Clésinger und seine Frau hatten sich nach La Châtre bringen lassen und sich von dort aus direkt an Chopin gewandt, ihm aber das gesamte Drama von Nohant verschwiegen.

George steht fassungslos vor den Trümmern ihrer geheiligten Familie, als sie Chopins Anweisung erhält, Solange seine Kutsche zur Verfügung zu stellen. Sie begreift das wohl als Verrat, obwohl sie nicht davon ausgehen kann, dass er schon irgendetwas von der Familienschlacht erfahren hat. In dieser Stimmung beendet sie den langen Brief an Chopin.

Noch bevor der ihn erreicht, sucht Solange Chopin auf und unterbreitet ihm ihre Version des Geschehens: Ihre Mutter habe sich mit Victor Borie eingelassen, und Maurice dulde die Liaison mit seinem Freund, weil er sich zu Georges Empörung mit Titine eingelassen habe, die er aber nicht zu heiraten gedenke. Für einen eifersüchtigen Mann, gegen den Titine und Maurice gemeinsam Front gemacht haben, wird sich das glaubwürdig anhören. Vermutlich erfährt Chopin nun auch, dass Solange schwanger ist und ihr und ihrem Mann die Wohnung gekündigt werden soll, weil sie die Miete nicht mehr zahlen können. Hat Chopin vergessen, dass er selbst vor ein paar Jahren Marie de Rozières erklärt hat, George Sands Tochter sei *der Teufel*?

Erst am Morgen des 20. Juli kommt Georges Brief bei Chopin an. Der Freund Auguste Franchomme ist bei ihm, als er den Brief öffnet, und erfährt, *dass sie ihrer Tochter und dem Schwiegersohn das Haus verboten habe und wenn er sie in seinem Haus empfange, zwischen ihnen alles aus sein würde*. Chopin sagt zu Franchomme: *Sie haben nur mich, und ich soll ihnen meine Tür verschließen? Nein, das werde ich nicht tun*. George fordert von Chopin zudem, wenn er jemals wieder Nohant betreten wolle, dürfe er kein Wort über Solange und ihren Mann verlieren. Der Brief wühlt ihn so sehr auf, dass er zu Delacroix geht, um dort Rat zu suchen. In dem riesigen Atelier seines Freundes in der nahen Rue Notre-Dame-de-Lorette hält er sich in den letzten Monaten sehr oft auf.

Am 20. Juli schreibt Delacroix in sein Tagebuch: *Morgens kam Chopin, während ich gerade frühstückte .... Er erzählte mir von dem Brief, den er von George Sand erhalten hat. Man muss zugeben, dass er unmenschlich ist. Die grausamen Leidenschaften, die lange unterdrückte Ungeduld, treten zutage.*

Am 24. Juli schreibt Chopin an George einen Brief, der seine Formulierungskunst zeigt. Vollendet höflich im Ton muss er George an ihrem wunden Punkt treffen: der Mutterliebe. George weiß selbst, dass sie ihre Kinder bei aller Liebe falsch erzogen hat und mit Schuld daran trägt, was aus ihnen geworden ist. Ihrem Verleger Hetzel wird sie gestehen, sie sei *eine Kinder-Verzärtlerin* gewesen, *eine Mama, deren Schwachheit man nur zu gut kannte*. Chopin erklärt ihr nun, es gehe ihm nicht darum, ihr seine Meinung zu Clésinger zu sagen; mit dem habe er sich überhaupt erst befasst, weil George ihm die Hand ihrer Tochter gegeben habe. Solange aber könne ihm *nicht gleichgültig sein. Sie werden sich erinnern, dass ich mich bei Ihnen für Ihre Kinder ohne Unterschied verwendet habe, jedes Mal, wenn sich die Gelegenheit dazu bot, in der Gewissheit, dass es Ihre Bestimmung ist, sie immer zu lieben – denn das sind die einzigen Gefühle, die sich nicht ändern. Das Unglück kann sie verhüllen, kann sie aber nicht entstellen.*

Das Unglück muss nun ungeheuer sein, wenn es bewirkt hat, dass Ihr Herz nichts mehr von Ihrer Tochter hören will. In einem Augenblick, da über ihre Zukunft entschieden wird, zu einem Zeitpunkt, da ihr physischer Zustand mehr mütterliche Fürsorge denn je erfordert.

In Anbetracht eines so ernsten Ereignisses, das Ihre heiligsten Gefühle berührt, werde ich nichts davon erwähnen, was mich betrifft. Die Zeit wird das ihre tun. Ich werde warten – immer der Gleiche. Ihr sehr ergebener Ch.

Was dieser Brief bei ihr auslöst und wie sehr er sie verletzt, vertraut George am 26. Juli zuerst einmal Marie de Rozières an. Sie fühlt sich hintergangen. *Während ich sechs schlaflose Nächte verbrachte, war er damit beschäftigt, gemeinsam mit den Clésingers schlecht über mich zu reden und zu denken. Sehr gut. Sein Brief ist von lächerlicher Würde, und die Vorhaltungen dieses ‹guten Familienvaters› werden mir eine Lehre sein … Von nun an werde ich seinetwegen ganz ruhig sein.*

Das ist sie nicht. Am Mittwoch, dem 28. Juli, reagiert George auf Chopins Schreiben. Es ist ihr Abschiedsbrief.

Gestern hatte ich die Postpferde bestellt und wollte bei diesem abscheulichen Wetter, obwohl ich selbst krank bin, im Cabriolet nach Paris fahren und dort einen Tag bleiben, um mich nach Ihrem Befinden zu erkundigen. Ihr Schweigen hat mich beunruhigt hinsichtlich Ihrer Gesundheit. Währenddessen nahmen Sie sich Zeit, um nachzudenken, und das ist gut so, mein Freund, handeln Sie so, wie es Ihnen Ihr Herz nun befiehlt, und halten Sie die Sprache Ihres Herzens für die Sprache des Gewissens. Ich verstehe vollkommen.

Was meine Tochter betrifft, so ist deren Erkrankung nicht beunruhigender als diejenige im vergangenen Jahr. Weder meine stetigen Bemühungen noch meine Fürsorge, meine Befehle oder Bitten konnten sie je daran hindern, ihre Lebensgewohnheiten zu ändern und sich wie jemand zu benehmen, dem es Spaß bereitet, sich selbst krank zu machen. Es zeugt von schlechtem Benehmen zu sagen, dass sie die Liebe einer Mutter braucht, einer Mutter, die sie nicht ausstehen kann, über die sie Unwahrheiten verbreitet und deren heiligste Handlungen und deren Haus sie durch widerwärtiges Geschwätz beschmutzt. Sie sind geneigt, auf das zu hören, vielleicht sogar, es zu glauben. Ich möchte es auf keine Auseinandersetzung dieser Art ankommen lassen, es schaudert mich davor. Lieber sehe ich Sie zum Feind überlaufen, als dass ich mich gegen einen Feind verteidige, der aus meinem Schoß hervorgegangen ist und den ich mit meiner Milch genährt habe.

Seien Sie um sie besorgt, da Sie nun einmal glauben, sich um sie kümmern zu müssen. Ich bin Ihnen deshalb nicht böse, aber Sie werden verstehen, dass ich mich in meiner Rolle als eine mit Füßen getretene Mutter zurückziehe, und niemand darf von nun an meine Autorität und meine Würde antasten. Es ist genug, die Betrogene und die Geopferte zu sein. Ich verzeihe

Ihnen und werde Ihnen künftig nie irgendeinen Vorwurf machen, da Ihre Haltung aufrichtig ist. Diese Haltung erstaunt mich ein wenig, aber wenn Sie sich auf diese Weise freier und wohler fühlen, so werde ich unter dieser befremdlichen Kehrtwendung nicht leiden.

Adieu, mein Freund, ich wünsche Ihnen, dass Sie bald von allen Leiden geheilt sind (und ich hoffe darauf), und ich habe meine Gründe dafür; und ich werde Gott danken für dieses bizarre Ende einer neun Jahre dauernden ausschließlichen Freundschaft. Geben Sie mir zuweilen Nachricht über Ihr Befinden. Es ist unnötig, auf das Übrige jemals zurückzukommen.

Er antwortet nicht. Und überlässt es George und anderen, Mutmaßungen darüber anzustellen, warum er sich ohne Bedenken auf die Seite der Clésingers geschlagen hat. Solange hatte ihn im letzten Sommer herabgewürdigt, als sie die Gräfin Czosnowska verspottet hatte; Clésinger war vor einigen Wochen für ihn noch ein *Rohling* gewesen, der *seine Mätresse geschlagen hat.*

Jetzt aber ist es George, deren Misstrauen geweckt ist. *Mir wird alles klar*, schreibt sie am 26. Juli an Emmanuel Arago; *und heute morgen hatte ich eine Erkenntnis … dieser treue Freund, mir blind ergeben (so sagte er es mir, und man sagte es so), stellt sich gegen mich, hängt sich an Sols Rockzipfel und verbündet sich mit meinem Schwiegersohn, obwohl er weiß, dass dieser Mensch seine Hand gegen mich erhoben hat … Um sie sehen zu können, riskiert er alles … Seine Seele ist keusch, dafür garantiere ich.* Sein Körper ist es aus Georges Sicht ebenfalls, aber nur zwangsweise. *Er ist zu krank, um anders als ausschließlich platonisch lieben zu können.* George ist sich sicher, dass Solange ihn *nicht als Mann* sieht, nur *als eine Art Papa.* Dieser Papa ist achtzehn Jahre älter als Solange und vier Jahre älter als ihr Ehemann. Vielleicht ist George das bewusst, denn sie macht sich Gedanken über Chopins radikalen Wandel; *… wenn er sich mit seiner großen, einzigartigen und unvergänglichen Leidenschaft, … die er vorgab, zu empfinden, plötzlich von mir abwendet, dann muss es aus Leidenschaft für eine andere sein, oder ich verstehe überhaupt nichts mehr.* Ihre Verbitterung darüber, dass sich Chopin nun ausgerechnet mit ihrer verlorenen Tochter trösten könnte, ist unüberhörbar. *Ich habe ihm immer gesagt, dass zu ihm eine Kokette, Gerissene besser passe als eine aufrichtige, redliche und ergebene Freundin. Nun hat er sie.* Anscheinend hält sie Chopin für derart ausgehungert, was sein Bedürfnis nach körperlicher Liebe angeht, dass sie ihm alles zutraut. Solange werde ihm nicht geben, *wonach er trachtet*, aber *wenn er es doch bekäme, würde er in seinem Zustand dabei den letzten Atemzug tun.*

Handelt es sich um unhaltbare Unterstellungen? Um die Reaktion einer Frau Anfang vierzig, die so schwer in ihrer Eitelkeit verletzt ist, dass sie sich zu jeder Verdächtigung hinreißen lässt? Emmanuel Arago, früher einmal Hauslehrer in Nohant, kennt Solange gut und hat sie oft zusammen mit Chopin erlebt. Er hat mit George, Chopin und Solange in den letzten Jahren viele Tage auf Nohant verbracht, hat gemeinsam mit ihnen Bälle und Soireen besucht und beobachtet, wie Chopin auf Georges Tochter reagiert. *Ich habe das schon lange kommen sehen und verstanden, welche uneingeschränkte Macht Solange über seine nervöse Natur hat*, antwortet er. *Seit vielen Jahren ist er von ihr fasziniert und lässt sich von ihr Dinge gefallen, die ihn bei anderen in Wut versetzen würden. Ich habe gesehen, genau gesehen, dass er für sie ein tiefes Gefühl empfand, das anfangs einer väterlichen Zuneigung glich und sich, vielleicht ohne sein Wissen, verwandelt hat, als sie von einem Kind zu einem jungen Mädchen und schließlich zur Frau wurde.*

Doch die schwangere Solange hält sich in der Gascogne, auf dem Anwesen ihres Vaters in Guillery auf, und Chopin trifft sich nicht mit ihr, sondern mit ihrem Mann. Er wird in der Ansicht bestärkt, dem Paar zurecht vertraut zu haben: Als Chopin den beiden Geld leiht, zahlen sie es umgehend zurück.

Nach wie vor ist George der Überzeugung, früher oder später werde Chopin sich auf den Weg nach Nohant machen. Er jedoch erklärt, er könne nicht dorthin fahren, da ihm *zur Bedingung gemacht wurde, von der Tochter zu schweigen.* Was George am 9. August 1847 aus Nohant an Charles Poncy schreibt, klingt so, als sei nur Chopins Zustand schuld daran, dass er nicht kommt: *Mein guter Maurice … hält mich aufrecht und tröstet mich. Solange ist in Paris mit ihrem Gatten. Chopin ist auch in Paris, sein Befinden hat ihm noch nicht erlaubt, die Reise zu machen, aber es geht ihm besser.* Ihr geht es jedoch nicht besser. Sie kann das Geschehene nicht verwinden. *Es ist so bitter und so unerhört, dass ich es nicht aussprechen, jedenfalls nicht schreiben kann. Ich würde dabei zu sehr leiden. Ich hoffte wenigstens für mein herannahendes Alter auf einen Lohn der großen Opfer, der vielen Arbeit, der Mühen des Lebens voll Hingebung und Entsagung. Ich wollte nichts weiter als meine Lieben glücklich machen.*

Nun habe ich nur Undank geerntet, und das Böse hat triumphiert über eine Seele, aus der ich ein Heiligtum des Guten und Schönen zu machen gedachte. Jetzt kämpfe ich mit mir selbst, um mich nicht untergehen zu lassen.

Sie kämpft auch finanziell: Solange und ihr Mann haben ihre Reserven verbraucht, Maurice verdient kein eigenes Geld, Titine, für die sie nun einen neuen Interessenten in Gestalt eines polnischen Zeichenlehrers namens Bertholdi gefunden hat, wird eine Mitgift erwarten. Der Streit hat ihr Kraft und Zeit gestohlen, die sie für die Arbeit gebraucht hätte. Pauline Viardot hat George angeboten, ein Darlehen für sie aufzunehmen, was sie noch ablehnt. Ihre alte Wohnung am Square d'Orléans in der ersten Etage von Nummer 5 hat sie am 1. Juli gekündigt und auf Nummer 3 eine kleine, deutlich billigere im dritten Stock gemietet. Eine Heimat wird ihr auch die nicht mehr sein: Im Oktober 1847 soll der offizielle Trennungsprozess zwischen Charlotte und Emanuel Marliani beginnen.

Die Ehe von Solange und Jean-Baptiste Auguste Clésinger, der Chopin nur ein Jahr gegeben hat, erweist sich jedoch als unerwartet glücklich. Am 30. September klagt die schwangere Solange Chopin zwar, wie sehr sie alles belaste – ihre finanziellen Probleme, eine Mutter, die sie im Stich gelassen habe, obwohl sie mit ihren neunzehn Jahren das Leben noch nicht kenne, ein Vater, *hart* und *ohne jede Zärtlichkeit*. Doch: *Zum Glück habe ich meinen Bildhauer, der mein Trost ist und mir alles ersetzt.*

Es ist Chopin, der ihr immer wieder Hoffnung macht, mit ihrer Mutter werde sich alles wieder einrenken. Im November wagt Solange, von ihm ermuntert, eine Annäherung. Sie quartiert sich bei Eugénie und Charles Duvernet ein, Freunden von George, die in nächster Nähe von Nohant das Schloss Coudray bewohnen. Von dort aus fährt sie am 8. und 9. November zu George. Chopin wird Ludwika darüber berichten: *Ihre Mutter hat sie kühl empfangen und ihr gesagt, wenn sie sich von ihrem Mann trenne, könne sie nach Nohant zurückkehren … sie schrieb mir, die Mutter habe mit ihr nur über Geldangelegenheiten geredet. Ihr Bruder spielte mit ihrem Hund und alles, was er ihr zu sagen hatte, war: Möchtest Du etwas essen? –… kurz, ihre zwei Besuche blieben erfolglos, denn am Tag drauf kehrte sie vor der Abreise wieder, wurde aber noch kühler empfangen. Immerhin sagte die Mutter ihr, sie möge ihr schreiben, was sie zu tun beabsichtigt.*

Chopins Welt wird immer enger. Die einstmals gemeinsamen Freunde müssen sich entscheiden. Pauline Viardot und ihr Mann halten zu George. Fontana ist emigriert, Jaś ist tot, nun auch Stefan Witwicki. Außer Adolf Gutmann hat Chopin nur noch Grzymała und Delacroix als Vertraute. Delacroix hat sich zwar ebenfalls auf die Seite von Chopin, Solange und Clésinger geschlagen und wohnt in der Nähe, doch er wird selbst zunehmend von dunklen Stimmungen heimgesucht. Grzymała kann Chopin nicht mehr wie früher finanziell unter die Arme greifen: Die Folgen seines fehlgeschlagenen Börsengeschäftes haben ihn ruiniert; er ist pleite. Vor allem ist niemand mehr da, der Chopin die Dinge des alltäglichen Lebens abnimmt, der sich darum kümmert, dass er frühstückt, mit Medikamenten versorgt wird und sich, ohne den Square zu verlassen, mittags wie abends an einen gedeckten Tisch setzen kann. Dann erreicht ihn im November die Nachricht, dass am 4. des Monats Mendelssohn gestorben ist. Vor allem fehlt ihm seine wichtigste Verbündete: die Inspiration. *Wo ist meine Kunst geblieben?* fragt er sich und andere.

Chopin wird in kurzen Abständen krank und kommt nicht wieder richtig auf die Beine. Charles Hallé, ein in Paris lebender Pianist aus Hagen, besucht ihn bei einer Soirée, auf der Chopin mit Auguste Franchomme, einem engen Freund von Hallé, seine Sonate für Violoncello und Klavier aufführen will. Wie ein halb geöffnetes Taschenmesser sei Chopin herumgeschlichen, erinnert er sich.

Sein Schüler Georges Mathias ist entsetzt. *Chopins Erscheinung bot … einen quälenden Anblick: Er war das Bild der Erschöpfung – der Rücken gekrümmt, der Kopf nach vorn gebeugt … Wenn man ihn so sah, dürftig, schmächtig und bleich, dann hielt man ihn längere Zeit für einen Todeskandidaten, bis man sich endlich an den Gedanken gewöhnt hatte, er könne immer so leben.*

Chopin selbst hat das Gefühl, es fehle ihm die Luft zum Atmen. Bedrängt ihn auch sein Aberglauben? *Seltsamerweise hatte Chopin eine Abscheu vor der Zahl sieben*, weiß Gutmann. Im Juli, im siebten Monat des Jahres, war sein Verhältnis mit George zerbrochen. Wird dieses Jahr 1847 sein letztes sein? Am 24. November schreibt er an Solange nach Guillery: *Ganz Paris ist krank, das Wetter ist entsetzlich, und Sie tun gut daran, unter einem schönen Himmel zu verweilen … Ich will alles versuchen, um Ihnen Nachrichten mitzuteilen, die besser sind als unser*

Klima – doch da muss erst dieses abscheuliche Jahr zu Ende sein. … Ich ersticke …

Mit George geht es aufwärts. Am 14. Dezember hat sie zwar Désirée und Charles Poncy noch geklagt, dass sie sich *geistig und körperlich gebrochen* fühle, und vermutet, dass ihr *Kummer unheilbar* sei. Aber sie hat den hochdotierten Auftrag für ihre Lebenserinnerungen unterschrieben. Die *Histoire de ma vie*, sagt sie, *wird ein gutes Geschäft sein und wird mich wieder ganz auf die Beine bringen, sodass meine Sorgen um die unsichere Zukunft Solanges teilweise behoben sind.* Außerdem ist sie überzeugt: *Bei Gelegenheit werden alle wieder zu mir zurückfinden.* An Weihnachten lädt sie zahlreiche Freunde und Nachbarn gut gelaunt zu einem großen Essen nach Nohant und führt ein Theaterstück mit Hausbewohnern und Gästen auf. Chopin verbringt den Heiligen Abend allein.

George entscheidet sich am Jahresende für ihre Tochter und gegen ihren Schwiegersohn. Sie schreibt Solange einen kurzen Brief und erteilt Clésinger schriftliches Hausverbot.

Chopin sitzt auch am Silvesterabend einsam zu Hause. Er schreibt an Solange.

Ich bin überzeugt, dass Sie bald statt neun Zeilen neunzig erhalten werden – und dass das Glück der Großmutter dem der jungen Mutter gleichen wird. Sie werden beide den kleinen Engel vergöttern. Der auf die Welt kommen wird, um Ihre Herzen wieder in ihren normalen Zustand zu versetzen. Das ist das Programm für 1848. Das Programm von Solange und George. Und seines?

Ich huste und widme mich nur meinen Unterrichtsstunden – ich gehe selten aus, es ist dafür zu kalt … Ich sehe fast nichts mehr, es schneit, es ist dunkel … Ich ersticke …

Starb er oder wurde er verrückt? Es wäre zu leicht, ihn so enden zu lassen, lauten die letzten beiden Sätze in *Lucrezia Floriani.*

XXV
Ochsentour aus Geldnot

Die Strapazen des Jahres 1848

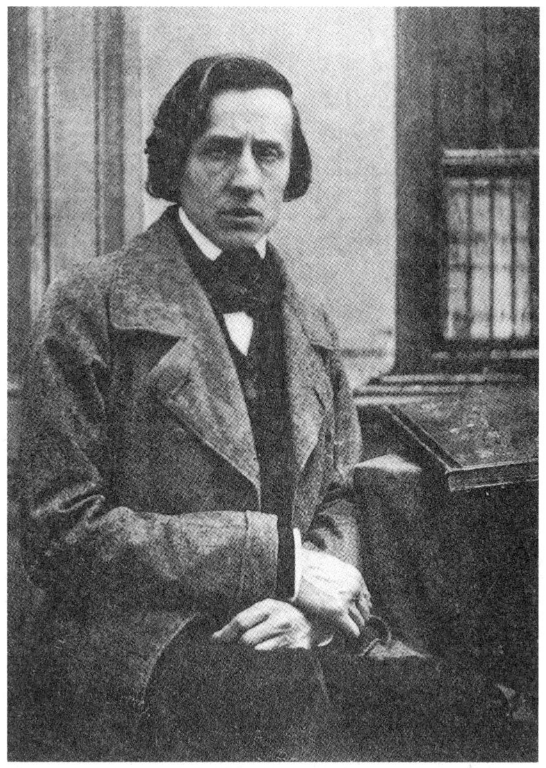

Frédéric Chopin, vermutlich 1849.
(Die spätere der beiden verbürgten Daguerreotypien).

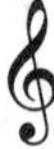

Das neue Jahr beginnt mit neuer Kraft. Es ist, als wolle Chopin allen zeigen: Ich kann auch ohne diese Frau leben. Es war ihm schwer gefallen, die Familie von dem Bruch mit George Sand zu unterrichten, zumal die daheim nicht wissen, in welchem Verhältnis er wirklich zu ihr gestanden hat. Als er zum Jahresende endlich an seine Familie einen *der nicht verbrannten Briefe* schickte, hatte er noch verbittert geklungen: *Man könnte annehmen, sie habe sich auf einen Schlag der Tochter und meiner entledigen wollen, weil wir ihr unbequem waren; mit der Tochter wird sie in brieflicher Korrespondenz bleiben, also ihr Mutterherz … beschwichtigen und damit ihr Gewissen einlullen.* Chopin liegt viel daran, die Trennung plausibel zu machen. Er behauptet, George vor der Verheiratung von Solange und Clésinger gewarnt zu haben – was er nicht konnte, da er erst im Nachhinein davon erfahren hatte. Das aber weiß die Familie natürlich nicht. George, schreibt Chopin, *wird glauben, sie sei gerecht, und mich wird sie deshalb zum Feind erklären, weil ich die Partei ihres Schwiegersohns ergriffen habe (den sie nicht leiden kann, aber nur deshalb, weil er ihre Tochter geheiratet hat, und dabei hatte ich doch nach Kräften vor dieser Heirat gewarnt).* Nachdem sich seine Schwester und seine Geliebte auf Anhieb ausgezeichnet verstanden hatten und sich beide Frauen in ihrer Lebenstüchtigkeit verwandt fühlten, kann er der Schwester das Ganze nur mit der Behauptung erklären, George habe den Verstand verloren. *Ein merkwürdiges Geschöpf, bei aller Klugheit! Irgendein Wahn muss sie befallen haben; sie stiftet Unheil in ihrem eigenen Leben, sie stiftet Unheil im Leben der Tochter …* Ihre Freunde und auch ihn wolle sie deshalb nicht um sich haben, *weil sie der Spiegel ihres Gewissens sind. Daher hat sie auch mir kein Wort mehr geschrieben, und daher wird sie im Winter nicht nach Paris kommen … Einstweilen befindet sie sich in dem sonderbaren Starrkrampf einer Mutter, die die Rolle einer besseren Mutter spielt, als sie in Wirklichkeit ist.*

Doch bereits am 10. Februar hört sich Chopin völlig anders an. *Was mich betrifft, bin ich so gesund wie nur möglich*, triumphiert er. Er stecke *bis über beide Ohren in Arbeit;* Freunde, allen voran Pleyel, haben ihn zu einem Konzert überredet, das erste nach sechsjähriger Pause. Es war nicht schwer, ihn zu überreden: Chopin braucht dringend Geld. *Seit einer Woche ist kein Platz mehr zu haben. Ich werde es in Pleyels Salon am 16. dieses Monats geben. Nur 300 Billets zu 20 Francs*, berichtet er Ludwika. *Ich werde die schöne Pariser Welt um mich haben. Der König ließ zehn erwerben, die Königin zehn, die Herzogin von Orléans zehn, der Herzog von Montpensier zehn, obwohl Trauer herrscht und keiner von ihnen kommen wird.* Marie Adélaïde, die Mutter von Louis Philippe, ist gestorben. *Man lässt sich für das zweite Konzert vormerken, das ich aber nicht geben werde, denn schon dieses langweilt mich*, schreibt Chopin erfolgsverwöhnt. Es ist eine Liste angelegt worden, in die sich die Interessenten eintragen konnten, aber die *Revue et Gazette Musicale* berichtet, *man brauchte Beziehungen, um in das Allerheiligste zu kommen.* Verändert die Erfahrung, begehrt zu sein, Chopins Blick auf die Dinge und lässt ihn von George reden, als sei sie das Opfer ihrer Fehlentscheidungen und ihrer mangelnden Menschenkenntnis? Nach seiner Darstellung ist sie es, die den Tatsachen nicht ins Gesicht zu sehen wagt. *Frau S. sitzt auf dem Land mit Borie, mit ihrem Sohn, mit Lambert und Augustine.* Er weiß von Solange, dass George umgebaut und einen neuen Raum als Theater ausgestaltet hat. Alles andere, was er Ludwika berichtet, entspringt wohl seinem Wunschdenken. *Sie spielt auf dem Land im Hochzeitszimmer der Tochter Komödien, vergisst sich, betäubt sich, wie sie nur kann, und wird erst dann erwachen, wenn ihr das Herz ordentlich weh tut, das jetzt vom Kopf beherrscht wird. Ich habe mein Kreuz darüber gemacht. Möge Gott sie lieben, wenn sie echte Anhänglichkeit nicht von Schmeichelei unterscheiden kann.* Ob mit dem Schmeichler Victor Borie gemeint ist oder jeder Nebenbuhler, kann Ludwika nur raten. Am Ende des Briefes bricht sich allerdings Chopins Seelennot Bahn. *Bislang fühle ich mich noch nicht ganz wohl. Deshalb schreibe ich auch nicht an Euch, denn was ich beginne, verbrenne ich.* Doch bereits am Tag darauf schreibt er erneut, diesmal an die ganze Familie. Wieder geht es um sein Konzert. *Seit einer Woche gibt es keine Eintrittskarten mehr, Plakate wird es nicht geben, auch keine Freibillets. Der Salon ist bequem eingerichtet, er kann 300 Personen fassen.*

Chopin hat dennoch Angst, den Ansprüchen nicht zu genügen. Während der letzten Monate hat er wenig geübt; *mir scheint, ich spiele schlechter als je zuvor.* Aber er hat vorgebeugt gegen die Folgen seines Lampenfiebers: *Ich werde wie bei mir zu Hause sein, und meine Blicke werden fast nur auf bekannte Gesichter fallen.* Chopin schickt zudem Eintrittskarten an Franchomme, der sie an Freunde und Schüler verteilen soll.

Wer Chopin zu Hause besucht, kann beobachten, wie er sich seit dem Ende des letzten Jahres verändert hat. Fanny Erskine, Tochter von Jane Wilhelmina Stirlings verwitweter Schwester Katherine Erskine, ist in Paris und hat viermal die Gelegenheit, Chopin in seinen Räumen aufzusuchen. Nach der ersten Begegnung Ende 1847 hatte sie ihrem Tagebuch noch anvertraut: *Ich kann seine Art zu spielen nicht beschreiben. Alles ist so rein und himmlisch und delikat, wie ich es nie zuvor gehört habe. Und so klagend, so jammervoll … seine Musik ist wie er selbst … unverwechselbar in der Traurigkeit.* Nach dem zweiten Besuch notierte sie über Chopins Spiel: … *solche Ausbrüche von Gefühl und Leidenschaft. Solche Erschütterungen.* Als sie nun 1848, vor ihrer Abreise, das vierte und letzte Mal bei ihm auftaucht, spielt Chopin nicht nur *lang und hervorragend*, er ist auch *verspielt.* Verblüfft erlebt Fanny, wie sich der Meister in ein Kind verwandelt: Er biegt seine Finger so, dass sie wie Kaninchen aussehen, und lässt sie als Schattenbilder über die Wand hoppeln.

Chopin lebt ganz in seiner Welt; von dem, was auf der Straße geschieht, bekommt er nichts mit. Mit dem wachsenden Hass auf den Ministerpräsidenten Guizot kann er sich nicht befassen: Er liegt *mehrere Tage mit einer entsetzlichen Grippe zu Bett* und muss wegen des Konzerttermins rasch wieder gesund werden. Am 14. Februar 1848 verbietet die Regierung von François Pierre Guizot das nächste der oppositionellen Bankette, das im Herzen der Stadt, im 2. Arrondissement stattfinden sollte.

Die Menschen, die am Mittwoch, dem 16. Februar in der *Salle Pleyel* sitzen, verschwenden an diejenigen, die auf die Barrikaden gehen wollen, wohl kaum einen Gedanken. *Die vornehmsten Damen aus der Adelsblüte, die elegantesten Toiletten … Auch die Aristokratie der Künstler und der Amateure*, schwärmt der Kritiker der *Revue et Gazette musicale.* Auch er wird nach George Sand Ausschau halten. Wie sie beim letzten Konzert die Neugier des Publikums souverän mit *Kopfnicken und Lächeln* beantwortete, hatte alle beeindruckt; für die *France*

Musicale verbuchte sie damals *den größten Erfolg des Abends.* Dass sie dieses Mal nicht einen Ehrenplatz in der ersten Reihe einnimmt, nicht einmal im Saal weilt, fällt auf. Manchen durchaus angenehm. Jane Stirling, die aus ihrer Abneigung gegen George Sand keinen Hehl gemacht hat, sieht nun wohl ihre Stunde gekommen. An Weihnachten hatte Chopin seiner Schwester Ludwika ein Geschenk von *meiner guten Schottin übersandt.* Sie hat die Organisation des Konzertes an sich gerissen. *Versichern Sie sich*, hat sie drei Tage vor dem Termin an einen der anderen Helfer geschrieben, *dass der Flügel, auf dem Chopin spielen wird, vorher zu ihm nach Hause geschickt wird, dass das Künstlerzimmer geheizt ist und dass der Konzertsaal in den Pausen gelüftet wird oder wenn sich Chopin nicht auf dem Podium befindet.*

Auch Delfina Potocka ist unter den Konzertbesuchern. Einen Tag vor dem Auftritt hatte sie Chopin zu Abendessen und Generalprobe in ihren Räumen eingeladen. Eine bessere Medizin kann es für ihn nicht geben. Sie, die Mickiewicz, der Hüter weiblicher Moral, als *große Sünderin* bezeichnet, ist für Chopin *ein Engel.* Ihr hat er eines der wenigen Werke des letzten Jahres, die *Melodia*, ein Lied in e-Moll für Singstimme und Klavierbegleitung auf einen Text von Zygmunt Krasiński, gewidmet. Wissend, dass der ihr Geliebter ist, oder vielmehr auf Wunsch Delfinas? Über die früheren Affären der schönen Gräfin war geredet worden, über diese zerreißen sich fast alle das Maul. Chopin muss es mitbekommen. Doch er neigt dazu, nicht wahrzunehmen, was er nicht wahrhaben will. *Karol sah nichts von allem, was vorging.*

Trotz der vielen Bekannten im Saal hat Chopin Vorsichtsmaßnahmen getroffen.

Der Musikschriftsteller Oscar Comettant, der für den *Siècle* das Konzert rezensieren soll, staunt, als Chopin, wenn auch verspätet, aufrecht und ohne jedes Anzeichen von Schwäche das Podium betritt, blass, aber sonst körperlich nicht angegriffen. Er lässt sich nicht anmerken, wie sehr ihm die Diskussion mit Franchomme, dem Solisten in der Cellosonate, an die Nieren gegangen ist. Dies war auch der Grund für sein Zuspätkommen. Chopin hatte dem Freund erklärt, er werde die Sonate nicht in voller Länge spielen; die beiden hatten sie Delfina Potocka zur Probe gespielt, ausschließlich vor Vertrauten. Doch der erste Satz, *das Meisterstück*, sagt Chopins Schülerin Camille O'Meara, *wurde nicht verstanden. Es schien den Hörern unklar, zu voll von Gedanken.*

Im letzten Moment verlor Chopin den Mut, vor einer so weltlichen, eleganten Zuhörerschaft die ganze Sonate zu spielen, und beschränkte sich auf Scherzo, Adagio und Finale. Chopin war so nervös gewesen, dass er sich nicht entscheiden konnte, was er anziehen sollte.

Beruhigend für Chopin: In den ersten Reihen sitzen Grzymała und Delacroix, Bohdan Zaleski und seine Frau, Chopins Schülerin Zofia, der Marquis de Custine, Fürst und Fürstin Czartoryski. Doch den Pianistenkollegen entgeht nicht, wie Chopin Kraft spart. Charles Hallé, der Kollege aus Hagen, bemerkt, dass Chopin die beiden forte-Passagen gegen Ende der Barcarole nicht, wie sie gedruckt sind, spielt, *sondern pianissimo und mit allen Arten dynamischer Feinheiten.*

Chopin hält das große Programm bis zum Ende durch, spielt den Des-Dur Walzer nach großem Applaus ein zweites Mal. Dann schafft er es gerade noch bis ins Künstlerzimmer. Der Marquis de Custine, erleichtert, dass George nun nicht mehr an Chopins Seite ist, empfindet die Folgen der Trennung musikalisch positiv. *Du hast an Leid und Poesie gewonnen; die Melancholie Deiner Kompositionen dringt immer tiefer ins Herz ein.* Doch wie Oscar Comettant wird auch er erfahren, dass Chopin nach dem Konzert, seelisch und körperlich erschöpft, zusammengebrochen ist, der Ohnmacht nahe. In den Rezensionen wird darüber kein Wort verloren. Der Kritiker in der *Revue et Gazette Musicale* überschlägt sich, bezeichnet Chopin als *Sylphe* und als *Ariel*, und versteigt sich in begeisterten Schwulst. Zwei seiner Aussagen aber werden die Zuhörer unterschreiben: Chopins Spiel wirke *losgelöst von jeglicher Materie* und *zum Verständnis Chopins* könne *nur Chopin selbst führen.*

Losgelöst wirkt Chopin auch von dem, was in Paris in diesen Wochen und Monaten passiert. Lenz meinte, er sei *der einzige politische Pianist* in Frankreich, doch sein politisches Engagement beschränkt sich auf die Unterstützung seiner Landsleute. *Wer immer aus Polen kam, war bei ihm willkommen*, bezeugt auch Liszt. Selbst Unbekannten gestatte Chopin, was er keinem der Freunde zubillige: *das Recht, ihn in seinen Gewohnheiten zu stören.*

Auch für die Franzosen ist Chopin ein nationales Heiligtum geworden, ein fester Wert in einer Zeit, in der alles ins Wanken gerät. Er aber hält auf Distanz zu dem, was George Sand und ihre Gesinnungsgenossen umtreibt.

Das letzte der oppositionellen Banketts, geplant für Dienstag, den

22. Februar, in einem Etablissement an den Champs-Élysées, ist ebenfalls verboten worden. Die Regierungsgegner gehen auf die Straße. Am 23. Februar, eine Woche nach Chopins Konzert, entlässt Louis Philippe, um die erhitzte Stimmung abzukühlen, den Regierungschef Guizot. Doch das macht den Aufständischen Mut: Vor den Augen der Nationalgarde errichten sie Barrikaden aus umgestürzten Kutschen, Plastersteinen, Baumstämmen und Matratzen. Hausfrauen streuen Scherben auf die Straßen, um den Verkehr zu behindern. Gegen zehn Uhr abends ziehen siebenhundert Arbeiter mit Fackeln, Gewehren, Säbeln und einer rote Fahne durch die nasse Kälte vom Faubourg Saint-Antoine Richtung Madeleine, gefolgt von den übergelaufenen Nationalgardisten, Handwerkern, einfachen Bürgern samt Frauen und Kindern.

Am Boulevard des Capucines stellt sich ihnen ein Bataillon der Infanterie in den Weg. Ein Schuss fällt, Panik bricht aus. An die vierzig Tote liegen auf der Straße. Um Mitternacht bewegt sich ein Leichenzug zur Place de la Bastille. Dort werden die Leichen am Fuß der Juli-Säule niedergelegt. Marie d'Agoult ist unter den Augenzeugen. *Die Menge geht auseinander. Die einen laufen in die Kirchen und läuten die Sturmglocken. Andere schlagen an Haustüren und fordern Waffen, Eisen wird geschärft, Kugeln werden gegossen, Patronen hergestellt. Überall werden Barrikaden errichtet.*

Der König überträgt den Oberbefehl über Armee und Nationalgarde ausgerechnet dem Marschall Bugeaud, im April 1834 Hauptverantwortlicher für das Massaker in der Rue Transnonain.

Gib auf Dich acht, schreibt Astolphe de Custine an Chopin, *um Deiner Freunde willen; wir brauchen den Trost, Dir zuhören zu dürfen. In den schweren Zeiten, die vor uns liegen, hat nur eine Kunst wie Deine die Kraft, Menschen, die sonst durch die harten Realitäten des Lebens voneinander getrennt sind, zu vereinen.*

Die Barrikaden in der Stadt werden täglich höher.

Der Journalist Émile de Girardin schreibt, was alle denken: Der König soll abdanken zugunsten seines Enkels, des Grafen von Paris. Louis Philippe ist vierundsiebzig. Am 24. Februar 1848 gibt er auf, verfasst eine Abdankungsurkunde, unterzeichnet sie in aller Ruhe und übergibt sie Girardet, der sie der aufgewühlten Menge zeigt. Schon stürmen Aufständische den Wasserturm des Palais Royal. Louis Philippe hat mit seiner Familie gerade erst überstürzt das Schloss verlassen, da dringen die Revolutionäre bereits ins Palais ein. Der Tisch ist noch gedeckt, Kleider liegen herum, Kommoden und Schränke sind unverschlossen. Die Aufständischen brechen in den Weinkeller ein, zerschlagen Fässer und Flaschen, stehen bis zu den Knöcheln im Wein, plündern die Zimmer, zerstören den Thronsaal, tragen den Thron über die Boulevards bis zur Juli-Säule auf der Place de la Bastille, wo sie ihn in einem Freudenfeuer verbrennen.

Zwei Tage später, am 26. Februar, wird die Republik ausgerufen.

Chopin erlebt die Revolution vom Krankenlager aus. *Während der Ereignisse lag ich zu Bett. – Die ganze vergangene Woche litt ich unter einer Neuralgie. – Paris ist stumm vor Angst. Alle sind geeint. Alle stehen auf Seite der Nationalgarde. Die Läden haben geöffnet, doch kein einziger Käufer ist unterwegs. Die Ausländer mit ihren Pässen warten auf die Wiederherstellung der zerstörten Eisenbahnlinie. Klubs beginnen sich zu bilden. Aber ich fände kein Ende, wollte ich Ihnen schildern, was hier geschieht*, berichtet er Solange.

Am 28. Februar kehrt Louis Napoléon aus dem Exil nach Paris zurück. Eine provisorische Regierung ist gebildet worden, die sich verpflichtet, alle Arbeitslosen, vor allem aber die in Paris, so rasch wie möglich in Lohn und Brot zu bringen.

Chopin kann sich denken, dass George, von jeher politisch engagiert und Befürworterin der Wahlrechtsreform, aus Nohant nach Paris eilt. Ihre Freunde Emmanuel Arago, Louis Blanc und Ledru-Rollin, den sie durch ihren Liebhaber Michel de Bourges kennengelernt hatte, gehören der Übergangsregierung an. An der Spitze steht ein ebenfalls gut mit ihr bekannter Kollege: Lamartine.

Doch auch als Chopin wieder aufstehen und das Haus verlassen kann, bekommt er George nicht zu Gesicht am Square d'Orléans. Um ihm nicht zu begegnen, hat sie sich in der neuen Pariser Wohnung ihres Sohnes Maurice einquartiert: Rue Condé Nr. 8.

Welche Pläne soll Chopin für seine Zukunft machen? Der Adel und Familien wie die Rothschilds werden wohl kaum hier ausharren, wenn die Verhältnisse sich weiter so dramatisch entwickeln. Damit wären seine Arbeitgeber und Gastgeber verschwunden.

Während Chopin einen Brief nach dem anderen an Solange schreibt, die hochschwanger an Gelbsucht erkrankt ist, hat George anderes im Sinn, als sich um ihre Familie zu kümmern. *Es lebe die Republik! Was für ein Traum! Welch vollkommene Ordnung!*, berichtet sie Charles Poncy. *Ich bin soeben in Paris angekommen, ich bin hergehastet, vor mir öffneten sich die letzten Barrikaden. Ich habe das Volk gesehen, groß, erhaben, aufrichtig, weitherzig – das Volk von Frankreich, vereint im Herzen Frankreichs, im Herzen der Welt, das wundervollste Volk des ganzen Universums. Nächtelang bin ich nicht zu Bett gegangen, tagelang habe ich mich nicht hingesetzt. Wir sind von Sinnen, wir sind so berauscht vor Freude darüber, dass wir im Schlamm eingeschlafen und unter Sternen erwacht sind. Die Republik hat gesiegt, ihre Zukunft ist gesichert, wir würden lieber sterben als sie aufzugeben.*

Chopin ist mit seinen privaten Problemen befasst. Zu seinem Geburtstag am 1. März und dem Namenstag vier Tage später hat ihm seine Mutter geschrieben. Kürzlich hat Kazimierz Wernik, Landsmann und Schüler von Chopin, Paris verlassen. *Wernik kehrt zurück*, schreibt Justyna, *seine glückliche Mutter ist ihm am Sonntag nach Dresden entgegengefahren.*

Warum kehrt ihr Sohn nicht auch endlich heim und macht sie ebenfalls zu einer glücklichen Mutter? *Ich war ruhig*, bescheidet sie sich, *obwohl ich von Dir im Laufe des Jahres nur drei Briefe erhalten habe.* Doch sie kann ihre Enttäuschung nicht mehr verbergen. *Bessere Dich, liebes Kind, schreibe öfter, nimm Rücksicht auf mein Alter und unsere Anhänglichkeit, denn auch wenn ich nicht daran zweifle, dass Dein Herz für uns schlägt, so hast Du doch eine Beschäftigung, die Dir die Zeit verkürzt, ich hingegen nicht, ich lebe nur für Euch.*

Der Antrieb, nach Hause zurückzukehren, dürfte nicht gesteigert worden sein durch die Nachricht, dass Maria Wodzińska, deren Ehe mit Skarbek wegen Impotenz des Ehemanns annulliert worden war, nun die Frau ihres Verwalters Władysław Orpiszewski wird. Offenbar geht es doch ohne Adel und Grundbesitz.

Chopin hat mittlerweile von Grzymała, der es wiederum von Bocage weiß, erfahren, dass George seit einigen Tagen da ist und in der Wohnung von Maurice übernachtet, nahe beim Palais du Luxembourg. Er als Dante, sie als Aspasia. Kein Jahr ist es her, dass sie dort mit Delacroix das Deckenbild angesehen haben. Grzymała hat auch erzählt, George esse immer im Restaurant *Pinson*, empfange dort Freunde und Bekannte. Wie oft hat er dort mit ihr und den Kindern gespeist.

Am 3. März erreicht Chopin die Nachricht von Solange, sie sei am 28. Februar von einer Tochter entbunden worden. Am 4. macht er sich auf den Weg zu Charlotte Marliani, um ihr das zu berichten; seit der Trennung von ihrem Mann wohnt sie in der Rue de la Ville-l'Évêque. Ihn begleitet Edmond Combes, Vizekonsul von Damaskus, *der aus Marokko direkt in die Revolution hineingeraten ist*; weil er ein Buch über Abessinien verfasst hat, nennt Chopin ihn nur den *Abessinier*. Gerade als die beiden Charlottes Wohnung wieder verlassen wollen, tritt George ein, die mit Lambert unterwegs ist. Was nun geschieht, schildert Chopin am nächsten Tag Solange. *Ich sagte Ihrer Frau Mutter guten Tag, und mein zweites Wort war, ob es schon lange her sei, dass sie eine Nachricht von Ihnen erhalten habe. ‹Vor einer Woche›, antwortete sie nur. – ‹Hatten Sie gestern, vorgestern keine?› – ‹Nein›. – ‹Nun, so teile ich Ihnen mit, dass Sie Großmutter geworden sind. Solange hat eine kleine Tochter bekommen. Ich freue mich sehr, Ihnen als Erster diese Nachricht überbringen zu können.› Ich grüßte und ging die Treppe hinunter.*

Da erst sei ihm eingefallen, dass er vergessen hatte, George zu sagen, Solange gehe es gut. Das Treppensteigen fällt ihm noch immer schwer. Deshalb habe er Combes gebeten, wieder hinaufzugehen und George das auszurichten, während er unten auf den *Abessinier* wartete. *Da kam Ihre Frau Mutter gleichzeitig mit ihm herunter und fragte mich mit großem Interesse nach Ihrem Befinden. Ich antwortete ihr, dass Sie mir einen Tag nach der Geburt des Kindes selbst einige Worte mit Bleistift geschrieben haben – dass Sie viel gelitten hätten, dass Sie der Anblick Ihrer kleinen Tochter jedoch alles habe vergessen lassen. Sie fragte, ob Ihr Mann bei Ihnen gewesen sei, ich antwortete, dass die Adresse des Briefes von seiner Hand geschrieben zu sein scheint. Sie fragte mich nach meinem Befinden, ich sagte, dass es mir gut gehe – und ließ mir vom Portier die Tür öffnen. Ich grüßte und begab mich in Begleitung des Abessiniers zu Fuß zum Square d'Orléans.*

Er war es, der sich die Tür öffnen ließ, er war es, der keinen Annäherungsversuch mehr unternahm. So wird es später auch George in ihrer *Histoire de ma Vie* schildern.

Ich sah ihn im März 1848 einen Augenblick wieder, ich drückte ihm die zitternde und eiskalte Hand. Ich wollte mit ihm reden, er wendete sich von mir ab. An mir wäre es jetzt gewesen zu sagen, er liebe mich nicht mehr. Ich ersparte ihm diesen Kummer und überließ alles den Händen der Vorsehung und der Zukunft.

Einen Tag später kündigt sie Titine ihre Rückkehr an. Von *den Fenstern Guizots* aus hat sie soeben den Zug der 400000 Menschen beobachtet, der sich von der Madeleine zur Place de la Bastille bewegt. Dort sollen die hundertdreiundfünfzig Opfer des Aufstandes in der Krypta unter der Julisäule begraben werden – neben den Toten der Revolution von 1830.

Am 6. erklärt George ihrem Freund Frédéric Girerd: *Die persönlichen Kümmernisse schwinden, wenn die Politik uns ruft.*

An diesem Tag stirbt Solanges kleine Tochter Jeanne Gabrielle. Chopin erfährt das vor George. Am 11. März öffnet er einen Brief von Solange. *Armer Chopin. Ihr Brief mit den Glückwünschen traf in jenem Augenblick ein, als meine teure kleine Tochter ihren letzten Atemzug tat.* Chopin benimmt sich nun durchaus als *eine Art Papa*. Noch an demselben Tag antwortet er ihr: *Mut und Ruhe. Schonen Sie sich für diejenigen, die geblieben sind. Ich habe eben Ihren Mann gesehen: er ist wohlauf. Gestern und vorgestern habe ich ihm bei der Arbeit zu seiner Freiheitsbüste zugeschaut …, morgen bringt man sie ins Hôtel de Ville … Sie wird von der Nationalgarde eskortiert.*

Er bat mich, Ihnen auszurichten, dass er heute zu viele Laufereien habe, um Ihnen schreiben zu können – Er wird Ihnen morgen, nach dem Transport der Büste, schreiben. Sie sehen, dass er sein Möglichstes tut, um nicht den Mut zu verlieren – und achten Sie auf Ihre Genesung, um für Euch beide die Trennung erträglicher zu machen.

Während Chopin ganz aufgesogen wird von der Sorge um Solange und seine eigene Gesundheit, gründet George ein allerdings kurzlebiges neues Blatt, *Cause du Peuple*, und arbeitet unentgeltlich rund um die Uhr. Im März und im April redigiert und schreibt sie zu großen Teilen das *Bulletin de La République* für das Innenministerium, erstellt einen Entwurf für eine Verfassung, organisiert den Wahlkampf, konspiriert in Paris mit ihren politischen Verbündeten, schreibt an ihren Memoiren, verfasst einen Einakter, versucht trotz der Schulden Geld für die Hochzeit und die Mitgift von Titine aufzutreiben und berät ihren Sohn, der in Nohant Bürgermeister geworden ist, aber nicht damit zurechtkommt. Bakunin hatte schon bei seinem Parisaufenthalt 1843 behauptet, diese George Sand sei *nicht nur Dichter, sondern auch Prophet und Verkünder.*

Damit hätte sie in Chopins Leben wohl ohnehin keinen Platz mehr.

Als George am 6. April eine Kandidatur für die Nationalversammlung ablehnt, hat Chopin bereits seine Zukunft geplant. Oder ist sie für ihn geplant worden?

In Paris fühlt er sich fehl am Platz. Ein großer Teil der Salons, die ihm die Heimat ersetzen, verwaist. Der Graf Perthuis und seine Familie, bei denen Chopin Stammgast war, sind mit Louis Philippe nach England geflohen. Die provisorische Regierung hat den Polen in Frankreich Unterstützung bei ihren Bemühungen versprochen, zu Hause ebenfalls eine Republik zu erkämpfen; sie wissen, dass diese Haltung in revolutionären Kreisen gut ankommt. Einige von Chopins polnischen Freunden aus dem konservativen Lager, allen voran Adam Fürst Czartoryski, sind im März Richtung Heimat aufgebrochen. Die Revolution in Paris hat auf Deutschland übergegriffen und ermöglicht es den emigrierten Patrioten aus Polen, sich in Preußen zu organisieren. Doch die meisten, auch Czartoryski, kommen nur bis Berlin, weil ihnen die Weiterreise verweigert wird. In Posen aber scheint es zu gelingen, einen neuen Aufstand vorzubereiten. Andere aus Chopins elitärem Umkreis verlassen wie fast jeder, der viel Geld hat, die Stadt. Die Staatsanleihen haben die Hälfte ihres Wertes verloren, Mieten werden nicht mehr gezahlt, Schulden nicht beglichen. Die zahlreichen Baustellen in Paris verfallen. *Sie können sich die Trübseligkeit dieser Stadt nicht vorstellen, die vor sechs Wochen so lebendig war*, schreibt George Sands ehemaliger Geliebter Prosper Merimée Anfang April an eine Bekannte. *Man sieht nur ruinierte Leute.*

Auch Chopin wird bald ruiniert sein, wenngleich ihm das noch nicht anzusehen ist. Die Arztkosten haben im letzten Jahr viel Geld verschlungen, für seine Werke zahlen die Verleger deutlich weniger; komponiert hat er seit 1847 ohnehin kaum etwas. George kommt nun nicht mehr für Essen und Trinken auf, wie er es jahrelang gewohnt war, und es steht zu befürchten, dass weitere Familien, aus denen Chopin seine Schüler rekrutiert, Paris den Rücken kehren werden. Mit dem, was er bei seinem letzten Konzert verdient hat, kann er sich nicht lange über Wasser halten; an neuen Konzerten besteht derzeit wenig Interesse.

Doch was bewegt ihn, am 19. April ausgerechnet nach England aufzubrechen, obwohl er doch *für ein paar Stunden Sonne mehrere Jahre* seines *Lebens hingeben* würde, das feuchte Klima hasst und kein Wort

Englisch spricht? Es war die Londoner *Musical World* gewesen, die vor sieben Jahren den übelsten Verriss veröffentlicht hatte, den Chopin jemals über seine Kompositionen lesen musste. Es sei *eine beißende Satire auf die geistige Kraft der Berufsmusiker, dass ein so unreifer und beschränkter Komponist als klassischer Musiker gepriesen* werde. *Die Werke des Komponisten erinnern uns ohne Unterschied an die Begeisterung eines Schülers, die mit seinen Möglichkeiten in keiner Weise übereinstimmt. Eines Schülers, der um jeden Preis originell sein will, seine Harmonien sind in ihrer affektierten Exotik plump, seine Melodien sind, obwohl sie sich um Ungewöhnlichkeit bemühen, nur krankhaft.*

Hat ihn der Vermerk in seinem siebzehn Jahre alten Reisepass auf die Idee gebracht? *Auf der Durchreise nach London*, steht dort. Hat sich die letzte Englandreise in der Erinnerung verklärt? Oder sieht er wie viele Musiker auf dem Kontinent, der ganz in seine revolutionären Geschehnisse verstrickt ist, keine Chance, ein Publikum zu finden? Berlioz ist nach seiner letzten Tournee in England geblieben und hatte erklärt, das Pariser Konzertleben sei tot; auch Pauline Viardot-Garcia, viele seiner Pianisten-Kollegen haben hier Tourneen geplant oder schon absolviert. Wohl deshalb hatte bereits am 8. April das Londoner *Athenaeum* gemeldet: *Mr. Chopins Besuch ist ein Ereignis, für das wir der französischen Republik herzlich danken müssen.* Im selben Artikel wurde die Vermutung geäußert, er komme, *um in England zu bleiben.*

Am 18. April, dem Dienstag in der Karwoche, schreibt Chopin morgens ein paar Zeilen an seinen derzeit bevorzugten Arzt Dr. Jean-Jacques Molin, der ihn mit homöopathischen Mitteln versorgt. *Cher Docteur, alles ist bereit für die Abreise morgen Abend. Ich möchte Paris nicht verlassen, ohne Sie gesehen zu haben und ohne Rezepte von Ihnen mitzunehmen.*

Am 20. April trifft Chopin um sechs Uhr abends in London ein und bezieht eine Wohnung in der Bentinck Street 10 am Cavendish Square. Dort wartet auf ihn bereits Briefpapier mit seinen Initialen. Es stammt von der Frau, die gerne möglichst oft Adressatin seiner Briefe wäre und ihn überzeugt hat, in Großbritannien könne er auf einem Triumphzug ohnegleichen mühelos viel Geld verdienen: die *gute Schottin* Jane Stirling.

Bereits einen Tag später, am Karfreitag, berichtet Chopin Grzymała: *Das Meer habe ich ohne große Krankheit überquert … Die braven*

Erskines haben an alles gedacht. Sogar an die Schokolade, nicht nur an die Wohnung … Du glaubst gar nicht, wie gut sie sind … ich habe eine Menge solcher kleinen zärtlichen Aufmerksamkeiten vorgefunden.

Jane Stirling und Katherine Erskine organisieren für ihn auch den Umzug in angenehmere Räume in der Welbeck Street 44, die Straße, in der die beiden Schwestern wohnen. Am 1. Mai schreibt Chopin zufrieden, er bewohne nun ein Zimmer, das *schön und groß* sei, in dem er *atmen und spielen* kann. Doch das Wetter ist schlecht und sein Alltag öde. Er habe, klagt Chopin Auguste Franchomme, nur *ein paar langweilige Besuche abgestattet* und noch nicht einmal seine Empfehlungsbriefe abgegeben. *Ich vertrödle meine Zeit.* Moscheles hält sich in Leipzig auf und schreibt bedauernd nach London: *Es wäre ein Fest für mich gewesen, Sie dort anerkannt und gefeiert zu sehen wie in Paris.* Nicht alle sehen das so. Davison, jener Kritiker, der in der *Musical World* Chopin als unreifen und beschränkten Komponisten auf dem Niveau eines Schülers bezeichnet hat, bemüht sich, Stimmung gegen ihn zu machen. Doch Jane Stirling und ihre Schwester haben Beziehungen und vor allem großen Ehrgeiz, Chopin in Großbritannien vorzuführen.

Am 3. Mai tritt er bei Lady Gainsborough im privaten Rahmen auf und informiert stolz seinen Schüler und Freund Adolf Gutmann: … *endlich ist es mir gelungen, in diesem Abgrund, der sich London nennt, Boden unter die Füße zu bekommen.* Mit diesem Erfolg und dem Wetter bessert sich auch seine Stimmung. Doch jetzt bereits ist er erschöpft und aller Aktivitäten überdrüssig. Erard, Pleyel und Henry Broadwood, den er bei seinem letzten London-Besuch kennenlernte, haben ihm hier ein Instrument zur Verfügung gestellt – *im ganzen drei, aber wozu das alles, wenn ich gar nicht die Zeit habe, zu spielen.* Die beiden *guten Schottinnen* planen seinen Terminkalender durch. *Ich habe zahllose Besuche zu erledigen*, stöhnt er. Ihm wird, wie so oft, alles zu viel. *Man hat mir vorgeschlagen, in der Philharmonie zu spielen, aber ich habe keine Lust.* Die Anwesenheit vieler Konkurrenten scheint ihn auch nicht anzustacheln, eher zu ermüden. *Alle Pariser Pianisten sind in London.* Prudent, der in der Philharmonie ein eigenes Konzert gespielt und *ein Fiasko erlebt hat*, Thalberg, der *ein Engagement für zwölf Konzerte in demselben Theater* hat, und Hallé. Aber Chopin ist auch am 13. Mai noch passiv. *Nicht einmal Faulheit, sondern unnütz vertrödelte Zeit ist der Grund, dass Du von mir nichts gehört hast*, schreibt er Grzymała. *Vor acht komme ich nicht aus dem Bett.*

Jane Sterling hat ihm einen italienischen Diener besorgt, Kontakte geknüpft und einige Schüler beschafft, doch das entnervt ihn ebenso. *Mein Italiener, der sehr auf sich und seine Bezahlung bedacht ist, vergeudet frühmorgens meine Zeit, und nach zehn Uhr beginnen diese Widerwärtigkeiten, die kein Geld einbringen.* Die Besucher fallen ihm wohl auch deswegen zur Last, weil sie rasch bemerken: *Mister Chopin does not speak English nor understand spoken English.* Gegen ein Uhr beginnt er dann *ein paar Lektionen* zu geben, den Rest der Zeit langweilt er sich in seinen Räumen. *Ich kann weder richtig gehen noch mich richtig bewegen, kann also meine eigenen Interessen kaum wahrnehme; aber ich sehe, dass sich die Dinge irgendwie von allein regeln, und wenn die Spielzeit sechs Monate dauert, könnte ich vielleicht ein bisschen etwas verdienen. Bisher weiß ich aber noch gar nichts. Erst übermorgen werde ich von der Herzogin von Sutherland der Königin vorgestellt. Die Königin wird bei einer Taufe in ihrem Haus anwesend sein. Wenn es der Königin und Prinz Albert, die schon von mir wissen, gefallen sollte, dann wird es gut sein, wenn ich von oben anfange.* Die Direktoren der Philharmonie versichern ihm, er müsse keineswegs Mozart, Beethoven und Mendelssohn spielen – die beiden Klavierkonzerte Chopins gehören in England längst zum bekannten Repertoire vieler Pianisten. Dennoch weigert er sich. Bedingung ist nämlich, dass er mit Orchester auftritt. Und *das Orchester ist wie ihr Roastbeef oder die Schildkrötensuppe, stark, zäh und sonst nichts.* Außerdem wird in London generell nichts gründlich einstudiert. *Weil jedem die Zeit teuer ist*, schimpft er, *proben sie nur ein einziges Mal, und die Wiederholung ist dann auch noch öffentlich.*

London verärgert ihn zunehmend. Sein Vermieter will Chopin entweder in ein anderes Zimmer verlegen oder die Monatsmiete verdoppeln. Dabei zahlt er ohnehin schon stattliche 26 Guinees. *Der Vorwand für die Erhöhung ist, dass wir nichts schriftlich vereinbart haben … Sicher, der Salon ist groß und prächtig, und ich kann darin Stunden geben (habe aber erst fünf Leute).* Verdrossen entscheidet er sich zu bleiben, weil das billigere Zimmer, das ihm der Vermieter angeboten hat, *weder so groß noch so gut ist, auch, um die angegebene Adresse nicht schon wieder zu ändern.*

Was ihn aufbaut, sind wie schon oft die Sängerinnen. Am 4. Mai hat die Schwedin Jenny Lind in *Her Majesty's Theatre* in Bellinis *La Sonnambula* die Rolle der Amina gesungen, er hat bis Mitternacht mit ihr diniert. Am 9. Mai hat Pauline Viardot-Garcia ihr Londoner Debüt mit derselben Partie in *Covent Garden* gegeben und vier Tage später dort ihre Transkription von Chopins Mazurken für Singstimme und Klavier vorgetragen; *man ließ sie alles wiederholen*, berichtet er zufrieden. An solchen Abenden kann Chopin vergessen, dass seine finanzielle Lage bereits wieder prekär wird. Unwirsch lehnt er ab, wenn man ihn bei privaten Einladungen ans Klavier beordern will, um unentgeltlich zu spielen.

Dann endlich tut sich etwas: Wie erhofft kann er am 15. Mai in Stafford House bei Harriet, Herzogin von Sutherland, auftreten, allerdings erdrückt von drei berühmten Sängern, dem französischen Bassisten Louis Lablache und zwei Italienern, dem Bass Antonio Tamburini und dem Tenor, der den Künstlernamen Mario trägt. Die Herzogin wohnt in einem erst vor sieben Jahren fertiggestellten Prachtbau nahe bei Buckingham Palace. Queen Victoria schaut vorbei und meint: *Ich bin von meinem Haus zu ihrem Palast gegangen.* Chopin ist nach diesem Ereignis sicher, demnächst zur Königin eingeladen zu werden: Zweimal hat sie im Haus ihrer ersten Hofdame das Wort an ihn gerichtet.

Nun hat Chopin *oben angefangen:* Groß wird über das Ereignis fünf Tage später in den *Illustrated London News* berichtet. Weitere Auftritte in besten Londoner Adelskreisen haben seine *guten Schottinnen* organisiert, aber Chopin fühlt sich bereits jetzt entkräftet und krank. Am 2. Juni schickt er *allen Bekannten* in Paris zu Händen von Grzymała einen aktuellen Lagebericht. *Seit einer Woche ist hier hässliches Wetter, was mir überhaupt nicht bekommt. Dabei muss ich jeden Tag spät abends in die feine Welt. Mir fehlt die Kraft für so ein Leben. Wenn es mir wenigstens Geld brächte, aber bisher hatte ich nur zwei bezahlte Abende zu 20 Guinees.* Das ist ungefähr ein Drittel seiner Monatsmiete. Die Kosten für seine Wohnung und die langen Kutschfahrten – *diese Entfernungen*! – seien schuld daran, dass er *noch nichts sparen konnte*. Gerade die Reichen wollen hier offenbar alles umsonst. Die Herzogin von Somerset, *bei der Krönung die erste Person nach der Königin!!!*, lädt Chopin zwar zum Abendessen ein. *Aber der Herzog ist geizig, also zahlen sie nichts.* Nicht nur der Adel, auch der Geldadel knausert hier. *Die alte Rothschild fragte mich, wie viel ich koste, denn eine Dame, die mich spielen hörte, hatte sich erkundigt. Weil mir die Sutherland 20 Guinees gegeben hatte, und das hatte Broadwood … als meinen Preis festgelegt, antwortete ich: 20 Guinees. Sie ent-*

gegnete, es sei schon wahr, dass ich sehr schön spiele, aber in dieser Saison müsse man mehr ‹modereischen› zeigen.

Chopin muss zudem feststellen, dass die virtuosen Zirkusnummern mancher Kollegen besser ankommen. *Unter den Bürgerlichen hier muss man etwas Verblüffendes, Mechanisches bieten, was ich nicht kann.*

Er macht keinen Hehl daraus, dass er das Land, die Stadt und die Leute bereits satt hat. *Was hier nicht langweilig ist, ist nicht englisch.* Die Londoner Gesellschaft sei *derart durch tausend Dinge abgelenkt und an langweilige Konventionen gewöhnt, dass es ihr völlig egal ist, ob die Musik gut oder schlecht ist, die sie vom frühen Morgen bis in die Nacht hören muss. Denn hier gibt es Blumenausstellungen mit Musik, Diners mit Musik, Verkaufsbasare mit Musik.* Grzymała gegenüber beschwert er sich, *als Kunst* gelte hier *nur Malerei, Holzschnitzerei und Architekur. Musik ist keine Kunst … Musik ist ein Handwerk … und niemand wird einen Musiker hier einen Künstler nennen. … Schuld sind daran natürlich die Musiker, aber versuche mal, daran etwas zu ändern! Sie spielen das verrückteste Zeug und halten das für schön. Versucht man, ihnen etwas Vernünftiges beizubringen, macht man sich nur lächerlich.*

Wie immer wenn er seelisch schlecht dran ist, geht es Chopin bald auch körperlich schlecht. Anfangs hatte er wohl noch einen Neubeginn hier in England erwogen. Auch sein Kollege Charles Hallé, der dieses Jahr gekommen ist, hat beschlossen zu bleiben. Doch das hat Chopin nun bereits abgehakt: … *wenn ich nicht seit einigen Tagen Blut spucken würde, wenn ich jünger wäre, wenn ich nicht so vor den Kopf geschlagen wäre durch meine Anhänglichkeit, dann könnte ich vielleicht hier das Leben noch einmal von vorne anfangen.* Grzymała versteht, was mit der *Anhänglichkeit* gemeint ist: Chopin hat den Abschied von George Sand noch immer nicht verwunden. Sie ist gegenwärtig, ob er will oder nicht. Er nimmt genau wahr, dass Pauline Viardot-Garcia *hier ein anderes Gesicht macht als in Paris*, dass ihr Mann, als er ihn aufsucht, *etwas abgekühlt* wirkt. Und er verfolgt, was über Georges Lebenswandel gesagt wird. Konservative französische Zeitungen haben das Gerücht in die Welt gesetzt, die Mitglieder der provisorischen Regierung feierten Orgien und veruntreuten Staatsgelder, und George gehört zu diesem Kreis. Das wird in London bereitwillig aufgegriffen. *Die englischen Zeitungen schreiben nichts Gutes über Frau S.*, berichtet Chopin.

Doch Jane Stirlings Plan, George Sand zu ersetzen, scheint nicht aufzugehen: George hatte seine Kräfte geschont, Jane verschleißt sie, wenngleich nicht durch die *Heftigkeit ihrer sinnlichen Triebe*. Chopin bringt endlich Glanz in das Leben der beiden kargen Ladies. Das sollen so viele Landsleute wie möglich mitbekommen: Bei jeder Matinee, ob öffentlich oder privat, müssen die beiden Nocturnes auf das Programm, die er Miss Jane Stirling gewidmet hat.

Meine braven schottischen Damen sind es gewohnt, … den ganzen Tag mit ihren Visitenkarten durch London zu fahren; sie wollen, dass ich all ihre Bekannten besuche, dabei bin ich kaum noch am Leben. Wenn ich drei oder vier Stunden in der Kutsche zubringe, dann ist mir zumute, als wäre ich von Paris bis Boulogne gefahren. Ihn foltern diese Gesellschaften *mit Lords, Kanzlern oder irgendwelchen Leuten, die Strumpfbandorden auf ihren Westen tragen. Ich werde dort vorgestellt, aber ich weiß nicht wem … Zwanzig Jahre in Polen, siebzehn Jahre in Paris, kein Wunder, dass ich mich hier nicht wohl fühle.*

Er hasst die Strapazen der Matineen, wo er nichts verdient und jedes Mal Miss Stirlings Nocturnes spielen muss. Vor jedem Auftritt fährt er zu Broadwood, um den Flügel, auf dem er spielen soll, auszuprobieren. Die Treppe zum Klavierzimmer muss er hinaufgetragen werden.

Die Schwestern wollen gerne den ganzen Tag Chopin vorführen, aber pflegen und umsorgen wollen sie ihn nicht. Das gehörte sich auch nicht, hier, wo jeder sie kennt. Schließlich ist Jane Stirling unverheiratet und schreibt nicht einmal ihren Absender auf Briefe an Chopin. Dass sie mit ihren vierundvierzig Jahren, dürr und spitz, nicht wie die verkörperte Versuchung wirkt, ändert für ihre strengen protestantischen Ehrbegriffe daran nichts. Es ist die Rettung für Chopin, dass sein norwegischer Schüler Thomas Tellefsen in Paris als Pianist und Pädagoge keine Arbeit mehr findet, nach London emigriert und sich um ihn kümmert. Doch Geld kann auch er ihm nicht beschaffen.

Am 23. Juni spielt Chopin bei Adelaide Sartoris am Eaton-Place, einer Sängerin, die er, als sie noch Kemble hieß, in Paris kennengelernt hatte. Sie weiß, welchen Ruf er dort genießt, und Chopin hofft dieses Mal mit Recht, eine große Summe einzunehmen: Die Hausherrin hat ihm ihren Doppelsalon zur Verfügung gestellt, hat einhundertfünfzig bekannte, teils berühmte Persönlichkeiten geladen, Adel, Geldadel und Schriftsteller wie Jane Carlyle und Thackeray; mehr Gäste hatte Chopin sich verbeten, obwohl Frau Sartoris versprochen hat, der gesamte Erlös des Abends gehe an Chopin. Doch in London genügt ein Klavierspieler allein erst recht nicht, um das Interesse eines solchen Publikums zu erwecken. Es wird außer Chopin noch der italienische Tenor Mario engagiert, mit dem er bereits im Palast der Herzogin von Sutherland aufgetreten war. Nachdem Chopin dem Sänger seinen Anteil ausgezahlt hat, bleibt ihm eine Würdigung in drei Rezensionen und von den 150 Guinees so viel, dass er damit vielleicht zwei Wochen in London seinen Lebensunterhalt bestreiten kann. Unter dem 1. Juli trägt Chopin als Termin den Namen von Katherine Erskine ein und zeichnet auf die gegenüberliegende Seite ein Grab. Aus einer Stimmung oder aus einer Ahnung heraus?

Erst am 7. Juli bringt ihm eine Matinee wieder eine anständige Gage ein: Pauline hat erneut seine Mazurken gesungen, die Karten waren ausverkauft, und er hofft, 100 Guinees Gewinn herauszuholen. Doch: *Jetzt geht die Saison hier bereits zu Ende*, klagt er im gleichen Monat gegenüber Grzymała. *In meiner Tasche hat sich nicht viel angesammelt. Ich weiß nicht, was ich machen werde.*

Jane Stirling und ihre Schwester wissen es bereits. Sie wissen aber nicht, dass Chopin stöhnt: … *oft langweilen sie mich entsetzlich.*

Seinen italienischen Diener, einen *Trottel, Schmeichler und Lügner*, hat er entlassen, einen neuen Diener namens Daniel gefunden. Eine ideale Besetzung, denn Daniel ist Franzose, in England aufgewachsen, spricht mit Chopin französisch und mit den anderen in der Landessprache. Chopin braucht ihn. Diesen Mann, der *stattlicher als viele Engländer* ist und mühelos die vierzig Kilo Chopin Treppen hinauf- und hinuntertragen kann. Sein Zustand, sagt Chopin, sei zwar *stundenweise erträglich, aber oft denke ich früh am Morgen, dass ich meine Seele aushusten werde. Mir ist traurig zumute, aber ich versuche, mich zu betäuben.* Womit? Hat er sich erneut Morphium verschafft, was in London nicht schwierig ist? Oder hält er sich wie die englischen Lords und Ladies an Bordeaux?

Die Abendgesellschaften strengen ihn an. Trotzdem vermeidet er das Alleinsein, *um nicht ins Grübeln zu verfallen.* George fehlt ihm. Vorn in seinem Taschenkalender steckt ein kleines Couvert aus Brokat, darin liegt eine Locke von George. Wie gewohnt hat er es auch Anfang 1848 dem Kalender des Vorjahres entnommen und in den neuen eingelegt.

Was macht Sol?, fragt er Grzymała, um dann hinzuzufügen: *Schreib mir über ihre Mutter.* Pauline Viardot verheimlicht Chopin nicht, dass sie mit George korrespondiert. *Frau S. hat der V. geschrieben, ich weiß es, und hat sich besorgt nach mir erkundigt*, teilt Chopin daraufhin Grzymała mit.

Dass er in London nicht heimisch wird, erstaunt nicht: in Gedanken ist er dauernd in Frankreich. *Meine Nerven sind so angegriffen, dass ich den Brief an Dich einfach nicht fertig bekomme*, klagt er Grzymała, als er sich am 15. Juli erneut hinsetzt. *Ich leide unter irgendeiner dummen Sehnsucht.*

Nichts von dem, was er sich von London erhofft hat, ist in Erfüllung gegangen. *An Gespartem habe ich vielleicht im Ganzen etwa 200 Guinees. In Italien kann man davon ein Jahr leben, hier kein halbes.* Von der Königin ist er, trotz der Begegnung bei der Herzogin Sutherland, nicht ein einziges Mal zum Vorspiel eingeladen worden. Wüsste Chopin, was die Queen nach jenem Abend in ihr Tagebuch eingetragen hat, wäre er nicht verwundert: Begeistert hatte sie sich über die drei Sänger geäußert und hinzugefügt, es seien auch noch *verschiedene Pianisten* dagewesen. Von den Londonern ist er enttäuscht. Lob habe er in der Presse zwar geerntet, *ausgenommen die ‹Times›, in der ein gewisser Davison schreibt*, aber mit dem Geld seien sie leider weniger großzügig als mit schönen Worten. Denen schenkt er ohnehin keinen Glauben mehr. Er misstraut den Engländern: *Sie lügen sehr viel. Und wenn sie etwas nicht wollen, fahren sie einfach sofort aufs Land. Eine meiner Schülerinnen ist aufs Land gefahren und hat neun Stunden nicht bezahlt, andere, die je zwei Lektionen in der Woche nehmen sollten, lassen gewöhnlich zwei ausfallen. Lady Peel möchte, dass ich ihrer Tochter, die sehr begabt ist, Stunden gebe, aber weil sie einen Lehrer hatte, der für eine halbe Guinee zweimal in der Woche unterrichtete, bittet sie mich nur um eine Wochenstunde, damit es für den Geldbeutel aufs Gleiche herauskommt. Nur, um sagen zu können, dass sie bei mir Unterricht genommen hat, und in zwei Wochen wird sie dann bestimmt aufs Land reisen.*

Jane Sterling und Katherine Erskine lassen nicht locker. *Meine Schottinnen … plagen mich derart, dass ich mir keinen Rat mehr weiß.* Die Damen möchten ihre Trophäe nun endlich auch in der Heimat vorführen; *sie wollen unbedingt, dass ich zu ihrer Familie nach Schottland fahre.* Am 5. August besteigt er den Expresszug nach Edinburgh. Broadwood, nicht Jane Stirling, erleichtert ihm die Reise. Nicht zum ersten Mal sorgt er aus dem Hintergrund für Chopin: Als ihm zugetragen worden war, Chopin schlafe schlecht, hatte er in der Londoner Wohnung elastische Matratzen und Kissen ins Bett legen lassen. Nun trifft Chopin *im Zug einen Herrn, der sich ihm im Auftrag Broadwoods* vorstellt, ihm *statt eines Platzes zwei gibt* und im selben Waggon als Beschützer mitfährt.

Am 6. August kommt Chopin in Edinburgh an. *407 Meilen in zwölf Stunden*, wie er beeindruckt festhält. Ob ihm das gut tut, interessiert die beiden braven Schwestern offenbar nicht. Am nächsten Tag reist Chopin bereits weiter nach Calder House zu Lord Torphichen, dem Schwager von Jane Stirling und Katherine Erskine. Das Schloss passt zu Chopin so gut wie Jane: *Es gibt hier Mauern von 8 Fuß Dicke, endlose Korridore voll alter Porträts der Vorfahren, eines schwärzer und schottischer als das andere.* Sein achtundsiebzigjähriger Gastgeber, der immer in einem alten Uniformmantel und Stiefeln durch die Gegend zieht, ist *außerordentlich liebenswürdig, der Park ist schön*, das Klavier in Chopins Zimmer ist von Broadwood, der Flügel im Salon ist von Pleyel. Aber Chopin quält die Angst vor der Zukunft, vor dem Klima, vor dem Winter; *ich ertrage die hiesige Luft nicht. Ich vegetiere dahin … träume von zu Hause oder von Rom.* Nach elf Tagen auf Calder House muss er bereits berichten: *Gestern und heute habe ich Blut gespien … Ich bin hier, um mich von der Londoner Saison zu erholen und bis zum 28. des Monats still zu sitzen.* Obwohl das Ganze von den Schwestern als Erholungsurlaub geplant ist, kommt er weder zu sich noch zum Arbeiten. *Die Zeit vergeht mit dem größten Blödsinn. Ich wollte hier ein bisschen komponieren; es ist unmöglich, dauernd muss man etwas anderes tun.* Abends wird lange getafelt, dann spielt Chopin dem alten Lord schottische Lieder vor, *die der Gute mitsummt.* Reden kann er mit kaum jemandem, denn *obwohl in der höheren Gesellschaft alle, vor allem die Damen französisch sprechen, spielt sich die gewöhnliche Unterhaltung auf Englisch ab.* Er ist in Gedanken nach wie vor in Frankreich, in Paris, auf Nohant, bei George und ihrer Familie. Alles, was er von dort hört, treibt ihn um. Es ist wohl Solange, die ihn auf dem Laufenden hält; er weiß, dass George bereits ernüchtert aus dem Rausch der revolutionären Begeisterung erwacht ist, dass ein Artikel in dem *Bulletin de la République*, in dem sie den Begriff *communisme* benutzte, wie angeordnet an den Rathäusern des Berry ausgehängt worden war und von den Leuten dort missverstanden wurde. Ausgerechnet die Baronesse Dudevant rief auf, ihr Eigentum an Habenichtse zu verteilen? Wütend waren die Bauern und Gutsbesitzer nach Nohant gezogen und hatten *Nieder mit Maurice Dudevant! Nieder mit Baronesse Dudevant!* gebrüllt. Sie hatte nicht länger in Paris bleiben können. *Ich muss hier durch meine Anwesenheit eine beachtliche Bande von Dummköpfen aus La Châtre in Schach halten, die täglich damit drohen, mein Haus anzuzünden*, hat sie Charlotte Marliani aus Nohant berichtet. Es ist Chopin auch zugetragen worden, dass der Vater von Titine in Paris eine Schmähschrift gegen George Sand auf der Straße verteilt hat, in der er ihr unterstellt, *sie habe seine Tochter nur demoralisiert, habe aus ihr eine Mätresse für Maurice gemacht und sie ohne Einwilligung der Eltern an den ersten Besten verheiratet, obwohl sie versprochen habe, sie ihrem Sohn zur Frau zu geben. Kurz, der scheußlichste Skandal, von dem ganz Paris spricht. Das ist von Seiten des Vaters zwar eine Gemeinheit, allein, es ist die Wahrheit.*

Chopins Verbitterung ist unvermindert. *Der Mutter war die Tochter unbequem, die leider sah, worauf alles hinauslief, daher die Lügen, die Scham, die Schande …*

Die Schlösser Schottlands sind die Gegenwelt zu Nohant: riesenhaft, schroff, dunkel, die Wände mit düsteren Gemälden tapeziert. Auch Jane Stirling ist das exakte Gegenteil von George Sand, äußerlich wie innerlich. Alles, was an George rund ist, ist an Jane eckig. Statt Toleranz zeigt sie wie ihre Schwester großen Eifer darin, Chopin zum rechten Glauben zu bekehren, also dem ihren. Und statt krankenpflegerischer Umsicht beweist sie den Ehrgeiz, Chopin in einer Gewalttour als von ihr importierte Sehenswürdigkeit zu präsentieren. Am 28. August wird er in Manchester erwartet. *Über 250 englische Meilen, acht Stunden Eisenbahnfahrt*, seufzt er. Wie von Jane geplant, tritt er am 28. August 1848 in der *Concert Hall* von Manchester auf, einem Raum, in dem zwölfhundert Besucher Platz finden. Er hat nur einen einzigen Auftritt unter insgesamt sechzehn und ist mit der *Berceuse* und den unvermeidlichen Nocturnes inmitten von Ouvertüren von Weber und Beethoven, vor allem aber Gesangsnummern aus Opern von Bellini, Donizetti, Verdi, Rossini und Pacini angekündigt. Die Sänger werden von einem irischen Pianisten begleitet, George Alexander Osborne.

Chopin kennt ihn aus Paris; mit Osborne zusammen hat er bei seinem ersten Auftritt dort die Polonaise Kalkbrenners für sechs Pianisten gespielt, mit Osborne hat er in seinen besten Jahren konzertiert. Osborne hatte ihn auch in Paris bei seinem letzten Konzert gehört und geschwärmt: *... sein Spiel verriet – infolge seiner besonderen Fähigkeit, den Ton zu modifizieren, keine Anzeichen von Schwäche.* Nun aber hat Chopin Angst, seinen guten Eindruck bei Osborne zu ruinieren. Schriftlich bittet er den Kollegen, den Saal doch zu verlassen, bevor er auftritt: *Bewahren Sie sich diese Erinnerungen. Mein Spiel wird sich in einem so großen Saal verlieren, und meine Werke werden keinerlei Eindruck hinterlassen. Ihre Anwesenheit wäre für uns beide peinlich.* Doch Osborne hält sich nicht daran, weil er ahnt, dass er Chopin nie wiedersehen wird. Er zieht sich *in einen entfernten Winkel des Saales* zurück. Doch er muss Chopin recht geben: *... sein Spiel war viel zu zart, um Begeisterung auszulösen, und er tat mir von ganzem Herzen leid.*

Den Rezensenten ebenfalls. Der *Manchester Guardian* verschont ihn von Kritik: *Sein Körperbau ist sehr schmächtig, und in seinem Gang ist ein fast schmerzlicher Ausdruck von Schwäche. Das verschwindet, wenn er sich ans Instrument setzt und entrückt scheint.* Dass er zu leise spielt, wird vornehm umschrieben. Sein Spiel habe *mehr Feinheit als Kraft.* Nur Davison in der *Musical World* schlägt erneut zu.

Ratlos und hilflos wird *das unentschlossenste Geschöpf der Welt* zum Spielball der Gesellschaft. *Es gibt in London viele, die mich für den Winter dabehalten wollen, trotz des Klimas. Ich möchte etwas anderes, weiß aber selbst nicht was.* Chopin fühlt sich fremd und unverstanden. *Wäre dieses London nicht so schwarz, und wären die Menschen hier nicht so schwerfällig, und gäbe es keinen Kohlendunst und keinen Nebel, dann hätte ich auch schon Englisch gelernt.* Er hat Heimweh. Als er erfährt, dass seine Schülerin Marcelina Czartoryska und ihr Mann Aleksander, der Neffe von Adam Fürst Czartoryski, sich gerade in Edinburgh aufhalten, nimmt er freiwillig eine Reise auf sich, um sie zu sehen. *Unter einem polnischen Dach bin ich etwas aufgelebt.* Chopin ist weiterhin fest in den Fängen von Jane Stirling. In der ersten Septemberwoche meldet er sich bei Grzymała von *Johnstone Castle aus, etwa 11 Meilen von Glasgow entfernt. Ich bin hier bei Herrn und Frau Houston. Sie ist die Schwester meiner schottischen Damen.*

Seine Stimmung verschlechtert sich mit dem Wetter. Er fühlt sich auf Johnstone Castle weniger als Gast denn als Gefangener; *es ist häss-*

lich draußen, ich bin böse, und ich bin traurig, und die Leute öden mich an mit ihrer überflüssigen Fürsorge. Und ich kann nicht aufatmen, kann auch nicht arbeiten. Ich fühle mich einsam, einsam, einsam, obwohl ich von Menschen umgeben bin … Hier gibt es nur Cousins und Cousinen großer Familien und großer Namen, von denen auf dem Kontinent noch niemand etwas gehört hat. Die Konversation ist hier immer genealogisch, ähnlich einem Evangelium, der stammt von dem ab, jener von jenem und dieser von einem anderen, und so seitenlang bis zum Herrn Jesus. … es gibt hier viele verschiedene Ladies, siebzig- und achtzigjährige Lords und keine jungen Leute, denn die sind auf der Jagd. Man kann nicht ins Freie, weil es seit Tagen stürmt und regnet. Dann wird er auch noch in einen Unfall verwickelt. *Die Kutsche … von Baum zu Baum geschleudert, wir rasten in den Abgrund, wäre nicht der eine Baum gewesen, der die Kutsche aufhielt … Diejenigen, die zugeschaut hatten, und wir, die darin gewesen sind, können es kaum fassen, dass wir nicht zu Brei zerquetscht wurden.*

Seine Blessuren hindern die beiden Schwestern nicht daran, für ihn am 27. September ein weiteres Konzert in ihrer schottischen Heimat, diesmal in Glasgow zu arrangieren, wo er bei Lady Murray, der Frau von Lord John Archibald Murray, wohnt, einer seiner *sechzigjährigen Londoner Schülerinnen*, die ihm Jane Stirling zugeführt hatte. Jane hat hundert Eintrittskarten gekauft und an Freunde verteilt. Trotzdem ist der Saal nur zu einem Drittel gefüllt. Die Hauptsache für Chopin ist vermutlich, etwas Geld zu verdienen und die Czartoryskis im Publikum zu wissen. Die Hauptsache für Jane Stirling ist vermutlich, dass Chopin die ihr gewidmeten Nocturnes spielt. Dann geht es weiter nach Keir House, zu Sir William Stirling-Maxwell, einem Vetter von Jane; *und in Edinburgh wünscht man, dass ich dort noch einmal Anfang Oktober spiele. Wenn mir das etwas einbringen kann und ich bei Kräften bin, werde ich es gern tun, denn ich weiß nicht, wie ich über diesen Winter kommen soll.*

Chopin spürt, was von ihm erwartet wird: dieses *Mechanische*, was er *nicht kann*. Er soll funktionieren wie geschmiert. *Wäre ich jünger, würde ich mich vielleicht als Maschine versuchen und in sämtlichen Ecken Konzerte geben … wenn es nur Geld einbringt.*

In Keir House, das auf Stirling Castle blickt, beim Vetter der schottischen Damen, befindet er sich wiederum in Isolierhaft. Am 1. Oktober meldet er sich von dort verzweifelt bei Grzymała: *Weder Post noch Eisenbahn, keine Kutsche, … kein Boot, auch kein Hund, dem man pfeifen könnte.* Er fühlt sich mitten in der Gesellschaft einsam, und Einsamkeit macht Chopin wie üblich krank. *Ich fühle mich immer schwächer und kann nichts komponieren ... Den ganzen Morgen, ja sogar bis zwei Uhr bin ich augenblicklich zu nichts fähig ... und so keuche ich bis zum Mittagessen, nach dem man mit den Männern bei Tisch sitzen und* zusehen *muss, was sie reden, und* zuhören *muss, was sie trinken. Ich bin zu Tode gelangweilt ... und begebe ich mich in den Salon, wo es der ganzen Seelenkraft bedarf, um etwas aufzuleben, denn dann wollen sie mich unbedingt spielen hören. Anschließend trägt mich mein braver Daniel die Treppe hinauf ins Schlafzimmer, zieht mich aus, legt mich ins Bett, lässt die Kerze brennen, und ich darf wieder keuchen und träumen, bis das Gleiche von Neuem beginnt.*

Er macht er keinen Hehl mehr daraus, dass Jane Stirling und Katherine Erskine ihn foltern: ... *sobald ich mich irgendwo ein bisschen eingewöhnt habe, muss ich woanders hinfahren, weil mir meine Schottinnen keine Ruhe lassen und mich entweder abholen oder ihrer Familie vorführen ... Sie werden mich aus* Höflichkeit *erdrücken, und ich werde ihnen das aus* Höflichkeit *nicht verwehren.*

Als er zu dem zweiten Konzert in Edinburgh anreist, wird er am Bahnhof erwartet von Doktor Adam Łyszczyński, *polnischer Homöopath*, der in Schottland bereits sein Medizinstudium absolviert hat. Den Homöopathen findet Chopin sympathisch, das Hotel unerträglich. *Gut*, sagt Łyszczyński, *dann müssen Sie in mein Haus ziehen, und zwar müssen Sie sich, weil es ziemlich klein ist, mit dem Kinderzimmer begnügen.* Die Kinder kommen zu Freunden, und der Diener Daniel wird im angrenzenden Schlafzimmer untergebracht. Łyszczyńskis Frau prägt sich genau ein, was in jenen Tagen geschieht und gesagt wird; später wird sie es Friedrich Niecks, einem der frühen Chopin-Forscher diktieren. Chopin hat endlich, was er sucht: Familienanschluss, eine Hausherrin, die ihn verwöhnt, und einen Hausherrn, der Arzt und Pole ist. Er steht spät auf, frühstückt auf dem Zimmer und lässt sich von Daniel frisieren. Noch immer ist er so schwach, dass entweder Daniel oder Łyszczyński ihn die Treppe hinauftragen muss. Nach dem Mittagessen sitzt er *in der Nähe des Kaminfeuers, oft vor Kälte zitternd.* Doch er kann dann *plötzlich durchs Zimmer schreiten und sich ans Klavier setzen, um sich warm zu spielen.* Einen einfachen Gast hat sich Frau Łyszczyński nicht eingehandelt. Was George Sand gelassen hinnahm, die Lords und Ladies ignorierten, nimmt die Arztgattin mit kritischem Blick wahr. Chopin kann *weder Vorschriften noch Widerspruch ertragen.* Rät man ihm, sich in die Nähe des Feuers zu setzen, geht er prompt auf die andere Seite des Zimmers, wo das Klavier steht. Die Gastgeberin erlebt ihn *als entschieden herrschsüchtig.* Er bemängelt, dass die Wäsche nicht genügend weiß und seine Stiefel nicht genügend glänzend poliert seien. Chopin will selbst in Ruhe gelassen, aber auf Wunsch bedient und unterhalten werden. Als er einmal Frau Łyszczyński bittet zu singen und sie das ablehnt, wird er *wirklich ärgerlich.* Er wendet sich an den Ehemann: *Würden Sie es übel nehmen, wenn ich Ihre Gattin zwänge, es zu tun?* Womit und wie verrät er wohl nicht, aber Frau Łyszczyński hat verstanden:

Der Gedanke, eine Frau könne ihm irgendetwas verweigern, schien ihm widersinnig. Er sei zwar sonst *gegenüber allen Damen gleich höflich*, findet die Hausherrin, doch sie meint, er habe *kein Herz.* Sein Verhältnis zu Frauen interessiert sie, und so versucht sie ihn aus der Reserve zu locken. Als sie Jane Stirling als *seine spezielle Freundin* bezeichnet, erklärt Chopin, er habe *keine speziellen Freundinnen*, er behandle alle Frauen *mit der gleichen Aufmerksamkeit.*

Die Frauen behandeln ihn jedoch unterschiedlich. Frau Łyszczyński befindet, Jane Stirlings Liebe zu Chopin sei *leidenschaftlich* gewesen, allerdings *platonisch.* Obwohl Chopin am 2. Oktober noch klagt, er werde *mehr denn je von Atemnot geplagt*, treibt ihn die leidenschaftliche Jane am 4. Oktober in Edinburgh erneut aufs Podium, dieses Mal auf das der Hopetoun Rooms.

Der Kartenverkauf ist schleppend verlaufen, Jane Stirling hat wieder ein großes Kartenkontingent aufgekauft. Die Arztfrau meint, das liege am Preis: eine halbe Guinee sei für diese Stadt zu teuer. Doch es liegt in Wirklichkeit daran, dass Chopin hier kaum bekannt ist. Und zum ersten und einzigen Mal in seinem Leben steht nur Chopin mit Chopin auf dem Programm, sonst nichts. Wieder zeigt sich die Presse gnädig. *Er besitzt weder die Wucht noch die Fingerkraft eines Mendelssohn, Thalberg oder Liszt*, schreibt der *Evening Courant. Sein Vortrag wird folglich in einem großen Raum weniger Wirkung haben, als Kammerpianist aber ist er unerreicht.* Chopins eigener Kommentar: *wenig Erfolg, wenig Geld.* Und das nach einem Konzert, wo er sich völlig verausgabt und alle Formen und Farben seiner Kompositionskunst vorgeführt hatte, Etuden, Préludes, Nocturnes, Walzer und Mazurken. Er spürt es auch so, dass er verfällt. *Wo ist meine Kunst? Ich habe keine Kraft*, jammert er. Wohl weniger aus Leidenschaft als aus Pflichtbewusstsein setzt er sich dennoch hin und komponiert einen Walzer. Am 12. Oktober schreibt er auf den Umschlag: *Pour Madame Erskine.* Es ist das einzige Werk dieses Jahres.

Doch damit sind die schottischen Damen nicht befriedigt. Sie lassen sich durch nichts abschütteln, jagen ihn nochmals zum Vetter nach Calder House und auf zwei Ausflüge zu schottischen Sehenswürdigkeiten.

Meine braven Schottinnen, die ich schon einige Zeit nicht gesehen habe, werden heute hier sein, schreibt Chopin am 30. Oktober aus Edinburgh an Grzymała. Offenbar war das Gerücht schon bis zu ihm durchgedrungen, Chopin gedenke Jane Stirling zu heiraten. Das kann Grzymała nur glauben, weil er die Schwestern noch nie gesehen hat. Als *zwei lange Personen, von schottischer Körpergröße und schottischem Ursprung, mager, blass, alterslos, ernst, gesetzt, immer schwarz angezogen, niemals lächelnd*, hatte Solange die beiden beschrieben. *Unter diesem schauerlichen Äußeren* steckten allerdings *zwei gute, großzügige und ergebene Herzen.* Chopin war nie jemand, der sich bei einer Frau für innere Werte begeistern kann, wenn die äußeren nicht seinem Geschmack entsprechen. Außerdem besitzen die beiden keinerlei Unterhaltungswert, und er sucht Menschen, die ihn ablenken. *Ich denke überhaupt nicht an eine Frau, nur an zu Hause, an meine Mutter, an meine Schwestern*, verwahrt er sich, erklärt aber zugleich, das sei eigentlich *unnötig, denn Du weißt ja, wie ich denke.* Diese Gedanken formuliert er wohl so deutlich, dass er selbst oder jemand anderer später mehrere Zeilen durchstreicht.

Täglich erhalte ich Briefe von ihnen, beantworte keinen, und wenn ich irgendwo hinfahre, folgen sie mir sogleich, wenn sie nur irgendwie können. Vielleicht hat das jemanden auf den Gedanken gebracht, dass ich heirate; aber man braucht doch eine gewisse körperliche Anziehung. Die von den beiden Schwestern, die noch ledig ist, sieht mir zu sehr ähnlich. Wie soll man sich selbst umarmen! Somit erkläre ich Dir, dass ich dem Sarg näher bin als dem Ehebett.

Am 31. Oktober darf er von Schottland zurück nach London fahren. Er bezieht eine Wohnung am St. James's Place 4 in einer stillen Sackgasse. Seit seiner Ankunft auf der Insel hat Chopin nun mehr als sechzig Mal das Quartier gewechselt. Der Erholungsurlaub in der guten schottischen Luft und die Aktivitäten der schottischen Damen haben ihre

Folgen gezeitigt. Chopin ist schwer krank und hütet das Bett *mit Schnupfen, Kopfschmerzen, Atemnot und allen meinen Symptomen.* In den *Daily News* liest er am Tag darauf eine Ankündigung, die ihn bewegt: Am Donnerstag, dem 16. November, soll in der Londoner *Guildhall* ein Wohltätigkeitsball zugunsten polnischer Emigranten samt Konzert unter dem Patronat der Königlichen Familie und des Adels und *mit ungewöhnlich reicher Ausstattung* stattfinden. Bis dahin möchte er gesund sein, denn bei diesem Konzert aufzutreten ist ihm ein Anliegen.

Doch es geht nicht aufwärts. Zwar sucht ihn täglich der Arzt auf, *der Homöopath Dr. Mallan, den meine schottischen Damen kennen.* Auch seine geliebte Marcelina Czartoryska kommt *fast täglich wie ins Krankenhaus* zu ihm, und auch Broadwood sieht ständig nach ihm, doch da ist auch *Fr. Erskine, die mir mit Frl. Stirling hierher gefolgt ist.*

Am 15. November weist eine Annonce in den *Daily News* erneut auf das Konzert hin. *Im Konzert werden die berühmtesten Gesangskräfte auftreten. Eintrittskarten inklusive Erfrischungen für eine Dame und einen Herrn zu 21 Shilling.* Von Chopin ist nicht die Rede.

Am 16. November hat Dr. Mallan Chopin *so weit hergestellt*, dass er spielen kann. In einer besonders schönen schwarzen Seidenweste, bestickt mit blauen Blüten, betritt er die Guildhall, einen strengen Bau aus dem 17. Jahrhundert, der aussehen möchte wie der gotische, der hier früher stand. Doch der Tanz, das Tanzorchester, die Erfrischungen, die Dekorationen, die Roben und die anwesenden Berühmtheiten sind dem Publikum wesentlich wichtiger als der blasse, hustende Pianist, der in irgendeinem Nebenzimmer an einem kleinen, schlecht gestimmten Klavier sitzt und um Silentium ringt. Sein ehemaliger Schüler Lindsay Sloper, den Moscheles an ihn empfohlen hatte, gehört zu den wenigen, die zuhören, als Chopin beginnt, zwei seiner Etüden aus Opus 25 vorzutragen. Auch der Musikschriftsteller Francis Hueffer ist dabei und beobachtet, dass kaum einer Chopin zu würdigen weiß. *Die Leute, die vom Tanzen erhitzt in den Saal kamen, in dem er spielte*, notiert er danach, *waren nicht in der Stimmung zuzuhören und warteten bloß ungeduldig darauf, zu ihrem Vergnügen zurückzukehren. Er war im letzten Stadium der Erschöpfung, und das Ganze lief auf eine Enttäuschung hinaus. Sein Spiel bei einer solchen Veranstaltung war ein wohlgemeinter Missgriff.*

Die Zeitungen bestätigen Hueffers Eindruck: In keinem einzigen der ausführlichen Berichte über das Ereignis wird auch nur Chopins Name erwähnt. Sein letzter Auftritt ist im Geschwätz versickert.

Wieder in seiner Wohnung, muss er sich sofort ins Bett legen und verbringt eine schlimme Nacht, ist *ganz geschwollen von Neuralgien*, kann *weder atmen noch schlafen*. Am 20. kündigt er Grzymała seine Rückkehr an und bittet ihn, jetzt bereits eine neue Wohnung zu suchen, damit er möglichst bald vom Square d'Orléans wegziehen kann. Doch er stellt den Sinn der Heimreise überhaupt in Frage: ... *wozu kehre ich zurück? Warum tötet mich Gott nicht gleich, sondern nur allmählich und durch das Fieber der Unentschlossenheit?* Nun, da er sich vor Augen hält, welche Situation ihn am Square erwartet, da ihm bewusst wird, was es heißt, ohne George krank und hilfsbedürftig zu sein, gesteht er ein, durchaus erkannt zu haben, dass er mit Karol gemeint war und George mit Lucrezia, die oft *mehrere Wochen sein Bett kaum einmal verließ*.

Ich habe nie jemanden verflucht, aber jetzt ist für mich alles so unerträglich, dass es mich wahrscheinlich erleichtern würde, könnte ich Lucrezia verfluchen, klagt er Grzymała. Doch es ist ihm wohl klar, dass Lucrezia nicht die Schuld an seinem Zustand trägt.

Weniger der Wunsch, nach Paris heimzukehren, treibt ihn an, als der Wunsch, das *hündische London* zu verlassen. Aus finanziellen Gründen, denn *in spätestens drei oder vier Monaten werde ich alles, was ich besitze, aufgegessen haben*. Aber auch, um den beiden Schwestern zu entkommen. *Noch einen Tag länger hier, und ich werde verrückt! ... Sie kleben an einem wie die Kletten, man wird sie nicht los*. Die schottischen Damen behandeln ihn, als liege er bereits im Sterben. *Fr. Erskine, die eine sehr fromme Protestantin ist, ... möchte wohl einen Protestanten aus mir machen, denn sie schleppt ständig die Bibel an, faselt von der Seele und schreibt mir Psalmen auf; immer erzählt sie mir, dass die andere Welt besser sei als diese.*

Am 20. November schickt er einen Brief an Marie de Rozières ab mit Anweisungen, was Madame Étienne, die Portiersfrau, alles zu erledigen habe. Sie solle *einen Klafter Holz* bestellen, die Zimmer *tüchtig heizen*, die Möbel und Vorhänge, *vor allem die am Bett gründlich abstauben* und alles *ordentlich ausfegen*. Am 21. November bittet er Grzymała zu veranlassen, dass Tannenzapfen gekauft werden, bei seiner Ankunft *Laken und Kissen trocken, Teppiche und Gardinen da sind* und die Tapeten hergerichtet.

Bisher hat er Briefe an Grzymała immer beendet *mit herzlichen Umarmungen* und *Grüßen aus vollem Herzen*, nun schließt er regelmäßig mit den Worten *Dein bis in den Tod*. Er hat Grzymała wissen lassen, dass er *eine Art Ordnung* über seinen Besitz erstellt habe, *die zu befolgen ist*, wenn er *irgendwo krepieren sollte*. Und noch einen Wunsch hat er an Grzymała: *… lass einen Veilchenstrauß kaufen, damit der Salon duftet. Ich möchte wenigstens noch etwas Poesie um mich haben, wenn ich … durch den Salon ins Schlafzimmer gehe, wo ich mich sicher für lange Zeit hinlegen werde.*

Am 23. November 1848 verlässt Frédéric Chopin London. Er wird begleitet von seinem Diener Daniel und seinem polnischen Bekannten Leonard Niedźwiecki. Der Landsmann, drei Jahre älter als Chopin, war aus Warschau geflohen, 1832 in London angekommen, 1845 von dort nach Paris gezogen und kehrt nun von einem Englandbesuch dorthin zurück.

Am 24. November kommen die Reisenden in Paris an.

In seiner Wohnung erwartet Chopin ein Veilchenstrauß. Und eine Todesnachricht: Doktor Molin ist gestorben. An der Schwindsucht.

XXVI
Der Weg zurück
Letzte Begegnungen im Jahr 1849

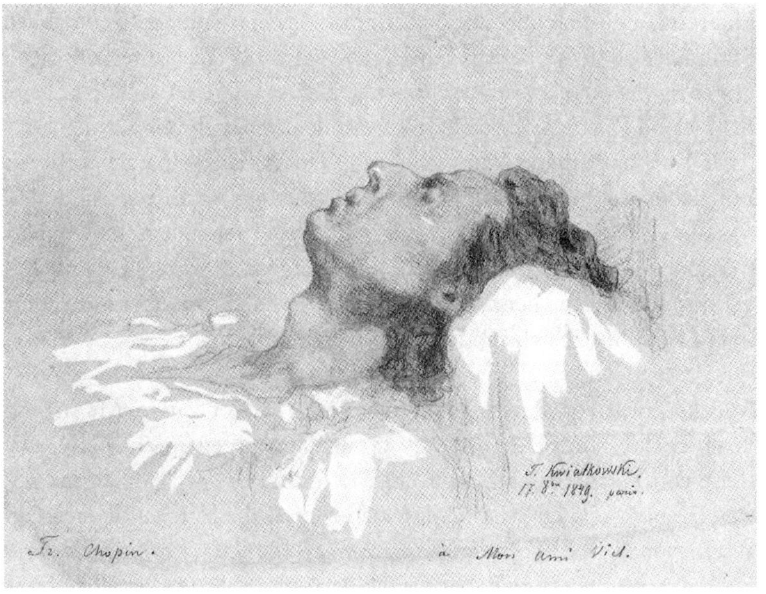

Chopin auf dem Sterbebett, 1849.
(Bleistiftzeichnung, weiß gehöht,
mit Gouachefarben von Teofil Kwiatkowski).

𝄢

Im November 1849 packt eine Frau von Anfang vierzig an der Place Vendôme ihre Sachen zusammen. Nach drei Monaten verlässt sie Paris und reist in ihre Heimat zurück. Ihr dunkles Haar mit ein paar grauen Strähnen hat sie zu einem Zopf geflochten und am Hinterkopf hoch gesteckt. Sie ist blass und schwarz gekleidet. Es sind viele Taschen, Koffer und Kartons, die sie mitnimmt, deutlich mehr als auf der Hinreise. Das, was hinzugekommen ist an Gepäck, ist kostbar, obwohl das keiner der Zollbeamten an der Grenze erkennen wird. Vor allem das, was sie in einem dicht verschlossenen Gefäß, eingelegt in Cognac, transportiert, ist unersetzlich. Sie muss befürchten, dass sie damit Ärger bekommt, es sei denn, der Name und der Geburtsort ihres Bruders wären auch Beamten bekannt, die Reisende abfertigen.

Angekommen war Ludwika Jędrzejewiczowa mit ihrem Mann und ihrer Tochter am 9. August, weil ihr Bruder es gewünscht hatte. Die Reise von Warschau nach Paris im Hochsommer war anstrengend gewesen, aber Ludwika wusste, dass sie Frédéric die Bitte auf keinen Fall abschlagen durfte. *Wenn Ihr könnt, dann kommt, ich bin schwach und kein Doktor vermag mir so zu helfen wie Ihr*, hatte er an sie und seinen Schwager Józef Kalasanty Jędrzejewicz am 25. Juni 1849 geschrieben. Das war Chopins Schwester schon von George Sand bescheinigt worden: *Sie sind der beste Arzt*, hatte sie Ludwika nach dem glücklichen Sommer auf Nohant vor fünf Jahren geschrieben. Wie viele Ärzte es sind, die Chopin nicht helfen können, weiß Ludwika nicht. *Wenn Euch das Geld zur Reise fehlt, dann leiht es Euch – sobald ich mich besser fühle, werde ich es leicht verdienen und dem zurückgeben, der es Euch jetzt leihen wird – doch jetzt bin ich zu blank.*

Seit dem Tod von Molin war Chopin fieberhaft auf der Suche nach einem Ersatz und probierte alles aus, was in Paris Rang und Namen hat; *ich habe einen vierten erfolgreichen Arzt*, hatte er schon im April an

Solange geschrieben, *sie nehmen alle 10 Francs für einen Hausbesuch – und sie kommen oft zweimal am Tag.* Von ihrer Mutter Geld zu erbitten wird Ludwika schwer fallen: Alles, was sie entbehren kann, hat sie im Juni an Frédéric geschickt, umgerechnet 1200 Franc, damit er den Umzug bezahlen konnte in die Rue de Chaillot 74, eine große, neue, sonnige Wohnung auf einer Anhöhe. Die Miete hat diskret Natalia Obreskowa übernommen, eine Frau, die laut Moscheles Chopin *en bloc* verehrt. *Zusätzliche Kosten für ein Hotelzimmer werden nicht anfallen*, hatte Chopin seine Schwester beruhigt, obwohl das Appartement der Frau S., das den beiden das letzte Mal so gut gefallen hatte, nicht mehr zur Verfügung steht. *Meine Wohnung hier in Chaillot*, hatte Chopin versprochen, *ist geräumig genug, um Euch mit zwei Kindern aufzunehmen.* Mit allen Mitteln hatte er versucht, Ludwika, ihrem Mann und der vierzehnjährigen Ludwika den Aufenthalt in Paris schmackhaft zu machen. *Papa Kalasanty könnte den ganzen Tag umherlaufen. Die landwirtschaftliche Ausstellung ist gleich nebenan – kurz, er hätte mehr freie Zeit für sich als das letzte Mal, denn ich fühle mich schwächer als damals und würde viel mit Ludwika im Zimmer sitzen. Wie mir heute zwei Leute sagten, würde es nicht nur mir, sondern auch Ludwika gut bekommen … Rühr Dich, Herr Kalasanty – dann bekommst Du eine ausgezeichnete große Zigarre von mir dafür.* Beim letzten Besuch der Familie hatte Chopin gespürt, wie Jędrzejewicz Abstand zu ihm suchte. Nun schrieb er, falls es dem Schwager von der Rue de Chaillot in die Stadt *zu weit sein sollte, könnte er am Square d'Orleans in meiner Wohnung hausen. Omnibusse verkehren unmittelbar vom Square bis hier vor die Tür.* Unterwürfig betonte er: … *man muss ja den Ehemann bitten, damit er die Frau herbringt. Ich bitte ihn also sehr darum.*

Es war ein langer Brief geworden, Chopin hatte jedes Argument, das ihm einfiel, aufgeführt. *Meine Freunde und Menschen, die mir wohlwollen, halten Ludwikas Ankunft für die beste Arznei für mich.*

Dass die anderen Arzneien keinerlei Wirkung mehr zeigten, verschwieg er. Doch seine Familie konnte aus seinen Randbemerkungen schließen, dass er mit den Ärzten nicht auf gutem Fuß stand: … *ich habe, Gott sei Dank, kein Fieber, was alle erfahrenen Ärzte außer Fassung bringt und ärgert.* Er beschäftigte nicht nur erfahrene, sondern berühmte Ärzte. Da war Dr. Jean Baptiste Cruveilhier, Professor für Pathologie, Verfasser eines Standardwerks über pathologische Anatomie, Leiter einer klinischen Abteilung an der Salpêtrière und ein gesuchter Praktiker, der Chateaubriand und Talleyrand behandelt hatte; die Mutter von Fürstin Anna Czartoryska, Fürstin Sapieha, hatte ihn auf ihre Kosten zu Chopin geschickt. Sie ahnte nicht, dass Chopins Interesse vor allem Cruveilhiers pathologischen Kenntnissen gegolten hatte: Wie sein Vater hatte er immer Angst, lebendig begraben zu werden, und wollte daher nach seinem Tod obduziert werden. Neben Cruveilhier beschäftigte Chopin Jean-Gaston Blache, Pädiater, aber auch Spezialist für Schwindsucht und Professor an der medizinischen Fakultät, Dr. Pierre Charles Alexandre Louis, ebenfalls Spezialist für Schwindsucht, der als der modernste Mediziner Frankreichs galt; außerdem kümmerte sich der Vater seiner irischen Schülerin Camille O'Meara um ihn. An fast jedem der Mediziner hatte Chopin etwas auszusetzen. Der Marquis de Custine hatte ihm einen deutschen Arzt, Dr. Johann Ferdinand Koreff empfohlen, einen Mann von Mitte sechzig, der von Mesmers Magnetismus überzeugt war. Auch die polnischen Freunde hatten einen Arzt beigesteuert: einen Dr. Fraenkel aus Warschau. Doch Chopin befand, der habe *keine Logik im Kopf, genau wie Koreff.* Dem Kinderarzt Blache vertraute er noch am meisten. *Er wird mir am ehesten helfen, denn in mir ist noch etwas von einem Kind.* Darin gab er nun George doch Recht, die ihn immer als ihr drittes Kind bezeichnet hatte und noch wenige Monate vor der Trennung an Charlotte Marliani geschrieben hatte: *Lass uns anderen vergeben, wenn sie … sich kindisch benehmen.* Dass er noch immer seinem Dr. Molin nachtrauerte, verschwieg Chopin seiner Schwester, aber Solange hatte er schon am 30. Januar erklärt: *Molin besaß das Geheimnis, mich wieder auf die Beine zu bringen. Seither war ich bei Monsieur Louis und bei Dr. Roth, und nun werde ich schon zwei Monate von Dr. Simon behandelt. Alle sind berühmte Homöopathen, aber jeder tappt im Dunkeln, ohne mir irgendwie zu helfen … sie tasten nur herum und verschaffen mir keine Erleichterung. Die Ruhe werde ich eines Tages auch ohne sie finden.* In jenem Brief, in dem er Ludwika anflehte zu kommen, hatte er ohnehin verschwiegen, wie es wirklich um ihn stand. Dass er nicht nur körperlich, sondern auch seelisch angegriffen war. Ihn, der von abergläubischen Vorstellungen erfüllt war, musste es getroffen haben, dass im April ein Mann gestorben war, der ihn kurz zuvor noch besucht und anderen gegenüber als einen *Todgeweihten* bezeichnet hatte: Juliusz Słowacki, der wie er aus Warschau nach Paris gezogen war, der so alt war wie er, der ihm früher zum Verwechseln ähnlich sah und sein Vorgänger bei Maria Wodzińska gewesen war. Doch schon seine Kleidung verriet, dass er im Gegensatz zu Chopin keine vermögenden Freunde besaß, die ihn unterstützten; seit langem war er nur noch in einem verschlissenen alten Mantel herumgelaufen, eine ausgeblichene rote viereckige Mütze auf dem Kopf. Unweit von Chopins neuer Wohnung, in der Rue de Ponthieu, hatte Słowacki gehaust, in einem notdürftig möblierten kleinen Zimmer unter dem Dach. Gönner wie Natalia Obreskowa hatte es im Leben des Doppelgängers nie gegeben. Er war in seinem dunklen Loch verendet.

Chopins Stimmung hatte sich in der sonnigen neuen Wohnung aufgehellt. Auffallend optimistisch war sein Ton in diesem Brief gewesen, mit dem er die Schwester herbeiwünschte. *Ich weiß selbst nicht, warum ich so nach Ludwika verlange, es ist einfach so, als wäre ich guter Hoffnung. Ich hoffe, das Familienkonsilium wird sie mir schicken. Wer weiß, ob ich sie nicht zurückbegleite, wenn ich gesünder bin.* Freunden gegenüber hatte er ähnlich zukunftsfroh geklungen. Am 18. Juni hatte er Grzymała geschrieben: *Ich fühle mich besser, weil ich tüchtig gegessen und die Medikamente nicht genommen habe; ich keuche und huste zwar genauso wie vorher, nur ertrage ich es jetzt leichter.*

Was seine Sehnsucht nach Ludwika verstärkte, war die Einsamkeit gewesen. Solange Clésinger, an die er sich seit der Trennung von George gewöhnt hatte, war mit ihrem Mann zwar nicht, wie im Herbst geplant, zu einer Russlandreise aufgebrochen, um dort irgendwie zu Geld zu kommen; aber sie war im Mai auf dem Anwesen ihres Vaters von der zweiten Tochter entbunden worden und wollte dem Säugling keinesfalls eine Reise zumuten. Viele Freunde und Bekannte Chopins hatten seit Juni die Stadt verlassen, *die einen aus Angst vor der Cholera, die anderen aus Angst vor der Revolution.*

Chopin hatte von den Turbulenzen des Jahres 1848 nur aus der Ferne erfahren. War ihm hinterbracht worden, dass George am 15. Mai 1848 an einer Kundgebung für die unterdrückten Polen teilgenommen hatte, die zum Anlass wurde, die Nationalversammlung zu stürmen, dass die Nationalgarde den Staatsstreich niedergeschlagen hatte und Georges Freund Louis Blancs aus der Regierung ausgeschlossen worden war? Damals hatte George an Charles Poncy noch geschrieben:

Mein Glaube ist nicht erschüttert, aber mein Herz ist sehr betrübt. Als Chopin zurückkam, hatte Louis Napoléon bereits das Rennen gemacht und war für vier Jahre zum Präsidenten gewählt worden. Victor Hugo hatte sich für ihn eingesetzt. *Der Mann ist kein Name, sondern eine Idee*, war seine Überzeugung. Fünfeinhalb Millionen Wähler, also 78 Prozent der Stimmen, hatte Napoléons Neffe für sich erobert. Vier Tage bevor Chopin Ende 1848 in Paris angekommen war, hatte Louis Napoléon schon in Gegenwart der Abgeordneten den Schwur auf die Verfassung abgelegt und war vom Volk als Retter der Gesellschaft bejubelt worden. An den Parlamentswahlen am 13. Mai 1849 hatten nur 60 Prozent der Wahlberechtigten teilgenommen. Sieger waren die Befürworter der Monarchie, Bonapartisten, Orléanisten und Legitimisten, die 60 Prozent der Sitze gewannen; Sozialisten und radikale Demokraten mussten sich mit zweihundert, die gemäßigten Republikaner mit nur siebzig Plätzen zufrieden geben. Am 26. Mai dieses Jahres war die Nationalversammlung eröffnet worden und Napoléons Neffe in den für ihn umgebauten Élysée-Palast eingezogen. Keine drei Wochen später, am 13. Juni 1849, hatten Sozialisten und andere Oppositionelle, die ihn nicht als Retter ansahen, einen Aufstand gewagt. Er war niedergeschlagen worden, die Anführer landeten im Gefängnis, die Zensur und das Strafrecht wurden verschärft, politische Gruppierungen, die mit den Rebellen sympathisierten, wurden verboten und verfolgt. Darunter befand sich auch die Polnische Demokratische Gesellschaft, der Chopins Freund Grzymała angehörte. Zwölf ihrer zweihundert Mitglieder waren sofort zur Ausreise gezwungen worden.

Dass George Sand sich aus der Politik zurückgezogen hatte, war Chopin wohl von gemeinsamen Freunden zugetragen worden.

Chopin fürchtete sich vor der politischen Zukunft weniger als vor der Cholera, aber er war im Juni längst zu schwach, um eine Reise anzutreten. Außerdem wusste er, dass die Flucht aufs Land nicht immer Erfolg zeitigte: Kalkbrenner hatte sich nach Enghien abgesetzt und war dort am 10. Juni bereits an den Folgen der Cholera gestorben.

Auch die Lage seiner neuen Wohnung war schuld daran, dass Chopin weniger Besuch bekam. *Bis zur Stadt ist es weit – nur diejenigen, die mich sehr lieben, besuchen mich manchmal.* Es hatte Chopin immer krank gemacht, wenn er sich allein gelassen fühlte. Anna Czartoryska hatte immerhin dafür gesorgt, dass auch nachts, wenn sein Diener nicht zur

Verfügung steht, jemand bei ihm ist; sie hatte das ehemalige Kindermädchen von Fürstin Róża Sapieha, eine Polin namens Matuszewska, gebeten, sich um Chopin zu kümmern und sie für ihre Nachtwachen bezahlt. Am 22. Juni hatte jene Frau Matuszewska die Czartoryskis alarmiert: Chopins Bettwäsche war rot, nachdem er innerhalb weniger Stunden zweimal große Mengen Blut erbrochen hatte. Die Familie in Warschau erfuhr davon nichts.

Als Ludwika Jędrzejewiczowa im November die Wohnung im Hinterhaus der Place Vendôme Nr. 12 verlässt und durch den Innenhof auf den Platz mit der Siegessäule geht, vollendet im Jahr von Fryderyks Geburt, wird sie vieles von dem, was der Bruder ihr vorenthalten hatte, erfahren haben. Die Oper liegt ganz in der Nähe. Er hat ihr wohl erzählt, dass es ihm sofort besser gegangen war, als ihn Jenny Lind und Delfina Potocka besucht und ihm abwechselnd vorgesungen hatten. Und dass auf einmal die Kindheit näherrückte. Beglückt war er ihr begegnet: Angelica Catalani, jene Sängerin, die ihm vor neunundzwanzig Jahren in Warschau eine goldene Taschenuhr geschenkt hatte, war in der Rue de Chaillot vorbeigekommen. Kurz danach war sie an Cholera gestorben. Es war nicht erstaunlich, dass Chopin es nur noch selten schaffte, sich ans Klavier zu setzen. *Ich spiele immer weniger*, hatte er am 10. Juli Grzymała geklagt, *mit dem Komponieren geht gar nichts.* Das Letzte, was er zu Papier gebracht hatte, waren ebenfalls Erinnerungen an die Kindheit: zwei Mazurken. Eine in g-Moll, ein Stück voll Heimweh, voll Sehnsucht nach dem Landleben, nach dem Einfachen, dem Ursprung des *Mazur.* Ein zartes Stück, doch an einigen Stellen so gut gelaunt wie Fryderyk damals in Szafarnia. Die zweite in f-Moll hatte Chopin nur noch in seiner Vorstellung vollendet, nicht mehr in den Noten. Als Skizze hatte er sie zur Seite legen müssen. Doch wer sie zu lesen vermochte wie sein Freund Franchomme, hörte aus ihr Wehmut, Trauer und Resignation. Diese Mazurka war kein Tanz mehr, sie war ein Abschiedsgesang.

Als sie entstand, hatte eine schwere Durchfallerkrankung Chopin zusätzlich geschwächt. Vor allem aber setzte ihm ein Verdacht zu: Er war auf einmal überzeugt, Cruveilhier halte ihn für einen *Schwindsüchtigen*, weil er ihm *einen Kaffeelöffel von einer Essenz mit Flechte verschrieben* hatte, das übliche Mittel der Homöopathen in solchen Fällen. Dann hatte ihm das Wetter zu schaffen gemacht, jene Julihitze, die auf Nohant leichter zu ertragen war als in der Stadt. Es fehlte ihm auch jemand für Gespräche, die mehr als Geplauder waren. Grzymała wagte sich nach seinem Finanzskandal und weil er der verbotenen Polnischen Demokratischen Gesellschaft angehörte, nur noch in Notfällen heimlich nach Paris herein. Gutmann war *incognito in London, als ob er Geld zu verlieren hätte*, spottete Chopin. Marcelina Czartoryska war von Wien nach London gereist. Delfina Potocka hatte Chopin von Versailles aus noch ein paar Mal in der Rue de Chaillot besucht, war dann aber ins belgische Spa zu einem Kuraufenthalt gefahren. Delacroix, der geistig am meisten anregende Freund, hatte Paris schon im Juni verlassen, *besorgt über den Gesundheitszustand des guten Chopin … traurig, dass ich ihn so zurücklassen musste.*

Umso mehr trieb es Chopin um, dass er von seiner Schwester noch immer keine Nachricht hatte. Hatte es die Seinen abgeschreckt, was er über die Verpflegung geschrieben hatte? *Wir werden uns hier so gut es geht mit Billigem behelfen.* Oder war sein Brief nicht dringlich genug gewesen? Chopin hatte daran von Anfang an Zweifel gehegt: Er bat sowohl Marie de Rozières als auch Natalia Obreskowa, beide mit Ludwika bekannt, ihrerseits nach Warschau zu schreiben, in der Hoffnung, sie könnten die Familie *vielleicht besser überzeugen.*

Am 3. August klagte Chopin Grzymała: *Meine Schwester hat noch keine Reiseerlaubnis erhalten. Und später ist sie nutzlos, weil er keine Ferien mehr hat.* Sein Schwager, das weiß Chopin, muss als Universitätsprofessor zu Beginn des akademischen Lehrjahres im September wieder in Warschau sein.

Natalia Obreskowa konnte es nicht mehr mit ansehen, wie der *en bloc* Verehrte litt. Also hatte sie ihre Beziehungen in Polen spielen lassen.

Da endlich war der Brief aus Warschau gekommen, der den Besuch von Schwester, Schwager und ihrer Tochter Ludwika ankündigte.

Mittlerweile rechnete bereits jeder in Chopins Freundeskreis mit seinem baldigen Tod. Hinter seinem Rücken waren seit letztem Jahr schon einige Versuche angezettelt worden, ihn wieder mit George Sand zu versöhnen. Vor allem zwei Frauen setzten sich dafür ein. Die eine war Pauline Viardot-Garcia, mit George nach wie vor eng befreundet.

In London war sie oft mit Chopin zusammengetroffen. Anfang Dezember 1848 hatte sie einen Brief von George bekommen, in dem diese sich besorgt erkundigte: *Haben Sie Chopin in England gesehen, und können Sie mir irgendwelche Neuigkeiten berichten?* Am Ende des Monats war die Antwort Paulines bei George eingegangen, die Nohant kaum mehr verlässt: *Er redet von Ihnen immer mit höchstem Respekt, und ich bin sicher, dass er nie anders geredet hat.* Im Frühling hatte George bei Pauline wieder angefragt, wie es Chopin gehe. Pauline hatte nicht verhehlt, dass *der Kleine* seine Mutter brauchen könnte. *Gesundheitlich geht es mit ihm bergab: Es gibt erträgliche Tage, an denen er mit seiner Kutsche ausfahren kann, und andere, an denen er Blut spuckt und von Hustenanfällen gewürgt wird. Abends geht er überhaupt nicht mehr aus. Wie auch immer, er ist noch imstande, ein paar Stunden zu geben und an guten Tagen kann er richtig vergnügt sein. Er hat mich dreimal besucht, aber nicht vorgefunden.*

Der Rückweg sei frei, hatte sie erneut bedeutet: *Er spricht von Ihnen mit dem allergrößten Respekt.* Von Clésinger sprach Chopin schon seit letztem Herbst zunehmend respektlos; er bezeichnete ihn als *Narr* oder als *Esel.* Das hätte eine Versöhnung mit George erleichtern können, doch Pauline hatte davon keine Ahnung. Anders Marie de Rozières. Sie befand sich seit Juli auf Kur im belgischen Chaudfontaine, zusammen mit der zweiten Frau, die George und Frédéric versöhnen wollte: Amélie Grille de Beuzelin, eine schon fast siebzigjährige gute Bekannte von beiden. *Er fühlt schmerzlich, wie sehr Sie ihm fehlen*, schrieb sie Mitte Juli an George und betonte wie Pauline, Chopin rede nur Gutes über sie. Georges Antwort jedoch war kühl gewesen: *Seine Gefühle für mich sind seit langem gestorben, und wenn ihn die Erinnerung an mich belastet, dann sind seine Gewissenbisse daran schuld.* Dann aber machte sie sich doch die Mühe, Amélie Grille ein zweites Mal auf diesen Brief zu antworten. War ihr die erste Antwort zu kalt erschienen?

Zu dieser Zeit hätte Chopin dringender denn je Georges praktischen, von Aberglauben und Wahnvorstellungen befreiten Verstand brauchen können.

Er hatte Franchomme in seine finanziell katastrophale Lage eingeweiht. In einem Brief an den Freund heißt es: *Schicke mir eine Flasche von Deinem Bordeaux. Ich muss heute etwas Wein trinken und habe nichts, also von keiner Sorte.* Der Cellist hatte sich, ohne Chopin etwas davon zu verraten, an die beiden Schottinnen gewandt, die aus Angst vor der

Cholera in den Vorort St. Germain-en-Laye ausgewichen waren. Jane Stirling schien aus allen Wolken zu fallen: Schon vor Monaten habe sie bei Madame Étienne, Chopins Concierge am Square d'Orléans, einen versiegelten Brief mit 25 000 Francs für Chopin abgeben lassen. Selbstverständlich anonym. Doch Madame Étienne wusste von nichts. Ausgerechnet die beiden calvinistischen Schwestern waren dann auf die Idee verfallen, sich an Alexis, einen der bekanntesten Hellseher und Wahrsager in Paris, zu wenden. Alexis hatte erklärt, um das Couvert aufzufinden, brauche er etwas Persönliches von jener Dame, die es in Empfang genommen habe. Unter einem windigen Vorwand war Madame Étienne in die Rue de Chaillot gelockt worden, wo man ihr eine Haarsträhne abgeluchst hatte. Im Besitz des Haares sah der Hellseher hell: Das Couvert befinde sich in der Portiersloge hinter der Uhr auf dem Kaminsims. Und dort lag es tatsächlich.

Chopin reagierte keineswegs dankbar. Er äußerte den Verdacht, Jane Stirling habe die ganze Geschichte mit dem Hellseher, für ihn nur der *Schlafwandler*, inszeniert, weil es ihr peinlich gewesen sei, überhaupt nicht mehr an Chopins Notlage gedacht zu haben. Am 3. August schrieb er Grzymała, es gebe in dem Zusammenhang vieles, *was mit Magnetismus, Lüge oder Halluzination (Frl. St.)* erklärt werde, doch er könne das alles nicht *mit der Rechtschaffenheit von Madame Étienne in Einklang bringen*.

Madame Étienne hatte daraufhin das Couvert mit dem Geld in der Rue de Chaillot bei Chopin abgegeben, als der gerade außer Hauses war. Chopin hatte keine Gelegenheit, sie zu befragen, ob wirklich erst durch den Hinweis des Hellsehers das verschollene Couvert in der Portiersloge gefunden war und ob es wahrscheinlich sei, dass Madame Étienne es dort monatelang übersehen hatte. Also, schloss Chopin, könne sie den Brief *genauso gut ohne die Unterstützung des Schlafwandlers* gefunden haben, und er wisse auch nicht, wann. *Der Brief könnte erst drei Tage vorher abgegeben worden sein*, mutmaßte er. Es sei durchaus denkbar, dass *der Coup einfach zu spät eingefädelt* worden sei.

Er traute Jane Stirling nicht mehr. *Sie war bei mir mit ihren Bekenntnissen und antwortete mir so dumm, die Schwester wusste angeblich von allem nichts, dass ich sehr deutlich werden musste und erklären, dass ich von niemandem, es sei denn, von der englischen Königin … derart große Geschenke annehmen kann. Du kannst Dir denken, dass ich die Gabe nicht annahm*, hatte er Grzymała berichtet.

Doch 15 000 der insgesamt 25 000 Francs nahm er an. Seine Angehörigen waren auf dem Weg nach Paris, und viele Arztrechnungen mussten bezahlt werden.

War es unberechtigter Argwohn, der ihn Jane Stirling solche Manöver unterstellen ließ? In dem Brief, mit dem er Franchomme um Bordeaux gebeten hatte, war zu lesen: … *diese Boten! Ich weiß nicht, wem Du die Sendung anvertrauen willst. Wie misstrauisch bin ich doch geworden!*

Andererseits können die Freunde beobachten, dass die Anzeichen von Chopins nahendem Ende Jane Stirling verleiten, bereits die Rolle der trauernden Witwe einzuüben. Ary Scheffer hatte sie porträtiert auf einem Gemälde, genannt *Christus Consolator.* Der Tröster sah zwar Chopin nicht eben ähnlich, doch eine der klagenden Marien zu seinen Füßen zeigte einwandfrei Jane Stirling.

Alle spürten, dass Chopin ihren Beistand brauchte. Gutmann und auch Marcelina Czartoryska waren aus London zurückgekehrt. Anfang August war dann Clésinger nach Guillery gefahren und *hatte Solange nach zehn Tagen Hitzereise mit dem Kind und der Amme hierhergebracht, ohne Geld und zu einem Zeitpunkt, wo alle aufs Land fliehen!*, hatte Chopin sich erregt. *Wo er seinen Verstand hat, weiß ich nicht!! Ohne Kopf, oder vielmehr mit einem sehr hässlichen Kopf!*

Die Abende bei ihm seien *herzzerreißend*, sagte Solange. *Sein keuchender Atem* sei *nur noch ein röchelndes und jammervolles Schreien, ein grässliches Schluchzen.*

Es war höchste Zeit, dass die Schwester aus Warschau kam.

Erinnert sich Ludwika Jędrzejewiczowa, als sie mit ihrer Tochter Paris verlässt, was sie empfunden hatte, als sie sich am 9. August mit Mann und Tochter endlich Chopins Wohnung in der Rue de Chaillot genähert hatte? Von den Champs-Élysées aus war die Kutsche links abgebogen, den Hügel hinaufgefahren und hatte vor der linken Häuserzeile angehalten. Ihr Bruder bewohnte mehrere Räume in der ersten Etage eines vierstöckigen Gebäudes. Dass er keinesfalls höher wohnen wollte, weil er immer die Treppen hinaufgetragen werden musste, hatte Ludwika bis dahin noch nicht erfahren. Obwohl Natalia Obreskowa in ihrem eindringlichen Brief an Frédérics Schwester beschrieben hatte, wie sehr sein Anblick in diesem Sommer sie entsetzt habe, musste der Zustand des Bruders Ludwika erschrecken. Doch er sieht schon lange aus wie ein *Todgeweihter.* Vielleicht haben deswegen in den letzten Monaten die Anfragen von Porträtisten zugenommen. Clésinger hat nach Chopins Rückkehr aus London eine Büste von ihm geschaffen, die das Aussehen seines Gesichtes beschönigt. Auch Antoni Kolbergs Porträt vom letzten Jahr zeigt Chopin blass, aber keineswegs verhärmt. Nur die Daguerreotypie, die Louis-Auguste Bisson, der Bedeutendste seines Faches hier, im Verlag von Schlesinger veröffentlicht hatte, offenbarte das, was Ludwika an jenem 9. August sah: eine zusammengesunkene Gestalt, zu schmächtig für die Kleider, ein blasses, von Ödemen ungesund aufgedunsenes Gesicht, eine steile Falte zwischen den zusammengezogenen Brauen, Furchen von den Nasenflügeln bis zu den Mundwinkeln, ein misstrauischer Blick aus verengten Augen, nicht die Spur eines Lächelns um die Lippen.

Die Wohnung ihres Bruders dürfte Ludwika gefallen haben. Der große Salon besaß drei Fenster, der Blick ging hinaus auf Gärten; dahinter sah man, wie Chopin sagte, *ganz Paris*: die Tuilerien, die Kirchen St. Germain-l'Auxerrois, St. Étienne du Mont, Notre-Dame und Saint Sulpice, außerdem den Panthéon und den Invalidendom. Manche Besucher hatte der Ausblick an Rom erinnert. In diesem Raum, hoch und lichtdurchflutet, standen Chopins Pleyel-Flügel, eine Chaiselongue und ein Esstisch mit Stühlen. Dort sollte Ludwika jeden Nachmittag gegen fünf mit ihrem Bruder essen. Nur selten waren sie, nachdem Daniel seinen Herrn die Treppe hinuntergetragen hatte, in der Kutsche zum Bois de Boulogne gefahren, was Chopin in den Wochen zuvor noch regelmäßig geschafft hatte. Schon fünf Tage nach ihrer Ankunft berichtete Ludwika in einem Brief an ihre *liebe gute Freundin* Marie de Rozières, die sich noch immer in Chaudfontaine aufhielt, dass Frédéric *sehr leidend* sei und *heute mehr noch als an anderen Tagen erschöpft … von der Schlaflosigkeit und seinen Hustenanfällen.*

Hatte Marie daraufhin George Sand mitgeteilt, dass sich Ludwika Jędrzejewiczowa bei ihrem Bruder aufhielt? Kurz danach war jedenfalls in der Rue de Chaillot ein Brief von George an Ludwika eingetroffen: *Soeben erfahre ich, dass Sie in Paris sind. Das wusste ich nicht. So hoffe ich, durch Sie endlich zu hören, wie es Frédéric wirklich geht. Die einen schreiben, er sei sehr viel kränker als üblich, die anderen, er sei nur schwach und leidend, so wie ich ihn von jeher kenne. Schreiben Sie mir doch ein Wort, darum wage ich Sie zu bitten, denn auch wenn man von seinen Kindern verkannt und im Stich gelassen wurde, hört man deshalb nicht auf, sie zu lieben. Und wie geht es Ihnen? Glauben Sie mir, seit ich Sie kenne, ist kein Tag vergangen, ohne dass ich nicht sehr an Sie gedacht hätte. Vermutlich haben Sie im Herzen auch an mich gedacht, denn ich glaube, dass ich nicht verdient habe, was ich durchleiden musste.* Sie erwähnt mit keinem Wort, dass ihr Halbbruder Hippolyte gestorben ist, ohne dass sie sich mit ihm versöhnt hätte, dass sie vor kurzem erst ihre Freundin Marie Dorval verloren hat, dass Maurice sich nach wie vor *wie ein Wickelkind* bemuttern lässt, dass sie vergeblich monatelang für Alkan gekämpft hat, der in einem unsauberen Verfahren um den sicher geglaubten Direktorenposten am Konservatorium geprellt worden war, dass sie, nachdem sie *wie ein Staatsmann* Tag und Nacht unentgeltlich für die Republik gearbeitet hatte, seit dem Sieg Louis Napoléons schlecht angesehen war und sich enttäuscht aus der Politik zurückgezogen hatte. Nun also dieser Brief, ein Angebot, eine Art Liebeserklärung trotz aller Missverständnisse, *denn man hört deshalb nicht auf … zu lieben.*

Hatte auch Chopin nicht aufgehört zu lieben? Liszt wird später behaupten: *Die Tränen traten ihm oftmals in die Augen, wenn er ihrer gedachte, die er verlassen musste und von der er sich doch nicht trennen konnte.*

Doch während der drei Monate, die sich Ludwika bei ihrem Bruder aufhielt, sollte George kein einziges Mal die Wohnung betreten. Später wurde gemutmaßt, was der Grund dafür gewesen sein könnte. Hatte Ludwika nicht geantwortet? Hatte Gutmann, wie er behauptete, George, als sie schließlich auftauchte, weggeschickt, aus Angst, die Begegnung würde Chopin zu sehr erschüttern? Hatte Chopin selbst sie nicht empfangen wollen? Oder hatte sie es ganz einfach nicht über sich gebracht, ihn aufzusuchen?

Als Ludwika Jędrzejewiczowa im November gen Osten aus Paris hinausfährt, muss sie die Route nördlich des *Jardin des Plantes nehmen.* Denkt sie daran, wie viel sie mit Chopin bei ihrem ersten Besuch vor fünf Jahren unternommen hat? Auch diesen Botanischen Garten haben sie gemeinsam besucht. Dass ihm dieses Mal die Kraft fehlen würde, mit Ludwika viel auszugehen, hatte er vorausgeahnt. Schon in dem Brief vom 25. Juni hatte er sie und ihre Tochter aufgefordert: *Bringt …*

Fingerhut und Stricknadeln mit, ich werde Euch Taschentücher zum Besticken geben und Strümpfe stricken lassen.

Umso mehr freute er sich, wenn Freunde vorbeikamen, um nicht nur ihn, sondern auch seine Schwester zu unterhalten. Allerdings wollte er nur noch gute Freunde sehen, keine Besucher, die allein die Neugier antrieb, nachzusehen, wie lange er es wohl noch machen würde. Ludwika hatte oft erlebt, wie ihr Bruder sich von seinen Hausangestellten verleugnen ließ. Manchmal hatte er es danach bereut. Mitte September hatte sie bei ihm am Bett gesessen, auf dem er angezogen und mit Schuhen lag, den Oberkörper halbaufgerichtet an viele Kissen gelehnt, als Frau Matuszewska ihm eine Visitenkarte aushändigte von jemandem, dem sie wunschgemäß erklärt hatte, Chopin schlafe und empfange niemanden. *Cyprian Kamil Norwid* hatte auf der Karte gestanden. Sie solle ihm sofort nachrennen und ihn zurückholen, hatte Chopin gebeten. Auf der Treppe hatte sie ihn erwischt, diesen polnischen Freund, Dichter und Dramatiker, der erst in diesem Jahr nach Paris gezogen war und Chopin schon ein paar Mal auf seinen Ausfahrten begleitet hatte. Norwid war sofort aufgefallen, dass die Frau am Bett *ihm im Profil seltsam ähnlich* war. Chopins Beine waren so dick geschwollen, dass sich die Ödeme unter den Hosenbeinen abzeichneten. Dennoch hatte Norwid gestaunt, dass er *schön war wie immer … seine alltäglichsten Bewegungen hatten etwas Vollendetes.* Dann begann Chopin, *unterbrochen von Husten und Würgen*, dem Freund vorzuwerfen, dass er ihn so lange nicht besucht hatte, machte Scherze und bezichtigte ihn, *mystizistisch* geworden zu sein. Als Norwid an den immer längeren Hustenattacken bemerkte, dass der Freund Ruhe brauchte, wollte er sich verabschieden. Da *warf* Chopin *sich die Haare aus der Stirn zurück und erklärte: Ich gehe demnächst weg von hier! und begann wieder zu husten.* Norwid widersprach *vehement … und redete mit ihm, wie man zu einer kräftigen und tapferen Person redet: ‹Ach, du sagst doch jedes Jahr, dass du uns verlassen wirst, und trotzdem sehen wir dich, Gott sei dank, am Leben›.* Doch Chopin wiederholte: *‹Ich sage dir, dass ich weggehe – und an die Place Vendôme ziehe›.*

Freunde hatten alles in die Wege geleitet, um ihm den Umzug in diese zentral gelegene *sehr teure Wohnung … mit Zimmern nach Süden* zu ermöglichen. Sie hatten die untergestellten Möbel aus dem aufgelösten Appartement am Square d'Orléans hinbringen und nach Chopins

Angaben aufstellen lassen. Zwar hatte Chopin kurz vorher seinem Freund Auguste Franchomme gestanden, er *falle um vor Schlaflosigkeit und Schwäche*, doch als er neue Tapeten und Gardinen aussuchen durfte, schöpfte er Hoffnung auf ein neues Leben an der Place Vendôme. *Endlich werde ich Euch alle im kommenden Winter wiedersehen, in guter Unterkunft*, hatte er Franchommes Familie angekündigt. Jędrzejewicz war längst allein nach Warschau zurückgereist, doch Ludwika war dabei, als ihr Bruder Ende September zum ersten Mal in seinem Leben in die Stadtmitte von Paris zog. *Meine Schwester bleibt bei mir, es sei denn, dass man sie zu Hause dringend brauchen sollte*, hatte er beruhigt weitergegeben. Auch an der Place Vendôme, einer Wohnung im ersten Stock des Rückgebäudes mit Blick auf einen weiten, begrünten Innenhof, stand Chopin ein großer Salon zur Verfügung, so elegant eingerichtet, wie er es brauchte. Rosenholzfarben der Teppich, blaugrau gestreift die Tapeten, safrangelb die Sessel und die Chaiselongue. Ein offener Kamin mit Marmoreinfassung, darüber ein großer Spiegel. Teofil Kwiatkowski, ein polnischer Malerfreund Chopins, kam vorbei, um den Salon zu aquarellieren. Die Rückwand des Schlafzimmers wurde völlig von einem großen Bett mit Vorhängen bis zur Decke eingenommen. Rechts davon war genügend Platz für ein paar Sessel, links war ein Tisch aufgebaut worden, an den Chopin vom Bett aus herankam, um etwas zu essen, ein Glas mit *Pyrenäenwasser* oder Rotwein abzustellen.

Trotz Chopins optimistischer Bemerkungen gegenüber Franchomme und anderen hatte Ludwika wohl rasch begriffen, dass ihr Bruder dem Tode entgegenging.

Tytus Woyciechowski, der enge Freund seiner Kindheit und Jugend, hatte sich aus Ostende gemeldet. Nicht ahnend, in welcher Verfassung Chopin war, hatte er seine Hilfe bei der Beschaffung der Papiere erbeten, die ein russischer Untertan brauchte, um die belgisch-französische Grenze überschreiten zu können. *Vielleicht gelingt es Dir, hierherzukommen*, hoffte Chopin. Wegen seines Zustandes seien zwar *Stunden voller Langeweile* zu erwarten, aber auch *Stunden der Freude und der glücklichen Erinnerung*.

Im Oktober aber hatte sich sein Zustand jäh verschlechtert. Er konnte nicht mehr laut reden, nur noch flüstern. Fast alle Freunde und Bekannten machten sich auf den Weg, um Chopin noch einmal zu sehen. Sogar Grzymała riskierte die Fahrt nach Paris. Ludwika hatte Teofil Kwiatkowski erlaubt, Chopins Kopf in den Kissen zu porträtieren. Auch Pauline Viardot-Garcia war vorbeigekommen, als es hieß, Chopin liege im Sterben. Doch dann drängten so viele Bekannte und Freunde in das Sterbezimmer, dass Ludwika, Marcelina Czartoryska und Adolf Gutmann wohl die Kontrolle verloren. *Es wachte zwar seine Schwester bei ihm*, wird Pauline Viardot danach George berichten, *doch die arme Frau war zu sehr von ihrem eigenen Schmerz eingenommen, um daran zu denken, die Zudringlichen zu entfernen. Alle großen Damen von Paris hielten es für ihre Pflicht, in seinem Zimmer in Ohnmacht zu fallen, in dem sich auch Zeichner befanden, die in aller Eile Skizzen anfertigten.* Zu spät bemerkten Ludwika und die anderen Vertrauten, dass sich zwei Daguerreotypisten Zugang verschafft hatten. Ludwika entging, dass einer sie porträtierte, wie sie, den Kopf erschöpft in die rechte Hand gestützt, auf dem Stuhl neben dem Bett saß. *Als ein Daguerreotypist das Bett ans Fenster rücken wollte, damit der Sterbende im Sonnenlicht läge, wies der brave Gutmann all diesen Herrschaften die Tür*, schrieb Pauline an George Sand. Am 7. Oktober hatte Chopin, als Gutmann den Arm um ihn legte, lange geschwiegen. Dann sagte er in die Stille: *Jetzt bin ich in Agonie.* Er fühle den Tod kommen, aber das schrecke ihn nicht, er sei froh, es bei so klarem Bewusstsein zu erleben.

Am 12. Oktober rang er verzweifelt nach Luft. Dr. Cruveilhier wurde gerufen und befürchtete, es blieben Chopin nur noch ein paar Stunden.

Doch George kam nicht. Hatte keiner versucht, sie zu verständigen? *Sie hat mir gesagt, dass ich nur in ihren Armen sterben werde*, soll Chopin seinem Freund Franchomme zwei Tage vor seinem Tod zugeflüstert haben.

Nun wollten viele Personen diese Rolle übernehmen und hinterdrein der Welt berichten, in ihren Armen sei Chopin gestorben.

Als Ludwika Jędrzejewiczowa im November die Heimreise antritt, zurück zu ihrer Mutter, einer überzeugten Katholikin, ist sie wohl erleichtert, dass die Nachricht, Chopin liege im Sterben, zu Aleksander Jełowicki vorgedrungen war. Wie, wusste keiner zu sagen. Ludwika und ihr Bruder kannten ihn aus der Heimat: Er hatte am Novemberaufstand teilgenommen, war wie so viele nach Frankreich geflohen, hatte hier lange als streitbarer Buchautor und Verleger gearbeitet, bis er sich vor wenigen Jahren entschlossen hatte, Priester zu werden.

Chopins Glauben war durch seine Krankheit und seinen Verfall immer mehr ins Wanken geraten. Aus England hatte er an den ausgewanderten Freund Fontana nach Amerika geschrieben, bei ihm seien *die Saiten gerissen*, und *einige Wirbel* seien *herausgesprungen. Der … Jammer ist: dass wir das Werk eines berühmten Geigenbauers sind, eines Stradivari sui generis, den es nicht mehr gibt, um uns zu reparieren.* Es musste Jełowicki reizen, den berühmten Landsmann, der für die katholische Kirche wenig Interesse gezeigt hatte, nun im letzten Moment wieder für sie zurückzuerobern.

Wie jeder in Paris wusste Jełowicki, dass Chopin jahrelang mit George Sand zusammengewesen war, einer Frau, die deutlich Stellung gegen den katholischen Klerus und die Kirche bezog. Sie war keine Gegnerin des Christentums, glaubte an das Evangelium des Johannes, *denn nur er allein hat den mystischen Sinn des Meisters begriffen*, aber sie wetterte in Romanen, Artikeln und Briefen gegen den Machtmissbrauch der Katholiken. *Wie viele blutige Kriege sie ausgelöst haben, wie viele Verbrechen in ihrem Namen begangen wurden … ich glaube fest daran, dass die auf uns folgenden Generationen Christus nicht mehr anbeten werden wie ein Idol und sich nicht mehr vor seinen Priestern in den Staub werfen werden.* Auch Chopin war in Paris höchstens dann in einer Kirche gesehen worden, wenn er zu einer Trauerfeier geladen war oder Musik aufgeführt wurde, die ihn interessierte, etwa Mozarts Requiem.

Zuerst hatte er sich geweigert, Jełowicki zu empfangen; doch schließlich, wohl Ludwika zuliebe, hatte er nachgegeben, aber betont, er werde seinen Landsmann nur als Freund empfangen, nicht als Geistlichen. Als Jełowicki ans Bett getreten war, nahm Chopin seine Hand und bat ihn zu schweigen. Beichten wollte er nicht. Ludwika überredete ihn wohl, es doch zu tun. Hätte sie das auch getan, wenn sie geahnt hätte, wie Jełowicki sich später über Chopins langsames Sterben verbreiten sollte?

Am 13. Oktober zelebrierte Jełowicki mit Chopin das Abendmahl. Am 15. Oktober betrat eine Frau von Mitte vierzig das Sterbezimmer, eine Frau mit dunkelblondem Haar und einem schönen, ebenmäßigen Gesicht. Sie war gerade erst aus Nizza angekommen und sofort zur Place Vendôme gefahren. Ludwika war Delfina Potocka noch nie begegnet; Delfina aber dürfte nicht nur wegen der Ähnlichkeit sofort erkannt haben, wer da am Kopfende des Krankenbettes saß; Chopin hatte auch Delfina Potocka um Hilfe gebeten, als sich die Reiseerlaubnis für seine Familienangehörigen immer länger hinauszögerte. Er hatte sogar erwogen, mit seiner Schwester gemeinsam den Winter in Delfinas Villa in Nizza zu verbringen. Wie mit fast allen Polen duzte sich Chopin mit ihr. Sie wolle ihn *nicht mit einem langen Brief langweilen*, hatte sie geantwortet, *andererseits aber auch nicht im Unwissen verbleiben, was Deine Gesundheit und Deine weiteren Pläne angeht.* Da sie wusste, dass sich neben den Hausangestellten auch Jane Stirling um Chopin kümmerte, fuhr sie fort: *Schreibe mir nicht selbst, sondern bitte Madame Étienne oder Deine treue Alte, die von Koteletts träumt, dass sie mir berichten, wie es um Deine Kräfte, Brust, Atemnot und so weiter aussieht. Über Nizza im Winter müsste man sich ernsthaft Gedanken machen. Frau Augustowa Potocka schrieb mir, dass sie sich nach Kräften bemühen wolle, eine Erlaubnis für Madame Jędrzejewiczowa zu erhalten, dass aber die Schwierigkeiten in diesem unglücklichen Land sehr groß sind. Es tut mir sehr leid, dass Du in Deiner Krankheit und Traurigkeit so vereinsamt bist. Gott schütze Dich … Auf Wiedersehen, bis spätestens Anfang Oktober.*

Als Chopin Delfina nun sah, bat er flüsternd, sie solle ihm etwas vorsingen. Dass Jane Stirling, die *treue Alte, die von Koteletts träumt*, und vermutlich ihre Schwester Katherine Erskine ebenfalls im Schlafzimmer saßen, hatte Delfina nicht abgehalten, ihm diesen Wunsch zu erfüllen. Den beiden Calvinistinnen musste es unpassend erscheinen, im Angesicht des Tods ausgerechnet Arien, auch noch Opernarien, zu singen. Chopins Flügel war aus dem Salon bis zur Schlafzimmertür gerollt worden, Delfina hatte ihre Tränen unterdrückt, gesungen und sich dabei begleitet. Darüber, was sie gesungen hatte, gingen später die Meinungen auseinander. Arien von Mozart, Rossini und Bellini, sagten die einen. Einen Psalm von Marcello und Alessandro Stradellas Hymne an die Himmelskönigin aus der Oper von Flotow, sagten die anderen, Gutmann sprach von einer Pergolesi-Arie. Angeblich hatte Franchomme sein Cello dabei und spielte, begleitet von Delfina, Chopins Sonate. Einig waren sich nur alle darin, dass Chopin die Rührung zugesetzt hatte und sein Röcheln die Musiker schließlich verstummen ließ.

Am 16. hatte Ludwika Jełowicki rufen lassen, um Chopin die letzte Ölung zu geben. Auch das hatte Chopin anfangs wohl abgelehnt.

Dachte er an die junge Indianerin, die *an Heimweh gestorben* war? *Vor dem Tod hat man sie getauft, das Begräbnis fand in der Madeleine statt*, hatte er damals bewegt seiner Familie berichtet. Wurde er genötigt, die heiligen Sakramente anzunehmen? Seine Sorge war nicht, ohne sie zu sterben. Als er am 16. Oktober bedeutete, man möge ihm Papier und Bleistift reichen, kritzelte er darauf mit zerberstenden Buchstaben: *Da diese Erde mich ersticken wird, beschwöre ich Euch, meinen Körper öffnen zu lassen, damit ich nicht lebendig begraben werde.* Doch die Erde begann ihn zu ersticken, bevor sie auf ihm lag.

Ludwika war dankbar gewesen, nicht allein am Bett ihres sterbenden Bruders zu wachen. Marcelina Czartoryska wich nicht mehr von seiner Seite. In der letzten Nacht vom 16. auf den 17. Oktober waren außer Ludwika, Marcelina und dem Priester auch noch Élise Gavard, ebenfalls eine Schülerin Chopins, und ihr Mann Charles zugegen, Auguste Franchomme, Dr. Cruveilhier, ein weiterer Arzt und Solange Clésinger. Nach eigenen Aussagen auch Pauline Viardot-Garcia. *Der arme Junge, er starb gequält von den Priestern, die ihn dazu nötigten, sechs Stunden lang, bis zum letzten Atemzug, die Reliquie zu küssen*, schrieb sie in jenem Brief an George. *Doch bei allem fand Chopin noch genügend Kraft, um jedem ein herzliches Wort zu sagen und seine Freunde zu trösten.*

Solange hatte sich sofort so nah wie möglich ans Bett zu Chopin gesetzt. Ob außerdem Gutmann, Grzymała, Chopins Nichte, Jane und ihre Schwester in diesen Stunden bei ihm waren? *Der Abend verstrich*, erinnerte sich Charles Gavard, *unter Wechselgebeten. Wir antworteten dem Geistlichen, Chopin blieb stumm. Nur an den beklommenen Bewegungen seiner Brust konnte man erkennen, dass er noch lebte. An jenem langen Abend untersuchten ihn zwei Ärzte. Einmal, als sein Atem so leise wurde, dass wir glaubten, es sei zu Ende, nahm Dr. Cruveilhier eine Kerze und hielt sie an das Gesicht, das sich durch die Erstickungsanfälle dunkelblau verfärbt hatte. Er sagte uns, dass die Sinne Chopin bereits ihren Dienst versagten. Als er Chopin fragte, ob er sehr leide, hörten wir deutlich, wie er sagte: ‹Plus› – ‹Nicht mehr›.*

Kurz nach zwei Uhr wollte Solange dem Sterbenden sein Wasserglas reichen. Da sah sie, dass sich *sein Blick eingetrübt* hatte. Chopin war tot.

Adolf Gutmann nahm dieses Glas, aus dem Chopin zuletzt getrunken hatte, irgendwann an sich. Doch wann? Diejenigen, die Chopins

Sterben miterlebt hatten, verließen wohl erst nach drei Uhr morgens die Wohnung. Weder Marcelina Czartoryska noch Ludwika konnten an Schlaf denken. Nach drei Uhr setzte sich Ludwika hin und schrieb einen langen Brief an ihren Mann nach Hause. Marcelina Czartoryska fügte einen Nachsatz hinzu. *Unser armer Freund hat sein Leben beendet – er hat viel gelitten, bevor er bei diesem letzten Augenblick angekommen war, aber er hat geduldig gelitten, mit engelsgleicher Resignation.*

Als es hell wurde, war Clésinger vorbeigekommen, um Chopin die Totenmaske abzunehmen. Er mochte diese Arbeit nicht und hatte auch keine Erfahrung damit. In Ruhe zu arbeiten war unmöglich. Chopins Wohnung wurde seit dem frühen Vormittag bestürmt. Freunde, Bekannte, Bewunderer wollten den Toten sehen, am liebsten berühren. Clésinger hatte beschlossen, einen zweiten Versuch zu unternehmen, wenn wieder Stille eingekehrt war.

Währenddessen schossen bereits die ersten Gerüchte aus dem Boden, die sich später zu Legenden auswachsen sollten. Die Romantiker waren überzeugt, Delfina Potocka habe auch am 17. an Chopins Bett gestanden. Waren die beiden Schottinnen dabei gewesen in den letzten Minuten Chopins? Katherine Erskine sollte später in einem Brief an Ludwika festhalten: *Ich bin sicher, dass der herzergreifende Aufschrei, den ich in dieser letzten Nacht hörte, immer und ewig in meiner Erinnerung haften bleibt; Mutter! Meine Mutter!* Franchomme behauptete ebenfalls, Chopins letzte Worte seien gewesen: *Matka, moja biedna matka – Mutter, meine arme Mutter.* Gutmann behauptete, Chopin sei in seinen Armen gestorben und habe als letztes *mon cher ami* zu ihm gesagt. Andere waren der Ansicht, Gutmann sei an diesem Tag gar nicht in Paris gewesen. Grzymała sollte sich erinnern, Chopin habe Gutmann geküsst. Glaubte man Grzymała, war das Sterbezimmer so überfüllt, dass kaum einer schwören konnte, sich an sämtliche Anwesenden zu erinnern. *Manchmal richtete er sich auf, setzte sich und wandte sich an mindestens zwanzig Personen – Arme in Lumpen und Reiche in Hermelin …*

Jełowicki wartete noch ab, bevor er Chopins Tod aus seiner Sicht schilderte. Als er dieses Machwerk 1877 veröffentlichte, waren alle gestorben, die bezeugen konnten, wie Chopin vier Tage lang dem Erstickungstod entgegengelitten hatte. *Den Blick fest auf das Bild des gekreuzigten Heiland gerichtet, beichtete er unter einem Strome von Tränen …*

An diesem Tag begann der Todeskampf, der vier Tage und vier Nächte dauerte … Während der größten Schmerzen dankte er Gott, pries seine Liebe und drückte das Verlangen aus, sich bald mit ihm zu vereinen … Tag und Nacht hielt er beinahe fortwährend meine Hände krampfhaft umfasst. ‹In dem entscheidenden Augenblick wirst Du mich doch nicht verlassen?›, sprach er und drückte sich an mich, so wie ein Kind sich an die Mutter drückt, wenn ihm Gefahr droht. Alle Augenblicke rief er: ‹Jesus, Maria!› Alle Augenblicke küsste er das Kruzifix … Zuletzt nahm er, der doch stets gewählt sprach, keinen Anstand, zu sagen: ‹Ohne Dich, mein Teurer, wäre ich gestorben wie ein Schwein.›

Nach Jełowicki waren Chopins letzte Worte: *‹Ich bin jetzt an der Quelle des Glücks.›*

Um die Mittagszeit hatte Ludwika dann mit Vertretern des Gerichts zu tun, die erst um sieben Uhr abends die Wohnung wieder verließen. Chopins Vermächtnis, das mündliche wie das schriftliche, war halbwegs klar gewesen: Alle noch nicht veröffentlichten Manuskripte sollten verbrannt werden, obwohl manche sagten, nur die unvollendeten; verbrannt wurde ohnehin nichts. Die Skizze seiner Klavierschule sollte Alkan erhalten, sein Leichnam sollte obduziert werden. Es war vermutlich nur eine Klausel seines Testaments gewesen, die den Juristen Kopfzerbrechen bereitet hatte: der Wunsch Chopins, dass nicht sein ganzer Körper in Paris beerdigt werden sollte.

Am 17. abends ließ sich Solange Clésinger in die Rue de la Ville l'Évêque fahren, zu Charlotte Marliani; sie wollte ihr ersparen, dass sie von Chopins Tod erst aus der Zeitung erfuhr. Solange erwartete außerdem, dass Charlotte Marliani die Nachricht von Chopins Tod ihrer Mutter überbrächte, am besten mündlich und so rasch wie möglich. Solange war überzeugt, sie habe wenige Tage zuvor ihre Mutter gesehen, wie sie an der Seine spazieren ging. Am 18. Oktober schickte Charlotte einen Brief an George nach Nohant, in dem sie berichtete, was Solange behauptet hatte. Den Einwand der Marliani hatte sie weggefegt mit dem Satz: *Ich kann doch wohl meine eigene Mutter erkennen!* Außerdem sei George auch von anderen gesehen worden. *Sie muss verrückt geworden sein*, erklärte Charlotte. Ob sie irrte oder George wirklich angereist war, in der Erwartung, man werde sie ans Sterbebett ihres Chip-Chip rufen, erfuhr niemand. *Man hat mir mitgeteilt, dass er mich bis zuletzt kindlich geliebt habe … und nach mir rief*, schreibt George.

Man glaubte … mir das bis jetzt verhehlen zu müssen. Man glaubte auch, ihm verhehlen zu müssen, dass ich bereit war, zu ihm zu eilen. War George davor zurückgeschreckt, ihn noch einmal zu sehen? Hatte sie sich gescheut, den Sterbenden ungebeten aufzusuchen? Oder war sie, wie zuvor angeblich schon von Gutmann, im Treppenhaus abgewiesen worden, aus Angst, diese Begegnung beschleunige Chopins Ende? Unter den Hinterlassenschaften von Chopin befand sich Georges Locke und das Billet mit den Worten: *Man betet Sie an. George. – Und ich auch! – Und ich auch! – Und ich auch!!! Marie Dorval*

Am 18. Oktober sah Ludwika zu, wie der Leichnam ihres Bruders abgeholt wurde, um ins Anatomische Institut von Dr. Cruveilhier gebracht zu werden.

Am 19. Oktober war er einbalsamiert, zurück an die Place Vendôme befördert und inmitten von Blumen aufgebahrt worden.

Dann war es mit jedem Tag komplizierter geworden. Dass Chopin, wie sich das für einen Mann von seinem Ruhm gehörte, mit einer großen Trauerfeier gewürdigt und auf dem Friedhof *Père Lachaise* begraben werden sollte, war rasch klar. Doch dafür fehlte das Geld. Chopin hatte nichts hinterlassen außer seinem Hausrat, seinen Manuskripten, mehr oder weniger wertvollem Nippes, ein paar goldenen Uhren und Pokalen, außerdem Schulden bei seinen Ärzten. Jane Stirling verzichtete dieses Mal auf eine anonyme Spende, sondern erklärte, sie werde sämtliche Kosten übernehmen. Diese sollten sich zu guter Letzt auf 5000 Pfund belaufen.

Einladungen mussten gedruckt und verschickt werden. Nur das *M* für Madame, Mademoiselle oder Monsieur war gedruckt, ein paar Hundert Namen mussten von Hand eingetragen werden, ein paar Hundert Adressen geschrieben werden.

Selbst das, was einfach ausgesehen hatte, erwies sich nun als schwierig.

Alle, die Chopin nahe gestanden hatten, wussten, wie sehr er Mozarts Requiem geliebt hatte, dass er den Klavierauszug, ob auf Mallorca oder in Nohant, immer bei sich haben wollte und er in seinem Salon griffbereit auf Pergolesis *Stabat Mater* lag. Am Samstag, den 20. Oktober, hatte Delacroix um die Mittagszeit die Nachricht vom Tod des Freundes erhalten, den er am Morgen bereits vorausgeahnt hatte. Sogleich war er nach Paris geeilt. In seinem letzten Gespräch mit Chopin am 7. April war es um die Logik in der Musik gegangen: Chopin hatte damals dem Freund Harmonie und Kontrapunkt erklärt und den Aufbau einer Fuge. Dann war das Gespräch auf Beethoven und Mozart gekommen. Beethoven lasse *oft zeitlose Prinzipien außer Acht*, hatte Chopin gesagt, *Mozart niemals. Bei ihm hat jede einzelne Partie ihren Verlauf, aber immer in Zusammenhang mit den anderen; so entsteht die vollkommen gestaltete Melodie; das ist der Kontrapunkt, der punto contra punto.*

Mozarts Requiem sollte also in jedem Fall aufgeführt werden, und wer die *vollkommen gestalteten Melodien* singen sollte, stand bald fest: Außer Chopins Freundin Pauline Viardot-Garcia hatten die Sopranistin Jeanne Castellan, der Tenor Alexis Dupont und der Bassist Luigi Lablache zugesagt. Vor siebzehn Jahren hatte Chopin Lablache in zwei Rossini-Opern in Paris gehört, in *Otello* und *L'Italiana in Algeri*, und geschwärmt: *Wir haben in Paris jetzt alles.* Oft war er mit Lablache zusammen bei Pauline Viardot zum Essen eingeladen gewesen, und im letzten Jahr war er ihm in England wieder begegnet. Chor und das Orchester des *Conservatoire* hatten zugesagt, als Dirigent war Narcisse Girard berufen worden; er hatte in den Jahren 1832 und 1834 in der *Salle de Conservatoire* am Dirigentenpult gestanden, als Chopin sein e-Moll-Konzert spielte. Doch die Rührung raubte Chor, Orchester und Dirigent nicht die rechnerische Vernunft: 2000 Pfund hatte Jane Stirling allein für sie zu zahlen.

Die Totenfeier sollte in derselben Kirche stattfinden wie die der jungen Indianerin, die *an Heimweh* gestorben war. Alles schien seinen geordneten Gang zu gehen, doch dann wurde Ludwika mitgeteilt, dass die Pariser Kirchenordnung die Mitwirkung weiblicher Solisten verbiete. Mozarts Requiem ohne Frauen in den Sopranpartien? Jeder wusste, wie sehr Chopin den weiblichen Gesang und die Sängerinnen vergöttert hatte, seine Schüler und Schülerinnen hatten noch den Satz im Ohr: *Sie müssen mit den Fingern singen.* Viele Schülerinnen hatte er zum Gesangsunterricht geschickt: *Wenn Sie Klavier spielen wollen, müssen Sie singen lernen.* Der Vikar der Madeleine hatte versprochen, um eine Ausnahmeregelung zu kämpfen. Doch diese Kämpfe kosteten mehr Zeit als erwartet. Endlich hatte er eine Lösung gefunden: Am Ende des Kirchenraums sollte ein schwarzes Tuch aufgespannt werden, das die beiden weiblichen Solisten verbarg.

Fast zwei Wochen lang hatte Chopins Leichnam in der Krypta der Madeleine auf die Beerdigung gewartet.

Die schöne Zeit des Herbstes ist vorbei, Paris ist grau, die Bäume sind nackt, als Ludwika Jędrzejewiczowa mit ihrer Tochter im November Paris verlässt. Sieht sie nun noch einmal den strahlenden Tag vor sich, an dem ihr Bruder beerdigt wurde und sie begriff, wie sehr er hier, in der Fremde, verehrt worden war?

Als Ludwika an der Madeleine ankam, sah sie um das Portal herum schwarze Samtdraperien, auf denen silberne Kartuschen angebracht waren, in deren Mitte F. C. stand.

Um elf Uhr vormittags waren die Kirchentore bereits geöffnet worden, um zwölf sollte der Gottesdienst beginnen.

Ludwika hatte die Kirche jedoch nicht durch den Vordereingang betreten, sondern wie alle Ehrengäste durch die Tür vom Blumenmarkt aus, und hatte sich dort auf die Tribüne an der rechten Seite gesetzt. Viele von Chopins engsten Freunden waren da: Auguste Franchomme, Eugène Delacroix, Adolf Gutmann, Hector Berlioz. Auch die Verleger waren gekommen und Camille Pleyel, der größte Teil des polnischen Exiladels, Chopins Schüler und Schülerinnen, unübersehbar auch Jane Stirling und natürlich die Clésingers. George Sand fehlte.

Das Licht drang durch die Türen der Kirche ins Innere. Dem Dichter Théophile Gautier fiel auf, dass *einige Damentoiletten in heiteren Farben erglänzten.*

In der Mitte des Querschiffs stand ein hoher Katafalk, bedeckt mit einem Bahrtuch, auf das ebenfalls in Silber F. C. gestickt war. Drei- bis viertausend Menschen hatten sich in die Kirche gedrängt.

Um zwölf Uhr, protokollierte Gautier, *erschienen die Leichenträger mit dem Sarg am Eingang der Kirche. In diesem Augenblick ertönte vom Chor herab ein allen Bewunderern Chopins wohlbekannter Trauermarsch, den man für diesen Anlass orchestriert hatte*; transkribiert hatte ihn Napoléon Henri Reber.

Ein Todesschauer durchrieselte die ganze Hörerschaft … Uns kam es vor, als würde die Sonne erbleichen und die glänzenden Kuppeln würden fahl werden, notierte Gautier. *Nach diesem Vorspiel begann das Requiem … in dem alle Schrecken des Todes laut werden, alle Schmerzen, Ängste und Klagen eines sterblichen Wesens, das sich zu einer unbekannten Welt empor-*

schwingt … Bei den Unterbrechungen, die durch die Zeremonie bedingt waren, spielte Lefébure-Wély auf der Orgel zwei Stücke – oder vielmehr zwei Klagegesänge Chopins, darunter auch jenes Präludium, das wir ihn selbst vor zwei Jahren aufseufzen hörten in dem letzten Konzert, das er in Paris gab.

Vor der Kirche wartete ein offener Wagen, an den Pferde mit schwarzem Federschmuck gespannt waren. *Dem Leichenwagen voran schritt Fürst Czartoryski. Die Zipfel des Leichentuchs wurden von den Herren Meyerbeer, Delacroix, Franchomme und Pleyel gehalten. Im Gefolge schritt das ganze Heer der bedeutendsten Pariser Musiker*, schildert Gautier die Szene.

Dann bewegte sich der Zug über die großen Boulevards, vorbei an der ersten Wohnung Chopins in Paris.

Dass sie ihre Heimreise mühelos bezahlen kann, verdankt Ludwika Jędrzejewiczowa der *braven Schottin* Jane Stirling: Sie hatte ihr Chopins gesamten Hausrat abgekauft und wohl bereits durchblicken lassen, sie werde ihn der Familie schenken und auf dem Seeweg nach Warschau transportieren lassen. Trotzdem hat Ludwika die schwesterliche Freundin George Sand nicht vergessen. Ihre gesamten Briefe an Chopin hat sie eingepackt. Ein schweres Paket, denn George und Frédéric hatten einander, selbst wenn sie weniger als eine Woche voneinander getrennt waren, täglich geschrieben; George wie immer ausführlich.

Als Ludwika mit ihrer Tochter im November Paris Richtung Osten verlässt, muss sie ganz nah am Friedhof *Père Lachaise* vorbeifahren. Hier waren die Trauernden am frühen Nachmittag des 30. Oktober angekommen. Immer noch war der Tag strahlend hell. Delfina Potocka und Marcelina Czartoryska hatten Ludwika in ihre Mitte genommen und mit ihr zu Fuß den ganzen Weg zurückgelegt. Am Grab war es still gewesen. Auch das hatte Chopin ausdrücklich gewünscht. Wer die Stille nicht ertrug, hatte seine Musik nicht verstanden. Niemand hielt eine Rede, niemand sang, niemand spielte. Es waren nur die Geräusche der Seile am Sarg zu vernehmen, als er in die Grube gesenkt worden war. Der Körper darin war zweihundert Gramm leichter als zuvor.

Das Herz eines Menschen wiegt ungefähr ein halbes Prozent seines Körpergewichtes.

Ludwika Jędrzejewiczowa hat Angst, die Briefe von George an Chopin könnten ihr von der russischen Polizei an der Grenze abgenommen werden. Wegen des politischen Rufs dieser Frau? Oder aus Furcht vor politisch brisanten Äußerungen darin? Sie überlässt die Briefe vor dem Grenzübergang, in Myslowitz, einem polnischen Spediteur zur Verwahrung und vergisst sie offenbar. Erst durch einen Zufall soll Alexandre Dumas fils das Konvolut später, in Myslowitz auf ein Visum nach Russland wartend, entdecken. *Stell Dir vor, ich habe Briefe von Chopin gefunden*, wird er 1851 seinem Vater schreiben, der sie schließlich George zurückgeben soll. Sie wird fast alle verbrennen.

Dem Herzen von Chopin, eingelegt in Cognac, wird die Heimreise erlaubt. Vielleicht verstehen die Zöllner, dass er mit dem Wunsch, dieser Teil seines Körpers solle zurückkehren, seine Sehnsucht nach der Heimat ausdrücken wollte. Heimweh ist ein Gefühl, das jeder kennt.

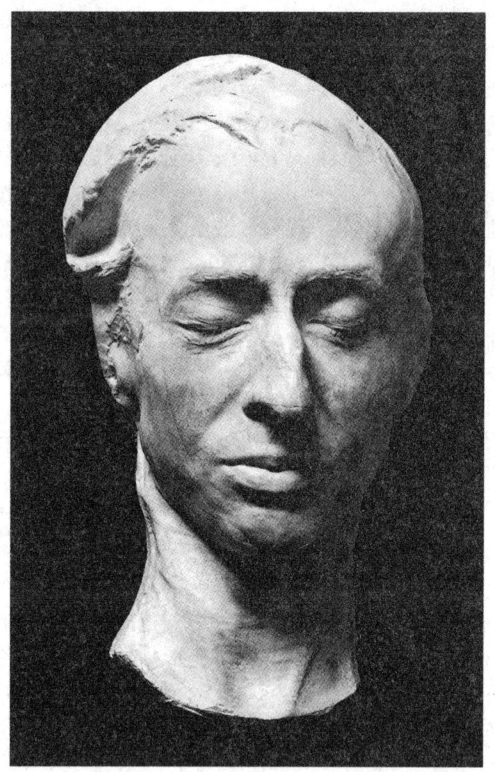

Chopins Totenmaske.
(Zweite Version, angefertigt von Jean-Baptiste Clésinger).

Postludium

Am 19. September 1863 wurde in Warschau dort, wo die Straße Nowy Świat in die Krakauer Vorstadt übergeht, direkt vor dem Palais des Grafen Zamoyski, eine Bombe auf eine vorbeifahrende Kutsche geworfen. In der Kutsche saß Fjodor Graf Berg, der zaristische Statthalter. Das Attentat misslang. Russische Soldaten, angeblich in betrunkenem Zustand, stürmten daraufhin das Palais, wüteten und plünderten. Sie brachen auch in die Wohnung einer zweiundfünfzigjährigen Frau namens Izabela Barcińska ein, schmissen Bündel mit Briefen, ein Porträt von Ary Scheffer und das Klavier auf die Straße. Dort verbrannten sie alles.

Es waren Briefe an und von Chopin, ein Porträt von ihm und ein Klavier, auf dem er gespielt hatte.

Das war den russischen Soldaten offenbar bekannt, denn sie griffen damit ein polnisches Idol an.

Izabela Barcińska, Chopins jüngste Schwester, hatte nach dem Tod von Ludwika Jędrzejewiczowa im Jahr 1855 und der Mutter im Jahr 1861 einen Großteil der Briefe geerbt, die sich im Familienbesitz befanden. Allerdings nicht alle: Auch die beiden Kinder von Ludwika verfügten über einige, außerdem befanden sich im Bekannten- und Freundeskreis der Familie Chopins zahlreiche Erinnerungsstücke, darunter auch Briefe.

Was am 19. September 1863 geschah, war neben George Sands Feuerbestattung fast all ihrer Briefe an Chopin die wohl spektakulärste Vernichtungsaktion, aber keineswegs das entscheidende Problem für die Chopinforschung. Zumal die meisten der von den russischen Soldaten verbrannten Briefe bereits von Chopins erstem Biographen Maurycy Karasowski abgeschrieben worden waren. Maurycy Karasowski war Cellist, Mitglied der Warschauer Oper, Komponist, Musikkritiker und Musikhistoriker, hatte eine Geschichte der Warschauer Oper verfasst und war vermutlich mit Izabelas Mann verwandt. Seine Lebensbeschreibung Chopins, angereichert mit vielen Briefen, erschien zuerst auf Deutsch. Als der Forscher Bernhard Scharlitt 1910, zum 100. Geburtstag Chopins, einen Artikel über *Chopin und Wien* für die *Neue Freie Presse* schrieb, in dem er Briefe des Komponisten aus Wien zum ersten Mal bekannt geben wollte, stellte er fest, dass einer davon schon in Karasowskis Biographie zitiert worden war. Scharlitts Vergleich des ihm vorliegenden mit dem bei Karasowski zitierten ergab, dass dessen Wortlaut *mit dem des Originalbriefes absolut nicht identisch* war. Daraufhin verglich er alle Briefstellen in Karasowskis deutscher Buchausgabe mit der einige Jahre später erschienenen polnischen. Das Ergebnis: *Die in der deutschen Ausgabe mitgeteilten Briefe erwiesen sich fast sämtlich als beispiellose Fälschungen.* Karasowski sei, so Scharlitt, selbstherrlich mit den Briefen umgegangen, *indem er einerseits ganze Stellen einfach ausmerzte, dafür aber von ihm selbst verfasste hinzufügte, andererseits den Wortlaut derart umstilisierte, dass schließlich fast nichts mehr von dem originalen übrig blieb.*

Scharlitt stellte sich jedoch wie die gesamte spätere Chopin-Forschung eine Frage nicht: Warum fühlte sich Karasowski bemüßigt, den Deutschen ein anderes Chopin-Bild zu vermitteln als seinen Landsleuten?

Der Chopin für deutschen Gebrauch ist niemals grob; dass er am liebsten *den Colli zu Tode geprügelt hätte*, wird ebenso gestrichen wie jede Passage, in der er Vergleiche anstellt, etwa den, ein Sänger habe sich *wie eine Ratte ausgenommen.* Chopin für Deutsche muss edel und wahrhaftig sein; redet er vom *Lügen* und *Verheimlichen*, wird gekürzt. Chopin ist ein Vorbild für die Jugend, fleißig und keusch. Das Bekenntnis *Du kennst ja meine Faulheit* muss folglich ebenso eliminiert werden wie die Schilderung seiner *näheren Bekanntschaft* mit Henriette Sontag *im Zimmer, auf dem Kanapee* oder Chopins Liebeserklärungen an Tytus. Vor allem tilgte Karasowski alles, was Chopins Briefe einzigartig macht: seine Schilderungen der Gesellschaft. Gekonnte Karikaturen, die seine Beobachtungsgabe beweisen und zeigen, dass er keineswegs angepasst war.

Doch während Karasowski in seiner Fälscherwerkstatt bemüht war, Chopin in ein ätherisches Genie zu verwandeln, versuchte Marie-Louise Vincent in dem Buch *George Sand et le Berry*, 1919 in Paris erschienen, den Komponisten als leidenschaftlichen Liebhaber darzustellen. Das Ergebnis waren so grandiose Sätze wie: *Für Dich, Aurora, würde ich auf dem Boden kriechen.*

Dieses und andere Zitate entstammten einem angeblichen Tagebuch Chopins, das mit den authentischen, sogenannten Stuttgarter Tagebuchnotizen nichts zu tun hat. Der Erste, der auf diese Fälschung hereinfiel, war ein deutscher Journalist: *Frédéric Chopins Tagebuchblätter* war sein Artikel überschrieben, den die *Neue Musik-Zeitung vom 3. Januar 1907* publizierte. Von ihm schrieb ein französischer Journalist namens Gaston Knosp ab, dessen Version *Le Guide musical* im September 1907 herausbrachte. Dort bediente sich Marie-Louise Vincent. Der bedeutende Chopin-Forscher Ferdynand Hoesick entlarvte zwar rasch, dass diese Aufzeichnungen unecht waren, und veröffentlichte dazu den Aufsatz *Ein angebliches Tagebuch Chopins* in *Die Musik*, Heft 2, Oktober 1908, dennoch wurde Vincents Buch nicht allein von André Maurois in seiner George Sand-Vita für bare Münze genommen; noch im Jahr 2000 fanden sich in der 3. Auflage der ro-ro-ro-Monographie von Jürgen Lodz Zitate, die beweisen, dass er ebenso an den auf dem Boden kriechenden Chopin glauben wollte wie Renate Wiggershaus, die noch im Vorwort zur 11. Auflage von George Sands *Geschichte meines Lebens* belegte, dass sie diesem Schwindel aufgesessen war.

Noch erfolgreicher war das Betrugsmanöver der Paulina Czernicka. 1939 hatte sie sich bei Radio Wilna gemeldet, sich als Enkelin Delfina Potockas ausgegeben und erklärt, sie verfüge über unveröffentlichte Briefe von Chopin an Delfina Potocka, aus denen sie eine Sendung gestalten könne. Der Kriegsausbruch verhinderte dieses Vorhaben, und bis 1945 geschah nichts. Nun wandte sich Paulina Czernicka, mittlerweile in Westpolen ansässig, an Radio Poznań. Den Redakteuren waren jedoch die erotischen Stellen darin zu anstößig. Wieder blieb das Ganze liegen, denn als die Chopin-Gesellschaft bat, Einsicht in diese Dokumente nehmen zu dürfen, konnte Frau Czernicka sie nicht mehr finden. 1964 entdeckte Adam Harasowski im Nachlass seines Schwagers, des Komponisten Żeligowski, fotomechanische Wiedergaben dieser Dokumente, veröffentlichte sie aber erst 1973 in *Music and Musicians.*

Nun war die Zeit reif für das, was dort zu lesen war: Einer der größten Künstler seiner Zeit gesteht einer der schönsten Frauen seiner Zeit seine sexuellen Wünsche und Fantasien. Die graphologischen Experten der Chopin-Gesellschaft entlarvten das Ganze umgehend als Betrug. Jerzy Maria Smoter referierte die ganze Geschichte 1974 detailgenau. Doch es war zu schön, um falsch sein zu dürfen. Der *Stern* übte für die Hitler-Tagebücher und druckte Frau Czernickas Dichtung ab. Tony Palmer machte sie noch 1999 zur Grundlage seines Films *The Mystery of Chopin*, der bis heute als DVD begeisterte Zuschauer findet. Die Bereitwilligkeit, mit der dieser Fälschung Glauben geschenkt wurde, hat jedoch Ursachen, die höchst aufschlussreich sind. Zum einen ist da der Ruf Delfina Potockas, von Mickiewicz *große Sünderin* genannt, die aus ihren nebenehelichen Liebschaften kein Geheimnis machte: Obwohl ihr nur aufgrund einer Verwechslung ein Verhältnis mit dem Frauenhelden Comte de Flahaut angehängt wird, der mit Anna Potocka liiert war, blieben genügend Affären übrig, um Delfina Potocka Prüderie abzusprechen, vor allem jene offen vorgeführte und literarisch verewigte mit Zygmunt Krasiński. Auch Scharlitt schreibt in einer Fußnote: *Gräfin Delphine Potocka ... stand zu Chopin in intimen Beziehungen*. Ein irrationales Motiv kam hinzu. Im Zeichen offener Grenzen ist die Frage, ob Chopin nun den Polen oder den Franzosen gehöre, kein Thema mehr; früher jedoch brannte dieser Streit, und die polnische Seite konnte es als emotionales Argument betrachten, wenn er nicht in einer Französin, sondern in einer Polin die große Liebe seines Lebens gefunden hätte.

Doch es gibt noch eine weitere Erklärung dafür, dass sich viele Biographen verführen ließen, Chopin diese Liebesgeschichte zu unterstellen.

Der Farbenreichtum von Chopins Werken lässt bei flüchtiger Betrachtung sein Leben vergleichsweise blass aussehen. Ein Effekt, der noch verstärkt wird durch die funkelnde Vita seines Freundes Franz Liszt. Daraus erwächst wohl das Bedürfnis, Chopins Biographie mit Details vor allem erotischer Natur auszuschmücken, die nicht der Wirklichkeit entsprechen, oder zumindest kräftige Schwarz-Weiß-Akzente zu setzen. Die Farbe Schwarz liefert hierzu George Sand, der oft die alleinige Schuld am Zerbrechen der Beziehung mit Chopin zugewiesen wird. Dass dieser Bruch Chopins Konstitution zusetzte und er an der Seite Georges wohl ein paar Jahre länger gelebt hätte, ist kaum zu bezweifeln, wenn man seinen Verfall nach jenem Ereignis betrachtet. Die Bemühung, George Sand gerecht zu werden, um Chopin selbst gerecht werden zu können, findet sich selten. Doch nicht jeder wurde so deutlich wie Scharlitt, der behauptete, Chopin habe durch George *alle Qualen der Hölle durchlitten*, und meinte, Chopins erste Liebe Konstancja Gładkowska habe *himmelhoch über der Dichterin gestanden*. Diese Behauptung stützt er mit dem Argument, die Gładkowska habe Chopins Briefe verbrannt, *damit nicht – wie sie schrieb – ‹das, was den Stolz ihres Lebens gebildet, nach ihrem Hinscheiden der Neugier der Welt preisgegeben werde›*. Er wusste offensichtlich nicht, dass George dasselbe getan hatte. Dies ist nur ein Beispiel dafür, wie selbst große Biographen der Versuchung anheimfallen, George Sand Egoismus und Selbstsucht zu unterstellen, obwohl eben jene Eigenschaften von einigen Zeitgenossen, etwa der Arztfrau in Schottland, Chopin nachgesagt wurden, allerdings, als er sich in einem sehr angegriffenen Zustand befand. *Madame Sand, die sich noch nie etwas aus Weihnachtsfeiern gemacht hatte, nutzte die Gelegenheit, dass alle erkältet waren, und entschied, dass es sich nicht lohne, überhaupt zu feiern*, schreibt der sonst in allem so korrekte Biograph Zieliński und bemitleidet Chopin, der einsam und traurig herumsitzt. Chopin selbst schrieb jedoch an jenen Weihnachtstagen in einem Brief an die Familie, es habe Mutter und Kinder *außerordentlich schlimm* erwischt ... *sie haben sich richtig zu Bett gelegt*.

Ungefähr 40000 Briefe hat George Sand geschrieben, 15000 davon sind erhalten und liefern den Beweis dafür, dass sie oft wochenlang schwer krank war und ein Leben lang an Migräne litt. Dennoch wird sie im Zeichen jenes Schwarz-Weiß-Akzentes gerne als Frau von unerschütterlicher Gesundheit dargestellt, dazu bestimmt, die Rolle als Krankenschwester des Genies zu übernehmen.

Chopins Krankheit zu ergründen, war nicht nur Chopin-Forschern, sondern auch Medizinhistorikern immer ein verständliches Anliegen.

Dass er an Herzversagen starb und dass die Ödeme, an denen er im letzten Lebensjahr zu leiden hatte, durch eine Insuffizienz der rechten Herzkammer bewirkt wurden, gilt bis heute als unstrittig. Und alles andere? Der Obduktionsbefund von Cruveilhier war im Pariser Polizeiarchiv bereits im 19. Jahrhundert verbrannt.

Lange schien Chopin das Musterbeispiel eines Tuberkulosekranken zu sein. Er könnte sich bereits in Warschau bei seiner Schwester Emilia angesteckt haben, die mit vierzehn Jahren an den Folgen der *Schwindsucht* starb, welche seit 1882 als Tuberkulose bezeichnet wird: Am 24. März dieses Jahres hatte Robert Koch das *Mycobacterium tuberculosis* beschrieben und den neuen Begriff geprägt. Die als heilsam geltende Milch, die Chopin in Bad Reinerz trank, war ebenfalls ein möglicher Überträger, was sogar noch Koch verkannte und erst Louis Pasteur entdeckte. Später war Chopins enger Freund und Hausarzt Jan Matuszyński, der bereits mit vierunddreißig ein Opfer der Schwindsucht wurde, eine Infektionsquelle in nächster Nähe. In seinem Chopin-Kapitel in *Musik und Medizin*, Band 3, 1991 fasste Anton Neumayr das, was nach seiner Ansicht und der meisten seiner Kollegen aus vorhandenen Dokumenten geschlossen werden konnte, zusammen: *Die medizinische Abschlussdiagnose müsste somit gelautet haben: Chronische Lungentuberkulose mit kavernösen Veränderungen und bindegewebigen Schwindungsprozessen der Lunge, chronische Kehlkopftuberkulose, terminal hinzugetretene Tuberkulose des Dünndarms, Rechtsherzüberlastung mit den Zeichen von Herzmuskelversagen, hochgradige Blutungsanämie.*

Als Neumayr sein Buch beendete, war bereits eine neue, laut Neumayr *wohl in keinem Punkt haltbare Version … von O'Shea zur Erklärung der Krankheit und ihres tödlichen Ausgangs* veröffentlicht worden. *O'Shea stellte die Hypothese auf, Chopin könnte an einer sogenannten Mukoviszidose gelitten haben, einer angeborenen Stoffwechselerkrankung, bei der es zu einer Produktion eines extrem eingedickten Sekretes in den Schleimdrüsen der Bauspeicheldrüse und der Atemwege kommt.* Neumayr hielt diese Diagnose vor allem deswegen für abwegig, weil Mukoviszidose vor der Therapie mit Antibiotika meist schon in der frühen Kindheit zum Tod führte. Dennoch wird diese Theorie bis heute nicht verworfen. Laut dem polnischen Mukoviszidose-Spezialisten Wojciech Cichy deuten alle Beschwerden und Krankheiten, unter denen Chopin zu leiden hatte, auf diese Krankheit hin. Dass er seit frühester Kindheit schwach sowie extrem untergewichtig war und zu Husten und Lungenentzündung neigte, passt nach Cichys Meinung zum Krankheitsbild der Mukoviszidose.

Auch dass Chopin keine Kinder zeugte, hält er für ein Argument: Sterilität gehört ebenfalls zu den Symptomen. Wer allerdings George

Sands Aussage Glauben schenkt, sie habe sieben Jahre wie eine Nonne gelebt, und bedenkt, dass es für sie, die ohnehin gegen die Regeln der Gesellschaft verstieß, erhebliche Schwierigkeiten gebracht hätte, auch noch uneheliche Kinder zu bekommen, wird diesem Argument wenig Gewicht beimessen.

Es juckt vielen Pathologen in den Fingern, ihre Theorien zu beweisen, denn das Beweismaterial ist vorhanden: Noch immer ist das Gefäß mit Chopins in Cognac eingelegtem Herzen in einer Säule der Warschauer Heilig-Kreuz-Kirche eingemauert. Doch sowohl das polnische Kulturministerium als auch einer der beiden noch lebenden Nachkommen der Familie Chopin verweigern bisher die Bewilligung, eine Gewebsprobe zu entnehmen. Ihre Beweggründe sind nachvollziehbar.

Überliefert ist, dass Dr. Cruveilhier nach der Obduktion zu Ludwika Jędrzejewiczowa gesagt hat, das Herz sei stärker angegriffen gewesen als die Lunge. Doch möglicherweise wollte er Chopins Schwester keine Angst einjagen; die hohe Ansteckungsgefahr bei Schwindsucht war damals nicht nachzuweisen, aber bekannt.

Aus dem, was die Quellen besagen, wird jedoch deutlich, dass Chopin stark psychosomatisch reagierte. Alle schweren Krankheiten und Rückschläge standen in direktem Zusammenhang mit seelischen Krisen. Und bei kaum einem anderen Komponisten der Musikgeschichte ist so oft von der Seele die Rede wie bei Chopin.

Die Seele lässt sich nicht definieren. Daher versucht sich dieses Buch im Zweifelsfall an Chopins Aussage zu halten: *J' indique – Ich deute an.*

Anhang

Zur Aussprache des Polnischen

ą	nasaliertes *o* wie in *Bonbon*
c	klingendes *z* wie in *Zoll*
ć (vor Vokalen ci)	weiches *tsch* wie im italienischen *Ciabatta*
ch/h	weiches *ch* wie in *ach*
ck	c und k wird immer getrennt gesprochen wie in *Reich-Ranicki*
cz	entspricht *tsch* in *tschechisch*
dz	in etwa *ds* wie in englisch *beds*
dzi, dź	weiches *dsch* wie in *Giovanni*
dż	wie *dsch*, etwa. in *Dschungel*
e	offenes *e* wie bei *Nest*
ę	nasaliertes *e* wie im Französischen, etwa bei *Cousin*
i	wird sehr kurz gesprochen wie in *Wille*, vor Vokalen unausgesprochen
ie	wird getrennt ausgesprochen wie im französischen *miel*
ł	wie das englische *w*, etwa in *wood*, am Wortende als *u*
ń (vor Vokalen ni)	lang und klingend wie in *Cognac*
ó/u	wie u in *Mutter*
rz	stimmhaft wie das französische *j* in *Journal* oder stimmloses *sch*
s	stimmloses *s*, wie in *aus*
ś (vor Vokalen si)	zwischen *sch* und *ch*
sz	entspricht *sch* wie in *schön*
szcz	etwa *schtsch*
y	wie ein kurzes *i*, wie etwa in *Fisch*
z	stimmhaftes *s* wie in *Sage*
ż	stimmhaft wie das französische *j* in *Journal*
ź (vor Vokalen zi)	zwischen *j* wie in *Journal* und *ch* wie in *weich*

Abbildungen

Zit. n. Jean-Yves Patte und Jacqueline Queneau: Auf den Spuren von Frédéric Chopin. Warschau, Wien, Paris und Mallorca. Hildesheim 2000: S. 11.
Aus Ernst Burger: Frédéric Chopin. Eine Lebenschronik in Bildern und Dokumenten. München 1990: S. 29, 65, 95, 179, 221, 237, 279, 299, 347, 367, 385, 409, 439, 455, 479, 509
Fryderyk Chopin Museum, Warschau: S. 51, 81
Bibliothèque de l'Opéra, Paris: S. 119
Bibliothèque historique de la Ville de Paris: S. 145
Schloss Versailles: S. 163
Nationalmuseum Warschau: S. 199
http://clpav.fr/SAND/lecture-SAND.htm: S. 263
Zit. n. Leopold Binental: Chopin. Paris 1934: S. 323
Zit. n. Gisela Schlientz: George Sand. Leben und Werk in Texten und Bildern. Frankfurt am Main 1987: S. 425
Societé Historique et Littéraire Polonaise, Paris: S. 534

Hinweis

Besonders hilfreich für die Entstehung dieser Biographie war das leider vergriffene Werk «Frédéric Chopin. Eine Lebenschronik in Bildern und Dokumenten» (München 1990) von Ernst Burger. Wie in seinen Büchern zu Liszt und Schumann hat Ernst Burger auch für sein Chopin-Buch mit beispielloser Gründlichkeit recherchiert. Auch zahlreiche Abbildungen sind dem Chopin-Buch Burgers entnommen.

Auswahlbibliographie

Askenase, Stefan: Wie Meister üben. Klavier: Frédéric Chopin, Berceuse, op. 57. Zürich 1966

Atwood, William G.: The Parisian Worlds of Frédéric Chopin. New Haven und London 1999

Ders.: The Lioness and The Little One. The Liaison of George Sand and Frédéric Chopin. New York 1980

Azoury, Pierre: Chopin through his contemporaries. Westport und London 1999

Aufenanger, Jörg: Heinrich Heine in Paris. München 2005

Belotti, Gastone: F. Chopin l'uomo. 2 Bände. Mailand und Rom 1974

Binental, Leopold: Chopin. Erinnerungen und Dokumente aus seiner Heimatstadt. Übersetzt von Alexander von Guttry. Leipzig 1932

Böhme, Gerhard: Frédéric Chopin, In: Medizinische Porträts berühmter Komponisten. Wolfgang Amadeus Mozart, Ludwig van Beethoven, Carl Maria von Weber, Frédéric Chopin, Peter Iljitsch Tschaikowski, Béla Bartók. Stuttgart und New York 1979

Bone, Audrey Evelyn: Jane Wilhelmina Stirling. 1804–1859. The first study of the life of Chopin's pupil and friend. Research undertaken with the official approval of the Chopin Institute of Warsaw. Chipstead 1960

Bory, Robert: La vie de Frédéric Chopin par l'image. Genf 1951

Bourcourechliev, André: Regard sur Chopin. Paris 1996

Bourniquel, Camille: Chopin. Mit Selbstzeugnissen und Bilddokumenten. Reinbek bei Hamburg 1959

Branson, David: John Field and Chopin. London 1972

Burger, Ernst: Frédéric Chopin. Eine Lebenschronik und Bildern und Dokumenten. Geleitworte von Daniel Barenboim und Krystian Zimerman. München 1990

Ders.: Franz Liszt. Eine Lebenschronik in Bildern und Dokumenten. Vorwort Alfred Brendel. München 1986

Ders.: Robert Schumann. Eine Lebenschronik in Bildern und Dokumenten. Vorwort Gerd Neuhaus und mit Unterstützung des Robert-Schumann-Hauses Zwickau. Mainz, London, Madrid, New York, Paris, Tokyo und Toronto 1999

Carrère, Casimir: George Sand. Liebende und Geliebte. Düsseldorf 1970

Cars, Jean de (Chefredaktion): Paris. Chronik der Metropolen, München 2004

Chomiński, Józef: Fryderyk Chopin. Übersetzt von Bolko Schweinitz. Leipzig 1980

Chopin-Komitee (Hrsg.): Chopin-Almanach. Zur hundertsten Wiederkehr des Todesjahrs von Fryderyk Chopin. Potsdam 1949

Clésinger, Solange: Frédéric Chopin. Souvenirs inédits. Hrsg. von Jean-Jacques Eigeldinger in: Revue musicale de Suisse Romande, 5/1978, S. 226–238

Cortot, Alfred: Chopin. Wesen und Gestalt. Zürich 1960

Czech, Stan: Chopin. Erdenweg eines Genius. Hattingen 1950

D'Agoult, Marie: Meine Freundschaft mit Franz Liszt. Ein Roman der Liebe aus den Memoiren einer berühmten Frau. Mit einem Geleitwort von Siegfried Wagner. Dresden 1930

Dahms, Walter: Chopin. München 1924

Dammęięr-Kirpał, Urśuła: Der Sonatensatz bei Frédéric Chopin. Wiesbaden 1973

Davies, Norman: Im Herzen Europas. Geschichte Polens. München 2000

Delacroix, Eugène: Mein Tagebuch. Aus dem Französischen und mit einer Einleitung von Erich Hancke, einem Essay von Baudelaire sowie einem Personenregister. Zürich 1933

Ders.: Briefe und Tagebücher. Ausgewählt, übersetzt und kommentiert von Elise Guignard. München 1990

Ders.: Briefe I 1813–1846. Übersetzt von Wilhelm Stein. Basel 1918

Delaigue-Moins, Sylvie: Franz Liszt et George Sand. Entre amour et amitié. La Châtre 2000

Dies.: Chopin chez George Sand à Nohant. Chronique de sept étés. Les Amis de Nohant. Châteaurouge 1986

Dresch, Joseph: Heine à Paris. Paris 1956

Eigeldinger, Jean-Jacques: Chopin vu par ses élèves. Neuchâtel 1979

Eisler, Benita: Ein Requiem für Frédéric Chopin. Aus dem Amerikanischen von Henning Thies. München 2003

Erckenbrecht, Ulrich: Brief über Chopin. Erläuterung einer Vorliebe. Kassel 2002

Estignard, Alexandre: Clésinger. Sa Vie, ses Œuvres. Paris 1940

Fabian, Laszlo (Hrsg., Auswahl der Dokumente und verbindende Texte): Wenn Chopin ein Tagebuch geführt hätte. Budapest 1967

Franken, Franz Hermann: Die Krankheiten großer Komponisten. Band 1. Wilhelmshaven 1999

Friang, Michèle: Pauline Viardot au miroir de sa correspondance. Paris 2008

Gavoty, Bernard: Frédéric Chopin. Übersetzt von Susi Piroué. Tübingen 1977

Gerber, Małgorzata: Zygmunt Krasiński und die Schweiz. Die helvetischen Eindrücke im Leben und Schaffen des Dichters. Slavica Helvetica, Band 74. Bern, Berlin, Brüssel, Frankfurt am Main, New York, Oxford und Wien 2007

Gide, André: Aufzeichnungen über Chopin. Frankfurt am Main 1991

Girardin, Madame [Delphine] de: Lettres parisiennes du vicomte de Launay. Herausgegeben und kommentiert von Anne-Marie Fugier. Paris 1986

Grewingk, Maria von: Eine Tochter Alt-Rigas, Schülerin Chopins. Riga 1928

Grimm, Wilhelm von: Marquis von Custine und sein Werk «Rußland im Jahr 1839». Eine kritische Beleuchtung obgenannter Schrift. Leipzig 1844

Hedley, Arthur (Hrsg.): Selected Correspondence of Frédéric Chopin, London 1962

Hirth, Friedrich: Heinrich Heine und seine französischen Freunde. Mainz 1949

Hoensch, Jörg K.: Geschichte Polens. Stuttgart 1998

Hoesick, Ferdynand: Chopin I–IV. Krakau 1962–1968

Huneker, James: Chopin. Der Mensch – der Künstler. Übersetzt von Lola Lorme und Heinrich Glücksmann. München und Berlin 1917

Irtel, Ernst: Der junge siebenbürgische Musiker Carl Filtsch. 1830–1845. Ein Lebensbild. Hrsg. vom Kulturreferat der Landsmannschaft der Siebenbürger Sachsen in Deutschland e.V. mit Förderung des Bundesministeriums des Innern. München 1993

Jansen, Johannes: Frédéric Chopin. dtv portrait, hrsg. von Martin Sulzer-Reichel. München 1999

Jena, Detlef: Die russischen Zaren in Lebensbildern. Graz, Wien und Köln 1996

Jung, Hans Rudolf (Hrsg.): Franz Liszt in seinen Briefen. Frankfurt am Main 1988

Kallberg, Jeffrey: Chopin at the boundaries. Sex, History and Musical Genre. Cambridge/Massachusetts 1996

Kammertöns, Christoph: Chronique Scandaleuse. Henri Herz – ein Enfant terrible in der französischen Musikkritik des 19. Jahrhunderts. Folkwang-Texte, hrsg. von Josef Fellsches, Band 15. Essen 2000

Karasowski, Moritz: Chopin. Sein Leben, seine Werke und Briefe. Dresden 1877

Karenberg, Axel: Frédéric Chopin als Mensch, Patient und Künstler. Bergisch Gladbach und Köln 1986

Kendall-Davies, Barbara: The life and work of Pauline Viardot-Garcia. Amsterdam 2004

Kinzler, Hartmuth: Frédéric Chopin. Über den Zusammenhang von Satztechnik und Klavierspiel. München und Salzburg 1977

Kobylańska, Krystina (Hrsg.): Frédéric Chopin – Briefe. Übersetzt von Caesar Rymarowicz. Berlin 1983

Dies.: Chopin in der Heimat. Urkunden und Andenken. Übersetzt von Małgorzata Bester und Maria Wolczacka. Krakau 1955

Korngold, Luise: Lieber Meister Chopin. Eine romantische Biographie. Wien 1960

Kröplin, Karl-Heinz: Richard Wagner 1813–1883. Eine Chronik. Leipzig 1983

Leblond, Marius-Ary: George Sand et la Démocratie. Paris 1904

Leichtentritt, Hugo: Analyse der Chopinschen Klavierwerke. 2 Bände. Berlin 1921

Leiste, Markus: Heine contra Börne. Aspekte einer Feindschaft. UMI (University Microfilms International), University of San Diego, California 1994

Lenz, Wilhelm von: Die großen Pianoforte-Virtuosen unserer Zeit aus persönlicher Bekanntschaft. Liszt – Chopin – Tausig – Henselt. Berlin 1872

Liechtenhan, Francine-Dominique: Astolphe de Custine, voyageur et philosophe. Paris 1990

Liszt, Franz: Briefe an Marie Gräfin d'Agoult. Hrsg. von Daniel Ollivier. Berlin 1933
Ders.: Friedrich Chopin. Übersetzt von LaMara. Leipzig 1852
Lotz, Jürgen: Frédéric Chopin. Reinbek bei Hamburg 2009
Mallet, Francine: Die Muse der Republik. George Sand 1804–1876. Übersetzt von Gisela Schlientz. Stuttgart 1979
Marek, George R. und Maria Gordon-Smith: Chopin. A Biography. New York 1978
Maurois, André: Dunkle Sehnsucht. Das Leben der George Sand. Übersetzt von Wilhelm Maria Lüsberg. München 1992
Metzger, Heinz-Klaus und Rainer Riehn (Hrsg.): Fryderyk Chopin. München 1985
Michalka, Wolfgang, Eduardo C. Rautenberg, Konrad Vanja (Hrsg.): Polenbegeisterung. Berlin 2005
Mieck, Ilja, Horst Möller und Jürgen Voss (Hrsg.): Paris und Berlin in der Revolution 1848 – Paris et Berlin dans la Revolution de 1848. Gemeinsames Kolloquium der Stadt Paris, der Historischen Kommission zu Berlin und des Deutschen Historischen Instituts (Paris, 23.–25. November 1992). Sigmaringen 1995
Müller, Gerhard (Hrsg.): Heinrich Heine und die Musik. Publizistische Arbeiten und Reflexionen. Leipzig 1987
Münchhausen, Thankmar von: Paris. Geschichte einer Stadt. Von 1800 bis heute. München 2007
Mulstein, Anka: Astolphe de Custine, 1790–1857. Le dernier Marquis. Paris 1996
Murdoch, William D.: Chopin. His Life. London 1934
Neumayr, Anton: Musik und Medizin. Band 3. 2. Auflage Wien 1995
Niecks, Friedrich: Chopin als Mensch und Musiker. Übersetzt von Wilhelm Langhans. Leipzig 1890
Opieński, Henryk (Hrsg.): Chopin's Letters. Übersetzt von Ethel L. Voynich. New York 1931. Rev. Ausg. 1971
Orga, Ates: Chopin. His Life and Times. Turnbridge Wells 1978
Parnas, Kornelia (Hrsg.): Maria. Ein Liebesidyll in Tönen. Chopin an Maria Wodzińska. Zum erstenmal nach der Handschrift Chopins in getreuer Nachbildung herausgegeben von Kornelia Parnas. Berlin, Brüssel, London und New York 1911
Patte, Jean-Yves und Jacqueline Queneau: Auf den Spuren von Frédéric Chopin. Warschau, Wien, Paris und Mallorca. Fotografien von Christine Fleurent. Übersetzt von Sylvia Strasser. Hildesheim 1999
Pourtalès, Guy de: Der blaue Klang. Friedrich Chopins Leben. Übersetzt von Hermann Fauler. Freiburg im Breisgau 1928
Rehberg, Walter und Paula Rehberg: Chopin. Eine Biographie. München 1978
Reich, Willi (Hrsg.): Frédéric Chopin. Briefe und Dokumente. Zürich 1959
Reuss, Eduard: Franz Liszt in seinen Briefen. Stuttgart 1910
Richter-Halle, Hermann: Drei Frauen um Chopin. Leipzig 1935
Rink, John und Jim Samson: Chopin-Studies, Band 2. Cambridge 1994
Rubinstein, Anton G.: Die Musik und ihre Meister. Eine Unterredung. Leipzig 1891

Ders.: Erinnerungen aus fünfzig Jahren, 1835–1889. Übersetzt von Eduard von Kretschmann. Leipzig 1893

Rudzki, Edward: Delfina Potocka. Warschau 1990

Samson, Jim (Hrsg.): Chopin-Studies. Cambridge 1988

Ders.: Reclams Musikführer Frédéric Chopin. Übersetzt von Meinhard Saremba. Stuttgart 1991

Sand, Christine (Hrsg.): Zu Gast bei George Sand. Kultur und Tafelfreuden im Château Nohant. Köln 1989

Sand, George: Correspondances. Hrsg. von Georges Lubin. 25 Bde. Paris 1964 ff.

Dies.: Nimm Deinen Mut in beide Hände. Briefe. Übersetzt und herausgegeben von Annedore Haberl. München 1990

Dies.: Œuvres autobiographiques. Hrsg. von George Lubin. Paris 1977

Dies.: Œuvres complètes, Paris: Michel Lévy 1863–1926. Reprint: Genf 1980

Dies.: Ein Winter auf Mallorca. Hrsg. und übersetzt von Ulrich C. A. Krebs, mit einem Vorwort des Herausgebers. München 1985

Dies.: Geschichte meines Lebens. Auswahl aus ihrem autobiographischen Werk. Hrsg. von Renate Wiggershaus. Frankfurt am Main 1978

Dies.: Lucrezia Floriani. Übersetzt von Anna Wheill. Frankfurt am Main 1985

Scharlitt, Bernard (Hrsg.): Friedrich Chopins gesammelte Briefe. Leipzig 1911

Schilling, Britta: Virtuose Klaviermusik des 19. Jahrhunderts am Beispiel von Charles-Valentin Alkan, Kölner Beiträge zur Musikforschung, Band 145. Regensburg 1986

Schivelbusch, Wolfgang: Geschichte der Eisenbahnreise. Zur Industrialisierung von Raum und Zeit im 19. Jahrhundert. Frankfurt am Main 2004

Schlientz, Gisela: Ich liebe, also bin ich. Leben und Werk von George Sand. München 1989

Schonberg, Harold C.: Die großen Pianisten. München 1965

Schüle, Klaus: Paris. Die politische Geschichte seit der Französischen Revolution. Vom Erfinden und Schwinden der Demokratie in der Metropole. Tübingen 2005

Schulz, J. C. F.: Reise nach Warschau. Eine Schilderung aus den Jahren 1791–1793. Frankfurt am Main 1996

Seide, Gernot: Regierungspolitik und öffentliche Meinung im Kaisertum Österreich anlässlich der polnischen Novemberrevolution (1830–1831). Dissertation zur Erlangung des Doktorgrades der Philosophischen Fakultät der Ludwig-Maximilians-Universität zu München 1968. Wiesbaden 1971

Sigrist, Christian: Das Rußlandbild des Marquis de Custine. Von der Civilisationskritik [sic] zur Rußlandfeindlichkeit. Soziologie und Anthropologie. Hrsg. von Prof. Dr. Christian Sigrist, Band 6. Frankfurt am Main, Bern, New York, Paris 1990

Slezak, Friedrich: Beethovens Wiener Originalverleger. Forschungen und Beiträge der Wiener Stadtgeschichte, hrsg. von Felix Czeike, Band 17. Wien 1987

Smidak, Emil: Isaak-Ignaz Moscheles. Das Leben des Komponisten und seine Begegnungen mit Beethoven, Liszt, Chopin und Mendelssohn. Luzern 1988

Smoter, Jerzy Maria: Spór o ‹listy› Chopina do Delfiny Potockiej [Der Streit um die ‹Briefe› Chopins an Delfina Potocka]. Krakau 1967

Spohr, Louis: Lebenserinnerungen. Erstmals ungekürzt nach den autographen Aufzeichnungen herausgegeben von Folker Göthel. Tutzing 1968

Strohmeyer, Armin: George Sand. *Glauben Sie nicht zu sehr an mein satanisches Wesen.* Leipzig 2004

Sydow, Bronisław Edward: Correspondance de Frédéric Chopin. Paris 1953

Szaunig, Peter: Carl Filtsch (1830–1845). Heilbronn 2008

Todd, R. Larry: Felix Mendelssohn Bartholdy. Sein Leben. Seine Musik. Aus dem Englischen übersetzt von Helga Beste unter Mitwirkung von Thomas Schmidt-Beste. Stuttgart 2008

Tomaszewski, Mieczysław: Frédéric Chopin und seine Zeit, Laaber 1999

Wagner, Richard: Ein deutscher Musiker in Paris. Hrsg. von Martin Gregor-Dellin. Kassel 1987

Walker, Alan (Hrsg.): Chopin. The Man and Musician. London 1966

Weinstock, Herbert: Chopin. Mensch und Werk. München 1950

Weissmann, Adolf: Chopin. Berlin und Leipzig 1912

Weissweiler, Eva (Hrsg.): Fanny und Felix Mendelssohn. Briefwechsel 1821 bis 1846. Berlin 1997

Wiedemann, Kerstin: Zwischen Irritation und Faszination. George Sand und ihre Leserschaft im 19. Jahrhundert. Tübingen 2003

Wierzynski, Casimir: The Life and Death of Chopin. Vorwort Artur Rubinstein. New York 1949

Wiggershaus, Renate: George Sand. Mit Selbstzeugnissen und Bilddokumenten. Reinbek bei Hamburg, 1882

Wodziński, Anton: Les trois romans de Frédéric Chopin. Paris 1866

Woodtli, Marianne: Chopin, der Klavierpoet. Selbstzeugnisse und ausgewählte Bilder großer Pianisten: Krystian Zimerman, Franz Liszt, Alfred Cortot. Sulgen und Zürich 1999

Wüst, Hans Werner: Frédéric Chopin. Briefe und Zeitzeugnisse. Ein Portrait. Bonn 2008

Zagiba. Franz: Chopin und Wien. Wien 1951

Zamoyski, Adam: Chopin. A Biography. London 1979

Ziegler, Edda: Heinrich Heine. Der Dichter und die Frauen. Düsseldorf und Zürich 2005

Zieliński, Tadeusz A.: Chopin. Sein Leben, sein Werk, seine Zeit. Übersetzt von Martina Homma und Monika Brockmann. Bergisch Gladbach 1999

Zielnica, Krzysztof: Polonica bei Alexander von Humboldt. Ein Beitrag zu den deutsch-polnischen Wissenschaftsbeziehungen in der ersten Hälfte des 19. Jahrhunderts. Berlin 2004

Żurowska, Joanna (Hrsg.): Frédéric Chopin et les lettres. Warschau 1991

Personenregister

Aus dem Verlagsprogramm

Eva Gesine Baur bei C.H.Beck

Mozart

Genius und Eros

1. Auflage in C.H.Beck Paperback. 2020. 565 Seiten mit 22 Abbildungen. Broschiert

Eva Gesine Baur erzählt Mozarts dissonantes Leben, ohne zu beschönigen, dass der Schöpfer unfassbarer Musik auch eine schwarze Seite hatte: Sich seines göttlichen Talents bewusst, log, trickste und intrigierte er. Er verschenkte Glückseligkeiten und verteilte Bösartigkeiten. Die Biographie versucht, diesen Abgrund auszuloten.

«Eva Gesine Baur hat mit ihrem ‹Mozart› eine gut lesbare, intelligente Studie präsentiert. Der fast lakonische Erzählstil lässt die Lebensrealitäten klar hervortreten, deren Details sich die Münchner Literatur- und Kulturhistorikerin mithilfe der weit gestreuten Mozart-Literatur gründlich, auch quellenkritisch, erarbeitet hat (...)»

Wolfgang Schreiber, Süddeutsche Zeitung

Emanuel Schikaneder

Der Mann für Mozart

2012. 464 Seiten mit 85 Abbildungen. Gebunden

Emanuel Schikaneders Karriere begann ganz unten, doch er wurde zu einem Universaltalent: Theaterdirektor, Tänzer, Regisseur, Librettist von Mozarts «Zauberflöte» und Sänger des ersten Papageno. Kein Theatermann seiner Zeit besaß mehr Instinkt für das Populäre, mehr Sinn für Bühneneffekte, mehr Mut für Experimente. Eva Gesine Baur führt durch sein turbulentes Leben und bietet ein farbiges Porträt seiner Epoche.

«Eva Gesine Baur schreibt so detailreich und anschaulich wie ein Romancier.»

Bernhard Neuhoff, BR

Verlag C.H.Beck München

Eva Gesine Baur bei C.H.Beck

Mozarts Salzburg

Auf den Spuren des Genies

2005. 174 Seiten mit 31 Abbildungen. Gebunden

«Das Buch ist ein ebenso kurzweiliger wie in die Tiefe gehender Begleiter für jene, die sich auf den Spuren Mozarts durch Salzburg bewegen wollen.»

Süddeutsche Zeitung

Freuds Wien

Eine Spurensuche

2. Auflage. 2020. 235 Seiten mit 48 Abbildungen und 1 Karte. Broschiert

«Eine reizvolle kleine Biografie mit originellem Einschlag ist der Autorin unter der Hand gelungen, indem sie Freud in Wien aufsucht. Denn Eva Gesine Baur kennt sich aus. Nicht nur in Psychoanalyse und Lokalgeschichte. Sie gebietet staunenswert souverän über ein kulturhistorisches Wissen, das sie fruchtbar zu machen weiß, ohne sich öder Bildungs- und Faktenhuberei zu verlieren.»

Die Welt

Amor in Venedig

Auf den Spuren der Liebenden

2009. 296 Seiten mit 55 Abbildungen. Gebunden

«So ganz nebenbei ist das Buch ein kleiner Führer durch jenen Ort, dessen Schönheiten die Kunsthistorikerin Baur spielerisch leicht in die großen Liebesgeschichten einbettet.»

Deutsche Presse-Agentur

Verlag C.H.Beck München